A LÓGICA DO CISNE NEGRO

Nassim Nicholas Taleb

# A lógica do cisne negro
## O impacto do altamente improvável

TRADUÇÃO
Renato Marques de Oliveira

*8ª reimpressão*

Copyright © 2007, 2010 by Nassim Nicholas Taleb

*Grafia atualizada segundo o Acordo Ortográfico da Língua Portuguesa de 1990, que entrou em vigor no Brasil em 2009.*

*Título original*
The Black Swan: The Impact of the Highly Improbable

*Capa*
Helena Hennemann/ Foresti Design

*Ilustração de capa*
Eduardo Foresti/ Foresti Design

*Revisão técnica*
Guido Luz Percú

*Preparação*
Fernanda Cosenza

*Índice remissivo*
Probo Poletti

*Revisão*
Angela das Neves
Adriana Bairrada

---

Dados Internacionais de Catalogação na Publicação (CIP)
(Câmara Brasileira do Livro, SP, Brasil)

Taleb, Nassim Nicholas
   A lógica do cisne negro : O impacto do altamente improvável / Nassim Nicholas Taleb ; tradução Renato Marques de Oliveira. — 1ª ed. — Rio de Janeiro : Objetiva, 2021.

   Título original: The Black Swan: The Impact of the Highly Improbable
   Bibliografia
   ISBN 978-85-470-0126-1

   1. Psicologia social 2. Sociologia I. Título.

21-61299                                               CDD-302

Índice para catálogo sistemático:
1. Psicologia social : Sociologia     302

Aline Graziele Benitez — Bibliotecária — CRB-1/3129

---

Todos os direitos desta edição reservados à
EDITORA SCHWARCZ S.A.
Praça Floriano, 19, sala 3001 — Cinelândia
20031-050 — Rio de Janeiro — RJ
Telefone: (21) 3993-7510
www.companhiadasletras.com.br
www.blogdacompanhia.com.br
facebook.com/editoraobjetiva
instagram.com/editora_objetiva
twitter.com/edobjetiva

*Para Benoît Mandelbrot,*
*um grego entre romanos*

# Sumário

*Nota à segunda edição* .................................................................. 9
*Prólogo* .......................................................................................... 11

### PARTE I: A ANTIBIBLIOTECA DE UMBERTO ECO, OU COMO BUSCAMOS VALIDAÇÃO

1. A aprendizagem de um cético empírico ................................. 29
2. O Cisne Negro de Ievguênia .................................................. 53
3. O especulador e a prostituta .................................................. 56
4. 1001 dias, ou como não ser um otário .................................. 70
5. Confirmação uma ova! ........................................................... 85
6. A falácia narrativa .................................................................. 99
7. Viver na antessala da esperança ............................................ 126
8. A sorte inflável de Giacomo Casanova: O problema da evidência silenciosa ................................................................. 143
9. A falácia lúdica, ou a incerteza do nerd ................................ 169

### PARTE II: SOMOS SIMPLESMENTE INCAPAZES DE PREVER

10. O escândalo de previsão ....................................................... 187
11. Como procurar cocô de passarinho ...................................... 221
12. Epistemocracia, um sonho .................................................... 251
13. Apeles, o pintor, ou o que fazer quando não se consegue prever? .. 263

### PARTE III: AQUELES CISNES CINZENTOS DO EXTREMISTÃO

14. Do Mediocristão ao Extremistão, e de volta .................... 279
15. A curva em forma de sino, a grande fraude intelectual ............ 295
16. A estética da aleatoriedade ...................................... 323
17. Os loucos de Locke, ou a curva em forma de sino nos lugares errados ............................................................. 347
18. A incerteza dos fajutos .......................................... 361

### PARTE IV: O FIM

19. Meio a meio, ou como ficar quite com o Cisne Negro ............. 371

*Epílogo: Os Cisnes Brancos de Ievguênia* ............................ 375

### ENSAIO PÓS-ESCRITO: SOBRE A ROBUSTEZ E A FRAGILIDADE, REFLEXÕES FILOSÓFICAS E EMPÍRICAS MAIS APROFUNDADAS

1. Aprendendo com a Mãe Natureza, a mais velha e mais sábia ........ 379
2. Por que faço tantas caminhadas, ou como os sistemas se tornam frágeis ............................................................. 399
3. *Margaritas ante porcos* .......................................... 406
4. Asperger e o Cisne Negro ontológico .............................. 417
5. (Talvez) O problema mais útil na história da filosofia moderna ... 427
6. O Quarto Quadrante, a solução para aquele que é o mais útil dos problemas ........................................................... 444
7. O que fazer com o Quarto Quadrante .............................. 450
8. Os dez princípios para uma sociedade robusta diante do Cisne Negro ......................................................... 458
9. *Amor fati*: Como se tornar indestrutível ........................ 462

*Agradecimentos* ..................................................... 465
*Glossário* .......................................................... 471
*Notas adicionais, comentários técnicos, referências e recomendações de leitura* ........................................................ 475
*Referências bibliográficas* ......................................... 515
*Índice remissivo* ................................................... 557

# Nota à segunda edição

A fim de preservar a integridade do texto original, limitei a atualização da edição corrente a um pequeno número de notas de rodapé. Adicionei um longo ensaio pós-escrito, aprofundando-me nas discussões filosóficas e empíricas sobre o tema e abordando algumas concepções equivocadas, surgidas após a publicação inicial do livro, acerca do conceito do Cisne Negro.

# Prólogo

## SOBRE A PLUMAGEM DOS PÁSSAROS

Até a descoberta da Austrália, as pessoas do Velho Mundo estavam convencidas de que *todos* os cisnes eram brancos, crença irrefutável confirmada de forma cabal por evidências empíricas. Avistar o primeiro cisne negro pode ter sido uma surpresa notável para alguns poucos ornitólogos (e outras pessoas extremamente interessadas na coloração dos pássaros), mas não é esse o cerne da questão. A história ilustra a severa limitação que as observações ou experiências impõem à nossa aprendizagem, e a fragilidade do nosso conhecimento. Uma única observação é capaz de invalidar uma afirmação geral derivada de milênios de avistamentos de milhões de cisnes brancos. Basta uma única (e, segundo me disseram, bastante feia) ave preta.*

Dou um passo além dessa questão lógico-filosófica para uma realidade empírica, pela qual sou obcecado desde a infância.** O que chamamos aqui

---

* A difusão dos telefones celulares com câmeras me proporcionou uma vasta coleção de fotos de cisnes negros enviadas por leitores viajantes. No último Natal, recebi também uma caixa de vinhos da marca Cisne Negro (não está entre minhas favoritas), uma fita de vídeo (não assisto a vídeos) e dois livros. Prefiro as fotos.

** Usei a metáfora lógica do cisne negro (sem iniciais maiúsculas) para eventos Cisne Negro (com maiúsculas), mas esse problema não deve ser confundido com o problema lógico levantado por muitos filósofos. Não se trata tanto de exceções, mas sim do papel superdimensionado de Cisne Negro (com iniciais maiúsculas) é um evento com os três seguintes atributos.

Primeiro, trata-se de um *outlier*,* um ponto fora da curva, pois escapa do reino das expectativas regulares, uma vez que nada no passado consegue apontar de modo convincente para essa possibilidade. Segundo, exerce um impacto extremo (diferente da ave). Terceiro, apesar de seu status de anormalidade, a natureza humana nos faz engendrar explicações para sua ocorrência *após* o fato, tornando-o um evento explicável e previsível.

Faço uma pausa para resumir o trio: raridade, impacto extremo e previsibilidade retrospectiva (mas não prospectiva).** Um pequeno número de Cisnes Negros explica quase tudo em nosso mundo, do sucesso de ideias e religiões à dinâmica de eventos históricos, passando por elementos de nossa vida pessoal. Desde que saímos do Plistoceno, cerca de dez milênios atrás, o efeito desses Cisnes Negros vem se acentuando. Começou a acelerar durante a Revolução Industrial, à medida que o mundo ficava mais complicado, ao passo que eventos comuns, aqueles que estudamos, debatemos e tentamos prever a partir da leitura dos jornais, tornaram-se cada vez mais irrelevantes.

Imagine quão pouco o seu conhecimento de mundo às vésperas dos eventos de 1914 teria ajudado você a adivinhar o que aconteceria em seguida (não trapaceie usando as explicações que aquele seu professor mala do Ensino Médio fez você absorver na marra). E quanto à ascensão de Hitler e a subsequente guerra? O que dizer da repentina derrocada do bloco soviético? Que tal a ascensão do fundamentalismo islâmico? E a disseminação da internet?

---

de eventos extremos em muitos domínios da vida. Ademais, o problema lógico diz respeito à possibilidade da exceção (cisne negro); o meu problema tem a ver com o *papel* do evento excepcional (Cisne Negro) levando tanto à degradação da previsibilidade quanto à necessidade de ser robusto frente aos Cisnes Negros negativos e de se expor aos positivos.

* No vocabulário da estatística, o termo define valores anômalos ou atípicos, discordantes, discrepantes, aberrantes ou espúrios; numa série de números, designa um número que é muito maior ou menor que os demais. Os *outliers* são dados que se diferenciam drasticamente de todos os outros de uma amostra estatística; em outras palavras, representam um valor que foge da normalidade e que provavelmente causará anomalias nos resultados obtidos por meio de algoritmos e sistemas de análise. (N. T.)

** O evento altamente esperado *que não ocorre* também é um Cisne Negro. Observe que, por simetria, a ocorrência de um evento altamente improvável é o equivalente à não ocorrência de um altamente provável.

E a quebra do mercado de ações em 1987 (e sua inesperada recuperação)? Tendências passageiras, epidemias, modismos, ideias, o surgimento de gêneros artísticos e escolas de pensamento. Tudo isso segue a dinâmica do Cisne Negro. Literalmente, quase tudo ao seu redor que tem importância pode se enquadrar nessa categoria.

A combinação de baixa previsibilidade e grande impacto faz do Cisne Negro um formidável quebra-cabeça, mas não é esse o tema central do livro que você tem em mãos. Adicione ao fenômeno o fato de que tendemos a agir como se ele não existisse! Não me refiro apenas a mim, a você ou a seu vizinho, mas a praticamente todos os "cientistas sociais" que, por mais de um século, atuaram sob a falsa convicção de que suas ferramentas eram capazes de medir a incerteza. Pois as aplicações das ciências da incerteza a problemas do mundo real tiveram efeitos ridículos; tive o privilégio de ver isso acontecer nas finanças e na economia. Pergunte ao seu gestor de portfólio de investimentos como ele definiria "risco", e o mais provável é que ele forneça a você uma *medida* que *exclui* a possibilidade do Cisne Negro — portanto, uma medida com tanto valor preditivo para avaliar riscos totais quanto a astrologia (veremos como eles usam a matemática para disfarçar a fraude intelectual). Esse problema é endêmico em questões sociais.

A ideia central deste livro diz respeito à nossa cegueira em relação à aleatoriedade, em especial aos grandes desvios: por que será que nós, cientistas ou leigos, figurões ou zés-ninguém, tendemos a enxergar os centavos em vez do pote de ouro? Por que continuamos nos concentrando nas minúcias em vez de focar nos grandes eventos possíveis, apesar da óbvia evidência de que sua influência é enorme? E, se você acompanhar meu argumento, por que ler os jornais acaba, na verdade, *reduzindo* nosso conhecimento do mundo?

É fácil perceber que a vida é o efeito cumulativo de um punhado de abalos importantes. Não é tão difícil identificar o papel dos Cisnes Negros, mesmo da sua poltrona (ou de uma mesa de bar). Faça o seguinte exercício: examine sua própria existência; enumere os eventos significativos, as mudanças tecnológicas e as invenções que ocorreram no ambiente desde que você nasceu; e compare-os com o que era esperado antes desses adventos. Quantos deles seguiram uma programação? Analise a sua vida pessoal, a profissão que você escolheu, digamos, ou a forma como conheceu seu companheiro ou companheira, o exílio de seu país de origem, as traições que você enfrentou, seu súbito enriquecimento ou empobrecimento. Quantas vezes essas coisas aconteceram exatamente conforme o planejado?

*O que você não sabe*

A lógica do Cisne Negro torna *o que você não sabe* muito mais relevante do que aquilo que você sabe.* Tenha em mente que muitos Cisnes Negros podem ser causados e exacerbados *por serem inesperados*.

Pense no ataque terrorista de 11 de setembro de 2001: se em 10 de setembro o risco fosse razoavelmente *concebível*, o atentado não teria acontecido. E se a possibilidade fosse considerada digna de atenção, caças da Força Aérea dos Estados Unidos teriam sobrevoado o céu ao redor das Torres Gêmeas, os aviões comerciais teriam portas blindadas e travadas o tempo todo, e o ataque não teria ocorrido, ponto-final. Em vez disso, alguma outra coisa poderia ter acontecido. O quê? Eu não sei.

Não é estranho ver um evento acontecendo justamente porque em tese não deveria acontecer? Que tipo de defesa temos contra isso? Seja lá o que você venha a saber (que Nova York é um alvo fácil para terroristas, por exemplo) pode se tornar irrelevante se seu inimigo souber que você sabe. Talvez seja estranho que, em um jogo tão estratégico, o que você sabe possa ser, na verdade, insignificante.**

Isso se estende a atividades de todos os setores. Pense naquela "receita secreta" capaz de fazer um sucesso arrebatador e gerar fortunas no ramo de restaurantes. Se a receita fosse conhecida e óbvia, alguém da porta ao lado já teria bolado a ideia, que se tornaria genérica. Um golpe de mestre nesse ramo

---

\* O Cisne Negro é o resultado de limitações (ou distorções) epistêmicas coletivas e individuais, principalmente confiança no conhecimento; não é um fenômeno objetivo. O mais grave dos erros cometidos na interpretação do meu Cisne Negro é tentar definir um "Cisne Negro objetivo", que seria invariável aos olhos de todos os observadores. Os eventos de 11 de setembro de 2001 foram um Cisne Negro para as vítimas, mas certamente não para os terroristas. O ensaio pós-escrito oferece uma discussão adicional sobre o assunto.

\*\* A Ideia de Robustez: por que formulamos teorias que levam a projeções e previsões sem enfocar a robustez dessas teorias e as consequências dos erros? É muito mais fácil lidar com o problema do Cisne Negro se nos concentrarmos na robustez a erros em vez de aprimorar as previsões.

precisa ser uma ideia que o atual grupo de donos de restaurantes não consiga conceber facilmente. Tem que estar a alguma distância das expectativas. Quanto mais inesperado o sucesso de um empreendimento nesse setor, menor será o número de concorrentes, e mais bem-sucedido será o empreendedor que implementar a ideia. O mesmo vale para o setor de calçados e livros — ou qualquer tipo de empreendimento. E também para teorias científicas — ninguém está interessado em ouvir trivialidades. A recompensa da iniciativa é, em geral, inversamente proporcional ao que se espera que seja.

Pense no tsunami de dezembro de 2004 no oceano Índico. Se o maremoto fosse esperado, não teria causado os estragos que causou — as áreas afetadas teriam uma população menor, e um sistema de alerta estaria em funcionamento. Verdade seja dita, o que você sabe não pode prejudicá-lo.

*Especialistas e "zeros à esquerda metidos a besta"*

*A incapacidade de prever* outliers *implica a incapacidade de prever o curso da história*, dada a parcela de participação desses episódios na dinâmica dos acontecimentos.

No entanto, agimos como se fôssemos capazes de prever eventos históricos, ou, o que é ainda pior, como se fôssemos capazes de alterar o curso da história. Geramos projeções de déficits na previdência social e nos preços do petróleo para daqui a trinta anos sem nos darmos conta de que não conseguimos sequer prever essas cifras para o próximo verão — nossos erros de previsão cumulativos em relação a eventos políticos e econômicos são tão monstruosos que, toda vez que examino o registro empírico, tenho que me beliscar para ver se não estou sonhando. O mais surpreendente não é a magnitude dos erros de previsão, mas nossa falta de consciência acerca disso. O que é ainda mais preocupante quando nos envolvemos em conflitos mortíferos: guerras são fundamentalmente imprevisíveis (e não sabemos disso). Devido a essa incompreensão das cadeias causais entre diretrizes e ações, e graças à ignorância agressiva, é fácil desencadearmos Cisnes Negros — como crianças brincando com um kit de química.

Nossa incapacidade de fazer previsões em ambientes sujeitos ao Cisne Negro, somada a uma falta geral de consciência em relação a esse estado de coisas, significa que certos profissionais, embora acreditem ser especialistas, na verdade não o são. Com base no registro empírico, eles não sabem mais sobre sua área de expertise do que a população em geral, mas são muito melhores para criar narrativas — ou, pior, para ludibriar você lançando mão de truques à base de complicados modelos matemáticos. Também são mais propensos a usar terno e gravata.

Como os Cisnes Negros são imprevisíveis, precisamos nos ajustar à existência deles (em vez de, ingenuamente, tentar prevê-los). Há diversas coisas que podemos fazer se nos concentrarmos no anticonhecimento, ou no que não sabemos. Um dos benefícios é que você pode se preparar para colecionar Cisnes Negros serendipitosos (descobertas fortuitas do tipo positivo), maximizando sua exposição a eles. Na verdade, em alguns domínios — descobertas científicas e investimentos de capital de risco, por exemplo —, o desconhecido propicia uma recompensa desproporcional, já que normalmente há pouco a se perder e muito a se ganhar com um evento raro. Veremos que, ao contrário da sabedoria das ciências sociais, quase nenhuma descoberta, nenhuma tecnologia digna de nota, resultou de planejamento e projeto detalhado — foram simplesmente Cisnes Negros. A estratégia para os descobridores e empreendedores é confiar menos em planejamento estruturado de cima para baixo e mais na máxima improvisação e experimentação, reconhecendo oportunidades tão logo elas surjam. Assim, discordo dos adeptos de Marx e Adam Smith: a razão pela qual os livres mercados funcionam é por permitirem que as pessoas tenham sorte, graças a agressivas investidas de tentativa e erro, não por darem recompensas ou "incentivos" à competência. A estratégia é, então, improvisar e experimentar tanto quanto possível e tentar angariar o maior número de oportunidades de Cisnes Negros.

*Aprendendo a aprender*

Outro impedimento humano correlato vem do excessivo foco no que sabemos: temos a tendência de aprender o específico, não o geral.

O que as pessoas aprenderam com o episódio de Onze de Setembro? Terão aprendido que alguns eventos, devido à sua dinâmica, estão em larga medida fora do âmbito do previsível? Não. Será que aprenderam qual é o defeito inerente à sabedoria convencional? Não. A que entendimento elas chegaram, afinal? Aprenderam regras precisas para evitar prototerroristas islâmicos e edifícios altos. Muitos insistem em me lembrar da importância de sermos práticos e tomarmos medidas tangíveis em vez de "teorizar" sobre o conhecimento. A história da Linha Maginot mostra como estamos condicionados a ser específicos. Os franceses, após a Primeira Guerra Mundial, construíram uma parede ao longo da rota de invasão alemã a fim de evitar uma nova invasão — (quase) sem esforço, Hitler simplesmente contornou essa linha de fortificações. Os franceses demonstraram ser excelentes estudantes de história; o problema foi que aprenderam com demasiada precisão. Foram práticos e focados demais para o próprio bem.

Não conseguimos aprender espontaneamente que *não aprendemos que não aprendemos*. O problema está na estrutura da mente: não aprendemos regras, apenas fatos. Ao que parece, não somos bons em entender metarregras (a exemplo da regra de que temos uma tendência a não aprender regras). Fazemos pouco-caso do abstrato, e com veemência.

Por quê? É necessário aqui, bem como é minha prioridade no restante deste livro, virar a sabedoria convencional de ponta-cabeça e demonstrar o quanto ela é inaplicável em nosso ambiente moderno, complexo e cada vez mais *recursivo*.\*

Mas há uma questão mais profunda: nossa mente foi feita para que finalidade? Aparentemente saímos de fábrica com o manual de instruções errado. Nossa mente não parece ter sido criada para o pensamento e a introspecção; se tivesse, as coisas seriam mais fáceis para nós hoje em dia, mas também não estaríamos aqui agora, e eu tampouco estaria aqui para falar sobre o assunto — meu ancestral contrafactual, introspectivo e absorto em pensamentos teria sido devorado por um leão, ao passo que o primo dele, pouco afeito à reflexão, mas com reações mais rápidas, teria corrido em busca de abrigo. Tenha em

---

\* *Recursivo*, aqui, significa que o mundo em que vivemos tem um número crescente de circuitos de retroalimentação, o que faz com que os eventos sejam a causa de mais eventos (digamos, as pessoas que compram um livro *porque* outras pessoas o compraram), e isso gera efeitos bola de neve, imprevisíveis e arbitrários, do tipo "o vencedor leva tudo", em âmbito planetário. Vivemos em um ambiente no qual a informação flui muito rapidamente, acelerando essas epidemias. Da mesma forma, eventos podem acontecer *porque* não deveriam acontecer (nossa intuição é configurada para um ambiente com causas e efeitos mais simples e informações mais lentas). Esse tipo de aleatoriedade não era frequente durante o Plistoceno, pois naquela época a vida socioeconômica era bem mais simples.

mente que pensar consome tempo e geralmente exige grande dispêndio de energia, que nossos antecessores passaram mais de 100 milhões de anos como mamíferos não pensantes e que, durante o átimo de história em que passamos a usar nosso cérebro, nós o temos aplicado a assuntos periféricos demais para serem importantes. As evidências mostram que pensamos muito menos do que acreditamos — exceto, é claro, quando pensamos a respeito disso.

## UM NOVO TIPO DE INGRATIDÃO

É um bocado triste pensar nas pessoas que foram maltratadas pela história. Havia os *poètes maudits*, como Edgar Allan Poe ou Arthur Rimbaud, desprezados pela sociedade e mais tarde adorados e empurrados goela abaixo das crianças do Ensino Fundamental. (Existem até nomes de escolas em homenagem a personalidades que abandonaram os estudos.) Infelizmente, esse reconhecimento veio um pouco tarde demais para que os poetas pudessem desfrutar do prazer de uma descarga de serotonina, ou para impulsionar sua vida romântica na Terra. Mas há heróis ainda mais maltratados — a tristíssima categoria daqueles que não sabíamos que eram heróis, que salvaram nossa vida, que nos ajudaram a evitar desastres. Eles partiram sem deixar vestígios e sequer sabiam que estavam dando uma contribuição. Nós nos lembramos dos mártires que morreram por uma causa conhecida, jamais daqueles, não menos eficazes em sua contribuição, de cuja causa nunca ouvimos falar — precisamente porque foram tão bem-sucedidos. Nossa ingratidão para com os *poètes maudits* perde totalmente a importância diante desse outro tipo de desfeita, que é muito mais cruel: o sentimento de inutilidade que acomete o herói silencioso. Ilustrarei com o experimento mental a seguir.

Suponha que um legislador dotado de coragem, influência, intelecto, visão e perseverança consiga promulgar uma lei que entra em vigor universal e passa a ser aplicada em 10 de setembro de 2001; a norma impõe que as cabines de comando de todas as aeronaves comerciais sejam equipadas com portas à prova de balas que devem permanecer sempre trancadas (o que representa um custo alto para as companhias aéreas já em dificuldades financeiras) — apenas como precaução para o caso de terroristas decidirem usar aviões para atacar o World Trade Center na cidade de Nova York. Sei que isso é loucura, mas é apenas um experimento mental (estou ciente de que é pouco provável a existência de algo como um legislador dotado de intelecto, coragem, visão e perseverança; esse é o cerne do experimento). A lei acabaria sendo uma medida bastante impopular entre as companhias aéreas, por complicar a vida do setor. Mas certamente teria evitado o Onze de Setembro.

A pessoa que impôs o trancamento das cabines de comando em voos comerciais não ganha uma estátua em praça pública, e no obituário dela não consta sequer uma rápida menção a sua contribuição. "Joe Smith, que ajudou a evitar o desastre de Onze de Setembro, morreu de complicações decorrentes de doença hepática." Constatando o quanto a medida é supérflua e dispendiosa, a opinião pública, com o grande respaldo de pilotos das companhias aéreas, pode muito bem exigir que Joe seja demitido do cargo. *Vox clamantis in deserto*. Ele se aposentará deprimido, com uma tremenda sensação de fracasso. Morrerá com a impressão de não ter feito nada de útil. Eu gostaria de poder comparecer ao funeral dele, mas, caro leitor, não consigo encontrá-lo. E, no entanto, o reconhecimento pode ser uma baita injeção de estímulo. Acredite, mesmo as pessoas que afirmam com sinceridade não acreditar em reconhecimento, e que fazem uma separação entre o trabalho árduo e os frutos advindos dele, sentem um verdadeiro pico de serotonina quando são reconhecidas. Veja como o herói silencioso é recompensado: nem o seu próprio sistema hormonal lhe oferece algum reconhecimento.

Agora volte aos eventos de Onze de Setembro. Após o ocorrido, quem obteve o reconhecimento? As pessoas que você viu na mídia, na televisão, realizando atos heroicos, e as que você viu tentando passar uma impressão de que estavam realizando atos heroicos. Essa última categoria inclui gente como o presidente da Bolsa de Valores de Nova York, Richard Grasso, que "salvou a Bolsa de Valores" e recebeu uma polpuda bonificação por isso (o equivalente a muitos *milhares* de salários médios). Tudo que ele teve que fazer foi estar lá para tocar o sino de abertura da sessão da Bolsa na televisão — a mesma televisão que, como veremos, é o veículo da injustiça e uma das principais causas da cegueira perante os Cisnes Negros.

Quem é recompensado, o banqueiro central que evita uma recessão ou aquele que chega para "corrigir" os erros do antecessor e, por acaso, está no cargo durante alguma fase de recuperação econômica? Quem é mais valioso, o político que evita uma guerra ou aquele que inicia uma nova (e tem a sorte de vencê-la)?

É a mesma inversão lógica que vimos anteriormente com o valor daquilo que não sabemos; todo mundo sabe que prevenir é melhor do que remediar, mas poucos recompensam os atos de prevenção. Glorificamos aqueles que deixaram seus nomes nos livros de história em detrimento dos colaboradores sobre quem os livros silenciam. Nós, humanos, não somos apenas uma raça superficial (o que talvez possa ser curável, até certo ponto); somos uma raça muito injusta.

## A VIDA É MUITO ESQUISITA

Este é um livro sobre a incerteza; para o autor que vos fala, o evento raro *é igual* à incerteza. Pode parecer uma declaração das mais fortes — a de que precisamos estudar principalmente os eventos raros e extremos para entender e interpretar os eventos comuns —, mas vou esclarecer as coisas. Existem duas maneiras possíveis de abordar fenômenos. A primeira é descartar o extraordinário e concentrar-se no "normal". O examinador deixa de lado *outliers* e estuda casos corriqueiros. A segunda abordagem é ter em mente que, a fim de entender um fenômeno, primeiro é necessário levar em consideração os extremos — em especial se, como o Cisne Negro, tiverem um efeito cumulativo extraordinário.

Não costumo dar muita importância ao comum. Se quiser ter uma ideia sobre o temperamento, a ética e a elegância pessoal de um amigo, você precisa observá-lo sob situações adversas, não sob a lente cor-de-rosa da vida cotidiana. Você é capaz de avaliar o perigo que um criminoso representa examinando apenas o que ele faz em um dia *normal*? Podemos entender o que é a saúde sem levar em consideração doenças e epidemias desenfreadas? Com efeito, o normal é quase sempre irrelevante.

Quase tudo na vida social é produzido por saltos e choques raros, mas importantes; enquanto isso, quase tudo que se estuda sobre a vida social concentra-se no "normal", sobretudo com métodos de inferência do tipo "curva em forma de sino"\* que não dizem quase nada. Por quê? Porque a curva em

---

\* Na terminologia da estatística, o mesmo que curva normal, curva de Gauss ou gaussiana, também chamada de curva simétrica, curva simétrica em formato de sino, em forma de sino de igreja, de campânula, campanular ou de chapéu-de-napoleão, ou ainda curva mesocúrtica, a qual é observada nas distribuições normais ou gaussianas. (N. T.)

forma de sino ignora desvios grandes, não sabe lidar com eles, e ainda assim nos deixa com a confiante sensação de que domamos a incerteza. O apelido dela neste livro é GFI, Grande Fraude Intelectual.

## PLATÃO E O NERD

No início da revolta judaica no primeiro século de nossa era, grande parte da ira dos judeus foi causada pela insistência dos romanos em colocar uma estátua de Calígula no templo judaico em Jerusalém em troca da colocação de uma estátua do deus Yahweh nos templos romanos. Os romanos não perceberam que o que os judeus (e os monoteístas levantinos posteriores) chamavam de *deus* era algo abstrato, que a tudo abarcava e nada tinha a ver com a representação antropomórfica que os romanos tinham em mente quando diziam *deus*. E o que era ainda mais crítico: o deus judaico não se prestava a representações simbólicas. Da mesma maneira, o que muitas pessoas transformam em mercadoria e rotulam como "desconhecido", "improvável" ou "incerto" não é a mesma coisa para mim; não é uma categoria de conhecimento concreta e precisa, um campo *nerdificado*, mas o contrário; é a ausência (e as limitações) do conhecimento. É exatamente o oposto dele; deve-se aprender a não usar termos que designam o conhecimento para descrever seu oposto.

O que chamo de *platonicidade*, segundo as ideias (e personalidade) do filósofo Platão, é nossa tendência de confundir o mapa com o território, de nos concentrarmos em "formas" puras e bem definidas, sejam objetos, como triângulos, ou noções, como utopias (sociedades construídas de acordo com algum projeto do que "faz sentido"), e até mesmo nacionalidades. Quando essas ideias e constructos concisos habitam nossa mente, nós os privilegiamos, deixando de dar primazia a outros objetos menos elegantes, aqueles com estruturas mais confusas e menos manejáveis (ideia que elaborarei gradualmente ao longo deste livro).

A platonicidade é o que nos faz pensar que entendemos mais do que realmente entendemos. Mas isso não acontece em toda parte. Não estou afirmando que as formas platônicas não existem. Modelos e construções, esses mapas intelectuais da realidade, nem sempre estão errados; apenas em algumas aplicações específicas. A dificuldade é que a) você não sabe de antemão (somente após o fato) *onde* o mapa estará errado, e b) os erros podem levar a graves consequências. Esses modelos são como medicamentos potencialmente úteis que ocasionam efeitos colaterais aleatórios, mas gravíssimos.

A *dobra platônica* é a fronteira explosiva onde a mentalidade platônica entra em contato com a realidade caótica, onde a lacuna entre o que você sabe e o que você acha que sabe se torna perigosamente ampla. É aí que o Cisne Negro é engendrado.


## CHATO DEMAIS PARA SE ESCREVER SOBRE ISSO

Reza a lenda que o cineasta Luchino Visconti fazia questão de que, quando os atores apontassem para uma caixa fechada que teoricamente conteria joias, houvesse joias de verdade dentro dela. Talvez fosse uma maneira eficaz de fazer com que os atores sentissem na pele o papel que estavam representando. Creio que o gesto de Visconti também derivasse de um puro senso de estética e de uma busca por autenticidade — de alguma forma, não parecia certo enganar o espectador.

Este é um ensaio que expressa uma ideia elementar; não se trata nem da reciclagem nem de uma nova roupagem dos pensamentos de outras pessoas. Um ensaio é uma meditação impulsiva, não uma compilação de relatórios científicos. Peço desculpas se neste livro eu pular alguns tópicos muito óbvios, pela convicção de que aquilo que é chato demais para o autor pode ser igualmente enfadonho para o leitor. (Além disso, evitar a chatice pode ajudar a filtrar o não essencial.)

*Falar é fácil*. Alguém que tenha assistido a um excesso de aulas de filosofia (ou talvez não o suficiente) na faculdade pode ser do contra e alegar que o avistamento de um Cisne Negro não invalida a teoria de que *todos os cisnes são brancos*, uma vez que essa ave preta não seria tecnicamente um cisne, pois a brancura talvez seja a característica essencial de um cisne para essa pessoa. De fato, aqueles que leem Wittgenstein demais (e escritos sobre comentários sobre Wittgenstein) podem ter a impressão de que questões de linguagem têm alguma importância. Certamente podem ser importantes para se obter destaque nos departamentos de filosofia, mas são algo que nós, profissionais e tomadores de decisões no mundo real, *deixamos para o fim de semana*.

Como explico no capítulo chamado "A incerteza dos fajutos", apesar de todo o seu apelo intelectual, essas sutilezas não têm implicações sérias de segunda a sexta-feira, em oposição a questões mais substanciais (embora negligenciadas). Criaturas da sala de aula, que não tenham enfrentado muitas situações concretas de tomada de decisão sob condições de incerteza, não percebem a diferença entre o que é importante e o que não é — mesmo os estudiosos acadêmicos da incerteza (ou *especialmente* os estudiosos acadêmicos da incerteza). O que chamo de prática da incerteza pode ser pirataria, especulação de commodities, jogatina profissional, trabalho em alguns ramos da máfia ou simplesmente o banal empreendedorismo em série. Assim, protesto contra o "ceticismo estéril", a respeito do qual nada podemos fazer, e contra as questões de linguagem excessivamente teóricas que tornaram grande parte da filosofia moderna, em larga medida, irrelevante para o que é chamado, de modo pejorativo, de "público geral". (No passado, para o bem e para o mal, os raros filósofos e pensadores que não eram autônomos dependiam do apoio de um patrono ou mecenas. Hoje, acadêmicos em disciplinas abstratas dependem das opiniões uns dos outros, sem verificações externas, com o ocasional e grave resultado patológico de transformar seu trabalho em competições insulares para a exibição de proezas. Quaisquer que fossem as deficiências do sistema antigo, pelo menos ele impunha *algum* padrão de relevância.)

A filósofa Edna Ullmann-Margalit detectou uma inconsistência neste livro e me pediu para justificar o uso da metáfora específica de um Cisne Negro para descrever o desconhecido, o abstrato e o incerto impreciso — e por que não corvos brancos, elefantes cor-de-rosa ou alienígenas vaporosos habitantes de um planeta remoto orbitando a estrela Tau Ceti. De fato, ela me pegou em flagrante. Existe uma contradição; este livro é uma história, e prefiro usar histórias e anedotas para ilustrar nossa credulidade em relação a histórias, bem como nosso gosto pela perigosa compressão de narrativas.[*]

Precisamos de uma história para tomar o lugar de outra. Metáforas e histórias são bem mais potentes do que ideias (infelizmente); são também mais

---

[*] A metáfora do cisne negro não é nada moderna — ao contrário de sua usual atribuição a Popper, Mill, Hume e outros. Eu a escolhi porque corresponde à ideia antiga de um "pássaro raro". O poeta latino Juvenal se refere a um "pássaro tão raro quanto o cisne negro" — *rara avis in terris nigroque simillima cygno.*

fáceis de lembrar e mais divertidas de ler. Se eu for atacar o que chamo de disciplinas narrativas, minha melhor ferramenta é uma narrativa.

Ideias vêm e vão, as histórias ficam.

## O XIS DA QUESTÃO

O ponto crucial deste livro não é apenas a curva em forma de sino e o estatístico que engana a si mesmo, tampouco o acadêmico platonificado que precisa de teorias para se autoenganar. É o impulso de "enfocar" o que faz sentido para nós. Viver em nosso planeta, hoje, requer muito mais imaginação do que evoluímos para ter. Falta-nos imaginação, e nós a reprimimos nos outros.

Note que, neste livro, não lanço mão do abominável método de coletar "provas corroborantes" seletivas. Por razões que explico no capítulo 5, chamo essa sobrecarga de exemplos de empirismo ingênuo — sucessões de breves relatos selecionados para se enquadrarem em uma história não constituem provas. Qualquer um que esteja em busca de confirmação encontrará o suficiente para enganar a si próprio — e, sem dúvida, a seus pares.* A ideia do Cisne Negro é baseada na estrutura da aleatoriedade na realidade empírica.

Resumindo: neste ensaio (pessoal), arrisco meu pescoço para dizer o que penso e faço uma afirmação, na contramão de muitos dos nossos hábitos de pensamento, de que o mundo é dominado pelo extremo, pelo desconhecido e pelo muito improvável (improvável de acordo com nosso conhecimento atual) — e que, enquanto isso, passamos nosso tempo envolvidos em conversa fiada, concentrados no conhecido e no repetido. Isso implica a necessidade de usar o evento extremo como ponto de partida, em vez de tratá-lo como uma exceção a ser varrida para debaixo do tapete. Faço também a declaração mais ousada (e mais irritante) de que, apesar do avanço e da expansão do conhecimento, ou talvez justamente *por causa* desse progresso e expansão, o futuro será cada

---

* Também é empirismo ingênuo apresentar, a fim de corroborar algum argumento, séries de citações eloquentes de autoridades mortas à guisa de confirmação. Pesquisando, sempre é possível encontrar alguém que tenha feito uma declaração agradável aos ouvidos que confirma nosso ponto de vista — e, seja qual for o assunto, é possível encontrar algum outro pensador morto que disse exatamente o contrário. Quase todas as citações usadas por mim que não são de Yogi Berra são de pessoas de quem discordo.

vez menos previsível, embora a natureza humana e a "ciência" social pareçam conspirar para esconder de nós essa ideia.

*Mapa dos capítulos*

A sequência deste livro segue uma lógica simples: flui do que pode ser rotulado como puramente literário (no tema e na abordagem) ao que pode ser considerado inteiramente científico (no tema, mas não na abordagem). A psicologia estará presente em especial na parte I e no início da parte II; tratarei de negócios e de ciências naturais principalmente na segunda metade da parte II e na parte III. A parte I, intitulada "A antibiblioteca de Umberto Eco", gira em torno da forma como percebemos eventos históricos e atuais e de quais distorções estão presentes nessa percepção. A parte II, "Somos simplesmente incapazes de prever", aborda nossos erros no modo de lidar com o futuro e as limitações não alardeadas de algumas "ciências" — e o que fazer a respeito dessas limitações. A parte III, "Aqueles Cisnes Cinzentos do Extremistão", aprofunda-se ainda mais no tema dos eventos extremos, explica como a curva em forma de sino (essa grande fraude intelectual) é gerada e examina as ideias das ciências naturais e sociais vagamente amontoadas sob a qualificação "complexidade". A parte IV, "O fim", será curtíssima.

Senti uma quantidade inesperada de prazer escrevendo este livro — na verdade, ele simplesmente se escreveu sozinho —, e espero que o leitor experimente o mesmo. Confesso que fiquei viciado nesse processo de retraimento em direção a ideias puras após as restrições de uma vida ativa e transacional. Depois que este livro for publicado, meu objetivo é passar algum tempo longe da balbúrdia das atividades públicas, a fim de refletir em absoluta tranquilidade sobre a minha ideia filosófico-científica.

Parte I

# A antibiblioteca de Umberto Eco, ou como buscamos validação

O escritor Umberto Eco pertence àquela reduzida classe de doutos acadêmicos que são enciclopédicos, perspicazes e nada enfadonhos.* É dono de uma vasta biblioteca pessoal (contendo 30 mil livros) e separa os visitantes em duas categorias: aqueles que reagem com "Uau! *Signore professore dottore* Eco, que magnífica biblioteca o senhor tem! Quantos desses livros o senhor já leu?" e os outros — uma minoria muito pequena —, que entendem que uma biblioteca particular não é um apêndice que estimula o ego, mas uma ferramenta de pesquisa. Livros lidos são muito menos valiosos do que os não lidos. A biblioteca deve conter a maior quantidade possível *do que você não sabe*, tanto quanto seus recursos financeiros, taxas hipotecárias e o atualmente restritíssimo mercado imobiliário permitirem que você coloque lá dentro. Você acumulará mais conhecimento e mais livros à medida que for envelhecendo, e as fileiras cada vez maiores de

---

* Este livro foi escrito antes do falecimento do escritor Umberto Eco, em 2016. (N. E.)

livros não lidos nas estantes vão encarar você com uma expressão ameaçadora. Na verdade, quanto mais você sabe, mais abarrotadas as prateleiras de livros não lidos. Vamos chamar essa coleção de livros não lidos de *antibiblioteca*.

Temos a tendência de tratar nosso conhecimento como uma propriedade pessoal a ser protegida e defendida. É um ornamento que nos permite ascender na hierarquia social. Portanto, essa tendência de ofender a sensibilidade da biblioteca de Eco ao concentrar-se no conhecido é uma propensão humana que se estende às nossas operações mentais. As pessoas não andam por aí carregando anticurrículos que dizem o que elas não estudaram ou em que áreas não têm experiência alguma (isso é o trabalho dos concorrentes), mas seria bom se o fizessem. Assim como precisamos colocar de pernas para o ar a lógica da biblioteca, trabalharemos para virar de ponta-cabeça o próprio conhecimento. Note que o Cisne Negro surge da nossa incompreensão da probabilidade de surpresas, aqueles livros não lidos, porque levamos um pouco a sério demais as coisas que sabemos.

Vamos chamar um antiacadêmico — alguém que se concentra nos livros não lidos e se esforça para não tratar seu conhecimento como um tesouro, ou mesmo uma propriedade, tampouco um dispositivo de aumento da autoestima — de empirista cético.

Os capítulos desta seção abordam a questão de como nós, humanos, lidamos com o conhecimento — e nossa preferência pelo anedótico em relação ao empírico. O capítulo 1 apresenta o Cisne Negro como algo enraizado na história de minha própria obsessão. No capítulo 3, farei uma distinção decisiva entre as duas variedades de aleatoriedade. Depois disso, o capítulo 4 retorna brevemente ao problema do Cisne Negro em sua forma original: como tendemos a generalizar a partir do que vemos. Em seguida, apresento as três facetas do mesmo problema do Cisne Negro: a) o *erro de confirmação*, ou como estamos propensos a desprezar injustamente a parte virgem da biblioteca (a tendência de olhar para aquilo que confirma nosso conhecimento, não nossa ignorância), no capítulo 5; b) a *falácia narrativa*, ou como nos enganamos com historinhas e anedotas (capítulo 6); c) como as emoções atrapalham nossa capacidade de fazer deduções (capítulo 7); e d) o *problema das evidências silenciosas*, ou os truques que a história usa para esconder de nós os Cisnes Negros (capítulo 8). O capítulo 9 discute a falácia letal de construir conhecimento a partir do mundo dos jogos.

# 1. A aprendizagem de um cético empírico

*Anatomia de um Cisne Negro — O trio da opacidade — Lendo livros de trás para a frente — O espelho retrovisor — Tudo se torna explicável — Sempre fale com o motorista (com cautela) — A história não rasteja, dá saltos — "Era tão inesperado" — Dormir por doze horas*

Este livro não é uma autobiografia, então vou pular as cenas de guerra. Na realidade, mesmo que fosse uma autobiografia, ainda assim eu pularia as cenas de guerra. Não posso competir com filmes de ação nem com os relatos memorialísticos de aventureiros mais talentosos do que eu, por isso vou me ater às minhas especialidades: o acaso e a incerteza.

ANATOMIA DE UM CISNE NEGRO

Durante mais de um milênio, a região costeira do leste do Mediterrâneo chamada de Syria Libanensis, ou monte Líbano, foi capaz de abrigar de forma harmoniosa pelo menos uma dúzia de diferentes seitas, etnias e crenças — funcionava como que por mágica. O lugar era mais parecido com as principais cidades do Mediterrâneo oriental (chamado de Levante*) do que com as outras partes do interior do Oriente Próximo (era mais fácil deslocar-se por navio do que por terra através do terreno montanhoso). As cidades levantinas eram mercantis por natureza; as pessoas lidavam umas com as outras seguindo um protocolo claro, preservando uma paz propícia ao comércio, e as comunidades se socializavam bastante. Esse milênio de paz era interrompido apenas por pequenos atritos ocasionais *dentro* das comunidades muçulmanas e cristãs, raramente entre cristãos e muçulmanos. Se as cidades eram mercantis e principalmente helenísticas, as montanhas tinham sido povoadas por colonos de toda sorte de minorias religiosas que alegavam ter fugido tanto das ortodoxias bizantinas quanto das muçulmanas. Um terreno montanhoso é um refúgio ideal para quem quer se afastar do padrão predominante, exceto pelo fato de que seu inimigo é o outro refugiado competindo pelo mesmo terreno pedregoso. O mosaico de culturas e religiões era considerado um exemplo de coexistência: cristãos de todas as variedades (maronitas, armênios, greco-sírios bizantinos ortodoxos, até mesmo católicos bizantinos, além de alguns poucos católicos romanos, resquício das Cruzadas); muçulmanos (xiitas e sunitas); drusos; e alguns poucos judeus. Dava-se como favas contadas que as pessoas aprendiam a ser tolerantes lá; lembro que, na escola, fomos ensinados sobre o quanto éramos muito mais civilizados e mais sábios do que quem vivia nas comunidades dos Bálcãs, cujos habitantes locais não apenas se abstinham de tomar banho, mas também eram vítimas de turbulentas disputas. As coisas pareciam estar em uma situação de equilíbrio estável, resultado de uma tendência histórica de melhoria e tolerância. Os termos *concórdia* e *equilíbrio* eram usados com frequência.

Ambos os lados da minha família vieram da comunidade greco-síria, o último posto avançado bizantino no norte da Síria, que incluía o território atual do Líbano. Note que os bizantinos se autodenominavam "romanos" — *roumi* (no

---

* O Levante (Mediterrâneo), conceito caro a Taleb, é um termo geográfico tradicionalmente utilizado por historiadores e arqueólogos dos períodos pré-histórico, antigo e medieval para descrever um vasto território da Ásia ocidental, formado pelas regiões a leste do mar Mediterrâneo que se estendem ao norte até os montes Tauro e ao sul até o deserto da Arábia, incluindo o vale fértil entre os rios Tigres e Eufrates, e a antiga Anatólia. De forma geral, a região abrange Síria, Jordânia, Israel, Palestina, Líbano e Chipre. Outras fontes definem o Levante de maneira mais ampla, incluindo porções da Turquia, do Iraque, da Arábia Saudita e do Egito. (N. T.)

plural, *roum*) nas línguas locais. Originários da área de cultivo de oliveiras na base do monte Líbano, afugentamos os cristãos maronitas para as montanhas na famosa batalha de Amioun, meu vilarejo ancestral. Desde a invasão árabe no século VII, vivíamos em paz mercantil com os muçulmanos, com apenas algumas investidas esporádicas dos cristãos maronitas libaneses habitantes das montanhas. Por conta de algum arranjo (literalmente) bizantino entre os governantes árabes e os imperadores bizantinos, pagávamos impostos para os dois lados e assim recebíamos proteção de ambos. Dessa maneira conseguimos viver em paz por mais de um milênio quase sem derramamento de sangue: nosso último problema verdadeiro foi causado pelos cruzados encrenqueiros mais tarde, não pelos árabes muçulmanos. Os árabes, que pareciam interessados apenas em fazer guerra (e poesia) e, mais tarde, os turcos otomanos, aparentemente preocupados apenas com a guerra (e com o prazer), nos legaram a desinteressante prática do comércio e o menos perigoso exercício da erudição acadêmica (como a tradução de textos em aramaico e grego).

Por qualquer padrão, o país chamado Líbano, ao qual nos vimos repentinamente incorporados após a queda do Império Otomano no início do século XX, parecia ser um paraíso estável; também foi dividido de maneira a ser predominantemente cristão. O povo sofreu uma súbita lavagem cerebral de modo a acreditar no Estado-nação como uma entidade.* Os cristãos se convenceram de que estavam na origem e no centro do que é vagamente chamado de cultura ocidental, mas com uma janela para o Oriente. Em um clássico caso de pensamento estático, ninguém levou em consideração as diferenças na taxa de natalidade entre comunidades, e presumiu-se que uma ligeira maioria cristã continuaria a ser permanente. Os levantinos receberam cidadania romana, o que permitia a são Paulo, um sírio, viajar livremente pelo mundo antigo. As pessoas se sentiam conectadas a tudo a que achavam que valia a pena se conectar; o lugar era extremamente aberto ao mundo, com um estilo de vida muitíssimo sofisticado, uma economia próspera e um clima temperado igualzinho ao da Califórnia, com cumes de montanhas cobertos de neve projetando-se acima do Mediterrâneo. A região atraiu uma miríade de

---

* São extraordinárias a rapidez e a eficácia com que podemos construir uma nacionalidade com uma bandeira, alguns discursos e um hino nacional; até hoje evito o rótulo "libanês", preferindo a designação "levantino", menos restritiva.

espiões (soviéticos e ocidentais), prostitutas (loiras), escritores, poetas, traficantes de drogas, aventureiros, jogadores compulsivos, esquiadores festeiros, tenistas e mercadores — profissões que se complementam umas às outras. Muitas pessoas agiam como se estivessem em um filme antigo de James Bond, ou nos tempos em que os playboys fumavam, bebiam e, em vez de frequentar uma academia de musculação, cultivavam relacionamentos com bons alfaiates.

O principal atributo do paraíso estava lá: dizia-se que os taxistas eram educados (ainda que, pelo que me lembro, não fossem educados comigo). Verdade seja dita, olhando em retrospecto, o lugar talvez pareça mais elísio na memória das pessoas do que realmente era.

Eu era jovem demais para saborear os prazeres do lugar; me tornei um rebelde idealista e, desde muito cedo, desenvolvi um gosto ascético, avesso aos sinais de ostentação de riqueza, alérgico à escancarada manifestação da cultura levantina de busca pelo luxo e obsessão por coisas monetárias.

Na adolescência, eu mal podia esperar para fixar residência em uma metrópole com menos figuras *à la* James Bond zanzando ao meu redor. No entanto, lembro-me de que havia no ar intelectual algo que parecia singular. Estudei no *lycée* francês que tinha uma das maiores taxas de aprovação do *baccalauréat* (o diploma de Ensino Médio francês), inclusive na disciplina de língua francesa. O francês era falado ali com alguma pureza: como na Rússia pré-revolucionária, as classes aristocráticas de cristãos e judeus levantinos (de Istambul a Alexandria) falavam e escreviam francês formal como uma língua de distinção. Os mais privilegiados eram despachados para escolas na França, o que aconteceu com meus avós — meu homônimo paterno foi mandado para lá em 1912, e o pai de minha mãe em 1929. Dois mil anos antes, por conta do mesmo instinto de distinção linguística, os esnobes patrícios levantinos escreviam em grego, não no aramaico vernáculo (o Novo Testamento foi escrito no capenga grego local de nossa capital, Antioquia, o que inspirou Nietzsche a gritar que "Deus falava um grego capenga"). E, após o declínio do helenismo, passaram a adotar o árabe. Portanto, além de ser chamado de "paraíso", o lugar também era considerado uma milagrosa encruzilhada das culturas superficialmente rotuladas de "oriental" e "ocidental".

*Sobre transformar o discurso em ação*

Meu éthos foi moldado quando, aos quinze anos de idade, fui preso por (supostamente) atacar um policial com um pedaço de concreto durante uma manifestação estudantil — um incidente com estranhas ramificações, já que meu avô ocupava o cargo de ministro do Interior e foi quem assinou a ordem para esmagar nosso protesto. Um dos manifestantes foi morto a tiros quando um policial que havia sido atingido na cabeça por uma pedrada entrou em pânico e abriu fogo aleatoriamente contra nós. Eu me lembro de estar no centro do motim e ter sentido uma imensa satisfação quando fui detido, enquanto meus amigos estavam com tanto medo da prisão quanto dos próprios pais. Causamos um susto tão grande no governo que nos foi concedida anistia.

Havia alguns benefícios óbvios em mostrar a minha capacidade de agir de acordo com minhas opiniões, sem ceder um centímetro sequer para evitar "ofender" ou incomodar os outros. Eu estava enraivecido e não dava a mínima para o que meus pais (e avô) pensavam a meu respeito. Isso os deixou morrendo de medo *de mim*, então eu não podia me dar ao luxo de recuar, nem mesmo pestanejar de hesitação. Se eu tivesse escondido minha participação nos protestos (como muitos de meus amigos fizeram) e fosse descoberto, em vez de ser um jovem abertamente insolente, tenho certeza de que teria sido tratado como uma ovelha negra. Uma coisa é falar da boca para fora e desafiar a autoridade apenas cosmeticamente, por exemplo vestindo roupas não convencionais — o que os cientistas sociais e economistas chamam de "sinalização barata" —, e outra é provar a disposição de traduzir convicção em ação.

Meu tio paterno não se incomodou muito com minhas ideias políticas (essas vêm e vão); ficou indignado por eu tê-las usado como desculpa para me vestir com desleixo. Para ele, a deselegância por parte de um parente próximo era a ofensa mortal.

O conhecimento público da minha detenção teve outro grande benefício: permitiu-me evitar os costumeiros sinais externos de rebelião adolescente. Descobri que é muito mais eficaz agir como um cara legal e ser "razoável" desde que você se mostre disposto a ir além da mera verborragia. Você pode se dar ao luxo de ser compassivo, relaxado e cortês contanto que, vez por outra, quando menos se espera, mas de forma completamente justificada, você processe alguém, ou agrida um inimigo, simplesmente para mostrar que você dá conta de transformar seu discurso em ação.

*"Paraíso" evaporado*

O "paraíso" libanês de súbito evaporou, depois de alguns tiros e granadas de morteiros. Poucos meses após o episódio da minha detenção, depois de quase treze séculos de extraordinária coexistência étnica, um Cisne Negro, saído do nada, transformou o lugar celestial em inferno. Teve início uma feroz guerra civil entre cristãos e muçulmanos, incluindo os refugiados palestinos que ficaram do lado dos muçulmanos. Foi brutal, já que as zonas de combate estavam no centro da cidade, e a maior parte da luta armada ocorreu em áreas residenciais (minha escola ficava a uns cem metros da zona de guerra). O conflito durou mais de uma década e meia. Não descreverei muitos detalhes. É possível que a invenção da pólvora e de armas poderosas tenha transformado o que seriam apenas condições de tensão, na era da espada, em uma incontrolável espiral de guerra alimentada por retaliações do tipo olho por olho.

À parte a destruição física (que, no fim ficou claro, foi fácil de reverter com alguns empreiteiros motivados, políticos subornados e acionistas ingênuos), a guerra removeu boa parte da crosta de sofisticação que tinha feito das cidades levantinas um centro contínuo de grande refinamento intelectual ao longo de 3 mil anos. Os cristãos vinham deixando a área desde os tempos dos otomanos — aqueles que partiram para o Ocidente adotaram prenomes ocidentais e se inseriram na nova cultura. Esse êxodo se acelerou. O número de pessoas cultas se reduziu a um nível abaixo de crítico. De repente, o lugar se tornou um vácuo. A evasão de cérebros é difícil de reverter, e parte do antigo refinamento talvez esteja perdida para sempre.

*A noite estrelada*

Na próxima vez que você enfrentar um blecaute, console-se um pouco fitando o céu. Você não o reconhecerá. Durante a guerra, Beirute sofreu frequentes apagões de energia elétrica. Antes que as pessoas comprassem seus próprios geradores, um lado do céu ficava limpo à noite, devido à ausência de poluição luminosa. Era o lado da cidade mais distante da zona de combate.

Privadas de televisão, as pessoas iam de carro assistir à erupção de luzes das batalhas noturnas. Pareciam preferir o risco de ser feitas em pedaços pelos projéteis de morteiros ao tédio de uma noite enfadonha.

Assim, era possível enxergar com grande clareza as estrelas. No Ensino Médio, eu tinha aprendido que os planetas estão em algo chamado de *equilíbrio*, então não precisávamos nos preocupar com o risco de as estrelas nos atingirem de forma inesperada. Para mim, isso tinha uma sinistra semelhança com as histórias que também nos contavam na escola sobre a "singular estabilidade histórica" do Líbano. A própria ideia de um suposto equilíbrio me incomodava. Eu olhava para as constelações no céu e não sabia em que acreditar.

## A HISTÓRIA E O TRIO DA OPACIDADE

A história é opaca. Você vê o resultado, não o roteiro que produz eventos, o gerador da história. Há uma incompletude fundamental na compreensão que você tem desses eventos, uma vez que não vê o que está dentro da caixa, como funcionam os mecanismos. O que chamo de gerador de eventos históricos é diferente dos eventos em si, assim como não é possível ler a mente dos deuses ao testemunhar atos divinos. É muito provável que você esteja enganado com relação às intenções deles.

Essa desconexão é semelhante à diferença entre a comida que chega à mesa do restaurante e o processo observado na cozinha (a última vez que tomei o *brunch* em um certo restaurante chinês na Canal Street, no centro de Manhattan, vi um rato saindo da cozinha).

A mente humana padece de três doenças ao entrar em contato com a história, o que chamo de *trio da opacidade*. São elas:

a. a ilusão de compreensão, ou como todo mundo pensa que sabe o que está acontecendo em um mundo que é mais complicado (ou aleatório) do que as pessoas percebem;
b. a distorção retrospectiva, ou como podemos avaliar as questões apenas depois do fato, como se estivessem em um espelho retrovisor (a história parece mais clara e mais organizada nos livros do que na realidade empírica); e

c. a supervalorização da informação factual e a desvantagem de pessoas autoritárias e instruídas, especialmente quando elas criam categorias — quando "platonificam".

*Ninguém sabe o que está acontecendo*

A primeira perna do trio é a patologia de pensar que o mundo em que vivemos é mais compreensível, mais explicável e, portanto, mais previsível do que realmente é.

Os adultos me diziam constantemente que a guerra, que no fim das contas acabou durando quase dezessete anos, terminaria em "questão de poucos dias". Pareciam bastante confiantes em suas previsões de duração do conflito, como pode ser evidenciado pelo número de pessoas que, sentadas em quartos de hotel e outras acomodações temporárias no Chipre, na Grécia, França e outros lugares, esperavam a guerra terminar. Um tio vivia me contando como, cerca de trinta anos antes, quando os palestinos ricos fugiram para o Líbano, eles consideraram se tratar de uma solução *bastante temporária* (a maioria dos que ainda estão vivos permanece lá até hoje, seis décadas depois). Contudo, quando eu lhe perguntava se com o nosso conflito aconteceria a mesma coisa, ele respondia: "Não, claro que não. Este lugar é diferente; sempre foi diferente". De alguma forma, o que meu tio detectava em outros parecia não se aplicar a ele próprio.

Essa cegueira de duração que acomete os exilados de meia-idade é uma doença bastante difundida. Mais tarde, quando decidi evitar a obsessão que o exilado tem por suas raízes (as raízes dos exilados penetram na personalidade deles um pouco fundo demais), estudei a literatura do exílio precisamente para evitar as armadilhas de uma nostalgia obstinada e incontrolável. Esses exilados pareciam ter se tornado prisioneiros de suas memórias de uma origem idílica — sentavam-se junto com outros prisioneiros do passado e conversavam sobre o país de antigamente, e comiam a comida tradicional ao som dos acordes de sua música folclórica ao fundo. Estavam sempre imaginando hipóteses contrafactuais, gerando cenários alternativos que poderiam ter acontecido para evitar as rupturas históricas, a exemplo de "se o xá não tivesse nomeado esse incompetente como primeiro-ministro, ainda estaríamos lá". Era como se a ruptura histórica tivesse uma causa específica, e como se a catástrofe pudesse ter sido evitada eliminando-se *aquela* causa específica. Então eu fazia perguntas a todas as pessoas deslocadas que conseguia encontrar, a fim de obter informações sobre seu comportamento durante o exílio. Quase todos agem da mesma maneira.

Ouvimos incontáveis histórias de refugiados cubanos, com malas ainda feitas pela metade, que na década de 1960 foram para Miami a fim de passar "questão de poucos dias" após a instalação do regime de Castro. E de refugiados iranianos em Paris e Londres que haviam fugido da República Islâmica em 1978, crentes de que sua ausência seria um breve período de férias. Mais de um quarto de século depois, muitos ainda esperam retornar. Muitos russos que emigraram para o exílio em 1917, caso do escritor Vladimir Nabokov, radicaram-se em Berlim, talvez de modo a estar perto o suficiente para um retorno rápido. O próprio Nabokov passou a vida em acomodações temporárias, fosse na indigência ou no luxo, e terminou seus dias no hotel Palácio de Montreux, no lago Genebra.

Havia, é claro, certa dose de autoengano fantasioso e otimista em todos esses erros de previsão, a cegueira da esperança, mas havia também um problema de conhecimento. A dinâmica do conflito libanês era evidentemente imprevisível; no entanto, o raciocínio das pessoas ao examinar os eventos mostrava uma constante: quase todos aqueles que se importavam pareciam convencidos de que entendiam o que estava acontecendo. Cada dia trazia acontecimentos que se mostravam completamente fora do escopo das previsões dessas pessoas, mas elas não conseguiam enfiar na cabeça que não os haviam previsto. Muitas coisas que aconteceram teriam sido consideradas uma completa maluquice com relação ao passado. No entanto, não pareciam uma loucura tão grande *depois* dos fatos. Essa plausibilidade retrospectiva causa um desconto da raridade do concebimento do fato. Mais tarde, vi exatamente a mesma ilusão de compreensão aplicada ao sucesso de negócios e aos mercados financeiros.

*A história não rasteja, dá saltos*

Mais tarde, repassando na memória os eventos do tempo de guerra enquanto eu formulava minhas ideias sobre a percepção de eventos aleatórios, desenvolvi a impressão dominante de que nossa mente é uma maravilhosa máquina de explicação, capaz de atribuir sentido a quase tudo, capaz de engendrar razões para todos os tipos de fenômenos, e geralmente incapaz de aceitar a ideia de imprevisibilidade. Esses eventos eram inexplicáveis, mas as pessoas inteligentes se julgavam capazes de fornecer explicações convincentes para eles — depois do fato. Além disso, quanto mais inteligente a pessoa, mais sensata parece a explicação. O mais preocupante é que todas essas convicções e teorias pareciam ter coerência lógica e ser desprovidas de inconsistências.

Então, ainda na adolescência fui embora do lugar chamado Líbano, mas, uma vez que um grande número de parentes e amigos meus permaneceram lá, eu sempre voltava para visitá-los, especialmente durante as hostilidades. A guerra não era contínua: havia períodos em que a luta era interrompida por soluções "permanentes". Nos momentos de maior tribulação eu me sentia mais próximo de minhas raízes e movido pela necessidade de voltar e mostrar apoio àqueles que tinham ficado para trás — pessoas que muitas vezes se sentiam desmoralizadas pelas partidas e com inveja dos amigos da onça que tinham condições de buscar segurança econômica e pessoal, retornando só para passar férias durante as ocasionais fases de calmaria no conflito. Quando estava fora do Líbano, eu não conseguia trabalhar nem ler, ciente de que havia gente morrendo lá, mas, paradoxalmente, quando eu estava *no Líbano*, preocupava-me menos com os eventos e conseguia me dedicar a meus interesses intelectuais sem um pingo de culpa. É interessante notar que durante a guerra as pessoas gostavam de festejar bastante e cultivavam um gosto ainda maior por luxos, o que tornava as visitas bastante atraentes, apesar dos combates.

Havia algumas perguntas difíceis. Como teria sido possível prever que as pessoas que pareciam um modelo de tolerância se tornariam os mais selvagens bárbaros da noite para o dia? Por que a mudança foi tão abrupta? A princípio, pensei que talvez a guerra libanesa não fosse realmente passível de previsão, ao contrário de outros conflitos, e que os levantinos eram uma raça complicada demais, além da compreensão. Mais tarde, à medida que comecei a ponderar sobre todos os grandes eventos da história, fui percebendo que a irregularidade dos levantinos não era um atributo local.

O Levante tem sido uma espécie de produtor em massa de eventos importantes que ninguém previu. Quem previu a ascensão do cristianismo como uma religião dominante na bacia do Mediterrâneo e, mais tarde, no mundo ocidental? Os cronistas romanos desse período sequer tomaram conhecimento da nova religião — historiadores do cristianismo ficam perplexos com a ausência de menções. Tudo indica que a maioria dos figurões não levou a sério as ideias de um judeu aparentemente herético para julgar que ele deixaria vestígios para a posteridade. Temos apenas uma única referência contemporânea a Jesus de Nazaré — em *A guerra dos judeus*, de Flávio Josefo\* —, que bem pode ter sido uma adição posterior de algum copista devoto. E quanto à religião concorrente que surgiu sete séculos depois? Quem previu que um punhado de cavaleiros espalharia seu império e a lei islâmica desde o subcontinente indiano até a Espanha em apenas alguns anos? Ainda mais do que a ascensão do cristianismo, a difusão do islã (a terceira edição, por assim dizer) foi o evento com a máxima imprevisibilidade; muitos historiadores, ao examinar os registros, ficaram surpresos com a rapidez da mudança. Georges Duby, por exemplo, expressou seu espanto diante da velocidade com que quase dez séculos de helenismo levantino foram apagados "com um golpe de cimitarra". Um ocupante posterior da mesma cadeira de história no Collège de France, Paul Veyne, falou apropriadamente de religiões espalhando-se "como best-sellers" — comparação que indica imprevisibilidade. Esses tipos de descontinuidade na cronologia dos eventos não tornaram das mais fáceis a profissão de historiador: o cuidadoso escrutínio do passado, nos mais ínfimos detalhes, não nos ensina muito sobre a mente da história; apenas nos dá a ilusão de compreendê-la.

A história e as sociedades não rastejam. Dão saltos. Pulam de ruptura em ruptura, com algumas poucas vibrações intermediárias. No entanto, nós (e os historiadores) gostamos de acreditar na progressão gradual e previsível, a passos pequenos.

Ocorreu-me uma fulminante convicção, que desde então nunca mais me abandonou, de que somos simplesmente uma grande máquina de olhar para trás, e que os humanos são ótimos em autoilusão. Cada ano que passa aumenta minha crença nessa distorção.

*Querido diário: A história corre para trás*

Os eventos se apresentam a nós de forma distorcida. Pense na natureza da informação: dos milhões, talvez até trilhões, de pequenos fatos que prevalecem

---

\* Ed. bras.: *A guerra dos judeus*. Trad. A. C. Godoy. Curitiba: Juruá, 2002. (N. T.)

antes da ocorrência de um evento, ao fim e ao cabo apenas alguns se mostrarão relevantes para nossa compreensão do que aconteceu. Como a nossa memória é limitada e filtrada, estará inclinada a se lembrar dos dados que posteriormente coincidem com os fatos, a menos que você seja como Funes, do conto epônimo de Jorge Luis Borges, "Funes, o memorioso", que de nada se esquece e parece condenado a viver com o peso do acúmulo de informações não processadas. (Não é uma vida muito longa.)*

Minha primeira exposição à distorção retrospectiva aconteceu da maneira como narro a seguir. Durante a infância eu tinha sido um leitor voraz, embora instável, mas passei a primeira fase da guerra em um porão, mergulhado de corpo e alma em todas as formas de livros. A escola estava fechada, e choviam projéteis de morteiros. Porões são terrivelmente monótonos. No começo, minhas principais preocupações giravam em torno de como lutar contra o tédio e do que ler a seguir** — ainda que ser forçado a ler por falta de outras atividades não seja tão agradável quanto ler por vontade própria. Eu queria ser filósofo (ainda quero), então senti que precisava fazer um investimento, estudando vigorosamente as ideias alheias. As circunstâncias me motivaram a estudar explicações teóricas e relatos gerais de guerras e conflitos, tentando penetrar nas entranhas da história, perscrutar o funcionamento dessa grande máquina que gera eventos.

Surpreendentemente, o livro que me influenciou não foi escrito por alguém do ramo do pensamento, mas por um jornalista, William Shirer: *Diário de Berlim: Jornal de um correspondente estrangeiro, 1934-1941*. Shirer era um correspondente radiofônico, famoso por seu livro *Ascensão e queda do Terceiro Reich*.*** Ocorreu-me que o *Diário* oferecia uma perspectiva incomum. Eu já tinha lido (ou lido sobre) as obras de Hegel, Marx, Toynbee, Aron e Fichte acerca da filosofia da história e suas propriedades, e julgava ter uma vaga ideia

---

* Incluído no volume *Ficciones*. Ed. bras.: *Ficções*. Trad. Davi Arrigucci Jr. São Paulo: Companhia das Letras, 2007. (N. T.)

** Benoît Mandelbrot, que teve uma experiência semelhante mais ou menos com a mesma idade, mas quase quatro décadas antes, relembra seu próprio episódio na guerra como longos intervalos de doloroso tédio pontuados por breves momentos de medo extremo.

*** Ed. bras.: *Ascensão e queda do Terceiro Reich*. Trad. Pedro Pomar e Leônidas Gontijo de Carvalho. Rio de Janeiro: Civilização Brasileira, 1962; Rio de Janeiro: Agir, 2008; Rio de Janeiro: Nova Fronteira, 2017. (N. T.)

das noções de dialética, até o ponto em que havia algo a se entender nessas teorias. Não entendi muito, exceto que a história tinha alguma lógica e que as coisas se desenvolviam por meio da contradição (ou a partir de opostos) de uma maneira que elevava a humanidade a formas sociais superiores — esse tipo de coisa. Isso parecia tremendamente semelhante à teorização ao meu redor sobre a guerra no Líbano. Até hoje surpreendo as pessoas que me fazem a ridícula pergunta sobre quais livros "moldaram meu pensamento" dizendo-lhes que foi esse o livro que mais me ensinou (embora inadvertidamente) sobre filosofia e teoria da história — e, veremos, sobre ciência também, uma vez que aprendi a diferença entre processos *forward* (progressivo, de avanço, para a frente) e *backward* (regressivo, de retrocesso, para trás).

Como? Simplesmente, o diário pretendia descrever os eventos *enquanto estavam acontecendo*, não depois. Eu estava em um porão com a história se desenrolando de forma audível acima de mim (o som das granadas de morteiros me mantinha acordado a noite inteira). Eu era um adolescente comparecendo aos funerais de meus colegas de classe. Estava vivenciando um desdobramento não teórico da história e estava lendo sobre alguém que parecia vivenciar a história à medida que ela avançava. Fiz esforços para produzir mentalmente uma representação cinematográfica do futuro e percebi que não era tão óbvio. Atinei com o fato de que se eu começasse a escrever sobre os eventos mais tarde, eles pareceriam mais... *históricos*. Havia uma diferença entre o *antes* e o *depois*.

O diário foi supostamente escrito sem que Shirer soubesse o que ia acontecer a seguir, quando a informação disponível para ele não havia sido corrompida pelos resultados posteriores. Alguns comentários aqui e ali eram bastante esclarecedores, em especial os relacionados à convicção francesa de que Hitler era um fenômeno transitório, o que explicava a falta de preparação dos franceses e sua rápida capitulação subsequente. Em momento algum a extensão da devastação foi considerada possível.

Embora nossa memória seja extremamente instável, um diário fornece fatos indeléveis registrados de maneira mais ou menos imediata; assim, permite a fixação de uma percepção não revisada e nos permite estudar, no futuro, os eventos em seu próprio contexto. Mais uma vez, o importante era o suposto método de descrição do evento, não sua execução. A bem da verdade, é provável que Shirer e seus editores tenham trapaceado um pouco, já que o livro foi publicado em 1941, e os editores, segundo me disseram, estão no ramo de entregar textos para o público em geral, em vez de fornecer representações fiéis da mentalidade dos autores, despojada de distorções retrospectivas. (Quando me refiro a "trapaça", quero dizer eliminar, no momento da publicação, elementos que não se mostram relevantes para os acontecimentos, acentuando assim aqueles que possam interessar ao público. Na verdade, o processo de edição pode resultar em uma severa deturpação, ainda mais quando se garante ao autor que o trabalho será acompanhado por "um bom editor".) Ainda assim, encontrar o livro de Shirer me propiciou uma intuição sobre os mecanismos de funcionamento da história. Seria de se supor que as pessoas que viveram o início da Segunda Guerra Mundial tivessem alguma noção de que algo crucial estava acontecendo. De forma alguma.*

O diário de Shirer acabou sendo um programa de treinamento em dinâmica de incerteza. Eu queria ser filósofo, sem saber na época o que a maioria dos filósofos profissionais fazia para ganhar a vida. Em vez disso, a ideia me levou à aventura (ou melhor, à prática intrépida da incerteza) e também a empreitadas matemáticas e científicas.

*Educação em um táxi*

Apresentarei a seguir o terceiro elemento da trinca, a maldição da aprendizagem. Eu observava atentamente meu avô, que era ministro da Defesa, e mais tarde foi ministro do Interior e vice-primeiro-ministro nos primeiros dias da guerra, antes que seu papel político definhasse. Apesar da posição que ele ocupava, meu avô parecia tão ignorante em relação ao que iria acontecer quanto

---

\* O historiador Niall Ferguson mostrou que, apesar de todas as explicações padrão para os eventos que precederam a Primeira Guerra Mundial (a Grande Guerra), descrevendo "tensões crescentes" e "escalada de crises", o conflito foi uma surpresa. Apenas em uma análise retrospectiva a guerra foi tida como inevitável por historiadores que olharam para trás. Ferguson usou um argumento empírico inteligente para deixar claro seu ponto de vista: examinou os valores dos títulos imperiais, que normalmente incluem as previsões dos investidores em relação às necessidades de financiamento do governo e o declínio nas expectativas de conflitos, já que as guerras causam graves déficits. Mas os preços dos títulos não refletiam a expectativa de uma guerra. Vale notar que esse estudo ilustra, além do mais, como trabalhar com preços pode fornecer uma boa compreensão da história.

seu motorista, Mikhail. Contudo, ao contrário do meu avô, Mikhail costumava repetir "Deus sabe" como seu principal comentário acerca dos acontecimentos, transferindo para patamares superiores a tarefa de compreensão.

Notei que as previsões das pessoas muito inteligentes e informadas não levavam vantagem alguma sobre as dos motoristas de táxi, mas havia uma diferença crucial. Os taxistas não achavam que entendiam tanto quanto as pessoas cultas — na verdade, eles não eram os especialistas e sabiam disso. Ninguém sabia coisa nenhuma, mas os pensadores da elite julgavam saber mais do que o resto porque eram pensadores da elite, e se você é um membro da elite, automaticamente sabe mais do que quem não faz parte da elite.

Não apenas o conhecimento, mas a informação também pode ter um valor duvidoso. Eu me dei conta de que quase todo mundo estava a par dos eventos correntes em seus mais ínfimos pormenores. A sobreposição entre os jornais era tão grande que, quanto mais a pessoa lia, menos e menos informações obtinha. Ainda assim, todos estavam tão ansiosos para se familiarizar com todos os fatos que liam cada documento recém-impresso e ouviam cada estação de rádio como se a grande resposta estivesse prestes a ser revelada no próximo boletim. As pessoas tornaram-se enciclopédias ambulantes de quem se reuniu com quem e qual político disse o que a qual outro político (e com que tom de voz: "Ele foi mais amigável do que de costume?"). No entanto, era tudo em vão.

## AGLOMERADOS

Reparei também durante a guerra no Líbano que os jornalistas tendiam a se aglomerar não necessariamente em torno das mesmas opiniões, mas amiúde em torno do mesmo modelo de análise. Eles atribuem a mesma importância aos mesmos conjuntos de circunstâncias e dividem a realidade nas mesmas categorias — mais uma vez a manifestação de platonicidade, o desejo de recortar a realidade em formas nítidas. O que Robert Fisk chama de "jornalismo de hotel" aumentava ainda mais o contágio mental. Se no jornalismo praticado anteriormente o Líbano era parte do Levante, ou seja, o Mediterrâneo oriental, agora de repente tornara-se parte do Oriente Médio, como se alguém tivesse conseguido transportar o país para mais perto das areias da Arábia Saudita. A ilha de Chipre, a cerca de 96 quilômetros de distância e cuja comida, igrejas e hábitos eram quase idênticos aos da minha aldeia no norte do Líbano, de súbito passou a fazer parte da Europa (é claro que os nativos de ambos os lados acabaram se condicionando). Se no passado havia sido traçada uma distinção entre Mediterrâneo e não Mediterrâneo (ou seja, entre o azeite de oliva e a manteiga), na década de 1970 a distinção repentinamente passou a ser entre Europa e não Europa. Com o islã sendo a cunha que separa as duas, não se sabe onde encaixar os nativos cristãos de língua árabe (ou os judeus arabófonos) nessa história. Os humanos têm necessidade de categorizar, mas isso se torna patológico quando a categoria é vista como definitiva, impedindo as pessoas de levar em consideração a imprecisão dos limites, muito menos de reavaliar suas categorias. O contágio era o culpado. Se você selecionasse cem jornalistas de pensamento independente, capazes de ver os fatores isolados uns dos outros, obteria cem opiniões diferentes. Mas o processo de fazer essas pessoas noticiarem no mesmo compasso levou a um considerável encolhimento da dimensionalidade da opinião — as opiniões dos jornalistas convergiam, e eles usavam os mesmos itens como causas. Por exemplo, para sairmos do Líbano por um momento, todos os repórteres agora se referem aos "estrondosos anos 1980", presumindo que havia algo de particularmente distinto naquela década exata. E durante a bolha da internet no final dos anos 1990, os jornalistas concordaram com relação a indicadores malucos como explicação para a qualidade de empresas imprestáveis que todos estavam tão ávidos para comprar.*

Se você quiser ver a que me refiro por arbitrariedade das categorias, verifique a situação da política polarizada. Da próxima vez que um marciano visitar a Terra, tente explicar a ele por que as pessoas que são a favor de se permitir a eliminação de um feto dentro do útero da mãe também se opõem à pena de morte. Ou tente explicar ao alienígena por que razão os que aceitam o aborto são supostamente favoráveis a uma elevada carga tributária, mas contra Forças Armadas poderosas. Por que as pessoas que preferem a liberdade sexual precisam ser contrárias à liberdade econômica individual?

* Veremos no capítulo 10 alguns inteligentes testes quantitativos que comprovam esse comportamento de manada; eles mostram que, em muitos assuntos, a distância entre as opiniões é extraordinariamente mais estreita do que a distância entre a média de opiniões e a verdade.

Ainda bem jovem, percebi o absurdo do processo de aglomeração. Por conta de uma reviravolta farsesca, naquela guerra civil do Líbano os cristãos se tornaram adeptos do livre mercado e do sistema capitalista — ou seja, o que um jornalista chamaria de "a direita" —, e os islâmicos se tornaram socialistas, obtendo apoio dos regimes comunistas (o *Pravda*, o órgão do regime comunista, os chamou de "combatentes da opressão", embora, mais tarde, quando os russos invadiram o Afeganistão, tenham sido os norte-americanos que buscaram se associar a Bin Laden e seus colegas muçulmanos).

A melhor maneira de provar o caráter arbitrário dessas categorias, e o efeito de contágio que elas produzem, é lembrar com que frequência esses aglomerados se invertem ao longo da história. A atual aliança entre fundamentalistas cristãos e o lobby israelense certamente pareceria intrigante para um intelectual do século XIX — os cristãos costumavam ser antissemitas, e os muçulmanos eram os protetores dos judeus, a quem preferiam com relação aos cristãos. Os libertários costumavam ser de esquerda. Como probabilista, a meu ver, o interessante é que algum evento aleatório faz com que um grupo que inicialmente apoia uma causa se alie a outro grupo que apoia outra causa, levando assim os dois a se fundir e se unificar... até a surpresa da separação.

O processo de categorização sempre resulta na redução da verdadeira complexidade. É uma manifestação do gerador de Cisnes Negros, a inabalável platonicidade que defini no prólogo. Qualquer redução do campo ao nosso redor pode ter consequências explosivas, uma vez que exclui algumas fontes de incerteza; isso nos leva a uma compreensão equivocada do tecido do mundo. Por exemplo, você pode pensar que os islâmicos radicais (e seus valores) são seus aliados contra a ameaça do comunismo, e assim você talvez queira ajudá-los a se desenvolver, até o dia em que eles despacham dois aviões para o centro de Manhattan.

Foi alguns anos após o início da guerra do Líbano, quando eu estudava na Wharton School, aos 22 anos de idade, que me ocorreu a ideia de mercados eficientes — segundo a qual não é possível obter lucros com títulos negociados, uma vez que esses instrumentos incorporaram automaticamente todas as informações disponíveis. Informações públicas podem, portanto, ser inúteis, sobretudo para um homem de negócios, uma vez que os preços podem já "incluir" todas essas informações, e notícias compartilhadas com milhões de pessoas não propiciam nenhuma vantagem concreta. O mais provável é que uma ou mais das centenas de milhões de outros leitores dessa informação já tenham comprado o título, o que acarretará o aumento do preço. Foi então que desisti de ler jornais e assistir à televisão, o que liberou uma quantidade considerável de tempo (uma hora ou mais por dia, digamos, tempo suficiente para ler mais de cem livros adicionais por ano, o que, após um par de décadas, começa a ser um volume e tanto). Mas esse argumento não foi exatamente a razão completa para a máxima que reitero neste livro — evite os jornais —, pois veremos que evitar a toxicidade da informação traz ainda mais benefícios. De início foi uma excelente desculpa para me esquivar de me manter atualizado quanto às minúcias do negócio, um álibi perfeito, pois eu nada via de interessante nos detalhes do mundo dos negócios — um meio deselegante, sem graça, pomposo, ganancioso, pouco intelectual, egoísta e chatíssimo.

*Onde está o show?*

Por que alguém com planos de se tornar um "filósofo" ou um "filósofo científico da história" acabaria numa escola de negócios, e ainda por cima a Wharton, escapa à minha compreensão. Lá constatei que não era apenas algum político irrelevante num país pequeno e antiquado (e seu motorista-filósofo Mikhail) que não sabia o que estava acontecendo. Afinal, nada mais normal do que pessoas em países pequenos *não terem noção alguma* do que está acontecendo. O que vi foi que em uma das escolas de negócios mais prestigiosas do mundo, na maior potência da história do planeta, onde os executivos das corporações mais poderosas descreviam o que estavam fazendo para ganhar a vida, era possível que eles também não soubessem patavina do que estava acontecendo. Para falar a verdade, na minha mente isso era muito mais do que uma possibilidade. Senti nas costas o peso da arrogância epistêmica da raça humana.[*]

Fiquei obcecado. Na época, comecei a tomar consciência do meu objeto de estudo — o *evento relevante altamente improvável*. E não eram apenas executivos corporativos bem-vestidos e turbinados de testosterona que em geral eram ludibriados por essa sorte concentrada, mas pessoas de grande erudição. Essa

---

[*] Foi quando percebi que a grande força do sistema de livre mercado é o fato de que os executivos das corporações não precisam saber o que está acontecendo.

consciência transformou meu Cisne Negro, que de um problema de pessoas sortudas ou azaradas nos negócios passou a ser um problema de conhecimento e ciência. Minha ideia é que alguns resultados científicos não apenas são inúteis na vida real, porque subestimam o impacto do altamente improvável (ou nos induzem a ignorá-lo), mas muitos deles podem estar efetivamente criando Cisnes Negros. Eles são não somente erros taxonômicos que podem fazer a pessoa ser reprovada em um curso de ornitologia. Comecei a ver as consequências da ideia.

## QUATRO QUILOS DEPOIS

Quatro anos e meio depois de me formar na Wharton (e quatro quilos mais pesado), em 19 de outubro de 1987 saí dos escritórios do banco de investimentos Credit Suisse First Boston, na área central de Manhattan, e fui a pé para casa no Upper East Side. Caminhei a passos lentos, pois estava tomado de perplexidade.

Aquele dia testemunhou um evento financeiro traumático: a maior queda do mercado na história (moderna). Foi ainda mais traumático por ter ocorrido num momento em que acreditávamos ter alcançado sofisticação suficiente, com aquele mundaréu de economistas platonificados de fala inteligente (com suas equações fajutas baseadas em curvas em forma de sino) para prevenir, ou pelo menos prever e controlar, choques de grande envergadura. A queda não foi sequer a resposta a uma notícia discernível. A ocorrência do evento estava fora do âmbito de qualquer coisa que alguém poderia ter imaginado no dia anterior — se eu tivesse apontado a possibilidade, me chamariam de lunático. O evento qualificava-se como Cisne Negro, mas na época eu ainda não conhecia a expressão.

Na Park Avenue, encontrei por acaso um colega meu, Demetrius, e, quando comecei a falar com ele, uma mulher fustigada de aflição, perdendo todas as inibições, entrou de supetão na conversa: "Ei, vocês dois sabem o que está acontecendo?". As pessoas na calçada pareciam atordoadas. Horas antes, eu tinha visto adultos chorando baixinho na sala de operações do First Boston. Eu passara o dia no epicentro dos eventos, com pessoas em estado de choque correndo de um lado para o outro, mais perdidas do que cachorro que caiu do caminhão de mudança. Assim que cheguei em casa, meu primo Alexis me ligou para dizer que seu vizinho tinha cometido suicídio, pulando da janela do apartamento um andar acima do dele. Não tive nem uma sensação de inquietação. Parecia o Líbano, com uma diferença: tendo visto ambas as situações, fiquei surpreso com o fato de que problemas financeiros podiam ser mais desmoralizantes do que a guerra (basta considerar que os problemas financeiros e as muitas humilhações que vêm a reboque podem levar ao suicídio, mas a guerra não parece fazer isso de forma direta).

Eu temia uma vitória de Pirro: em termos intelectuais me senti vingado, os fatos me deram razão, mas senti medo de estar certo *demais* e de ver o sistema desmoronar sob meus pés. A verdade é que eu não queria estar tão certo. Vou me lembrar para sempre do falecido Jimmy P. que, vendo seu patrimônio líquido em processo de derretimento, continuou implorando, meio que de brincadeira, para que o preço na tela parasse de desabar.

Mas naquele momento percebi de imediato que eu não dava a mínima para o dinheiro. Senti na pele a sensação mais estranha que já tive na vida, uma trombeta ensurdecedora anunciando para mim que *eu estava certo*, tão barulhenta que fez meus ossos vibrarem. Nunca mais senti aquilo de novo e jamais serei capaz de explicar a sensação para aqueles que nunca passaram por isso. Foi um fenômeno físico, talvez uma mistura de alegria, orgulho e terror.

E eu me sentia vingado? Como?

Durante o primeiro ano ou os dois primeiros anos após minha chegada à Wharton, desenvolvi uma especialidade exata, mas estranha: apostar em eventos raros e inesperados, aqueles que estavam na *dobra platônica* e eram considerados "inconcebíveis" pelos "especialistas" platônicos. Lembre-se de que a dobra platônica é o ponto onde nossa representação da realidade deixa de ser aplicável — mas não sabemos disso.

Pois muito cedo abracei como principal ganha-pão a profissão de "analista quantitativo de finanças". Tornei-me um *"quant"* e *trader* ao mesmo tempo — um *quant* é um tipo de cientista industrial que aplica modelos matemáticos de incerteza a dados financeiros (ou socioeconômicos) e a instrumentos financeiros complexos. Só que eu era um *quant* ao contrário: estudava as falhas e os limites desses modelos, procurando a dobra platônica onde eles param de funcionar. Também me envolvi em negociações especulativas, não "apenas papo furado", o que era raro para os *quants*, uma vez que eram impedidos de "correr riscos", seu papel sendo restrito à análise, não à tomada de decisões. Eu me convenci de que era totalmente incompetente em prever preços de mercado — mas também de que os outros eram, em geral, tão incompetentes quanto eu, só que não sabiam disso, ou não sabiam que estavam correndo riscos enormes. A maioria dos traders estava apenas "catando centavos na frente de um rolo compressor", expondo-se ao evento raro de alto impacto e ainda assim dormindo feito bebês, alheios ao fato. O meu trabalho era o único que poderia ser feito por uma pessoa que via a si mesma como alguém que odeia riscos, tem consciência dos riscos e é extremamente ignorante.

Além disso, a bagagem técnica que vem no pacote de ser um *quant* (uma mistura de matemática aplicada, engenharia e estatística), além da imersão na prática, acabou se mostrando muito útil para quem queria ser um filósofo.* Em primeiro lugar, quando você passa duas décadas fazendo trabalho empírico com dados em grande escala e assumindo riscos com base em tais estudos, pode facilmente identificar elementos na textura do mundo que o "pensador" platonificado não consegue ver, ou porque sofreu uma lavagem cerebral ou porque se sente ameaçado demais. Em segundo lugar, meu trabalho permitiu que eu me tornasse formal e sistemático em meu pensamento, em vez de chafurdar no anedótico. Por fim, tanto a filosofia da história quanto a epistemologia (a filosofia do conhecimento) pareciam inseparáveis do estudo empírico de dados de séries temporais, que é uma sucessão de números no tempo, uma espécie de documento histórico contendo números em vez de palavras. E números são fáceis de processar em computadores. Estudar dados históricos faz com que

---

* Eu me especializei em complicados instrumentos financeiros chamados de "derivativos", aqueles que exigiam matemática avançada —, mas para os quais os erros resultantes do uso da matemática errada eram os mais gigantescos. O tema era suficientemente novo e atraente para que eu fizesse uma tese de doutorado sobre ele.

Note que não fui capaz de construir uma carreira apenas apostando nos Cisnes Negros — não havia oportunidades negociáveis suficientes. Por outro lado, pude evitar a exposição a eles protegendo meu portfólio de investimentos contra grandes perdas. Então, a fim de eliminar a dependência da aleatoriedade, eu me concentrei nas ineficiências técnicas entre instrumentos complexos e em tirar proveito dessas oportunidades sem exposição ao evento raro, antes que elas desaparecessem à medida que meus concorrentes se tornassem avançados em termos tecnológicos. Em um momento posterior da minha carreira, descobri o negócio mais fácil (e menos carregado de aleatoriedade) de proteger grandes carteiras de investimentos contra o Cisne Negro, no estilo de seguros.

você tome consciência de que a história corre para a frente, não para trás, e de que é mais caótica do que relatos narrados. A epistemologia, a filosofia da história e a estatística têm como objetivo compreender verdades, investigar os mecanismos que as geram e separar a regularidade daquilo que é coincidência nas questões históricas. Todos esses ramos da ciência lidam com a questão do que se sabe, só que ficam em edifícios diferentes, por assim dizer.

*O palavrão da independência*

Naquela noite, em 19 de outubro de 1987, dormi por doze horas seguidas. Era difícil falar com meus amigos, todos prejudicados de alguma forma pela queda da Bolsa, sobre aquele sentimento de estar vingado. As bonificações na época eram uma fração do que são hoje, mas se meu empregador, o First Boston, e o sistema financeiro sobrevivessem até o final do ano, eu receberia o equivalente a uma bolsa de pesquisa para um projeto caro em uma universidade de ponta. Isso às vezes é chamado de "dinheiro suficiente para mandar todo mundo à merda", termo que, apesar da grosseria, significa uma dinheirama que permite à pessoa agir como um cavalheiro vitoriano, liberto da escravidão. É um anteparo psicológico: o capital não é tão grande a ponto de você ficar podre de rico, mas grande o suficiente para lhe dar a liberdade de escolher uma nova ocupação sem ter que pensar demais nas compensações financeiras. Protege você de prostituir sua mente e o liberta da autoridade externa — qualquer autoridade externa. (A independência é uma questão muito pessoal: sempre me espantou o elevado número de sujeitos cuja renda surpreendentemente alta só levou a uma dose extra de puxa-saquismo servil, à medida que eles se tornaram mais dependentes de seus clientes e empregadores e mais viciados em ganhar ainda mais dinheiro.) Embora não fosse substancial segundo alguns padrões, minha renda literalmente curou-me de toda e qualquer ambição financeira — eu sentia vergonha toda vez que desperdiçava tempo reservado aos estudos para buscar riqueza material. Note que a designação *dinheiro suficiente para mandar todo mundo à merda* corresponde à estimulante capacidade de pronunciar a compacta expressão "*vá à merda*" antes de desligar o telefone.

Naquela época, era extremamente comum que traders quebrassem telefones quando perdiam dinheiro. Alguns recorriam à destruição de cadeiras, mesas ou qualquer coisa que fizesse barulho. Certa feita, no pregão de Chicago, um operador tentou me estrangular, e foram necessários quatro seguranças para afastá-lo de mim. O sujeito se enfureceu porque eu havia invadido o que ele considerava seu "território". Quem ia querer deixar para trás um ambiente desse tipo? Compare com almoços em um insípido refeitório de universidade, com professores bem-educados discutindo a última intriga departamental. Então, permaneci no ramo das operações financeiras atuando como analista quantitativo e trader (ainda estou lá), mas me organizei para fazer o mínimo de trabalho, ainda que intenso (e divertido), com foco exclusivo nos aspectos mais técnicos, sem jamais participar de "reuniões" de negócios, evitando a companhia dos "bem-sucedidos" e de pessoas de terno e gravata que não leem livros, e tirando um ano sabático a cada três, em média, a fim de preencher as lacunas em minha cultura científica e filosófica. Para destilar lentamente minha única ideia, quis me tornar um *flâneur*, um meditador profissional, me sentar em cafés, ficar à toa, desgrudado de escrivaninhas e organogramas, dormir o tempo que precisasse, ler vorazmente e não dever explicação nenhuma a quem quer que fosse. Queria ficar sozinho para construir, um pequeno passo de cada vez, todo um sistema de pensamento baseado na minha ideia do Cisne Negro.

*Filósofo de limusine*

A guerra no Líbano e a quebra da Bolsa de 1987 pareciam fenômenos idênticos. Tornou-se óbvio para mim que praticamente todo mundo tinha um ponto cego mental que os impossibilitava de reconhecer o papel de tais eventos: era como se não fossem capazes de enxergar esses mamutes, ou como se rapidamente se esquecessem deles. A resposta estava bem na minha frente: era uma *cegueira* psicológica, talvez até biológica; o problema não estava na natureza dos eventos, mas na forma como nós os percebíamos.

Encerro este prelúdio autobiográfico com a história a seguir. Eu não tinha uma especialidade definida (exceto meu ganha-pão diário) e não queria uma. Em eventos sociais, quando as pessoas me perguntavam o que eu fazia da vida, eu sentia a tentação de responder "Sou um *empirista cético* e um *flâneur- -leitor*, alguém comprometido em investigar profundamente uma ideia", mas simplificava as coisas dizendo que era motorista de limusine.

Certa vez, em um voo transatlântico, fui realocado para a primeira classe. O *upgrade* me colocou ao lado de uma senhora vestida com roupas caras e ar de poderosa grã-fina, coberta de joias e exalando ouro, que não parava de comer nozes (uma dieta com restrição no consumo de carboidratos, talvez) e insistia em beber apenas água Evian, enquanto lia a edição europeia do *Wall Street Journal*. Ela teimou em tentar entabular conversa em um francês claudicante, já que me viu ler um livro (em francês) do sociólogo-filósofo Pierre Bourdieu — que, ironicamente, teorizou sobre as marcas de distinção social. Eu a informei (em inglês) que era motorista de limusine, insistindo cheio de orgulho que só dirigia carros "sofisticadíssimos". Um silêncio glacial perdurou por todo o voo, e, embora a tensão fosse palpável, consegui ler em paz.

# 2. O Cisne Negro de Ievguênia

*Óculos cor-de-rosa e sucesso — Como Ievguênia parou de se casar com filósofos — Eu avisei*

Cinco anos atrás, Ievguênia Nikoláievna Krásnova era uma romancista obscura e inédita, com uma formação inusitada. Neurocientista com interesse em filosofia (seus primeiros três maridos eram filósofos), ela enfiou na teimosa cabeça franco-russa a intenção de expressar suas pesquisas e ideias em forma literária. Ievguênia adornava suas teorias no estilo de histórias, misturando-as com toda sorte de comentários autobiográficos, e evitava as prevaricações jornalísticas da narrativa de não ficção contemporânea ("Em uma límpida manhã de abril, John Smith saiu de casa..."). Os diálogos de personagens estrangeiros eram sempre escritos na língua original, com traduções inseridas como se fossem legendas de filmes. Ievguênia se recusava a dublar em um inglês ruim conversas que tinham ocorrido em italiano ruim.*

Nenhum editor teria dado a menor atenção a ela, não fosse pelo fato de que havia, à época, certo interesse pelos raros cientistas capazes de se expressar em frases semicompreensíveis. Alguns editores concordaram em falar com Ievguênia; esperavam que ela amadurecesse e escrevesse um "livro de divulgação

---

* Seu terceiro marido era um filósofo italiano.

científica sobre a consciência". Ela recebeu atenção suficiente para merecer a cortesia de cartas de rejeição e ocasionais comentários ofensivos em vez do silêncio, muito mais aviltante e degradante.

O manuscrito de Ievguênia deixou os editores confusos. Ela não conseguia nem responder à primeira pergunta deles: "é uma obra de ficção ou de não ficção?". Tampouco era capaz de responder à pergunta "para quem este livro foi escrito?" nos formulários de propostas de livros das editoras. Ela ouvia os conselhos editoriais: "você precisa entender quem é seu público" e "os amadores escrevem para si próprios, os profissionais escrevem para os outros". Ievguênia também foi instruída a se enquadrar em um gênero muito bem definido, porque "as livrarias não gostam de ficar confusas e precisam saber em que prateleira colocar o livro". Um editor acrescentou, em tom protetor: "Isto aqui, minha cara amiga, vai vender só dez exemplares, incluindo aqueles comprados por seus parentes e ex-maridos".

Cinco anos antes, Ievguênia havia participado de um famoso workshop de escrita criativa, do qual saiu nauseada. Aparentemente, "escrever bem" significava obedecer a regras arbitrárias que se transformam em preceitos dogmáticos, com o reforço confirmatório daquilo que chamamos de "experiência". Os escritores que ela conheceu estavam aprendendo a atualizar com ares modernos o que era tido como literatura de sucesso: todos tentavam imitar histórias que haviam sido publicadas em edições passadas da revista *New Yorker* — sem perceber que a maior parte das coisas novas, por definição, não podem ter como modelo edições passadas da *New Yorker*. Para Ievguênia, até mesmo a ideia de um "conto" era um conceito imitativo do tipo "maria vai com as outras". O instrutor da oficina de escrita criativa, com um veredicto gentil, mas categórico, disse a Ievguênia que ela era um caso irremediável.

Ievguênia acabou postando na internet o manuscrito completo de seu principal livro, *Uma história de recorrência*. No ambiente virtual, encontrou um pequeno público leitor, que incluía o astuto proprietário de uma editora minúscula e desconhecida, um sujeito que usava óculos de armação cor-de-rosa e falava um russo primitivo (convencido de que era fluente). Ele se ofereceu para publicar a obra e concordou com a condição imposta por Ievguênia de manter o texto integral e inalterado. Em troca dessa restrição editorial, pagaria a ela uma fração do valor padrão por direitos autorais — ele tinha bem pouco a perder. Ievguênia aceitou, já que não tinha outra escolha.

Ievguênia levou cinco anos para ser alçada da categoria "egomaníaca sem justificativa nenhuma para ser egocêntrica, teimosa e intratável" para "perseverante, resoluta, meticulosa e de uma independência feroz". Pois o livro dela aos poucos foi gerando entusiasmo, tornando-se um dos grandes e estranhos sucessos na história da literatura, por fim vendendo milhões de exemplares e conquistando a assim chamada aclamação crítica. Desde então, a pequena editora tornou-se uma grande corporação, com uma recepcionista (educadíssima) para receber os visitantes que adentram o escritório principal. O livro de Ievguênia foi traduzido para quarenta idiomas (inclusive o francês). A fotografia dela está em toda parte. Ela é considerada uma pioneira de algo chamado de Escola Consiliente. Agora os editores têm uma teoria de que "motoristas de caminhão que leem livros não leem livros escritos para motoristas de caminhão" e defendem a ideia de que "os leitores desprezam os escritores que cedem aos desejos dos leitores". Agora prevalece o entendimento de que um artigo científico pode ocultar trivialidades ou irrelevância com equações e jargões; a prosa consiliente, ao expor uma ideia em seu estado bruto, permite que ela seja julgada pelo público leitor.

Hoje, Ievguênia parou de se casar com filósofos (eles argumentam em demasia), e se esconde da imprensa. Nas salas de aula, acadêmicos literários discutem as muitas pistas que indicam a inevitabilidade do novo estilo. A distinção entre ficção e não ficção é considerada arcaica demais para resistir aos desafios da sociedade moderna. Era tão evidente que precisávamos remediar a fragmentação entre arte e ciência. Depois do fato, o talento dela era bastante óbvio.

Mais tarde, muitos dos editores que Ievguênia conheceu a culparam por não tê-los procurado, convencidos de que teriam visto de imediato o mérito da obra dela. Daqui a alguns anos, algum douto estudioso da literatura escreverá o ensaio "De Kundera a Krásnova", mostrando como as sementes dos textos de Ievguênia podem ser encontradas em Kundera — um precursor que amalgamou ensaio e metacomentário (Ievguênia nunca leu Kundera, mas viu a versão cinematográfica de um dos romances dele — não havia comentário algum no filme). Algum acadêmico renomado mostrará como a influência de Gregory Bateson, que injetou cenas autobiográficas em seus artigos de pesquisa acadêmica, é visível em todas as páginas (Ievguênia nunca ouviu falar de Bateson).

O livro de Ievguênia é um Cisne Negro.

# 3. O especulador e a prostituta

*Sobre a diferença crítica entre especuladores e prostitutas — Justiça, injustiça e Cisnes Negros — Teoria do conhecimento e rendimentos profissionais — Como o Extremistão não é o melhor lugar para se visitar, exceto, talvez, se você for um vencedor*

A ascensão de Ievguênia de escritora de segunda categoria à condição de superestrela literária só é possível em um ambiente, que chamo de Extremistão.\* Em breve apresentarei a distinção fundamental entre a província geradora de Cisnes Negros que é o Extremistão e a província inofensiva, sossegada e monótona que é o Mediocristão.

## O MELHOR (PIOR) CONSELHO

Quando repasso mentalmente todos os "conselhos" que as pessoas já me deram, vejo que apenas algumas ideias permaneceram comigo por toda a vida. O resto não passou de meras palavras, e estou feliz por não ter dado atenção

---

\* Aos leitores que pesquisaram Ievguênia Krásnova no Google, lamento dizer que ela é (oficialmente) uma personagem fictícia.

à maior parte delas. Quase todas consistiam em recomendações do tipo "seja comedido e razoável em suas declarações", contradizendo a ideia do Cisne Negro, uma vez que a realidade empírica não é "comedida", e sua própria versão de "razoabilidade" não corresponde à definição mediana convencional. Ser genuinamente empírico é refletir a realidade da maneira mais fiel possível; ser honrado implica não temer a aparência e as consequências de ser estranho. Na próxima vez que alguém incomodar você com conselhos desnecessários, use toda a gentileza do mundo para lembrar essa pessoa do destino do monge que Ivan, o Terrível, mandou matar por dar conselhos desagradáveis (e moralizantes). Isso funciona como uma solução de curto prazo.

Em retrospecto, o conselho mais importante que me deram foi ruim, mas também, paradoxalmente, foi o mais relevante, pois me instigou a um estudo mais profundo da dinâmica do Cisne Negro. Esse conselho me foi dado quando eu tinha 22 anos de idade, numa tarde de fevereiro, no corredor de um prédio no número 3400 da rua Walnut, na Filadélfia, onde eu morava. Um aluno do segundo ano da Wharton me disse para arranjar uma profissão que fosse "escalável", isto é, do tipo em que a pessoa não é paga por hora e, portanto, não está sujeita às limitações da quantidade de trabalho. Era uma maneira muito simples de fazer uma distinção entre as profissões e, a partir daí, generalizar uma separação entre os tipos de incerteza — e isso me levou ao principal problema filosófico, o problema da indução, que é o nome técnico do Cisne Negro. Isso me permitiu transformar o Cisne Negro de um impasse lógico em uma solução fácil de implementar, e, como veremos nos próximos capítulos, fundamentá-lo na textura da realidade empírica.

Como um conselho de carreira levou a essas ideias sobre a natureza da incerteza? Algumas profissões, a exemplo de dentistas, consultores ou massagistas, não podem ser escaláveis: há um limite para o número de pacientes ou clientes que o profissional dá conta de atender em um determinado período de tempo. Se a pessoa é uma prostituta, trabalha por hora e (geralmente) recebe por hora. Além disso, a presença física dessa profissional é (suponho) necessária para o serviço que ela oferece. Se você abrir um restaurante chique, conseguirá, na melhor das hipóteses, manter a casa constantemente lotada (a menos que abra uma franquia). Nessas profissões, por mais que você seja bem remunerado, sua renda está sujeita à gravidade. Sua receita depende mais dos seus esforços contínuos que da qualidade das decisões que você toma. Ademais, esse ramo de atividade é amplamente previsível: vai passar por variações, mas não a ponto de tornar o faturamento de um único dia mais significativo que a renda do resto da sua vida. Em outras palavras, não será o tipo de trabalho movido pelo Cisne Negro. Ievguênia Nikoláievna Krásnova não teria conseguido cruzar, da noite para o dia, o abismo entre ser uma coitada derrotada e uma heroína suprema se fosse contadora ou especialista em hérnias (mas nesse caso também não teria sido uma coitada derrotada em primeiro lugar).

Outras profissões permitem adicionar zeros à sua produção (e à sua renda) se você for bom no que faz, com pouco ou nenhum esforço extra. Ora, sendo preguiçoso, considerando a preguiça como um ativo, e ávido para liberar o máximo de tempo do meu dia para meditar e ler, eu logo cheguei a uma conclusão (embora equivocada). Separei a pessoa "de ideias", que vende um produto intelectual na forma de uma transação ou atividade produtiva, da pessoa "de trabalho", que vende o trabalho que ela realiza.

Se você é uma pessoa "de ideias", não precisa trabalhar com afinco, apenas pensar intensamente. Você faz o mesmo trabalho, quer produza cem unidades ou mil. Nas negociações *quant*, o mesmo volume de trabalho está envolvido tanto na compra de cem ações como na compra de 100 mil, ou até mesmo de 1 milhão de ações. É o mesmo telefonema, o mesmo cálculo, o mesmo documento legal, o mesmo gasto de neurônios, o mesmo esforço em verificar se a transação está correta. Além disso, é possível trabalhar tanto da sua banheira quanto de um bar em Roma. Você pode substituir o trabalho pelo seu poder de barganha! Bem, tá legal, eu estava um pouco errado quanto às operações de um trader: você não pode trabalhar de uma banheira, mas, quando é feito do jeito certo, o trabalho permite uma quantidade considerável de tempo livre.

O mesmo princípio se aplica a artistas da música e atores de cinema: eles deixam que os engenheiros de som e projecionistas façam o trabalho; não há necessidade dar as caras em todas as apresentações para desempenhar seu papel. Da mesma forma, o esforço que um escritor emprega para atrair um único leitor é o mesmo empenho para cativar várias centenas de milhões de leitores. J. K. Rowling, a autora dos livros da série *Harry Potter*, não tem que reescrever cada volume toda vez que alguém quiser ler as histórias. Mas não é assim no caso de um padeiro: ele precisa assar cada pão para satisfazer cada cliente adicional.

Portanto, a distinção entre um escritor e um padeiro, um especulador e um médico, um fraudador e uma prostituta, é uma forma útil de olhar para o mundo das atividades. Ela separa dois tipos de profissões, aquelas em que é possível acrescentar zeros de renda sem uma quantidade maior de trabalho pesado, e aquelas que requerem mais trabalho e tempo (a oferta de ambos é limitada) — em outras palavras, as profissões do segundo caso estão sujeitas à gravidade.

CUIDADO COM O ESCALÁVEL

Mas por que o conselho do meu colega foi ruim?

Se o conselho foi útil, e de fato foi, de modo a criar uma classificação que ranqueasse incerteza e conhecimento, foi um erro no que diz respeito à escolha das profissões. Pode ter valido a pena para mim, mas somente porque tive sorte e porque estava "no lugar certo na hora certa", como diz o ditado. Se eu mesmo tivesse que dar conselhos a alguém, recomendaria escolher uma profissão que *não* fosse escalável! Profissões escaláveis só são boas quando você é bem-sucedido; elas são mais competitivas, produzem desigualdades monstruosas e são muito mais aleatórias, com enormes disparidades entre empenho e recompensas — alguns poucos podem ficar com uma fatia maior do bolo e deixar os outros de fora, sem que tenham responsabilidade por isso.

Uma categoria de profissões é impulsionada pelo medíocre, o mediano e o nem muito bom nem muito ruim. Nela, a mediocridade tem consequências coletivas. A outra categoria inclui gigantes ou anões — mais precisamente, um número muito pequeno de gigantes e um número enorme de anões.

Vamos ver o que está por trás da formação de gigantes inesperados — a formação do Cisne Negro.

*O advento da escalabilidade*

Pense no destino de Giaccomo, um cantor de ópera do final do século XIX, antes da invenção da gravação de som. Digamos que ele se apresente em uma cidadezinha remota no centro da Itália. Está protegido dos egos inflados do La Scala de Milão e de outras grandes casas de ópera. Ele se sente seguro, porque em algum lugar do distrito sempre haverá alguém para procurar os serviços de suas cordas vocais. Não há como exportar sua cantoria, e é impossível que os outros tenores e barítonos figurões exportem a voz deles e ameacem a franquia local de Giaccomo. Ele ainda não tem meios de gravar seu trabalho, então sua presença física é necessária em cada apresentação, exatamente como um barbeiro (ainda hoje) é necessário para realizar cada corte de cabelo. Assim, o bolo é dividido de forma desigual, mas apenas ligeiramente, mais ou menos como o nosso consumo de calorias. Corta-se o bolo em alguns pedaços, e todos recebem um naco; os mandachuvas têm plateias maiores e recebem mais convites que os peixes pequenos, mas isso não é muito preocupante. Desigualdades existem, mas podemos dizer que são *suaves*. Ainda não há escalabilidade, não é possível dobrar a mais numerosa plateia presencial sem ter de cantar duas vezes.

Agora pense no efeito da primeira gravação de música, uma invenção que introduziu uma grande dose de injustiça. A capacidade de reproduzir e repetir performances me permite ouvir no laptop horas de música de fundo do pianista Vladimir Horowitz (hoje morto e enterrado) tocando os *Prelúdios* de Rachmaninoff, em vez de um músico russo local emigrado (ainda vivo), agora reduzido a dar aulas de piano para crianças geralmente desprovidas de talento, por um valor que beira o salário mínimo. Horowitz, embora mortinho da silva, está levando o pobre homem à falência. Prefiro ouvir Vladimir Horowitz ou Arthur Rubinstein comprando um CD por 10,99 dólares a pagar 9,99 dólares para ouvir algum músico desconhecido (mas muito talentoso) formado na Juilliard School ou no Conservatório de Praga. Se você me perguntar por que escolho Horowitz, responderei que é por causa da ordem, ritmo ou paixão, quando, na verdade, provavelmente deve existir uma legião de pessoas de quem nunca ouvi falar, e de quem jamais ouvirei falar — aqueles que não conseguiram chegar aos palcos —, mas que talvez toquem igualmente bem.

Algumas pessoas ingênuas acreditam que o processo de injustiça começou com o gramofone, de acordo com a lógica que acabei de apresentar. Discordo. Estou convencido de que o processo começou muito, muito antes, com nosso DNA, que armazena informações sobre nós e nos permite repetir nosso desempenho sem estarmos lá, disseminando nossos genes ao longo das gerações. A evolução é escalável: o DNA que vence (seja por sorte ou por vantagem de sobrevivência) se reproduz, tal qual um livro best-seller ou um disco de sucesso, e se torna generalizado. Outros DNAs desaparecem. Basta levar em consideração a diferença entre nós, humanos (excluindo economistas financeiros e homens de negócios), e outros seres vivos no planeta.

Ademais, acredito que a grande transição na vida social se deu não com o advento do gramofone, mas quando alguém teve a ideia ótima, embora injusta, de inventar o alfabeto, o que nos permitiu armazenar informações e reproduzi-las. Esse processo se acelerou ainda mais quando outro inventor teve a ideia ainda mais perigosa e iníqua de criar uma prensa tipográfica, dessa maneira disseminando textos através das fronteiras e desencadeando o que ao fim e ao cabo se tornou uma ecologia do tipo "o vencedor leva tudo". Ora, mas o que havia de tão injusto na disseminação dos livros? O alfabeto permitiu que histórias e ideias fossem reproduzidas com alta fidelidade e sem limites, sem qualquer gasto adicional de energia por parte do autor em suas apresentações subsequentes. Ele sequer precisava estar vivo — quase sempre, a morte é um bom passo estratégico na carreira de um escritor. Isso implica que aqueles que, por algum motivo, começam a receber alguma atenção podem alcançar rapidamente mais mentes do que outros e expulsar os concorrentes das prateleiras. No tempo dos bardos e trovadores, todos tinham uma plateia. Um contador de histórias, assim como um padeiro ou um ferreiro, tinha um mercado e a garantia de que ninguém de algum lugar longínquo poderia desalojá-lo de seu território. Hoje, alguns poucos ficam com quase tudo; o restante, com quase nada.

Pelo mesmo mecanismo, o advento do cinema tirou o emprego de atores locais, tornando-os obsoletos. Mas existe uma diferença. Em atividades nas quais há um componente técnico, como o ofício de pianista ou de neurocirurgião, é fácil verificar o talento, e a opinião subjetiva desempenha um papel relativamente pequeno. A injustiça vem à tona quando alguém que é tido apenas como um pouquinho melhor leva o bolo inteiro.

Nas artes — no cinema, por exemplo — as coisas são muito mais cruéis. O que chamamos de "talento" geralmente resulta do sucesso, e não o contrário. Uma grande quantidade de empirismo foi aplicada ao assunto, mais notadamente por parte de Art De Vany, pensador perspicaz e original que estudou com obstinação a incerteza desenfreada nos filmes. Ele mostrou que, infelizmente, muito do que atribuímos às habilidades é uma atribuição a posteriori. O filme faz o ator, afirma De Vany — e uma grande dose de sorte não linear faz o filme.

O sucesso dos filmes depende em peso de contágios. Esses contágios não se aplicam apenas aos filmes: parecem afetar uma ampla gama de produtos culturais. Para nós, é difícil aceitar que as pessoas não se apaixonam por obras de arte apenas por seu valor intrínseco, mas também para sentir que pertencem a uma comunidade. Imitando, nos aproximamos mais dos outros, isto é, de outros imitadores. É uma luta contra a solidão.

Essa discussão mostra a dificuldade de prever resultados em um ambiente de sucesso concentrado. Então, por ora, vamos observar que a divisão entre profissões pode ser usada para entender a divisão entre os tipos de variáveis aleatórias. Vamos nos aprofundar na questão do conhecimento, da inferência sobre o desconhecido e nas propriedades do conhecido.

ESCALABILIDADE E GLOBALIZAÇÃO

Toda vez que ouvimos um europeu de cultura mediana esnobe (e frustrado) alardear estereótipos sobre os norte-americanos, ele invariavelmente os descreve como "incultos", "nem um pouco intelectuais" e "ruins em matemática" porque, ao contrário de seus colegas europeus, os norte-americanos não gostam de exercícios com equações e de construções que os europeus intelectualmente sofríveis chamam de "alta cultura" — por exemplo, ter conhecimento sobre a inspiradora (e decisiva) viagem de Goethe à Itália, ou ter familiaridade com a escola de pintura de Delft. No entanto, a pessoa que faz essas declarações provavelmente é viciada em seu iPod, veste calça jeans e usa o Microsoft Word para anotar em um computador pessoal suas afirmações "culturais", aqui e ali interrompendo seu texto para fazer algumas pesquisas no Google. Bem, acontece que hoje em dia os Estados Unidos são muito, muito mais criativos do que essas nações de frequentadores de museus e solucionadores de equações. Os Estados Unidos também são muito mais tolerantes com improvisos e ajustes de baixo para cima e com experimentações não direcionadas de tentativa e erro. A globalização permitiu que os Estados Unidos se especializassem no aspecto criativo das coisas, na produção de conceitos e ideias, isto é, na parte escalável dos produtos, e fez com que, cada vez mais, por meio da exportação de empregos, separassem os componentes menos escaláveis para atribuí-los às pessoas que ficam felizes em ser pagas por hora. Ganha mais dinheiro quem projeta um par de tênis do que quem efetivamente faz o calçado. A Nike, a Dell e a Boeing podem ser pagas apenas para pensar, organizar e tirar o máximo proveito de seu conhecimento técnico e de suas ideias, tudo isso enquanto fábricas subcontratadas nos países em desenvolvimento fazem o trabalho pesado e engenheiros de nações cultas e matemáticas realizam o trabalho técnico não criativo. A economia norte-americana se alavancou fortemente fazendo render a geração de ideias, o que explica por que a perda de empregos na manufatura pode ser associada a uma elevação do padrão de vida. Claro que o revés de uma economia mundial em que a recompensa vai para as ideias é o aumento da desigualdade entre os geradores de ideias, juntamente com um papel maior tanto para a oportunidade como para a sorte — mas deixarei para a parte III a discussão do aspecto socioeconômico; aqui, meu foco será o conhecimento.

## VIAGENS DENTRO DO MEDIOCRISTÃO

Essa distinção entre escalável e não escalável nos permite fazer uma nítida diferenciação entre duas variedades de incertezas, dois tipos de aleatoriedade.

Vamos fazer o seguinte experimento mental. Suponha que você reúna até mil pessoas selecionadas de forma aleatória junto à população em geral e as coloque uma ao lado da outra em um estádio. Você pode até incluir franceses no grupo (mas, por favor, não muitos, em consideração aos demais participantes), membros da máfia, não membros da máfia e vegetarianos.

Pense na pessoa mais pesada que você é capaz de imaginar e a inclua nessa amostragem. Presumindo que o peso dessa pessoa seja três vezes acima da média, algo em torno de 180 a 230 quilos, ela raramente representará mais do que uma pequenina fração do peso de toda a população (neste caso, cerca de 0,5%).

Você pode até ser mais agressivo. Se você escolher a pessoa mais pesada do planeta, dentro dos limites que a biologia é capaz de permitir (e que ainda possa ser chamada de humana), ela não representaria mais do que, digamos, 0,6% do total, um aumento bastante insignificante. E se você tivesse 10 mil pessoas, a contribuição dela seria quase desprezível de tão pequena.

Na província utópica do Mediocristão, eventos específicos não contribuem muito em termos individuais — apenas coletivamente. Posso formular a lei suprema do Mediocristão da seguinte maneira: *quando sua amostragem é grande, nenhum exemplar único alterará significativamente o agregado ou o total*. A maior observação permanecerá digna de nota na soma, mas em última instância insignificante.

Usarei outro exemplo, que peguei emprestado do meu amigo Bruce Goldberg: nosso consumo calórico. Veja quantas calorias você ingere por ano — se você for classificado como humano, perto de 800 mil calorias. Nenhum dia isolado, nem mesmo o feriado de Ação de Graças que você passou na casa da sua tia-avó, representará uma grande fatia desse montante. Mesmo que você tentasse se matar de tanto comer, as calorias desse dia não afetariam de modo significativo seu consumo anual.

Agora, se eu lhe dissesse que é possível encontrar alguém que pesa vários milhares de toneladas, ou que tem várias centenas de quilômetros de altura, você teria um motivo mais do que justo para pedir um exame do meu lobo frontal, ou para sugerir que eu me transformasse em escritor de ficção científica. Mas você não pode descartar tão facilmente variações extremas com uma espécie diferente de quantidades, para as quais voltamos nossa atenção a seguir.

*O estranho país do Extremistão*

À guisa de comparação, leve em conta o patrimônio líquido das mil pessoas que você perfilou no estádio. Adicione a pessoa mais rica que pode ser encontrada no planeta — digamos, Bill Gates, o fundador da Microsoft. Parta do princípio de que o patrimônio líquido dele beire os 80 bilhões de dólares, e que o capital somado dos outros seja em torno de alguns milhões. Que fração da riqueza total ele representaria? Noventa e nove vírgula nove por cento? Na verdade, todos os outros representariam nada mais do que um erro de arredondamento para o patrimônio líquido dele, a variação de seu portfólio de investimentos pessoal no último segundo. Para que o peso de alguém represente essa fatia, essa pessoa precisaria pesar cerca de 23 milhões de quilos!

Tente novamente com, digamos, vendas de livros. Enfileire mil escritores (ou pessoas implorando para ser publicadas, mas que se autodenominam escritoras, em vez de garçons) e verifique as vendas dos livros delas. Em seguida, adicione a escritora viva que (atualmente) tem mais leitores no mundo. J. K. Rowling, a autora da série *Harry Potter*, com centenas de milhões de exemplares vendidos, ofuscará os outros milhares de escritores que, somados, terão algumas centenas de milhares de leitores, no máximo.

Experimente também com a categoria de citações acadêmicas (a menção de um acadêmico por outro acadêmico em uma publicação formal), referências na mídia, renda, tamanho das empresas e assim por diante. Chamemos essas questões de *sociais*, visto que são feitas pelo homem, em contraste com as físicas, como, por exemplo, a circunferência da cintura.

*No Extremistão, as desigualdades são de tal ordem que uma única observação pode impactar desproporcionalmente o agregado ou o total.*

Portanto, embora o peso, a altura e o consumo de calorias sejam do Mediocristão, a riqueza não é. Quase todas as questões sociais têm origem no Extremistão. Outra maneira de dizer isso é que as quantidades sociais são informacionais, não físicas: não é possível tocá-las. O dinheiro em uma conta bancária é algo importante, mas certamente *não é físico*. Como tal, pode assumir qualquer valor sem necessidade de gasto de energia. É apenas um número!

Observe que antes do advento da tecnologia moderna, as guerras costumavam pertencer ao Mediocristão. É difícil matar muita gente se você tiver que massacrar uma pessoa de cada vez. Hoje, com ferramentas de destruição em massa, basta um botão, um maluco ou um pequeno erro para apagar o planeta do mapa.

Veja a implicação para o Cisne Negro. O Extremistão pode produzir Cisnes Negros, e de fato faz isso, uma vez que algumas ocorrências tiveram enormes influências na história. É a ideia principal deste livro.

*Extremistão e conhecimento*

Embora essa distinção (entre o Mediocristão e o Extremistão) tenha sérias ramificações tanto para a justiça social quanto para a dinâmica dos eventos, vejamos como ela se aplica ao conhecimento, que é onde reside a maior parte de seu valor. Se um marciano viesse à Terra e se dedicasse a medir a altura dos habitantes deste planeta feliz, poderia parar depois de aferir cem humanos para obter uma boa ideia da nossa altura média. Se você mora no Mediocristão, pode se sentir confortável com o que mediu — contanto que saiba com certeza que aquilo que você mediu vem do Mediocristão. E pode também ficar tranquilo com *o que você aprendeu* a partir dos dados. A consequência epistemológica é que com a aleatoriedade ao estilo do Mediocristão não é *possível** ter uma surpresa do tipo Cisne Negro de tal modo que um único evento possa dominar um fenômeno. *Primo*, os cem primeiros dias devem revelar tudo o que você precisa saber acerca dos dados. *Secondo*, mesmo que você tenha uma surpresa, como vimos no caso do ser humano mais pesado do planeta, ela não teria relevância.

Se você estiver lidando com quantidades do Extremistão, terá dificuldade em calcular a média de qualquer amostragem, uma vez que ela pode depender demais de uma única observação. A ideia é simples assim. No Extremistão, uma unidade pode facilmente afetar o total de maneira desproporcional. Nesse mundo, você deve sempre desconfiar do conhecimento que extrai a partir dos dados. Trata-se de um teste muito simples de incerteza que nos permite distinguir entre os dois tipos de aleatoriedade. *Capisce?*

O que você pode saber com base nos dados do Mediocristão aumenta muito rapidamente com o fornecimento de informações. Mas o conhecimento no Extremistão cresce de maneira lenta e errática com a adição de dados, alguns deles extremos, possivelmente em um ritmo desconhecido.

*Frenética e moderada*

Se seguirmos minha distinção de escalável *versus* não escalável, podemos ver diferenças claras tomando forma entre o Mediocristão e o Extremistão. Eis aqui alguns exemplos.

*Questões que parecem pertencer ao Mediocristão* (sujeitas ao que chamamos de aleatoriedade do tipo 1): altura, peso, consumo de calorias; renda de um padeiro, de um dono de um pequeno restaurante, de uma prostituta ou de um ortodontista; lucros de jogatina (no caso muito especial, presumindo que a pessoa vai a um cassino e mantém um volume de apostas constante); acidentes de carro, taxas de mortalidade, "QI" (de acordo com medições).

*Questões que parecem pertencer ao Extremistão* (sujeitas ao que chamamos de aleatoriedade do tipo 2): riqueza, renda, vendas de livros por autor, citações de livros por autor, reconhecimento como "celebridade", número de referências

---

* Enfatizo o *possível* porque a chance dessas ocorrências é normalmente da ordem de uma em vários trilhões de trilhões, o mais próximo do impossível.

no Google, populações de cidades, uso de palavras em um vocabulário, número de falantes por idioma, danos causados por terremotos, mortes na guerra, mortes causadas por atentados terroristas, tamanho de planetas, tamanho de empresas, propriedade de ações, altura entre as espécies (leve em consideração elefantes e ratos), mercados financeiros (mas seu gestor de investimentos não sabe disso), preços de commodities, taxas de inflação, dados econômicos. A lista do Extremistão é muito mais longa do que a anterior.

*A tirania do acidente*

Outra maneira de reformular a distinção geral é a seguinte: o Mediocristão é o lugar onde devemos suportar a tirania do coletivo, a rotina, o óbvio e o previsto; o Extremistão é o lugar onde estamos sujeitos à tirania do singular, do acidental, do nunca visto e do imprevisível. Por mais que tente, você nunca perderá muito peso em um único dia; você precisa do efeito coletivo acumulado ao longo de muitos dias, semanas, até meses. Da mesma maneira, se você é um dentista, nunca ficará rico em um único dia — mas pode se sair muito bem ao longo de trinta anos de trabalho motivado, diligente e disciplinado, cumprindo regularmente suas consultas e sessões de perfuração de dentes. Por outro lado, se estiver sujeito à especulação baseada no Extremistão, você pode ganhar ou perder sua fortuna em um único minuto.

A Tabela 1 resume as diferenças entre as duas dinâmicas, às quais continuarei a me referir no restante do livro; confundir a coluna da esquerda com a da direita pode levar a consequências terríveis (ou extremamente sortudas).

Esse esquema, mostrando que o Extremistão é onde está a maior parte da ação do Cisne Negro, é apenas uma aproximação grosseira — por favor, não o platonifique; não o simplifique além do necessário.

O Extremistão nem sempre significa Cisnes Negros. Alguns eventos podem ser raros e relevantes, mas um tanto previsíveis, em especial para quem está preparado para eles e dispõe das ferramentas para entendê-los (em vez de dar ouvidos a estatísticos, economistas e charlatões da variedade curva em forma de sino). Eles são quase Cisnes Negros. São até certo ponto manejáveis cientificamente — o conhecimento sobre sua incidência deveria diminuir nossa surpresa quando eles ocorrem; esses eventos são raros, mas esperados. Chamo de aleatoriedade mandelbrotiana esse caso especial de Cisnes "Cinzentos",

**TABELA 1**

| MEDIOCRISTÃO | EXTREMISTÃO |
|---|---|
| Não escalável | Escalável |
| Aleatoriedade moderada ou do tipo 1 | Aleatoriedade frenética (até mesmo superfrenética) ou do tipo 2 |
| O membro mais típico é medíocre | O membro mais "típico" é ou gigante ou anão, ou seja, não há um membro típico |
| Os vencedores ficam com uma pequena fatia do bolo | Efeitos do tipo "o vencedor leva quase tudo" |
| Público de um cantor de ópera antes da invenção do gramofone | Público de um artista hoje em dia |
| Mais provável de se encontrar em nosso meio ambiente ancestral | Mais provável de se encontrar em nosso meio ambiente moderno |
| Impenetrável ao Cisne Negro | Vulnerável ao Cisne Negro |
| Sujeito à gravidade | Não há restrições físicas quanto ao possível valor de um número |
| Corresponde (geralmente) a quantidades físicas, por exemplo, a altura | Corresponde a números, digamos, riqueza |
| Tão próximo da igualdade utópica quanto a realidade é capaz de propiciar espontaneamente | Dominado pela desigualdade extrema do tipo "o vencedor leva tudo" |
| O total não é determinado por uma única instância ou observação | O total será determinado por um pequeno número de eventos extremos |
| Quando você observa por um tempo, consegue saber o que está acontecendo | Demora um bocado de tempo para saber o que está acontecendo |
| Tirania do coletivo | Tirania do acidental |
| Fácil de prever a partir do que você vê e de estender para o que você não vê | Difícil de prever com base em informações anteriores |
| A história rasteja | A história dá saltos |
| Os eventos são distribuídos de acordo com a "curva em forma de sino"* (ou GFI) ou suas variações | A distribuição é ou de Cisnes "Cinzentos" mandelbrotianos (manejáveis cientificamente) ou de Cisnes Negros, totalmente impossíveis de manejar |

\* O que chamo aqui de "distribuição de probabilidade" é o modelo usado para calcular as probabilidades de diferentes eventos, como eles são distribuídos. Quando digo que um evento é distribuído de acordo com a "curva em forma de sino", quero dizer que a curva normal ou gaussiana (em homenagem a C. F. Gauss; falarei mais sobre ele em breve) pode ajudar a fornecer probabilidades de ocorrências diversas.

categoria que engloba a aleatoriedade que produz fenômenos comumente conhecidos por termos como *escalável, invariante de escala, leis de potência, leis de Pareto-Zipf, lei de Yule, processos de distribuição estável de Pareto, Levy--estável* e *leis fractais*, e por ora vamos deixá-los de lado, pois serão abordados com alguma profundidade na parte III. São escaláveis, de acordo com a lógica deste capítulo, mas você pode saber um pouco mais sobre *como* se dá sua escalabilidade, uma vez que compartilham muita coisa com as leis da natureza.

Você ainda pode passar pela experiência de severos Cisnes Negros no Mediocristão, embora não com facilidade. Como? Pode ser que você se esqueça de que uma coisa é aleatória, ache que ela é determinística, e então tenha uma surpresa. Ou você pode enxergar com "visão de túnel",* como se estivesse com antolhos, e deixar passar despercebida uma fonte de incerteza, seja moderada ou frenética, devido à falta de imaginação — a maior parte dos Cisnes Negros resulta dessa doença de "visão de túnel", a qual discutirei no capítulo 9.**

Esse foi um panorama geral "literário" da distinção central deste livro, apresentando um truque para diferenciar o que pode pertencer ao Mediocristão e o que pertence ao Extremistão. Eu disse que farei uma análise mais meticulosa na parte III, então por ora vamos nos concentrar na epistemologia e examinar de que forma a distinção afeta nosso conhecimento.

---

* No original, *tunnel vision*; na oftalmologia, "visão de túnel" ou "visão em túnel" descreve a doença ocular em que há perda da visão periférica, preservando-se apenas a visão central, ou seja, a pessoa só enxerga o que está no centro, tudo ao lado da imagem deixa de ser percebido pelo olho, o que resulta em uma distorção do campo visual. (N. T.)
** Vale mencionar aqui que um dos erros que as pessoas cometem na interpretação da ideia do Cisne Negro é acreditarem que Cisnes Negros são mais frequentes do que imaginamos. Não é exatamente o caso. Cisnes Negros são mais relevantes, não necessariamente mais frequentes. Na verdade, existem menos eventos remotos, mas são cada vez mais extremos em termos de impacto, o que confunde as pessoas, pois elas tendem a descartá-los com mais facilidade.

# 4. 1001 dias, ou como não ser um otário

*Surpresa, surpresa — Métodos sofisticados para aprender com o futuro — Sexto estava sempre à frente — A ideia principal é não ser um otário — Vamos nos mudar para o Mediocristão, se conseguirmos encontrá-lo*

O que nos traz ao problema do Cisne Negro em sua forma original.

Imagine alguém de autoridade e posição elevada, operando em um lugar onde a hierarquia é importante — digamos, uma agência governamental ou uma grande corporação. Pode ser um verborrágico comentarista político da Fox News numa TV bem em frente a você na academia (impossível não olhar para a tela), o presidente de uma empresa discutindo o "futuro brilhante pela frente", um médico platônico que descartou categoricamente a utilidade do leite materno (porque não viu nada de especial nisso), ou um professor da Harvard Business School que não ri das piadas que você conta. Essa pessoa leva um pouco a sério demais aquilo que sabe.

Digamos que um dia, durante um momento de relaxamento, essa pessoa notável e influente seja surpreendida pela travessura de um fanfarrão que, sorrateiramente, enfia-lhe uma pena fina no nariz. Como ficaria a pompa do digno figurão depois dessa pegadinha? Contraste o ar de autoridade com a perplexidade de ser atingido por algo totalmente inesperado que ele não entende. Por um breve instante, antes que ele se recomponha, você o verá desconcertado.

Confesso ter desenvolvido um gosto incorrigível por esse tipo de pegadinha durante meu primeiro acampamento de férias de verão. Introduzida na narina de um campista adormecido, uma pena causava pânico repentino. Passei parte da minha infância praticando variações da brincadeira: no lugar de uma pena fina você pode enrolar a ponta de um lenço de papel para torná-lo longo e estreito. Nisso eu tenho alguma prática, de tanto aprontar com meu irmão mais novo. Uma brincadeira igualmente eficaz é deixar cair um cubo de gelo dentro da gola da camisa da pessoa quando ela menos espera, digamos durante um jantar formal. Tive que parar com essas pegadinhas à medida que fui avançando na idade adulta, claro, mas muitas vezes sou involuntariamente atingido por essa imagem quando me flagro morrendo de tédio em reuniões com homens de negócios de aparência sisuda (ternos escuros e mentes padronizadas), que ficam teorizando, explicando coisas ou discorrendo sobre eventos aleatórios com uma conversa mole salpicada de "porquês". Imagino em detalhes um desses homens e vejo o cubo de gelo deslizando por suas costas — seria menos requintado, ainda que certamente mais espetacular, colocar um camundongo dentro da gola do sujeito, em especial se ele tiver cócegas e estiver usando gravata, o que bloquearia a rota normal de fuga do roedor.*

Pregar peças pode ser um exercício de compaixão. Lembro-me dos meus primeiros tempos atuando como trader, por volta dos 25 anos, quando o dinheiro estava começando a vir facilmente. Quando pegava um táxi, se o motorista falasse em tom desanimado e parecesse deprimido, eu lhe dava uma nota de cem dólares como gorjeta, só para ver o susto que ele tomava e saborear sua surpresa. Eu observava o taxista desdobrar a cédula e olhar para ela com algum grau de consternação (é claro que uma gorjeta de 1 milhão de dólares teria sido melhor, mas isso não estava ao alcance dos meus recursos). Não deixava de ser também um simples experimento hedonista: era uma sensação edificante fazer alguém ganhar o dia com uma bagatela de cem dólares. Com o passar do tempo, parei; todos nós nos tornamos mesquinhos e calculistas quando nossa riqueza cresce e começamos a levar o dinheiro a sério demais.

Não preciso de uma grande ajuda do destino para obter entretenimento em larga escala: a realidade proporciona revisões forçadas de crenças com uma frequência bastante alta. Muitas são um tanto espetaculares. Na verdade, todo

---

* Estou a salvo, pois nunca uso gravata (exceto em funerais).

empreendimento de busca do conhecimento baseia-se em pegar a sabedoria convencional e convicções científicas aceitas e estraçalhar tudo em mil pedaços com novas evidências contraintuitivas, seja em uma escala micro (cada descoberta científica é uma tentativa de produzir um micro-Cisne Negro) ou uma escala maior (a exemplo da relatividade de Poincaré e Einstein). Os cientistas podem até rir de seus predecessores, mas devido a uma série de disposições mentais humanas, poucos percebem que alguém vai rir de suas crenças no futuro (mais próximo do que imaginam). Neste caso, meus leitores e eu estamos rindo do estado *atual* do conhecimento social. Esses figurões não anteveem a chegada da inevitável suplantação de seu trabalho, o que geralmente significa que eles terão uma surpresa e tanto.

## COMO APRENDER COM O PERU

O superfilósofo Bertrand Russell apresenta uma variante especialmente tóxica do meu solavanco de surpresa ao ilustrar aquilo que as pessoas em seu ramo de negócios chamam de Problema da Indução ou Problema do Conhecimento Indutivo (em maiúsculas por conta da seriedade) — certamente o maior de todos os problemas da vida. De que maneira podemos partir *logicamente* de instâncias específicas para chegar a conclusões gerais? Como sabemos o que sabemos? Como sabemos que aquilo que observamos a partir de determinados objetos e eventos nos capacita a descobrir suas outras propriedades? Existem armadilhas embutidas em qualquer tipo de conhecimento obtido por meio da observação.

Pense em um peru que é alimentado todos os dias. Cada refeição solidifica a convicção do pássaro de que é a regra geral da vida ser alimentado todos os dias por membros amigáveis da raça humana "cuidando de seus melhores interesses", como diria um político. Na tarde anterior ao Natal, algo *inesperado* acontecerá com o peru. Isso o levará a rever suas convicções.*

O restante deste capítulo delineará o problema do Cisne Negro em sua forma original: como podemos saber o futuro, dado o conhecimento que

---

* O exemplo original de Russell usou uma galinha, esta é a adaptação aprimorada.

temos do passado; ou, em termos mais gerais, como podemos entender as propriedades do (infinito) desconhecido com base no (finito) conhecido? Pense novamente na alimentação do peru: o que a ave pode aprender, a partir dos eventos de ontem, sobre o que a espera amanhã? Muita coisa, talvez, mas com certeza um pouco menos do que ela pensa, e é exatamente esse "pouco menos" que pode fazer toda a diferença.

O problema do peru pode ser generalizado para qualquer situação em que *a mão que afaga é a mesma que apedreja*. Tenha em mente o caso dos judeus alemães cada vez mais integrados na década de 1930 — ou minha descrição no capítulo 1 de como a população do Líbano foi seduzida e levada a ter uma falsa sensação de segurança pela aparência de amizade e tolerância mútuas.

Vamos dar um passo adiante e ponderar sobre o aspecto mais *preocupante* da indução: aprender de trás para a frente. Imagine que a experiência do peru pode ter, em vez de valor nenhum, um *valor negativo*. A ave aprendeu com a observação, conforme todos nós somos aconselhados a fazer (ei, afinal, isso é o que acreditamos ser o método científico). A confiança do peru aumentou à medida que o número de refeições amigáveis cresceu, e ele parecia cada vez mais seguro, embora o momento do abate estivesse a cada dia mais iminente. Leve em conta que a sensação de segurança atingiu o ápice quando o risco era máximo! Mas o problema é ainda mais geral do que isso; atinge a natureza do próprio conhecimento empírico. Alguma coisa funcionava no passado, até que — bem, inesperadamente não funciona mais, e, no fim fica claro, o que aprendemos com o passado se mostra, na melhor das hipóteses, irrelevante ou falso, e, na pior das hipóteses, perversamente enganador.

A figura 1 fornece o caso prototípico do problema da indução tal qual é encontrado na vida real. Você observa uma variável hipotética para mil dias. Pode ser qualquer coisa (com algumas ligeiras transformações): vendas de livros, pressão arterial, crimes, sua renda pessoal, a flutuação no preço de uma determinada ação, os juros de um empréstimo, a taxa de comparecimento dominical dos devotos nos cultos de uma igreja ortodoxa grega específica. Posteriormente você extrai, *apenas a partir de dados anteriores*, algumas conclusões relativas às propriedades do padrão com projeções para os mil dias seguintes, até mesmo cinco mil dias. No 1001º dia — bum! Ocorre uma grande mudança, para a qual o passado deixou você completamente despreparado.

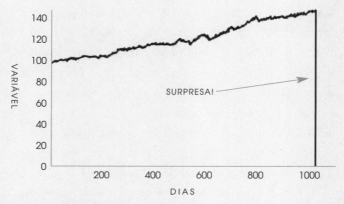

**FIGURA 1. 1001 dias de história.** Um peru antes e depois do Dia de Ação de Graças. A história de um processo de mais de mil dias de duração não diz nada sobre o que vai acontecer a seguir. Essa projeção ingênua do futuro com base no passado pode ser aplicada a qualquer coisa.

Pense na surpresa que foi a Primeira Guerra Mundial. Após os conflitos napoleônicos, o mundo conhecera um período de paz que levaria qualquer observador a acreditar no desaparecimento de conflitos com potencial de destruição grave. Ainda assim, surpresa! A Grande Guerra acabou sendo o conflito mais mortífero, até então, da história da humanidade.

Observe que após o evento você começa a prever a possibilidade de outros *outliers* acontecerem em âmbito local, ou seja, no processo que acabou de surpreender você, *mas não em outros lugares*. Depois da quebra do mercado de ações em 1987, metade dos traders dos Estados Unidos se preparava para outro colapso todo mês de outubro — sem levar em conta que não houve antecedente para o primeiro. Nós nos preocupamos tarde demais — *após o fato*. Confundir uma observação ingênua do passado com algo definitivo ou que representa o futuro é a única causa de nossa incapacidade de entender o Cisne Negro.

Para um diletante afeito a citações, ou seja, um daqueles escritores e estudiosos que recheiam seus textos com frases de alguma autoridade morta — pareceria que, como afirmou Hobbes, "de antecedentes semelhantes fluem consequências semelhantes". Aqueles que acreditam nos benefícios incondicionais da experiência do passado devem levar em consideração esta pérola de sabedoria supostamente pronunciada por um famoso capitão de navio:

Contudo, em toda a minha experiência, nunca sofri nenhum acidente [...] que fosse digno de menção. Em todos os meus anos no mar, vi apenas um navio em perigo. Jamais vi um naufrágio nem nunca naufraguei, tampouco enfrentei qualquer contratempo que ameaçasse terminar em qualquer espécie de desastre.

E. J. Smith, 1907, Capitão, RMS *Titanic*

O navio do capitão Smith afundou em 1912 e se tornou o naufrágio mais comentado da história.*

*Treinado para ser chato*

Da mesma forma, pense em um presidente de banco cuja instituição tenha lucros constantes por um longo tempo e de repente perca tudo em um único revés da fortuna. Tradicionalmente, os banqueiros da variedade que faz empréstimos são figuras em formato de pera, de rosto escanhoado, que se vestem da maneira mais confortável e enfadonha possível, com ternos escuros, camisas brancas e gravatas vermelhas. Na verdade, para praticar seu negócio de empréstimos, os bancos contratam pessoas chatas e as treinam para serem mais chatas ainda. Mas isso é só fachada. Se eles parecem conservadores, é porque seus empréstimos só dão prejuízo em ocasiões raras, raríssimas. Não há meio de avaliar a eficácia da atividade de empréstimos dos bancos observando-a durante um dia ou ao longo de uma semana, um mês ou... até mesmo um século! No verão de 1982, grandes bancos norte-americanos perderam o equivalente

---

* Declarações como essa do Capitão Smith são tão comuns que nem chegam a ser engraçadas. Em setembro de 2006, um fundo chamado Amaranth [amaranto], ironicamente o nome de uma flor que "nunca morre", teve que fechar as portas depois de perder cerca de 7 bilhões de dólares em poucos dias, o prejuízo mais impressionante na história do mercado financeiro (outra ironia: eu compartilhava um escritório com os traders). Poucos dias antes do fato, a empresa fez uma declaração dizendo, em linhas gerais, que os investidores não deveriam se preocupar porque tinham doze gestores de riscos — pessoas que usam modelos do passado para produzir medidas de risco sobre as probabilidades de esse evento ocorrer. Mesmo se tivessem 112 gestores de riscos, isso não faria nenhuma diferença significativa; ainda assim eles teriam ido pelos ares. Está claro que não é possível fabricar mais informações do que o passado é capaz de fornecer; se você comprar cem exemplares do *New York Times*, não estou muito certo de que isso ajudaria a incrementar o seu conhecimento em relação ao futuro. Simplesmente não sabemos quanta informação existe no passado.

a quase todos os lucros anteriores (cumulativamente), mais ou menos tudo o que haviam ganhado na história do sistema bancário dos Estados Unidos — tudo. Eles vinham fazendo empréstimos para países da América do Sul e da América Central que, todos ao mesmo tempo, deram o calote — "um evento de natureza excepcional". Então, demorou apenas um verão para descobrirem que era um negócio de otários e que todos os seus lucros vinham de um jogo bastante arriscado. Tudo isso enquanto os banqueiros induziam todo mundo, especialmente a si próprios, a acreditar que eram "conservadores". Eles não são conservadores; apenas uma habilidade fenomenal de autoengano, varrendo para debaixo do tapete a possibilidade de uma perda colossal e devastadora. Na verdade, a grotesca farsa repetiu-se uma década depois, com os grandes bancos "conscientes do risco" mais uma vez sob pressão financeira, muitos deles à beira da falência após o colapso imobiliário do início da década de 1990, em que os agora extintos segmentos de poupança e empréstimos exigiram um socorro financeiro, pago pelos contribuintes, de mais de meio trilhão de dólares. O Federal Reserve protegeu os bancos às nossas custas: quando banqueiros "conservadores" obtêm lucros, ficam com os benefícios; quando têm prejuízo, nós pagamos o pato.

Depois de me formar na Wharton, comecei a trabalhar para o Bankers Trust (hoje extinto). Lá, o escritório do presidente, rapidamente esquecendo a história de 1982, divulgava os resultados de cada trimestre com um anúncio que explicava o quanto eles eram inteligentes, rentáveis, conservadores (e bonitos). Estava na cara que seus lucros eram simplesmente dinheiro tomado emprestado do destino, uma dívida que seria cobrada em alguma data aleatória. Não tenho nenhum problema com quem corre riscos, mas por favor, por favor, não se autodenomine conservador e banque o superior em comparação a outras empresas que não são tão vulneráveis aos Cisnes Negros.

Outro acontecimento recente é a falência quase instantânea, em 1998, de uma instituição de investimentos financeiros (hedge fund) chamada Long-Term Capital Management (LTCM), que usava os métodos e o conhecimento técnico de gerenciamento de riscos de dois "economistas ganhadores do Nobel", que, embora tidos como "gênios", na verdade usavam matemática fajuta, estilo curva em forma de sino, enquanto conseguiam convencer a si mesmos de que era uma ciência formidável e, assim, estavam fazendo todos no establishment do mercado financeiro de otários. Uma das maiores perdas do mercado de ações da história ocorreu quase que em um piscar de olhos, sem nenhum sinal de alerta (falarei mais, muito mais sobre isso no capítulo 17).*

*Um Cisne Negro é relativo ao conhecimento*

Do ponto de vista do peru, não ser alimentado no 1001º dia é um Cisne Negro. Para o açougueiro, não é, já que a ocorrência não é inesperada. Então você pode ver aqui que o Cisne Negro é um problema de otário. Em outras palavras, ele ocorre em relação à sua expectativa. Você se dá conta de que pode eliminar um Cisne Negro por meio da ciência (se for capaz), ou mantendo a mente aberta. Claro que, como o pessoal do LTCM, você pode criar Cisnes Negros com ciência, assegurando às pessoas que o Cisne Negro não vai acontecer — é aí que a ciência transforma cidadãos normais em otários.

Observe que esses eventos não precisam ser surpresas *instantâneas*. Algumas das rupturas históricas que menciono no capítulo 1 duraram algumas décadas. Foi o caso, por exemplo, do computador pessoal, que acarretou efeitos relevantes na sociedade sem que sua invasão de nossa vida fosse perceptível no dia a dia. Alguns Cisnes Negros podem vir do lento acúmulo de mudanças graduais na mesma direção, como acontece com os livros que vendem grandes quantidades ao longo dos anos, sem nunca aparecer nas listas dos mais vendidos, ou com as tecnologias que se infiltram em nós de forma furtiva, mas inelutável. Do mesmo modo, o aumento do valor das ações da Nasdaq no final da década de 1990 demorou alguns anos — mas esse crescimento pareceria mais acentuado se fosse traçado ao longo de uma linha histórica mais ampla. As coisas devem ser vistas em uma escala de tempo relativa, não absoluta: terremotos duram minutos, o Onze de Setembro durou horas, mas

---

* A principal tragédia do evento de alto impacto e baixa probabilidade vem da incompatibilidade entre o tempo gasto para compensar alguém e o tempo necessário para uma pessoa se sentir confortável com o fato de não estar fazendo uma aposta contra o evento raro. As pessoas têm um incentivo para apostar contra ele, ou para manipular o sistema, uma vez que podem receber uma bonificação que reflete seu desempenho anual, quando na verdade tudo o que estão fazendo é produzir lucros ilusórios que voltarão a perder um dia. Na verdade, a tragédia do capitalismo é que, uma vez que a qualidade dos retornos não é observável a partir de dados do passado, os donos de empresas, isto é, os acionistas, podem ser ludibriados pelos gerentes que mostram retornos e lucratividade cosméticos, mas na verdade devem estar correndo riscos ocultos.

as mudanças históricas e implementações tecnológicas são Cisnes Negros que podem levar décadas. Em geral, Cisnes Negros positivos demoram algum tempo para mostrar seus efeitos, ao passo que os negativos acontecem muito rapidamente — é muito mais fácil e rápido destruir do que construir. (Durante a guerra no Líbano, a casa dos meus pais em Amioun e a casa do meu avô em um povoado próximo foram destruídas em questão de poucas horas, dinamitadas por inimigos do meu avô que controlavam a área. Levou 7 mil vezes mais tempo — dois anos — para reconstruí-las. Essa assimetria em escalas de tempo explica a dificuldade de reverter o tempo.)

## UMA BREVE HISTÓRIA DO PROBLEMA DO CISNE NEGRO

Esse problema do peru (também conhecido como problema da indução) é muito antigo, mas, por alguma razão, provavelmente seu professor local de filosofia o chame de "problema de Hume".

As pessoas imaginam que nós, céticos e empiristas, somos taciturnos, paranoicos e torturados em nossa vida privada, o que pode ser exatamente o oposto do que a história (e minha experiência pessoal) registra. Como muitos dos céticos com quem convivo, Hume era jovial e bon-vivant, ávido pela fama literária, por salões sociais e conversas agradáveis. Sua vida não foi desprovida de episódios pitorescos. Certa vez, ele caiu em um pântano nos arredores da casa que estava construindo em Edimburgo. Devido à sua reputação de ateu entre os habitantes locais, uma mulher recusou-se a tirá-lo de lá até que ele recitasse o pai-nosso e o credo, o que ele, tendo uma mente prática, fez. Mas não sem antes argumentar com a mulher sobre os cristãos serem ou não obrigados a ajudar seus inimigos. Hume tinha uma aparência pouco graciosa. "Ele exibia aquele olhar fixo e preocupado do acadêmico atencioso que geralmente deixa uma impressão de imbecilidade em quem não tem discernimento", escreve um biógrafo.

Estranhamente, Hume não foi conhecido durante sua época pelas obras que geraram a reputação da qual ele desfruta hoje em dia — ele ganhou fama e riqueza ao escrever um livro sobre a história da Inglaterra que se tornou um best-seller. O irônico é que, quando Hume estava vivo, suas obras filosóficas, às quais agora atribuímos sua fama, "saíam natimortas das prensas tipográficas", ao passo que as obras pelas quais ele era famoso na época são agora mais difíceis de encontrar. Hume escrevia com tanta clareza que envergonha quase todos os pensadores da atualidade e, sem dúvida, todo o currículo acadêmico de pós-graduação alemão. Ao contrário de Kant, Fichte, Schopenhauer e Hegel, Hume é o tipo de pensador que *às vezes* é lido pela pessoa que menciona sua obra.

Costumo ouvir o "problema de Hume" mencionado em conexão com o problema da indução, mas o problema é antigo, mais antigo do que o interessante escocês, talvez tão antigo quanto a própria filosofia, talvez tão antigo quanto conversas em olivais. Vamos voltar ao passado, pois o problema foi formulado com a mesma precisão pelos antigos.

*Sexto, o (lamentavelmente) Empírico*

Escritor violentamente antiacadêmico e ativista antidogmático, Sexto Empírico atuou cerca de um milênio e meio antes de Hume, e formulou com grande precisão o problema do peru. Temos pouca informação sobre Sexto; não sabemos se era um filósofo ou se estava mais para um copista de textos filosóficos, de autores que hoje em dia são obscuros para nós. Presumimos que viveu em Alexandria no segundo século de nossa era. Sexto fazia parte de uma escola de medicina chamada "empírica", uma vez que seus praticantes duvidavam de teorias e da causalidade e se orientavam por experiências passadas para ministrar os tratamentos, embora não botassem muita fé neles. Além disso, não confiavam que a anatomia revelasse funções de maneira tão óbvia assim. Diz-se que o adepto mais famoso da escola empírica, Menódoto de Nicomédia, que fundiu o empirismo e o ceticismo filosófico, manteve a medicina na condição de arte, não de "ciência", e separou a prática médica dos problemas da ciência dogmática. A prática da medicina explica a adição do epíteto *empiricus* ("o empírico") ao nome de Sexto.

Sexto representou e redigiu as ideias da escola dos céticos pirrônicos, que buscavam alguma forma de terapia intelectual resultante da suspensão da crença. Você está diante da possibilidade de um evento adverso? Não se preocupe. Talvez isso acabe sendo bom para você. Duvidar das consequências de um resultado lhe permitirá manter-se imperturbável. Os céticos pirrônicos eram cidadãos dóceis que, sempre que possível, seguiam costumes e tradições, mas ensinaram a si mesmos a duvidar sistematicamente de tudo, de modo a atingir algum nível de serenidade. Todavia, embora conservadores em seus hábitos, eram radicais em sua luta contra o dogma.

Entre as obras de Sexto que sobreviveram está uma diatribe com o belo título *Adversos Mathematicos*, às vezes traduzido como *Contra os professores*.\*
Boa parte poderia ter sido escrita na noite da última quarta-feira!

No que diz respeito às minhas ideias, o mais interessante em Sexto é a rara mistura de filosofia e tomada de decisões em sua prática. Sexto era um realizador, portanto os estudiosos clássicos não dizem coisas boas sobre ele. Os métodos da medicina empírica, fiando-se no sistema de tentativa e erro aparentemente despropositado, serão fundamentais para as minhas ideias sobre planejamento e previsão, sobre como tirar proveito do Cisne Negro.

Em 1998, quando me tornei dono do meu próprio nariz, dei a meu laboratório de pesquisa e agência de operações financeiras o nome Empirica, não pelas mesmas razões antidogmáticas, mas por conta do lembrete muito mais deprimente de que foram necessários pelo menos outros catorze séculos na esteira dos trabalhos da escola de medicina empírica antes que a medicina mudasse e finalmente se tornasse adogmática, desconfiada de teorizações, profundamente cética e baseada em evidências! A lição? Que a consciência de um problema não significa muita coisa, especialmente quando isso envolve interesses especiais e instituições interesseiras.

*Algazel*

O terceiro pensador de grande envergadura que tratou do problema foi o cético de língua árabe do século XI Al-Ghazali, conhecido em latim como Algazel. O nome que ele deu para uma classe de acadêmicos dogmáticos foi *ghabi*, literalmente "os imbecis", forma árabe que é mais engraçada do que "ignorantes" e mais expressiva do que "obscurantistas". Algazel escreveu seu próprio *Contra os professores*, uma diatribe intitulada *Tahafut al falasifah*, que traduzo como "A incompetência dos filósofos". O alvo era a escola chamada

---

\* A obra *Adversus Mathematicos* (literalmente, *Contra os matemáticos*, também conhecida como *Contra os professores*, é dividida em seis livros: *Contra os gramáticos* (Livro I), *Contra os retóricos* (Livro II), *Contra os geômetras* (Livro III), *Contra os aritméticos* (Livro IV), *Contra os astrólogos* (Livro V) e *Contra os músicos* (Livro VI). (N. T.)

*falasifah* — o establishment intelectual árabe foi o herdeiro direto da filosofia clássica da academia, e eles conseguiram reconciliá-la com o islã por meio de argumentos racionais.

O ataque de Algazel ao conhecimento "científico" iniciou um debate com Averróis, o filósofo medieval que, entre todos os pensadores de sua era, acabou sendo o mais influente (com grande ascendência sobre judeus e cristãos, mas não sobre os muçulmanos). Por fim, o debate entre Algazel e Averróis foi, infelizmente, vencido por ambos. Como consequência, muitos pensadores religiosos árabes integraram e exageraram o ceticismo de Algazel em relação ao método científico, preferindo deixar para Deus as considerações de causalidade (na verdade, foi uma interpretação um tanto quanto forçada da ideia de Algazel). O Ocidente adotou o racionalismo de Averróis (alicerçado em Aristóteles), que sobreviveu por meio de Tomás de Aquino e dos filósofos judeus que por um longo tempo se chamaram de averroístas. Muitos pensadores culpam a enorme influência de Algazel pelo posterior abandono do método científico por parte dos árabes — embora tudo indique que isso se deu alguns séculos depois. Algazel acabou alimentando o misticismo sufi, no qual o devoto tenta entrar em comunhão com Deus e corta todas as conexões com questões terrenas. Tudo isso veio do problema do Cisne Negro.

*O cético, amigo da religião*

Enquanto os céticos antigos defendiam a ignorância aprendida como o primeiro passo para indagações honestas sobre a verdade, céticos medievais posteriores, tanto muçulmanos quanto cristãos, usaram o ceticismo como uma ferramenta para não aceitar o que hoje chamamos de ciência. A crença na importância do problema do Cisne Negro, as preocupações relativas à indução e o ceticismo podem tornar alguns argumentos religiosos mais atraentes, ainda que de forma despojada, anticlerical e teísta. A ideia de confiar na fé, não na razão, era conhecida como fideísmo. Então, há uma tradição dos céticos do Cisne Negro que encontraram consolo na religião, e cujo representante mais destacado é o erudito protestante Pierre Bayle, filósofo e teólogo francófono que, exilado na Holanda, construiu uma extensa arquitetura filosófica ligada aos céticos pirrônicos. Os escritos de Bayle exerceram considerável influência sobre Hume, apresentando-o ao ceticismo antigo — a tal ponto que Hume comprou ideias de Bayle no atacado. O *Dictionnaire historique et critique* de Bayle foi a obra acadêmica mais lida do século XVIII, mas, como muitos dos meus heróis franceses (a exemplo de Frédéric Bastiat), Bayle não parece fazer parte do currículo acadêmico francês, e é quase impossível encontrar a obra na língua francesa original. O mesmo acontece com Nicolau de Autrécourt, algazelista do século XIV.

Na verdade, não é um fato bem conhecido que a exposição mais completa das ideias do ceticismo, até recentemente, continua sendo a obra de um poderoso bispo católico que foi um augusto membro da Academia Francesa. Pierre-Daniel Huet escreveu em 1690 seu *Tratado filosófico sobre as fraquezas da mente humana*, livro extraordinário que faz picadinho de dogmas e questiona a percepção humana. Huet apresenta argumentos bastante potentes contra a causalidade — ele afirma, por exemplo, que qualquer evento pode ter uma infinidade de causas possíveis.

Huet e Bayle eram eruditos e passaram a vida debruçados sobre livros. Huet, que viveu até os noventa e poucos anos de idade, fazia um criado segui-lo com um livro para ler em voz alta durante as refeições e nos intervalos, evitando assim a perda de tempo. Era tido como a pessoa mais lida e versada de sua época. Permita-me insistir que, para mim, a erudição é importante. É sinal de genuína curiosidade intelectual. Acompanha uma mente aberta e o desejo de investigar as ideias alheias. Acima de tudo, um erudito pode se sentir insatisfeito com seu próprio conhecimento, e essa insatisfação é um maravilhoso escudo contra a platonicidade, as simplificações do "gerente dos cinco minutos" ou a vulgaridade inculta do acadêmico superespecializado. De fato, academicismo sem erudição pode levar a desastres.

*Não quero ser um peru*

Mas promover o ceticismo filosófico não é exatamente a missão deste livro. Se a consciência do problema do Cisne Negro pode nos levar à abstinência e ao ceticismo extremo, aqui sigo a direção exatamente oposta. Estou interessado em ações e no verdadeiro empirismo. Então, este livro não foi escrito por um místico sufi, nem por um cético no sentido antigo ou medieval, tampouco (veremos) em um sentido filosófico, mas por um praticante cujo principal objetivo é não ser um otário nas coisas que importam, ponto-final.

Hume era radicalmente cético no terreno filosófico, mas abandonava essas ideias quando se tratava da vida cotidiana, uma vez que não conseguia lidar com elas. Aqui estou fazendo exatamente o contrário: sou cético em questões que têm implicações para a vida diária. De certa forma, tudo o que me importa é tomar uma decisão sem ser o peru.

Nos últimos vinte anos, muitas pessoas de nível intelectual mediano me perguntaram, "Taleb, considerando a sua extrema consciência dos riscos, como é que você consegue atravessar a rua?", ou fizeram a declaração mais tola, "Você está nos pedindo para *não* corrermos riscos". Claro que não estou defendendo a total fobia ao risco (veremos que sou a favor de um tipo agressivo de exposição a riscos): tudo o que mostrarei neste livro é como evitar atravessar a rua *com os olhos vendados*.

*Eles querem viver no Mediocristão*

Acabei de apresentar o problema do Cisne Negro em sua forma histórica: a dificuldade fundamental de generalizar a partir das informações disponíveis, ou de aprender com o passado, com o conhecido e com o que já foi visto. Apresentei também a lista daquelas que, creio eu, são as figuras históricas mais relevantes.

Você pode ver que, para nós, é extremamente conveniente partir do princípio de que moramos no Mediocristão. Por quê? Porque isso nos permite excluir as surpresas do Cisne Negro! Para quem mora no Mediocristão, o problema do Cisne Negro ou não existe ou tem consequências insignificantes!

Esse pressuposto afasta, como num passe de mágica, o problema da indução, que vem atormentando a história do pensamento desde Sexto Empírico. O estatístico pode acabar com a epistemologia.

Que ilusão! Nós não vivemos no Mediocristão, então o Cisne Negro precisa de uma mentalidade diferente. Como não podemos varrer o problema para debaixo do tapete, teremos que examiná-lo mais a fundo. Não se trata de uma dificuldade incontornável — e podemos até mesmo nos beneficiar dela.

Ora, existem outros temas decorrentes de nossa cegueira em relação ao Cisne Negro:

a. Nós nos concentramos em segmentos pré-selecionados daquilo que é visto, e a partir daí generalizamos para o que não é visto: o erro de confirmação.
b. Nós nos enganamos com histórias que satisfazem nossa sede platônica por padrões distintos: a falácia narrativa.
c. Nós nos comportamos como se o Cisne Negro não existisse: a natureza humana não é programada para Cisnes Negros.
d. O que vemos não é necessariamente tudo o que existe. A história esconde de nós os Cisnes Negros e nos dá uma ideia errônea sobre as probabilidades desses eventos: é a distorção da evidência silenciosa.
e. Nós enxergamos com "visão de túnel", isto é, nos concentramos em algumas fontes bem definidas de incerteza, em uma lista muito específica de Cisnes Negros (à custa dos outros que não vêm facilmente à mente).

Discutirei cada um dos pontos nos próximos cinco capítulos. Em seguida, na conclusão da parte I, mostrarei como, de fato, eles são *o mesmo* tópico.

# 5. Confirmação uma ova!

*Tenho tantas evidências — Zootrópios podem (às vezes) ser bronópios? — Corroboração coisa nenhuma! — Ideia de Popper*

Por mais que esteja enraizada em nossos hábitos e na sabedoria convencional, a confirmação pode ser um erro perigoso.

Suponha que eu lhe dissesse ter provas de que o jogador de futebol americano O. J. Simpson (acusado de matar a esposa na década de 1990) não era um criminoso. "Olha só, ainda outro dia eu tomei café da manhã com ele, e *ele não matou ninguém*. Estou falando sério, nunca o vi matar uma única pessoa que fosse." Isso não *confirmaria* a inocência dele? Se eu dissesse uma coisa dessas, você certamente ligaria para um psiquiatra, uma ambulância, ou talvez até mesmo para a polícia, já que é possível que você pensasse que eu tinha passado tempo demais em algum pregão ou em cafés matutando sobre o tópico dos Cisnes Negros, e que a minha lógica poderia representar um perigo tão imediato para a sociedade que eu precisaria ser trancafiado urgentemente em um hospício.

Você teria a mesma reação se eu lhe dissesse que outro dia tirei uma soneca nos trilhos da ferrovia de New Rochelle, estado de Nova York, e não morri esmagado pelo trem. "Ei, olha só pra mim, estou vivo", eu diria, "e isso é evidência de que deitar nos trilhos não oferece riscos". No entanto, leve em conta o seguinte. Examine novamente a figura 1 do capítulo 4; alguém que observou os primeiros mil dias do peru (mas não o choque do 1001º dia) diria a você, e com razão, que não existe *evidência alguma* da possibilidade de grandes eventos, isto é, Cisnes Negros. Contudo, você provavelmente confundirá essa declaração, em especial se não prestar detida atenção, com a afirmação de que *há evidência de nenhuma possibilidade* de ocorrência de Cisnes Negros. Mesmo que na prática seja vasta, a distância lógica entre as duas afirmações parecerá muito curta na sua mente, de modo que uma pode ser facilmente substituída pela outra. Daqui a dez dias, se é que você ainda vai conseguir se lembrar minimamente da primeira afirmação, é provável que retenha a segunda e imprecisa versão — a de que *há provas de que não existem Cisnes Negros*. Chamo essa confusão de "falácia de ida e volta", uma vez que essas declarações não são *intercambiáveis*.

Essa confusão das duas declarações sugere um erro lógico muito trivial (embora decisivo), mas não somos imunes a erros lógicos triviais, tampouco professores e pensadores são imunes a eles (equações complicadas não tendem a conviver felizes da vida com a clareza mental). A menos que nos concentremos muito, é provável que, sem querer, simplifiquemos o problema, porque nossa mente faz isso rotineiramente, sem que tenhamos consciência.

Vale a pena um exame mais profundo aqui.

Muitas pessoas confundem a afirmação "quase todos os terroristas são muçulmanos" com "quase todos os muçulmanos são terroristas". Suponha que a primeira afirmação seja verdade, que 99% dos terroristas sejam muçulmanos. Isso significaria que apenas cerca de 0,001% dos muçulmanos são terroristas, já que há mais de 1 bilhão de muçulmanos e apenas, digamos, dez mil terroristas, um em cada cem mil. Então, o erro lógico faz você (inconscientemente) superestimar em quase 50 mil vezes as probabilidades de um indivíduo muçulmano escolhido aleatoriamente (entre as idades de, digamos, quinze e cinquenta anos) ser um terrorista!

O leitor pode ver nessa falácia de ida e volta a injustiça dos estereótipos — minorias em áreas urbanas nos Estados Unidos sofrem com a mesma confusão: embora a maioria dos criminosos venha de seu subgrupo étnico, a maior parte de seu subgrupo étnico não é de criminosos, mas ainda é vítima de discriminação por parte de pessoas que deveriam ter mais discernimento.

"Eu nunca quis dizer que os conservadores em geral são estúpidos. Eu quis dizer que pessoas estúpidas em geral são conservadoras", queixou-se certa vez

John Stuart Mill. Trata-se de um problema crônico: se você disser às pessoas que a chave para o sucesso nem sempre é o talento, elas pensam que você está lhes dizendo que nunca é uma questão de talento, mas sempre de sorte.

Nosso maquinário de inferências, aquele que usamos na vida cotidiana, não foi feito para um ambiente complicado no qual uma afirmação sofre alteração substancial ao ser formulada com uma ligeira diferença. Leve em conta que, em um ambiente primitivo, não há diferença significativa entre as afirmações *assassinos são, em sua maioria, animais selvagens* e *em sua maioria, os animais selvagens são assassinos*. Há um erro aqui, mas é quase irrelevante. Nossas intuições estatísticas não evoluíram para um hábitat em que essas sutilezas podem fazer uma grande diferença.

*Zootrópios não são todos bronópios*

*Todos os zootrópios são bronópios. Você viu um bronópio. É um zootrópio?* Não necessariamente, uma vez que *nem todos os bronópios são zootrópios*; adolescentes que cometem um erro ao responder a esse tipo de questão em uma prova de vestibular talvez não consigam entrar na universidade. Entretanto, outras pessoas podem obter pontuações muito altas nas provas de vestibular e ainda assim sentirem um arrepio de medo toda vez que alguém com aparência de morador da periferia entra no elevador. Essa incapacidade de transferir automaticamente conhecimento e sofisticação de uma situação para outra, ou da teoria para a prática, é um atributo bastante perturbador da natureza humana.

Vamos chamá-lo de *a especificidade de domínio* das nossas reações. Por especificidade de domínio quero dizer que nossas reações, nosso modo de pensar, nossas intuições dependem do contexto em que o assunto é apresentado, o que psicólogos evolucionistas chamam de "domínio" do objeto ou do evento. A sala de aula é um domínio; a vida real é outro. Reagimos a uma informação não por seu mérito lógico, mas tendo por base o contexto que a envolve, como ela é registrada em nosso sistema socioemocional e que efeito ela surte aí. Problemas lógicos abordados de uma maneira na sala de aula podem ser tratados de maneira diferente na vida cotidiana. Na verdade, *são* tratados de forma diferente na vida cotidiana.

O conhecimento, mesmo quando é exato, nem sempre leva a ações apropriadas porque tendemos a esquecer o que sabemos, ou a esquecer como processar o que sabemos da maneira adequada se não prestarmos atenção, mesmo quando somos especialistas. Os estatísticos, foi demonstrado, tendem a deixar o cérebro dentro da sala de aula e cometer os erros dedutivos mais triviais tão logo saem às ruas. Em 1971, os psicólogos Danny Kahneman e Amos Tversky atormentaram professores de estatística com questões estatísticas que não eram formuladas como tais. Uma delas era mais ou menos a seguinte (mudando o exemplo em nome da maior clareza): suponha que você more em uma cidade onde há dois hospitais — um de grande porte, o outro pequeno. Em um determinado dia, 60% dos bebês nascidos em um dos dois hospitais são meninos. Em qual dos hospitais é mais provável que isso tenha acontecido? Muitos estatísticos cometeram o equivalente ao erro (durante uma conversa informal) de escolher o maior hospital, quando na verdade a própria base da estatística é que grandes amostragens são mais estáveis e flutuam menos em relação à média de longo prazo — aqui, 50% para cada sexo — do que amostragens menores. Esses estatísticos teriam sido reprovados em suas próprias provas. Durante meus dias de *quant*, contei centenas desses graves tipos de erros de inferência cometidos por estatísticos que se esqueceram de que eram estatísticos.

Para outra ilustração de como podemos ser ridiculamente específicos de domínio na vida cotidiana, vá à luxuosa academia de musculação Reebok Sports Club na cidade de Nova York e veja o número de pessoas que, depois de terem usado a escada rolante para subir alguns andares, rumam direto para se exercitar na StairMasters, a máquina estacionária que simula o ato de subir uma escada.

Essa especificidade de domínio de nossas inferências e reações funciona como uma via de mão dupla: somos capazes de compreender alguns problemas em suas aplicações, mas não em livros didáticos; outros, compreendemos melhor em livros do que na aplicação prática. As pessoas podem conseguir resolver facilmente um problema em uma situação social, mas pelejar quando ele é apresentado em termos de um problema lógico abstrato. Temos a tendência de usar diferentes maquinários mentais — chamados de módulos — em situações diferentes: nosso cérebro não dispõe de um computador central multiúso que funciona com regras lógicas e as aplica igualmente a todas as situações possíveis.

E, como eu disse, podemos cometer *um erro lógico na realidade, mas não na sala de aula*. Essa assimetria é mais evidente na detecção do câncer. Veja o caso de médicos examinando um paciente em busca de sinais de câncer; os testes normalmente são feitos em pacientes que desejam saber se estão curados ou se há "recorrência". (Na verdade, recorrência é um nome inadequado; significa apenas que o tratamento não matou todas as células cancerosas e que essas células malignas não detectadas começaram a se multiplicar descontroladamente.) Não é viável, no atual estado de tecnologia, examinar cada uma das células do paciente a fim de ver se todas são não malignas, então o médico tira uma amostra examinando o corpo com a maior precisão possível. Em seguida, ele faz uma suposição sobre o que não viu. Certa vez, fiquei perplexo quando, depois de um exame de câncer de rotina, um médico me disse: "Pare de se preocupar, temos evidências de cura". "Por quê?", perguntei. "As evidências são de que *não há* câncer" foi a resposta. "Como você sabe?", insisti. Ele respondeu: "O escaneamento deu negativo". Ainda assim, ele andava por aí dizendo que era médico!

Uma sigla usada na literatura médica é NED, que significa Nenhuma Evidência de Doença. Não existe o acrônimo END, Evidência de Nenhuma Doença. No entanto, minha experiência discutindo esse assunto com uma miríade de médicos, até mesmo aqueles que publicam artigos sobre seus resultados, é que durante a conversa muitos deles descambam para a falácia de ida e volta.

Em meio à arrogância científica da década de 1960, os médicos menosprezaram o leite materno como algo primitivo, como se ele pudesse ser reproduzido em seus laboratórios — sem perceber que o leite materno poderia incluir componentes úteis que talvez tivessem escapado ao seu entendimento científico — uma simples confusão entre *ausência de evidências* dos benefícios do leite materno e *evidência de ausência* dos benefícios (outro caso de platonicidade, uma vez que "não fazia sentido" amamentar quando podíamos simplesmente usar mamadeiras). Muitas pessoas pagaram o preço por essa inferência ingênua: no fim, ficou claro que quem não tinha sido amamentado quando bebê corria um risco maior de uma série de problemas de saúde, incluindo maior probabilidade de desenvolver certos tipos de câncer — devia haver no leite materno alguns nutrientes necessários que ainda escapam ao nosso entendimento. Além disso, também foram negligenciados os benefícios para as mães que amamentam, a exemplo da redução do risco de câncer de mama.

A mesma coisa com as amígdalas: a extração das amígdalas pode levar a uma maior incidência de câncer de garganta, mas durante décadas os médicos jamais suspeitaram que esse tecido "inútil" poderia realmente ter alguma utilidade que escapasse à sua detecção. Caso idêntico ocorreu com a fibra alimentar encontrada em frutas e vegetais: na década de 1960, os médicos a consideravam inútil porque não viam nenhuma evidência imediata de sua necessidade, e assim criaram uma geração de desnutridos. Constatou-se que a fibra atua para retardar a absorção de açúcares no sangue e limpa o trato intestinal de células pré-cancerosas. Verdade seja dita, ao longo da história a medicina causou um bocado de danos devido a esse tipo simples de confusão dedutiva.

Não estou dizendo aqui que os médicos não devam ter convicções, apenas que alguns tipos de convicções definitivas e de mente fechada precisam ser evitados — é isso que Menódoto e sua escola pareciam estar defendendo com sua medicina cético-empírica que se esquivava da teorização. A medicina melhorou — mas muitos tipos de conhecimento não.

*Evidências*

Por meio de um mecanismo mental que chamo de empirismo ingênuo, temos uma tendência natural para procurar exemplos que confirmem nossa história e nossa visão de mundo — esses exemplos são sempre fáceis de encontrar. Infelizmente, com ferramentas e idiotas, qualquer coisa pode ser fácil de encontrar. Você pega ocorrências anteriores que corroborem suas teorias e as trata como *evidências*. Por exemplo, um diplomata mostrará a você uma lista de "realizações", não o que ele deixou de fazer. Os matemáticos tentarão convencê-lo de que a ciência deles é útil para a sociedade, apontando exemplos onde ela se mostrou útil, não as ocasiões em que foi uma perda de tempo ou, pior ainda, as inúmeras aplicações que infligiram um severo custo à sociedade por conta da natureza pouquíssimo empírica das elegantes teorias matemáticas.

Mesmo ao testar uma hipótese, tendemos a procurar exemplos nos quais a hipótese se prove verdadeira. Claro que podemos encontrar facilmente a confirmação; é só procurar, ou pedir a um pesquisador que faça isso por nós. Posso *encontrar confirmação* para quase tudo, da mesma forma que um taxista qualificado de Londres consegue encontrar engarrafamentos, mesmo em um feriado, a fim de aumentar a tarifa.

Algumas pessoas vão além e me dão exemplos de eventos que fomos capazes de prever com algum êxito — de fato há alguns, como a aterrissagem do homem na Lua e o crescimento econômico do século XXI. Pode-se encontrar muitas "contraevidências" para os argumentos deste livro, a melhor delas sendo a de que os jornais são excelentes na previsão dos horários de filmes e peças de teatro. Olha só, previ ontem que o sol surgiria no horizonte hoje, e não é que o sol raiou mesmo?!

EMPIRISMO NEGATIVO

A boa notícia é que existe uma maneira de contornar esse empirismo ingênuo. Estou dizendo que uma série de fatos corroborativos não é *necessariamente* evidência. Ver cisnes brancos não confirma a inexistência de cisnes negros. Há uma exceção, todavia: sei qual afirmação está errada, mas não necessariamente qual afirmação é correta. Se vejo um cisne negro, posso atestar que *nem todos os cisnes são brancos*! Se eu vir alguém cometer um assassinato, então posso praticamente ter certeza de que essa pessoa é criminosa. Se não a vejo matar, não posso ter certeza de que ela é inocente. O mesmo se aplica à detecção do câncer: a descoberta de um único tumor maligno prova que a pessoa tem câncer, mas a ausência dessa descoberta não permite que ela diga com certeza que está livre do câncer.

Podemos chegar mais perto da verdade por meio de instâncias negativas, não por verificação! É enganoso construir uma regra geral a partir de fatos observados. Contrário à sabedoria convencional, nosso corpo de conhecimento não aumenta a partir de uma série de observações confirmatórias, como as do peru. Mas há algumas coisas sobre as quais posso permanecer cético e outras que posso com toda segurança considerar líquidas e certas. Isso torna unilaterais as consequências das observações. Não é muito mais difícil do que isso.

Essa assimetria é muito prática. Ela nos diz que não temos que ser completamente céticos, apenas semicéticos. A sutileza da vida real em relação aos livros é que, na sua tomada de decisões, você só precisa estar interessado em um lado da história: se você buscar *certeza* de que o paciente tem ou não câncer, em vez da *certeza* de que ele é ou não saudável, então pode ser que você se satisfaça com a inferência negativa, pois ela lhe fornecerá a certeza que você procura. Portanto, podemos aprender muito com os dados — mas não tanto quanto esperamos. Às vezes, um conjunto volumoso de dados pode não ter sentido algum; outras vezes, um único naco de informação pode ser bastante significativo. É verdade que mil dias não podem provar que você está certo, mas um único dia é capaz de provar que você está errado.

A pessoa a quem se atribui a promoção dessa ideia de semiceticismo unilateral é *sir doktor* professor Karl Raimund Popper, que talvez seja o único filósofo da ciência realmente lido e discutido por atores do mundo real (embora não com o mesmo entusiasmo por filósofos profissionais). Enquanto escrevo estas linhas, uma fotografia em preto e branco dele está pendurada na parede do meu escritório. Foi um presente que ganhei em Munique do ensaísta Jochen Wegner, que, como eu, considera que Popper é praticamente tudo "o que temos" entre os pensadores modernos — bem, quase. Ele escreve para nós, não para outros filósofos. "Nós" somos os tomadores de decisões empíricos que defendem a ideia de que a incerteza é a nossa disciplina, e que a compreensão de como agir sob condições de informação incompleta é a mais elevada e mais urgente das empreitadas humanas.

Popper gerou uma teoria em grande escala em torno dessa assimetria, com base em uma técnica chamada "falseabilidade" ou "refutabilidade" (falsificar é refutar, provar que algo ou alguém está errado), cujo intuito era fazer uma distinção entre ciência e não ciência, e as pessoas imediatamente começaram a mergulhar em discussões tolas sobre seus detalhes técnicos, embora não seja a mais interessante, tampouco a mais original das ideias de Popper. Essa ideia sobre a assimetria de conhecimento é tão apreciada pelos praticantes porque é óbvia para eles; é a maneira como administram seus negócios. O filósofo *maudit* Charles Sanders Peirce, que, tal qual um artista, só obteve respeito postumamente, também propôs uma versão dessa solução para o Cisne Negro quando Popper ainda usava fraldas — algumas pessoas chegaram a chamá-la de abordagem Peirce-Popper. A ideia muito mais poderosa e original de Popper é a da sociedade "aberta", que se fia no ceticismo como um *modus operandi*, recusando verdades definitivas e resistindo a elas. Ele acusou Platão de fechar nossa mente, de acordo com os argumentos que descrevi no prólogo. No entanto, a maior ideia de Popper foi seu insight acerca da fundamental, severa e incurável imprevisibilidade do mundo, e isso deixarei para o capítulo sobre previsão.*

Claro, não é tão fácil "falsificar", ou seja, afirmar com plena certeza que algo está errado. Imperfeições no método de testagem podem resultar em um "não" equivocado. Pode ser que o médico que encontra células cancerosas esteja usando equipamentos defeituosos que causem ilusões de óptica; ou talvez ele seja um economista adepto das curvas em forma de sino disfarçado de médico. A testemunha ocular de um crime poderia estar bêbada. *Mas continua sendo válido o argumento de que sabemos o que está errado com muito mais confiança do que sabemos o que está certo.* As unidades de informação não são todas iguais em termos de importância.

Popper introduziu o mecanismo de conjecturas e refutações, que funciona da seguinte maneira: você formula uma conjectura (ousada) e começa a procurar a observação capaz de provar que você está errado. Essa é a alternativa à nossa busca por exemplos confirmatórios. Se você acha que a tarefa é fácil, ficará decepcionado — poucos humanos têm uma habilidade natural para fazer isso. Confesso que não sou um deles; não é algo natural para mim.**

*Contando até três*

Cientistas cognitivos estudaram nossa tendência natural de procurar apenas por corroboração; eles chamam essa vulnerabilidade ao erro de corroboração de *viés de confirmação*. Existem experimentos que mostram que as pessoas se concentram apenas nos livros lidos da biblioteca de Umberto Eco. Você pode testar uma determinada regra diretamente, observando as instâncias em que ela funciona, ou indiretamente, enfocando onde não funciona. Como vimos anteriormente, casos desconfirmatórios são muito mais poderosos para estabelecer a verdade. No entanto, tendemos a não ter ciência dessa propriedade.

---

* Nem Peirce nem Popper foram os primeiros a apresentar essa assimetria. Em 1878, o filósofo Victor Brochard mencionou a importância do empirismo negativo, como o aspecto que os empiristas julgavam ser a maneira mais robusta de fazer negócios — os antigos entendiam isso implicitamente. Livros esgotados rendem muitas surpresas.
** Como eu disse no prólogo, o provável que não acontece também é um Cisne Negro. Assim, desconfirmar o provável é equivalente a confirmar o improvável.

O primeiro experimento que conheço a respeito desse fenômeno foi realizado pelo psicólogo P. C. Wason. Ele apresentou a sujeitos de pesquisa a sequência numérica 2, 4 e 6 e pediu que tentassem adivinhar a regra que a gerava. O método de adivinhação dos sujeitos da pesquisa era sugerir outras sequências de três números, às quais o experimentador responderia "sim" ou "não" sinalizando se as novas sequências estavam consistentes com a regra. Uma vez confiantes em suas respostas, os sujeitos formulariam a regra. (Observe a semelhança desse experimento com a discussão no capítulo 1 sobre a forma como a história se apresenta a nós: presumindo que a história é gerada de acordo com alguma lógica, vemos apenas os eventos, nunca as regras, mas precisamos supor como é o seu funcionamento.) A regra correta era "números em ordem crescente", nada além disso. Pouquíssimos sujeitos da pesquisa descobriram a regra porque, para tanto, tinham que apresentar uma série em ordem decrescente (para a qual o experimentador responderia "não"). Wason percebeu que os participantes do experimento tinham uma regra em mente, mas só davam exemplos cujo intuito era confirmá-la, em vez de tentar fornecer séries que fossem inconsistentes com sua hipótese. Persistentes, os sujeitos da pesquisa continuaram tentando confirmar as regras que *eles próprios* tinham criado.

Esse experimento inspirou uma série de testes semelhantes, dentre os quais cito outro exemplo: pediu-se a sujeitos de pesquisa que dissessem quais perguntas deveriam ser feitas a fim de descobrir se uma pessoa era extrovertida ou não, supostamente para outro tipo de experimento. Constatou-se que os sujeitos sugeriram principalmente perguntas para as quais uma resposta "sim" *corroboraria* a hipótese.

Mas existem exceções. Entre elas figuram os grandes mestres do xadrez, que, conforme foi demonstrado, concentram-se nos pontos em que um movimento especulativo poderia ser fraco; os novatos, em comparação, procuram por instâncias confirmatórias em vez de falsificadoras. Mas não jogue xadrez para praticar o ceticismo. Cientistas acreditam que é a busca pelas próprias fraquezas que faz deles bons jogadores de xadrez, não a prática do xadrez que os transforma em céticos. Da mesma forma, o especulador George Soros, quando faz uma aposta financeira, continua procurando instâncias que provariam que sua teoria inicial estava errada. Isto talvez seja a verdadeira autoconfiança: a capacidade de olhar para o mundo sem ter que encontrar sinais que massageiem o próprio ego.*

Lamentavelmente, a noção de corroboração está enraizada em nossos hábitos intelectuais e em nosso discurso. Reflita sobre o seguinte comentário do escritor e crítico John Updike: "Quando Julian Jaynes [...] especula que até o final do segundo milênio a.C. os homens não tinham consciência, mas obedeciam automaticamente às vozes dos deuses, ficamos espantados, mas compelidos a acompanhar essa extraordinária tese do início ao fim de todas as evidências corroborativas". A tese de Jaynes pode estar certa, mas, sr. Updike, o problema central do conhecimento (e o cerne deste capítulo) é que não existe essa criatura chamada de evidência *corroborativa*.

*Vi outro Mini Cooper vermelho!*

A questão a seguir ilustra ainda mais o absurdo de confirmação. Se você acredita que avistar um cisne branco adicional trará a confirmação de que não existem cisnes negros, então tem que aceitar também a declaração, calcada em razões puramente lógicas, de que o avistamento de um Mini Cooper vermelho deveria confirmar que *não existem cisnes negros*.

Por quê? Basta considerar que a afirmação "todos os cisnes são brancos" é equivalente a "todos os objetos não brancos não são cisnes." O que confirma a última afirmação deveria confirmar a primeira. Portanto, uma mente com um viés de confirmação deduziria que o avistamento de um objeto não branco que não é um cisne deveria levar a essa confirmação. Esse argumento, conhecido como paradoxo do corvo de Hempel, foi redescoberto por meu amigo, o matemático (pensante) Bruno Dupire, durante uma de nossas enérgicas caminhadas meditativas em Londres — uma daquelas discussões intensas, a

---

* Esse problema de confirmação permeia nossa vida moderna, visto que a maioria dos conflitos tem em sua raiz o seguinte viés mental: quando árabes e israelenses assistem ao noticiário, veem diferentes histórias na mesma sucessão de eventos. Da mesma maneira, Democratas e Republicanos olham para partes diferentes dos mesmos dados e nunca convergem para as mesmas opiniões. Uma vez que a sua mente passar a ser habitada por uma certa visão de mundo, você tenderá a levar em consideração apenas exemplos que provem que você está certo. Paradoxalmente, quanto mais informações você tiver, mais terá a sensação de que suas opiniões são justificadas.

ponto de nem notarmos a chuva. Ele apontou para um Mini Cooper vermelho e gritou: "Olha lá, Nassim, olha! Não existe Cisne Negro!".

*Nem tudo*

Não somos ingênuos o suficiente para acreditar que alguém seja imortal porque nunca o vimos morrer, ou que alguém seja inocentado de assassinato porque nunca o vimos matar. O problema da generalização ingênua não nos assola em todos os âmbitos. Mas os bolsões inteligentes de ceticismo indutivo tendem a envolver eventos que encontramos em nosso ambiente natural, questões com as quais aprendemos a evitar generalizações tolas.

Por exemplo, quando se apresenta a crianças a fotografia de um único membro de um grupo e se pede a elas que adivinhem as propriedades dos demais membros que não aparecem, elas são capazes de selecionar *quais* atributos generalizar. Mostre a uma criança a fotografia de uma pessoa obesa, diga a ela que é um membro de uma tribo, e peça que ela descreva o restante da população: ela (provavelmente) não chegará à conclusão de que todos os membros da tribo têm problemas de peso. Mas ela responderia de forma diferente a generalizações envolvendo a cor da pele. Se você mostrar à criança pessoas de pele escura e lhe pedir que descreva seus companheiros de tribo, ela presumirá que eles também têm pele escura.

Então, parece que somos dotados de instintos indutivos específicos e complexos que nos mostram o caminho. Ao contrário da opinião do formidável David Hume, e da tradição dos empiristas britânicos, de que *a crença surge do costume*, pois eles partiam do princípio de que aprendemos generalizações exclusivamente a partir da experiência e de observações empíricas, estudos comportamentais de bebês demonstraram que nascemos equipados com mecanismos mentais que nos levam a generalizar *seletivamente* a partir de experiências (ou seja, adquirimos aprendizagem indutiva em alguns domínios de forma seletiva, mas permanecemos céticos em outros). Ao fazermos isso, não estamos aprendendo apenas com meros mil dias, mas nos beneficiando, graças à evolução, da aprendizagem de nossos ancestrais — que conseguiu se infiltrar em nossa biologia.

*De volta ao Mediocristão*

E pode ser que tenhamos aprendido coisas erradas com nossos ancestrais. Especulo aqui que provavelmente herdamos os instintos adequados para a sobrevivência na região dos Grandes Lagos da África Oriental, de onde é provável que tenhamos vindo, mas decerto esses instintos não estão bem adaptados ao ambiente presente, pós-alfabeto, intensamente informativo e estatisticamente complexo.

Com efeito, nosso ambiente é um pouco mais complexo do que nós (e nossas instituições) parecemos perceber. Como? O mundo moderno, sendo Extremistão, é dominado por eventos raros — raríssimos. Ele pode apresentar um Cisne Negro após milhares de cisnes brancos, de modo que precisamos protelar nosso julgamento por mais tempo do que estamos inclinados a fazer. Como afirmei no capítulo 3, é impossível — biologicamente impossível — encontrar um ser humano com centenas de quilômetros de altura, então nossa intuição exclui esses eventos. Mas as vendagens de um livro ou a magnitude dos eventos sociais não seguem tais restrições. São necessários muito mais do que mil dias para aceitar que um escritor é desprovido de talento, que um mercado não vai quebrar, que uma guerra não vai acontecer, que um projeto é um caso perdido, que um país é "nosso aliado", que uma empresa não irá à falência, que certo analista de uma corretora de valores não é um charlatão, ou que um vizinho não vai nos atacar. No passado distante, os humanos podiam fazer inferências com muito mais precisão e rapidez.

Ademais, hoje as fontes de Cisnes Negros multiplicaram-se além da mensurabilidade.* No ambiente primitivo, elas estavam limitadas a animais

---

* Claramente, eventos geodésicos e relacionados ao clima (tornados e terremotos, por exemplo) não mudaram muito ao longo do último milênio, mas o que mudaram foram as consequências socioeconômicas dessas ocorrências. Hoje, um terremoto ou um furacão impõem consequências econômicas cada vez mais graves do que no passado, por causa das relações interligadas entre entidades econômicas e a intensificação dos "efeitos de rede" que discutiremos na parte III. Questões que costumavam ter efeitos moderados agora resultam em graves impactos. O terremoto de Tóquio em 1923 causou uma queda de cerca de um terço no PIB do Japão. Extrapolando a partir da tragédia de Kobe em 1994, podemos facilmente inferir que as consequências de outro terremoto em Tóquio seriam bem mais dispendiosas que as de seu antecessor.

selvagens recém-descobertos, novos inimigos e mudanças climáticas abruptas. Esses eventos eram suficientemente repetíveis para que desenvolvêssemos um medo inato deles. O instinto de fazer inferências muito rapidamente e de enxergar "com visão de túnel" (ou seja, enfocar um pequeno número de fontes de incerteza, ou causas de Cisnes Negros) permanece bastante enraizado em nós. Esse instinto, em uma palavra, é o nosso dilema.

# 6. A falácia narrativa

*A causa do porquê — Como rachar um cérebro ao meio — Métodos eficazes de apontar para o teto — A dopamina vai ajudá-lo a vencer — Vou parar de andar de moto (mas não hoje) — Empírico e psicólogo? Desde quando?*

SOBRE AS CAUSAS DA MINHA REJEIÇÃO A CAUSAS

No outono de 2004, participei de uma conferência sobre estética e ciência em Roma, talvez o melhor local possível para um encontro desse tipo, já que lá a estética permeia tudo, até o comportamento e o tom de voz das pessoas. No almoço, um renomado professor de uma universidade do sul da Itália me saudou com extremo entusiasmo. Naquela mesma manhã eu tinha assistido a sua arrebatada apresentação; ele era tão carismático, tão convicto e tão convincente que, apesar de não ter entendido boa parte do que ele disse, eu me vi concordando com tudo. Eu só conseguia entender uma frase aqui, outra ali, já que meu conhecimento de italiano funcionava melhor em coquetéis do que em ambientes intelectuais e acadêmicos. Em algum momento durante a palestra do professor, ele ficou todo vermelho de raiva — o que me convenceu (e à plateia) de que ele estava absolutamente certo.

Durante o almoço, ele veio me parabenizar por demonstrar os efeitos das ligações causais que são mais predominantes na mente humana do que na realidade. Entabulamos uma conversa animadíssima perto da mesa de bufê, impedindo os outros delegados de chegarem até a comida. Ele estava falando francês com um sotaque carregado (com as mãos), eu respondia em italiano primitivo (com as mãos), e estávamos tão entusiasmados que os outros convidados ficaram com medo de interromper uma conversa de tamanha importância e empolgação. Ele foi enfático a respeito do meu livro anterior sobre aleatoriedade, uma espécie de reação do trader furioso contra a cegueira diante da sorte na vida e nos mercados, que havia sido publicado na Itália sob o musical título *Giocati dal caso*. Eu tivera a sorte de contar com um tradutor que sabia quase mais do que eu sobre o tema, e o livro encontrou um pequeno número de seguidores entre os intelectuais italianos. "Sou um grande fã das suas ideias, mas me sinto afrontado. Elas são as minhas ideias também, de verdade, e você escreveu o livro que eu (quase) planejava escrever", disse ele. "Você é um homem de sorte; você apresentou de forma tão abrangente o efeito do acaso na sociedade e a superestimação de causa e efeito. Você mostra como somos estúpidos por tentarmos *explicar* de modo sistemático as habilidades."

Ele fez uma pausa e acrescentou, em um tom mais calmo: "Mas, *mon cher ami*, permita-me dizer *quelque chose* [pronunciando as palavras muito lentamente, com o polegar batendo nos dedos indicador e médio]: se você tivesse sido criado em uma sociedade protestante, onde o esforço está vinculado a recompensas e onde se enfatiza a responsabilidade individual, nunca teria visto o mundo dessa maneira. Você foi capaz de ver a sorte e separar causa e efeito *por causa* da sua herança mediterrânea oriental ortodoxa". Ele estava usando o francês *à cause*. E foi tão convincente que, por um minuto, concordei com sua interpretação.

Gostamos de histórias, gostamos de resumir e gostamos de simplificar, ou seja, de reduzir a dimensão das questões. O primeiro problema da natureza humana que examinamos nesta seção, o que acabamos de ilustrar, é o que chamo de *falácia narrativa*. (Na verdade, trata-se de uma fraude, mas, para ser mais educado, chamarei de falácia.) A falácia está associada à nossa vulnerabilidade à interpretação exagerada e nossa predileção por histórias compactas em lugar das verdades nuas e cruas. Isso distorce severamente nossa representação mental do mundo; é especialmente aguda quando se trata do evento raro.

Repare em como meu solícito simpatizante italiano compartilhava da minha militância contra a interpretação exagerada e a superestimação da causa, e ainda assim foi incapaz de ver a mim e ao meu trabalho sem uma razão, uma causa, atrelada a ambos, como qualquer coisa que não fosse parte de uma história. Ele teve que *inventar* uma causa. Ademais, ele não tinha noção de que havia caído na armadilha da causação, e nem eu mesmo tive consciência imediata disso.

A falácia narrativa diz respeito à nossa capacidade limitada de olhar para as sequências de fatos sem tecer uma explicação para elas, ou, de forma equivalente, sem lhes impor um elo lógico, uma *flecha de relacionamento*. Explicações entrelaçam os fatos. Elas tornam os fatos mais fáceis de ser lembrados; ajudam os fatos a *fazer mais sentido*. Essa propensão pode dar errado quando aumenta nossa *impressão* de compreensão.

Assim como o anterior, este capítulo tratará de um único problema, mas em diferentes disciplinas. O problema da narratividade, embora estudado em larga escala em uma de suas versões por psicólogos, não é tão "psicológico": há alguma coisa na forma como as disciplinas são concebidas que mascara o fato de que costuma ser mais um problema de *informação*. Enquanto a narratividade vem de uma necessidade biológica entranhada de reduzir a dimensionalidade, robôs estariam propensos ao mesmo processo de redução. A informação *quer* ser reduzida.

Para ajudar o leitor a se localizar: ao estudar o problema da indução no capítulo anterior, examinamos o que poderia ser inferido sobre o que não é visto, o que está *fora* do nosso conjunto de informações. Aqui, olhamos para o que é visto, o que está *dentro* do conjunto de informações, e examinamos as distorções no ato de seu processamento. Há muito a se dizer sobre esse tema, mas o enfoque que adoto diz respeito à simplificação do mundo ao nosso redor provocada pela narratividade, assim como seus efeitos sobre nossa percepção do Cisne Negro e da incerteza desenfreada.

## RACHANDO CÉREBROS AO MEIO

Trazer antilógicas à tona é uma atividade das mais empolgantes. Durante alguns meses, você sente na pele a emocionante sensação de que acabou de entrar em um novo mundo. Depois disso, a novidade perde a graça e seu pensamento retorna ao costumeiro. O mundo volta a ficar enfadonho até que você encontre outro assunto com que se entusiasmar (ou até que consiga deixar algum outro figurão em estado de fúria total).

Para mim, uma dessas antilógicas veio com a descoberta — graças à literatura sobre cognição — de que, ao contrário do que todos acreditam, *não teorizar* é um ato, e teorizar pode corresponder à ausência de atividade intencional, a opção "padrão". É preciso empreender um esforço considerável para ver os fatos (e lembrar-se deles) e ao mesmo tempo abster-se de juízos e resistir a explicações. Mas essa doença da teorização raramente está sob nosso controle: é em grande medida anatômica, parte de nossa biologia, de sorte que lutar contra ela requer uma luta contra nosso próprio ser. Portanto, os preceitos dos céticos antigos de refrear os juízos vão contra nossa natureza. Falar é fácil, um problema com a filosofia de aconselhamento que veremos no capítulo 13.

Tente ser um verdadeiro cético acerca de suas interpretações e, em um piscar de olhos, você ficará esgotado. Você também será humilhado por resistir à teorização. (Existem truques para alcançar o ceticismo verdadeiro, mas é preciso entrar pela porta dos fundos em vez de desferir um ataque frontal contra si próprio.) Mesmo de uma perspectiva anatômica, para o nosso cérebro é impossível ver qualquer coisa em estado bruto, sem alguma interpretação. Pode ser que nem sempre tenhamos consciência disso.

Racionalização *post hoc*. Em um certo experimento, psicólogos pediram a mulheres que selecionassem, entre doze pares de meias de náilon, aquelas que fossem de sua preferência. Em seguida, os pesquisadores perguntaram às mulheres as razões de sua escolha. Textura, "sensação" e cor figuraram entre os motivos. Todos os pares de meias eram, na verdade, idênticos. As mulheres ofereceram explicações *post hoc*, ajustadas retroativamente. Isso sugere que somos melhores para explicar do que para entender? Vejamos.

Uma série de experimentos famosos em pacientes diagnosticados com a síndrome do cérebro dividido nos dá evidência física convincente — isto é, biológica — do aspecto automático do ato de interpretação. Parece haver em nós um órgão que atribui sentido às coisas — embora não seja fácil concentrar-se nele e examiná-lo com precisão. Vejamos como ele é detectado.

Pacientes com essa condição, também chamada de desconexão inter-hemisférica ou desconexão do corpo caloso, não têm conexão entre os lados esquerdo e direito do cérebro, o que impede que as informações sejam compartilhadas entre os dois hemisférios cerebrais. Esses pacientes são joias raras e inestimáveis para os pesquisadores. Temos diante de nós duas pessoas literalmente diferentes e podemos nos comunicar com cada uma delas em separado; as diferenças entre as duas pessoas oferecem algum indício sobre a especialização de cada hemisfério. Em geral essa divisão é o resultado de alguma cirurgia para remediar condições mais graves, como epilepsia severa; não, os cientistas dos países ocidentais (e na maioria dos orientais) não têm mais permissão para cortar cérebros humanos ao meio, nem mesmo pela busca do conhecimento e da sabedoria.

Agora, digamos que você tenha induzido essa pessoa a realizar alguma ação — erguer o dedo, gargalhar ou segurar uma pá — a fim de verificar de que modo ela atribui uma razão para seu ato (quando na verdade você sabe que não há outra razão além de você tê-la induzido àquela ação). Se você pedir ao hemisfério direito, que aqui está isolado do lado esquerdo, para executar a ação, e depois pedir ao outro hemisfério que forneça uma explicação, o paciente, invariavelmente, oferecerá alguma interpretação: "Eu estava apontando para o teto porque..." ou "Eu vi algo interessante na parede", ou, se você perguntasse a este autor, eu recitaria meu habitual "Porque eu venho do vilarejo grego ortodoxo de Amioun, no norte do Líbano" etc.

Ora, se você fizer o oposto, ou seja, instruir o hemisfério esquerdo isolado de uma pessoa destra a realizar uma ação e pedir ao hemisfério direito que lhe dê as razões, ouvirá em alto e bom som: "Eu não sei". Observe que o hemisfério esquerdo é onde geralmente se situam a linguagem e a dedução. Faço um alerta ao leitor faminto por "ciência" para que evite tentativas de construir um mapa neural: só estou tentando mostrar a base biológica dessa tendência à causalidade, não sua localização precisa. Existem razões para suspeitarmos dessas distinções "cérebro direito/cérebro esquerdo" e das subsequentes generalizações que a ciência popular faz sobre personalidade. Com efeito, a ideia de que o cérebro esquerdo controla a linguagem pode não ser tão exata: o cérebro esquerdo parece ser mais precisamente o local onde se situa a interpretação do padrão, e pode controlar a linguagem apenas na medida em que a linguagem tem um atributo de interpretação de padrões. Outra diferença entre os hemisférios é que o cérebro direito lida com novidades. Tende a ver o *Gestalt* (o geral, ou a floresta), em um modo paralelo, ao passo que o cérebro esquerdo está preocupado com as árvores, em um modo serial.

Para ver uma ilustração de nossa dependência biológica de histórias, pense no seguinte experimento. Primeiro, leia isto:

>   MAIS VALE UM
>   PÁSSARO NA
>   NA MÃO DO QUE
>   DOIS VOANDO

Você percebeu alguma coisa incomum? Tente novamente.\*

O neurocientista Alan Snyder, que mora em Sydney (e tem sotaque da Filadélfia) fez a seguinte descoberta. Se inibirmos o hemisfério esquerdo de uma pessoa destra (em termos mais técnicos, direcionando pulsos magnéticos de baixa frequência nos lobos frontotemporais esquerdos), a taxa de erros dessa pessoa ao ler a legenda acima diminui muito. Nossa propensão a impor significados e conceitos bloqueia nossa consciência dos detalhes que compõem o conceito. No entanto, se aplicarmos as descargas magnéticas aos hemisférios esquerdos das pessoas, elas se tornam mais realistas — são capazes de desenhar melhor e com mais verossimilhança. A mente dessas pessoas enxerga melhor os objetos em si, livres de teorias, narrativas e preconceitos.

Por que é difícil evitar a interpretação? É fundamental entender que, como vimos na historieta do acadêmico italiano, as funções cerebrais muitas vezes operam fora do escopo da nossa consciência. Interpretamos mais ou menos da mesma forma como executamos outras atividades consideradas automáticas e fora do nosso controle, a exemplo de respirar.

O que faz com que *não teorizar* custe muito mais energia do que teorizar? Primeiro, há a impenetrabilidade da atividade. Eu disse que boa parte dela acontece fora do escopo da nossa consciência: se você não sabe que está fazendo a inferência, como pode impedir a si mesmo de fazê-la a menos que permaneça

---

\* A palavra "na" aparece duas vezes.

em um estado de alerta constante? E se você precisa estar continuamente alerta, isso não é exaustivo? Tente fazer isso durante uma tarde e sinta na pele.

*Um pouco mais de dopamina*

Além da história do intérprete do lado esquerdo do cérebro, temos mais evidências fisiológicas de nossa arraigada busca por padrões, graças ao conhecimento cada vez maior sobre o papel dos neurotransmissores, que são as substâncias químicas supostamente incumbidas de transportar sinais entre diferentes partes do cérebro. Parece que a percepção de padrões aumenta com a concentração da substância dopamina no cérebro. A dopamina também regula o humor e fornece um sistema interno de recompensa no cérebro (não é surpresa que seja encontrada em concentrações ligeiramente mais altas no lado esquerdo do cérebro de pessoas destras do que no lado direito). Uma concentração mais alta de dopamina aparentemente diminui o ceticismo e resulta em maior vulnerabilidade à detecção de padrões; uma injeção de L-dopa (ou levodopa), substância usada para tratar pacientes com mal de Parkinson, parece aumentar essa atividade e diminuir a desconfiança da pessoa, que se torna vulnerável a todos os tipos de modismos, como astrologia, superstições, economia e tarô.

Na verdade, enquanto escrevo estas linhas, corre um processo judicial movido por um paciente que exige de seu médico uma indenização de mais de 200 mil dólares — quantia que o paciente supostamente perdeu na jogatina. Ele afirma que o tratamento para o mal de Parkinson o levou a uma farra desembestada de apostas em cassinos. Descobriu-se que um dos efeitos colaterais da levodopa é transformar uma minoria pequena, mas significativa, de pacientes em jogadores compulsivos. Uma vez que esse vício desenfreado em jogos de azar é associado ao fato de que as pessoas veem o que julgam ser padrões nítidos em números aleatórios, isso ilustra a *relação entre conhecimento e aleatoriedade*. Mostra também que alguns aspectos do que chamamos de "conhecimento" (e o que eu chamo de narrativa) são uma doença.

Mais uma vez, advirto o leitor de que não estou focando a dopamina como a *razão* para nossa interpretação exagerada; em vez disso, meu argumento é que há um correlato físico e neural nessa operação, e que a mente é, em grande medida, vítima da nossa corporificação física. A mente é como um prisioneiro, refém da biologia, a menos que consigamos empreender uma fuga astuta. É a falta de controle sobre essas inferências que estou enfatizando. Amanhã, pode ser que alguém descubra outra base química ou orgânica para a nossa percepção de padrões, ou, mostrando o papel de uma estrutura mais complexa, refute o que eu disse sobre o intérprete do cérebro esquerdo; mas isso não negaria a ideia de que a percepção de causação tem um fundamento biológico.

*Regra de Andrei Nikoláievitch*

Há outra razão, ainda mais profunda, para a nossa inclinação à narrativa, e não é de natureza psicológica. Tem a ver com o efeito da ordem no armazenamento e na recuperação de informações em qualquer sistema, e vale a pena uma explicação aqui, por causa daquilo que considero serem os problemas centrais de probabilidade e teoria da informação.

O primeiro problema é que *a obtenção de informações custa caro*.

O segundo problema é que também *custa caro armazenar informações* — como imóveis em Nova York. Quanto menos aleatória e mais ordenada, padronizada e *narratizada* uma série de palavras ou símbolos, mais fácil é armazenar essa série na mente ou anotá-la em um caderno para que seus netos possam ler algum dia.

Por fim, custa caro manipular e recuperar informações.

Com tantos neurônios — 100 bilhões (por baixo) —, o sótão é um tanto espaçoso, então as dificuldades provavelmente não surgem de limitações na capacidade de armazenamento, mas podem ser apenas problemas de indexação. Sua memória consciente, ou a memória operacional, aquela que você está usando para ler estas linhas e atribuir-lhes sentido, é bem menor que o sótão. Leve em consideração que sua memória operacional tem dificuldade de reter um simples número de telefone com mais de sete dígitos. Mude ligeiramente as metáforas e imagine que sua consciência é uma escrivaninha na Biblioteca do Congresso: não importa quantos livros a biblioteca tenha no acervo e disponibilize para consulta, o tamanho da sua escrivaninha define algumas limitações de processamento. A compressão é essencial para o desempenho do trabalho consciente.

Imagine um conjunto de palavras coladas para constituir um livro de quinhentas páginas. Se as palavras forem aleatórias, retiradas do dicionário de forma completamente imprevisível, você não será capaz de resumir, transferir ou reduzir as dimensões desse livro sem deixar algo importante de fora. Você precisa de 100 mil palavras para levar, em sua próxima viagem à Sibéria, a mensagem exata de 100 mil palavras aleatórias. Agora imagine o contrário: um livro inteiro preenchido com a seguinte frase: "O presidente da [*insira aqui o nome da sua empresa*] é um sujeito de sorte que estava no lugar certo na hora certa e reivindica o crédito pelo sucesso da empresa, sem fazer nenhuma concessão à sorte", repetida dez vezes por página ao longo de quinhentas páginas. O livro inteiro pode ser comprimido com a máxima precisão, como acabei de fazer, em 31 palavras (de um total de 155 mil); você poderia reproduzi-lo com total fidelidade a partir desse núcleo. Ao encontrar o padrão, a lógica da série, você não precisa mais memorizar tudo. Basta armazenar o padrão. E, como podemos ver aqui, um padrão é obviamente mais compacto do que a informação em estado bruto. Você examinou o livro e encontrou uma *regra*. Seguindo essa linha de pensamento, o grande probabilista Andrei Nikoláievitch Kolmogorov definiu o grau de aleatoriedade, que é chamado de "complexidade de Kolmogorov".

Nós, membros da variedade humana dos primatas, temos fome de regras porque precisamos reduzir a dimensão das questões de modo que possam entrar em nossa cabeça. Ou melhor, infelizmente, para que consigamos *espremê-las* até enfiá-las em nossa cabeça. Quanto mais aleatória a informação, maior a dimensionalidade e, portanto, mais difícil resumi-la. Quanto mais você resume, quanto mais ordem você insere, menor a aleatoriedade. Por essa razão, *a mesma condição que nos faz simplificar nos obriga a pensar que o mundo é menos aleatório do que realmente é*.

E o Cisne Negro é o que deixamos de fora na simplificação.

Tanto os empreendimentos artísticos quanto os científicos são o produto da nossa necessidade de reduzir dimensões e impor alguma ordem às coisas. Pense no mundo ao seu redor, carregado de trilhões de detalhes. Ao tentar descrevê-lo, você se verá tentado a tecer um fio naquilo que está dizendo. Um romance, um relato, um mito ou um conto têm a mesma função: eles nos poupam da complexidade e nos protegem da aleatoriedade do mundo. Os mitos conferem ordem à desordem da percepção e ao "caos da experiência humana".*

---

* O romancista parisiense Georges Perec tentou romper com a narrativa e se empenhou em escrever um livro do tamanho do mundo. Teve que se contentar com um relato exaustivo do que aconteceu na Place Saint-Sulpice entre 18 de outubro e 20 de outubro de 1974. Mesmo assim, seu relato não foi tão exaustivo, e ele acabou escrevendo uma narrativa.

Na verdade, muitos distúrbios psicológicos graves vêm acompanhados pela sensação da perda de controle de — ser capaz de "atribuir sentido a" — seu ambiente.

A platonicidade nos afeta aqui mais uma vez. O mesmo desejo de ordem, curiosamente, aplica-se a atividades científicas — só que, ao contrário da arte, o propósito (declarado) da ciência é chegar à verdade, não nos dar uma sensação de organização ou fazer com que nos sintamos bem. Temos a tendência de usar o conhecimento como terapia.

*Uma maneira melhor de morrer*

Para ver a potência da narrativa, parta da seguinte afirmação: "O rei morreu e a rainha morreu". Compare-a com "O rei morreu, e em seguida a rainha morreu de tristeza". Esse exercício, apresentado pelo romancista E. M. Forster, mostra a distinção entre a mera sucessão de informações e um enredo. Mas repare que é aqui que está o busílis: embora tenhamos adicionado informações à segunda afirmação, efetivamente reduzimos a dimensão do total. A segunda frase é, de certa forma, muito mais leve de carregar e mais fácil de lembrar; agora temos uma única informação em vez de duas. Como conseguimos nos lembrar dela com menos esforço, também podemos vendê-la a outras pessoas, ou seja, comercializá-la melhor como uma ideia empacotada. Essa é, em poucas palavras, a definição e a função de uma *narrativa*.

Para ver como a narrativa pode levar a um erro na avaliação das probabilidades, faça o seguinte experimento. Forneça a alguém uma história de detetive bem escrita — digamos, um romance de Agatha Christie com um punhado de personagens que, de forma plausível, podem todos ser considerados culpados. Agora pergunte a esse interlocutor qual é a probabilidade de cada personagem ser o assassino. A menos que a pessoa anote as porcentagens para manter uma contagem exata, elas devem somar bem mais de 100% (até bem mais de 200% quando se trata de um bom romance). Quanto melhor for o escritor da história de detetive, maior será o número.

## EM BUSCA DO TEMPO NEM TÃO PERDIDO

Nossa tendência de perceber — de impor — *narratividade* e *causalidade* são sintomas da mesma doença: redução de dimensão. Além do mais, tal qual a causalidade, a narratividade tem uma dimensão cronológica e conduz à percepção do fluxo do tempo. A causalidade faz o tempo fluir em uma única direção, e a narratividade faz isso também.

Mas a memória e a seta do tempo podem se confundir. A narratividade pode afetar perversamente a recordação de eventos passados da seguinte maneira: tendemos a nos lembrar com mais facilidade dos fatos do nosso passado que se encaixam em uma narrativa, ao passo que tendemos a negligenciar outros, os que *aparentemente* não desempenham um papel causal nessa narrativa. Leve em consideração que, quando nos lembramos de eventos, sabemos o que aconteceu depois. É impossível ignorar informações posteriores na hora de resolver um problema. Essa simples incapacidade de nos lembrarmos não da verdadeira sequência de eventos, mas de uma sequência reconstruída, faz a história parecer, em retrospecto, muito mais explicável do que realmente era — ou é.

A sabedoria convencional afirma que a memória é como um dispositivo de gravação em série, como um disquete de computador. Na realidade, a memória é dinâmica — não estática —, feito um papel em que novos textos (ou novas versões do mesmo texto) são gravados continuamente, graças ao poder da informação posterior. (Em um lampejo extraordinário, Charles Baudelaire, poeta parisiense do século XIX, comparou nossa memória a um palimpsesto, um tipo de pergaminho no qual textos antigos podem ser apagados para dar lugar a textos novos escritos por cima deles.) A memória está mais para uma máquina de revisão dinâmica que, interesseira, serve a si mesma: você se lembra da última vez que se lembrou do acontecimento e, sem perceber, *muda a história a cada recordação subsequente*.

Então, puxamos pela memória ao longo de linhas causais, revisando as lembranças de forma involuntária e inconsciente. Estamos sempre renarrando eventos passados à luz daquilo que nos parece fazer sentido lógico após a ocorrência desses eventos.

Por meio de um processo chamado reverberação, uma lembrança corresponde ao fortalecimento de conexões a partir de um aumento da atividade cerebral em um determinado setor do cérebro — quanto mais atividade, mais forte é a recordação. Embora acreditemos que a memória seja fixa, constante e conectada, tudo isso está muito longe da verdade. O que faz sentido de acordo com as informações obtidas posteriormente será lembrado de maneira mais nítida. Inventamos algumas de nossas memórias — questão sensível nos tribunais, uma vez que já se demonstrou que muitas pessoas inventaram histórias de abuso infantil por terem ouvido teorias a respeito.

*A narrativa do homem louco*

Há maneiras demais de interpretar eventos passados, o que não é nem um pouco benéfico.

Pense no comportamento de pessoas paranoicas. Tive o privilégio de trabalhar com colegas com distúrbios paranoides ocultos que vez por outra afloravam. Quando a pessoa é muito inteligente, ela pode surpreender você com as interpretações mais improváveis, e ainda assim completamente plausíveis, do comentário mais inócuo. Se eu disser: "Eu receio que...", em referência a um estado indesejável do mundo, pode ser que ela faça uma interpretação literal, de que estou sentindo um medo real, e esse gatilho desencadeia um episódio de pavor por parte da pessoa paranoica. Alguém que sofre desse distúrbio pode compilar os detalhes mais insignificantes e elaborar uma teoria intrincada e racional para explicar que há uma conspiração contra ela. E se você juntar, digamos, dez pessoas paranoicas, todas no mesmo estado de delírio episódico, as dez fornecerão dez interpretações distintas, mas coerentes, dos eventos.

Quando eu tinha uns sete anos, minha professora do Ensino Fundamental mostrou para a classe uma pintura em que se via um grupo de franceses pobres da Idade Média reunidos em um banquete oferecido por um benfeitor, algum rei benevolente, se bem me lembro. Estavam segurando as tigelas de sopa erguidas junto aos lábios. A professora me perguntou por que estavam com o nariz enfiado nas tigelas, e respondi: "Porque ninguém ensinou boas maneiras a eles". Ela respondeu: "Errado. É porque eles estão com muita fome". Eu me senti burro por não ter pensado nisso, mas não conseguia entender o que tornava uma explicação mais provável do que a outra, ou por que ambas as respostas não estavam erradas (naquela época não havia talheres de prata, ou pelo menos não o suficiente, o que parece ser a explicação mais provável de todas).

Além de nossas distorções perceptivas, há um problema com a lógica em si. Como é concebível que alguém não tenha noção alguma de nada e ainda assim seja capaz de aferrar-se a um conjunto de pontos de vista perfeitamente sensatos e coerentes que correspondem às observações e obedecem a todas as regras possíveis da lógica? Tenha em mente que duas pessoas podem ter crenças e convicções incompatíveis entre si com base nos mesmos dados. Isso significa que existem famílias de explicações possíveis e que cada uma delas pode ser igualmente perfeita e coerente? Certamente não. Um indivíduo pode ter 1 milhão de maneiras de explicar as coisas, mas a verdadeira explicação é única, esteja ou não ao nosso alcance.

Em um argumento famoso, o lógico W. V. Quine demonstrou que existem famílias de teorias e interpretações consistentes em termos lógicos que podem corresponder a uma determinada série de fatos. Essa percepção deve nos alertar para o fato de que a mera ausência de absurdo pode não ser suficiente para tornar algo verdadeiro.

O problema de Quine está relacionado ao fato de ele ter encontrado dificuldade para traduzir declarações entre línguas diferentes, simplesmente porque qualquer indivíduo poderia interpretar qualquer frase de uma infinidade de maneiras. (Observe aqui que alguém empenhado na discussão de minúcias pode encontrar um aspecto de autocancelamento na própria escrita de Quine. Eu me pergunto como ele espera que entendamos esse mesmo aspecto em uma não infinidade de maneiras.)

Isso não significa que não possamos falar sobre causas; existem maneiras de escapar da falácia narrativa. Como? Fazendo conjecturas e realizando experimentos, ou, como veremos na parte II (infelizmente), fazendo previsões avaliáveis por meio de testes.* Os experimentos psicológicos que estou discutindo aqui fazem isto: selecionam uma população e executam um teste. Os resultados devem ser os mesmos no Tennessee, na China e até mesmo na França.

---

* Esses testes evitam a falácia narrativa e grande parte do viés de confirmação, uma vez que os testadores são obrigados a levar em consideração tanto os fracassos quanto os sucessos de seus experimentos.

*Narrativa e terapia*

Se a narratividade nos faz ver os eventos passados como acontecimentos mais previsíveis, mais esperados e menos aleatórios do que realmente foram, então deveríamos ser capazes de fazer isso funcionar a nosso favor como uma terapia contra algumas das ferroadas de aleatoriedade.

Digamos que algum evento desagradável, por exemplo um acidente de carro pelo qual você se sente indiretamente responsável, deixa você com uma sombra persistente de culpa. Você é torturado pelo desagradável pensamento de que causou ferimentos a seus passageiros; pela contínua consciência de que poderia ter evitado o acidente. Sua mente continua imaginando cenários hipotéticos alternativos que se ramificam desde uma árvore principal: se naquele dia você não tivesse acordado três minutos depois do habitual, teria evitado o acidente de carro. Não era sua intenção ferir os passageiros, mas ainda assim sua mente é assolada por remorso. Pessoas em profissões com alto nível de aleatoriedade (como é o caso de quem atua nos mercados) podem sofrer mais com o efeito tóxico das ferroadas retrospectivas: eu deveria ter vendido meu portfólio na alta; poderia ter comprado aquela ação anos atrás por centavos e agora estaria dirigindo um conversível cor-de-rosa etc. Se você é um profissional, pode sentir que "cometeu um erro" ou, pior ainda, que "erros foram cometidos" quando você falhou na compra do bilhete de loteria premiado para seus investidores, e sente a necessidade de pedir desculpas por sua "descuidada" estratégia de investimento (isto é, o que parece descuidado em retrospecto).

Como é possível livrar-se dessa sensação latejante que insiste em não ir embora? Não tente evitar pensar nela: é quase certo que o tiro sairá pela culatra. Uma solução mais apropriada é fazer com que o evento pareça mais inevitável. Ei, estava fadado a acontecer, e parece inútil se martirizar pelo leite derramado. Como você pode fazer isso? Bem, *com uma narrativa*. Pacientes que passam quinze minutos todos os dias escrevendo um relato de suas agruras cotidianas se sentem realmente melhor em relação ao mal que os aflige. A pessoa se sente menos culpada por não ter evitado certos eventos; ela se sente menos responsável. As coisas parecem fadadas a acontecer.

Se você trabalha em uma profissão carregada de aleatoriedade, como vemos, é provável que sofra os efeitos de frustração e esgotamento causados por essa constante reconsideração crítica de suas ações passadas, baseando-se no fato de já saber o que ocorreu posteriormente. Manter um diário é o mínimo que você pode fazer nessas circunstâncias.

## ESTAR ERRADO COM PRECISÃO INFINITA

Nutrimos um paralisante desdém pelo abstrato.

Um dia, em dezembro de 2003, quando Saddam Hussein foi capturado, o canal Bloomberg News exibiu a seguinte manchete às 13h01: ALTA DOS TÍTULOS DO TESOURO DOS ESTADOS UNIDOS; A CAPTURA DE HUSSEIN PODE NÃO REFREAR O TERRORISMO.

Toda vez que há alguma movimentação do mercado, a mídia de notícias se sente obrigada a apresentar o "motivo". Meia hora depois, tiveram que publicar uma nova manchete. Como os preços dos títulos do Tesouro dos Estados Unidos caíram (os valores flutuam o dia todo, então não havia nada de especial nisso), o Bloomberg News arranjou uma nova razão para a queda: a captura de Saddam (o mesmo Saddam). Às 13h31, divulgaram o novo boletim: TÍTULOS DO TESOURO DOS ESTADOS UNIDOS EM QUEDA; CAPTURA DE HUSSEIN IMPULSIONA A ATRATIVIDADE DE ATIVOS DE RISCO.

Portanto, era a mesma captura (a causa) explicando um evento e seu exato oposto. Claramente, isso não é possível; esses dois fatos não podem estar interligados.

Acaso os jornalistas se dirigem todas as manhãs à enfermaria a fim de receber uma injeção diária de dopamina para que consigam narrar melhor? (Observe a ironia de que a palavra *doping*, usada para designar as substâncias ilegais que os atletas tomam para melhorar seu desempenho, tem a mesma raiz que *dopamina*.)

Acontece o tempo todo: propõe-se uma causa para fazer você engolir as notícias e para tornar as coisas mais concretas. Após a derrota de um candidato em uma eleição, você será abastecido com a "causa" do descontentamento dos eleitores. Qualquer causa concebível pode servir. A mídia, no entanto, não poupa esforços e faz de tudo para que o processo seja "meticuloso", mobilizando seus exércitos de verificadores de fatos. É como se quisessem estar errados com precisão infinita (em vez de aceitarem a possibilidade de estarem aproximadamente certos, como um escritor de fábulas).

Repare que, na ausência de qualquer outra informação sobre uma pessoa, você tende a recorrer à nacionalidade e a informações sobre o passado dela como um atributo saliente (como o acadêmico italiano fez comigo). Como é que eu sei que essa atribuição ao histórico biográfico é uma fraude? Fiz meu próprio teste empírico verificando quantos traders de origem igual à minha e que tinham sentido na pele a experiência da mesma guerra tornaram-se empiristas céticos, e não encontrei um único caso em 26. Esse negócio de nacionalidade ajuda você a criar uma ótima história e saciar sua fome de atribuição de causas. Parece ser o lixão onde vão parar todas as explicações até que alguém consiga descobrir uma outra, mais óbvia (por exemplo, algum argumento evolutivo que "faça sentido"). Na verdade, as pessoas tendem a se enganar com uma autonarrativa de "identidade nacional", que, conforme demonstrou um inovador artigo de 65 autores publicado na revista *Science*, é pura ficção ("traços nacionais" podem ser ótimos para filmes, talvez ajudem bastante na guerra, mas são noções platônicas que não contêm validade empírica — ainda que, por exemplo, tanto os ingleses quanto os não ingleses acreditem erroneamente em um "temperamento nacional" inglês). Do ponto de vista empírico, sexo, classe social e profissão parecem ser melhores previsores do comportamento do que a nacionalidade (um homem da Suécia se parece mais com um homem de Togo do que com uma mulher da Suécia; um filósofo do Peru se parece mais com um filósofo da Escócia do que com um zelador do Peru; e assim por diante).

O problema da causação em excesso não está no jornalista, mas no público. Ninguém pagaria um dólar para comprar uma série de estatísticas abstratas que remetessem a uma chatíssima aula de faculdade. Queremos ouvir histórias, e não há nada de errado nisso — exceto que deveríamos verificar de forma mais meticulosa se a história não provoca distorções relevantes da realidade. Será possível que a ficção revele a verdade, ao passo que a não ficção seja um refúgio para o mentiroso? Será que as fábulas e histórias estão mais próximas da verdade do que os fatos da realidade minuciosamente verificados pela rede ABC News? Apenas leve em conta que os jornais tentam obter fatos impecáveis, mas os entrelaçam em uma narrativa de modo a transmitir a impressão de causalidade (e de conhecimento). Existem verificadores de fatos, não verificadores do intelecto. Infelizmente.

Porém, não há razão para pegar os jornalistas como bodes expiatórios. Acadêmicos em disciplinas narrativas fazem a mesma coisa, mas enfeitam isso com uma linguagem formal — vamos nos inteirar das ações deles no capítulo 10, sobre previsão.

Além da narrativa e da causalidade, jornalistas e intelectuais públicos do tipo que usa frases de efeito não tornam o mundo um lugar mais simples. Em vez disso, quase que invariavelmente fazem com que ele pareça muito mais complicado do que é. Da próxima vez que lhe pedirem para discorrer sobre eventos mundiais, alegue ignorância e apresente os argumentos que propus neste capítulo, lançando dúvidas sobre a visibilidade da causa imediata. Dirão que "você analisa demais" ou que "você é complicado demais". Você só vai estar dizendo que não sabe!

*Ciência impassível*

Agora, se você pensa que a ciência é uma disciplina abstrata isenta de sensacionalismo e distorções, tenho algumas notícias que vão dar o que pensar. Pesquisadores empíricos encontraram evidências de que os cientistas também são vulneráveis a narrativas, enfatizando títulos e frases de efeito "sexy", do tipo chamativo, em vez de questões mais substanciais. Eles também são humanos, e lançam mão de assuntos chocantes para chamar atenção. A maneira de remediar isso é por meio de metanálises de estudos científicos, em que um superpesquisador examina cuidadosamente toda a literatura, incluindo os artigos menos alardeados, e produz uma síntese.

## O SENSACIONAL E O CISNE NEGRO

Vejamos como a narratividade afeta nossa compreensão do Cisne Negro. A narrativa, bem como seu mecanismo associado de destaque do fato sensacional, pode bagunçar nossa projeção das probabilidades. Veja o seguinte experimento realizado por Kahneman e Tversky, a dupla apresentada no capítulo anterior: os sujeitos da pesquisa eram profissionais de meteorologia a quem se pediu que imaginassem dois cenários hipotéticos e estimassem suas probabilidades.

   a. Uma gigantesca inundação em algum lugar dos Estados Unidos, que resultaria na morte de mais de mil pessoas.

b. *Um terremoto na Califórnia*, que causaria inundações de grandes proporções, com a morte de mais de mil pessoas.

Os entrevistados estimaram que o primeiro evento era *menos* provável do que o segundo. Um terremoto na Califórnia, no entanto, é uma *causa* imediatamente fácil de imaginar, o que aumenta muito a disponibilidade mental — daí a probabilidade calculada — do cenário hipotético de inundação.

Da mesma forma, se eu perguntasse a você quantos casos de câncer de pulmão tendem a ocorrer no país, você forneceria algum número, digamos meio milhão. Agora, se em vez disso eu lhe perguntasse quantos casos de câncer de pulmão podem ocorrer *por causa* do tabagismo, é provável que você me apresentasse um número muito maior (creio que mais de duas vezes maior). Adicionar o *por causa* torna essas questões muito mais *plausíveis*, e muito mais *prováveis*. O câncer decorrente do tabagismo parece mais provável do que o câncer sem uma causa atrelada ao fumo — uma causa não especificada significa nenhuma causa.

Volto ao exemplo da trama de E. M. Forster no início deste capítulo, mas considerado do ponto de vista da probabilidade. Qual das duas afirmações seguintes parece a mais provável?

*Joey parecia feliz no casamento. Ele matou a esposa.*

*Joey parecia feliz no casamento. Ele matou a esposa para ficar com a herança dela.*

Claramente, à primeira vista a segunda afirmação parece mais provável, o que é um puro erro de lógica, já que a primeira, sendo mais ampla, pode abranger mais causas, por exemplo que ele matou a esposa porque enlouqueceu, porque ela o traiu com o carteiro e com o instrutor de esqui, porque ele entrou em estado de delírio e a confundiu com um prognosticador financeiro.

Tudo isso pode levar a patologias em nossa tomada de decisões. Como?

Imagine que, conforme Paul Slovic e seus colaboradores demonstraram, as pessoas são mais propensas a pagar por seguro contra terrorismo do que por seguro simples (que cobre, entre outras coisas, atentados terroristas).

Os Cisnes Negros que imaginamos e discutimos e com os quais nos preocupamos não se parecem com aqueles que provavelmente são Cisnes Negros. Como veremos a seguir, nós nos preocupamos com os eventos "improváveis" errados.

*Cegueira em relação ao Cisne Negro*

A primeira questão sobre o paradoxo da percepção dos Cisnes Negros é a seguinte: como é possível que *alguns* Cisnes Negros sejam supervalorizados em nossa mente se, via de regra, o tema deste livro é que negligenciamos os Cisnes Negros?

A resposta é que existem duas variedades de eventos raros: a) os Cisnes Negros *narrados*, aqueles que estão presentes no discurso atual e sobre os quais você provavelmente ouvirá falar na televisão, e b) aqueles dos quais ninguém fala, já que escapam dos modelos — aqueles que você teria vergonha de discutir em público, porque não parecem plausíveis. Posso afirmar com segurança que é totalmente compatível com a natureza humana que as ocorrências de Cisnes Negros sejam superestimadas no primeiro caso, mas gravemente subestimadas no segundo.

De fato, as pessoas que compram bilhetes de loteria superestimam suas chances de ganhar porque visualizam uma recompensa de tamanha potência — na verdade, são tão cegas em relação às probabilidades que tratam quase da mesma maneira probabilidades de um em mil e um em 1 milhão.

Grande parte da pesquisa empírica concorda com esse padrão de superestimação e subestimação de Cisnes Negros. Kahneman e Tversky inicialmente mostraram que as pessoas reagem de forma exagerada a resultados de baixa probabilidade *quando o evento é discutido com elas*, quando elas tomam consciência dele. Se você perguntar a alguém "qual é a probabilidade de morrer em um acidente de avião?", por exemplo, as pessoas aumentarão essas chances. No entanto, Slovic e seus colegas constataram, em padrões de seguros, negligência desses eventos altamente improváveis nos planos que as pessoas compram. Chamam isso de "preferência por seguro contra prováveis pequenas perdas" — à custa das menos prováveis, mas de maior impacto.

Por fim, depois de anos em busca de testes empíricos de nosso desprezo pelo abstrato, encontrei pesquisadores em Israel que realizaram os experimentos pelos quais eu vinha esperando. Greg Barron e Ido Erev fornecem evidências experimentais de que agentes subestimam pequenas probabilidades quando participam de experimentos sequenciais em que *eles próprios geram as probabilidades*, quando as probabilidades não lhes são fornecidas. Se você sortear bolas de dentro de uma urna com um pequeno número de bolas vermelhas e um grande número de bolas pretas, e se você não tiver ideia alguma sobre as proporções relativas, provavelmente subestimará o número de bolas vermelhas. Apenas quando lhe fornecerem a frequência — por exemplo, quando lhe disserem que 3% das bolas são vermelhas — é que você a superestimará em sua decisão de aposta.

Passei um bocado de tempo me perguntando como podemos ser tão míopes e imediatistas e ainda assim sobrevivermos em um ambiente que não é inteiramente do Mediocristão. Um dia, olhando para a barba grisalha que me faz parecer dez anos mais velho do que sou e pensando no prazer que obtenho ao exibi-la, percebi o seguinte: o respeito pelos idosos em muitas sociedades pode ser uma espécie de compensação por nossa memória de curto prazo. A palavra *senado* vem de *senatus*, "envelhecido" em latim; em árabe, *xeique* significa tanto um membro da elite dominante como "ancião". Anciões são repositórios de uma complicada aprendizagem indutiva que inclui informações sobre eventos raros. Os anciões podem nos assustar com histórias — é por isso que ficamos superempolgados quando pensamos em um Cisne Negro *específico*. Eu me entusiasmei ao descobrir que isso também é verdade no reino animal: um artigo publicado na revista *Science* mostrou que matriarcas de elefantes desempenham o papel de superconselheiras em eventos raros.

Aprendemos com a repetição — à custa de eventos que não aconteceram antes. Eventos que não são repetíveis são ignorados antes de sua ocorrência, e depois superestimados (por algum tempo). Após um Cisne Negro, a exemplo do 11 de setembro de 2001, as pessoas esperam que ele ocorra novamente, quando é provável que as chances de esse acontecimento se repetir tenham sido reduzidas. Gostamos de pensar sobre Cisnes Negros *específicos* e conhecidos, mas na verdade a própria natureza da aleatoriedade reside em sua abstração. Como afirmei no prólogo, é a definição errada de um deus.

Para o economista Hyman Minsky, os ciclos da exposição a riscos na economia seguem um padrão: estabilidade e ausência de crises estimulam a exposição a riscos, a complacência e a redução de consciência da possibilidade de problemas. Em seguida, ocorre uma crise, que resulta em pessoas em estado de choque e temerosas de investir seus recursos. Estranhamente, tanto Minsky e a escola a que está associado, chamada de pós-keynesiana, quanto seus oponentes, os economistas libertários "austríacos", fazem a mesma análise, exceto que o primeiro grupo recomenda intervenção governamental para suavizar o ciclo, enquanto o segundo acredita que não se deve confiar nos funcionários públicos para lidar com essas questões. Embora as duas escolas de pensamento pareçam lutar uma contra a outra, ambas enfatizam a incerteza fundamental e ficam à margem dos departamentos econômicos tradicionais (embora contem com muitos adeptos entre empresários e não acadêmicos). Sem dúvida, essa ênfase na incerteza fundamental incomoda os platonificadores.

Todos os testes de probabilidade que discuti nesta seção são importantes; eles mostram como somos enganados pela raridade dos Cisnes Negros, mas não pelo papel que desempenham no agregado, seu *impacto*. Em um estudo preliminar, o psicólogo Dan Goldstein e eu submetemos alunos da London Business School a exemplos de dois domínios, o Mediocristão e o Extremistão. Selecionamos altura, peso e número de acessos por website. Os sujeitos da pesquisa eram bons em adivinhar o papel de eventos raros em ambientes do estilo Mediocristão. Mas suas intuições falhavam quando se tratava de variáveis fora desse âmbito, o que mostra que somos inábeis na avaliação intuitiva do impacto do improvável, como a contribuição de um estrondoso best-seller para as vendas totais de livros. Em um dos experimentos, os entrevistados subestimaram em 33 vezes o *efeito* de um evento raro.

A seguir, veremos como essa falta de compreensão de assuntos abstratos nos afeta.

*A atração do sensacional*

De fato, as informações estatísticas abstratas não nos influenciam tanto quanto o relato anedótico — a despeito do nível de sofisticação da pessoa. Darei alguns exemplos.

***A criança italiana.*** No final dos anos 1970, uma criança caiu em um poço na Itália. A equipe de resgate não conseguiu tirá-la do buraco, e a criança passou dias chorando no fundo do poço, desamparada. A Itália inteira estava preocupada com o destino da criança, o que é compreensível; todo o país se manteve grudado no noticiário acompanhando as frequentes atualizações. Os gritos da criança produziam agudas pontadas de dor e culpa nos impotentes membros da equipe de resgate e nos repórteres. A foto da criança foi exibida com destaque em revistas e jornais, e era difícil andar pelo centro de Milão sem ser lembrado de seu infortúnio.

Enquanto isso, a guerra civil grassava feroz no Líbano, com hiatos ocasionais no conflito. Em meio a seu próprio caos, os libaneses também ficaram absortos no destino daquela criança. A criança *italiana*. A oito quilômetros de distância, pessoas estavam morrendo por causa da guerra, cidadãos eram ameaçados por carros-bomba, mas o destino da criança italiana figurava entre os interesses da população do bairro cristão de Beirute. "Vejam que coisinha fofa, aquela coitadinha", me diziam. E toda a cidade expressou alívio quando por fim se concretizou o resgate.

Como supostamente teria dito Stálin, que sabia uma coisa ou outra sobre o negócio da mortalidade: "Uma única morte é uma tragédia; 1 milhão de mortes é uma estatística". Estatísticas não ressoam dentro de nós.

O terrorismo mata, mas o maior assassino continua sendo o meio ambiente, responsável por cerca de 13 milhões de mortes por ano. Mas o terrorismo causa indignação, o que nos faz superestimar a probabilidade de um ataque terrorista — e reagir com mais violência quando acontece. Sentimos muito mais a ferroada dos danos causados pelo homem do que a dos causados pela natureza.

**Central Park.** Você está a bordo de um avião, indo passar um fim de semana prolongado (regado a álcool) na cidade de Nova York. Você está sentado ao lado de um vendedor de seguros que, sendo vendedor, não consegue parar de falar. Para ele, *não falar* é a atividade mais trabalhosa. Ele conta que o primo (com quem ele vai celebrar o feriado) trabalhou em um escritório de advocacia com alguém cujo cunhado tem um sócio cujo irmão gêmeo foi assaltado e assassinado no Central Park. Isso mesmo, o Central Park, na gloriosa cidade de Nova York. Isso foi em 1989, se ele se lembra bem (estamos agora em 2007). A pobre vítima tinha apenas 38 anos de idade, era um homem casado e pai de três filhos, um dos quais nascera com uma deficiência congênita e precisava de cuidados especiais no Centro Médico da Universidade Cornell. Três crianças, uma das quais precisava de cuidados especiais, perderam o pai por causa de uma visita boba ao Central Park.

Bem, é provável que você evite o Central Park durante a sua estadia na cidade. Você sabe muito bem que pode acessar a internet ou consultar um folheto qualquer para obter estatísticas criminais, em vez de dar ouvidos a um vendedor com incontinência verbal. Mas é inevitável. Por algum tempo, o nome Central Park evocará a imagem daquele pobre homem, que não merecia o destino que teve, caído na grama imunda. Será necessário um bocado de informações estatísticas para sobrepujar sua hesitação.

**Andar de motocicleta.** Da mesma forma, a morte de um parente em um acidente de moto tem muito mais chances de influenciar sua atitude em relação às motocicletas do que volumes de análises estatísticas. Você não precisa de esforço algum para procurar estatísticas sobre acidentes na internet, mas esses números não vêm à mente com facilidade. Saiba que eu piloto a minha Vespa vermelha cidade afora, já que ninguém em meu círculo próximo sofreu um acidente recentemente — embora eu esteja ciente desse problema de lógica, sou incapaz de tomar uma atitude em relação a ele.

Ora, não discordo daqueles que recomendam o uso de uma narrativa para chamar atenção. Na verdade, nossa consciência pode estar vinculada à capacidade de inventar alguma forma de história sobre nós mesmos. É só que a narrativa pode ser letal quando usada nos lugares errados.

OS ATALHOS

A seguir, irei além da narrativa para discutir os atributos mais gerais de pensamento e raciocínio por trás da nossa superficialidade incapacitante. Esses defeitos de raciocínio foram catalogados e investigados por uma poderosa tradição de pesquisa representada por uma escola chamada Society for Judgment and Decision Making [Sociedade de Julgamento e Tomada de Decisões] (a única sociedade acadêmica e profissional da qual sou membro, e com orgulho; suas reuniões são as únicas em que não padeço de dores de tensão nos ombros ou ataques de raiva). Está associada à escola de pesquisa iniciada por Daniel Kahneman, Amos Tversky e seus amigos, como Robyn Dawes e Paul Slovic. É composta principalmente de psicólogos empíricos e cientistas cognitivos cuja metodologia segue estritamente o método de realizar experimentos controlados e muito precisos (ao estilo da física) em humanos e elaborar catálogos de como as pessoas reagem, com o mínimo de teorização. Eles procuram regularidades.

Note que os psicólogos empíricos usam a curva em forma de sino para medir erros em seus métodos de teste, mas, conforme veremos em termos mais técnicos no capítulo 15, essa é uma das raras aplicações adequadas da curva em forma de sino nas ciências sociais, devido à natureza dos experimentos. Já vimos esses tipos de experimentos com a enchente na Califórnia, no presente capítulo, e com a identificação do viés de confirmação no capítulo 5. Esses pesquisadores mapearam nossas atividades em (aproximadamente) um modo duplo de pensamento, que eles separam como "Sistema 1" e "Sistema 2", ou *experiencial* e *cogitativo*. A distinção é simples e direta.

O **Sistema 1**, o experiencial, é automático, rápido, opaco (não sabemos que o estamos usando), não requer esforço, é processado em paralelo e pode se prestar a erros. É o que chamamos de "intuição", e ele realiza essas proezas rápidas que se tornaram populares sob o nome de *blink* [piscar de olhos], em referência ao best-seller de Malcolm Gladwell.* O Sistema 1 é altamente emocional, precisamente porque é rápido. Produz atalhos, chamados de "heurísticas", que nos permitem funcionar com rapidez e eficácia. Dan Goldstein descreve essas heurísticas como "rápidas e econômicas". Outros preferem chamá-las de "velozes e sujas". Bem, não há dúvida de que esses atalhos são virtuosos, por serem rápidos, mas, por vezes, podem nos induzir a alguns erros graves. Essa ideia fundamental gerou toda uma escola de pesquisa chamada de abordagem de *heurísticas e vieses* (a heurística corresponde ao estudo de atalhos, vieses representam erros).

O **Sistema 2**, o cogitativo, é o que normalmente chamamos de *pensamento*. É o que usamos em uma sala de aula, pois requer esforço (até mesmo para os franceses), é sensato, lento, lógico, serial, progressivo e autoconsciente (a pessoa pode seguir etapas em seu raciocínio). Comete menos erros que o sistema experiencial, e, visto que a pessoa sabe como obteve o resultado, pode reconstituir seus passos e corrigi-los de forma adaptativa.

---

* *Blink: The Power of Thinking Without Thinking* (Ed. bras.: *Blink: O poder do pensamento sem pensar*, Sextante, 2005); Gladwell também escreveu *In The Blink of an Eye* (Ed. bras.: *Blink: A decisão num piscar de olhos*, Rocco, 2005; Sextante, 2016). (N. T.)

A maior parte dos nossos erros de raciocínio vem de usarmos o Sistema 1 quando de fato pensamos estar usando o Sistema 2. Como? Uma vez que reagimos sem pensamento e introspecção, a principal propriedade do Sistema 1 é a nossa falta de consciência de que o estamos usando!

Lembre-se do erro de ida e volta, nossa tendência de confundir "nenhuma evidência de Cisnes Negros" com "evidência de nenhum Cisne Negro"; ele mostra o Sistema 1 em ação. Você precisa fazer um esforço (Sistema 2) para sobrepujar sua primeira reação. Claramente, a Mãe Natureza faz com que você use o rápido Sistema 1 para se livrar de problemas, de modo que não fique sentado matutando se há mesmo um tigre atacando você ou se é uma ilusão de óptica. Você sai correndo de imediato, antes de se tornar "consciente" da presença do tigre.

Presume-se que as emoções sejam a arma que o Sistema 1 usa para nos direcionar e nos obrigar a agir com rapidez. Elas são muito mais eficazes como intermediadoras da prevenção de riscos do que nosso sistema cognitivo. Na verdade, neurobiólogos que estudaram o sistema emocional demonstraram como ele reage à presença de perigo muito tempo antes de termos plena consciência disso — sentimos medo e começamos a reagir alguns milissegundos antes de percebermos que estamos diante de uma cobra.

Muitos dos problemas com a natureza humana residem em nossa incapacidade de usar intensamente o Sistema 2, ou de usá-lo de forma prolongada sem ter que passar longas férias na praia. Além disso, muitas vezes apenas nos esquecemos de usá-lo.

*Cuidado com o cérebro*

Observe que os neurobiólogos fazem, de modo geral, uma distinção semelhante àquela entre o Sistema 1 e o Sistema 2, exceto que operam de acordo com linhas anatômicas. Essa distinção diferencia duas partes do cérebro, a parte *cortical*, que supostamente usamos para pensar e que nos distingue de outros animais, e o cérebro *límbico*, de reação rápida, que é o centro das emoções e que compartilhamos com outros mamíferos.

Como um empirista cético, não quero ser o peru, então não quero me concentrar exclusivamente em órgãos específicos do cérebro, uma vez que não observamos as funções cerebrais muito bem. Algumas pessoas tentam identificar os chamados correlatos neurais da, digamos, tomada de decisões ou, em termos mais agressivos, os "substratos" neurais da memória, por exemplo. O cérebro pode ser uma máquina mais complicada do que pensamos; no passado, a anatomia cerebral já nos enganou repetidas vezes. Podemos, no entanto, calcular regularidades executando experimentos precisos, de forma exata e completa, sobre como as pessoas reagem sob certas condições, e mantendo um registro do que vemos.

Para um exemplo que justifica o ceticismo acerca da confiança incondicional na neurobiologia, e que justifica as ideias da escola empírica de medicina à qual Sexto pertencia, vamos levar em consideração a inteligência dos pássaros. Li e reli em vários textos que o córtex é onde os animais realizam seu "pensamento", e que as criaturas com o maior córtex têm a maior inteligência — nós, humanos, temos o maior córtex, seguido por executivos de bancos, golfinhos e por nossos primos, os macacos. Bem, acontece que se descobriu que alguns pássaros, os papagaios, por exemplo, têm um elevado nível de inteligência, equivalente ao dos golfinhos, mas que a inteligência dos pássaros se correlaciona com o tamanho de outra parte do cérebro, denominada hiperestriato. Assim, a neurobiologia, com seu atributo de "ciência dura", pode às vezes (embora nem sempre) ludibriar e levar você a dar uma declaração platonificada, redutiva. Estou perplexo com o fato de que os "empíricos", céticos com relação a ligações entre anatomia e função, tivessem essa clareza de visão — não é de admirar que sua escola tenha desempenhado um papel muito pequeno na história intelectual. Na condição de empirista cético, prefiro os experimentos da psicologia empírica aos exames de ressonância magnética baseados em teorias dos neurobiólogos, mesmo que os primeiros pareçam menos "científicos" para o público em geral.

*Como evitar a falácia narrativa*

Concluirei dizendo que nossa incompreensão sobre o Cisne Negro pode ser em larga medida atribuída ao uso que fazemos do Sistema 1, ou seja, narrativas e o sensacional — bem como o emocional —, o que nos impõe um mapa errado da probabilidade de eventos. No dia a dia, não somos introspectivos o suficiente para perceber que nosso entendimento do que está acontecendo é um pouco menor do que seria garantido por uma observação impassível das experiências. Também tendemos a esquecer a noção de Cisnes Negros imediatamente após sua ocorrência — uma vez que eles são abstratos demais para nós —, focando, em vez disso, nos eventos exatos e distintos que facilmente vêm à nossa mente. Nós nos preocupamos com os Cisnes Nesgros, só que com os errados.

Permita-me incluir o Mediocristão nessa história. No Mediocristão, as narrativas parecem funcionar — é provável que o passado ceda à nossa inquisição. Mas não no Extremistão, onde não há repetição, e onde é preciso permanecer desconfiado do passado furtivo e evitar a narrativa fácil e óbvia.

Levando em conta que vivi em grande medida privado de informação, muitas vezes tenho a sensação de que habito um planeta diferente daquele em que vivem meus pares, o que às vezes pode ser extremamente doloroso. É como se um vírus controlasse o cérebro deles, impedindo-os de ver o avanço das coisas — o Cisne Negro que aguarda na próxima esquina.

A maneira de evitar os males da falácia narrativa é privilegiar a experimentação em vez da narrativa, preferir a experiência à história e o conhecimento clínico a teorias. Decerto o jornal não é capaz de realizar um experimento, mas pode escolher um relato em vez de outro — há muitas pesquisas empíricas para apresentar e interpretar —, como estou fazendo neste livro. Ser empírico não significa manter um laboratório funcionando no porão: é apenas uma mentalidade que favorece uma determinada classe de conhecimento e não outras. Eu não me proíbo de usar a palavra *causa*, mas as causas que discuto são ou especulações ousadas (apresentadas como tais) ou o resultado de experimentos, não de histórias.

Outro enfoque é fazer previsões e manter um registro delas.

Enfim, pode haver uma maneira de usar a narrativa — mas para um bom propósito. Somente um diamante consegue cortar um diamante; podemos usar nossa capacidade de persuadir com uma história que transmita a mensagem certa — o que os contadores de histórias parecem fazer.

Até agora, discutimos dois mecanismos internos por trás da nossa cegueira em relação aos Cisnes Negros, o viés de confirmação e a falácia narrativa. Nos próximos capítulos examinaremos um mecanismo externo: um defeito na maneira como recebemos e interpretamos eventos registrados, e um defeito na maneira como agimos em relação a eles.

# 7. Viver na antessala da esperança

*Como evitar bebedouros — Escolha seu cunhado — O livro favorito de Ievguênia — O que desertos podem e não podem entregar — Evitando esperança — El desierto de los tártaros — As virtudes da câmera lenta*

Suponha que, assim como Ievguênia, suas atividades dependam de uma surpresa do tipo Cisne Negro, ou seja, você é um peru ao contrário. Atividades intelectuais, científicas e artísticas pertencem à província do Extremistão, onde há uma intensa concentração de sucesso, com um número muito pequeno de vencedores reivindicando uma grande parte da bolada total. Isso parece se aplicar a todas as atividades profissionais que considero não enfadonhas e "interessantes" (ainda estou procurando um único contraexemplo, uma atividade não enfadonha que pertença ao Mediocristão).

Reconhecer o papel dessa concentração de sucesso, e agir nesse sentido, faz com que sejamos punidos duas vezes: vivemos em uma sociedade na qual o mecanismo de recompensa é baseado na ilusão do regular; nosso sistema de recompensa hormonal também precisa de resultados tangíveis e estáveis. Ele também pensa que o mundo é estável e bem-comportado — cai no erro de confirmação. O mundo mudou rápido demais para nossa composição genética. Estamos apartados de nosso meio ambiente.

## CRUELDADE DOS PARES

Todas as manhãs você sai do seu apartamento acanhado no East Village de Manhattan e se dirige ao laboratório onde trabalha, na Universidade Rockefeller, no Upper East Side. Você volta tarde da noite, e as pessoas em sua rede social, apenas por educação, perguntam se o seu dia foi bom. No laboratório, as pessoas têm mais tato. Claro que você não teve um bom dia; você não encontrou nada. Você não trabalha consertando relógios. *Não encontrar nada* é muito valioso, uma vez que faz parte do processo de descoberta — ei, você sabe onde *não* olhar. Outros pesquisadores, conhecendo seus resultados, evitariam tentar o seu experimento especial, contanto que um periódico seja suficientemente zeloso para considerar o seu "não encontrei nada" uma informação digna de ser publicada.

Enquanto isso, seu cunhado é vendedor de uma empresa de Wall Street, e recebe comissões polpudas — comissões abundantes e constantes. "Ele está indo muito bem", você ouve, principalmente da boca de seu sogro, que depois da declaração fica em silêncio e pensativo durante um nanossegundo — o que faz você perceber que ele acabou de fazer uma comparação. Foi involuntário, mas ele fez uma comparação.

Feriados podem ser ocasiões terríveis. Você se depara com seu cunhado nas reuniões de família e sempre detecta inequívocos sinais de frustração por parte da sua esposa, que, por um breve momento, teme ter se casado com um fracassado, antes de se lembrar da lógica da sua profissão. Mas ela tem que lutar contra o primeiro impulso que a acomete. A irmã dela não para de falar sobre as reformas na casa, o novo papel de parede. No carro, no trajeto de volta para casa, sua esposa, de cara fechada, estará um pouco mais quieta do que o normal. Esse mau humor será um pouco pior porque o carro que você está dirigindo é alugado, uma vez que você não tem condições de arcar com os custos de uma vaga de garagem em Manhattan. O que você deveria fazer? Mudar-se para a Austrália e tornar as reuniões familiares menos frequentes, ou trocar de cunhado casando-se com alguém cujo irmão não seja tão bem-sucedido?

Ou você deveria se vestir feito um hippie e se tornar um rebelde? Isso talvez funcione para um artista, mas não é tão fácil para um cientista ou empresário. É um beco sem saída.

Você trabalha em um projeto que não apresenta resultados imediatos ou consistentes; o tempo todo, as pessoas ao seu redor trabalham em projetos que dão conta do recado muito bem. Você está encrencado. Essa é a sina de cientistas, artistas e pesquisadores perdidos na sociedade em vez de viver em uma comunidade isolada ou numa colônia de artistas.


Resultados positivos substanciosos, mas irregulares, pelos quais se ganha muito ou nada, prevalecem em inúmeras ocupações, aquelas imbuídas de um senso de missão, por exemplo perseguir obstinadamente (em um laboratório fedorento) a cura do câncer, escrever um livro que mudará a maneira como as pessoas veem o mundo (ao mesmo tempo em que vivem de forma precária, vendendo o almoço para comprar o jantar), compor música ou pintar ícones em miniatura em trens do metrô e considerar isso uma forma superior de arte, na contramão das diatribes do antiquado "erudito acadêmico" Harold Bloom.

Se você é um pesquisador, terá que publicar artigos irrelevantes em publicações "de prestígio" para que outras pessoas lhe digam "olá" de vez em quando, ao topar com elas em congressos.

Se você administra uma empresa de capital aberto, as coisas eram ótimas para você antes dos acionistas, quando você e seus sócios eram os únicos proprietários, juntamente com perspicazes capitalistas de risco que compreendiam resultados desiguais e a natureza oscilante da vida econômica. Mas agora você lida com um analista de trinta anos em uma empresa no centro de Manhattan, um sujeito de pensamento lerdo que "julga" seus resultados e interpreta coisas demais neles. Ele gosta de recompensas rotineiras, e a última coisa que você é capaz de entregar são recompensas rotineiras.

Diversas pessoas trabalham duro ao longo da vida sob a impressão de que estão fazendo algo certo, mas não conseguem mostrar resultados sólidos por muito tempo. Precisam de uma capacidade de adiar continuamente a gratificação de modo a sobreviver a uma dieta de crueldade dos pares sem que se sintam desmoralizadas. Parecem idiotas aos olhos de seus familiares e de seus colegas, precisam de coragem para seguir em frente. A elas não chega nenhuma confirmação, nenhuma validação, nenhuma bajulação de alunos, e nada de prêmio Nobel. Ouvir a pergunta "como foi seu ano?" desperta nelas um pequeno, mas contido, espasmo de dor dentro da alma, já que quase todos os seus anos parecerão ter sido um desperdício para alguém que observa sua vida de fora. E então, bum!, acontece o evento substancioso e irregular que traz a grande vingança. Ou pode ser que ele nunca aconteça.

Acredite em mim, é difícil lidar com as consequências sociais da aparência de fracasso constante. Somos animais sociais; o inferno são os outros.

*Onde o relevante é o sensacional*

Nossas intuições não são feitas para não linearidades. Pense na nossa vida em um ambiente primitivo, onde processo e resultado estão intimamente conectados. Você tem sede; beber propicia satisfação adequada. Ou, mesmo em um ambiente não tão primitivo, quando você se ocupa da construção de, digamos, uma ponte ou uma casa de pedra, mais trabalho levará a resultados mais evidentes, então seu estado de ânimo é sustentado por uma resposta visível e contínua.

Em um ambiente primitivo, o relevante *é* o sensacional. Isso se aplica ao conhecimento. Quando tentamos coletar informações sobre o mundo ao nosso redor, tendemos a ser guiados pela biologia, e nossa atenção flui, sem esforço, em direção ao sensacional — menos ao relevante e mais ao sensacional. De alguma forma, o sistema de orientação deu errado no processo de coevolução com o nosso hábitat — foi transplantado para um mundo no qual o relevante é quase sempre enfadonho, sem nada de sensacional.

Além do mais, se duas variáveis estão ligadas por uma relação causal, então pensamos que um acréscimo constante em uma variável deve *sempre* produzir um resultado na outra. Nosso aparato emocional é projetado para causalidade linear. Por exemplo, se você estuda todos os dias, tem a expectativa de aprender algo em proporção aos seus estudos. Se você sente que não está indo a lugar nenhum, suas emoções farão com que você fique desmoralizado. Mas a realidade moderna raramente nos dá o privilégio de uma progressão satisfatória, linear e positiva: você pode passar um ano inteiro pensando em um problema e não aprender nada; até que, a menos que desanime por causa do vazio dos resultados e desista, a solução surgirá para você em um piscar de olhos.

Os pesquisadores passaram algum tempo lidando com essa noção de gratificação; a neurologia vem nos esclarecendo acerca da tensão entre as noções de recompensas imediatas e adiadas. Você prefere uma massagem hoje, ou duas na semana que vem? Bem, a novidade é que a parte lógica da nossa mente, aquela "superior", a que nos distingue dos animais, pode sobrepor-se a nosso instinto animal, ávido por recompensas imediatas. Então, no fim das contas, somos um pouco melhores do que animais — mas talvez não muito. E não o tempo todo.

*Não linearidades*

A situação pode ficar um pouco mais trágica; o mundo é mais não linear do que pensamos, e do que os cientistas gostariam de pensar.

Com linearidades, as relações entre as variáveis são claras, nítidas e constantes, portanto, platonicamente fáceis de entender em uma única frase, como "Um aumento de 10% de dinheiro no banco corresponde a 10% de aumento na renda obtida com juros e um aumento de 5% na amabilidade por parte do banqueiro pessoal." Se você tem mais dinheiro no banco, obtém mais renda dos juros. As relações não lineares podem variar; talvez a melhor maneira de descrevê-las seja dizer que não podem ser expressas verbalmente de uma forma que lhes faça justiça. Veja a relação entre prazer e beber água. Se você estiver desesperado de sede, uma garrafa de água aumentará significativamente seu bem-estar. Mais água significa mais prazer. Mas e se eu der a você uma cisterna? É evidente que seu bem-estar se torna rapidamente insensível a novas quantidades. Na verdade, se eu lhe desse a opção de escolher entre uma garrafa ou uma cisterna, você preferiria a garrafa — ou seja, seu prazer *diminui* com quantidades adicionais.

Essas relações não lineares são onipresentes na vida. Relações lineares são a verdadeira exceção; é somente em salas de aula e livros didáticos que nos concentramos nelas, porque são mais fáceis de entender. Ontem à tarde tentei olhar ao meu redor com olhos renovados a fim de catalogar todas as coisas lineares que eu podia ver durante o meu dia. Não consegui encontrar nada, assim como alguém que caçasse quadrados ou triângulos seria incapaz de encontrá-los numa floresta tropical — ou, como veremos na parte III, tal qual alguém que procura aleatoriedade em forma de sino e não consegue encontrá-la nos fenômenos socioeconômicos.

Você joga tênis todo santo dia sem nenhuma melhora técnica, e então, não mais que de repente, começa a vencer o tenista profissional.

Seu filho não demonstra ter problemas de aprendizagem, mas parece não ter vontade de falar. A diretora da escola pressiona você para que comece a cogitar "outras opções" — em outras palavras, terapia. Você discute com ela, em vão (ela supostamente é a "especialista"). Então, de repente, a criança começa a elaborar frases complexas, talvez um pouco complexas demais para sua faixa etária. Repito que a progressão linear, uma ideia platônica, não é a norma.

*Processo em vez de resultados*

Damos preferência ao sensacional e ao extremamente visível. Isso afeta a maneira como julgamos os heróis. Há pouco espaço em nossa consciência para heróis que não apresentam resultados visíveis — ou para heróis que enfocam o processo em vez de resultados.

No entanto, aqueles que afirmam valorizar o processo acima do resultado não estão dizendo toda a verdade, supondo, é claro, que sejam membros da espécie humana. Muitas vezes ouvimos a semimentira de que os escritores não escrevem pela glória e que os artistas criam por amor à arte, porque a atividade é "uma recompensa em si". É verdade que essas atividades podem gerar um fluxo constante de autossatisfação. Mas isso não significa que os artistas não anseiem por algum tipo de atenção, ou que não estariam em melhor situação se suas obras recebessem alguma divulgação; não quer dizer que os escritores não acordem cedo nas manhãs de sábado para verificar se o suplemento *The New York Times Book Review* resenhou seu livro, mesmo que seja muito improvável, ou que não chequem sua caixa de entrada de cinco em cinco minutos para ver se chegou a tão esperada resposta da revista *New Yorker*. Até mesmo um filósofo do calibre de Hume passou algumas semanas adoecido e acamado depois de ver sua obra-prima (que mais tarde se tornou conhecida como sua versão do problema do Cisne Negro) durante fustigada por algum crítico meio obtuso — que, Hume bem sabia, estava equivocado e não entendera absolutamente nada do que o filósofo tinha escrito.

É doloroso quando você vê um de seus colegas, que você despreza, viajar a Estocolmo para receber o Nobel.

A maioria das pessoas engajadas nas atividades que chamo de "concentradas" passa a maior parte do tempo à espera do grande dia que (em geral) nunca chega.

É verdade que isso desvia nossa mente das trivialidades da vida — o cappuccino que está muito quente ou muito frio, o garçom que é muito vagaroso ou muito invasivo, a comida apimentada demais ou com pouco tempero, o quarto de hotel que custa os olhos da cara, mas não se parece nem um pouco com a foto do anúncio — todas essas considerações desaparecem porque você pensa em coisas muito maiores e melhores. Só que isso não significa que a pessoa resguardada de interesses materialistas se torna imune a outras dores, aquelas provenientes do desrespeito. Volta e meia, esses caçadores de Cisnes Negros sentem vergonha, ou são levados a sentir vergonha, por não contribuírem. "Você traiu aqueles que depositavam grandes esperanças em você", eles ouvem, o que aumenta seu sentimento de culpa. O problema das recompensas substanciosas, mas irregulares, não está tanto na falta de renda que acarretam, mas na hierarquia, na perda de dignidade, nas sutis humilhações junto ao bebedouro do escritório.

Minha grande esperança é um dia ver a ciência e os tomadores de decisões redescobrirem o que os antigos sempre souberam, ou seja, que a nossa moeda mais valiosa é o respeito.

Mesmo do ponto de vista econômico, os caçadores individuais de Cisnes Negros não são os que ganham dinheiro. O pesquisador Thomas Astebro mostrou que lucros obtidos com invenções independentes (leve em conta o cemitério) são muito inferiores aos obtidos com capital de risco. Para que empreendedores consigam atuar, é necessário alguma cegueira em relação às probabilidades ou uma obsessão com seu próprio Cisne Negro positivo. O capitalista de risco é quem fica com a grana.* O economista William Baumol chama isso de "uma pitada de loucura". De fato, o princípio pode ser aplicado a todos os negócios concentrados: quando observamos o registro empírico, vemos não apenas que os capitalistas de risco se saem melhor do que os empreendedores, mas os editores se saem melhor que os escritores, os marchands se saem melhor que os artistas e a ciência se sai melhor do que os cientistas (cerca de 50% dos artigos científicos e acadêmicos, que custam meses, às vezes anos, de esforço, jamais são lidos de verdade). A pessoa envolvida nessas apostas é paga em uma moeda diferente do sucesso material: esperança.

---

* No original, o autor usa de forma recorrente *shekel*, antiga moeda hebraica de prata e também uma unidade mesopotâmica de peso, ainda hoje usada como nome da moeda corrente de Israel (o novo *shekel*); no inglês moderno, em especial em sua forma plural, *shekels*, é uma gíria para dinheiro, equivalendo a "grana" ou "bolada". (N. T.)

*Natureza humana, felicidade e recompensas substanciosas, mas irregulares*

Permita-me destilar a ideia principal por trás do que os pesquisadores chamam de felicidade hedônica.

Ganhar 1 milhão em um ano, sem ter ganhado nada nos nove anos anteriores, não propicia o mesmo prazer de ter o total distribuído uniformemente ao longo do mesmo período, ou seja, 100 mil todos os anos durante dez anos consecutivos. O mesmo se aplica à ordem inversa — faturar uma gorda bolada no primeiro ano, depois não ganhar nem um centavo no período restante. De alguma forma, seu sistema de prazer ficará saturado muito rapidamente, e, no somatório, não será um acréscimo ao saldo hedônico, como no cálculo de uma declaração de imposto de renda. Na realidade, sua felicidade depende muito mais do número de casos de sentimentos positivos, o que os psicólogos chamam de "afeto positivo", do que da intensidade deles quando acontecem. Em outras palavras, uma boa notícia é, antes de tudo, uma boa notícia; pouco importa o *quanto* a notícia é boa. Então, para ter uma vida agradável você deve espalhar esses pequenos "afetos" ao longo do tempo da maneira mais homogênea possível. Uma porção de notícias moderadamente boas é preferível a um único bloco de excelentes notícias.

Infelizmente, pode ser pior ganhar 10 milhões e depois perder nove do que não ganhar nada! Verdade seja dita, você pode até acabar com 1 milhão no bolso (comparado a nada), mas talvez fosse melhor não ter nada. (Presumindo-se, é claro, que você dê valor a recompensas financeiras.)

Portanto, de um ponto de vista contábil estritamente definido, que posso chamar aqui de "cálculo hedônico", não vale a pena uma vitória grandiosa. A Mãe Natureza nos destinou a obter prazer a partir de um fluxo constante de recompensas agradáveis e pequenas, mas frequentes. Como eu disse, as recompensas não precisam ser grandes, apenas frequentes — um pouco aqui, um pouco acolá. Lembre-se de que, por milhares de anos, nossa principal satisfação veio na forma de comida e água (e também uma outra coisa, um tanto mais íntima); embora tenhamos uma necessidade constante de todas essas coisas, atingimos rapidamente a saturação.

O problema, claro, é que não vivemos em um ambiente no qual os resultados são obtidos de maneira constante — Cisnes Negros dominam boa parte da história humana. É uma pena que a estratégia correta para o nosso ambiente atual talvez não ofereça recompensas *internas* e respostas positivas.

A mesma propriedade às avessas se aplica à nossa infelicidade. É melhor acumular toda a dor em um período curto em vez de distribuí-la por um período mais longo.

Contudo, algumas pessoas acham possível transcender a assimetria das dores e alegrias, escapar do déficit hedônico, ficar de fora desse jogo — e viver com esperança. Há algumas boas notícias, como veremos a seguir.

*A antessala da esperança*

Para Ievguênia Krásnova, uma pessoa pode amar apenas um único livro, no máximo alguns poucos — mais do que isso já seria promiscuidade. As pessoas que falam sobre livros como mercadorias são inautênticas, assim como aquelas que colecionam conhecidos podem ser superficiais em suas amizades. Um romance de que você gosta é como um amigo. Você o lê e relê, conhecendo-o melhor. Tal qual um amigo, você o aceita do jeito que ele é; você não o julga. Perguntaram a Montaigne "por que" ele e o escritor Etienne de la Boétie eram amigos — o tipo de pergunta que as pessoas fazem em um coquetel, como se você soubesse, ou como se houvesse uma resposta. À sua maneira típica, Montaigne respondeu: *"Parce que c'était lui, parce que c'était moi"* (porque era ele e porque era eu). Da mesma forma, Ievguênia afirma que gosta daquele *único* livro "porque ele é ele e porque eu sou eu". Certa feita, ainda no Ensino Fundamental, Ievguênia abandonou a aula porque o professor analisou o tal livro e, assim, violou a regra dela. Você não fica sentado de braços cruzados ouvindo alguém fazer críticas sobre seus amigos. Que aluninha teimosa ela era.

O livro que ela tem como amigo é *Il deserto dei tartari*, de Dino Buzzati, romance que era muito conhecido na Itália e na França durante sua infância, mas do qual, estranhamente, ninguém que ela conhecesse nos Estados Unidos tivesse ouvido falar. O título em inglês é traduzido incorretamente como *A estepe tártara* em vez de *O deserto dos tártaros*.*

Ievguênia encontrou *Il deserto* quando tinha treze anos de idade, na casa de campo em que seus pais passavam os fins de semana, em um pequeno vilarejo

---

* Ed. bras.: *O deserto dos tártaros*. Trad. Aurora Fornoni Bernardini e Homero Freitas de Andrade. Rio de Janeiro: Nova Fronteira, 1984. (N. T.)

a duzentos quilômetros de Paris, onde os livros russos e franceses da família se multiplicavam sem as restrições de espaço do apartamento parisiense já abarrotado. Ela se sentia tão entediada no campo que sequer conseguia ler. Então, uma tarde, abriu o livro e foi sugada para dentro dele.

*Inebriado de esperança*

Giovanni Drogo é um homem promissor. Acabou de se formar na academia militar com a patente de tenente, e a vida ativa está apenas começando. Mas as coisas não saem como planejado: em sua primeira missão, é destacado para cumprir quatro anos em um remoto posto avançado, a fortaleza Bastiani, protegendo a nação contra os tártaros, que talvez invadam a partir do deserto na fronteira — uma tarefa não muito desejável. O forte está localizado a alguns dias a cavalo da cidade; nada além da desolada aridez ao redor — nem sombra da agitação social pela qual um homem de sua idade poderia ansiar. Drogo acha que sua missão naquela guarnição é temporária, uma maneira de cumprir suas obrigações antes de fazer por merecer posições mais atraentes. Mais tarde, de volta à cidade, no uniforme impecavelmente passado a ferro e com seu porte atlético, poucas damas seriam capazes de resistir a ele.

O que Drogo poderia fazer nesse buraco? Ele descobre uma brecha, uma maneira de ser transferido após apenas quatro meses. Decide usar a brecha.

Todavia, no último minuto, da janela do consultório médico, Drogo dá uma olhada no deserto e decide estender sua estadia. Alguma coisa nas paredes do forte e na paisagem silenciosa o enreda. O encanto do forte e a espera dos invasores, a grande batalha contra os ferozes tártaros, gradualmente se tornam sua única razão de existir. Toda a atmosfera do forte é de expectativa. Os outros homens passam o tempo fitando o horizonte e aguardando o grande evento do ataque inimigo. Sua concentração é tão intensa que, em raras ocasiões, é capaz de detectar o mais insignificante animal que aparece na borda do deserto e o confunde com um ataque inimigo.

Como era de se esperar, Drogo passa o resto da vida prolongando sua permanência, adiando o início de sua vida na cidade — 35 anos de pura esperança, gastos nas garras da ideia de que um dia, das remotas colinas que nenhum humano jamais cruzou, os invasores surgirão para ajudá-lo a mostrar seu valor e alcançar a glória.

No final do romance, vemos Drogo morrer no leito de uma estalagem de beira de estrada, enquanto se desenrola o evento pelo qual ele esperou a vida inteira. Ele perdeu o acontecimento.

*A doce armadilha da expectativa*

Ievguênia leu *Il deserto* inúmeras vezes; chegou até a aprender italiano (e talvez tenha se casado com um italiano) para ler o livro no original. Porém, nunca teve coragem de reler o doloroso final.

Apresentei o Cisne Negro como o *outlier*, o evento importante e fora da curva que ninguém espera que aconteça. Mas pense no oposto: o evento inesperado que *você deseja muito que aconteça*. Drogo está obcecado e ofuscado pela possibilidade de um evento improvável; essa rara ocorrência é sua *raison d'être*. Aos treze anos, quando encontrou o livro, Ievguênia mal sabia que passaria a vida inteira interpretando o papel de Giovanni Drogo na antessala da esperança, à espera do grande evento, sacrificando-se por ele e recusando as etapas intermediárias, os prêmios de consolação.

Ela não se importava com a doce armadilha da expectativa: para ela, era uma vida que valia a pena ser vivida; valia a pena viver na catártica simplicidade de um único propósito. De fato, "tome cuidado com o que você deseja": talvez ela tenha sido mais feliz antes do Cisne Negro de seu sucesso do que depois.

Um dos atributos do Cisne Negro é uma assimetria nas consequências — sejam positivas ou negativas. Para Drogo, as consequências foram 35 anos desperdiçados na antessala da esperança em troca de apenas algumas horas de glória distribuídas de forma aleatória — que ele acabou perdendo.

*Quando você precisa da Fortaleza Bastiani*

Note que no círculo social de Drogo não havia nenhum cunhado. Ele teve a sorte de contar com companheiros em sua missão. Era membro de uma comunidade às portas do deserto, todos juntos olhando atentamente para o horizonte. Drogo tinha a vantagem de se associar a colegas e evitar contato social com outras pessoas fora da comunidade. Somos animais locais, interessados em nossa vizinhança imediata — mesmo que pessoas distantes nos considerem idiotas completos. São *Homo sapiens* abstratos e remotos, com os quais não nos importamos porque não topamos com eles em elevadores, tampouco fazemos contato visual. Às vezes, a superficialidade pode funcionar a nosso favor.

Pode ser uma banalidade o fato de precisarmos dos outros para muitas coisas, mas precisamos muito mais do que imaginamos, principalmente para dignidade e respeito. De fato, temos pouquíssimos registros históricos de pessoas que conquistaram algo extraordinário sem essa validação — mas temos a liberdade de escolher nossos pares. Se observarmos a história das ideias, veremos que esporadicamente escolas de pensamento se formam e produzem trabalho incomum e impopular fora de seu próprio âmbito. Você ouve falar sobre os estoicos, os céticos acadêmicos, os cínicos, os céticos pirrônicos, os essênios, os surrealistas, os dadaístas, os anarquistas, os hippies, os fundamentalistas. Uma escola permite que alguém com ideias incomuns, com a possibilidade remota de uma recompensa, encontre companhia e crie um microcosmo isolado dos outros. Os membros do grupo podem ser condenados ao ostracismo juntos — o que é melhor do que ser condenado ao ostracismo sozinho.

Se você se envolver em uma atividade dependente do Cisne Negro, é melhor fazer parte de um grupo.

## EL DESIERTO DE LOS TÁRTAROS

Ievguênia conheceu Nero Tulipa no saguão do Hotel Danieli em Veneza. Ele era um trader que morava entre Londres e Nova York. Na época, durante a baixa temporada, os traders londrinos iam para Veneza na sexta-feira ao meio-dia, apenas para bater papo com outros traders (londrinos).

Enquanto Ievguênia e Nero entabulavam uma conversa agradável, ela notou que o marido, do bar onde estava sentado tentando prestar atenção nos comentários pomposos de um de seus amigos de infância, observava os dois com expressão incomodada. Ievguênia percebeu que veria Nero outras vezes.

Eles se encontraram novamente em Nova York, primeiro de forma clandestina. O marido de Ievguênia, sendo professor de filosofia, tinha muito tempo livre, então começou a prestar detida atenção na agenda da esposa, e se tornou grudento. Quanto mais pegajoso ele ficava, mais sufocada Ievguênia se sentia, o que o deixava ainda mais pegajoso. Ela se livrou dele, ligou para seu advogado, que já esperava notícias dela, e passou a se encontrar com Nero abertamente.

Nero tinha um modo de andar enrijecido, pois estava se recuperando de um acidente de helicóptero — após episódios de sucesso, ele ficava um pouco arrogante demais e começava a se expor a riscos físicos não calculados, embora permanecesse hiperconservador do ponto de vista financeiro, até mesmo paranoico. Ele passara meses imobilizado em um hospital de Londres, praticamente incapaz de ler ou escrever, tentando resistir à televisão, mexendo com as enfermeiras e esperando os ossos se curarem. Ele conseguia desenhar de memória o teto do quarto, com suas catorze rachaduras, bem como o capenga edifício branco do outro lado da rua, com suas 63 vidraças, todas precisando de limpeza profissional.

Nero afirmava que, quando bebia umas e outras, se sentia confortável com a língua italiana, então Ievguênia deu a ele um exemplar de *Il deserto*. Nero não lia romances — costumava dizer que "romances são divertidos de escrever, não de ler". Por isso, deixou o livro na mesinha de cabeceira por algum tempo.

Nero e Ievguênia eram, em certo sentido, como noite e dia. Ievguênia ia para a cama ao amanhecer, depois de ter trabalhado em seus manuscritos noite afora. Nero se levantava de madrugada, como a maioria dos traders, inclusive nos fins de semana. Trabalhava durante uma hora em sua obra, o *Tratado sobre a probabilidade*, e depois disso não voltava mais a pôr as mãos nela. Ele vinha escrevendo esse livro havia uma década, e só sentiu pressa de terminá-lo quando sua vida foi ameaçada. Ievguênia fumava; Nero cuidava com zelo da saúde, gastando pelo menos uma hora por dia na academia de musculação ou na piscina. Ievguênia andava por aí com intelectuais e boêmios; Nero quase sempre se sentia confortável na companhia de traders e empresários que tinham a espertez das ruas, nunca frequentaram uma faculdade e falavam com um estropiadíssimo sotaque do Brooklyn. Ievguênia nunca entendeu como um classicista e poliglota como Nero conseguia conviver com aquele tipo de gente. O que era pior, ela nutria pelo dinheiro um declarado desdém, ao estilo Quinta República francesa, a menos que a riqueza estivesse disfarçada por uma fachada intelectual ou cultural, e mal conseguia suportar aqueles caras do Brooklyn com dedos grossos e peludos e contas bancárias gigantescas. Os amigos pós-Brooklyn de Nero, por sua vez, achavam Ievguênia arrogante. (Um dos efeitos da prosperidade foi uma migração constante de pessoas espertas do Brooklyn para Staten Island e Nova Jersey.)

Nero também era elitista, de uma maneira insuportável, mas diferente. Ele separava as pessoas entre as que eram capazes de *ligar os pontos*, nascidas no Brooklyn ou não, e as que não conseguiam fazer isso, independentemente de seu nível de sofisticação e grau de escolaridade.

Poucos meses depois, assim que terminou com Ievguênia (com uma baita sensação de alívio), Nero abriu seu exemplar de *Il deserto* e foi tragado para dentro do livro. Ievguênia anteviu que, assim como ela, Nero se identificaria com Giovanni Drogo, o personagem principal de *Il deserto*. Ele se identificou.

Nero, por sua vez, comprou caixas da tradução (ruim) para o inglês e entregava exemplares do livro para qualquer pessoa que lhe dissesse um "olá" educado, incluindo seu porteiro de Nova York que mal sabia falar inglês, e muito menos lia nessa língua. Nero ficou tão entusiasmado ao explicar a história que o porteiro se interessou, e Nero teve que encomendar para ele a tradução em espanhol, *El desierto de los tártaros*.

*Sangrar ou explodir*

Separemos o mundo em duas categorias. Algumas pessoas são como o peru, expostas a uma explosão de grandes proporções sem ter consciência disso, ao passo que outras fazem o papel de peru ao contrário, preparadas para grandes eventos que talvez surpreendam os outros. Em algumas estratégias e situações da vida, você aposta dólares para ganhar uma sucessão de centavos enquanto parece estar ganhando o tempo todo. Em outras, você arrisca uma série de centavos para ganhar dólares. Em outras palavras, você aposta ou que o Cisne Negro vai acontecer ou que nunca vai acontecer, duas estratégias que requerem mentalidades completamente diferentes.

Vimos que nós (humanos) temos uma acentuada preferência por assegurarmos um pouco de renda de cada vez. Lembre-se de que vimos, no capítulo 4, que no verão de 1982 os grandes bancos dos Estados Unidos perderam quase tudo o que haviam ganhado em toda a história, e um bocado mais.

Portanto, algumas questões que pertencem ao Extremistão são extremamente perigosas, embora não pareçam sê-lo de antemão, uma vez que escondem e adiam seus riscos — então os otários pensam que estão "seguros". De fato, é uma propriedade do Extremistão parecer menos arriscado, no curto prazo, do que realmente é.

Nero chamava os negócios expostos a essas explosões de negócios duvidosos, especialmente porque desconfiava de qualquer método que fosse usado para calcular as probabilidades de uma explosão. No capítulo 4 vimos que o período contábil em que o desempenho das empresas é avaliado é curto demais para revelar se elas estão fazendo um ótimo trabalho ou não. E, em função da superficialidade de nossas intuições, formulamos avaliações de risco muito depressa.

Apresentarei em rápidas pinceladas a ideia de Nero. A premissa dele era trivial: algumas apostas de negócios em que se ganha muito, mas com pouca frequência, e se perde pouco, com muita frequência, valem a pena se outros forem loucos por elas e *se você tiver o vigor pessoal e intelectual*. Mas você precisa desse vigor. Precisa também lidar com pessoas ao seu redor açoitando você com todas as variedades de insultos, boa parte deles de forma escancarada. As pessoas quase sempre aceitam que uma estratégia financeira com uma pequena chance de sucesso não é necessariamente ruim, contanto que o sucesso seja grande o suficiente para justificá-la. Por um punhado de razões psicológicas, no entanto, as pessoas têm dificuldade em levar essa estratégia adiante, simplesmente porque ela requer uma combinação de crença, capacidade de gratificação adiada e disposição de ser ofendido e menosprezado por clientes sem pestanejar. E aqueles que perdem dinheiro por qualquer motivo começam a parecer cães arrependidos, atraindo mais desprezo das pessoas de seu círculo.

Nesse contexto de explosão potencial disfarçada de competência, Nero empregou uma estratégia que ele chamou de "sangramento". Você perde constantemente, diariamente, por um longo tempo, exceto quando ocorre algum evento pelo qual você recebe uma recompensa financeira desproporcionalmente alta. Por outro lado, nenhum evento único pode fazer você explodir — algumas mudanças no mundo podem produzir lucros extraordinários que compensam esse sangramento por anos a fio, às vezes décadas, às vezes até séculos.

De todas as pessoas que ele conhecia, Nero era o que tinha a constituição genética menos inclinada para esse tipo de estratégia. O cérebro discordava com tanta veemência de seu corpo que ele se via em um estado de guerra contínua. O problema era o corpo, que acumulava fadiga física ao longo do dia em decorrência dos efeitos neurobiológicos da exposição às pequenas perdas contínuas, como a tortura chinesa da água. Nero descobriu que as perdas atingiram seu cérebro emocional, contornando as estruturas corticais superiores, afetando lentamente seu hipocampo e enfraquecendo sua memória. O hipocampo é a estrutura onde se supõe que a memória seja controlada. É a parte mais plástica do cérebro; é também a parte que, presume-se, absorve todos os danos dos repetidos insultos, como o estresse crônico que sentimos na pele por conta das pequenas doses de sentimentos negativos — ao contrário do revigorante "estresse bom" do tigre que vez por outra dá as caras na sua sala de estar. Você pode racionalizar o quanto quiser; o hipocampo leva muito a sério o insulto do estresse crônico, incorrendo em atrofia irreversível. Ao contrário do que diz a crença popular, esses estressores pequenos e aparentemente inofensivos que não matam também não fortalecem você; podem amputar uma parte sua.

Foi a exposição a um alto nível de informação que envenenou a vida de Nero. Ele poderia suportar a dor se visse apenas os números de desempenho semanal, em vez de atualizações a cada minuto. Em termos emocionais, ele se saía melhor com seu portfólio de investimentos do que com as carteiras de ações dos clientes, uma vez que não era obrigado a monitorá-lo continuamente.

Se o sistema neurobiológico dele foi uma vítima do viés de confirmação, reagindo ao curto prazo e ao visível, Nero conseguia enganar seu cérebro para escapar do efeito vicioso ao se concentrar apenas no longo prazo. Ele se recusava a olhar para qualquer relatório impresso de seu histórico registrando menos de dez anos de atividade. Nero atingiu a vida adulta, intelectualmente falando, com a quebra do mercado de ações de 1987, ocasião em que obteve retornos monstruosos com o pequeno capital acionário que controlava. Esse episódio tornaria seu histórico valioso para sempre, considerado como um todo. Em quase vinte anos atuando como trader, Nero teve apenas quatro anos bons. Para ele, um era mais do que suficiente. Tudo de que ele precisava era um ano bom por século.

Investidores não eram problema para Nero — eles precisavam de seus talentos de trader como seguro e pagavam bem. Nero só tinha que exibir um leve grau de desprezo por aqueles de quem queria se livrar, o que não exigia grande esforço de sua parte. Esse esforço não era fingido: Nero não admirava nem um pouco essas pessoas, e deixava sua linguagem corporal expressar isso livremente, ao mesmo tempo em que mantinha um nível de cortesia tão alto que chegava a ser antiquado. Nero fazia questão, depois de uma longa série de prejuízos, de que não pensassem que ele estava se desculpando — com efeito, paradoxalmente, dessa forma os investidores lhe davam apoio ainda maior. Humanos acreditam em qualquer coisa que lhes digam, contanto que você não demonstre a menor sombra de timidez; como animais, são capazes de detectar a mais ínfima fissura em sua confiança antes mesmo de você expressá-la. O truque é ser o mais suave possível no trato pessoal. É muito mais fácil sinalizar autoconfiança se você for extremamente bem-educado e simpático; você consegue controlar as pessoas sem ter que ofender a sensibilidade delas. O problema com as pessoas no mundo dos negócios, Nero constatou, é que se você agir como um perdedor, elas o tratarão como um perdedor — você mesmo define o padrão. Não existe uma medida absoluta do que é bom ou ruim. Não é sobre o que você diz às pessoas, é sobre a forma de falar.

Mas é necessário permanecer sutil e manter uma calma olímpica na frente dos outros.

Quando trabalhou como trader para um banco de investimentos, Nero teve que enfrentar o típico formulário de avaliação de funcionários. Em tese, o formulário deveria registrar o "desempenho", supostamente como uma maneira de refrear a preguiça dos empregados. Nero considerou a avaliação absurda porque em vez de julgar a qualidade do desempenho de um trader, encorajava-o a manipular o sistema de forma fraudulenta, trabalhando em busca de lucros de curto prazo à custa de possíveis explosões — como bancos que oferecem empréstimos tolos que têm uma pequena probabilidade de explodir, porque o analista de crédito está planejando a meta para a próxima avaliação trimestral. Então, certo dia no início de sua carreira, Nero sentou-se e ouviu com muita calma a avaliação de seu "supervisor". Assim que recebeu o formulário de avaliação, Nero o rasgou em pedacinhos na frente do sujeito. Fez isso muito devagar, acentuando o contraste entre a natureza do ato e a tranquilidade com que o realizava. Lívido de medo, seu chefe o observava com os olhos esbugalhados. Nero se concentrou em seu ato nada dramático e em câmera lenta, exultante tanto pela sensação de defender suas convicções quanto pela estética de sua execução. A combinação de elegância e dignidade era estimulante. Ele sabia que ou seria despedido ou deixado em paz. Eles o deixaram em paz.

# 8. A sorte inflável de Giacomo Casanova: O problema da evidência silenciosa

*O problema de Diágoras — Como os Cisnes Negros dão um jeito de sair dos livros de história — Métodos para ajudar você a evitar o afogamento — Os afogados não costumam votar — Todos deveríamos ser corretores de ações — Testemunhas silenciosas contam? — A étoile de Casanova — Nova York é "tão invencível"*

Outra falácia na maneira como entendemos os eventos é a da evidência silenciosa. A história esconde de nós tanto os Cisnes Negros quanto sua capacidade de gerar Cisnes Negros.

A HISTÓRIA DOS ADORADORES AFOGADOS

Mais de 2 mil anos atrás, o orador romano, beletrista, pensador, estoico, político-manipulador e (geralmente) cavalheiro virtuoso Marco Túlio Cícero apresentou a seguinte história. Mostraram a um certo Diágoras, que não acreditava nos deuses, tabuinhas pintadas com os retratos de alguns adoradores que oraram e, algum tempo depois, sobreviveram a um naufrágio. A implicação era a de que orar protege a pessoa de morrer afogada. Diágoras perguntou: "Onde estão os retratos daqueles que oraram e depois se afogaram?".

Para os devotos afogados, mortos no fundo do mar, seria difícil alardear suas experiências. Isso pode enganar o observador fortuito, induzindo-o a acreditar em milagres.

Damos a isso o nome de problema da evidência silenciosa. A ideia é simples, mas potente e universal. Enquanto a maioria dos pensadores tenta desacreditar aqueles que vieram *antes* deles, Cícero humilha todos os pensadores empíricos que vieram *depois* dele, até muito recentemente.

Mais tarde, tanto o maior de meus heróis, o ensaísta Michel de Montaigne, quanto o empírico Francis Bacon mencionaram esse ponto fundamental em suas obras, aplicando-o à formação de falsas crenças. "Essa é a base de praticamente toda superstição, seja astrologia, interpretação de sonhos, augúrios e que tais", escreveu Bacon em seu *Novum Organum*. O problema, claro, é que, a menos que sejam inculcadas sistematicamente em nós, ou integradas à nossa maneira de pensar, essas excepcionais observações são logo esquecidas.

A evidência silenciosa permeia tudo o que está conectado à noção de *história*. Por história, não me refiro apenas àqueles livros eruditos, mas enfadonhos, da seção de história (com pinturas renascentistas na capa para atrair compradores). A história, vou repetir, é qualquer *sucessão de eventos* vista sob o efeito da *posterioridade*.

Esse viés se estende à atribuição de fatores no sucesso de ideias e religiões, à ilusão de competência em muitas profissões, ao sucesso em atividades artísticas, ao debate natureza *versus* criação, a erros no uso de provas em tribunais de justiça, a ilusões sobre a "lógica" da história e, obviamente, com mais gravidade, à nossa percepção acerca da natureza dos eventos extremos.

Você está em uma sala de aula ouvindo alguém arrogante, categórico e cheio de dignidade (mas sem graça), que veste uma jaqueta de *tweed* (camisa branca, gravata de bolinhas), discursar por duas horas sobre as teorias da história. Você está paralisado demais pelo tédio para ser capaz de entender do que diabos ele está falando, mas você ouve os nomes de medalhões: Hegel, Fichte, Marx, Proudhon, Platão, Heródoto, Ibn Khaldoun, Toynbee, Spengler, Michelet, Carr, Bloch, Fukuyama e sei-lá-mais-quem-yama. O sujeito parece profundo e sabido, e faz questão de que você não se esqueça, apesar dos lapsos de atenção, de que o enfoque dele é "pós-marxista", "pós-dialético" ou pós-qualquer-coisa, seja lá o que isso signifique. Então você percebe que grande parte do que o sujeito está dizendo fundamenta-se em uma simples ilusão de óptica! Mas isso não faz diferença: o sujeito está tão imbuído dela que, se você questionasse seu método, ele reagiria citando mais uma batelada de nomes.

Para quem inventa teorias históricas é muito fácil não olhar para o cemitério. Mas esse não é um problema apenas da história. É um problema relacionado à maneira como construímos amostras e reunimos evidências *em todos os domínios*. Vamos chamar essa distorção de viés, ou seja, a diferença entre o que você vê e o que existe. Por *viés*, refiro-me a um erro sistemático que mostra de forma consistente um efeito mais positivo ou negativo do fenômeno, como uma balança que indica alguns quilos a mais ou a menos que o peso real da pessoa, ou uma câmera de vídeo que adiciona alguns centímetros à cintura. Essa distorção foi redescoberta aqui e ali ao longo do século passado em várias disciplinas, e quase sempre foi logo esquecida (a exemplo do espirituoso lampejo de Cícero). Assim como adoradores afogados não escrevem relatos sobre suas experiências (para isso é melhor estar vivo), o mesmo acontece com os perdedores da história, sejam pessoas ou ideias. Fato extraordinário: historiadores e outros estudiosos das humanidades, que são os que mais precisam entender a evidência silenciosa, não parecem ter um nome para ela (e olha que procurei com afinco). Quanto aos jornalistas, nem me fale! Eles são produtores de distorção em escala industrial.

O termo *viés* indica também a natureza potencialmente quantificável da condição: é possível calcular a distorção e corrigi-la levando em consideração tanto os mortos quanto os vivos, em vez de apenas os vivos.

A evidência silenciosa é o que os eventos usam para ocultar sua própria aleatoriedade, especialmente o tipo de aleatoriedade do Cisne Negro.

Sir Francis Bacon é um sujeito interessante e cativante em muitos aspectos. Ele tinha uma natureza obstinada, cética, não acadêmica, antidogmática e obsessivamente empírica, que, para alguém cético, não acadêmico, antidogmático e obsessivamente empírico como este autor, é uma qualidade quase impossível de encontrar no ramo do pensamento. (Qualquer um pode ser cético; qualquer cientista pode ser extremamente empírico — difícil de encontrar é o rigor que vem da combinação de ceticismo e empirismo.) O problema é que o empirismo de Bacon queria que confirmássemos, não que desconfirmássemos; assim, ele introduziu o problema de confirmação, aquela brutal corroboração que gera o Cisne Negro.

## O CEMITÉRIO DAS LETRAS

Os fenícios, somos lembrados disso o tempo todo, não produziram nenhuma literatura, embora supostamente tenham inventado o alfabeto. Comentaristas discutem o filistinismo deles tendo por base essa inexistência de legado escrito, afirmando que, por raça ou cultura, os fenícios tinham mais interesse no comércio do que nas artes. Assim, a invenção fenícia do alfabeto serviu ao propósito inferior de manutenção de registros comerciais, e não ao propósito mais nobre da produção literária. (Lembro-me de ter encontrado, nas prateleiras de uma casa de campo que certa vez aluguei, um mofado livro de história de Will e Ariel Durant descrevendo os fenícios como a "raça mercante". Fiquei tentado a jogá-lo na lareira.) Bem, agora parece que os fenícios escreveram um bocado, mas usando uma variedade perecível de papiro que não resistia aos ataques biodegradáveis do tempo. Os manuscritos tinham uma elevada taxa de extinção antes que copistas e autores passassem a fazer uso de pergaminhos, no século II ou III. Os que não foram copiados durante esse período simplesmente desapareceram.

A negligência de evidências silenciosas é endêmica à maneira como estudamos talento comparativo, especialmente em atividades que são assoladas por atributos do tipo "o vencedor leva tudo". Podemos até gostar do que vemos, mas não faz sentido enxergar significados demais em histórias de sucesso porque não vemos o contexto mais amplo.

Lembre-se do efeito "*o vencedor leva tudo*" que mencionamos no capítulo 3: observe o grande número de pessoas que se autodenominam escritores, mas estão (apenas "temporariamente") operando as reluzentes máquinas de cappuccino em alguma loja da rede Starbucks. A desigualdade nesse campo é maior do que, digamos, na medicina, uma vez que raramente vemos médicos servindo hambúrgueres. Portanto, posso inferir que é possível avaliar o desempenho de uma farta fatia da população desta última profissão a partir da amostra que é visível para mim. O mesmo acontece com categorias como encanadores, motoristas de táxi, prostitutas e profissões desprovidas dos efeitos de superestrelas. Avancemos além da discussão sobre o Extremistão e o Mediocristão do capítulo 3. A consequência da dinâmica de superestrelas é que aquilo que chamamos de "herança literária" ou "tesouros literários" é uma proporção ínfima do que foi produzido de forma cumulativa. Esse é o primeiro ponto, do qual é possível derivar de imediato o modo como invalida a identificação do talento: digamos que você atribua o sucesso do romancista do século XIX Honoré de Balzac a seu "realismo", "perspicácia", "sensibilidade", "tratamento dos personagens", "capacidade de prender a atenção do leitor" e assim por diante. Estas podem ser consideradas qualidades "superiores" que levam a um desempenho superior *se, e somente se*, aqueles que carecem do que chamamos de talento também carecerem dessas qualidades. Mas e se houver dezenas de obras-primas literárias comparáveis que acabaram se perdendo? E, seguindo minha lógica, se de fato existiram muitos manuscritos com atributos semelhantes e que ao longo do tempo se desintegraram, então, lamento dizer, seu ídolo Balzac foi apenas o beneficiário de uma sorte desproporcional em comparação com seus pares. Além disso, ao demonstrar preferência por ele, pode ser que você esteja cometendo uma injustiça com os outros.

O xis da questão, repito, não é que Balzac fosse desprovido de talento, mas sim que era menos *excepcionalmente* talentoso do que pensamos. Leve em conta os milhares de escritores hoje completamente apagados da consciência: o registro deles não entra nas análises. Não vemos as toneladas de manuscritos rejeitados porque esses escritores jamais foram publicados. A *New Yorker* sozinha rejeita perto de cem manuscritos por dia, então imagine o número de gênios de quem nunca ouviremos falar. Em um país como a França, onde mais pessoas escrevem livros enquanto, infelizmente, menos pessoas os leem, as editoras literárias respeitáveis aceitam um em cada 10 mil manuscritos que recebem de autores iniciantes. Pense no número de atores e atrizes que nunca foram aprovados em um teste, mas teriam se saído muito bem se pudessem contar com um lance de sorte na vida.

A próxima vez que você visitar a casa de um francês de razoáveis posses, provavelmente verá os austeros livros da coleção *Bibliothèque de la Pléiade*, cujo proprietário nunca, quase nunca, os lerá, principalmente por causa do tamanho e peso desconfortáveis dos volumes. Fazer parte da *Pléiade* significa ser membro do cânone literário. Os tomos são caros; têm o cheiro característico de papel ultrafino da Índia, comprimindo o equivalente a 1500 páginas para o tamanho de uma brochura barata vendida em supermercados. Supostamente servem para ajudar a maximizar o número de obras-primas por metro quadrado parisiense. A editora Gallimard tem sido muito criteriosa quanto à seleção dos escritores para a coleção da *Pléiade* — pouquíssimos autores, como o esteta e aventureiro André Malraux, conseguiram ser incluídos ainda em vida. Dela fazem parte Dickens, Dostoiévski, Hugo e Stendhal, junto com Mallarmé, Sartre, Camus e... Balzac. No entanto, se você seguir as ideias do próprio Balzac, que examinarei a seguir, aceitará que não há justificativa definitiva para esse *corpus* oficial.

Balzac descreveu todo o negócio da evidência silenciosa em seu romance *Ilusões perdidas*.* Lucien de Rubempré (pseudônimo de Lucien Chardon), o gênio provinciano pobretão, "sobe" até Paris a fim de iniciar a carreira literária. Somos informados de que Lucien é talentoso — na verdade, o ambiente semiaristocrático de Angoulême informa *a Lucien* que ele tem talento. Mas é difícil descobrir se isso se deve à sua beleza ou à qualidade literária de suas obras — ou mesmo se a qualidade literária de um texto é visível, ou, como Balzac parece se perguntar, se ela tem alguma coisa a ver com o que quer que seja. O sucesso é apresentado de forma cínica, como o produto de astúcia e promoção ou do vaivém de interesses, por razões completamente externas às obras em si. Lucien descobre a existência do imenso cemitério habitado por aquilo que Balzac chama de "rouxinóis".

> Mais tarde Lucien aprendeu que esse apelido de rouxinol era dado pelos livreiros às obras que ficam empoleiradas nas prateleiras, nas profundas solidões de seus depósitos.

Balzac nos apresenta o lamentável estado da literatura contemporânea quando o manuscrito de Lucien é rejeitado por um editor que nunca o leu; mais tarde, depois que Lucien já criou alguma reputação, o mesmo manuscrito é aceito por outro editor que também jamais o leu! A obra propriamente dita ficava em segundo plano.

Em outro exemplo de evidência silenciosa, os personagens do livro insistem em lamentar que as coisas já não são mais como *antes*, o que implica que em tempos mais antigos prevalecia a justiça literária — como se antes não existisse cemitério. O erro deles é não levar em consideração os rouxinóis entre as obras dos antigos! Observe que, cerca de dois séculos atrás, as pessoas tinham uma

---

* Ed. bras.: *Ilusões perdidas*. Trad. Rosa Freire D'Aguiar. São Paulo: Companhia das Letras, 2011. (N. T.)

opinião idealizada de seu próprio passado, assim como temos uma opinião idealizada do passado de hoje.

Mencionei anteriormente que, para entender os sucessos e analisar o que os *causou*, precisamos estudar as peculiaridades presentes nos fracassos. A seguir, enfoco uma versão mais geral desse aspecto.

*Como se tornar um milionário em dez passos*

Inúmeros estudos sobre milionários com o intuito de identificar as habilidades necessárias para alcançar a posição utilizam a seguinte metodologia. Os pesquisadores selecionam uma população de mandachuvas, pessoas com títulos pomposos e cargos de prestígio, e estudam seus atributos. Observam o que esses maiorais têm em comum: coragem, exposição a riscos, otimismo, e assim por diante, e inferem que essas características, sobretudo a exposição a riscos, podem ajudar você a ser bem-sucedido. Você provavelmente também teria a mesma impressão se lesse autobiografias de presidentes de empresas escritas por ghost-writers ou se frequentasse as palestras que eles dão para estudantes de MBA bajuladores.

Agora dê uma olhada no cemitério. É muito difícil fazer isso porque parece que as pessoas que fracassam não escrevem livros de memórias, e, se o fizessem, os editores do segmento de livros de negócios que conheço sequer cogitariam a cortesia de responder a uma ligação (a um e-mail, nem pensar). Os leitores não pagariam 26,95 dólares por uma história de fracasso, mesmo que fossem convencidos de que tal livro continha truques mais úteis do que uma história de sucesso.* Toda a noção de biografia é baseada na atribuição arbitrária de uma relação de causalidade entre características específicas e eventos subsequentes. Agora pense no cemitério. O cemitério de pessoas fracassadas estará repleto de pessoas que compartilharam as seguintes características: coragem, exposição a riscos, otimismo etc. Exatamente como na população de milionários. Pode haver algumas diferenças nas habilidades, mas o que realmente separa os dois é, acima de tudo, um único fator: sorte. Pura sorte.

---

\* O melhor livro financeiro não charlatanesco que conheço chama-se *What I Learned Losing a Million Dollars* [O que aprendi perdendo 1 milhão de dólares], de D. Paul e B. Moynihan. Os autores tiveram que publicar o livro por conta própria.

Você não precisa de uma grande dose de empirismo para chegar à mesma conclusão: um simples experimento mental é suficiente. A indústria de gestão de fundos alega que algumas pessoas são extremamente habilidosas, já que, ano após ano, têm um desempenho superior à média do mercado. Os gestores de fundos identificarão esses "gênios" e convencerão você das habilidades deles. Meu enfoque tem sido fabricar grupos* de investidores puramente aleatórios, e, por simples simulação computacional, mostrar como teria sido impossível que esses gênios não fossem produzidos *apenas por sorte*. Todo ano você manda embora os perdedores, deixando apenas os vencedores, e assim fica apenas com os vencedores constantes de longo prazo. Já que você não observa o cemitério de investidores falidos, vai pensar que é um bom negócio, e que alguns operadores são consideravelmente melhores que outros. É óbvio que num piscar de olhos fornecerão uma explicação para o sucesso dos sobreviventes sortudos: "Ele come tofu", "Ela trabalha até tarde; outro dia, falei com ela no escritório às oito da noite [...]", ou, é claro, "Ela é preguiçosa por natureza. Pessoas com esse tipo de preguiça tendem a ver as coisas com lucidez". Por meio do mecanismo de determinismo retrospectivo, encontraremos a "causa" — na verdade, precisamos ver a causa. A essas simulações de grupos hipotéticos, quase sempre feitas por computador, dou o nome de motores de epistemologia computacional. Seus experimentos mentais podem ser executados em um computador. Você apenas simula um mundo alternativo, totalmente aleatório, e verifica que se assemelha àquele em que vivemos. Não obter bilionários sortudos nesses experimentos seria a exceção.**

---

* No original, o autor usa *cohort/cohorts*, que em estatística se traduz por *coorte/coortes* e designa um conjunto ou grupo de referência que é estudado durante certo período. Essa subseção de determinada população tem uma característica em comum claramente definida, em geral a idade. Por exemplo: todos os indivíduos do sexo masculino nascidos em Ribeirão Preto em 2020. (N. T.)

** Os médicos são legítima e vigorosamente céticos em relação a resultados anedóticos e exigem que estudos sobre a eficácia de medicamentos esquadrinhem o cemitério de evidências silenciosas. No entanto, esses mesmos médicos caem no truque do viés em outro lugar! Onde? Em sua vida pessoal, ou em suas atividades de investimento. Correndo o risco de soar repetitivo, tenho que reiterar minha perplexidade com o aspecto da natureza humana que nos permite misturar o mais rigoroso ceticismo e a mais aguda credulidade.

Lembre-se da distinção entre o Mediocristão e o Extremistão que vimos no capítulo 3. Eu disse que seguir uma profissão "escalável" não é uma boa ideia, simplesmente porque existem pouquíssimos vencedores nessas profissões. Bem, essas profissões produzem um vasto cemitério: o grupo de atores famintos é maior do que o de contadores famintos, mesmo se partirmos do princípio de que, em média, ambos têm a mesma renda.

## UMA ACADEMIA DE MUSCULAÇÃO PARA RATOS

Explico a seguir a segunda, e mais perversa, variedade do problema da evidência silenciosa. Quando eu tinha vinte e poucos anos e ainda lia jornais, e pensava que ler os jornais constantemente era algo útil para mim, me deparei com um artigo que discutia a crescente ameaça da máfia russa nos Estados Unidos, e como essa organização criminosa estava expulsando os tradicionais italianos de alguns bairros do Brooklyn. O artigo explicava a agressividade e brutalidade dos mafiosos como resultado de terem saído endurecidos de sua experiência no *gulag*. O *gulag* era uma rede de campos de trabalhos forçados na Sibéria, para onde criminosos e dissidentes eram deportados rotineiramente. Enviar pessoas para a Sibéria foi um dos métodos de purificação usados pelo regime czarista, mais tarde continuado e aperfeiçoado pelos soviéticos. Muitos deportados nesses expurgos não sobreviviam aos campos de trabalhos forçados.

*Endurecidos pelo* gulag? A frase saltou-me aos olhos como uma inferência profundamente equivocada (e ao mesmo tempo razoável). Levei algum tempo para decifrar o absurdo contido nela, uma vez que estava protegida por uma embalagem cosmética; o experimento mental a seguir fornecerá a intuição. Suponha que você consiga reunir uma grande e variada população de ratos: gordos, magros, enfermiços, fortes, de boas proporções etc. (É a coisa mais fácil do mundo encontrá-los nas cozinhas de restaurantes nova-iorquinos chiques.) Com esses milhares de ratos, você constrói um grupo heterogêneo, que é bem representativo da população de ratos de Nova York. Você leva essa rataria ao meu laboratório na rua 59 Leste da cidade de Nova York e colocamos o conjunto todo em um enorme tanque. Submetemos os ratos a níveis cada vez mais elevados de radiação (uma vez que se trata de um experimento hipotético, não há crueldade envolvida no processo). Em todos os níveis de radiação, os que são naturalmente mais fortes (e aqui está a chave) sobreviverão; os mortos serão excluídos da amostra. Teremos progressivamente um conjunto de ratos cada vez mais e mais forte. Repare no seguinte fato central: cada rato, incluindo os fortes, será *mais fraco* depois da radiação do que antes.

Um observador dotado de habilidades analíticas, que deve ter obtido excelentes notas na faculdade, seria levado a acreditar que o tratamento em meu laboratório é um excelente substituto da academia de musculação e poderia ser generalizado para todos os mamíferos (pense no potencial de sucesso comercial). A lógica desse observador se apresenta da seguinte forma: ei, esses ratos são mais fortes do que o restante da população de ratos. O que eles parecem ter em comum? Todos vieram do laboratório do Taleb, aquele cara do Cisne Negro. Poucas pessoas ficariam tentadas a dar uma olhada nos ratos mortos.

Em seguida, pregaremos a seguinte peça no *New York Times*: soltamos os ratos sobreviventes em Nova York e informamos o correspondente-chefe-roedor sobre a notável ruptura hierárquica na população de ratos de Nova York. Ele escreverá um artigo longo (e analítico) acerca da dinâmica social dos ratos de Nova York, incluindo a seguinte passagem: "Esses ratos agora são os valentões da população de ratos. Esses briguentos mandam em tudo. *Fortalecidos* por sua experiência no laboratório do recluso (mas simpático) estatístico/filósofo/trader dr. Taleb, eles...".

*Viés perverso*

O viés tem uma qualidade perversa: quanto maior seu impacto, melhor ele se esconde. Devido à invisibilidade dos ratos mortos, quanto mais letais forem os riscos, menos visíveis eles serão, uma vez que o mais provável é que os gravemente afetados sejam eliminados da evidência. Quanto mais danoso for o tratamento, maior será a diferença entre os ratos sobreviventes e o resto, e mais ludibriado você será com relação ao efeito de *fortalecimento*. Um dos dois ingredientes seguintes é necessário para essa diferença entre o verdadeiro efeito (enfraquecimento) e o efeito observado (fortalecimento): a) um grau de desigualdade em força, ou diversidade, no grupo-base de estudo, ou b) irregularidade, ou diversidade, em algum ponto do tratamento. Diversidade aqui tem a ver com o grau de incerteza inerente ao processo.

*Mais aplicações ocultas*

Podemos dar continuidade a esse argumento, cuja universalidade é tamanha que, uma vez fisgados por ele, é difícil voltarmos a olhar para a realidade com os mesmos olhos. Ele claramente priva nossas observações de qualquer realismo. Enumerarei mais alguns casos para ilustrar as fraquezas de nosso mecanismo inferencial.

*A estabilidade das espécies.* Tenha em mente a quantidade de espécies que hoje consideramos extintas. Por muito tempo, os cientistas chegavam a esse número como o resultado sugerido por uma análise dos fósseis existentes. Mas esse cálculo ignora o silencioso cemitério de espécies que surgiram e foram extintas sem deixar vestígios na forma de fósseis; os fósseis que conseguimos encontrar correspondem a uma proporção menor de todas as espécies que existiram e desapareceram. Isso implica que nossa biodiversidade era muito maior do que parece em um primeiro exame. Uma consequência mais preocupante é que a taxa de extinção de espécies pode ser muito maior do que pensamos — perto de 99,5% das espécies que transitaram pela Terra estão extintas, número que na conta dos cientistas vem aumentando ao longo do tempo. A vida é muito mais frágil do que admitimos. Mas isso não significa que nós (humanos) devamos sentir culpa pelas extinções ao nosso redor; tampouco significa que devemos agir para detê-las — as espécies iam e vinham antes de começarmos a arruinar o meio ambiente. Não há necessidade de sentirmos responsabilidade moral por todas as espécies ameaçadas de extinção.

*O crime compensa?* Os jornais estampam notícias sobre os criminosos que são pegos. Não há nenhuma seção do *New York Times* registrando as histórias dos malfeitores que cometeram crimes, mas não foram capturados. O mesmo acontece com casos de evasão fiscal, subornos de autoridades do governo, redes de prostituição, envenenamento de cônjuges ricos (com substâncias que não têm nome e são impossíveis de detectar) e tráfico de drogas.

Além disso, nossa representação do criminoso padrão talvez seja baseada nas propriedades daqueles menos inteligentes que acabaram sendo presos.

Assim que nos infiltramos na noção de evidência silenciosa, muitas coisas ao nosso redor que antes estavam ocultas começam a se manifestar. Tendo passado algumas décadas com essa mentalidade, estou convencido (mas não posso apresentar provas) de que o treinamento e a educação podem nos ajudar a evitar suas armadilhas.

*A evolução do corpo do nadador*

O que as expressões populares "corpo de nadador" e "sorte de principiante" têm em comum? O que parecem compartilhar com o conceito de história?

Entre os adeptos de jogos de azar existe uma crença de que os principiantes quase sempre têm sorte. "Fica pior depois, mas os jogadores sempre têm sorte quando começam", ouvimos dizer por aí. Essa afirmação é empiricamente verdadeira: os pesquisadores confirmam que os apostadores são sortudos no começo (o mesmo se aplica aos especuladores do mercado de ações). Isso significa que todos nós deveríamos nos arriscar numa temporada de jogatina, tirar vantagem da afortunada simpatia que a senhora sorte nutre pelos principiantes, e depois parar?

A resposta é não. Prevalece a mesma ilusão de óptica: as pessoas que começam a apostar dinheiro em jogatina terão sorte ou azar (uma vez que o cassino tem a vantagem, o número de azarados será ligeiramente maior). Os sortudos, com a sensação de terem sido escolhidos pelo destino, continuarão jogando; os outros, desanimados, desistirão e não aparecerão na amostragem. A depender de seus temperamentos, é provável que eles adotem outros passatempos, como observação de pássaros, palavras cruzadas ou pirataria. Os que continuarem jogando se lembrarão de ter tido sorte nos primeiros tempos. Os desistentes, por definição, deixarão de fazer parte da comunidade de jogadores sobreviventes. Isso explica a sorte de principiante.

Há uma analogia com o que é chamado no linguajar comum de um "corpo de nadador", o que me levou a cometer um erro vergonhoso alguns anos atrás (apesar de ser um especialista nesse viés, não percebi que estava sendo enganado). Quando eu perguntava às pessoas sobre a elegância física comparativa entre os atletas, com frequência me diziam que os corredores pareciam anoréxicos, que os ciclistas tinham pernas grossas demais e que os levantadores de peso eram inseguros e um pouco primitivos. Deduzi que deveria passar algum tempo inalando cloro na piscina da Universidade de Nova York para obter aqueles "músculos alongados". Agora suspenda a causalidade. Suponha que a variância genética de uma pessoa permita certo tipo de formato corporal.

Aqueles indivíduos que nascem com uma tendência natural de desenvolver um corpo de nadador tornam-se melhores nadadores. São os que você vê em sua amostragem dando braçadas para lá e para cá nas piscinas por aí. Mas eles teriam mais ou menos a mesma aparência se levantassem pesos. O fato é que um determinado músculo cresce quase da mesma forma, não importa se você toma esteroides ou se fica empoleirado nas paredes de escalada da academia local.

## O QUE VOCÊ VÊ E O QUE VOCÊ NÃO VÊ

O Katrina, o devastador furacão que assolou Nova Orleans em 2005, levou à televisão uma porção de políticos oportunistas. Esses legisladores, comovidos pelas imagens de destruição e pelas fotografias das vítimas furiosas e desabrigadas, fizeram promessas de "reconstrução". Foi muito nobre da parte deles fazer algo humanitário, ir além do nosso egoísmo abjeto.

Eles prometeram fazer isso com seu próprio dinheiro? Não. Foi com o dinheiro público. Tenha em mente que esses fundos serão retirados de algum outro lugar, como no ditado "tomar de Pedro para dar a Paulo". Esse *algum outro lugar* será menos alardeado pela mídia. Pode ser uma pesquisa sobre o câncer financiada por recursos privados, ou novas tentativas no esforço de refrear o diabetes. Poucos parecem prestar atenção às vítimas de câncer que agonizam, solitárias, em um estado de depressão não televisionada. Esses pacientes terminais não apenas não votam (já estarão mortos na próxima eleição), mas também não se manifestam ao nosso sistema emocional. Morrem mais vítimas de câncer todos os dias do que o total de mortos por conta do furacão Katrina; são essas pessoas as que mais precisam de nós — não apenas de ajuda financeira, mas da nossa atenção e empatia. E é possível que o dinheiro seja tirado delas — de forma indireta, talvez até mesmo direta. O dinheiro (público ou privado) retirado da pesquisa pode ser responsável por matá-las, em um crime que talvez permaneça silencioso.

Uma ramificação dessa ideia diz respeito à nossa tomada de decisões sob uma nuvem de possibilidades. Enxergamos as consequências óbvias e visíveis, não as invisíveis e menos óbvias. No entanto, as consequências invisíveis podem ser — ou melhor, geralmente são — mais significativas.

Frédéric Bastiat foi um humanista do século XIX de uma estranha estirpe, um daqueles raros pensadores independentes — a ponto de ser desconhecido em seu próprio país, a França, uma vez que suas ideias iam na direção contrária à ortodoxia política francesa. Ele se junta a outro de meus pensadores favoritos, Pierre Bayle, no quesito de ser desconhecido em sua própria terra e sua própria língua, mas Bastiat tem um grande número de seguidores nos Estados Unidos.

Em seu ensaio "O que vemos e o que não vemos", Bastiat propôs a seguinte ideia: podemos ver o que os governos fazem e, portanto, elogiá-los efusivamente — mas não vemos a alternativa. Porém, há uma alternativa; ela é menos óbvia e permanece invisível.

Lembre-se da falácia de confirmação: os governos são ótimos em dizer o que fizeram, mas não o que não fizeram. Na verdade, eles adotam o que poderia ser rotulado como falsa "filantropia", a atividade de ajudar as pessoas de uma forma visível e sensacional, sem levar em conta o cemitério de consequências invisíveis. Bastiat inspirou libertários ao atacar os argumentos usuais que mostravam os benefícios dos governos. Mas suas ideias podem ser generalizadas para se aplicar tanto à direita quanto à esquerda.

Bastiat vai um pouco mais fundo. Se tanto as consequências positivas quanto as negativas de uma ação recaíssem sobre seu autor, nossa aprendizagem seria rápida. Mas muitas vezes as consequências positivas de uma ação beneficiam apenas seu autor, uma vez que são visíveis, ao passo que as consequências negativas, sendo invisíveis, aplicam-se a outros, com um custo líquido para a sociedade. Pense nas medidas de proteção do emprego: você observa aqueles cujos empregos passam a ser protegidos pela estabilidade e atribui benefícios sociais a essas proteções. No entanto, você não percebe o efeito sobre aqueles que, como resultado disso, não conseguem encontrar um emprego, já que a medida reduz a criação de novas vagas. Em alguns casos, como os pacientes com câncer que podem ser punidos pelo Katrina, as consequências positivas de uma ação beneficiam imediatamente os políticos e humanitários fajutos, enquanto as negativas demoram muito tempo para aparecer — e talvez nunca se tornem perceptíveis. Pode-se até culpar a imprensa por direcionar contribuições de caridade para aqueles que talvez sejam os menos necessitados delas.

Vamos aplicar esse raciocínio ao dia 11 de setembro de 2001. Cerca de 2500 pessoas foram mortas diretamente pelo grupo de Bin Laden nas Torres Gêmeas do World Trade Center. As famílias dessas vítimas se beneficiaram com o apoio de todos os tipos de agências e instituições de caridade, o que era a coisa certa a se fazer. Contudo, de acordo com os pesquisadores, durante os três meses restantes do ano, perto de mil pessoas morreram como vítimas silenciosas dos terroristas. Como? As pessoas que tinham medo de viajar de avião e passaram a viajar de carro se expuseram a um risco maior. Durante esse período, surgiram evidências de um aumento de mortes nas estradas; as rodovias são consideravelmente mais letais do que o espaço aéreo. Essas famílias não receberam apoio algum — nem souberam que seus entes queridos também tinham sido vítimas de Bin Laden.

Além de Bastiat, tenho uma queda por Ralph Nader (o ativista e defensor dos direitos do consumidor, certamente não o político e pensador político). Ele talvez seja o cidadão norte-americano que salvou o maior número de vidas ao desmascarar o histórico de segurança das montadoras de automóveis. Todavia, em sua campanha política alguns anos atrás, até ele se esqueceu de alardear as dezenas de milhares de vidas salvas por suas leis que tornaram obrigatório o uso do cinto de segurança. É muito mais fácil vender "vejam o que eu fiz por vocês" do que "vejam o que eu evitei por vocês".

Lembre-se da história, mencionada no prólogo, do legislador hipotético cujas ações poderiam ter evitado o ataque de Onze de Setembro. Quantas dessas pessoas estão caminhando pela rua sem o andar ereto do herói fajuto?

Da próxima vez que você estiver diante de um humanitário vigarista, tenha a coragem de levar em consideração as consequências silenciosas.

*Médicos*

Nossa negligência acerca das evidências silenciosas mata pessoas todo dia. Suponha que um medicamento salva muitas pessoas de uma doença potencialmente perigosa, mas corre o risco de matar algumas, com um benefício líquido para a sociedade. Um médico prescreveria esse medicamento? Ele não tem incentivo para fazer isso. Os advogados da pessoa prejudicada pelos efeitos colaterais perseguirão o médico feito cães de caça, embora as vidas salvas pelo remédio talvez não sejam contabilizadas em lugar nenhum.

Uma vida salva é uma estatística; uma pessoa prejudicada é uma anedota. Estatísticas são invisíveis; relatos anedóticos são salientes. Da mesma forma, o risco de um Cisne Negro é invisível.*

**FIGURA 2.** Giacomo Casanova, também conhecido como Jacques, Cavaleiro de Seingalt. Alguns leitores talvez se surpreendam ao constatar que o lendário sedutor não era exatamente parecido com James Bond.

## A PROTEÇÃO ANTIADERENTE DE GIACOMO CASANOVA

Isso nos leva à mais grave de todas as manifestações de evidências silenciosas, a ilusão de estabilidade. O viés diminui nossa percepção dos riscos a que nos expusemos no passado, em especial para aqueles de nós que tiveram a sorte de sobreviver a eles. Sua vida esteve sob uma séria ameaça, mas, tendo

---

\* Na verdade, evidências silenciosas podem influenciar as coisas de modo que pareçam menos estáveis e mais arriscadas do que realmente são. Vejamos o câncer. Temos o hábito de contabilizar as taxas de sobrevivência a partir de casos diagnosticados de câncer — o que deveria superestimar o perigo representado pela doença. Muitas pessoas que desenvolvem câncer permanecem sem diagnóstico, e seguem em frente para viver uma vida longa e confortável, e por fim morrem de alguma outra causa, ou porque o câncer não era letal ou porque entrou em remissão espontânea. Não contabilizar esses casos distorce os riscos para cima.

sobrevivido, você subestima retrospectivamente o quanto a situação era de fato arriscada.

O aventureiro Giacomo Casanova, que mais tarde se autointitulou Jacques, *Chevalier* [Cavaleiro] de Seingalt, o pretenso intelectual e lendário sedutor de mulheres, parece ter tido uma característica antiaderente que causaria inveja ao mais resiliente dos chefões da máfia: o infortúnio não grudava nele. Embora conhecido por suas seduções, Casanova via a si mesmo como uma espécie de erudito. Ele almejava a fama literária com os doze volumes de *Histoire de ma vie* [História da minha vida], escritos em francês ruim (encantadoramente ruim). Além das lições muito úteis sobre como se tornar um sedutor, suas memórias oferecem um relato envolvente de uma sucessão de reveses da fortuna. Casanova sentia que toda vez que estava em apuros sua estrela da sorte, sua *étoile*, o livrava dos problemas. Quando as coisas iam mal, de alguma forma ocorria uma reviravolta, e Casanova se safava por obra e intervenção de uma mão invisível, e era levado a acreditar que sua peculiaridade intrínseca era recuperar-se das vicissitudes, sempre se deparando com uma nova oportunidade. De algum modo, Casanova dava um jeito de encontrar alguém *in extremis* que lhe oferecia uma transação em dinheiro, um novo patrono que ele não havia traído no passado, ou alguém generoso e com uma memória fraca o bastante para esquecer antigas traições. Seria possível que Casanova tivesse sido selecionado pelo destino para sacudir a poeira e dar a volta por cima diante de todas as dificuldades?

Não necessariamente. Leve em consideração o seguinte: de todos os pitorescos aventureiros que viveram em nosso planeta, muitos foram vez por outra esmagados, e alguns poucos se recuperaram repetidas vezes. Os que sobrevivem são os que tendem a acreditar que são indestrutíveis; terão uma experiência longa e interessante o suficiente para escrever livros sobre o assunto. Até, é claro...

Com efeito, aventureiros que se sentem escolhidos pelo destino existem aos montes, simplesmente porque há muitos aventureiros, e não ouvimos as histórias daqueles que se encontram em uma maré de azar. Quando comecei a escrever este capítulo, lembrei-me de uma conversa com uma mulher sobre seu noivo exuberante, filho de um funcionário público que, por meio de algumas transações financeiras, conseguiu catapultar-se para dentro da vida de um personagem de romance, com sapatos feitos à mão, charutos cubanos, coleções de carros de luxo e assim por diante. Os franceses têm uma palavra para isso, *flambeur*, que significa uma mistura de bon-vivant extravagante com especulador agressivo e afeito a riscos, o tempo todo ostentando consideráveis doses de charme pessoal; uma palavra que não parece estar disponível nas culturas anglo-saxônicas. O sujeito estava torrando o dinheiro muito rapidamente, e enquanto conversávamos sobre o destino dele (afinal de contas, ela estava prestes a se casar com ele), a mulher me explicou que o noivo estava passando por momentos um pouco difíceis, mas que não havia necessidade de preocupação, pois ele sempre se recuperava e voltava com força total. Isso foi alguns anos atrás. Por curiosidade, acabei de localizar o paradeiro do sujeito (tentando fazer isso com o máximo de tato): ele não se recuperou (ainda) de seu último revés da fortuna. Além disso, saiu de cena e já não é mais encontrado entre outros *flambeurs*.

Como isso se relaciona com a dinâmica da história? Tenha em mente aquilo que em geral é chamado de "a resiliência de Nova York". Por razões aparentemente transcendentais, cada vez que se aproxima da beira do desastre, a cidade consegue dar um passo atrás e se recuperar. Algumas pessoas acreditam verdadeiramente que se trata de uma peculiaridade de Nova York. A citação seguinte é de um artigo do *New York Times*:

> Essa é a razão pela qual Nova York ainda precisa de Samuel M. E. Economista que completa 77 anos de idade hoje, o sr. E. estudou a cidade de Nova York durante meio século de prósperos surtos de crescimento e colapsos [...] "Temos um histórico de superar períodos difíceis e voltar mais fortes do que nunca", disse ele.

Agora, repita a ideia ao contrário: pense nas cidades como pequenos Giacomos Casanovas, ou como ratos em meu laboratório. Assim como submetemos os milhares de ratos a um processo perigoso, vamos colocar um conjunto de cidades em um simulador de história: Roma, Atenas, Cartago, Bizâncio, Tiro, Catal Hyuk (localizada na Turquia dos tempos modernos, é um dos primeiros assentamentos humanos conhecidos), Jericó, Peoria e, claro, Nova York. Algumas cidades sobreviverão às condições hostis do simulador. Quanto a outras, sabemos que a história nem sempre é muito gentil. Tenho certeza de que Cartago, Tiro e Jericó tinham sua versão local de Samuel M. E., não menos eloquente, dizendo: "Nossos inimigos tentaram nos destruir muitas vezes; mas sempre voltamos mais resistentes do que antes. Agora somos invencíveis".

Esse viés faz com que o sobrevivente seja uma testemunha desqualificada do processo. Parece inquietante? O fato de você ter sobrevivido é uma condição que pode enfraquecer sua interpretação das propriedades da sobrevivência, incluindo a noção superficial de "causa".

Você pode fazer muita coisa com a declaração anterior. Substitua o economista aposentado Samuel M. E. por um executivo-chefe discutindo a capacidade de sua corporação de se recuperar de problemas do passado. Que tal a incensada "resiliência do sistema financeiro"? E quanto a um general que teve uma maré de batalhas vitoriosas?

O leitor pode ver agora por que uso a sorte infalível de Casanova como referência geral para a análise da história, de todas as histórias. Gero histórias artificiais protagonizadas por, digamos, milhões de Giacomos Casanovas e observo a diferença entre os atributos dos Casanovas de sucesso (como é você quem os gera, conhece suas características exatas) e os atributos que um observador do resultado identificaria. Dessa perspectiva, não é uma boa ideia ser um Casanova.

*"Eu assumo riscos"*

Pense no ramo dos restaurantes em um lugar competitivo como Nova York. A verdade é que é preciso ser muito tolo para abrir um restaurante lá, devido aos enormes riscos envolvidos e à árdua quantidade de trabalho para chegar a algum lugar nesse segmento, sem contar os clientes chatos, exigentes e preocupados com modismos. O cemitério de restaurantes fracassados é bastante silencioso: caminhe pela área central de Manhattan e você verá esses lugares acolhedores abarrotados de clientes, limusines na porta esperando que os fregueses saiam de braços dados com suas segundas esposas (vistosas mulheres-troféu, muito mais jovens que eles). O proprietário está sobrecarregado de trabalho, mas feliz da vida por ter esse mundaréu de gente frequentando seu estabelecimento. Quer dizer que faz sentido abrir um restaurante em um ambiente tão competitivo? Certamente não, mas ainda assim as pessoas os abrem, por causa do tolo traço característico da exposição a riscos, que nos leva a mergulhar de cabeça nessas aventuras, ofuscados pelo resultado.

Existe em nós um claro elemento dos Casanovas sobreviventes: os genes da exposição a riscos, que nos encorajam a nos arriscar às cegas, ignorando a variabilidade nos resultados possíveis. Herdamos o gosto por riscos não calculados. Devemos incentivar esse comportamento?

Na verdade, o crescimento econômico é resultado dessa exposição a riscos. Mas algum idiota pode argumentar o seguinte: se alguém seguisse um raciocínio como o meu, não teríamos o crescimento espetacular que vivenciamos no passado. Isso é exatamente como alguém que acha uma boa ideia jogar roleta-russa porque sobreviveu e embolsou o dinheiro.

Muitas vezes ouvimos dizer que nós, humanos, temos uma propensão ao otimismo, e que isso *supostamente é bom para nós*. Esse argumento parece justificar a exposição geral a riscos como um empreendimento positivo, e que é glorificado na cultura em geral. Ei, veja só, nossos ancestrais enfrentaram os desafios — enquanto você, Nicholas Nassim Taleb (NNT), está nos encorajando a não fazer nada (não estou).

Temos evidências suficientes para confirmar que, de fato, nós, humanos, somos uma espécie extremamente sortuda, e que temos os genes daqueles que se expunham a riscos. Dos tolos que se expunham a riscos, veja bem. Na verdade, dos Casanovas que sobreviveram.

Repito uma vez mais que não estou descartando a ideia de correr riscos, tendo me envolvido pessoalmente na exposição a eles. Apenas sou crítico quanto a encorajar uma exposição *desinformada* a riscos. O superpsicólogo Danny Kahneman nos forneceu evidências de que geralmente corremos riscos não por bravata, mas por ignorância e cegueira em relação à probabilidade! Os próximos capítulos mostrarão com mais profundidade o modo como tendemos a descartar pontos fora da curva e resultados adversos quando projetamos o futuro. Mas insisto no seguinte: *o fato de termos chegado aqui por acidente não significa que devemos continuar a correr os mesmos riscos*. Somos uma raça madura o bastante para perceber esse aspecto, desfrutar de nossas bênçãos e tentar preservar, tornando-nos mais conservadores, o que obtivemos por meio da sorte. Até aqui, jogamos roleta-russa; agora é hora de parar e arranjar um emprego de verdade.

Tenho mais dois argumentos a respeito do tema. Primeiro, a justificativa do otimismo excessivo com base no fato de que "ele nos trouxe até aqui" tem origem em um equívoco muito mais sério acerca da natureza humana: a crença de que somos feitos para compreender tanto a natureza quanto a nós mesmos e que nossas decisões são, e têm sido, o resultado de nossas próprias escolhas. Discordo. Somos norteados por uma profusão de instintos.

Em segundo lugar, um aspecto um pouco mais preocupante que o primeiro: a aptidão evolutiva é algo continuamente enaltecido e engrandecido pela multidão que a considera uma escritura sagrada. Quanto menos familiaridade a pessoa tem com a aleatoriedade desenfreada que gera os Cisnes Negros, mais acredita no funcionamento primoroso da evolução. Nas teorias dessas pessoas, não estão presentes evidências silenciosas. A evolução é uma série de acasos, alguns bons, muitos outros ruins. Você só vê os bons. Mas, no curto prazo, não é óbvio saber quais características são realmente boas para você, especialmente se você estiver no ambiente gerador de Cisnes Negros do Extremistão. Isso é como ver apostadores ricos saindo do cassino e alegar que o gosto pela jogatina é bom para a espécie, uma vez que jogos de azar fazem as pessoas enriquecerem! Correr riscos fez com que muitas espécies rumassem, sem escalas, para a extinção!

Essa ideia de que estamos aqui, de que este é o melhor de todos os mundos possíveis, e *de que a evolução fez um ótimo trabalho* parece um tanto espúria à luz dos efeitos da evidência silenciosa. Os tolos, os Casanovas e os que correm riscos às cegas são os que costumam ganhar no curto prazo. Pior, em um ambiente de Cisne Negro, onde um único — mas raro — evento pode abalar uma espécie depois de um longuíssimo período de "aptidão", os tolos afeitos a riscos também podem vencer no longo prazo! Revisitarei essa ideia na parte III, onde mostro como o Extremistão piora o efeito da evidência silenciosa.

Mas há outra manifestação que merece menção.

EU SOU UM CISNE NEGRO: O VIÉS ANTRÓPICO

Quero manter os pés no chão e evitar o uso de argumentos metafísicos ou cosmológicos de alto nível — existem tantos perigos significativos com que nos preocuparmos aqui no planeta Terra que seria uma boa ideia deixar para mais tarde as meditações transcendentais. Contudo, seria útil dar uma olhada (não mais que isso) no que é chamado de argumento cosmológico antrópico, uma vez que ressalta a gravidade de nossa incompreensão da estabilidade histórica.

Uma onda recente de filósofos e físicos (e de pessoas que combinam as duas categorias) vem examinando o *pressuposto de autoamostragem*, que é uma generalização do princípio do viés de Casanova para a nossa existência.

Pense no nosso destino. Algumas pessoas argumentam que as probabilidades de qualquer um de nós existir são tão baixas que o fato de estarmos aqui não pode ser atribuído a um acidente do destino. Pense nas chances de os parâmetros estarem exatamente onde precisam estar para induzir nossa existência (qualquer desvio da calibração ideal teria feito nosso mundo explodir, entrar em colapso ou simplesmente nem chegar a ter existido). Costuma-se dizer que o mundo parece ter sido construído de acordo com as especificações que tornariam nossa existência possível. De acordo com esse argumento, não poderia ser fruto da sorte.

No entanto, *nossa presença na amostragem* anula completamente o cálculo das probabilidades. Mais uma vez, a história de Casanova pode aclarar as coisas e tornar a questão bastante simples — muito mais simples do que em sua formulação usual. Pense novamente em todos os mundos possíveis como pequenos Casanovas, cada um seguindo o próprio destino. Aquele que ainda está vivo e esbanjando saúde (por acidente) julgará que, visto que não pode ter sido tão sortudo, deve haver alguma força transcendental que o guia e supervisiona seu destino: "Ei, caso contrário, as probabilidades de eu ter chegado aqui apenas por sorte seriam muito baixas". Para quem observa *todos* os aventureiros, as chances de encontrar um Casanova não são nada baixas: há muitíssimos aventureiros, e alguém está fadado a receber o bilhete de loteria premiado.

Aqui o problema com o universo e a raça humana é que *somos os Casanovas sobreviventes*. Quando você começa com muitos Casanovas aventureiros, é certo que haverá um sobrevivente, e adivinhe só: se você está aqui falando a respeito disso, você deve ser esse sobrevivente específico (observe a "condição": você sobreviveu para estar aqui falando sobre isso). Portanto, não podemos mais calcular as probabilidades de modo ingênuo, sem levar em conta que a condição de existirmos impõe restrições ao processo que nos trouxe aqui.

Parta do princípio de que a história oferece cenários hipotéticos "desoladores" (ou seja, desfavoráveis) ou "otimistas" (isto é, favoráveis e promissores). Os cenários desoladores levam à extinção. Se estou escrevendo estas linhas agora, sem dúvida é porque a história produziu um cenário "otimista", que me permitiu estar aqui, um percurso histórico em que meus antepassados evitaram o massacre pela ação dos muitos invasores que perambulavam pelo Levante. Acrescente a isso hipotéticos cenários benéficos, isentos de colisões de meteoritos, guerras nucleares e outras epidemias terminais em grande escala. Mas não tenho que olhar para a humanidade como um todo. Sempre que examino minha própria biografia, fico alarmado com o quanto a minha vida tem sido tênue até agora. Certa vez, quando voltei para o Líbano durante a guerra, aos dezoito anos de idade, senti episódios de cansaço extraordinário e arrepios de frio apesar do calor do verão. Era febre tifoide. Se não fosse pela descoberta dos antibióticos, apenas algumas décadas antes, eu não estaria aqui hoje. Mais tarde também fui "curado" de outra doença grave, que teria me matado, graças a um tratamento que depende de outra tecnologia médica recente. Como um humano que está vivo aqui e agora, na era da internet, capaz de escrever e atingir um público, também me beneficiei da sorte da sociedade e da extraordinária ausência de guerras em grande escala em tempos recentes. Além do mais, sou o resultado da ascensão da raça humana, em si um evento fortuito.

Minha presença aqui é uma importantíssima ocorrência de baixa probabilidade, e tendo a me esquecer disso.

Voltemos às incensadas receitas de como se tornar um milionário em dez passos. Uma pessoa bem-sucedida tentará convencer você de que as conquistas que ela obteve não poderiam ter sido acidentais, assim como um apostador que ganha na roleta sete vezes consecutivas explicará a você que a probabilidade de essa maré de sorte acontecer gira em torno de uma em vários milhões, então você tem que ou acreditar que alguma intervenção transcendental está em jogo ou aceitar as habilidades e a perspicácia desse jogador para escolher os números certos. Mas se você levar em conta a quantidade de apostadores que existem por aí, e o número de sessões de jogos de azar (vários milhões de rodadas no total), então se torna óbvio que esses golpes de sorte estão fadados a acontecer. E se você está falando sobre eles, é porque aconteceram com você.

O *argumento do ponto de referência* é o seguinte: não calcule as probabilidades a partir do ponto de vista do jogador vencedor (nem do sortudo Casanova, nem da cidade de Nova York, em eterno processo de recuperação, tampouco da invencível Cartago), mas de todos aqueles que começaram no grupo de referência. Tenha em mente mais uma vez o exemplo do apostador de jogos de azar. Se você olhar para a população total de jogadores iniciantes, pode ter quase certeza de que um deles (mas você não sabe de antemão qual) mostrará resultados fabulosos apenas por sorte. Então, do *ponto de referência* do grupo inicial, isso não é grande coisa. Contudo, do ponto de referência do vencedor (que, e aqui está o xis da questão, não leva em conta os perdedores), uma longa sequência de vitórias parecerá uma ocorrência por demais extraordinária para ser explicada pela sorte. Observe que uma "história" é apenas uma série de números ao longo do tempo. Números podem representar graus de riqueza, aptidão, peso, qualquer coisa.

O *"porquê" cosmético*

Isso, por si só, enfraquece tremendamente a noção de "porquê" que quase sempre é proposta por cientistas e quase sempre é mal utilizada por historiadores. Temos que aceitar a imprecisão do termo "porquê", por mais que isso nos cause desconforto (e de fato nos causa inquietação eliminar a analgésica ilusão de causalidade). Repito que somos animais ávidos por explicações, com a tendência de acreditar que tudo tem uma causa identificável e de agarrar o mais evidente como *a* explicação. No entanto, pode ser que não haja um *porquê* visível; pelo contrário, muitas vezes não há nada, nem mesmo um espectro de possíveis explicações. Mas a evidência silenciosa mascara esse fato. Toda vez que nossa sobrevivência está em jogo, a própria noção de *porquê* fica severamente enfraquecida. A condição de sobrevivência afoga todas as explicações possíveis. O "porquê" aristotélico não está lá para explicar uma ligação sólida entre dois itens, mas, em vez disso, como vimos no capítulo 6, para suprir nossa fraqueza oculta por fornecer explicações.

Aplique esse raciocínio à seguinte pergunta: por que a peste bubônica não matou mais gente? As pessoas fornecerão diversas explicações cosméticas envolvendo teorias sobre a intensidade da doença e "modelos científicos" de epidemias. Ora, tente o argumento da causalidade enfraquecida que acabei de enfatizar neste capítulo: se a peste bubônica tivesse matado mais pessoas, os observadores (nós) não estariam aqui para observar. Então, poupar a nós, os humanos, talvez não seja necessariamente uma característica própria das doenças. Sempre que sua sobrevivência estiver em jogo, não saia logo procurando as causas e efeitos. Pode ser que a principal razão identificável para a nossa sobrevivência a essas doenças seja simplesmente inacessível para nós: estamos aqui uma vez que, ao estilo Casanova, o cenário "otimista" preponderou, e se parece difícil demais de entender é porque, vitimados por lavagem cerebral, também estamos influenciados por noções de causalidade e pensamos que é mais inteligente achar um *porquê* do que aceitar a aleatoriedade.

Meu maior problema com o sistema educacional é precisamente o fato de que ele obriga os alunos a extraírem explicações das matérias de estudo e os *humilha* por se absterem de emitir julgamentos, por proferirem o "não sei". Por que a Guerra Fria acabou? Por que os persas perderam a batalha de Salamina? Por que Aníbal levou uma coça? Por que Casanova contornava as adversidades? Em cada um desses exemplos, estamos levando em consideração uma condição, a sobrevivência, e procurando as explicações, em vez de virar o argumento de cabeça para baixo e afirmar que, *por causa dessa sobrevivência*, não se pode dar *tamanha* importância ao processo, mas, antes, é preciso recorrer a alguma medida de aleatoriedade (aleatoriedade, na prática, é o que não sabemos; invocar a aleatoriedade é alegar ignorância). Não é somente com o professor da faculdade que aprendemos hábitos ruins. Mostrei no capítulo 6 como os jornais precisam rechear seus textos com relações causais para que você desfrute das narrativas. Mas tenha a integridade de empregar seu "porquê" com muita moderação; tente limitá-lo a situações escassas em que o "porquê" seja derivado de experimentos, não de histórias retrospectivas.

Observe aqui que não estou dizendo que as causas não existem; não use esse argumento para deixar de aprender com a história. Só estou dizendo que *não é tão simples*; desconfie do "porquê" e o manuseie com cuidado — especialmente nas situações em que você suspeita da existência de evidências silenciosas.


Vimos diversas variedades de evidências silenciosas que causam deformações em nossa percepção da realidade empírica, fazendo-a parecer mais explicável (e mais estável) do que realmente é. Além do erro de confirmação e da falácia narrativa, as manifestações de evidências silenciosas distorcem ainda mais o papel e a importância dos Cisnes Negros. Com efeito, em algumas ocasiões elas causam uma superestimação grosseira (digamos, com o sucesso literário), e, em outras, subestimação (a estabilidade da história; a estabilidade da nossa espécie).

Eu disse anteriormente que nosso sistema perceptivo pode não reagir a algo que não esteja diante de nossos olhos, ou que não desperte nossa atenção emocional. Somos feitos para ser superficiais, para dar atenção ao que vemos e para não dar importância ao que não nos vem à mente na forma de experiência intensa. Travamos uma guerra dupla contra as evidências silenciosas. A parte inconsciente do nosso mecanismo inferencial (e ela existe) ignorará o cemitério, mesmo que sejamos intelectualmente cientes da necessidade de levá-lo em conta. O que os olhos não veem, o coração não sente. Nutrimos um desprezo natural, físico até, pelo abstrato.

Isso será ilustrado com mais detalhes no próximo capítulo.

# 9. A falácia lúdica, ou a incerteza do nerd

*Almoço no lago de Como (oeste) — Os militares como filósofos — A aleatoriedade de Platão*

## TONY GORDO

"Tony Gordo" é um dos amigos de Nero que irritam Ievguênia Krásnova além da conta. Talvez devêssemos ser mais ponderados e chamá-lo de "Tony com deficiências horizontais", uma vez que ele não está tão objetivamente acima do peso quanto sugere seu apelido; o fato é que o formato do corpo de Tony faz com que tudo o que ele veste pareça mal-ajambrado. Tony usa apenas ternos feitos sob medida, muitos deles cortados por alfaiates em Roma, mas caem tão mal que parecem ter sido comprados de um catálogo da internet. Ele tem mãos grossas, dedos peludos, usa uma pulseira de ouro e tem cheiro dos doces de alcaçuz que devora em quantidades industriais para substituir o antigo hábito de fumar. Normalmente, Tony Gordo não se importa que as pessoas o chamem de Tony Gordo, mas prefere ser chamado apenas de Tony. Nero, mais bem-educado, o chama de "Tony do Brooklyn", por causa de seu sotaque e de sua maneira de pensar típicos do Brooklyn, embora Tony seja uma das pessoas prósperas que se mudaram do Brooklyn para Nova Jersey vinte anos atrás.

Tony é um não nerd bem-sucedido, de temperamento alegre. Leva uma vida gregária. Seus únicos problemas visíveis parecem ser seu peso e a consequente amolação de sua família, de primos distantes e amigos que teimam em alertá-lo sobre um provável ataque cardíaco prematuro. Nada parece funcionar; Tony costuma ir a um spa no Arizona para *não* comer, perder alguns quilos e, em seguida, recuperar quase todos na poltrona de primeira classe no voo de volta para casa. É extraordinário como o autocontrole e a disciplina pessoal de Tony, admiráveis em todas as outras áreas, não se aplicam à cintura dele.

Tony começou como escriturário do setor administrativo de um banco de Nova York no início da década de 1980, lotado no departamento de cartas de crédito. Lidava com papelada e fazia um trabalho burocrático e entediante. Mais tarde, passou a conceder empréstimos a pequenas empresas e decifrou o jogo de como era possível obter financiamentos de bancos gigantes, como funcionava a burocracia dessas instituições e o que elas gostavam de ver no papel. Durante todo o período em que foi bancário, passou a adquirir imóveis em processos de falência, propriedades que ele comprava junto a instituições financeiras. Sua ideia mais perspicaz foi perceber que os funcionários dos bancos, que vendem imóveis que não lhes pertencem, não se importam tanto quanto os proprietários das casas; Tony logo descobriu como falar com eles e manipular suas ações. Mais tarde, aprendeu também a comprar e vender postos de gasolina com dinheiro emprestado de pequenos banqueiros da vizinhança.

Tony tem o extraordinário hábito de tentar ganhar dinheiro sem esforço, só por diversão, sem se estressar, sem o burocrático trabalho de escritório, sem reuniões, apenas fundindo seus negócios e sua vida privada. O lema de Tony é "encontrar quem é o otário". Com frequência, são os bancos: "Os funcionários dos bancos não dão a mínima para nada". Encontrar esses otários é uma segunda natureza para Tony. Se você desse uma volta a pé pelo quarteirão com Tony, se sentiria consideravelmente mais informado sobre a textura do mundo apenas por "bater papo" com ele.

Seja por meio de conexões ou de seu poderoso charme, Tony tem um talento incrível para conseguir números de telefone que ninguém tem, assentos da primeira classe em companhias aéreas sem pagar um centavo a mais por isso, ou uma vaga para o carro em um estacionamento que já está oficialmente cheio.

*John que não é do Brooklyn*

Encontrei a perfeita personificação do não Brooklyn em alguém que chamarei de dr. John. Ele é um ex-engenheiro que hoje trabalha como atuário para uma seguradora. É magro, musculoso, usa óculos e veste ternos escuros. Mora em Nova Jersey, não muito longe de Tony Gordo, mas é certo que os dois raramente se encontram. Tony nunca pega o trem e, na verdade, nunca se desloca entre sua casa e o trabalho (dirige um Cadillac, e às vezes o conversível italiano da esposa, e brinca que ele é mais vistoso do que o restante do carro). O dr. John é um mestre da agenda; seu cronograma é tão previsível quanto um relógio. Ele lê o jornal em silêncio e com eficiência a bordo do trem para Manhattan, em seguida, dobra-o com cuidado para continuar na hora do almoço. Enquanto Tony enriquece os donos de restaurantes (eles ficam radiantes ao vê-lo entrar no estabelecimento e trocam abraços ruidosos com ele), todas as manhãs John embrulha meticulosamente seu sanduíche, com uma porção de salada de frutas em um recipiente de plástico. Quanto às roupas, também veste um terno que parece ter vindo de um catálogo da internet, exceto pelo fato de que é bastante provável que tenha feito isso mesmo.

O dr. John é um sujeito diligente, ponderado e gentil. Leva o trabalho a sério, tão a sério que, ao contrário de Tony, traça um limite claro entre o horário de trabalho e as atividades de lazer. Ele tem doutorado em engenharia elétrica pela Universidade do Texas, campus de Austin. Por entender tanto de computação quanto de estatística, foi contratado por uma seguradora para fazer simulações em computador; ele gosta de sua profissão. Muita coisa que ele faz consiste em executar programas para "gerenciamento de riscos".

Sei que é raro que Tony Gordo e o dr. John respirem o mesmo ar, e mais raro ainda que se encontrem no mesmo bar, então considere que se trata de um puro exercício hipotético. Farei uma pergunta a cada um deles e compararei suas respostas.

NNT (ou seja, eu): Suponha que uma moeda seja justa, ou seja, tem uma probabilidade igual de, quando atirada ao ar, dar cara ou coroa. Lanço a moeda 99 vezes, e em todas sai cara. Quais são as chances de eu obter coroa no meu próximo lance?

Dr. John: Pergunta trivial. Meio a meio, é claro, já que você está presumindo 50% de chance para cada opção e independência entre cada jogada.

NNT: O que você diz, Tony?

Tony Gordo: Eu diria que não mais do que 1%, é óbvio.

NNT: Por quê? Eu lhe dei a hipótese inicial de que se trata de uma moeda justa, o que significa 50% de chance de dar cara, 50% de dar coroa.

Tony Gordo: Você ou só fala besteira ou é um otário pra engolir esse papo de "50%". A moeda só pode estar viciada. Não tem como ser um jogo honesto. (Tradução: é muito mais provável que suas suposições sobre a justiça estejam erradas do que a moeda dar 99 caras em 99 jogadas.)

NNT: Mas o dr. John disse 50%.

Tony Gordo (sussurrando no meu ouvido): Eu conheço esses caras por causa dos exemplos de nerds da minha época no banco. Eles pensam muito devagar. E também são uns vendidos. É a coisa mais fácil do mundo passar a perna nesses caras.

Agora, entre os dois, qual você preferiria ver ocupando o cargo de prefeito de Nova York (ou de Ulan Bator, na Mongólia)? O dr. John pensa de forma convencional, "dentro da caixa", a caixa que foi dada a ele; já Tony Gordo, quase inteiramente "fora da caixa", indo além do senso comum.

Para esclarecer as coisas quanto à terminologia, o que chamo aqui de "nerd" não precisa ser um sujeito desleixado, pálido e de aparência desagradável, que usa óculos e um computador portátil acoplado ao cinto como se fosse uma arma ostensiva. Um nerd é apenas alguém que pensa excessivamente dentro dos padrões, sem um pingo de criatividade.

Você já parou para pensar por que tantos alunos que só tiravam nota dez não chegam a lugar algum na vida, ao passo que aqueles com atraso na aprendizagem escolar agora estão faturando fortunas, comprando diamantes e recebendo telefonemas o tempo todo? Ou até mesmo recebendo o prêmio Nobel em uma disciplina de verdade (medicina, por exemplo)? Parte disso pode ter algo a ver com sorte, mas há uma qualidade estéril e obscurantista, com frequência está associada ao conhecimento de sala de aula, que pode acabar atrapalhando a compreensão do que acontece na vida real. Em um teste de QI, bem como em qualquer ambiente acadêmico (incluindo os esportes), o dr. John teria um desempenho muito superior ao de Tony Gordo. Mas Tony Gordo superaria o dr. John em qualquer outra possível situação ou ambiente real. Verdade seja dita, Tony, apesar da falta de cultura, tem uma enorme curiosidade com relação à textura da realidade, e tem sua própria erudição — para mim, ele é mais científico que o dr. John no sentido literal, embora não no sentido social.

Nós nos aprofundaremos muito na diferença entre as respostas de Tony Gordo e do dr. John; talvez seja o problema mais exasperador que conheço sobre as conexões entre duas variedades de conhecimento, que chamamos de platônica e aplatônica. Simplesmente, pessoas como o dr. John podem causar Cisnes Negros fora do Mediocristão — eles têm a mente fechada. Embora o problema seja muito geral, uma de suas ilusões mais asquerosas é o que chamo de falácia lúdica — os atributos da incerteza que enfrentamos na vida real têm pouca conexão com as incertezas esterilizadas que encontramos em provas e jogos.

Assim, encerro a parte I com a história a seguir.

ALMOÇO NO LAGO DE COMO

Em um dia de primavera, alguns anos atrás, fui surpreendido pelo convite de um *think tank*, patrocinado pelo Departamento de Defesa dos Estados Unidos, para uma sessão de *brainstorming* sobre riscos que seria realizada em Las Vegas, no outono seguinte. A pessoa que me convidou anunciou ao telefone: "Haverá um almoço em um terraço com vista para o lago de Como", o que me deixou em um estado de severa aflição. Las Vegas (juntamente com seu irmão, o emirado de Dubai) talvez seja um dos lugares que eu jamais desejaria visitar antes de morrer. Almoçar no "lago de Como fajuto" seria uma tortura. Mas estou feliz por ter ido.

O *think tank* reuniu um grupo apolítico de pessoas que eles chamaram de realizadores e eruditos acadêmicos (e praticantes como eu, que não aceitam essa distinção) envolvidos com o tema da incerteza em uma gama de disciplinas. E eles escolheram simbolicamente um enorme cassino para realizar o evento.

O simpósio a portas fechadas, ao estilo de sínodo, reuniu pessoas que de outra forma nunca teriam se misturado. Minha primeira surpresa foi descobrir que os militares lá presentes pensavam, se comportavam e agiam como filósofos

— muito mais do que os filósofos que veremos esmiuçando pormenores em seus colóquios semanais na parte III. Eles pensavam de forma criativa, como traders, só que muito melhor e sem medo da introspecção. Entre nós havia um secretário-adjunto da Defesa, mas, se eu não soubesse qual era sua profissão, teria pensado que era um praticante do empirismo cético. Até mesmo um engenheiro-investigador que examinara as causas da explosão de um ônibus espacial mostrava-se afeito a reflexões e tinha a mente aberta. Saí da reunião constatando que apenas os militares abordam a aleatoriedade com honestidade intelectual genuína e introspectiva — ao contrário dos acadêmicos e executivos corporativos que usam o dinheiro dos outros. Isso não aparece nos filmes de guerra, em que geralmente são retratados como autocratas famintos pelo conflito armado. As pessoas sentadas à minha frente não eram as que iniciam guerras. Na verdade, para muitos, a política de defesa bem-sucedida é aquela que consegue eliminar perigos potenciais sem guerra, como a estratégia de levar os russos à falência por meio da elevação dos gastos com o orçamento de defesa. Quando expressei meu espanto para Laurence, outra pessoa da área financeira que estava ao meu lado, ele me disse que os militares reuniam mais intelectos genuínos e pensadores sobre riscos do que a maioria das profissões, se não todas. O pessoal da defesa tinha interesse em entender a epistemologia do risco.

No simpósio havia um cavalheiro que fazia as vezes de líder de um grupo de apostadores profissionais de jogos de azar e que tinha sido banido da maioria dos cassinos. Ele estava lá para compartilhar conosco sua sabedoria. Sentou-se não muito longe de um enfadonho professor de ciência política, seco feito um osso e, como é característico dos "grandes nomes", cuidadoso com sua reputação; não dizia nada que fugisse do padrão e não sorriu nenhuma vez. Durante as sessões, tentei imaginar o figurão com um rato lhe descendo pelas costas, o que o faria se contorcer de pânico. Talvez ele fosse bom em escrever modelos platônicos de algo chamado de "teoria dos jogos", mas quando Laurence e eu pegamos no pé dele por seu uso inadequado de metáforas financeiras, o sujeito perdeu toda a sua arrogância.

Ora, quando você pensa nos maiores riscos que os cassinos enfrentam, vêm à mente as situações de jogo. Em um cassino, pode-se pensar, os riscos incluem os apostadores sortudos, que quebram a banca com uma sequência de vitórias acachapantes, e trapaceiros que ganham dinheiro por meio de métodos fraudulentos. Não é apenas o público em geral que acredita nisso, mas a administração do cassino também. A consequência disso é que o cassino em que estávamos tinha um sofisticado sistema de vigilância de alta tecnologia para rastrear vigaristas, contadores de cartas e outras pessoas desonestas que tentavam obter alguma vantagem.

Cada um dos participantes fez sua apresentação e ouviu as dos demais. Fui até lá para discutir os Cisnes Negros e pretendia dizer que a única coisa que sei é que sabemos bem pouco sobre eles, mas que era característica típica dos Cisnes Negros nos pegar de surpresa, e que as tentativas de platonificá-los levavam a mal-entendidos adicionais. Os militares são capazes de entender essas coisas, e em tempos recentes a ideia passou a prevalecer nos círculos militares com a expressão *desconhecido desconhecido* (em contraste com o *desconhecido conhecido*). Mas eu havia preparado minha palestra (em cinco guardanapos de restaurante, alguns manchados) e estava pronto para discutir uma nova expressão que criei para a ocasião: a *falácia lúdica*. Minha intenção era dizer a eles que eu não deveria estar falando em um cassino, porque aquele lugar não tinha nada a ver com incerteza.

A *incerteza do nerd*

O que é a falácia lúdica? *Lúdico* vem de *ludus*, palavra que em latim significa "jogo, divertimento, recreação".

Eu esperava que os representantes do cassino falassem antes de mim, de modo que eu pudesse começar a azucriná-los mostrando (com toda a polidez) que um cassino era precisamente o local a *não* ser escolhido para aquele debate, já que a classe dos riscos com que os cassinos se defrontam são muito insignificantes *fora* do edifício, e o estudo deles não é prontamente transferível. Minha ideia é que a jogatina era uma incerteza *esterilizada* e domesticada. No cassino, conhecemos as regras, podemos calcular as probabilidades, e o tipo de incerteza que encontramos lá, veremos mais tarde, é moderado, pertencente ao Mediocristão. A declaração que preparei foi a seguinte: "O cassino é o único empreendimento humano que conheço onde as probabilidades são conhecidas, gaussianas (ou seja, curvas em forma de sino) e quase computáveis". Você não pode esperar que o cassino pague 1 milhão de vezes o valor da sua aposta ou mude as regras abruptamente durante o jogo — nunca há dias em que "36 preto" é o resultado programado para ocorrer 95% das vezes em que a bolinha é lançada.*

Na vida real, você não conhece as probabilidades; precisa descobri-las, e as fontes de incerteza não são definidas. Os economistas, que não levam em consideração o que foi descoberto por não economistas que valem a pena, traçam uma distinção artificial entre riscos knightianos (que são possíveis de calcular) e incerteza knightiana (que não pode ser calculada), em referência a um certo Frank Knight, que redescobriu a noção de incerteza desconhecida e passava muito tempo pensando, mas talvez nunca tenha corrido riscos, ou quem sabe morasse nas proximidades de um cassino. Se tivesse corrido riscos econômicos ou financeiros, Knight teria percebido que esses riscos "calculáveis" estão, em grande medida, ausentes da vida real! São engenhocas criadas em laboratório!

No entanto, associamos de forma automática o acaso a esses jogos platonificados. Acho enervante quando as pessoas, ao descobrirem que minha especialidade são problemas de probabilidade, imediatamente me inundam com referências a dados. De forma espontânea e independente, dois ilustradores de uma edição em brochura de um dos meus livros adicionaram a imagem de um dado à capa e às aberturas de capítulo, o que me deixou enfurecido. Familiarizado com o meu modo de pensar, o editor os alertou para que "evitassem a falácia lúdica", como se fosse uma violação intelectual bem conhecida. Alegremente, os dois reagiram com um "Ah, desculpe, não sabíamos".

Aqueles que passam tempo demais com o nariz grudado em mapas tendem a confundir o mapa com o território. Vá comprar uma edição recente de uma história da probabilidade e do pensamento probabilístico; você verá uma avalanche de nomes de supostos "pensadores de probabilidade", que, sem exceção, baseiam suas ideias nesses constructos esterilizados. Não faz muito tempo, dei uma olhada no que andam ensinando aos alunos universitários nos cursos

---

* Meu colega Mark Spitznagel encontrou uma versão marcial da falácia lúdica: a luta competitiva organizada treina o atleta para enfocar o jogo, para não dissipar sua concentração, para ignorar a possibilidade do que não é permitido pelas regras, como chutes na virilha, uma faca surpresa etc. Então, aqueles que ganham a medalha de ouro podem ser precisamente os que serão mais vulneráveis na vida real. Da mesma forma, você vê pessoas com músculos enormes (vestindo camisetas pretas) que podem impressionar no ambiente artificial de uma academia de musculação, mas são incapazes de erguer uma pedra.

que tratam do tema das probabilidades e fiquei horrorizado; os estudantes são submetidos a uma lavagem cerebral com a tal falácia lúdica e a bizarra curva em forma de sino. O mesmo se aplica às pessoas que fazem doutorado no campo da teoria das probabilidades. Lembro-me de um livro recente, intitulado *Quais são suas chances?*, que foi escrito pelo ponderado matemático Amir Aczel. Uma excelente obra, talvez, mas, como todos os outros livros modernos, fundamentado na falácia lúdica. Além disso, partindo do princípio de que o acaso tem algo a ver com matemática, a pouca matematização que podemos fazer no mundo real não pressupõe a aleatoriedade leve representada pela curva em forma de sino, mas sim a frenética aleatoriedade escalável. O que pode ser matematizado geralmente não é gaussiano, mas mandelbrotiano.

Ora, leia qualquer um dos pensadores clássicos que tinham algo prático a dizer sobre o tema do acaso, a exemplo de Cícero, e você encontrará algo diferente: uma noção de probabilidade que permanece obscura de cabo a rabo, pois precisa sê-lo, visto que essa imprecisão é a própria natureza da incerteza. A probabilidade é uma ciência humana; é uma filha do ceticismo, não uma ferramenta para que pessoas com calculadoras acopladas ao cinto satisfaçam um desejo de produzir cálculos e certezas extravagantes. Antes que o pensamento ocidental se afogasse na mentalidade "científica", o que é arrogantemente chamado de Iluminismo, as pessoas instigavam o próprio cérebro a pensar — e não a calcular. Em um belo tratado, hoje apagado da nossa consciência, *Dissertations sur la recherche de la vérité* [Dissertação sobre a busca da verdade], publicado em 1673, o polemista Simon Foucher expôs nossa predileção psicológica por certezas. Ele nos ensina a arte de duvidar, de como nos posicionar entre a dúvida e a credulidade. Ele escreve: "É preciso deixar para trás a dúvida a fim de produzir ciência — mas poucas pessoas prestam atenção à importância de não se afastar dela prematuramente [...]. É fato que costumamos abandonar a dúvida sem atinarmos com isso". Foucher ainda nos alerta: "Somos propensos a dogmas desde o útero materno".

Pelo erro de confirmação discutido no capítulo 5, usamos o exemplo dos jogos, que a teoria das probabilidades mapeou com êxito, e afirmamos se tratar de um caso geral. Além disso, assim como tendemos a subestimar o papel da sorte na vida em geral, tendemos a *superestimá-lo* nos jogos de azar.

"Este edifício está dentro da dobra platônica; a vida está fora dele", eu queria gritar.

*Jogando com os dados errados*

Tive uma surpresa e tanto quando descobri que o prédio também ficava do lado de fora da dobra platônica.

O gerenciamento de riscos do cassino, além de definir suas políticas de jogo, era voltado para reduzir as perdas resultantes da ação de trapaceiros. Não é necessário grande treinamento em teoria das probabilidades para entender que o cassino era bem diversificado nas diferentes mesas, para não ter que se preocupar em sofrer um prejuízo causado por um apostador extremamente sortudo (o argumento da diversificação que leva à curva em forma de sino, como veremos no capítulo 15). Tudo que eles tinham que fazer era controlar as "baleias", os grandes apostadores que chegavam em voos de Manila ou Hong Kong, com todas as despesas pagas pelo cassino; as baleias podem movimentar vários milhões de dólares em um surto de jogatina. Afora as trapaças, o desempenho da maioria dos jogadores individuais seria o equivalente a uma gota em um balde cheio, tornando o agregado muito estável.

Prometi não discutir os detalhes do sofisticado sistema de vigilância do cassino; tudo o que posso dizer é que me senti transportado para um filme de James Bond — fiquei pensando com meus botões se o cassino era uma imitação dos filmes ou se era o contrário. No entanto, apesar dessa sofisticação, os riscos nada tinham a ver com o que se poderia esperar de um cassino. No fim ficou claro que as quatro maiores perdas sofridas, ou evitadas por pouco, pelo cassino escapavam completamente de seus sofisticados modelos.

Em primeiro lugar, o estabelecimento perdeu cerca de 100 milhões de dólares depois do incidente em que um artista insubstituível no principal show da casa foi mutilado pelo ataque de um tigre (o espetáculo, *Siegfried e Roy*, era uma das atrações de maior sucesso em Las Vegas). O tigre tinha sido criado pelo artista, e inclusive dormia em seu quarto; até então, ninguém suspeitava que o poderoso animal se voltaria contra seu senhor. Na análise de cenários hipotéticos, o cassino chegara a conceber até mesmo a possibilidade de o animal pular na plateia, mas ninguém sequer cogitou um seguro contra o que aconteceu.

Em segundo lugar, um empreiteiro descontente se feriu durante a construção de um anexo do hotel. Ele ficou tão ofendido com o acordo de indenização oferecido que tentou dinamitar o cassino. Sua tentativa consistiria em colocar explosivos em torno das pilastras no porão. A tentativa foi, claro, frustrada (caso contrário, para usar os argumentos no capítulo 8, não teríamos estado lá), mas estremeci diante da possibilidade de estar sentado em cima de uma pilha de dinamite.

Em terceiro lugar, os cassinos devem apresentar à Receita Federal um formulário especial documentando os lucros dos apostadores toda vez que excederem determinada quantia. Em vez de fazer isso, o funcionário encarregado de enviar os formulários pelo correio escondeu a papelada em caixas debaixo da mesa, por motivos completamente inexplicáveis. Isso continuou por anos a fio sem que ninguém percebesse que havia algo de errado. Era verdadeiramente impossível prever que o funcionário se omitiria de despachar os documentos. Uma vez que violações (e negligências) tributárias são infrações graves, o cassino se viu diante de duas possibilidades: perder a licença de jogo ou arcar com os onerosos custos financeiros de uma suspensão. Claramente, acabaram pagando uma multa monstruosa (de valor não revelado), o que foi a forma mais sortuda de resolver o problema.

Em quarto lugar, houve uma enxurrada de outras situações perigosas, como o sequestro da filha do dono do cassino, que o levou, a fim de assegurar o dinheiro para o pagamento do resgate, a violar as leis de jogos de azar, tirando dinheiro dos cofres do próprio cassino.

*Conclusão*: um cálculo aproximado mostra que o valor em dólares desses Cisnes Negros, os prejuízos fora dos modelos previstos e as perdas em potencial que acabei de descrever reduzem os riscos previstos pelos modelos por um fator de cerca de mil para um. O cassino gastou centenas de milhões de dólares em teorias dos jogos de azar e em sistemas de vigilância de alta tecnologia, enquanto a maior parte dos riscos veio de fora de seus modelos.

Mesmo com tudo isso, o resto do mundo ainda aprende sobre a incerteza e a probabilidade a partir de exemplos dos jogos de azar.

FECHANDO A PARTE I

*O cosmético vem à tona*

Todos os tópicos da parte I são, na verdade, apenas um. Você pode pensar sobre um tema por muito tempo, a ponto de ser possuído por ele. De alguma forma, você tem muitas ideias, mas elas não parecem explicitamente conectadas; a lógica que vincula uma à outra permanece oculta. No entanto, você sabe, no fundo, que todas elas são a mesma coisa. Enquanto isso, aqueles que Nietzsche chama de *bildungsphilisters** ou filisteus eruditos, operários do ramo do pensamento, dizem que você está disperso entre diferentes campos; você responde, em vão, que essas disciplinas são artificiais e arbitrárias. É quando você diz que é um motorista de limusine, e então o deixam em paz — você se sente melhor porque não se identifica com eles e, portanto, não precisa mais ser amputado para caber no leito de Procusto das disciplinas. Por fim, basta um pequeno esforço e você vê que tudo era um único problema.

Certa noite me vi em um coquetel em Munique, no apartamento de um ex-historiador da arte cuja biblioteca tinha mais livros de arte do que eu imaginava existirem. Fiquei bebendo um excelente Riesling num canto anglófono do apartamento que se formou espontaneamente, na esperança de chegar a um estado em que eu pudesse começar a falar meu alemão falsificado. Um dos pensadores mais perspicazes que conheço, o empresário do ramo da computação Yossi Vardi, me instigou a resumir "minha ideia" equilibrado numa perna só. Não era muito conveniente ficar de pé em uma perna depois de tomar algumas taças do perfumado Riesling, então fracassei no improviso. No dia seguinte tive um momento de "discernimento retardatário",** a sensação de arrependimento ao pensar em uma resposta brilhante quando já é tarde demais. Pulei da cama com a seguinte ideia: *o cosmético e o platônico sobem naturalmente à superfície*. Trata-se de uma extensão simples do problema de conhecimento. É simplesmente que o lado da biblioteca de Eco, aquele que nunca vemos, tem a propriedade

---

* Nietzsche usou esse termo para se referir aos leitores de jornais e amantes de ópera propensos a dogmas, gente com exposição cosmética à cultura e que tem a profundidade de um pires. Aqui amplio o termo para o filisteu que se esconde no mundo acadêmico, que carece de erudição por falta de curiosidade e é ferrenhamente centrado em suas próprias ideias.

** No original, o autor usa *staircase wit*, equivalente à expressão original francesa *l'esprit de l'escalier* — cuja tradução literal seria "o espírito da escada". Descreve a desagradável situação em que uma pessoa se dá conta de que encontrou a resposta atrevida a um comentário ou argumento provocador de um oponente, mas já é tarde: a réplica engenhosa não serve mais, porque agora a pessoa já está descendo a escada da tribuna (daí a origem da expressão) e perdeu a vez de falar. Atribui-se o primeiro uso da expressão a Diderot no livro *Paradoxe sur la Comédie*, escrito entre 1773 e 1777, publicado postumamente em 1830. (N. T.)

de ser ignorado. Esse também é o problema das evidências silenciosas. É a razão pela qual não vemos Cisnes Negros: nós nos preocupamos com aqueles que aconteceram, não com os que poderiam acontecer. É por essa razão que platonificamos, que gostamos de esquemas conhecidos e de conhecimento bem organizado — a ponto de descambarmos para a cegueira em relação à realidade. É por isso que nos deixamos enganar pelo problema da indução, é por isso que *confirmamos*. É a razão pela qual as pessoas que "estudam" e se saem bem na escola tendem a se deixar levar pela falácia lúdica.

E é por isso que temos Cisnes Negros e nunca aprendemos com sua ocorrência, porque os que não aconteceram eram abstratos demais. Graças a Vardi, eu agora pertenço ao clube das pessoas com uma única ideia.

Nós amamos o tangível, a confirmação, o palpável, o real, o visível, o concreto, o conhecido, o visto, o intenso, o visual, o social, o entranhado, o emocionalmente carregado, o saliente, o estereotipado, o comovente, o teatral, o romanceado, o cosmético, o oficial, a verborragia que soa erudita (baboseira), o economista gaussiano pomposo, a porcaria matematizada, a pompa, a Académie Française, a Harvard Business School, o prêmio Nobel, os executivos de ternos escuros com camisas brancas e gravatas Ferragamo, o discurso comovente e o sensacionalista. Acima de tudo, temos predileção pelo *narrado*.

Infelizmente, não somos fabricados; em nossa edição atual da raça humana, para entender questões abstratas precisamos de contexto. Aleatoriedade e incerteza são abstrações. Respeitamos o que aconteceu, ignorando o que *poderia ter* acontecido. Em outras palavras, somos naturalmente rasos e superficiais — e não sabemos disso. Não se trata de um problema psicológico; isso vem da propriedade principal da informação. O lado escuro da lua é mais difícil de ver; irradiar luz sobre ele tem um alto custo de energia. Da mesma forma, irradiar luz sobre o invisível é dispendioso em termos de esforço computacional e mental.

*Distância dos primatas*

Ao longo da história tem havido muitas distinções entre formas superiores e inferiores de humanos. Para os gregos, havia os gregos e os bárbaros, povos do norte cujas sentenças amorfas, aos ouvidos dos áticos, se assemelhavam aos guinchos agudos de um animal. Para os ingleses, uma forma de vida superior era o cavalheiro — ao contrário da definição de hoje, a vida de um cavalheiro ou gentil-homem era praticada por meio do ócio e de um código de comportamento que incluía, além de seguir um conjunto de bons modos, evitar o trabalho além do necessário para uma subsistência confortável. Para os nova-iorquinos, existem aqueles com um CEP de Manhattan e aqueles com um endereço do Brooklyn ou, pior, do Queens. Para o Nietzsche dos primeiros anos de carreira, havia o apolíneo comparado ao dionisíaco; para o Nietzsche mais conhecido, houve o *Übermensch*, algo que seus leitores interpretam da forma que bem lhes convier. Para o estoico moderno, um indivíduo superior adota um honrado sistema de virtude que determina a elegância no comportamento e na capacidade do indivíduo de separar resultados de esforços. Todas essas distinções visam a alongar a nossa distância e de nossos parentes para os outros primatas. (Continuo insistindo que, quando se trata da tomada de decisões, a distância entre nós e esses primos peludos é muito menor do que pensamos.)

Proponho que se você quiser dar um passo simples rumo a uma forma de vida mais elevada, o mais distante possível dos animais, então talvez você tenha que *desnarrar*, ou seja, desligar o aparelho de televisão, minimizar o tempo desperdiçado com jornais, ignorar os blogs. Treine suas habilidades de raciocínio para controlar suas decisões; empurre o Sistema 1 (o sistema heurístico ou experiencial) para longe das decisões importantes. Aprimore-se para identificar *a diferença entre o sensacional e o empírico*. Isolar-se da toxicidade do mundo terá um benefício adicional: melhorará seu bem-estar. Além disso, tenha em mente o quanto somos rasos com a probabilidade, a mãe de todas as noções abstratas. Você não precisa fazer muito mais do que isso para chegar a uma compreensão mais profunda das coisas ao seu redor. Sobretudo, aprenda a evitar a "visão de túnel".

Aqui, uma ponte para o que está por vir. A cegueira platônica que ilustrei com a história do cassino tem outra manifestação: o foco. A capacidade de concentração é uma virtude formidável se você for relojoeiro, neurocirurgião ou enxadrista. Mas a última coisa que você precisa fazer ao lidar com a incerteza é "focar" (quem tem que focar é a incerteza, não nós). Esse "foco" faz de você um otário; isso se traduz em problemas de previsão, como veremos na próxima seção. A previsão, não a narração, é o verdadeiro teste de nossa compreensão do mundo.

## Parte II

# Somos simplesmente incapazes de prever

Quando peço às pessoas para citarem três tecnologias implementadas em tempos recentes que mais causam impacto no nosso mundo hoje, quase sempre citam o computador, a internet e o laser. Os três surgiram sem planejamento, foram imprevistos e pouco valorizados após sua descoberta, e continuaram pouco valorizados após seu uso inicial. Foram inovações importantes. Foram Cisnes Negros. Claro que temos a ilusão retrospectiva de que faziam parte de algum plano grandioso. Você pode criar suas próprias listas com resultados semelhantes, seja usando eventos políticos, guerras ou epidemias intelectuais.

O normal é esperar que nosso histórico de previsões seja horrível: o mundo é muito, muito mais complicado do que pensamos, o que não é um problema, exceto quando a maioria de nós não sabe disso. Tendemos a ter uma "visão de túnel" ao olhar para o futuro, tornando-o trivial, isento de Cisnes Negros, quando na verdade o futuro nada tem de corriqueiro. Ele não é uma categoria platônica!

Vimos como somos bons em narrar para trás, em inventar histórias que nos convencem de que compreendemos o passado. Para muitas pessoas, o conhecimento tem o extraordinário poder de produzir confiança em vez de aptidão mensurável. Outro problema: o foco no (irrelevante) regular, a platonificação que torna a previsão "dentro da caixa".

Considero escandaloso que, apesar do histórico empírico, continuemos a projetar o futuro como se fôssemos bons nisso, usando ferramentas e métodos que excluem eventos raros. Fazer previsões é algo institucionalizado em nosso mundo. Somos fanáticos por aqueles que nos ajudam a navegar em meio à incerteza, sejam eles adivinhos, ou (enfadonhos) acadêmicos "muito bem publicados", ou funcionários públicos que usam matemática falsa.

*De Yogi Berra a Henri Poincaré*

O grande treinador de beisebol Yogi Berra tem um ditado: "É difícil fazer previsões, especialmente com relação ao futuro". Embora ele não tenha produzido os escritos que lhe permitiriam ser considerado um filósofo, apesar de sua sabedoria e suas habilidades intelectuais, Berra pode afirmar que sabe alguma coisa sobre aleatoriedade. Ele era um praticante da incerteza e, como jogador e treinador de beisebol, com frequência enfrentava resultados aleatórios, cujas consequências ele tinha que encarar e sentir em suas entranhas.

Na verdade, Yogi Berra não foi o único pensador que refletiu sobre até que medida o futuro está além de nossa capacidade. Pensadores muito menos populares, menos vigorosos, mas não menos competentes do que ele, examinaram nossas limitações inerentes no que diz respeito a isso, desde os filósofos Jacques Hadamard e Henri Poincaré (normalmente descritos como matemáticos), o filósofo Friedrich von Hayek (em geral descrito, infelizmente, como um economista), até o filósofo Karl Popper (conhecido como filósofo mesmo). Sem medo de errar, podemos chamar isso de conjectura Berra-Hadamard-Poincaré-Hayek-Popper, que impõe limites estruturais e intrínsecos ao empreendimento de fazer previsões.

"O futuro não é mais o que costumava ser", declarou Berra mais tarde.* Pelo visto ele estava certo: os ganhos em nossa capacidade de moldar (e prever) o mundo podem ser tolhidos pelos aumentos na complexidade do mundo — implicando um papel cada vez maior para o imprevisto. Quanto maior o papel do Cisne Negro, mais difícil será para nós fazer previsões. Sinto muito.

Antes de nos aprofundarmos na investigação dos limites da previsão, discutiremos nosso histórico de fazer prognósticos e a relação entre os ganhos de conhecimento e os compensatórios ganhos de confiança.

---

* Note que esses ditos atribuídos a Yogi Berra talvez sejam apócrifos — foi o físico Niels Bohr quem criou o primeiro, e muitos outros criaram o segundo. Todavia, essas palavras continuam sendo a quintessência do berraismo.

# 10. O escândalo de previsão

*Bem-vindo a Sydney — Quantos amantes ela teve? — Como ser economista, vestir um belo terno e fazer amigos — Certo não, "quase" certo — Rios rasos podem ter trechos profundos*

Em uma noite de março, alguns homens e mulheres estavam na esplanada com vista para a baía onde fica a Sydney Opera House. Já era perto do final do verão, mas os homens estavam vestindo paletós apesar do tempo quente. As mulheres estavam termicamente mais confortáveis que os homens, mas sofriam com os saltos altos que prejudicavam a mobilidade.

Todos estavam lá para pagar o preço da sofisticação. Em pouco tempo passariam várias horas ouvindo a interminável cantoria em russo de um conjunto de homens e mulheres imensos. Muitas das pessoas que rumavam para a ópera pareciam trabalhar no escritório local do J. P. Morgan, ou em alguma outra instituição financeira cujos funcionários vivenciam um nível de riqueza que os diferencia da população local, com pressões concomitantes para viver de acordo com um roteiro sofisticado (vinho e ópera). Mas eu não estava lá para dar uma espiada nos neossofisticados. Minha intenção era ver a Opera House, um edifício que adorna todos os folhetos turísticos australianos. Na verdade, é uma construção impressionante, embora pareça o tipo de edifício que os arquitetos criam para impressionar outros arquitetos.

A caminhada noturna pela agradável parte de Sydney chamada The Rocks era uma peregrinação. Enquanto os australianos possuíam a ilusão de terem construído um monumento para realçar a silhueta da cidade, o que eles realmente fizeram foi erguer um monumento à nossa incapacidade de prever, planejar e começar a entender nosso *desconhecimento* do futuro — nossa sistemática subestimação do que o futuro nos reserva.

Na verdade, os australianos tinham construído um símbolo da arrogância epistêmica da raça humana. A história é a seguinte. A Sydney Opera House deveria ter sido inaugurada no início de 1963 a um custo de 7 milhões de dólares australianos. Acabou abrindo as portas mais de dez anos depois, e, embora fosse uma versão menos ambiciosa do projeto inicialmente previsto, custou cerca de 104 milhões de dólares australianos. Ainda que existam casos muito piores de falhas de planejamento (a saber, a União Soviética), ou falhas de previsão (todos os eventos históricos importantes), a Sydney Opera House fornece uma ilustração estética (pelo menos em princípio) das dificuldades. Essa história é a mais suave de todas as distorções que discutiremos nesta seção (foi apenas dinheiro, e não causou derramamento de sangue inocente). Mesmo assim, é um exemplo emblemático.

Este capítulo tem dois tópicos. O primeiro: somos comprovadamente arrogantes acerca do que pensamos que sabemos. É claro que sabemos muito, mas temos uma tendência intrínseca de achar que sabemos um pouquinho mais do que de fato sabemos, e *esse pouquinho* é o suficiente para, de vez em quando, nos meter em problemas sérios. Veremos como é possível verificar, até mesmo medir, essa arrogância em nossa própria sala de estar.

Segundo: veremos as implicações dessa arrogância em todas as atividades envolvendo previsão.

Por que diabos fazemos tantas previsões? Pior ainda, e mais interessante: por que não falamos sobre nosso histórico de fazer previsões? Por que não vemos como (quase) sempre deixamos os grandes eventos passar despercebidos? Chamo isso de escândalo de previsão.

## SOBRE A IMPRECISÃO DA CONTAGEM DOS AMANTES DE CATARINA

Vamos examinar o que eu chamo de *arrogância epistêmica*, literalmente a arrogância com relação aos limites do nosso conhecimento. *Epistēmē* é uma palavra grega que se refere ao conhecimento; dar um nome grego a um conceito abstrato faz com que ele pareça importante. É verdade que nosso conhecimento cresce, mas é ameaçado por aumentos ainda maiores de confiança, o que faz com que o aumento de conhecimento se torne ao mesmo tempo um aumento de confusão, ignorância e presunção.

Imagine uma sala cheia de pessoas. Escolha um número aleatório. Ele pode corresponder a qualquer coisa: a proporção de psicopatas corretores da bolsa no oeste da Ucrânia, as vendas deste livro durante os meses que incluem a letra r, o QI médio dos editores de livros de negócios (ou dos escritores de livros de negócios), o número de amantes de Catarina II da Rússia etc. Peça a cada uma das pessoas na sala para estimar de forma independente um intervalo de valores possíveis para esse número definido, de modo que elas acreditem que têm 98% de chance de estarem certas e menos de 2% de chance de estarem erradas. Em outras palavras, qualquer que seja o objeto da suposição dessas pessoas, o palpite delas tem cerca de 2% de chance de estar fora da faixa. Por exemplo:

"Estou 98% confiante de que a população do Rajastão fica entre 15 e 23 milhões de habitantes."

"Estou 98% confiante de que Catarina II da Rússia teve entre 34 e 63 amantes."

Você pode fazer inferências sobre a natureza humana contando quantas pessoas em sua amostragem fizeram suposições erradas; não se espera que esse número seja muito superior a dois entre cem participantes. Observe que os sujeitos da sua pesquisa (suas vítimas) são livres para definir uma amplitude de faixa do tamanho que quiserem: você não está tentando medir os conhecimentos dos participantes, mas sim *a avaliação que eles fazem do próprio conhecimento*.

Agora, os resultados. Como muitas coisas na vida, a descoberta foi imprevista, fortuita, surpreendente e demorou um bocado de tempo para ser digerida. Reza a lenda que Albert e Raiffa, os pesquisadores que perceberam isso, estavam na verdade procurando algo bem diferente e mais enfadonho: de que modo os humanos descobrem probabilidades em sua tomada de decisões quando há incerteza envolvida (o que os eruditos chamam de *calibragem* ou *calibração*). Os pesquisadores ficaram confusos. Evidenciou-se que a taxa de erro de 2% estava mais perto dos 45% na população testada! É bastante revelador que a primeira amostragem tenha consistido de alunos da Harvard Business School, uma espécie não exatamente conhecida por sua humildade ou orientação introspectiva. Estudantes com certificado de MBA são particularmente desagradáveis nesse quesito, o que talvez explique seu sucesso nos negócios. Estudos posteriores documentaram mais humildade, ou melhor, um menor grau de arrogância, em outras populações. Zeladores e taxistas são bastante humildes. Políticos e executivos corporativos, infelizmente... vou deixá-los para depois.

Estamos 22 vezes mais confortáveis do que deveríamos com o que sabemos? Parece que sim.

Esse experimento foi reproduzido dezenas de vezes, em diferentes populações, profissões e culturas, e quase todos os psicólogos empíricos e teóricos da tomada de decisões o utilizaram na própria sala de aula para mostrar a seus alunos o grande problema da humanidade: simplesmente não somos sábios o suficiente para que o conhecimento nos seja confiado. No fim ficou claro que a pretendida taxa de erro de 2% geralmente fica entre 15 e 30%, dependendo da população e do tópico.

Eu me testei e, assim como era esperado, falhei, mesmo quando, de caso pensado, eu tentava ser humilde, estabelecendo cuidadosamente uma faixa ampla — e ainda assim essa subestimação calha de ser, como veremos, o cerne das minhas atividades profissionais. Esse viés parece estar presente em todas as culturas, mesmo nas que privilegiam a humildade — parece não haver qualquer diferença significativa entre o centro de Kuala Lumpur e o ancestral povoado de Amioun, no (atual) Líbano. Ontem à tarde ministrei um workshop em Londres, e a caminho do local fui escrevendo mentalmente, porque o taxista tinha uma capacidade acima da média de "encontrar trânsito". Durante minha palestra, decidi fazer um rápido experimento.

Pedi aos participantes que tentassem determinar o número de livros da biblioteca de Umberto Eco, que, como sabemos desde a introdução à parte I, contém 30 mil volumes. Das sessenta pessoas presentes que se arriscaram, nem uma única chegou a sugerir uma faixa ampla o suficiente para incluir o número real (a taxa de erro de 2% passou a ser de 100%). Esse caso pode ser uma aberração, mas a distorção é exacerbada com quantidades que fogem do comum. O curioso foi que a plateia errou tanto para muito mais quanto para muito menos: alguns participantes estipularam suas faixas entre 2 mil e 4 mil; outros entre 300 mil e 600 mil.

É verdade que uma pessoa ciente da natureza do teste poderia se precaver e, sem se arriscar, definir a faixa como um intervalo entre zero e infinito; mas isso já não seria "calibragem" — essa pessoa não estaria transmitindo informação nenhuma, e dessa maneira não seria capaz de tomar uma decisão abalizada. Nesse caso seria mais honroso apenas dizer: "Não quero participar desse jogo; não tenho a menor ideia".

Não é incomum encontrar contraexemplos, pessoas que passam dos limites na direção contrária e superestimam sua taxa de erro: talvez você tenha um primo exageradamente cuidadoso com o que diz, ou pode ser que você se lembre daquele seu professor de biologia da faculdade que exibia uma humildade patológica; a tendência que estou discutindo aqui se aplica à média da população, não a cada indivíduo. Existem variações suficientes em torno da média para justificar ocasionais contraexemplos. Essas pessoas são a minoria — e, infelizmente, uma vez que poucas alcançam a notoriedade, não parecem desempenhar um papel muito influente na sociedade.

A arrogância epistêmica tem um efeito duplo: superestimamos o que sabemos e subestimamos a incerteza, comprimindo a gama de possíveis estados incertos (ou seja, reduzindo o espaço do desconhecido).

As aplicações dessa distorção se estendem para além da mera busca de conhecimento: basta olhar para a vida das pessoas ao seu redor. É provável que toda e qualquer decisão relativa ao futuro seja contaminada por isso. A raça humana é afetada por uma subestimação crônica da possibilidade de o futuro se desviar da rota inicialmente prevista (além de outros vieses que às vezes exercem um efeito intensificador). Para dar um exemplo óbvio, pense no número de pessoas que se divorciam. Quase todas estão familiarizadas com a estatística de que entre um terço e metade dos casamentos termina em fracasso, algo que as partes envolvidas não previram ao juntar as escovas de dentes. Claro que "com a gente isso não vai acontecer", porque "nos damos muito bem" (como se as outras pessoas que estão se casando vivessem às turras).

Faço questão de lembrar ao leitor que não estou testando o quanto as pessoas sabem, mas avaliando *a diferença entre o que as pessoas realmente sabem e o quanto eles pensam que sabem*. Ocorre-me agora uma medida, inventada de brincadeira por minha mãe quando decidi me tornar um homem de negócios. Sendo irônica sobre minha (percebida) autoconfiança, embora não necessariamente cética quanto aos meus talentos, ela encontrou uma maneira de eu ganhar muito dinheiro em pouco tempo. Como? Alguém que fosse capaz de descobrir como me comprar pelo preço que eu realmente valho e me vender pelo valor que eu acho que mereço conseguiria embolsar um lucro gigantesco. Embora eu continue tentando convencer minha mãe de minha humildade e insegurança internas, ocultas sob uma camada exterior de confiança, e embora eu continue dizendo a ela que sou um introspectivo, ela permanece descrente. Introspectivo uma ova, ela ainda brinca no momento em que escrevo estas linhas, dizendo que estou colocando o carro na frente dos bois.

## CEGUEIRA EM RELAÇÃO AO CISNE NEGRO, REVISITADA

O teste que acabei de mencionar sugere a presença de uma tendência arraigada nos humanos de subestimar os pontos fora da curva — ou Cisnes Negros. Deixados à própria sorte, tendemos a pensar que o que acontece a cada década acontece apenas uma vez a cada século, e, além disso, achamos que sabemos o que está acontecendo.

Esse problema de erro de cálculo é um pouco mais sutil. Na verdade, os *outliers* não são tão sensíveis à subestimação, uma vez que são frágeis a erros de estimativa, que podem ir em ambas as direções. Como vimos no capítulo 6, existem condições sob as quais as pessoas superestimam o incomum ou algum evento incomum específico (por exemplo, quando imagens sensacionais lhes vêm à mente) — e é assim que as seguradoras prosperam. Então, meu argumento é que esses eventos são muito frágeis a *cálculos incorretos*, com uma grave subestimação geral misturada a uma severa superestimação ocasional.

Os erros ficam piores à medida que as chances de ocorrência do evento se tornam mais remotas. Até agora, levamos em consideração apenas uma taxa de erro de 2% no jogo que vimos antes, mas se olharmos para, digamos, situações em que as chances são de uma em cem, uma em mil, ou uma em 1 milhão, os erros tornam-se monstruosos. Quanto menores as chances de algo acontecer, maior será a arrogância epistêmica.

Note aqui uma particularidade do nosso julgamento intuitivo: mesmo se vivêssemos no Mediocristão, em que os grandes eventos são raros (e, principalmente, irrelevantes), ainda assim subestimaríamos os extremos — pensaríamos que eles são ainda mais raros. Subestimamos nossa taxa de erro mesmo com variáveis gaussianas. Nossas intuições são submediocristãs. Mas não vivemos no Mediocristão. Os números que provavelmente estimamos no dia a dia pertencem em grande medida ao Extremistão, ou seja, são regidos pela concentração e sujeitos aos Cisnes Negros.

*Adivinhar e prever*

Não há diferença efetiva entre dar um palpite para adivinhar uma variável que não é aleatória, mas para a qual minhas informações são parciais ou deficientes, como o número de amantes que passaram pela cama de Catarina II da Rússia, e prever uma variável aleatória, por exemplo a taxa de desemprego de amanhã ou a flutuação do mercado de ações do ano que vem. Nesse sentido, adivinhar (o que eu não sei, mas o que outra pessoa pode saber) e prever (o que ainda não aconteceu) são a mesma coisa.

Para ter uma consciência ainda maior da conexão entre adivinhar e prever, suponha que, em vez de tentar calcular o número de amantes de Catarina da Rússia, você está estimando a questão menos interessante — mas, para alguns, mais importante — do crescimento populacional para o próximo século, os lucros do mercado de ações, o déficit da previdência social, o preço do petróleo, os resultados da venda da propriedade do seu tio-avô ou as condições ambientais do Brasil daqui a duas décadas. Ou, se você é o editor do livro de Ievguênia Krásnova, talvez precise estimar as possíveis vendas futuras. Agora estamos entrando em águas perigosas: basta considerar que a maioria dos profissionais que fazem previsões também padece do problema de impedimento mental discutido anteriormente. Além disso, as pessoas que ganham a vida fazendo previsões costumam ser *mais* afetadas por esses impedimentos do que as demais.

## INFORMAÇÕES SÃO RUINS PARA O CONHECIMENTO

Pode ser que você se pergunte como os níveis de conhecimento, educação e experiência afetam a arrogância epistêmica; qual seria o desempenho de pessoas instruídas no teste anterior, em comparação com o restante da população (usando Mikhail, o motorista de táxi, como referência). A resposta surpreenderá você: depende da profissão. Primeiro examinarei as vantagens dos "informados" em relação ao restante de nós, humildes profissionais no ramo das previsões.

Lembro-me de visitar um amigo em um banco de investimentos de Nova York e ver um figurão frenético, do tipo "mestre do universo", andando de um lado para o outro com fones de ouvido sem fio cobrindo as orelhas e um microfone que se projetava do lado direito da cabeça, o que me impediu de me concentrar em seus lábios durante a conversa de vinte segundos que tive com ele. Perguntei ao meu amigo qual era o propósito daquela engenhoca. "Ele gosta de manter contato com Londres", foi a resposta. Quando você é empregado, e portanto depende do julgamento de outras pessoas, parecer ocupado pode ajudá-lo a reivindicar a responsabilidade pelos resultados em um ambiente aleatório. Passar a impressão de que está superatarefado reforça a percepção de causalidade, da ligação entre os resultados e o papel que a pessoa desempenha neles. É claro que isso se aplica ainda mais aos presidentes de grandes empresas, que precisam alardear a ligação entre a sua "presença" e "liderança" e os resultados da empresa. Não tenho conhecimento de quaisquer estudos que investiguem a utilidade do tempo que essas pessoas investem em conversas e na absorção de informações insignificantes — e não foram muitos os escritores que tiveram a audácia de questionar até que ponto o papel do CEO influencia o sucesso de uma corporação.

Vamos discutir um dos principais efeitos da informação: obstruir o conhecimento.

Aristóteles Onassis, talvez o primeiro magnata midiatizado, foi famoso principalmente por ser rico — e por ostentar sua riqueza. Refugiado do sul da Turquia e de etnia grega, Onassis foi para a Argentina, ganhou uma dinheirama importante importando tabaco turco e se tornou um mandachuva naval. Foi vilanizado e insultado quando se casou com Jacqueline Kennedy, viúva do presidente norte-americano John F. Kennedy, o que levou a cantora de ópera Maria

Callas, de coração partido, a se encarcerar em um apartamento parisiense para esperar a morte.

Se você estudar a vida de Onassis, o que passei parte do início da minha vida adulta fazendo, notará uma regularidade interessante: "trabalhar", no sentido convencional, não era muito a praia dele. Onassis sequer tinha uma mesa de trabalho, muito menos um escritório. Ele não era apenas um negociador, atividade que não exige um escritório, mas também administrava um império global de marinha mercante, o que requer monitoramento diário. No entanto, sua principal ferramenta era um caderno, que continha todas as informações de que ele necessitava. Onassis passou a vida tentando se socializar com os ricos e famosos, e correndo atrás de mulheres (que ele colecionava). Geralmente acordava ao meio-dia. Quando precisava de aconselhamento jurídico, convocava seus advogados para uma reunião em alguma casa noturna de Paris às duas da manhã. Dizem que tinha um charme irresistível, o que o ajudava a tirar vantagem das pessoas.

Vamos além do relato anedótico. Pode ser que esteja em ação aqui um efeito "iludidos pelo acaso", de estabelecer uma ligação causal entre o sucesso de Onassis e seu *modus operandi*. Talvez eu nunca venha a saber se Onassis era talentoso ou sortudo, embora esteja convencido de que seu charme lhe abria portas, mas posso submeter seu método a um exame rigoroso, observando pesquisas empíricas sobre a ligação entre informação e compreensão. Portanto, a afirmação *"o conhecimento adicional das minúcias dos negócios cotidianos pode ser inútil, e até mesmo tóxico"* é passível de verificações indiretas, mas bastante eficazes.

Mostre a dois grupos de pessoas a imagem borrada de um hidrante, a ponto de não reconhecerem o que é. Para um dos grupos, aumente a resolução lentamente, em dez etapas. Para o segundo, faça isso mais rápido, em cinco etapas. Pare em um ponto em que ambos os grupos tenham sido apresentados a uma imagem idêntica e peça a cada um que identifique o que estão vendo. Os membros do grupo que viram menos etapas intermediárias provavelmente reconhecerão o hidrante com muito mais rapidez. Moral da história? Quanto mais informações você dá a uma pessoa, mais hipóteses ela formula ao longo do caminho, e pior é seu desempenho. A pessoa vê mais ruído aleatório e o confunde com informação.

O problema é que nossas ideias são pegajosas: depois que produzimos uma teoria, é provável que não mudemos mais de ideia — assim, aqueles que atrasam o desenvolvimento de suas teorias se saem melhor. Se você desenvolver suas opiniões com base em evidências fracas, terá dificuldade em interpretar as informações subsequentes que contradigam essas opiniões, mesmo que as novas informações sejam obviamente mais precisas. Dois mecanismos estão em jogo aqui: o viés de confirmação que vimos no capítulo 5 e a perseverança da crença, a tendência de não reverter opiniões que você já formou. Lembre-se de que tratamos as ideias como posses, e temos dificuldade em abrir mão delas.

O experimento do hidrante foi realizado pela primeira vez nos anos 1960 e reproduzido várias vezes desde então. Também estudei esse efeito usando a matemática de informação: quanto maior a quantidade de conhecimento detalhado que a pessoa obtém da realidade empírica, mais ela verá o ruído (ou seja, o relato anedótico) e o confundirá com a verdadeira informação. Lembre-se de que somos influenciados pelo sensacional. Ouvir as notícias no rádio de hora em hora é muito pior para você do que ler uma revista semanal, porque o intervalo maior permite que a informação seja filtrada um pouco.

Em 1965, Stuart Oskamp forneceu aos psicólogos clínicos uma série de arquivos, cada qual contendo um volume crescente de informações sobre os pacientes; a capacidade de diagnóstico dos psicólogos não aumentou com o suprimento adicional de informação. Eles apenas ficaram mais confiantes com relação ao diagnóstico original. É bem verdade que não se podia esperar muita coisa dos psicólogos da safra de 1965, mas essas descobertas parecem valer para diversas disciplinas.

Por fim, em outro experimento revelador, o psicólogo Paul Slovic pediu a agenciadores de apostas que selecionassem, entre 88 variáveis relativas a corridas de cavalos já realizadas, as que eles consideravam úteis para calcular as probabilidades. Essas variáveis incluíam todo tipo de informação estatística sobre desempenhos anteriores. Os agenciadores de apostas receberam as dez variáveis mais úteis, e depois pediu-se que previssem o resultado das corridas. Em seguida, receberam mais dez e pediu-se que previssem novamente. O aumento no conjunto de informações não levou a um aumento na precisão das previsões dos agenciadores; por outro lado, a confiança deles em suas escolhas aumentou de forma acentuada. As informações se mostraram tóxicas. Passei boa parte da vida lutando contra a crença comum das pessoas medianas de que "mais é melhor" — mais é melhor às vezes, mas nem sempre. Esta toxicidade do conhecimento aparecerá em nossa investigação do suposto especialista.

## O PROBLEMA DE ESPECIALISTA OU A TRAGÉDIA DO "ZERO À ESQUERDA METIDO A BESTA"

Até o momento não questionamos a autoridade dos profissionais envolvidos, mas sim sua capacidade de avaliar os limites do próprio conhecimento. A arrogância epistêmica não exclui as habilidades. Um encanador quase sempre sabe mais sobre encanamento do que um ensaísta teimoso ou do que um trader matemático. Um cirurgião especializado em hérnias raramente entende menos sobre hérnias do que uma dançarina do ventre. Mas as probabilidades deles, por outro lado, estarão erradas — e, aqui está o ponto perturbador, você pode saber muito mais sobre esse tópico específico do que o especialista. Não importa o que lhe digam, é uma boa ideia questionar a *taxa de erro* do procedimento de um especialista. Não questione o procedimento dele, apenas sua confiança. (Na condição de alguém que foi prejudicado pelo establishment médico, aprendi a ser cauteloso, e incentivo que todos também sejam: se você entrar em um consultório sentindo algum sintoma, não dê ouvidos ao médico quando ele mencionar as probabilidades de *não* ser câncer.)

Separarei os dois casos da maneira que se segue. O caso leve: *arrogância na presença de (alguma) competência*, e o caso grave: *arrogância misturada com incompetência (o zero à esquerda metido a besta)*. Existem algumas profissões nas quais você sabe mais do que os especialistas, que são, infelizmente, pessoas por cujas opiniões você está pagando para ouvir — em vez de eles pagarem para serem ouvidos por você. Quais são?

*O que se move e o que não se move*

Existe uma fértil literatura sobre o chamado problema de especialista, realizando testes empíricos em especialistas para verificar seu histórico. Mas de início ela parece confusa. Por um lado, uma classe de pesquisadores, como Paul Meehl e Robyn Dawes, dedicados a desmascarar especialistas, nos mostram que o "especialista" é a coisa mais próxima que existe de uma fraude, com desempenho não muito superior ao de um computador que usa uma única métrica, atrapalhados pela intuição que os cega. (Como exemplo de computador que usa uma única métrica, a proporção de ativos líquidos em relação a dívidas tem desempenho melhor do que a maioria dos analistas de crédito.) Por outro lado, existe uma literatura abundante mostrando que muitas pessoas podem levar a melhor sobre os computadores graças à sua intuição. Qual das duas está correta?

Deve haver algumas disciplinas com especialistas de verdade. Façamos as seguintes perguntas: você preferiria que sua próxima cirurgia no cérebro fosse realizada por um jornalista da área de divulgação científica ou por um neurocirurgião? Por outro lado, você preferiria ouvir uma previsão econômica feita por alguém com doutorado em finanças de alguma instituição "prestigiosa" como a Wharton School, ou por um colunista da seção de economia de um jornal? Embora a resposta à primeira pergunta seja empiricamente óbvia, a resposta para a segunda não tem nada de óbvia. Já podemos ver a diferença entre "saber como" e "saber o quê". Os gregos faziam uma distinção entre *technē* e *epistēmē*. A escola empírica de medicina de Menódoto de Nicomédia e Heráclito de Tarento queria que seus praticantes se aproximassem mais da *technē* (ou seja, "artesanato", "uma habilidade prática para fazer algo") e longe da *epistēmē* (ou seja, "conhecimento", "ciência").

O psicólogo James Shanteau se incumbiu da tarefa de descobrir quais disciplinas têm especialistas e quais não têm. Observe o problema de confirmação aqui: se você quiser provar que não há especialistas, então será capaz de encontrar *uma* profissão em que os especialistas sejam inúteis. E você pode provar o oposto também. Mas há uma regularidade: há profissões em que os especialistas desempenham um papel importante e outras nas quais não há evidência de habilidades. Quais profissões pertencem a qual categoria?

*Especialistas que tendem a ser especialistas*: avaliadores de gado, astrônomos, pilotos de teste, avaliadores de solo, grandes mestres enxadristas, físicos, matemáticos (quando lidam com problemas matemáticos, não empíricos), contadores, inspetores de grãos, intérpretes fotográficos, analistas de seguros (lidando com estatísticas estilo curva em forma de sino).

*Especialistas que tendem a ser... não especialistas*: corretores da bolsa, psicólogos clínicos, psiquiatras, oficiais de admissão em faculdades, juízes criminais, vereadores, recrutador de recursos humanos, analistas de inteligência (o histórico da CIA, apesar de seus custos, é lamentável), a menos que se leve em consideração uma grande dose de prevenção invisível. Eu acrescentaria os seguintes resultados a partir do meu próprio exame da literatura: economistas, prognosticadores financeiros, professores de finanças, cientistas políticos, "especialistas em riscos", a equipe do Banco de Pagamentos Internacionais (BIS, na sigla em inglês), membros ilustres da Associação Internacional de Engenheiros Financeiros e consultores de finanças pessoais.

Simplesmente, *coisas que se movem* e, portanto, requerem conhecimento, não costumam ter especialistas, ao passo que coisas que não se movem parecem ter alguns especialistas. Ou seja, profissões que lidam com o futuro e embasam seus estudos sobre o passado não repetível têm um problema de especialista (com a exceção do clima e de negócios envolvendo processos físicos de curto prazo, não socioeconômicos). Não estou dizendo que ninguém que lida com o futuro fornece informações valiosas (como já apontei, jornais são capazes de prever muito bem os horários do cinema), mas sim que aqueles que não fornecem valor agregado tangível geralmente lidam com o futuro.

Outra maneira de ver é: as coisas que se movem são geralmente propensas a Cisnes Negros. Especialistas são pessoas com foco estreito que precisam "enxergar com visão de túnel". Nas situações em que o tunelamento é seguro, porque os Cisnes Negros não são relevantes, o especialista se sairá bem.

Robert Trivers, psicólogo evolutivo e homem de ideias extraordinárias, tem outra resposta (com as ideias que desenvolveu enquanto tentava cursar a faculdade de direito, ele se tornou um dos mais influentes pensadores evolutivos desde Darwin). Trivers associa isso ao autoengano. Em campos nos quais temos tradições ancestrais, como a pilhagem, somos muito bons em prever resultados calculando o equilíbrio de poder. Humanos e chimpanzés podem perceber imediatamente qual é o lado mais forte e fazer uma análise da relação custo-benefício para decidir se devem atacar para tomar as mercadorias e as parceiras alheias. Tão logo tem início sua avassaladora pilhagem, você se coloca em uma mentalidade delirante que o leva a ignorar informações adicionais — é melhor evitar hesitações durante a batalha. Por outro lado, ao contrário de repentinos ataques para saquear, guerras em grande escala não são algo presente na herança humana — são novidade para nós —, por isso tendemos a subestimar sua duração e superestimar nosso poder relativo. Lembre-se da subestimação da duração da guerra libanesa. Aqueles que lutaram na Primeira Guerra Mundial acharam que seria a maior moleza. Foi assim com o conflito do Vietnã, é assim com a guerra do Iraque e com praticamente todos os conflitos modernos.

Não se pode ignorar o autoengano. O problema com os especialistas é que eles não sabem o que não sabem. A falta de conhecimento e a ilusão acerca da qualidade do conhecimento andam de mãos dadas — o mesmo processo que faz com que a pessoa saiba menos também a deixa satisfeita com seu próprio conhecimento.

Em seguida, em vez da amplitude de previsões, vamos nos preocupar com a precisão das previsões, ou seja, a capacidade de prever com exatidão o número em si.

*Como rir por último*

Também podemos aprender sobre erros de previsão a partir das atividades dos traders. Nós, analistas quantitativos (*quants*), temos uma profusão de informações sobre previsões econômicas e financeiras — de dados gerais sobre grandes variáveis econômicas a previsões e análises de "especialistas" ou "autoridades" dos programas de televisão. A abundância desses dados e a capacidade de processá-los em um computador tornam o tema inestimável para um empirista. Se eu tivesse me tornado jornalista, ou, Deus me livre, historiador, teria muito mais dificuldade para testar a eficácia preditiva dessas discussões verbais. Não é possível processar comentários verbais com um computador — pelo menos não com tanta facilidade. Além do mais, muitos economistas ingenuamente cometem o erro de produzir uma grande quantidade de previsões sobre muitas variáveis, fornecendo-nos uma base de dados de economistas e variáveis, o que nos permite ver se alguns economistas são melhores do que outros (não há diferença relevante) ou se existem certas variáveis com relação às quais eles são mais competentes (infelizmente, nenhuma que seja significativa).

Eu ocupava uma posição privilegiada para observar de muito perto nossa capacidade de prever. Nos meus tempos de trader em período integral, algumas vezes por semana, às 8h30, a tela do meu monitor exibia alguns números econômicos divulgados pelo Departamento de Comércio, ou pelo Tesouro, ou pela Agência para o Comércio e o Desenvolvimento, ou por alguma dessas ilustríssimas instituições. Nunca tive a menor ideia do que aqueles números significavam e nunca vi qualquer necessidade de investir energia para descobrir. Então, eu não teria dado a mínima para eles, não fosse o fato de que as pessoas se entusiasmavam e conversavam um bocado sobre o que aquelas cifras significavam, despejando opiniões sobre as previsões. Entre esses números, você tem o Índice de Preços ao Consumidor (CPI, na sigla em inglês), o relatório Nonfarm Payrolls (que mostra a variação na quantidade de pessoas empregadas nos Estados Unidos entre um mês e outro, excluindo apenas os trabalhadores do setor agrícola), o Índice dos Principais Indicadores Econômicos, a variação de Vendas de Bens Duráveis (apelidada de "garotas pegáveis" pelos traders), o Produto Interno Bruto (PIB, o mais importante de todos) e muitos outros mais, que geram diferentes níveis de entusiasmo dependendo de sua presença na narrativa.

Os fornecedores de dados permitem que você dê uma espiada nas previsões feitas por "economistas de primeira linha", pessoas (de terno e gravata) que trabalham para instituições veneráveis como o JPMorgan Chase ou o Morgan Stanley. Você pode ouvir esses economistas falando, teorizando de forma eloquente e convincente. A maioria deles ganha salários de sete dígitos; esses sujeitos são considerados superastros e contam com equipes de pesquisadores que analisam números e esmiúçam projeções. Mas os astros são tolos o suficiente para publicar na mesma hora seus números projetados, de modo que a posteridade os observe e avalie seu grau de competência.

Pior ainda, todo fim de ano, muitas instituições financeiras produzem livretos intitulados "Perspectivas para 20XX", com projeções para o ano seguinte. Claro que eles não verificam qual foi o desempenho das previsões *depois* de terem sido formuladas. O público pode ter sido ainda mais tolo ao aceitar os argumentos sem exigir alguns testes simples — embora sejam fáceis, pouquíssimos deles foram realizados. Um teste empírico elementar é comparar esses economistas famosos a um taxista hipotético (o equivalente a Mikhail do capítulo 1): cria-se um agente sintético, alguém que adota o número mais recente como o melhor prognosticador do próximo, embora pressuponha não saber de nada. Então, tudo o que você precisa fazer é comparar os índices de erros dos economistas renomados ao do seu agente sintético. O problema é que quando você é influenciado por histórias, se esquece da necessidade desses testes.

*Eventos são bizarros*

O problema com a previsão é um pouco mais sutil. Resulta principalmente do fato de estarmos vivendo no Extremistão, não no Mediocristão. Nossos previsores podem ser bons em prever o normal, mas não o irregular, e é aqui que, em última instância, eles falham. Basta deixar passar despercebida uma mudança nas taxas de juros, de 6% para 1% em uma projeção de longo prazo (o que aconteceu entre 2000 e 2001), para que todas as suas previsões posteriores se tornem completamente ineficazes para corrigir seu histórico de desempenho cumulativo. O que importa não é com que frequência você acerta, mas sim o tamanho dos seus erros cumulativos.

E esses erros cumulativos dependem muito das grandes surpresas, das grandes oportunidades. Os previsores econômicos, financeiros e políticos não apenas deixam esses erros passar em branco, mas têm bastante vergonha de dizer qualquer coisa esquisita a seus clientes — e mesmo assim *os eventos, no fim fica claro, quase sempre são bizarros*. Ademais, como veremos na próxima seção, os prognosticadores econômicos tendem a ficar mais próximos uns dos outros do que do resultado final. Ninguém quer ser o diferentão.

Uma vez que meus testes eram informais, para fins comerciais e de entretenimento, para consumo próprio e não formatados para publicação, usarei os resultados mais formais de outros pesquisadores que fizeram o trabalho enfadonho de lidar com o tedioso processo de publicação. Estou surpreso com o fato de que tão pouca introspecção tenha sido utilizada para verificar a utilidade dessas profissões. Existem alguns — mas não muitos — testes formais em três domínios: análise de títulos, ciência política e economia. Sem dúvida, teremos mais daqui a alguns anos. Ou talvez não — os autores desses artigos talvez sejam estigmatizados por seus pares. Entre cerca de 1 milhão de artigos publicados sobre política, finanças e economia, houve apenas um pequeno número de verificações da qualidade preditiva desse conhecimento.

*Arrebanhados feito gado*

Alguns pesquisadores examinaram o trabalho e a atitude de analistas de títulos e obtiveram resultados surpreendentes, principalmente quando se considera a arrogância epistêmica desses operadores. Em um estudo que os comparava a meteorologistas, Tadeusz Tyszka e Piotr Zielonka documentam que os analistas são piores em fazer previsões, embora tenham mais fé em suas próprias habilidades. De alguma forma, a autoavaliação dos analistas não diminuiu sua margem de erro após as previsões fracassadas.

Em junho passado, lamentei a escassez de estudos publicados para Jean-Philippe Bouchaud, que eu estava visitando em Paris. Ele é um homem com feições de menino que parece ter metade da minha idade, embora seja apenas um pouco mais jovem do que eu, fato que eu, meio que de brincadeira, atribuo à beleza da física. Na verdade, ele não é exatamente um físico, mas um daqueles cientistas quantitativos que aplicam métodos de física estatística a variáveis econômicas, campo que foi iniciado por Benoît Mandelbrot no final dos anos 1950. Essa comunidade não usa a matemática do Mediocristão, então parece se preocupar com a verdade. Seus integrantes estão completamente fora do establishment financeiro das faculdades de economia e administração, e sobrevivem nos departamentos de física e matemática ou, muitas vezes, em empresas de comércio, importação e exportação (os traders raramente contratam economistas para si mesmos, apenas para fornecer histórias a seus clientes menos sofisticados). Alguns deles também atuam na sociologia, alvos da mesma hostilidade por parte dos "nativos". Ao contrário dos economistas que vestem terno e gravata e distorcem fatos para engendrar teorias, eles aplicam métodos empíricos para observar os dados e não usam a curva em forma de sino.

Bouchaud me surpreendeu com um artigo de pesquisa que um estagiário concluíra sob sua orientação e que havia acabado de ser aceito para publicação; o artigo esquadrinhava 2 mil previsões de analistas financeiros, mostrando que esses analistas de corretoras não previam *nada* — um prognóstico ingênuo feito por alguém que usasse os números de um período como previsores do período seguinte não se sairia muito pior. No entanto, os analistas têm acesso a informações sobre os pedidos das empresas, contratos futuros e planejamento de despesas, de modo que esse conhecimento avançado *deveria* ajudá-los a ter um desempenho, em termos de resultados, consideravelmente melhor que o de um previsor ingênuo examinando dados passados sem dispor de informações adicionais. Pior ainda, os erros dos previsores eram significativamente maiores do que a diferença média entre as previsões individuais, o que indica arrebanhamento. Normalmente, as previsões deveriam estar tão distantes umas das outras quanto do número previsto. Porém, para entender como eles conseguem permanecer no negócio e por que não sucumbem a graves colapsos nervosos (com perda de peso, comportamento errático ou alcoolismo agudo), devemos examinar o trabalho do psicólogo Philip Tetlock.

*Eu estava "quase" certo*

Tetlock estudou o negócio dos "especialistas" políticos e econômicos. Pediu a vários deles que avaliassem a probabilidade de ocorrência de uma série de eventos políticos, econômicos e militares dentro de um período de tempo especificado (cerca de cinco anos à frente). Os resultados representaram um número total de cerca de 27 mil previsões, envolvendo cerca de trezentos especialistas. Os economistas representavam cerca de um quarto da amostragem. O estudo revelou que as taxas de erro dos especialistas foram muito superiores ao que havia sido estimado. O estudo expôs o problema de especialista: não havia diferença nos resultados de alguém com doutorado ou alguém com um diploma de graduação. Professores "muito bem publicados" não levavam vantagem alguma em comparação com jornalistas. A única regularidade que Tetlock encontrou foi o efeito negativo da reputação nas previsões: aqueles que tinham uma grande reputação eram piores previsores do que os que não tinham reputação nenhuma.

Mas o foco de Tetlock não era mostrar a efetiva competência dos especialistas (embora o estudo tenha sido bastante convincente a esse respeito), e sim investigar por que os especialistas não se davam conta de que não eram tão bons — em outras palavras, como eles distorciam suas histórias. Parecia haver uma lógica por trás dessa incompetência, principalmente na forma de defesa de crenças, ou proteção da autoestima. Assim, Tetlock investigou mais a fundo os mecanismos dos quais os sujeitos de sua pesquisa se valiam para gerar explicações *ex post*.

Vou deixar de lado o modo como os engajamentos ideológicos influenciam a percepção e abordarei os aspectos mais gerais desse ponto cego no que diz respeito às previsões que o indivíduo faz.

*Você diz a si mesmo que estava jogando um jogo diferente.* Digamos que você não conseguiu prever o enfraquecimento e a precipitada derrocada da União Soviética (o que nenhum cientista social previu). É fácil afirmar que você tinha uma excelente compreensão dos mecanismos de funcionamento político da União Soviética, mas que os russos, sendo excessivamente russos, eram hábeis em esconder de você elementos econômicos decisivos. Se estivesse de posse dessas privilegiadas informações econômicas confidenciais, você certamente teria sido capaz de prever a extinção do regime soviético. A culpa não é das suas habilidades. O mesmo pode se aplicar à previsão de uma acachapante vitória de Al Gore sobre George W. Bush. Você não estava ciente da situação periclitante da economia; na verdade, esse fato parecia estar escondido de todos. Ei, você não é economista, e no fim das contas ficou claro que o jogo tinha a ver com economia.

*Você invoca o outlier.* Aconteceu algo que estava fora do sistema, fora do escopo da sua ciência. Como não era algo previsível, você não tem culpa. Era um Cisne Negro, e não se supõe que você deva prever Cisnes Negros. Os Cisnes Negros, Nicholas Nassim Taleb nos diz, são fundamentalmente imprevisíveis (mas, pensando bem, acho que NNT perguntaria a você "Por que confiar em previsões?"). Esses eventos são "exógenos", provêm de fora da sua ciência. Ou talvez tenha sido um evento de probabilidade baixa, muitíssimo baixa, que só ocorre uma vez na vida e outra na morte, e tivemos o azar de ser expostos a ela. Mas, da próxima vez, isso não vai acontecer. Esse foco no jogo estreito e na vinculação do desempenho de um indivíduo a um determinado roteiro é como os nerds explicam as falhas dos métodos matemáticos na sociedade. O modelo estava certo, funcionou bem, mas no fim das contas ficou claro que o jogo era diferente do previsto.

*A defesa do "quase certo".* Retrospectivamente, com o benefício de uma revisão de valores e uma estrutura informacional, é fácil sentir que "foi por pouco". Tetlock escreve:

> Observadores da ex-União Soviética que, em 1988, pensavam que o Partido Comunista não poderia ser tirado do poder até 1993 ou 1998 eram especialmente propensos a acreditar que os adeptos da linha-dura do Kremlin quase haviam derrubado Gorbatchóv na tentativa de golpe de 1991, e que os conspiradores teriam conseguido isso se fossem mais resolutos e menos embriagados, ou se importantes oficiais militares de alta patente obedecessem às ordens de matar civis que afrontassem a lei marcial, ou se Iéltsin não tivesse agido com tanta bravura.

Agora tratarei de falhas mais gerais reveladas por esse exemplo. Os "especialistas" eram tendenciosos: nas ocasiões em que estavam certos, atribuíam isso à sua profundidade de compreensão e especialização; quando estavam errados, a culpa era da situação, por ser incomum, ou, pior ainda, eles nem reconheciam que estavam errados e inventavam histórias em torno disso.

Achavam difícil aceitar que seu entendimento era um tanto limitado. Mas esse atributo é universal e se aplica a todas as nossas atividades: há em nós algo que é concebido para proteger nossa autoestima.

Nós, humanos, somos vítimas de uma assimetria na percepção de eventos aleatórios. Atribuímos sucessos às nossas habilidades e fracassos a eventos fora do nosso controle, ou seja, à aleatoriedade. Nós nos sentimos responsáveis pelas coisas boas, mas não pelas ruins. Isso nos leva a pensar que somos melhores do que outros naquilo que fazemos para ganhar a vida, seja lá o que for. Noventa e quatro por cento dos suecos acreditam que suas habilidades ao volante os colocam entre os 50% dos melhores motoristas da Suécia; 84% dos franceses acreditam que suas habilidades para fazer amor os colocam entre a metade superior no ranking dos melhores amantes franceses.

O outro efeito dessa assimetria é que nos sentimos singulares, ao contrário dos outros, em relação aos quais não percebemos essa assimetria. Mencionei as expectativas irrealistas acerca do futuro por parte das pessoas que estão prestes a se casar. Leve em consideração também o número de famílias que se fixam cegamente no futuro, prendendo-se a imóveis difíceis de revender por pensarem que vão morar lá para sempre, sem perceber que o histórico geral de quem leva uma vida estacionária é terrível. Não enxergam aqueles corretores de imóveis vestidos com aprumo e dirigindo carrões alemães esportivos? Somos nômades, muito mais do que planejamos ser, e na marra. Pense em quantas pessoas que perderam abruptamente o emprego cogitaram que era provável que isso ocorresse, até mesmo alguns dias antes da demissão. Ou quantos viciados em drogas entraram no jogo pensando que ficariam nele por tanto tempo.

O experimento de Tetlock ensina outra lição. Ele constatou o que mencionei anteriormente, que muitas estrelas universitárias, ou os "colaboradores dos periódicos mais importantes", não são melhores do que o leitor ou jornalista médio do *New York Times* na detecção de mudanças no mundo ao nosso redor. Esses especialistas, por vezes superespecializados, fracassaram em testes no âmbito de suas próprias especialidades.

*O ouriço e a raposa.* Tetlock diferencia dois tipos de previsores, o ouriço e a raposa, de acordo com uma distinção promovida pelo ensaísta Isaiah Berlin.\*

---

\* Referência ao ensaio "O ouriço e a raposa", publicado em 1953. Ed. port. *O ouriço e a raposa: Ensaio sobre a visão histórica de Tolstói*. Lisboa: Guerra e Paz, 2020. (N. T.)

Como na fábula de Esopo, o ouriço sabe uma coisa, a raposa sabe muitas coisas — são os tipos adaptáveis de que você precisa na vida cotidiana. Muitas das falhas de previsão vêm de ouriços que são mentalmente aferrados a um único grande evento Cisne Negro, uma aposta alta que provavelmente não terá o resultado favorável esperado. O ouriço é alguém que se concentra em um único evento improvável e relevante, apaixonado pela falácia narrativa que nos torna tão obcecados por um único resultado que nos deixa cegos, incapazes de imaginar outros.

Por causa da falácia narrativa, é fácil para nós entender os ouriços, cujas ideias funcionam em frases de efeito. Essa categoria é representada de forma desproporcional entre as pessoas famosas; logo, as pessoas famosas são, na média, piores em fazer previsões do que o restante dos previsores.

Passei muito tempo evitando a imprensa porque, sempre que jornalistas ouvem minha história do Cisne Negro, me pedem para lhes dar uma lista de futuros eventos impactantes. Querem que eu *preveja* esses Cisnes Negros. Estranhamente, meu livro *Iludidos pelo acaso*, publicado uma semana antes do 11 de setembro de 2001, incluía uma discussão sobre a possibilidade de um avião colidir com o prédio onde fica meu escritório. Então, naturalmente, fui convidado a mostrar "como eu havia previsto o evento". Eu não o previ — foi uma ocorrência casual. Não estava dando uma de oráculo! Recentemente, recebi um e-mail me pedindo para listar os próximos dez Cisnes Negros. A maioria não consegue entender meus argumentos sobre o erro de especificidade, a falácia narrativa e a ideia de previsão. Ao contrário do que as pessoas podem esperar, não estou recomendando que ninguém se torne um ouriço — pelo contrário, seja uma raposa de mente aberta. Sei que a história será dominada por um evento improvável, só não sei o que será.

*Realidade? Para quê?*

Não encontrei, em periódicos da área de economia, nenhum estudo formal exaustivo no mesmo nível de detalhamento feito por Tetlock. Mas, de modo muito suspeito, não encontrei nenhum artigo alardeando a capacidade dos economistas de produzir projeções confiáveis. Então, examinei todos os relatórios preliminares e artigos sobre economia que pude encontrar. Coletivamente, eles não são evidências convincentes de que os economistas, como uma comunidade, têm a capacidade de prever, e, se é que têm alguma habilidade nesse sentido, suas previsões são, na melhor das hipóteses, apenas *ligeiramente* melhores do que as conjecturas aleatórias — não são boas o suficiente para ajudar em decisões sérias.

O teste mais interessante para aferir como os métodos acadêmicos se saem no mundo real foi realizado por Spyros Makridakis, que passou parte da carreira organizando competições entre previsores que praticam um "método científico" chamado econometria — uma abordagem que combina teoria econômica com medições estatísticas. Simplificando, ele pedia às pessoas que fizessem previsões *na vida real* e depois avaliava a precisão desses prognósticos. Isso levou à série de "Competições M", que ele supervisionou com o auxílio de Michele Hibon, das quais a M3 foi a terceira e mais recente, concluída em 1999. Makridakis e Hibon chegaram à triste conclusão de que "métodos sofisticados ou complexos em termos estatísticos não necessariamente fornecem previsões mais precisas do que os métodos mais simples".

Tive uma experiência idêntica nos meus tempos de *quant* — o cientista estrangeiro de sotaque gutural que passa as noites em claro diante de um computador realizando complicados cálculos matemáticos raramente se sai melhor do que um taxista que usa os métodos mais simples ao seu alcance. O problema é que nos concentramos nas raras ocasiões em que esses métodos funcionam, quase nunca em suas falhas, que são muito mais numerosas. Continuei suplicando a quem quisesse ouvir: "Ei, eu sou um sujeito descomplicado e pragmático de Amioun, Líbano, e tenho dificuldade em entender por que uma coisa é considerada valiosa se exige que computadores funcionem a noite inteira, mas não me permite prever melhor do que qualquer outro cara de Amioun". As únicas reações que obtive dos meus colegas estavam relacionadas à geografia e história de Amioun, em vez de uma explicação simples e direta de seu trabalho. Aqui, novamente, você vê a falácia narrativa em ação, exceto que, no lugar de histórias jornalísticas, o que se tem é a situação mais catastrófica dos "cientistas" com sotaque russo olhando pelo espelho retrovisor, narrando com equações e se recusando a olhar para a frente porque isso poderia deixá-los tontos. O econometrista Robert Engel, um cavalheiro de modo geral encantador, inventou um método estatístico muito complicado chamado GARCH e ganhou um Nobel por isso. Ninguém testou o método para ver se tinha qualquer validade na vida real. Métodos mais simples e menos atraentes têm desempenho muito melhor, mas não levam ninguém a Estocolmo. Há um problema de especialista em Estocolmo, o que discutirei no capítulo 17.

Essa inadequação de métodos complicados parece se aplicar a todos os métodos. Outro estudo testou efetivamente os praticantes de algo chamado de teoria dos jogos, dos quais o jogador mais notável é John Nash, o matemático esquizofrênico que ficou famoso com o filme *Uma mente brilhante*. Infelizmente, a despeito de todo o apelo intelectual desses métodos e de toda a atenção da mídia, seus adeptos não são melhores em fazer previsões do que estudantes universitários.

Existe outro problema, um pouco mais preocupante. Makridakis e Hibon acabariam por descobrir que a forte evidência empírica de seus estudos era ignorada por estatísticos teóricos. Além disso, constataram uma hostilidade chocante em relação a suas verificações empíricas. "Em vez disso, [estatísticos] concentraram seus esforços na construção de modelos mais sofisticados, sem levar em conta a capacidade de tais modelos de prever dados da vida real com maior exatidão", Makridakis e Hibon escreveram.

Alguém pode refutar com o seguinte argumento: talvez as previsões de economistas criem um *feedback* que cancela seus efeitos (o nome disso é crítica de Lucas, por causa do economista Robert Lucas). Digamos que os economistas prevejam inflação; em resposta a essas expectativas, o Federal Reserve age e reduz a inflação. Portanto, não se pode julgar a precisão das previsões em economia do mesmo modo como se faria com outros eventos. Concordo com esse ponto, mas não acredito que seja a causa do fracasso das previsões feitas por economistas. O mundo é complicado demais para o ramo do conhecimento deles.

Quando um economista se mostra incapaz de prever *outliers*, costuma invocar a questão de terremotos ou revoluções, alegando que não é especialista em geodesia, ciências atmosféricas ou ciências políticas, em vez de incorporar esses campos aos próprios estudos e aceitar que seu campo não existe de forma isolada. A economia é o mais insular dos campos; é o que menos cita fontes externas! A economia talvez seja a disciplina que atualmente conta com o maior número de estudiosos filisteus — academicismo sem erudição e sem curiosidade natural pode fechar nossa mente e levar à fragmentação de disciplinas.

## "FORA ISSO", ESTAVA TUDO CERTO

Usamos a história da Sydney Opera House como trampolim para nossa discussão sobre previsão. Agora abordaremos outra constante na natureza humana: um erro sistemático cometido por planejadores de projetos, resultante de uma mistura da natureza humana com a complexidade do mundo ou a estrutura de organizações. Para sobreviver, as instituições talvez precisem projetar sobre si mesmas e sobre os outros a aparência de ter uma "visão".

Planos fracassam por causa do que chamamos de "visão em túnel", a negligência de fontes de incerteza fora do plano propriamente dito.

O típico cenário hipotético é o seguinte. Joe, um escritor de não ficção, assina um contrato com prazo final para a entrega do livro daqui a dois anos. O tema é relativamente fácil: a biografia autorizada do escritor Salman Rushdie, para a qual Joe compilou um bocado de dados. Ele chegou até a localizar o paradeiro das ex-namoradas de Rushdie e está empolgado com a perspectiva de entrevistas agradáveis. Quase dois anos depois, digamos que faltando três meses para a data-limite, ele liga para o editor e explica que vai atrasar *um pouco*. O editor já esperava por isso; está acostumado a atrasos de escritores. A editora agora hesita e começa a dar para trás, porque o tema do livro desapareceu inesperadamente da atenção pública — a firma projetou que o interesse por Rushdie permaneceria em alta, mas seu ibope minguou, aparentemente porque os iranianos, por algum motivo, perderam o interesse em matá-lo.

Examinemos a fonte da subestimação do biógrafo acerca do prazo para a conclusão do livro. Ele projetou seu próprio cronograma, mas padeceu da "visão de túnel", uma vez que não previu que alguns eventos "externos" surgiriam para atrasá-lo. Entre esses eventos externos estavam o desastre de 11 de setembro de 2001, que protelou as coisas em vários meses; viagens a Minnesota para cuidar da mãe adoentada (ela acabou se recuperando); e muitos mais, como o rompimento de um noivado (embora não tenha sido com uma ex-namorada de Rushdie). "Fora isso", estava tudo dentro do plano previsto pelo escritor; o trabalho em si não se desviou do cronograma. Ele não se sente responsável por seu próprio fracasso.*

---

* O livro que você tem em mãos atrasou "inesperadamente" cerca de quinze meses.

*O inesperado exerce um efeito unilateral nos projetos.* Pense no histórico de construtores, autores de artigos acadêmicos e empreiteiros. O inesperado quase sempre empurra em uma única direção: custos mais altos e mais tempo para a conclusão do trabalho. Em ocasiões muito raras, como no caso do Empire State Building, ocorre o oposto: conclusão em tempo mais curto e custos mais baixos — essas ocasiões estão se tornando verdadeiramente excepcionais hoje em dia.

Podemos realizar experimentos e testar a repetibilidade para verificar se esses erros de projeção fazem parte da natureza humana. Pesquisadores aplicaram testes para aferir como os alunos calculam o tempo necessário para concluir seus projetos. Em um teste representativo, dividiram um grupo em duas variedades, os otimistas e os pessimistas. Os estudantes otimistas se comprometeram a terminar em 26 dias; os pessimistas, em 47 dias. O tempo médio real de conclusão acabou sendo de 56 dias.

O exemplo do escritor Joe não é extremo. Eu o selecionei porque diz respeito a uma tarefa rotineira e repetível — para essas tarefas, nossos erros de planejamento são mais brandos. Com projetos muito incomuns ou inovadores, a exemplo de uma invasão militar, uma guerra ou algo inteiramente novo, os erros explodem para cima. Na verdade, quanto mais rotineira a tarefa, melhor você aprenderá a prevê-la. Mas há sempre algo não rotineiro em nosso ambiente moderno.

Pode haver incentivos para as pessoas prometerem datas de conclusão mais curtas — o escritor quer conseguir o contrato do livro, ou o construtor quer receber o pagamento e usar o dinheiro em sua próxima viagem a Antígua. Mas o problema do planejamento existe até mesmo quando não há incentivo algum para subestimar a duração (ou os custos) da tarefa. Como eu disse antes, somos uma espécie tacanha demais para cogitar a possibilidade de eventos que se afastam de nossas projeções mentais, mas, além disso, estamos focados demais nas questões internas ao projeto para levar em consideração a incerteza externa, o "desconhecido desconhecido", por assim dizer, o conteúdo dos livros não lidos.

Existe também o efeito nerd, que decorre da eliminação mental dos riscos fora do modelo, ou de *enfocar* exclusivamente aquilo que você conhece. Você vê o mundo *de dentro* de um modelo. Tenha em mente que a maioria dos atrasos e estouros de orçamento resultam de elementos inesperados que não estavam nos planos, ou seja, estavam fora do modelo em questão — a exemplo de greves, falta de energia elétrica, acidentes, mau tempo ou rumores de invasões marcianas. Esses pequenos Cisnes Negros que ameaçam atrapalhar nossos projetos não parecem ser levados em conta. São abstratos demais — não sabemos qual é a aparência deles e não podemos falar sobre eles de forma inteligente.

Não podemos planejar de verdade porque não entendemos o futuro — mas essa não é necessariamente uma má notícia. Poderíamos planejar *tendo em mente essas limitações*. Só é preciso ter coragem.

*A beleza da tecnologia: Planilhas do Excel*

No passado não muito distante, digamos a era pré-computador, as projeções permaneciam vagas e qualitativas, era necessário fazer um esforço mental para acompanhá-las, e projetar cenários futuros exigia um extraordinário grau de tensão. O tipo de tarefa que impunha o uso de lápis, borrachas, resmas de papel e enormes lixeiras. Adicione a isso o amor de um contador pelo trabalho lento e tedioso. Em suma, a atividade de projetar era trabalhosa, indesejável e desfigurada pela insegurança pessoal de quem a realizava.

Mas as coisas mudaram com a intromissão da planilha. Quando você coloca uma planilha do Excel em mãos versadas em computadores, obtém uma "projeção de vendas" que se estende, sem esforço, ad infinitum! Assim que chega a uma página ou uma tela de computador, ou, pior, a uma apresentação de PowerPoint, a projeção assume vida própria, perdendo sua imprecisão e abstração e se tornando o que os filósofos chamam de reificada, investida de concretude; ela assume uma nova vida como um objeto tangível.

Meu amigo Brian Hinchcliffe sugeriu a seguinte ideia quando estávamos, ambos, suando a camisa na academia de musculação local. Talvez a facilidade com que é possível fazer projeções futuro adentro, arrastando células nesses programas de planilhas, seja responsável pelos exércitos de previsores que, cheios de confiança, produzem prognósticos de mais longo prazo (o tempo todo enxergando suas próprias conjecturas "com visão de túnel"). Nós nos tornamos planejadores piores do que os russos soviéticos graças a esses poderosos programas de computador que acabam nas mãos de pessoas incapazes de lidar com seu próprio conhecimento. Como a maioria dos negociadores de commodities, Brian é um homem de um realismo incisivo, por vezes brutalmente doloroso.

Um mecanismo mental clássico, chamado de ancoragem, parece estar em ação aqui. Você diminui sua ansiedade com relação à incerteza produzindo um número, em seguida você se "ancora" nele, como um objeto a que se agarrar no meio do vácuo. Esse mecanismo de ancoragem foi descoberto pelos pais da psicologia da incerteza, Danny Kahneman e Amos Tversky, no início de seu projeto sobre heurísticas e vieses. Funciona da seguinte maneira. Kahneman e Tversky fizeram com que seus objetos de estudo girassem uma roda da fortuna. Os sujeitos da pesquisa olhavam primeiro para o número na roda, *que eles sabiam que era aleatório*; depois, pedia-se que estimassem o número de países africanos membros das Nações Unidas. Os participantes que tinham tirado um número baixo na roda estimaram um número baixo de nações africanas; os que tiraram um número alto sugeriram uma estimativa mais alta.

Da mesma forma, pergunte a alguém os últimos quatro dígitos de seu CPF. Em seguida, peça a essa pessoa que estime o número de dentistas em Manhattan. Você descobrirá que, ao fazer com que a pessoa tome consciência do número de quatro dígitos, você a induzirá a fazer uma estimativa correlacionada a ele.

Usamos pontos de referência em nossa cabeça, projeções de vendas, por exemplo, e começamos a construir crenças em torno deles porque é necessário menos esforço para comparar uma ideia a um ponto de referência do que avaliá-la em absoluto (o Sistema 1 em ação!). Não somos capazes de trabalhar sem um ponto de referência.

Portanto, a introdução de um ponto de referência na mente do previsor fará maravilhas. É como um ponto de partida em uma situação de pechincha: você abre a negociação pedindo um número alto ("Quero 1 milhão por esta casa"); seu interlocutor responderá oferecendo "850 no máximo" — a discussão será determinada por esse nível inicial.

*O caráter dos erros de previsão*

Como muitas variáveis biológicas, a expectativa de vida é do Mediocristão, ou seja, está sujeita a uma ligeira aleatoriedade. Não é escalável, pois quanto mais velhos ficamos, menos chances temos de continuar vivos. Em um país desenvolvido, espera-se que uma mulher recém-nascida morra por volta dos 79 anos de idade, de acordo com tabelas das seguradoras. Quando atinge seu 79º aniversário, sua expectativa de vida, supondo que ela esteja em condições de saúde normais, é de mais dez anos. Aos noventa anos, ela deveria ter mais 4,7 anos pela frente. Aos cem anos, mais 2,5 anos. Aos 119 anos, se essa mulher milagrosamente viver tanto tempo, deverão restar a ela cerca de nove meses. À medida que ela vive além da data esperada para sua morte, o número de anos adicionais restantes diminui. Isso ilustra a propriedade principal de variáveis relacionadas à curva em forma de sino. A expectativa condicional da vida diminui à medida que a pessoa envelhece.

Com os projetos e empreendimentos humanos, a história é outra. Eles costumam ser escaláveis, como afirmei no capítulo 3. Com variáveis escaláveis, as do Extremistão, você testemunhará o efeito oposto. Digamos que a previsão de término de um projeto seja de 79 dias, a mesma expectativa em dias que a mulher recém-nascida tem em anos. No 79º dia, caso o projeto não esteja concluído, a expectativa é que demore mais 25 dias para o término. Contudo, no 90º dia, se o projeto ainda não tiver sido concluído, deverá ter cerca de outros 58 dias pela frente. No 100º dia, deverão faltar 89 dias para chegar ao fim. No 119º dia, deverão faltar mais 149 dias adicionais. No 600º dia, se o projeto ainda não tiver sido concluído, a expectativa é de que precise de 1590 dias extras. Como se pode ver, *quanto mais tempo se espera, maior a quantidade de tempo de espera prevista*.

Digamos que você seja um refugiado à espera do retorno à sua terra natal. A cada dia que passa, você se distancia mais da data do triunfal regresso, em vez de se aproximar dela. O mesmo se aplica à data de conclusão da construção da sua próxima casa de ópera. Se a expectativa inicial era de dois anos, e três anos depois você ainda está fazendo perguntas, não espere que o projeto seja concluído em breve. Se as guerras duram em média seis meses, e seu conflito está em andamento há dois anos, pode esperar mais alguns anos de problemas. O conflito árabe-israelense tem sessenta anos de duração e ainda segue em andamento — mas, sessenta anos atrás, foi considerado "um problema simples". (Lembre-se sempre de que, em um ambiente moderno, as guerras duram mais tempo e matam mais pessoas do que normalmente se planeja.) Outro exemplo: digamos que você envie uma carta a seu escritor favorito, sabendo que ele é muito ocupado e costuma demorar duas semanas para responder. Se três semanas depois sua caixa de correio ainda estiver vazia, não espere receber uma carta dele logo amanhã — a carta levará em média mais três semanas para chegar. Se três meses depois você ainda estiver a ver navios, terá que esperar mais um ano. Cada novo dia levará você para mais perto da morte, e mais longe do recebimento da carta.

Essa propriedade sutil, mas extremamente relevante da aleatoriedade escalável, é extraordinariamente contraintuitiva. Entendemos mal a lógica dos grandes desvios da norma.

Eu me aprofundarei nessas propriedades da aleatoriedade escalável na parte III. Por ora, vamos dizer que elas são decisivas para nossa compreensão equivocada do negócio das previsões.

## NUNCA ATRAVESSE UM RIO SE ELE TIVER EM MÉDIA 1,20 METRO DE PROFUNDIDADE

As projeções corporativas e governamentais têm uma falha adicional fácil de detectar: não incorporam a seus cenários hipotéticos uma *possível taxa de erro*. Mesmo na ausência de Cisnes Negros, essa omissão seria um equívoco.

Certa vez, dei uma palestra no Woodrow Wilson Center, em Washington, DC, para um punhado de CDFs especialistas em formulação de políticas públicas, instigando-os a tomar ciência de nossas fraquezas quando se trata de olhar para o futuro.

Os participantes na plateia eram mansos e silenciosos. O que eu estava lhes dizendo ia na contramão de todas as coisas em que eles acreditavam e de tudo o que defendiam; empolgado, eu me deixei levar por minha mensagem agressiva, mas eles pareciam atenciosos, em comparação com as figuras carregadas de testosterona que encontramos no mundo dos negócios. Eu me senti culpado pela postura combativa. Poucas perguntas. A pessoa que havia organizado a palestra e me convidado só podia estar fazendo uma pegadinha com seus colegas. Eu parecia um ateu tresloucado defendendo seus argumentos na frente de um sínodo de cardeais, dispensando os habituais eufemismos formulaicos.

No entanto, alguns membros daquela plateia receberam com simpatia a mensagem. Uma pessoa anônima (ele é funcionário de uma agência governamental) explicou-me em conversa privada após a palestra que em janeiro de 2004 seu departamento estava prevendo que dali a 25 anos o preço do petróleo seria de 27 dólares o barril, ligeiramente mais alto do que o valor naquele momento. Seis meses depois, por volta de junho de 2004, depois que o preço do petróleo dobrou, tiveram que revisar sua estimativa para 54 dólares (hoje, enquanto escrevo estas linhas, o preço do barril de petróleo está perto de 79 dólares). Eles não perceberam que era ridículo fazer uma segunda previsão, visto que sua previsão inicial estava tão imediata e nitidamente errada, e que esse negócio de fazer previsões tinha que ser questionado de alguma forma. E eles estavam olhando *25 anos* à frente! Sequer lhes ocorreu que havia uma coisa chamada taxa de erro a ser considerada.*

Prever sem incorporar uma taxa de erro revela três falácias, todas decorrentes do mesmo equívoco acerca da natureza da incerteza.

A primeira falácia: *a variabilidade é importante*. O primeiro erro está em levar uma projeção a sério demais, sem dar atenção à sua exatidão. Todavia, para fins de planejamento, a precisão é muito mais importante do que a previsão em si. Explicarei a seguir.

*Não atravesse um rio se ele tiver em média 1,20 metro de profundidade*. A sua mala de viagem para algum destino remoto seria diferente se eu lhe dissesse que a temperatura esperada é de 21 graus Celsius, com uma taxa de erro presumida de dez graus, e se eu dissesse que minha taxa de erro é de apenas cinco graus. As políticas de que necessitamos como base para tomadas de decisão deveriam depender muito mais da gama de resultados possíveis do que do número final esperado. Enquanto trabalhava para um banco, vi como as pessoas projetam fluxos de caixa para empresas sem envolvê-los na mais fina camada de incerteza. Vá ao corretor da Bolsa e verifique que método eles usam lá para prever vendas com dez anos de antecedência a fim de "calibrar" os modelos de avaliação. Descubra como os analistas preveem os déficits do

---

* Embora os erros de previsão sempre tenham sido divertidos e interessantes, os preços das commodities têm sido uma ótima armadilha para otários. Veja a seguinte previsão feita em 1970 por autoridades do governo dos Estados Unidos (assinada pelos secretários do Tesouro, Estado, Interior e Defesa): "o preço padrão do petróleo cru estrangeiro em 1980 pode muito bem cair e, de qualquer forma, não terá um aumento substancial". Os preços do petróleo ficaram dez vezes mais altos em 1980. Eu só me pergunto se os previsores atuais não têm curiosidade intelectual ou se estão ignorando intencionalmente os erros de previsão.

Observe também esta aberração adicional: uma vez que os altos preços do petróleo estão majorando o valor de seus estoques, as petrolíferas registram lucros recordes, e os executivos do petróleo recebem enormes bonificações porque "fizeram um bom trabalho" — como se obtivessem lucros por *causar* o aumento dos preços do petróleo.

governo. Vá a um banco ou programa de treinamento de análise de títulos e veja como eles ensinam os estagiários a fazer suposições; eles não ensinam a construir uma taxa de erro em torno dessas suposições — mas a taxa de erro deles é tão grande que é muito mais significativa do que a própria projeção!

A segunda falácia reside em não considerar a degradação da previsão à medida que o período projetado aumenta. Não percebemos toda a extensão da diferença entre futuros próximos e distantes. No entanto, ao longo do tempo, a degradação nesse tipo de previsão torna-se evidente por meio de um simples exame introspectivo — sem que nem mesmo seja necessário recorrer a artigos científicos, que com relação a esse tópico parecem ser extremamente raros. Pense nas previsões, sejam econômicas ou tecnológicas, feitas em 1905 para o quarto de século seguinte. No fim das contas, até que ponto o ano de 1925 chegou perto de ser como previam as projeções? Para uma experiência convincente, vá ler *1984*, de George Orwell. Ou veja as previsões mais recentes feitas em 1975 acerca das perspectivas para o novo milênio. Muitos acontecimentos e novas tecnologias passaram longe da imaginação dos previsores; muitos outros eventos que eram esperados não se concretizaram. Nossos erros de previsão têm sido enormes, e talvez não haja razões para acreditarmos que estamos repentinamente em uma posição mais privilegiada para enxergar o futuro em comparação com nossos predecessores cegos. Previsões feitas por burocratas tendem a ser usadas para aliviar a ansiedade, e não para a adequada formulação de políticas públicas.

A terceira falácia, e talvez a mais grave, diz respeito a uma compreensão equivocada do caráter aleatório das variáveis que estão sendo previstas. Devido ao Cisne Negro, essas variáveis podem abranger cenários muito mais otimistas — ou muito mais pessimistas — do que aqueles que são esperados atualmente. Lembre-se do meu experimento com Dan Goldstein para testar a especificidade de domínio das nossas intuições, como tendemos a não cometer erros no Mediocristão, mas a cometer erros de grandes proporções no Extremistão, pois não percebemos as consequências do evento raro.

Qual é a implicação aqui? Mesmo que concorde com determinada previsão, você tem que se preocupar com a possibilidade real de uma divergência significativa em relação a ela. Essas divergências podem ser recebidas de bom grado por um especulador que não dependa de uma renda estável; um aposentado, no entanto, com atributos de risco definidos, não pode se dar ao luxo de permitir tais oscilações. Eu iria ainda mais longe e, usando o argumento sobre a profundidade do rio, afirmaria que o limite inferior das estimativas (ou seja, a pior das hipóteses) é o aspecto mais importante ao se adotar uma diretriz política — a pior das hipóteses é muito mais relevante do que a previsão em si. Isso é especialmente verdadeiro se o cenário hipotético ruim não for aceitável. No entanto, a fraseologia atual não leva isso em consideração. De forma alguma.

Costuma-se dizer que "sábio é aquele que vê de antemão as coisas que estão por vir". Talvez o sábio seja aquele que sabe que não é capaz de ver as coisas que estão muito distantes.

*Arrume outro emprego*

As duas respostas típicas com que me deparo quando questiono a atuação dos previsores são: "O que ele deveria fazer? Você tem uma maneira melhor de prever?" e "Se você é tão esperto, mostre-me sua própria previsão". Na verdade, esta última resposta em forma de pergunta, geralmente proferida com arrogância fanfarrona, tem o intuito de mostrar a superioridade do praticante e "realizador" sobre o filósofo, principalmente por parte de pessoas que não sabem que eu trabalhei como trader. Se há uma vantagem em ter convivido com a prática diária da incerteza é não ter que aceitar as baboseiras dos burocratas.

Um dos meus clientes pediu minhas previsões. Quando eu lhe disse que não tinha nenhuma, ele ficou ofendido e decidiu dispensar meus serviços. Existe de fato um hábito rotineiro e nada introspectivo de fazer com que as empresas respondam a questionários e redijam parágrafos para mostrar suas "perspectivas". Nunca tive uma perspectiva e jamais fiz previsões profissionalmente — mas pelo menos *sei que não sou capaz de prever*, e um pequeno número de pessoas (aquelas com as quais eu me importo) consideram que isso é um ativo.

Existem aquelas pessoas que produzem previsões de forma acrítica. Quando lhes perguntam por que fazem previsões, elas respondem: "Bem, somos pagos para isso".

Minha sugestão: arrume outro emprego.

Essa sugestão não é tão exigente: a menos que você seja um escravo, presumo que tenha algum controle sobre sua escolha profissional. Caso contrário, torna-se um problema de ética, e ainda por cima bem grave. Pessoas que ficam aprisionadas no emprego e que fazem previsões alegando simplesmente que "esse é o meu trabalho", e sabendo muito bem que suas previsões são ineficazes, não são o que eu chamaria de éticas. O que elas fazem não é muito diferente de alguém que repete mentiras simplesmente porque "é meu trabalho".

Qualquer um que cause danos fazendo previsões deve ser tratado como um tolo ou um mentiroso. Alguns previsores causam mais prejuízos à sociedade do que criminosos. Por favor, não dirija um ônibus escolar com os olhos vendados.

## No JFK

No aeroporto JFK em Nova York, você pode encontrar bancas de jornal gigantescas com paredes forradas de revistas. Quem cuida do negócio geralmente são famílias muito educadas do subcontinente indiano (apenas os pais; os filhos estão na faculdade de medicina). Essas paredes oferecem aos clientes todo o *corpus* daquilo que uma pessoa "informada" precisa para "saber o que está acontecendo". Eu me pergunto de quanto tempo uma pessoa precisaria para ler cada uma dessas revistas, excluindo as publicações sobre pesca e sobre motocicletas (mas incluindo as revistas de fofoca — é bom se divertir um pouco). Metade de uma vida? Uma vida inteira?

Infelizmente, todo esse conhecimento não ajudaria o leitor a prever o que vai acontecer no dia seguinte. Na verdade, pode até diminuir sua capacidade de fazer previsões.

**FIGURA 3.** *A quiromante*, de Caravaggio. Sempre tivemos uma queda por aqueles que nos contam sobre o futuro. Neste quadro, a cartomante está roubando o anel da vítima.

O problema da previsão tem outro aspecto: suas limitações inerentes, aquelas que pouco têm a ver com a natureza humana, mas que surgem da própria natureza da informação. Eu disse que o Cisne Negro tem três atributos: imprevisibilidade, consequências e explicabilidade retrospectiva. Vamos examinar esse negócio de imprevisibilidade.*

---

* Devo ao leitor uma resposta sobre a contagem do número de amantes de Catarina. Ela teve apenas doze.

# 11. Como procurar cocô de passarinho

*A previsão de Popper sobre os previsores — Poincaré joga com bolas de bilhar — Von Hayek tem permissão para ser irreverente — Máquinas de expectativa — Paul Samuelson quer que você seja racional — Cuidado com o filósofo — Exija algumas certezas*

Vimos que a) tendemos a enxergar com visão de túnel e pensar "de forma estreita" (arrogância epistêmica) e b) nosso histórico de previsões é extremamente superestimado — muitas pessoas que julgam ser capazes de prever na verdade não o são.

Agora nos aprofundaremos nas não alardeadas limitações estruturais em nossa capacidade de fazer previsões. Essas limitações podem surgir não de nós, mas da natureza da atividade em si — complicada demais, não apenas para nós, mas para quaisquer ferramentas que temos ou que, de modo concebível, possamos obter. Alguns Cisnes Negros permanecerão indefiníveis, enganosos o bastante para matar nossas previsões.

COMO PROCURAR COCÔ DE PASSARINHO

No verão de 1998, trabalhei em uma instituição financeira de matriz europeia. Ela queria se distinguir como uma empresa rigorosa e que enxergava à frente. A unidade envolvida nas operações de mercado contava com cinco gerentes, todos de aparência séria (sempre trajando ternos azul-escuros, inclusive nas "sextas-feiras casuais", em que os funcionários podiam vestir roupas mais despojadas), que tiveram que ficar reunidos durante o verão inteiro a fim de "formular o plano de cinco anos". O tal plano deveria ser um documento substancial, uma espécie de manual do usuário para a empresa. Um plano quinquenal? Para um sujeito profundamente cético em relação ao planejador central, a ideia era ridícula; o crescimento dentro da empresa tinha sido orgânico e imprevisível, de baixo para cima e não de cima para baixo. Todos sabiam muito bem que o departamento mais lucrativo da empresa era produto de um telefonema fortuito de um cliente solicitando uma transação financeira específica, porém estranha. A empresa percebeu acidentalmente que poderia construir uma unidade apenas para lidar com essas transações, uma vez que eram lucrativas, e a tal unidade rapidamente passou a dominar as demais atividades.

Os gerentes viajavam mundo afora para se reunir: Barcelona, Hong Kong etc. Um montão de quilômetros para um montão de verborragia. Nem preciso dizer que geralmente sofriam de privação de sono. Ser um executivo não exige lobos frontais muito desenvolvidos, mas sim uma combinação de carisma, capacidade de suportar o tédio e a habilidade de, atormentado pela pressão de cronogramas apertadíssimos, apresentar um desempenho superficial. Acrescente a essas tarefas o "dever" de assistir a apresentações de ópera ao vivo.

Durante essas reuniões, os gerentes se sentavam para trocar ideias sobre, é claro, o futuro de médio prazo — queriam ter "visão". Mas então ocorreu um evento que não estava no plano de cinco anos anterior: o Cisne Negro do calote russo de 1998 e o subsequente derretimento dos valores dos mercados das dívidas latino-americanas. O evento teve um efeito tão impactante na empresa que, embora a instituição tivesse uma rígida política de estabilidade dos cargos de gerência, nenhum dos cinco continuava empregado lá um mês após o esboço do plano quinquenal de 1998.

No entanto, tenho a convicção de que os gerentes substitutos ainda hoje estão se reunindo para trabalhar no próximo "plano quinquenal". Nunca aprendemos.

*Descobertas involuntárias*

A descoberta da arrogância epistêmica humana, como vimos no capítulo anterior, foi supostamente inadvertida. Mas isso também ocorreu com muitas outras descobertas. Muitas mais do que pensamos.

O modelo de descoberta clássico é o seguinte: você busca o que sabe (digamos, uma nova maneira de chegar à Índia) e encontra algo que não sabia que estava lá (a América).

Se você acha que as invenções ao nosso redor resultaram do trabalho de uma pessoa sentada em um cubículo engendrando coisas de acordo com um cronograma, pense melhor: quase tudo o que existe hoje é produto da sorte. O termo *serendipidade* foi cunhado em uma carta pelo escritor Hugh Walpole, que o tirou de um conto de fadas, "Os três príncipes de Serendip" [ou *Serendib, antigo nome do Ceilão, atual Sri Lanka*]. Esses príncipes "estavam sempre fazendo descobertas, por acidente ou sagacidade, de coisas que não estavam procurando".

Em outras palavras, você encontra o que não está procurando e isso muda o mundo, e depois dessa descoberta feliz e acidental você se pergunta por que "demorou tanto" para chegar a algo tão óbvio. Nenhum jornalista estava presente quando a roda foi inventada, mas estou disposto a apostar que as pessoas não decidiram simplesmente embarcar no projeto de invenção da roda (o principal motor de crescimento) e depois o completaram de acordo com um cronograma de planejamento. Com a maioria das invenções acontece a mesma coisa.

Sir Francis Bacon comentou que os avanços mais importantes são os menos previsíveis, os que "estão fora do caminho da imaginação". Bacon não foi o último intelectual a apontar isso. A ideia continua pipocando aqui e ali, mas em seguida volta a desaparecer. Quase meio século atrás, o bem-sucedido romancista Arthur Koestler escreveu um livro inteiro sobre o tema, apropriadamente intitulado *Os sonâmbulos*. Nele, descreve os descobridores como sonâmbulos que se deparam por acaso com resultados sem se dar conta do que têm em mãos. Pensamos que a importância das descobertas de Copérnico a respeito dos movimentos planetários era óbvia para ele e para outros em sua época; ele já estava morto havia 75 anos quando as autoridades começaram a ficar ofendidas. Da mesma forma, pensamos que Galileu foi uma vítima em nome da ciência; a bem da verdade, a Igreja não o levou muito a sério. Parece, ao contrário, que o próprio Galileu causou o alvoroço por ter irritado algumas pessoas. No final do ano em que Darwin e Wallace apresentaram seus artigos sobre a evolução por seleção natural que mudaram a forma como vemos o mundo, o presidente da Sociedade Lineana, onde os trabalhos foram divulgados, anunciou que a sociedade não viu ali "nenhuma descoberta impressionante", nada em particular que pudesse revolucionar a ciência.

Esquecemos a imprevisibilidade quando é nossa vez de fazer previsões. É por isso que as pessoas podem ler este capítulo ou explicações semelhantes, concordar inteiramente com o que é dito e, ainda assim, deixar de dar atenção e importância a esses argumentos ao pensar no futuro.

Vejamos o seguinte exemplo impactante de uma descoberta serendipitosa. Alexander Fleming estava limpando seu laboratório quando constatou que o bolor do gênero *Penicillium* havia contaminado um de seus antigos experimentos. Assim, descobriu por acaso as propriedades antibacterianas da penicilina, graças à qual muitos de nós estamos vivos hoje (inclusive eu mesmo, como contei no capítulo 8, pois a febre tifoide costuma ser fatal quando não é tratada). É verdade que Fleming estava à procura de "algo", mas a verdadeira descoberta foi simplesmente fortuita. Além disso, embora em retrospecto a descoberta pareça importante, levou muito tempo para as autoridades de saúde perceberem a importância do que tinham em mãos. Até mesmo o próprio Fleming perdeu fé na ideia antes de ela ser posteriormente ressuscitada.

Em 1965, dois radioastrônomos dos Laboratórios Bell, em Nova Jersey, que estavam montando uma enorme antena se incomodaram com um ruído de fundo, um chiado, como a estática que se ouve quando a recepção do sinal está ruim. Foi impossível eliminar o barulho — mesmo depois de limparem os excrementos de pássaros do prato da antena, convencidos de que o cocô de passarinho estava por trás do ruído. Demorou um bocado de tempo para entenderem que o que estavam ouvindo era o vestígio do nascimento do universo, a radiação cósmica de fundo em micro-ondas. Essa descoberta reavivou a teoria do big bang, uma ideia que fora postulada por pesquisadores anteriores e andava enfraquecida. Encontrei no site dos Laboratórios Bell o seguinte comentário avaliando como essa "descoberta" foi um dos mais extraordinários avanços do século:

Dan Stanzione, então presidente dos Laboratórios Bell e diretor de operações da Lucent quando da aposentadoria de Penzias [um dos radioastrônomos envolvidos na descoberta], disse que Penzias "incorpora a criatividade e excelência técnica que são a marca registrada dos Laboratórios Bell". Ele o definiu como uma figura do Renascimento que "alargou nossa frágil compreensão da criação e ampliou as fronteiras da ciência em muitas áreas importantes".

Que Renascimento, que nada. Os dois sujeitos estavam procurando cocô de passarinho! Não estavam atrás de nada nem remotamente parecido com a evidência do big bang, e além do mais, como de costume nesses casos, não viram de imediato a importância de sua descoberta. Infelizmente, o físico Ralph Alpher, o primeiro a conceber a ideia em um artigo em coautoria com os pesos-pesados George Gamow e Hans Bethe, ficou surpreso ao ler sobre a descoberta nas páginas do *New York Times*. Na verdade, nos fracos artigos em que postularam o nascimento do universo, os cientistas mostraram dúvida sobre a possibilidade de tal radiação ser medida algum dia. Como acontece com tanta frequência nas descobertas, os que estavam à procura de evidências não as encontraram; aqueles que não as procuravam acabaram por encontrá-las e foram saudados como descobridores.

Temos um paradoxo. Na maioria das vezes, os previsores não apenas fracassaram de forma retumbante em prever as drásticas mudanças provocadas por descobertas imprevisíveis, como também a mudança gradual acabou sendo geralmente mais lenta do que esperavam os prognosticadores. Quando uma nova tecnologia surge, ou nós a subestimamos de modo grosseiro ou superestimamos a sua importância além da conta. Thomas Watson, o fundador da IBM, certa vez previu que não haveria necessidade de mais do que apenas um punhado de computadores.

Que o leitor deste livro provavelmente esteja lendo estas linhas não em uma tela, mas nas páginas daquele dispositivo anacrônico, o livro, pareceria uma aberração e tanto para certos especialistas da "revolução digital". O fato de que você o está lendo em inglês, português ou suaíli, esses idiomas arcaicos, confusos e inconsistentes, não em esperanto, afronta as previsões de meio século atrás de que em pouco tempo o mundo estaria se comunicando em uma língua franca lógica, inequívoca e concebida com ideais platônicos. Da mesma forma, não estamos passando feriados prolongados em estações espaciais, como se previu de modo universal três décadas atrás. Em um exemplo de arrogância corporativa, após o primeiro pouso do homem na Lua, a hoje extinta companhia aérea Pan Am fez reservas antecipadas para viagens de ida e volta entre a Terra e o satélite natural do nosso planeta. Boa previsão, exceto pelo fato de que a empresa não foi capaz de prever que pouco tempo depois disso estaria falida.

*Uma solução à espera de um problema*

Os engenheiros tendem a desenvolver ferramentas pelo prazer de desenvolvê-las, não para induzir a natureza a revelar seus segredos. Acontece que *algumas* delas nos trazem para mais perto do conhecimento; por causa do efeito da evidência silenciosa, esquecemos de levar em consideração ferramentas que não realizavam trabalho algum, exceto manter os engenheiros fora das ruas. Ferramentas levam a descobertas inesperadas, que por sua vez levam a outras descobertas inesperadas. Mas raramente nossas ferramentas parecem trabalhar como o pretendido; apenas o entusiasmo e o amor do engenheiro pela construção de brinquedos e máquinas é que contribuem para a ampliação do nosso conhecimento. O conhecimento não progride a partir de ferramentas projetadas para verificar ou corroborar teorias, mas sim o oposto. O computador não foi construído para nos permitir desenvolver uma matemática nova, visual e geométrica, mas para algum outro propósito. Por acaso, o computador permitiu que descobríssemos objetos matemáticos que poucas pessoas se davam ao trabalho de procurar. O computador tampouco foi inventado para possibilitar que você converse com seus amigos na Sibéria, mas fez com que alguns relacionamentos de longa distância florescessem. Como ensaísta, posso atestar que a internet me ajudou a disseminar minhas ideias, ignorando a intermediação dos jornalistas. Mas esse não era o propósito declarado do projetista militar da rede mundial de computadores.

O laser é um excelente exemplo de ferramenta feita para um propósito específico (na verdade, sem um propósito determinado) que depois encontrou aplicações que sequer eram sonhadas na época. Foi uma típica "solução à procura de um problema". Entre as primeiras aplicações do laser estava a sutura cirúrgica de retinas descoladas. Meio século depois, a revista *The Economist* perguntou a Charles Townes, o suposto inventor do laser, se eram as retinas que ele tinha em mente. Não eram. Ele estava apenas satisfazendo seu desejo de dividir os feixes de luz, nada além disso. Na verdade, os colegas de Townes o importunavam bastante, tirando sarro da irrelevância de sua descoberta. Todavia, pare para pensar nos efeitos do laser no mundo ao seu redor: CDs, cirurgias corretivas de visão, microcirurgias, armazenamento e recuperação de dados — tudo isso são aplicações imprevistas da tecnologia.*

Construímos brinquedos. Alguns desses brinquedos mudam o mundo.

*Continue procurando*

No verão de 2005, fui convidado a visitar as instalações de uma empresa de biotecnologia extraordinariamente bem-sucedida na Califórnia. Fui recebido com camisetas e bótons com gráficos ostentando desempenhos acima da curva em forma de sino e o anúncio da formação do Clube das Caudas Gordas ("caudas gordas" é um termo técnico para Cisnes Negros). Era meu primeiro encontro com uma empresa que vivia à custa de Cisnes Negros do tipo positivo. Disseram-me que um cientista administrava a empresa e que, como tal, ele tinha o instinto de simplesmente deixar os cientistas procurarem aonde quer que seus instintos os levassem. A comercialização vinha depois. Meus anfitriões, que no fundo eram fundamentalmente cientistas, entendiam que a pesquisa envolve um grande elemento de serendipidade, que pode valer a pena e render muitos lucros, contanto que se saiba o quanto os negócios podem ser fortuitos e desde que sejam estruturados em torno desse fato. O Viagra, que mudou a perspectiva mental e os costumes sociais dos homens aposentados, era para ter sido um medicamento de combate à hipertensão. Outro fármaco contra a hipertensão resultou em um medicamento para crescimento de cabelo. Meu amigo Bruce Goldberg, que entende de aleatoriedade, chama essas aplicações contingentes e não intencionais de "quinas". Embora

---

* A maior parte do debate entre criacionistas e teóricos da evolução (do qual não participo) reside no seguinte: os criacionistas acreditam que o mundo é obra de algum desígnio divino, ao passo que os teóricos da evolução veem o mundo como resultado de mudanças aleatórias por um processo aleatório. No entanto, é difícil olhar para um computador ou um carro e considerá-los o resultado de um processo desprovido de objetivo. Embora seja isso o que eles são.

muitos se preocupem com as consequências involuntárias, os aventureiros da tecnologia prosperam por causa delas.

A empresa de biotecnologia parecia seguir de forma implícita o adágio de Louis Pasteur sobre criar sorte por meio da mera exposição a ela. "A sorte favorece a mente bem preparada", disse Pasteur, e, como todos os grandes descobridores, ele sabia alguma coisa sobre descobertas acidentais. A melhor maneira de obter a máxima exposição é continuar pesquisando. Acumular oportunidades — falarei mais sobre isso adiante.

*Prever a disseminação de uma tecnologia implica prever um grande elemento de modismos e contágio social*, que se encontram fora da utilidade objetiva da tecnologia em si (presumindo que exista uma criatura chamada utilidade objetiva). Quantas ideias maravilhosamente úteis acabaram no cemitério — a exemplo do Segway, um diciclo elétrico que, de acordo com o que se profetizou, mudaria a morfologia das cidades, além de tantas outras coisas. Enquanto eu escrevia mentalmente estas linhas, vi a capa de um exemplar da revista *Time* em uma banca no aeroporto anunciando as "invenções significativas" do ano. Elas pareciam ser significativas na data da publicação daquela edição da revista, ou talvez por algumas semanas depois. Jornalistas podem nos ensinar como *não* aprender.

## COMO PREVER SUAS PREVISÕES!

Isso nos leva ao ataque de *sir doktor* professor Karl Raimund Popper ao historicismo. Como eu disse no capítulo 5, esse foi o seu insight mais significativo, mas continua sendo o menos conhecido. As pessoas que não conhecem de fato a obra de Popper tendem a se concentrar na falseabilidade popperiana, que trata da verificação ou não verificação das alegações. Esse foco obscurece sua ideia central: ele fez do ceticismo um *método*, transformou o cético em alguém construtivo.

Assim como Karl Marx escreveu, com grande irritação, uma diatribe intitulada *Miséria da filosofia* em resposta a *A filosofia da miséria*, de Proudhon, Popper, zangado com alguns dos filósofos de seu tempo que acreditavam na compreensão científica da história, escreveu, como um trocadilho, *The Misery of Historicism* [A miséria do historicismo], que foi traduzido como *The Poverty of Historicism* [A pobreza do historicismo].\*

O insight de Popper diz respeito às limitações na previsão de eventos históricos e à necessidade de reduzir a importância de áreas "leves" como história e ciências sociais a um nível ligeiramente acima da estética e do entretenimento, a exemplo do colecionismo de borboletas ou moedas. (Popper, tendo recebido uma clássica educação vienense, não chegou tão longe; eu chego. Sou de Amioun.) Então, o que chamamos aqui de ciências históricas são estudos dependentes da narrativa.

O argumento central de Popper é que, a fim de prever eventos históricos, precisamos prever a inovação tecnológica, ela própria fundamentalmente imprevisível.

"Fundamentalmente" imprevisível? Para explicar o que ele quer dizer, usarei um contexto moderno. Pense na seguinte propriedade do conhecimento: se você tem a expectativa de que *amanhã* saberá com certeza que seu namorado vem sendo infiel, então você tem certeza *hoje* de que está sendo traída por seu namorado, portanto você vai tomar alguma atitude *hoje* — digamos, empunhando uma tesoura e, furiosa, fazendo picadinho de todas as gravatas Ferragamo dele. Você não dirá a si mesma: isso é o que descobrirei amanhã, mas hoje é diferente, então vou ignorar a informação e curtir um jantar agradável. Esse aspecto pode ser generalizado para todas as formas de conhecimento. Na verdade, existe na estatística algo chamado de *lei das expectativas iterativas*, que descrevo aqui em sua forma forte: se tenho a expectativa de esperar alguma coisa em uma data futura, então já espero essa coisa no presente.

Voltemos à roda. Se você é um pensador histórico da Idade da Pedra a quem se pede que preveja o futuro em um abrangente relatório para seu chefe tribal planejador, terá que projetar a invenção da roda, do contrário ficará de fora da festa. Ora, se você é capaz de profetizar a invenção da roda, já sabe qual é a aparência de uma roda e, portanto, já *sabe como* construir uma roda, então você já está com meio caminho andado. O Cisne Negro precisa ser previsto!

---

\* Lembre-se de que, no capítulo 4, vimos como Algazel e Averróis trocaram insultos por meio de títulos de livros. Talvez algum dia eu seja suficientemente sortudo para ler um ataque contra este livro na forma de uma diatribe intitulada *O Cisne Branco*.

Mas existe uma forma mais fraca dessa lei do conhecimento iterativo. Ela pode ser formulada da seguinte maneira: *para entender o futuro a ponto de ser capaz de prevê-lo, você precisa incorporar elementos desse futuro*. Se você sabe a respeito da descoberta que está prestes a fazer no futuro, então você já quase conseguiu fazê-la. Suponha que você seja um acadêmico especial do Departamento de Previsão da Universidade Medieval, especializado na projeção da história futura (para nossos propósitos, o remoto século XX). Você precisaria acertar as invenções da máquina a vapor, da eletricidade, da bomba atômica e da internet, bem como a instituição da massagem a bordo de aviões e aquela estranha atividade chamada reunião de negócios, na qual homens bem alimentados, porém sedentários, voluntariamente restringem a própria circulação sanguínea com um caro dispositivo denominado gravata.

Essa incapacidade não é trivial. O mero conhecimento de que algo foi inventado leva invariavelmente a uma série de invenções de natureza semelhante, muito embora nem um único detalhe dessa invenção tenha sido divulgado — não há necessidade de encontrar os espiões e enforcá-los em praça pública. Na matemática, tão logo a prova de um teorema arcano é anunciada, com frequência testemunhamos a proliferação de provas similares surgindo do nada, com ocasionais acusações de vazamento de informações e plágios. Pode ser que não tenha havido plágio algum: a informação de que a solução existe é por si só uma grande parte da solução.

Pela mesma lógica, não somos capazes de conceber facilmente invenções futuras (se fôssemos, elas já teriam sido inventadas). Quando chegar o dia em que tivermos a capacidade de prever invenções, já estaremos vivendo em um estado no qual tudo que for concebível já terá sido inventado. Nossa própria condição traz à mente a história apócrifa de 1899, quando o chefe do departamento de patentes dos Estados Unidos renunciou ao cargo por considerar que já não havia mais nada a se descobrir — exceto pelo fato de que nesse dia a demissão seria justificada.[*]

Popper não foi o primeiro a ir atrás dos limites de nosso conhecimento. Na Alemanha, no final do século XIX, Emil du Bois-Reymond afirmou que

---

[*] Essas alegações não são incomuns. Por exemplo, o físico Albert Michelson imaginou, no final do século XIX, que o que restava a ser descoberto nas ciências da natureza não passava de ajustes finos em nossas precisões, aprimorando-as por algumas casas decimais.

*ignoramus et ignorabimus* — somos ignorantes e assim permaneceremos. Por alguma razão, suas ideias caíram no esquecimento. Mas não antes de causar uma reação: o matemático David Hilbert decidiu desafiá-lo elaborando uma lista de problemas que os matemáticos precisariam resolver no século seguinte.

Até mesmo Du Bois-Reymond estava errado. Não somos bons nem mesmo em compreender o incognoscível. Tenha em mente as declarações que damos sobre coisas que jamais saberemos — subestimamos, cheios de confiança, o conhecimento que podemos adquirir no futuro. Auguste Comte, o fundador da escola do positivismo, que é (injustamente) acusada de ter como objetivo a cientificação de tudo o que estiver à vista, declarou que a humanidade permaneceria para sempre ignorante quanto à composição química das estrelas fixas. Contudo, conforme relatou Charles Sanders Peirce: "A tinta mal havia secado na página impressa quando o espectroscópio foi descoberto, e aquilo que era considerado absolutamente incognoscível estava em vias de ser conhecido pela razão e pela inteligência". Por ironia, as outras projeções de Comte, a respeito do que viríamos a aprender sobre a estrutura da sociedade, foram grosseiramente — e perigosamente — exageradas. Ele presumiu que a sociedade era como um relógio que revelaria para nós os segredos de seus mecanismos de funcionamento.

Resumirei meu argumento aqui: a previsão requer conhecimento sobre tecnologias que serão descobertas no futuro. Mas esse mesmo conhecimento nos permitiria começar a desenvolver essas tecnologias de imediato. Portanto, não sabemos o que saberemos.

Alguns podem dizer que o argumento, formulado nesses termos, parece óbvio, que nós sempre pensamos ter alcançado o conhecimento definitivo, mas não percebemos que as sociedades do passado das quais zombamos também pensavam da mesma maneira. Meu argumento é trivial, então por que não o levamos em consideração? A resposta está em uma patologia da natureza humana. Você se lembra das discussões psicológicas no capítulo anterior, sobre assimetrias na percepção de habilidades? Enxergamos defeitos nos outros e não em nós mesmos. Mais uma vez, parece que somos maravilhosas máquinas de autoengano.

**FIGURA 4.** *Monsieur le professeur* Henri Poincaré. Por algum motivo, não se fazem mais pensadores desse tipo. (Cortesia da Université Nancy-2.)

## A ENÉSIMA BOLA DE BILHAR

Henri Poincaré, apesar de sua fama, é volta e meia considerado um pensador científico subestimado, visto que demorou quase um século para que algumas de suas ideias fossem reconhecidas e valorizadas. Ele talvez tenha sido o último grande matemático pensador (ou possivelmente o contrário, um pensador matemático). Toda vez que vejo uma camiseta com a foto do ícone moderno Albert Einstein, não posso deixar de pensar em Poincaré — Einstein é digno de nossa reverência, mas toma o lugar de muitos outros. Há pouquíssimo espaço em nossa consciência; nela, predomina o esquema "o vencedor leva tudo".

*Decoro ao estilo da Terceira República*

Repito: Poincaré ocupa uma classe própria. Lembro-me de meu pai recomendando os ensaios de Poincaré, não apenas pelo conteúdo científico, mas pela qualidade de sua prosa em francês. O grande mestre escreveu essas maravilhas como artigos seriados e os compôs na forma de discursos extemporâneos. Como em toda obra-prima, o leitor encontra uma mistura de repetições, digressões, tudo o que um editor do tipo "maria vai com a outras" e com uma mente condicionada de antemão condenaria, mas que torna seu texto ainda mais agradável de ler devido a uma ferrenha consistência de pensamento.

Poincaré tornou-se um ensaísta prolífico na casa dos trinta anos. Parecia ter pressa e morreu prematuramente, aos 58; a pressa era tanta que ele não se dava ao trabalho de corrigir erros gramaticais e de tipografia em seus textos, mesmo depois de localizá-los, uma vez que considerava isso um baita mau uso de seu tempo. Não se fazem mais gênios assim — ou não os deixam mais escrever da sua própria maneira.

A reputação de Poincaré como pensador mingou rapidamente após sua morte. A ideia dele que é relevante para nós levou quase um século para ressurgir, mas de outra forma. De fato, foi um grande erro não ter lido com atenção seus ensaios quando eu era criança, pois em seu magistral *La Science et l'hypothèse* (*A ciência e a hipótese*)* descobri, mais tarde, que ele despreza vigorosamente o uso da curva em forma de sino.

Repito que Poincaré pertencia à estirpe do verdadeiro filósofo da ciência: seu filosofar derivava do próprio testemunho dos limites de seu tema, que é a verdadeira filosofia. Adoro irritar intelectuais literários franceses citando Poincaré como meu filósofo francês favorito. "Ele, um *philosophe*? Como assim, *monsieur*?" É sempre frustrante explicar às pessoas que os pensadores que elas colocam nos pedestais, a exemplo de Henri Bergson ou Jean-Paul Sartre, são em grande parte produtos da moda e não chegam nem perto de Poincaré em termos de influência pura, que perdurará pelos séculos vindouros. Na verdade, há um escândalo de previsão acontecendo aqui, já que é o Ministério da Educação Nacional da França que decide quem é filósofo e quais filósofos devem ser estudados.

Estou olhando para o retrato de Poincaré. Ele era um culto cavalheiro patrício da Terceira República Francesa, barbudo, corpulento e imponente, um homem que vivia e respirava ciência geral, investigava a fundo seus temas e detinha um conhecimento de surpreendente amplitude. Fazia parte da classe de mandarins que ganhou respeitabilidade no final do século XIX: classe média alta, poderosa, mas não excessivamente rica. Seu pai era médico e professor de medicina, seu tio era um destacado cientista e administrador, e seu primo Raymond tornou-se um dos presidentes da república da França. Era um tempo em que os netos de homens de negócios e ricos proprietários de terras ingressavam nas profissões intelectuais.

---

* *A ciência e a hipótese*. Trad. Maria Auxiliadora Kneipp. Brasília: Editora da UnB, 1988. (N. T.)

No entanto, sou incapaz de imaginá-lo estampado em uma camiseta, ou mostrando a língua como naquela famosa foto de Einstein. Há algo nele que é o contrário da galhofa, uma espécie de dignidade ao estilo da Terceira República.

Em sua época, Poincaré era considerado o rei da matemática e da ciência, exceto, é claro, por alguns matemáticos tacanhos como Charles Hermite, para quem Poincaré era intuitivo demais, intelectual em excesso ou muito "inconsistente". Quando os matemáticos dizem "inconsistente", de forma depreciativa, sobre o trabalho de alguém, significa que a pessoa tem: a) percepção, b) realismo, c) algo a dizer, e isso significa que d) ela está certa, porque é isso que os críticos dizem quando não conseguem encontrar nada mais negativo. Um meneio de cabeça de Poincaré consolidava ou destruía carreiras. Muitos afirmam que Poincaré descobriu a relatividade antes de Einstein — e que Einstein pegou a ideia dele —, mas que Poincaré não deu grande importância a isso. Essas alegações são naturalmente feitas pelos franceses, mas parece haver alguma validação por parte do amigo e biógrafo de Einstein, Abraham Pais. Poincaré era aristocrático demais, tanto em termos de origens quanto de comportamento, para reivindicar a propriedade de um resultado.

Poincaré é fundamental para este capítulo porque viveu numa época em que tínhamos alcançado um progresso intelectual extremamente rápido nos campos da previsão — pense na mecânica celeste. A revolução científica nos fez sentir que dispúnhamos de ferramentas que nos permitiriam compreender o futuro. A incerteza era coisa do passado. O universo era como um relógio e, estudando os movimentos das peças, poderíamos projetar o futuro. Era apenas uma questão de criar os modelos certos e botar os engenheiros para fazer os cálculos. O futuro era uma mera extensão de nossas certezas tecnológicas.

*O problema dos três corpos*

Até onde se tem notícia, Poincaré foi o primeiro figurão da matemática a compreender e explicar que existem limites fundamentais para nossas equações. Ele introduziu as não linearidades, pequenos efeitos que podem levar a consequências graves, ideia que mais tarde se tornou popular, talvez até popular demais, como teoria do caos. O que há de tão nocivo nessa popularidade? Porque toda a lógica de Poincaré diz respeito aos limites que as não linearidades impõem à previsão; não são um convite ao uso de técnicas matemáticas para fazer previsões ampliadas. A matemática pode nos mostrar seus próprios limites com bastante clareza.

Há (como sempre) um elemento do inesperado nessa história. De início, Poincaré respondeu a uma competição organizada pelo matemático Gösta Mittag-Leffer para comemorar o sexagésimo aniversário do rei Oscar da Suécia. O ensaio de Poincaré, que versava sobre a estabilidade do sistema solar, ganhou o prêmio que era, então, a maior honraria científica (nos felizes dias antes do prêmio Nobel). Surgiu um problema, no entanto, quando um editor matemático, ao verificar o ensaio antes da publicação, percebeu que havia um erro de cálculo que, uma vez levado em consideração, resultava na conclusão oposta — imprevisibilidade ou, em termos mais técnicos, não integrabilidade. O trabalho foi discretamente retirado de circulação e reeditado cerca de um ano depois.

O raciocínio de Poincaré era simples: ao fazer projeções para o futuro, você pode precisar de uma quantidade crescente de exatidão quanto à dinâmica do processo que está modelando, já que sua taxa de erro cresce muito rápido. O problema é que a exatidão aproximada não é possível, uma vez que a degradação da sua previsão aumenta abruptamente — mais cedo ou mais tarde você precisaria decifrar o passado com precisão infinita. Poincaré demonstrou isso em um caso muito simples e famoso, conhecido como o "problema dos três corpos". Se tivermos apenas dois planetas em um sistema do tipo solar, sem nada mais para afetar a órbita dos dois, então você pode ser capaz de prever indefinidamente o comportamento desses planetas, sem esforço algum. Mas acrescente entre os planetas um terceiro corpo, digamos um cometa, pequenino a ponto de ter massa desprezível. Inicialmente, o terceiro corpo não causará nenhum deslocamento, nenhum impacto; depois, com o tempo, seus efeitos sobre os outros dois corpos podem se tornar explosivos. Pequenas diferenças onde esse minúsculo corpo está localizado acabarão por ditar o futuro dos planetas gigantescos.

A explosiva dificuldade de fazer previsões resulta de complicações na mecânica, sempre de forma sutilíssima. Nosso mundo, infelizmente, é muito mais complicado do que o problema de três corpos; contém muito mais do que três objetos. Estamos lidando com o que agora é chamado de sistema dinâmico — e o mundo, veremos, é um sistema um pouco dinâmico demais.

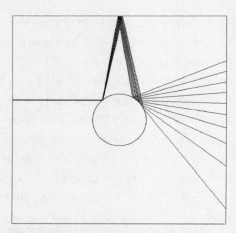

**FIGURA 5. Precisão e previsão.** Um dos leitores de um rascunho deste livro, David Cowan, graciosamente desenhou esta imagem que representa a dispersão, mostrando como, no segundo salto, as variações nas condições iniciais podem levar a resultados extremamente divergentes. À medida que a imprecisão inicial no ângulo é multiplicada, cada salto adicional será ainda mais ampliado. Isso causa um severo efeito multiplicativo em que o erro cresce de modo desproporcional.

Pense na dificuldade de fazer previsões em termos de galhos crescendo em uma árvore; em cada bifurcação, temos uma multiplicação de novos galhos. Para ver como são muito fracas nossas intuições sobre esses efeitos multiplicativos não lineares, veja a seguinte história sobre o tabuleiro de xadrez. O inventor do tabuleiro de xadrez solicitou a seguinte recompensa: um grão de arroz pelo primeiro quadrado do tabuleiro, dois grãos pelo segundo quadrado, quatro pelo terceiro, depois oito, dezesseis e assim por diante, dobrando sucessivamente a cada quadrado, 64 vezes. O rei aceitou de bom grado, julgando que o inventor estava pedindo uma bagatela — mas logo percebeu que estava enganado. A quantidade de arroz excedia todas as reservas de grãos possíveis!

Essa dificuldade multiplicativa que leva à necessidade de uma exatidão cada vez maior nas suposições pode ser ilustrada com o seguinte exercício simples referente à previsão dos movimentos das bolas de bilhar na superfície de uma mesa. Uso o exemplo que foi calculado pelo matemático Michael Berry. Se você tem conhecimento de um conjunto de parâmetros básicos a respeito da bola em repouso, se pode calcular a resistência da mesa (algo bastante elementar) e estimar a força do impacto, então é bastante fácil prever o que aconteceria no primeiro golpe. O segundo impacto se torna mais complicado, mas possível; você precisa ter mais cuidado com o seu conhecimento dos estados iniciais, e aí se exige maior precisão. O problema é que, para calcular corretamente o nono impacto, você precisa levar em consideração a atração gravitacional de alguém posicionado ao lado da mesa (modestamente, os cálculos de Berry usam um peso de menos de 68 quilos). E, para calcular o 56º impacto, cada partícula elementar do universo precisa estar presente nas suas suposições! Um elétron na borda do universo, separado de nós por 10 bilhões de anos-luz, deve figurar nos cálculos, já que exerce um efeito significativo no resultado. Agora, considere o fardo adicional de ter que incorporar previsões sobre *onde essas variáveis estarão no futuro*. Prever o movimento de uma bola de bilhar em uma mesa de sinuca requer conhecimento da dinâmica de todo o universo, até cada átomo individual! Podemos prever facilmente os movimentos de objetos grandes como planetas (não em um futuro muito distante, contudo), mas as entidades menores podem ser difíceis de decifrar — e a quantidade delas é muito maior.

Observe que essa história da bola de bilhar pressupõe um mundo simples e direto; sequer leva em conta esses elementos sociais malucos possivelmente dotados de livre-arbítrio. Bolas de bilhar não pensam por conta própria. Nosso exemplo também não leva em consideração a relatividade e nem os efeitos quânticos. Tampouco usamos a noção (a que os vigaristas recorrem com frequência) chamada de "princípio da incerteza". Não estamos preocupados com as limitações da exatidão nas medições feitas em nível subatômico. Estamos simplesmente lidando com bolas de bilhar!

Em um sistema dinâmico, no qual se leva em consideração mais do que uma bola sozinha, onde as trajetórias de certa forma dependem umas das outras, a capacidade de fazer projeções futuras não apenas é reduzida, mas está sujeita a uma limitação fundamental. Poincaré propôs que só podemos trabalhar com questões qualitativas — algumas propriedades dos sistemas podem ser *discutidas*, mas não calculadas. Você consegue pensar com rigor, mas não é capaz de usar números. Poincaré até inventou um campo para isso, análise *in situ*, hoje parte da topologia. Fazer previsões e prognósticos é um negócio mais complicado do que normalmente se aceita, mas para entender isso é necessário conhecer matemática. Aceitar isso exige compreensão e coragem.

Na década de 1960, o meteorologista do MIT Edward Lorenz redescobriu por conta própria os resultados de Poincaré — mais uma vez, por acidente. Ele estava desenvolvendo um modelo computacional da dinâmica do clima, e fez uma simulação que projetava um sistema meteorológico para dali a alguns dias. Mais tarde, tentou repetir a mesma simulação usando o mesmo modelo e o que ele julgava serem os mesmos parâmetros de entrada, mas obteve resultados radicalmente diferentes. A princípio, atribuiu essas diferenças a um *bug* do computador ou a um erro de cálculo. Nessa época, os computadores eram máquinas mais pesadas e mais lentas, nem um pouco parecidas com as que temos hoje, de modo que os usuários tinham que enfrentar severas restrições de tempo. Mais tarde, Lorenz percebeu que a divergência substancial em seus resultados decorria não de um erro, mas de um pequeno arredondamento nos parâmetros dos dados de entrada. Isso ficou conhecido como "o efeito borboleta", uma vez que uma borboleta batendo as asas na Índia poderia causar um furacão em Nova York dois anos depois. As descobertas de Lorenz geraram interesse no campo da teoria do caos.

Naturalmente, os pesquisadores encontraram antecedentes para a descoberta de Lorenz, não apenas na obra de Poincaré, mas também na do perspicaz e intuitivo Jacques Hadamard, que teve as mesmas ideias por volta de 1898, e depois viveu por quase mais sete décadas — morreu aos 98 anos.*

*Eles ainda ignoram Hayek*

As descobertas de Popper e Poincaré limitam nossa capacidade de ver o futuro, tornando-o um reflexo bastante complicado do passado — se é que é de fato um reflexo do passado. Uma aplicação potente no mundo social vem de um amigo de Sir Karl, o economista intuitivo Friedrich Hayek. Ele é um dos raros membros célebres de sua "profissão" (ao lado de J. M. Keynes e G. L. S. Shackle) a se dedicar à verdadeira incerteza, debruçando-se sobre as limitações do conhecimento, os livros não lidos da biblioteca de Eco.

Em 1974, Hayek recebeu o prêmio do Banco Nacional da Suécia em Ciências Econômicas em Memória de Alfred Nobel, mas se você ler seu discurso-palestra de aceitação, terá uma pequena surpresa. No texto de título eloquente, "A pretensão do conhecimento", Hayek basicamente criticou outros economistas e a ideia do planejador. Argumentou contra o uso de ferramentas das ciências duras nas ciências sociais, e de maneira deprimente, pouco antes do grande *boom* desses métodos na economia. Mais tarde, o uso predominante de equações complicadas fez com que, para os verdadeiros pensadores empíricos, o

---

* Há mais limites que sequer tentei discutir aqui. Não estou nem tocando no assunto da classe de incomputabilidade que as pessoas chamam de NP-completude.

ambiente se tornasse pior do que antes de Hayek escrever seu discurso. Todo ano aparece um artigo ou livro lamentando o destino da economia e reclamando de suas tentativas de macaquear a física. O mais recente que vi é sobre como os economistas deveriam almejar o papel de filósofos subalternos em vez da posição de sumos sacerdotes. Ainda assim, entra por um ouvido e sai pelo outro.

Para Hayek, uma previsão verdadeira é feita de forma orgânica por um sistema, não por decreto arbitrário. Uma única instituição, digamos, o planejador central, não pode *agregar* conhecimento; faltarão muitas unidades de informação importantes. Mas a sociedade como um todo será capaz de integrar a seu funcionamento essas múltiplas unidades de informação. A sociedade como um todo pensa "fora da caixa". Hayek atacou o socialismo e economias gerenciadas como um produto do que tenho chamado de *conhecimento nerd*, ou *platonicidade* — devido ao crescimento do conhecimento científico, superestimamos nossa capacidade de compreender as sutis mudanças que constituem o mundo, bem como o peso que precisa ser dado a cada uma dessas mudanças. De modo apropriado, ele chamou isso de "cientificismo".

Essa doença está gravemente entranhada em nossas instituições. É por isso que tenho medo de governos e grandes corporações — é difícil distinguir uns dos outros. Governos fazem previsões; empresas produzem projeções; ano após ano, vários previsores projetam o nível das taxas de hipoteca e o mercado de ações no final do ano seguinte. Corporações sobrevivem não por terem feito boas previsões, mas porque, como os diretores-executivos em visita à Wharton que mencionei antes, podem ter tirado a sorte grande. E, como um dono de restaurante, podem estar prejudicando a si próprias, não a nós — talvez nos ajudem e subsidiem nosso consumo ao nos fornecerem bens no processo, a exemplo de ligações telefônicas baratas para o resto do mundo financiadas pelo investimento excessivo durante a era pontocom. Nós, consumidores, podemos deixá-las prever o quanto quiserem, se isso for necessário para entrarem no negócio. Que se enforquem, se for a vontade delas.

A bem da verdade, como mencionei no capítulo 8, todos nós, nova-iorquinos, nos beneficiamos com a quixotesca e excessiva confiança das corporações e de empreendedores no ramo de restaurantes. Esse é o benefício do capitalismo que as pessoas menos discutem.

Mas as empresas podem ir à falência quantas vezes quiserem, dessa forma subsidiando a nós, consumidores, ao transferir sua riqueza para nossos bolsos — quanto maior o número de falências, melhor para nós —, a menos que sejam "grandes demais para quebrar" e exijam subsídios, o que é um argumento a favor de deixar as empresas irem à falência o quanto antes. O governo é um negócio mais sério, e precisamos nos assegurar de que não pagaremos o preço por sua tolice. Como indivíduos, devemos amar os livres-mercados, porque os operadores que atuam neles podem ser incompetentes à vontade.

A única crítica que se poderia fazer a Hayek é que ele estabelece uma distinção rígida e qualitativa entre as ciências sociais e a física. Ele mostra que os métodos da física não se traduzem em suas irmãs das ciências sociais, e atribui a culpa disso à mentalidade orientada para a engenharia. Mas ele estava escrevendo em uma época em que a física, a rainha da ciência, parecia aproximar o foco em nosso mundo, como um *zoom*. No fim fica claro que até mesmo as ciências naturais são muito mais complicadas do que isso. Hayek estava certo com relação às ciências sociais, sem dúvida estava certo em confiar mais nos cientistas rígidos do que nos teorizadores sociais, mas o que ele disse sobre as fraquezas do conhecimento social se aplica a todo o conhecimento. Todo o conhecimento.

Por quê? Por causa do problema de confirmação, pode-se argumentar que sabemos muito pouco acerca do nosso mundo natural; alardeamos os livros lidos e esquecemos os não lidos. A física tem tido sucesso, mas é um campo estreito das ciências duras em que temos tido sucesso, e as pessoas tendem a generalizar esse sucesso para todas as ciências. Seria preferível se fôssemos melhores na compreensão do câncer ou do clima (extremamente não linear) do que na compreensão da origem do universo.

*Como não ser um nerd*

Vamos investigar mais a fundo o problema do conhecimento e continuar a comparação entre Tony Gordo e dr. John que vimos no capítulo 9. Será que os nerds enxergam com "visão de túnel", ou seja, concentram-se em categorias bem definidas e deixam passar despercebidas as fontes de incerteza? Lembre-se de que, no prólogo, apresentei a platonificação como um foco de cima para baixo em um mundo composto dessas categorias nítidas.*

---

* Essa ideia surge aqui e ali ao longo da história, com nomes diferentes. Por exemplo, Alfred North Whitehead chamou de "falácia da concretude deslocada" o erro de confundir um modelo com a entidade física que ele pretende descrever.

Pense em um rato de biblioteca, um leitor ávido aprendendo um novo idioma. Para aprender, digamos, servo-croata ou !Kung, seu método de estudo será ler um livro de gramática de cabo a rabo e memorizar as regras. Ele ficará com a impressão de que alguma autoridade gramatical superior definiu os regulamentos linguísticos para que pessoas comuns com pouca instrução formal pudessem posteriormente falar a língua. Na realidade, as línguas crescem de forma orgânica; a gramática é algo que gente sem nada mais empolgante para fazer na vida codifica em um livro. Enquanto as pessoas de mentalidade escolástica memorizarão as declinações, o não nerd aplatônico dominará o servo-croata, digamos, arranjando potenciais namoradas em bares nos arredores de Sarajevo, ou conversando com taxistas, para em seguida encaixar (se necessário) as regras gramaticais no conhecimento que ele já adquiriu.

Pense novamente no planejador central. Tal como acontece com a linguagem, não existe uma autoridade gramatical que codifica eventos sociais e econômicos; mas tente convencer um burocrata ou um cientista social de que o mundo pode não seguir suas equações "científicas". Na verdade, pensadores da escola austríaca, à qual Hayek pertencia, usavam as designações *tácito* ou *implícito* precisamente para aquela parte do conhecimento que não pode ser registrada por escrito, mas que devemos evitar reprimir. Eles faziam a distinção, que vimos anteriormente, entre "saber como" e "saber o quê" — este último sendo mais evasivo e mais propenso à nerdificação.

Para esclarecer, platônico é de cima para baixo, formulaico, de mente fechada, interesseiro e autossuficiente, comoditizado; aplatônico é de baixo para cima, de mente aberta, cético e empírico.

A razão pela qual dou destaque ao formidável Platão torna-se evidente com o seguinte exemplo do pensamento do mestre: ele acreditava que deveríamos usar ambas as mãos com igual destreza. De outra forma não faria "sentido". Ele considerava privilegiar um dos braços em detrimento do outro uma deformação causada pela "loucura de amas e mães". A assimetria o incomodava, e ele projetava suas ideias de elegância na realidade. Tivemos que esperar até Louis Pasteur para descobrir que as moléculas químicas eram destras ou canhotas e que isso tinha uma importância considerável.

É possível encontrar ideias semelhantes em meio a vários ramos do pensamento desconectados entre si. Os primeiros foram (como de praxe) os empíricos, cujo enfoque médico de baixo para cima, isento de teorias e "baseado em evidências" estava associado principalmente a Filnos de Cós, Serapião de Alexandria e Gláucias de Tarento, que mais tarde Menódoto de Nicomédia converteu em cético, e atualmente bem conhecidos pela figura de seu praticante com menos papas na língua, nosso amigo, o grande filósofo cético Sexto Empírico, que, como vimos antes, talvez tenha sido o primeiro a discutir o Cisne Negro. Os empíricos praticavam a "arte médica" sem depender de raciocínio; queriam tirar proveito de observações fortuitas, fazendo suposições e experimentando com ajustes e improvisos até encontrarem algo que funcionasse. Reduziram ao mínimo a carga de teorias.

Seus métodos estão sendo ressuscitados hoje em dia como medicina baseada em evidências, após dois milênios de persuasão. Tenha em mente que, antes de conhecermos as bactérias e o papel delas nas doenças, os médicos rejeitavam a prática de lavar as mãos porque *não fazia sentido* para eles, apesar da evidência de uma significativa diminuição nas mortes hospitalares. Ignaz Semmelweis, o médico de meados do século XIX que promoveu a ideia de lavar as mãos, só recebeu o devido crédito décadas após sua morte, quando se demonstrou que ele tinha razão. Da mesma forma, pode não "fazer sentido" que a acupuntura funcione, mas se enfiar uma agulha no dedo do pé de alguém produz sistematicamente alívio da dor (em testes empíricos conduzidos com o devido rigor), então pode ser que existam funções complicadas demais para nosso entendimento, portanto deveríamos, por ora, seguir em frente, mantendo a mente aberta.

*Libertarismo acadêmico*

Para tomar emprestada a lição de Warren Buffett, nunca pergunte ao barbeiro se você está precisando de um corte de cabelo — e não pergunte a um acadêmico se o que ele faz é relevante. Então, concluirei esta discussão sobre o libertarismo de Hayek com a observação a seguir. Como afirmei, o problema do conhecimento organizado é que existe uma ocasional divergência de interesses entre associações acadêmicas e o conhecimento em si. Assim, não consigo entender por que os libertários de hoje não partem para cima do corpo docente acadêmico que tem estabilidade no emprego (exceto talvez pelo fato de que muitos libertários são acadêmicos). Vimos que as empresas podem quebrar, ao passo que os governos permanecem. Mas enquanto os governos permanecem, os funcionários públicos podem ser rebaixados e congressistas e senadores eleitos podem mais cedo ou mais tarde perder o cargo na próxima eleição. No mundo acadêmico, os professores com estabilidade são permanentes — o negócio do conhecimento tem "donos" permanentes. Para definir de forma simples, o charlatão é mais o produto do controle do que o resultado da liberdade e da falta de estrutura.

*Previsão e livre-arbítrio*

Se você conhece todas as condições possíveis de um sistema físico, pode, em teoria (embora não, como vimos, na prática), projetar o comportamento dele no futuro. Mas isso só diz respeito a objetos inanimados. Tropeçamos em um obstáculo quando há questões sociais envolvidas. É outra tarefa projetar um futuro quando há o envolvimento de humanos, *se forem considerados seres vivos e dotados de livre-arbítrio*.

Se consigo prever todas as suas ações, em determinadas circunstâncias, então talvez você não seja tão livre quanto pensa que é. Você é um autômato respondendo a estímulos ambientais. Você é um escravo do destino. E a ilusão de livre-arbítrio poderia ser reduzida a uma equação que descreve o resultado das interações entre moléculas. Seria como estudar a mecânica de um relógio: o gênio que tivesse amplo conhecimento das condições iniciais e das cadeias causais seria capaz de estender esse conhecimento para o futuro das *suas* ações.

Isso não seria sufocante?

No entanto, se você acredita no livre-arbítrio, não pode acreditar de verdade nas ciências sociais e em projeções econômicas. Não é possível prever como as pessoas vão agir. Exceto, claro, se houver um truque, e esse truque é a corda na qual a economia neoclássica está suspensa. Simplesmente presumimos que os indivíduos serão *racionais* no futuro e, portanto, agirão de forma previsível. Existe uma forte ligação entre racionalidade, previsibilidade e manejabilidade matemática. Um indivíduo racional realizará um conjunto *singular* de ações em circunstâncias específicas. Existe uma e apenas uma resposta para a questão de como as pessoas "racionais" agiriam para satisfazer seus melhores interesses. Agentes racionais devem ser coerentes: não podem preferir maçãs a laranjas, laranjas a peras e depois peras a maçãs. Se fizessem isso, seria difícil generalizar seu comportamento. E também seria difícil projetar seu comportamento no tempo.

Na economia ortodoxa, a racionalidade tornou-se uma camisa de força. Economistas platonificados ignoraram o fato de que as pessoas podem preferir fazer outra coisa em vez de maximizar seus interesses econômicos. Isso levou a técnicas matemáticas como a "maximização", ou "otimização", com base na qual Paul Samuelson construiu grande parte de sua obra. A otimização consiste em encontrar a política matematicamente ideal, a melhor que um agente econômico poderia adotar. Por exemplo, qual é o valor "ótimo" que uma pessoa deve alocar para investimento em ações? Isso envolve matemática complicada e, portanto, ergue uma barreira à entrada de acadêmicos sem formação em matemática. Eu não seria o primeiro a dizer que essa otimização atrasou as ciências sociais, retrocesso que as reduziu da disciplina intelectual e reflexiva em que estava se transformando a uma tentativa de se tornar uma "ciência exata". Por "ciência exata" refiro-me a um problema de engenharia de segunda categoria para aqueles que querem fingir que estão no departamento de física — a chamada inveja da física. Em outras palavras, uma fraude intelectual.

A otimização é um caso de modelagem estéril que discutiremos mais a fundo no capítulo 17. Não tinha nenhum uso prático (nem teórico), e assim se tornou principalmente uma competição por cargos acadêmicos, uma maneira de fazer as pessoas competirem com musculatura matemática. Manteve economistas platonificados fora dos bares, resolvendo equações noite adentro. A tragédia é que Paul Samuelson, dono de uma mente ágil, é tido como um dos acadêmicos mais inteligentes de sua geração. Foi claramente um caso de inteligência mal investida. A seu modo característico, Samuelson intimidava aqueles que questionavam suas técnicas com a afirmação "Quem sabe faz ciência, os outros fazem metodologia". Se você soubesse matemática, poderia "fazer ciência". Isso faz lembrar os psicanalistas que silenciam seus críticos acusando-os de terem problemas mal resolvidos com o pai e a mãe. Infelizmente, no fim ficou claro que Samuelson e a maioria de seus seguidores *não sabiam* muito de matemática, ou não sabiam como usar a matemática que sabiam, como aplicá-la à realidade. Eles só sabiam matemática suficiente para serem cegados por ela.

Tragicamente, antes da proliferação de idiotas instruídos, mas cegos em termos empíricos, um trabalho interessante fora iniciado por verdadeiros pensadores, como J. M. Keynes, Friedrich Hayek e o grande Benoît Mandelbrot, todos relegados à margem porque afastaram a economia da precisão da física de segunda categoria. Muito triste. Um formidável pensador subestimado é G. L. S. Shackle, hoje quase completamente obscuro, que introduziu a noção de "desconhecimento", isto é, os livros não lidos da biblioteca de Umberto Eco. É incomum que sequer mencionem a obra de Shackle, e tive que comprar seus livros em sebos de Londres.

Legiões de psicólogos empíricos da escola de heurísticas e vieses mostraram que o modelo de comportamento racional sob incerteza não é apenas impreciso de forma grosseira, mas totalmente errado como descrição da realidade. Seus resultados também incomodam os economistas platonificados porque revelam que existem diversas maneiras de ser irracional. Tolstói disse que todas as famílias felizes se parecem, mas cada família infeliz é infeliz à sua maneira. Já se demonstrou que pessoas cometem erros equivalentes a preferir maçãs a laranjas, laranjas a peras e *peras a maçãs*, dependendo de como as questões relevantes lhes são apresentadas. A ordem faz diferença! Além disso, como vimos com o exemplo da ancoragem, as estimativas do número de dentistas em Manhattan são influenciadas pelo número aleatório que acaba de ser apresentado aos sujeitos da pesquisa — a *âncora*. Diante da aleatoriedade da âncora, teremos aleatoriedade nas estimativas. Então, se as pessoas fazem escolhas e tomam decisões inconsistentes, o núcleo central da otimização econômica falha. Não se pode mais produzir uma "teoria geral" e, sem ela, não é possível fazer previsões.

Você tem que aprender a viver sem uma teoria geral, pelo amor de Plutão!


## A VERDAZULIDÃO DA ESMERALDA

Lembre-se do problema do peru. Você olha para o passado e extrai alguma regra sobre o futuro. Bem, os problemas de fazer projeções a partir do passado podem ser até piores do que já aprendemos, porque os mesmos dados passados podem confirmar uma teoria e também seu oposto! Se você sobreviver até amanhã, isso pode significar que você a) tem maior probabilidade de ser imortal ou b) está mais perto da morte. Ambas as conclusões se baseiam exatamente nos mesmos dados. Se você é um peru sendo alimentado por um longo período de tempo, pode ingenuamente presumir que a alimentação *confirma sua segurança*, ou ser astuto e considerar que ela *confirma o perigo* de você ser transformado em jantar. O comportamento bajulador de um conhecido no passado pode indicar afeição genuína por mim e preocupação com meu bem-estar; também pode confirmar seu desejo mercenário e calculista de algum dia roubar meu negócio.

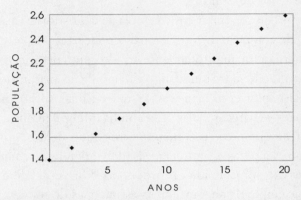

**FIGURA 6.** Uma série de uma população de bactérias aparentemente em crescimento (ou de um histórico de vendas, ou de qualquer variável observada ao longo do tempo — como a alimentação total do peru no capítulo 4).

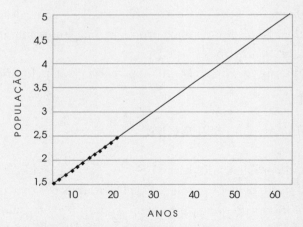

**FIGURA 7.** Fácil de se ajustar à tendência — há apenas um único modelo linear que se encaixa nos dados. Pode-se projetar uma continuação no futuro.

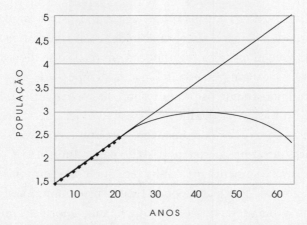

**FIGURA 8.** Observamos uma escala mais ampla. Ei, outros modelos também se encaixam muito bem.

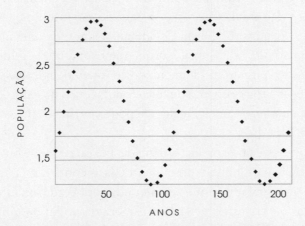

**FIGURA 9.** E o verdadeiro "processo gerador" é extremamente simples, mas não tinha nada a ver com um modelo linear! Algumas partes parecem ser lineares, e somos enganados ao extrapolar em uma linha direta.*

---

* Esses gráficos ilustram também uma versão estatística da falácia narrativa — você encontra um modelo que se encaixa no passado. "Regressão linear" ou "R-quadrado" pode, em última análise, enganar você além da medida, a ponto de perder a graça. Você pode ajustar a parte linear da curva e alegar um R-quadrado alto, o que significa que seu modelo se ajusta muito bem aos dados e tem elevados poderes de previsão. Tudo isso é conversa fiada: você só se encaixa no segmento linear da série. Lembre-se sempre de que "R-quadrado" não é adequado para o Extremistão; só serve para promoção acadêmica.

Portanto, o passado não apenas pode ser enganoso, mas também há muitos graus de liberdade em nossa interpretação de eventos passados.

Para a versão técnica dessa ideia, pense em uma série de pontos em uma página representando um número ao longo do tempo — o gráfico seria semelhante à figura 1, mostrando os primeiros mil dias no capítulo 4. Digamos que seu professor do Ensino Médio lhe peça para estender a série de pontos. Com um modelo linear, isto é, usando uma régua, você pode traçar apenas uma linha reta, uma *única* linha reta que vai do passado para o futuro. O modelo linear é único. Existe uma e somente uma linha reta que pode se projetar a partir de uma série de pontos. Mas a coisa pode ficar mais complicada. E se você não se limitar a uma linha reta, descobrirá que há uma enorme família de curvas que podem fazer o trabalho de conectar os pontos. Se você projetar a partir do passado de forma linear, dará continuidade a uma tendência. Mas possíveis futuros desvios de rota da trajetória do passado são infinitos.

Isso é o que o filósofo Nelson Goodman chamou de enigma da indução: projetamos uma linha reta apenas porque temos um modelo linear na cabeça — o fato de um número ter aumentado ao longo de mil dias consecutivos deveria fortalecer a sua confiança de que ele aumentará no futuro. Mas se você tiver na cabeça um modelo não linear, ele pode confirmar que o número deve diminuir no $1001^{\circ}$ dia.

Digamos que você observe uma esmeralda. Ela estava verde ontem e anteontem. E continua verde hoje. Normalmente, isso confirmaria a propriedade "verde": podemos presumir que a esmeralda será verde amanhã. Contudo, para Goodman, o histórico de cor da esmeralda poderia em igual medida confirmar a propriedade "verdazul". O que é isso? A propriedade verdazul da esmeralda é ser verde até alguma data especificada, digamos, 31 de dezembro de 2006 e, depois disso, azul.

O enigma da indução é outra versão da falácia narrativa — você encara uma infinidade de "histórias" que explicam o que você viu. A gravidade do enigma da indução de Goodman é a seguinte: se não houver mais sequer uma maneira única de "generalizar" a partir do que você vê, de fazer uma inferência sobre o desconhecido, então como você deve proceder? A resposta, claramente, é que você deverá empregar o "bom senso", mas seu bom senso pode não ser tão bem desenvolvido no que diz respeito a algumas variáveis do Extremistão.

## A GRANDE MÁQUINA DE EXPECTATIVA

O leitor tem todo direito de se perguntar: mas então, NNT, por que diabos fazemos planos? Algumas pessoas planejam para obter ganhos monetários, outras porque é "o trabalho delas". Mas também fazemos previsões sem essas intenções, espontaneamente.

Por quê? A resposta tem a ver com a natureza humana. O planejamento talvez faça parte do pacote que nos torna humanos, ou seja, nossa consciência.

Supõe-se que exista uma dimensão evolutiva em nossa necessidade de projetar questões no futuro, que resumirei rapidamente aqui, uma vez que essa pode ser uma excelente candidata a explicação, uma excelente conjectura; porém, como ela está ligada à evolução, eu sugiro cautela.

A ideia, promovida pelo filósofo Daniel Dennett, é a seguinte: qual é o uso mais potente do nosso cérebro? É precisamente a capacidade de projetar conjecturas para o futuro e disputar o jogo contrafactual — "se eu der um soco no nariz daquele cara, ele vai revidar me esmurrando, ou, pior, vai ligar para o advogado dele em Nova York". Uma das vantagens de fazer isso é que podemos permitir que nossas conjecturas morram em nosso lugar. Usada corretamente e em substituição a reações mais viscerais, a capacidade de projetar nos livra da seleção natural imediata, de primeira ordem — em contraste com organismos mais primitivos que eram vulneráveis à morte e só se desenvolveram por meio da melhoria no fundo genético, através da seleção dos melhores. De certa forma, projetar nos permite ludibriar a evolução: agora ela ocorre em nossa cabeça, como uma série de projeções e cenários hipotéticos contrafactuais.

Essa capacidade de fazer brincadeiras mentais com conjecturas, mesmo que nos liberte das leis da evolução, é supostamente o produto da evolução — como se a evolução tivesse colocado em nós uma longa coleira, enquanto outros animais vivem na trela muito curta da dependência imediata de seu ambiente. Para Dennett, nossos cérebros são "máquinas de expectativa": na opinião dele, a mente e a consciência humanas são propriedades emergentes, as propriedades necessárias para o nosso desenvolvimento acelerado.

Por que damos ouvidos a especialistas e a suas previsões? Uma candidata a explicação é que a sociedade se fundamenta na especialização, efetivamente a divisão do conhecimento. Você não começa a cursar uma faculdade de medicina no mesmo minuto em que se depara com um grave problema de saúde; para você, é menos oneroso (e certamente mais seguro) consultar alguém que já tenha feito isso. Os médicos ouvem o que dizem os mecânicos de automóveis (não a respeito de questões de saúde, apenas quando se trata de problemas com seus carros); os mecânicos de automóveis ouvem os médicos. Temos uma tendência natural de ouvir o especialista, mesmo em áreas nas quais pode não haver especialistas.

# 12. Epistemocracia, um sonho

*Isto é apenas um ensaio — Crianças e filósofos versus adultos e não filósofos — A ciência como um empreendimento autista — O passado também tem um passado — Faça previsões erradas e viva uma vida longa e feliz (se você sobreviver)*

Alguém com um baixo grau de arrogância epistêmica não é muito visível, assim como uma pessoa tímida não chama atenção em uma festa. Não estamos predispostos a respeitar pessoas humildes, as que tentam suspender o julgamento. Agora contemple a *humildade epistêmica*. Pense em alguém extremamente introspectivo, torturado pela consciência de sua própria ignorância. Essa pessoa não tem a coragem de um idiota, mas tem a rara coragem de dizer "eu não sei". Ela não se importa em parecer tola ou, pior ainda, ignorante. Ela hesita, não se compromete e se tortura com as consequências de estar errada. Ela mergulha em reflexões introspectivas até atingir a exaustão física e nervosa.

Isso não significa necessariamente que ela careça de confiança, apenas que desconfia do próprio conhecimento. Chamarei essa pessoa de *epistemocrata*; a província onde as leis são estruturadas com esse tipo de falibilidade humana chamarei de *epistemocracia*.

O mais importante epistemocrata moderno é Montaigne.

*Monsieur de Montaigne, epistemocrata*

Aos 38 anos, Michel Eyquem de Montaigne retirou-se para sua propriedade rural no sudoeste da França. Montaigne, que significa "montanha" em francês antigo, era o nome da propriedade. A área hoje é conhecida pelos vinhos Bordeaux, mas na época de Montaigne não havia muitas pessoas que investissem sua energia mental e sofisticação em vinhos. De qualquer forma, Montaigne tinha tendências estoicas e não seria muito inclinado a esse tipo de atividade. Sua ideia era escrever um modesto conjunto de "tentativas", ou seja, ensaios. A própria palavra *ensaio* transmite a ideia do provisório, do especulativo e do não definitivo. Montaigne tinha uma sólida base de conhecimento dos clássicos e queria meditar sobre a vida, a morte, a educação, o conhecimento e alguns aspectos biológicos da natureza humana nem um pouco desinteressantes (ele se questionava, por exemplo, se as pessoas com deficiência tinham uma libido mais vigorosa devido à circulação sanguínea mais abundante nos órgãos sexuais).

Na torre que se tornou o estúdio de Montaigne havia inscrições com provérbios em grego e latim, quase todos referentes à vulnerabilidade do conhecimento humano. As janelas propiciavam uma ampla vista das colinas circundantes.

O tema de Montaigne, oficialmente, era ele mesmo, mas isso era sobretudo um meio para facilitar a discussão; ele não era como aqueles executivos corporativos que escrevem biografias para ostentar, cheios de orgulho, suas honrarias e realizações. O principal interesse de Montaigne era *descobrir* coisas acerca de si mesmo, fazendo-nos descobrir coisas sobre ele e apresentando questões que poderiam ser generalizadas para toda a raça humana. Entre as inscrições em seu estúdio havia uma observação do poeta latino Terêncio: *Homo sum, humani a me nil alienum puto*, "Sou homem, e nada do que é humano é alheio a mim".

Montaigne é uma leitura bastante revigorante após as deformações de uma educação moderna, uma vez que ele aceitou plenamente as fraquezas humanas e entendeu que nenhuma filosofia seria eficaz se não levasse em consideração nossas imperfeições profundamente arraigadas, as limitações de nossa racionalidade, as falhas que nos tornam humanos. Não é que ele estivesse à frente de seu tempo; seria melhor dizer que os acadêmicos posteriores (defensores da racionalidade) é que estavam atrasados.

Montaigne era um sujeito pensativo e meditativo, e suas ideias não brotavam no sossegado estúdio, mas enquanto ele estava no lombo de um cavalo. Saía para dar longos passeios e voltava com ideias. Não era um acadêmico da Sorbonne, tampouco um literato profissional, e *não* era essas coisas em dois planos diferentes. Em primeiro lugar, era um *realizador*; atuara como magistrado e homem de negócios e fora prefeito de Bordeaux antes de se aposentar para refletir sobre a vida e, principalmente, sobre o próprio conhecimento. Em segundo lugar, era um antidogmático: um cético com charme, um escritor falível, evasivo, pessoal e introspectivo; acima de tudo, alguém que, na grande tradição clássica, queria ser um homem. Se tivesse vivido em uma época diferente, teria sido um cético empírico — tinha tendências céticas da variedade pirrônica, o tipo antidogmático como Sexto Empírico, especialmente na consciência da necessidade de suspensão dos julgamentos.

*Epistemocracia*

Todo mundo tem uma ideia de utopia. Para muitos, significa igualdade, justiça universal, liberdade das garras da opressão, liberdade do trabalho (para alguns pode ser algo mais modesto, embora não mais fácil de alcançar: a sociedade com trens urbanos livres de advogados falando ao celular). Para mim, a utopia é uma epistemocracia, uma sociedade em que qualquer pessoa de posição elevada é um epistemocrata, e onde epistemocratas conseguem ser eleitos. Seria uma sociedade governada com base na consciência da ignorância, não do conhecimento.

Infelizmente, não se pode afirmar autoridade aceitando-se a própria falibilidade. Em termos simples, as pessoas precisam ser cegadas pelo conhecimento — somos feitos para seguir líderes capazes de reunir pessoas porque as vantagens de fazer parte de grupos superam as desvantagens de estar sozinho. Tem sido mais lucrativo nos juntarmos na direção errada do que trilharmos sozinhos o caminho certo. Aqueles que seguiram o idiota assertivo em vez do sábio introspectivo nos transmitiram alguns de seus genes. Isso fica evidente a partir de uma patologia social: psicopatas arregimentam seguidores.

Vez por outra você encontra membros da espécie humana com tanta superioridade intelectual que são capazes de mudar de ideia sem o menor esforço.

Note aqui a seguinte assimetria do Cisne Negro. Acredito que você pode estar certíssimo com relação a *algumas* coisas, e deve estar mesmo. Você pode ser mais confiante quanto à desconfirmação do que quanto à confirmação. Karl Popper era acusado de promover dúvidas e inseguranças nos leitores ao escrever de forma agressiva e em tom confiante (acusação que ocasionalmente é dirigida a este autor que vos fala por pessoas que não seguem minha lógica de empirismo cético). Felizmente, desde Montaigne aprendemos um bocado sobre como tocar adiante o empreendimento empírico-cético. A assimetria do Cisne Negro permite que você seja confiante *acerca do que está errado*, não do que você julga estar certo. Certa vez perguntaram a Karl Popper se alguém "seria capaz de falsificar a falsificação" (em outras palavras, se alguém poderia ser cético quanto ao ceticismo). A resposta de Popper foi que ele expulsava alunos de suas aulas por fazerem perguntas muito mais inteligentes que aquela. Muito durão esse tal de Sir Karl.

O PASSADO DO PASSADO, E O FUTURO DO PASSADO

Algumas verdades atingem apenas crianças — adultos e não filósofos são sugados para o vórtice das minúcias da vida prática e precisam se preocupar com "assuntos sérios", então abandonam esses insights por questões aparentemente mais relevantes. Uma dessas verdades diz respeito à maior diferença de textura e qualidade entre passado e futuro. Graças a ter estudado essa distinção por toda a minha vida, eu a entendo melhor do que a entendia durante minha infância, mas agora não a vejo com tanta nitidez.

A única maneira de imaginar um futuro "semelhante" ao passado é presumir que o futuro será uma projeção *exata* do passado, portanto previsível. Assim como você sabe com alguma precisão quando foi que nasceu, saberia com igual precisão quando vai morrer. A noção de futuro misturado com *acaso*, não como uma extensão determinística da sua percepção do passado, é uma operação mental que a mente não é capaz de realizar. O acaso é impreciso demais para ser uma categoria em si próprio. Existe uma assimetria entre passado e futuro, e ela é por demais sutil para que consigamos compreendê-la naturalmente.

A primeira consequência dessa assimetria é que, na mente das pessoas, a relação entre o passado e o futuro não aprende com a relação entre o passado e o passado anterior a ele. Há um ponto cego: quando pensamos no amanhã, não o concebemos em termos do que pensávamos anteontem a respeito de ontem. Por causa desse defeito introspectivo, não conseguimos aprender sobre a diferença entre nossas previsões passadas e os resultados subsequentes. Quando pensamos no amanhã, simplesmente o projetamos como um outro ontem.

Esse pequeno ponto cego tem outras manifestações. Na seção de primatas do Zoológico do Bronx, você pode ver nossos parentes próximos levando uma agitada vida social. Você também pode ver multidões de turistas rindo do arremedo de humanos que os primatas inferiores representam. Agora imagine ser membro de uma espécie de nível superior (digamos um filósofo "real", uma pessoa verdadeiramente sábia), muito mais sofisticada do que os primatas humanos. Você certamente riria das pessoas que riem dos primatas não humanos. É claro que, para as pessoas que se divertem observando os macacos, a ideia de um ser que as menosprezasse da mesma maneira como elas fazem com os macacos não é algo que lhes passe pela cabeça — se isso lhes ocorresse, provocaria autocomiseração. Elas parariam de rir.

Do mesmo modo, um elemento na mecânica de como a mente humana aprende com o passado nos faz acreditar em soluções definitivas — sem, todavia, levar em consideração que aqueles que vieram antes de nós também pensavam ter soluções definitivas. Rimos dos outros e não percebemos que alguém terá os mesmos motivos justificáveis para rir de nós algum dia, num futuro não muito remoto. Esse discernimento implicaria o pensamento recursivo, ou de segunda ordem, que mencionei no prólogo; não somos bons nisso.

Esse bloqueio mental com relação ao futuro ainda não foi investigado e rotulado pelos psicólogos, mas parece se assemelhar ao autismo. Alguns indivíduos autistas podem ter elevados níveis de inteligência matemática ou técnica. Suas habilidades sociais são deficitárias, mas essa não é a raiz do problema. Pessoas autistas não conseguem se colocar no lugar dos outros, não conseguem ver o mundo do ponto de vista dos outros. Elas veem as outras pessoas como objetos inanimados, como máquinas, movidas por regras explícitas. Não conseguem realizar operações mentais simples como "ele sabe que eu não sei que sei", e é essa incapacidade que obstrui suas habilidades sociais. (Curiosamente, indivíduos autistas, a despeito de sua "inteligência", também demonstram incapacidade de compreender a incerteza.)

Assim como o autismo é chamado de "cegueira mental", a essa incapacidade de pensar dinamicamente, de se posicionar em relação a um observador futuro deveríamos chamar de "cegueira em relação ao futuro".

*Previsão, previsão incorreta e felicidade*

Vasculhei a literatura de ciências cognitivas em busca de alguma pesquisa sobre "cegueira em relação ao futuro" e não encontrei nada. Contudo, na literatura sobre felicidade encontrei um exame de nossos crônicos erros de previsão que nos fará felizes.

Esses erros de previsão funcionam da seguinte maneira. Você está prestes a comprar um carro novo. Isso vai mudar sua vida, elevar seu status e converter em um passeio de férias seu deslocamento diário de casa para o trabalho e do trabalho para casa. O carro é tão silencioso que mal dá para saber se o motor está ligado, de modo que você pode ouvir os noturnos de Rachmaninoff na rodovia. Esse carro novinho em folha colocará você em um patamar permanentemente elevado de contentamento. Toda vez que virem você, as pessoas vão pensar, "Ei, ele tem um carro sensacional". No entanto, você esquece que, da última vez que comprou um carro, também teve as mesmas expectativas. Você não antevê que mais cedo ou mais tarde o efeito do carro novo começará a minguar e que você voltará à condição inicial, como aconteceu da última vez. Algumas semanas depois de sair do showroom da concessionária, seu carro novo perderá toda a graça. Se você tivesse imaginado isso, provavelmente não o teria comprado.

Você está prestes a cometer um erro de previsão que já cometeu. Mesmo assim, custaria tão pouco fazer uma reflexão introspectiva!

Os psicólogos estudaram esse tipo de erro de previsão com relação a eventos agradáveis e desagradáveis. Superestimamos os efeitos desses dois tipos de eventos futuros em nossa vida. Aparentemente, estamos em um tremendo apuro psicológico que nos leva a fazer isso. Essa tribulação é chamada de "utilidade prevista" por Danny Kahneman e de "previsão afetiva" por Dan Gilbert. A questão não é tanto a tendência de prevermos erroneamente nossa felicidade futura, mas o fato de que não aprendemos recursivamente com experiências anteriores. Temos evidências de um bloqueio mental e de distorções na maneira como deixamos de aprender com nossos erros passados ao projetar o futuro de nossos estados afetivos.

Superestimamos de modo grosseiro a duração do efeito do infortúnio em nossa vida. Você acha que a perda do seu patrimônio ou da posição da qual desfruta atualmente será devastadora, mas deve estar enganado. O mais provável é que você acabe por se adaptar a qualquer coisa, como provavelmente fez depois de infortúnios passados. Você pode sentir uma pancada, mas não será tão ruim quanto espera. Esse tipo de equívoco de previsão pode ter um propósito: nos motivar a realizar atos *importantes* (por exemplo, comprar carros novos ou enriquecer) e nos impedir de correr certos riscos desnecessários. E isso é parte de um problema mais geral: nós, humanos, precisamos enganar a nós mesmos um pouquinho aqui e ali. De acordo com a teoria do autoengano de Trivers, isso deveria nos orientar favoravelmente em direção ao futuro. Mas autoengano não é um atributo desejável fora de seu domínio natural. Ele nos impede de correr alguns riscos desnecessários — mas vimos no capítulo 6 como não cobre tão bem uma enxurrada de riscos modernos que não temermos por não serem nítidos, a exemplo de riscos de investimento, perigos ambientais ou segurança a longo prazo.

*Heleno e as profecias reversas*

Se você estiver no ramo de ser um vidente, descrevendo o futuro para outros mortais menos privilegiados, será julgado pelos méritos de suas previsões.

Heleno, na *Ilíada*, era um tipo diferente de adivinho. Filho do rei Príamo e da rainha Hécuba, era o homem mais inteligente do exército de Troia. Foi ele quem, sob tortura, expôs aos aqueus o que seria necessário para que tomassem Troia (pelo visto, o dom da adivinhação não lhe permitiu prever que ele próprio seria capturado). Mas não era isso que o distinguia. Heleno, diferentemente de outros videntes, era capaz de prever o passado com grande precisão — sem ter sido informado de quaisquer detalhes sobre o período. Ele previa ao contrário.

Nosso problema não é apenas que não conhecemos o futuro; também não sabemos muito a respeito do passado. Precisamos muito de alguém como Heleno se quisermos conhecer a história. Vejamos como.

*O cubo de gelo derretido*

Pense no seguinte experimento mental, que peguei emprestado de meus amigos Aaron Brown e Paul Wilmott:

*Operação 1* (*o cubo de gelo derretido*): imagine um cubo de gelo e leve em conta como ele pode derreter ao longo das duas horas seguintes enquanto você joga algumas rodadas de pôquer com amigos. Tente imaginar o formato da poça resultante.

*Operação 2* (*de onde veio a água?*): visualize uma poça de água no chão. Agora tente reconstruir em sua imaginação o formato do cubo de gelo que a água talvez tenha sido um dia. Observe que a poça pode não ter necessariamente se originado de um cubo de gelo.

A segunda operação é mais difícil. Heleno devia ser mesmo habilidoso.

A diferença entre esses dois processos consiste no seguinte. Se você tiver os modelos certos (além de algum tempo de sobra e nada melhor para fazer), será capaz de prever com grande precisão de que modo o cubo de gelo vai derreter — esse é um problema específico de engenharia desprovido de complexidade, mais fácil do que aquele envolvendo bolas de bilhar. No entanto, a partir da poça de água você pode construir infinitos cubos de gelo possíveis, se é que de fato houve um cubo de gelo ali. A primeira direção, do cubo de gelo à poça, é chamada de processo *forward* (progressivo, de avanço, para a frente). A segunda direção é o processo *backward* (regressivo, de retrocesso, para trás), que é muito, muito mais complicado. O processo *forward* costuma ser usado na física e na engenharia; o processo *backward* é usado em abordagens históricas não repetíveis e não experimentais.

De certa forma, as limitações que nos impedem de "desfritar" um ovo nos impedem também de aplicar engenharia reversa na história.

Agora, permita-me aumentar um pouco a complexidade do problema para-a--frente-para-trás presumindo a não linearidade. Retomemos o que é geralmente chamado de paradigma da "borboleta na Índia", mencionado na discussão da descoberta de Lorenz no capítulo anterior. Como vimos, uma pequena entrada de dados em um sistema complexo pode levar a substanciais resultados não aleatórios, dependendo de condições muito especiais. Uma única borboleta batendo as asas em Nova Delhi pode ser a *causa* incontestável de um furacão na Carolina do Norte, embora o furacão possa ocorrer alguns anos depois. No entanto, *dada a observação de um furacão na Carolina do Norte*, é duvidoso que se possa desvendar as causas com alguma exatidão: existem bilhões de coisas muito pequenas, como o bater de asas de borboletas em Timbuktu ou cães selvagens espirrando na Austrália, que poderiam ter causado o furacão. O processo da borboleta ao furacão é muito mais simples do que o processo reverso *do furacão à potencial borboleta*.

A confusão entre os dois está desastrosamente disseminada na cultura geral. Essa metáfora da "borboleta na Índia" enganou pelo menos um cineasta. Por exemplo, o filme francês *Le Battement d'ailes du papillon* (cujo título em língua inglesa é *Happenstance*, também conhecido como *The Beating of the Butterfly's Wings*, ou *A batida das asas de uma borboleta*), dirigido por um certo Laurent Firode, pretendia encorajar as pessoas a se concentrarem nas pequenas coisas que podem alterar o rumo de suas vidas. Ei, já que um pequeno evento (uma pétala que cai no chão e chama sua atenção) pode levá-lo a escolher uma pessoa em vez de outra como companheiro para toda a vida, você deveria se concentrar nesses pequenos detalhes. Nem o cineasta nem os críticos perceberam que estavam lidando com o processo *backward*; no decorrer de um dia comum há trilhões dessas pequenas coisas, e examinar todas elas é algo que está fora de nosso alcance.

*Mais uma vez, informações incompletas*

Pense em um computador pessoal. Você pode usar um programa de planilhas para gerar uma sequência aleatória, uma sucessão de pontos que podemos chamar de história. Como? O programa responde a uma equação muito complicada de natureza não linear que produz números que parecem aleatórios. A equação é muito simples: se você souber a equação, poderá prever a sequência. É quase impossível, no entanto, que um ser humano faça a engenharia reversa da equação e preveja outras sequências. Estou falando sobre um programa de computador simples de linha única (chamado de "mapa tenda") gerando um punhado de pontos de dados, não sobre os bilhões de eventos simultâneos que constituem a real história do mundo. Em outras palavras, mesmo se a história fosse uma série não aleatória gerada por alguma "equação do mundo", uma vez que a engenharia reversa dessa equação não parece estar ao alcance das possibilidades humanas, deveria ser considerada aleatória e não receber o nome de "caos determinístico". Os historiadores deveriam ficar longe da teoria do caos e das dificuldades de engenharia reversa, exceto para discutir propriedades gerais do mundo e aprender os limites daquilo que eles não podem saber.

Isso me leva a um problema maior com o ofício dos historiadores. Formularei o problema fundamental da prática da seguinte maneira: enquanto na teoria a aleatoriedade é uma propriedade intrínseca, na prática a aleatoriedade é *informação incompleta*, o que chamei de *opacidade* no capítulo 1.

Os não praticantes da aleatoriedade não entendem a sutileza. Amiúde, em congressos e conferências, quando me ouvem falar sobre incerteza e aleatoriedade, filósofos, e às vezes matemáticos, me importunam a respeito da questão menos relevante, a saber, se a aleatoriedade que abordo é "verdadeira aleatoriedade" ou "caos determinístico" disfarçado de aleatoriedade. Um verdadeiro sistema aleatório é de fato aleatório e não tem propriedades previsíveis. Um sistema caótico tem propriedades inteiramente previsíveis, mas elas são difíceis de saber. Portanto, minha resposta a ambos é dupla.

a) Não existe, na prática, diferença funcional entre os dois, uma vez que nunca conseguiremos fazer a distinção — a diferença é matemática, não de ordem prática. Se vejo uma mulher grávida, o sexo do bebê é uma questão puramente aleatória para mim (uma chance de 50% para menino ou menina), mas não para o médico dela, que talvez tenha feito um ultrassom. Na prática, a aleatoriedade é fundamentalmente informação incompleta.

b) O mero fato de uma pessoa falar sobre a diferença implica que ela nunca tomou uma decisão significativa sob a incerteza — é por isso que ela não percebe que os dois sistemas são indistinguíveis na prática.

A aleatoriedade, no fim das contas, é apenas desconhecimento. O mundo é opaco e as aparências nos enganam.

*O que chamam de conhecimento*

Uma palavra final sobre a história.

A história é como um museu onde podemos ver o repositório do passado e desfrutar do charme dos velhos tempos. É um maravilhoso espelho no qual enxergamos nossas próprias narrativas. Podemos até mesmo rastrear o passado usando análises de DNA. Gosto de história literária. A história antiga satisfaz meu desejo de construir minha autonarrativa, minha identidade, de me conectar com minhas (complicadas) raízes do Mediterrâneo Oriental. Inclusive prefiro relatos de livros mais velhos, claramente menos acurados, aos livros modernos. Entre os autores que reli (o teste definitivo para saber se você gosta de um autor é se você o releu), me vêm à mente os seguintes: Plutarco, Tito Lívio, Suetônio, Diodoro Sículo (ou Diodoro da Sicília), Gibbon, Carlyle, Renan e Michelet. Esses relatos são patentemente abaixo do padrão se comparados com as obras de hoje; são em larga medida anedóticos e repletos de mitos. Mas sei disso.

A história é útil para a intensa emoção de conhecer o passado e para a narrativa (de fato), contanto que continue sendo uma narrativa inofensiva. A aprendizagem devia ser feita com extremo cuidado. A história certamente não é um lugar para teorizar ou do qual extrair conhecimento geral, tampouco se destina a ajudar no futuro, sem alguma cautela. Podemos obter confirmação negativa da história, o que é inestimável, mas junto com ela obtemos muitas ilusões de conhecimento.

Isso me traz mais uma vez a Menódoto, à abordagem do problema do peru e como não ficar louco pelo passado. O enfoque do médico empírico para o problema da indução era *saber* história sem teorizar a partir dela. Aprenda a ler a história, obtenha todo o conhecimento que puder, não descarte o relato anedótico, mas não estabeleça nenhuma ligação causal, não tente fazer engenharia reversa em excesso — se fizer, não alardeie grandes alegações científicas. Lembre-se de que os céticos empíricos respeitavam os costumes: eles os usavam como um padrão, uma base para a ação, nada mais que isso. Chamavam essa abordagem simples e livre de manipulações do passado de epilogismo.*

Mas a maioria dos historiadores tem outra opinião. Tenha em mente a representativa introspecção de *Que é história?*, de Edward Hallett Carr. Você o verá perseguindo explicitamente a causalidade como um aspecto central de seu trabalho. Você pode inclusive ir mais alto: Heródoto, considerado o pai da história como disciplina, definiu seu propósito no proêmio (abertura) de sua obra:

---

* Yogi Berra poderia formular uma teoria do epilogismo com sua máxima: "Dá para observar muita coisa apenas olhando".

para que a memória dos acontecimentos não se apague, e para que os feitos dos helenos e bárbaros não deixem de ser lembrados, e em especial, sobretudo, apresentar *a causa* [grifo meu] pela qual guerrearam entre si.

O mesmo ocorre com todos os teóricos da história, seja Ibn Khaldoun, Marx ou Hegel. Quanto mais tentamos transformar a história em algo diferente de uma enumeração de relatos a serem apreciados com o mínimo de teorização, mais nos encrencamos. A falácia narrativa nos assola tanto assim?*

Talvez tenhamos que esperar por uma geração de historiadores céticos-empiristas capazes de compreender a diferença entre um processo para a frente e um processo reverso.

Assim como Popper atacou os historicistas e suas alegações sobre o futuro, acabo de apresentar os pontos fracos da abordagem histórica quando se trata de conhecer o *passado* em si.

Depois dessa discussão sobre a cegueira em relação ao futuro (e ao passado), vamos ver o que fazer a respeito dela. Surpreendentemente, existem medidas bastante práticas que podemos tomar. A seguir, examinaremos isso em pormenores.

---

* Ao olharmos para o passado, seria uma boa ideia resistir a analogias ingênuas. Muitas pessoas compararam os Estados Unidos de hoje à Roma Antiga, tanto do ponto de vista militar (a destruição de Cartago era citada muitas vezes como um incentivo para a destruição de regimes inimigos) quanto social (os infindáveis e banais alertas de declínio e queda iminentes). Infelizmente, precisamos ter extremo cuidado na transposição do conhecimento de um ambiente simples e mais próximo do tipo 1, como o que tínhamos na Antiguidade, para o sistema complexo do tipo 2 de hoje, com suas intrincadas teias de ligações causais. Outro erro é chegar a conclusões causais a partir da ausência de guerra nuclear, uma vez que, invocando o argumento de Casanova do capítulo 8, eu repetiria que não estaríamos aqui se tivesse acontecido uma guerra nuclear, e não é uma boa ideia derivarmos uma "causa" quando nossa sobrevivência está condicionada a ela.

# 13. Apeles, o pintor, ou o que fazer quando não se consegue prever?*

*Você deveria cobrar das pessoas pelos conselhos que dá a elas — Meu pitaco — Ninguém sabe nada, mas pelo menos ele sabe disso — Vá a festas*

## CONSELHOS SÃO BARATOS, MUITO BARATOS

Não é um bom hábito abarrotar o texto com citações de pensadores renomados, a menos que seja para zombar deles ou fornecer uma referência histórica. Elas "fazem sentido", mas máximas agradáveis aos ouvidos se impõem na marra à nossa credulidade e nem sempre resistem a testes empíricos. Então, escolhi a seguinte declaração do superfilósofo Bertrand Russell precisamente porque discordo dela.

> A exigência de certeza é natural ao homem, mas, não obstante, é um vício intelectual. Se você levar seus filhos para um piquenique em um dia incerto, exigirão de você uma resposta dogmática sobre se fará tempo bom ou se vai chover, e ficarão desapontados se você não puder ter certeza. [...]

---

* Este capítulo oferece uma conclusão geral para aqueles que a esta altura já estão pensando "Taleb, eu já entendi, mas o que eu faço agora?". Minha resposta seria: se entendeu, você meio que já chegou lá. Mas eis aqui um pequeno nudge.

Mas enquanto os homens não forem *treinados* [ênfase minha] para se abster de fazer julgamentos na ausência de evidências, serão desencaminhados por profetas presunçosos [...]. Há uma disciplina apropriada para a aprendizagem de cada virtude, e para a aprendizagem da suspensão de julgamentos a melhor disciplina é a filosofia.

Pode ser que o leitor se surpreenda com a minha discordância. É difícil discordar de que a exigência de certeza é um vício intelectual. É difícil discordar de que corremos o risco de ser desencaminhados por algum profeta presunçoso. Meu ponto de divergência com o grande homem é que não acredito no registro histórico da "filosofia" aconselhadora nos ajudando a lidar com o problema; também não acredito que seja possível ensinar virtudes *facilmente*; tampouco exorto as pessoas a se esforçarem para não fazer julgamentos. Por quê? Porque temos que lidar com os humanos como humanos. Não podemos *ensinar* as pessoas a evitar julgamentos; emitir juízos está entranhado na maneira como vemos os objetos. Não vejo uma "árvore"; vejo uma árvore de aspecto agradável ou uma árvore feia. Não é possível, sem um desmedido e paralisante esforço, nos privarmos desses pequenos valores que atribuímos às coisas. Da mesma forma, não é possível a um indivíduo manter uma situação na cabeça sem algum elemento de parcialidade. Há algo em nossa querida natureza humana que nos faz querer acreditar; e daí?

Filósofos desde Aristóteles nos ensinaram que somos animais afeitos a pensamentos profundos, e que podemos aprender por meio do raciocínio. Demorou um bocado de tempo para descobrirmos que sim, pensamos de forma eficaz, mas que é mais fácil narrarmos para trás, com o propósito de darmos a nós mesmos a ilusão de compreensão e protegermos nossas ações passadas. No minuto em que nos esquecemos desse ponto, o "Iluminismo" veio para enfiá-lo na nossa cabeça pela segunda vez.

Prefiro rebaixar os humanos a um nível certamente acima de outros animais conhecidos, mas não exatamente no mesmo nível do homem olímpico ideal que é capaz de absorver declarações filosóficas e agir em conformidade com elas. Na verdade, se a filosofia fosse *tão* eficaz, a seção de autoajuda da livraria local teria alguma utilidade para consolar almas aflitas, mas ela não é. Quando estamos sob tensão e estresse, nos esquecemos de filosofar.

Terminarei esta seção sobre previsão com as duas lições a seguir, uma muito breve (para as questões pequenas) e uma bastante extensa (para a decisões grandes e importantes).

*Ser um tolo nos lugares certos*

A lição para as questões pequenas é: *seja humano!* Aceite que a experiência humana envolve certa dose de arrogância epistêmica na administração da sua vida. Não se envergonhe disso. Não tente sempre se abster de julgamentos — opiniões são a essência da vida. Não tente evitar previsões — sim, depois dessa diatribe sobre previsão, *não* estou insistindo que você deixe de ser um tolo. Basta ser um tolo nos lugares certos.*

O que você deve evitar é a dependência desnecessária de previsões prejudiciais em larga escala — essas e somente essas. Evite os grandes assuntos que podem prejudicar o seu futuro: seja enganado nas pequenas coisas, não nas grandes. Não dê ouvidos a previsores econômicos ou a prognosticadores em ciências sociais (são meros animadores de auditório), mas faça sua própria previsão para o piquenique. A qualquer custo, exija certeza para o próximo piquenique; mas evite as previsões do governo sobre a previdência social para o ano de 2040.

Saiba como classificar as crenças não de acordo com a plausibilidade delas, mas pelos danos que elas podem causar.

*Esteja preparado*

Pode ser que o leitor, ao ler sobre esses fracassos gerais relacionados a ver o futuro, se sinta nauseado de preocupação e talvez se pergunte o que fazer. Mas se você deixar de lado a ideia de previsibilidade total, há muitas coisas a fazer, contanto que permaneça consciente de seus limites. Saber que você não é capaz de fazer previsões não significa não poder se beneficiar da imprevisibilidade.

---

* Dan Gilbert demonstrou em um artigo famoso, "How Mental Systems Believe" [Como os sistemas mentais acreditam], que não somos naturalmente céticos e que não acreditar exige gasto de energia mental.

Moral da história: esteja preparado! A previsão feita por mentes estreitas tem efeito analgésico ou terapêutico. Esteja ciente do efeito entorpecedor de números mágicos. Esteja preparado para todas as eventualidades relevantes.

## A IDEIA DO ACIDENTE POSITIVO

Lembre-se dos empíricos, os membros da escola grega de medicina empírica. Eles consideravam que o mais adequado era mantermos a mente aberta com relação aos diagnósticos médicos para permitir que a sorte desempenhasse um papel significativo. Por sorte, um paciente pode ser curado, digamos, comendo algum alimento que acaba se revelando como a cura para sua doença, de modo que o tratamento possa ser usado depois em futuros pacientes. O acidente *positivo* (a exemplo do remédio para hipertensão cujos benefícios colaterais resultaram no Viagra) era o principal método de descoberta médica dos empíricos.

Esse mesmo ponto pode ser generalizado para a vida: maximize a serendipidade ao seu redor.

Sexto Empírico contou a história do pintor grego Apeles, que, um dia, pintando um cavalo, tentou reproduzir no focinho do animal a espuma que às vezes se produz ali. Depois de muito esforço inútil e de bagunçar todo o ateliê, ele desistiu e, irritado, lançou contra o quadro a esponja com a qual limpava os pincéis. Percebeu então que, no ponto da tela onde a esponja bateu, reproduziu uma perfeita representação da espuma.

O método da tentativa e erro significa tentar com afinco. Em *O relojoeiro cego*,[*] Richard Dawkins ilustra de forma brilhante essa noção de mundo sem um grande desígnio, movendo-se por pequenas mudanças aleatórias e graduais. Observe uma ligeira discordância de minha parte que não altera muito a história: o mundo, ao contrário, se move por grandes e incrementais mudanças aleatórias.

De fato, temos dificuldades psicológicas e intelectuais com o método da tentativa e erro, e para aceitar que séries de pequenos fracassos são necessárias na vida. Meu colega Mark Spitznagel entendeu que nós, humanos, somos

---

[*] Ed. bras.: *O relojoeiro cego: A teoria da evolução contra o desígnio divino*. Trad. Laura Teixeira Motta. São Paulo: Companhia das Letras, 2001. (N. T.)

complexados em relação a fracassos, que são uma fonte de inquietação mental: "Você precisa amar perder" era o lema dele. De fato, a razão pela qual logo me senti em casa nos Estados Unidos é porque a cultura norte-americana incentiva o processo de fracasso, ao contrário das culturas europeias e asiáticas, nas quais o fracasso é recebido com estigma e constrangimento. A especialidade dos Estados Unidos é correr esses pequenos riscos pelo resto do mundo, o que explica sua participação desproporcional em inovações. Uma vez estabelecidos, uma ideia ou um produto são posteriormente "aperfeiçoados" lá.

*Volatilidade e risco de Cisne Negro*

As pessoas muitas vezes se sentem envergonhadas ao sofrer perdas, então se envolvem em estratégias que produzem muito pouca volatilidade, mas que contêm o risco de uma perda substancial — como catar moedas na frente de um rolo compressor. Na cultura japonesa, que é mal adaptada à aleatoriedade e mal equipada para entender que um desempenho ruim pode ser causado pela má sorte, as perdas podem manchar gravemente a reputação de um indivíduo. As pessoas odeiam a volatilidade, e por isso se envolvem em estratégias expostas a explosões, o que leva a ocasionais suicídios após uma perda considerável.

Além disso, essa troca compensatória entre volatilidade e risco pode aparecer em carreiras que parecem estáveis, como era o caso de empregos na IBM até a década de 1990. Ao ser demitido, o empregado enfrenta um vazio total: já não está mais apto a fazer qualquer outra coisa. O mesmo se aplica àqueles que atuam em setores da atividade econômica protegidos. Por outro lado, consultores podem obter ganhos voláteis à medida que os rendimentos de seus clientes oscilam para cima e para baixo, mas enfrentam um risco menor de morrer de fome, uma vez que suas habilidades estão à altura da demanda — *fluctuat nec mergitur* (flutua, mas não afunda). Da mesma forma, países com regimes ditatoriais que não parecem voláteis, como, digamos, a Síria ou a Arábia Saudita, enfrentam um maior risco de caos do que a Itália, por exemplo, já que esta última permanece em um estado de contínua turbulência política desde a Segunda Guerra. Aprendi sobre esse problema atuando no setor financeiro, no qual vemos banqueiros "conservadores" sentados em cima de uma pilha de dinamite, mas se autoenganando porque suas operações parecem enfadonhas e isentas de volatilidade.

## A *estratégia* barbell

Aqui estou tentando generalizar para a vida real a noção da estratégia *barbell**  que eu usava nos meus tempos de trader, que é a seguinte. Se você sabe que é vulnerável a erros de previsão, e se aceita que a maioria das "medidas de risco" é falha, por causa do Cisne Negro, então sua estratégia é ser o mais hiperconservador e mais hiperagressivo que puder, em vez de ser agressivo ou conservador em doses moderadas. Em vez de colocar seu dinheiro em investimentos de "risco médio" (como você sabe que o risco é médio? Dando ouvidos a "especialistas" ávidos por estabilidade no emprego?), você precisa colocar uma parte, digamos de 85 a 90%, em instrumentos extremamente seguros, como títulos do Tesouro — a classe de instrumentos mais segura que você consegue encontrar neste planeta. Com os 10 a 15% restantes você faz apostas extremamente especulativas com a máxima alavancagem possível (opções, por exemplo), de preferência portfólios de investimento com aplicações no estilo capital de risco.** Dessa forma você não dependerá de erros de gerenciamento de riscos; nenhum Cisne Negro poderá prejudicar você para além do seu "piso", o pé de meia que você acumulou e está aplicado em investimentos de segurança máxima. Ou, de forma equivalente, você pode ter um portfólio especulativo e colocá-lo no seguro (se possível) contra perdas maiores que, digamos, 15%. Você está "cortando" seu risco incomputável, aquele que é prejudicial a você. Em vez de risco médio, você tem alto risco de um lado e nenhum risco do outro. A média será de risco médio, mas constitui uma exposição positiva ao Cisne Negro. Em termos mais técnicos, isso pode ser chamado de combinação "convexa". Vejamos como isso pode ser implementado em todos os aspectos da vida.

---

* Também chamada de barra de haltere, é uma haste de metal com duas esferas ou discos de metal nas pontas, utilizada por levantadores de peso. (N. T.)
** Certifique-se de ter muitas dessas pequenas apostas; evite deixar-se cegar pela vivacidade de um único Cisne Negro. Faça o maior número possível e concebível dessas pequenas apostas. Até mesmo as empresas de capital de risco caem na lábia da falácia narrativa com algumas histórias que "fazem sentido" para elas; elas não têm tantas apostas quanto deveriam. Se as empresas de capital de risco são lucrativas, não é por causa das histórias que têm na cabeça, mas porque estão expostas a eventos raros não planejados.

*"Ninguém sabe de nada"*

Diz o boato que o lendário roteirista William Goldman teria gritado "Ninguém sabe de nada!" em relação à previsão de vendas de filmes. Ora, o leitor talvez se pergunte como é que alguém tão bem-sucedido como Goldman poderia saber o que fazer sem recorrer a previsões. A resposta coloca de ponta-cabeça a percepção da lógica dos negócios. Goldman sabia que não era capaz de prever eventos individuais, mas tinha a clara noção de que o imprevisível, a saber, um filme que se transformasse em um estrondoso sucesso de bilheteria, lhe traria imensos benefícios.

Assim, a segunda lição é mais agressiva: você pode tirar vantagem do problema da previsão e da arrogância epistêmica! A bem da verdade, suspeito que as empresas de maior sucesso são precisamente aquelas que sabem como contornar a imprevisibilidade inerente e até mesmo tirar proveito dela.

Lembre-se da minha discussão sobre a empresa de biotecnologia cujos gerentes compreenderam que a essência da pesquisa está nos desconhecidos. Então, observe como eles tiraram proveito das "quinas", os bilhetes de loteria grátis que existem no mundo.

Eis aqui os (modestos) truques. Mas observe que, quanto mais modestos eles são, mais eficazes.

a. *Primeiro, faça uma distinção entre contingências positivas e negativas.* Aprenda a distinguir os empreendimentos humanos nos quais a falta de previsibilidade pode ser (ou tenha sido) extremamente benéfica daqueles em que a incapacidade de compreender o futuro causou danos. Existem Cisnes Negros positivos e negativos. William Goldman estava envolvido na indústria cinematográfica, um negócio do Cisne Negro positivo. Nessa indústria, de vez em quando a incerteza valia a pena e dava frutos.

Um negócio do Cisne Negro negativo é aquele em que o inesperado pode atingir com força e causar estragos graves. Se você atua nas Forças Armadas, no ramo de seguros contra catástrofes ou no setor de segurança nacional, enfrenta apenas adversidades. Da mesma forma, como vimos no capítulo 7, se você atua no setor bancário e de empréstimos, o mais provável é que resultados surpreendentes sejam negativos para você. Você cede empréstimos e, na melhor das circunstâncias, recebe o valor de volta — mas corre o risco de perder todo seu dinheiro caso o devedor dê um calote. Na hipótese de o devedor obter grande sucesso financeiro, não é provável que ele lhe ofereça um dividendo adicional.

Além da indústria do cinema, exemplos de ramos de atividade do Cisne Negro positivo são: alguns segmentos do setor editorial, pesquisa científica e capital de risco. Nessas áreas, você perde pouco para faturar muito. Há pouco a perder por cada livro e, por razões completamente inesperadas, qualquer livro pode decolar e se tornar um campeão de vendas. O lado negativo é pequeno e facilmente controlável. O problema com as editoras, é claro, é que normalmente pagam adiantado pelos livros, o que torna a vantagem delas bastante limitada, e a desvantagem, monstruosa. (Se você pagar 10 milhões por um livro, seu Cisne Negro será o fato de o livro não se tornar um best-seller.) Da mesma forma, embora a tecnologia possa ser uma fonte potencial de grandes recompensas, pagar pela história mais badalada do momento, como as pessoas fizeram com a bolha das pontocom, pode tornar qualquer vantagem limitada e qualquer desvantagem gigantesca. O capitalista de risco que investiu em uma empresa especulativa e vendeu sua participação para investidores desprovidos de imaginação é o beneficiário do Cisne Negro, não os investidores do tipo "maria vai com as outras".

Nesses ramos de negócios, você tem sorte se não souber de nada — especialmente se os outros também não sabem, mas não têm noção disso. E você se sairá melhor se souber onde está sua ignorância, se for o único que está procurando nos livros não lidos, por assim dizer. Isso se encaixa na estratégia *barbell* de ter a máxima exposição aos Cisnes Negros positivos e ao mesmo tempo permanecer paranoico em relação aos negativos. Para sua exposição ao Cisne Negro positivo, não é necessário ter qualquer compreensão exata da estrutura da incerteza. Acho difícil explicar que, quando você tem uma perda muito limitada, precisa ser o mais agressivo, especulativo e, às vezes, o mais "irracional" possível.

Vez por outra, pensadores de nível intelectual mediano fazem a analogia entre essa estratégia e o acúmulo de "bilhetes de loteria". É totalmente equivocada. Para começo de conversa, os bilhetes não têm um retorno escalável; há um limite máximo conhecido para o que eles podem oferecer. Aqui se aplica a falácia lúdica — a escalabilidade de recompensas da vida real em comparação com a da loteria torna a recompensa ilimitada ou de limite desconhecido. Em segundo lugar, os bilhetes de loteria têm regras conhecidas e possibilidades bem apresentadas como se fossem fabricadas em laboratório; aqui não sabemos as regras e podemos nos beneficiar com essa incerteza adicional, uma vez que ela não pode prejudicá-lo e só pode favorecê-lo.*

b. *Não procure pelo preciso nem pelo local.* Para usar termos simples, não tenha um pensamento limitado. O formidável descobridor Pasteur, que propôs a noção de que o acaso favorece as mentes bem preparadas, entendeu que a pessoa não procura algo específico todas as manhãs, mas trabalha com afinco para deixar o fortuito entrar em sua vida profissional. Como disse Yogi Berra, outro grande pensador: "Você tem que tomar muito cuidado se não sabe para onde está indo, porque pode ser que não chegue lá".

Da mesma forma, não tente prever Cisnes Negros precisos — isso tende a torná-lo mais vulnerável aos que você não previu. Meus amigos Andy Marshall e Andrew Mays, do Departamento de Defesa, enfrentam

---

* Há uma questão epistemológica mais sutil. Lembre-se de que em um negócio do tipo Cisne Negro virtuoso, é quase certo que aquilo que o passado não revelou será bom para você. Quando você olha para os lucros de empresas de biotecnologia em anos anteriores, não vê nos números o sucesso arrebatador do tipo arrasa-quarteirões, e devido ao potencial para a cura do câncer (ou dores de cabeça, ou calvície, ou senso de humor de péssima qualidade etc.), há uma pequena probabilidade de que as vendas nessa indústria possam vir a ser monstruosas, muito maiores do que se poderia esperar. Por outro lado, pense nos negócios do tipo Cisne Negro negativo. O histórico que você vê provavelmente superestima suas propriedades. Lembre-se da explosão dos bancos em 1982: aos olhos do observador ingênuo eles pareciam ser mais lucrativos do que aparentavam. Há duas variedades de seguradoras: as do tipo regular diversificável, que pertencem ao Mediocristão (digamos, seguro de vida) e as que lidam com riscos mais críticos e explosivos, propensos a Cisnes Negros, que geralmente são vendidos a resseguradoras. De acordo com os dados, no decorrer das últimas décadas as resseguradoras perderam dinheiro nas subscrições, mas, ao contrário dos banqueiros, são suficientemente introspectivas para saber que na verdade poderia ter sido muito pior, porque nos últimos vinte anos não houve uma grande catástrofe, e basta uma hecatombe por século para fechar as portas do negócio. Muitos acadêmicos da área de finanças que fazem *"valuation"* em seguros parecem não ter entendido o xis da questão.

o mesmo problema. O impulso por parte dos militares é aplicar recursos para prever os problemas vindouros. Esses pensadores defendem o oposto: investir na preparação, não na previsão.

Lembre-se de que a vigilância infinita simplesmente não é possível.

c. *Agarre todas as oportunidades, ou qualquer coisa que se pareça com uma oportunidade.* Elas são raras, muito mais raras do que você pensa. Lembre-se de que os Cisnes Negros positivos têm um primeiro passo necessário: você precisa ser exposto a eles. Muitas pessoas não percebem que estão tendo uma chance de ouro na vida quando ela aparece. Se uma grande editora (ou um renomado *marchand* ou um executivo da indústria cinematográfica ou um banqueiro poderoso ou um famoso pensador) sugere um encontro, cancele tudo o que você tiver planejado: talvez você nunca mais veja essa janela se abrir novamente. Às vezes fico perplexo ao constatar o quanto as pessoas não percebem que essas oportunidades não crescem em árvores. Acumule o máximo de bilhetes grátis de "não loteria" (aqueles com recompensas ilimitadas) que você puder, e, assim que começarem a render frutos, não os jogue fora. Trabalhe duro, mas não fazendo um trabalho maçante, e sim buscando essas oportunidades e maximizando a exposição a elas. Isso faz com que morar em cidades grandes seja inestimável, porque aumenta as chances de encontros serendipitosos — você ganha exposição ao envelope da serendipidade. A ideia de fixar residência em uma área rural, alegando que "na era da internet" as ferramentas de comunicação são boas, joga você para longe dessas fontes de incerteza positiva. Diplomatas entendem isso muito bem: bate-papos informais e ao acaso em coquetéis geralmente levam a grandes descobertas — mais do que correspondências oficiais secas ou conversas telefônicas. Vá a festas! Se você é um cientista, vai se deparar de modo inesperado com algum comentário capaz de desencadear novas pesquisas. E, se você for autista, envie seus sócios a esses eventos.

d. *Cuidado com os planos precisos feitos pelos governos.* Conforme discutimos no capítulo 10, deixe os governos fazerem previsões (isso leva as autoridades a se sentirem melhores consigo mesmas e justifica a existência delas), mas não dê muito valor ao que dizem. Lembre-se de que o interesse desses funcionários públicos é sobreviver e se autoperpetuar — e não chegar à verdade. Isso não significa que os governos são inúteis, só que você precisa manter um olhar vigilante em seus efeitos colaterais. Por exemplo, os reguladores do setor bancário são propensos a um grave problema de especialista e tendem a fazer vista grossa para uma exposição imprudente (mas oculta) a riscos. Andy Marshall e Andy Mays me perguntaram se o setor privado poderia se sair melhor em termos de previsões. Infelizmente, não. Mais uma vez, lembre-se da história de bancos que escondem riscos explosivos em seus portfólios. Não é uma boa ideia confiar em corporações em questões como eventos raros, porque o desempenho desses executivos não é observável em uma base de curto prazo, e eles manipularão o sistema de forma fraudulenta para mostrar um bom desempenho que lhes garanta sua bonificação anual. O calcanhar de aquiles do capitalismo é que se você fizer as corporações competirem, às vezes é aquela que está mais exposta ao Cisne Negro negativo que parecerá a mais apta a sobreviver. Lembre-se também da nota de rodapé sobre a descoberta de Ferguson no capítulo 1, dando conta de que os mercados não são bons para prever guerras. Ninguém é bom para prever o que quer que seja. Sinto muito.

e. "Tem umas pessoas que, se ainda não sabem, você não pode contar pra elas", afirmou certa vez o grande filósofo da incerteza Yogi Berra. *Não perca seu tempo tentando lutar contra os prognosticadores, analistas de mercado, economistas e cientistas sociais, exceto para pregar peças neles.* É consideravelmente fácil tirar sarro deles, e muitos ficam zangados num piscar de olhos. É ineficaz reclamar da imprevisibilidade: as pessoas continuarão a fazer previsões de forma insensata, ainda mais se forem pagas para isso, e é impossível pôr fim às fraudes institucionalizadas. Se você algum dia tiver que dar atenção a uma previsão, tenha em mente que a exatidão dela se degrada rápido, à medida que você a estende ao longo do tempo.

Se você ouvir um economista "notável" usando as palavras *equilíbrio*, ou *distribuição normal*, não discuta com ele; apenas ignore-o, ou tente colocar um rato dentro da camisa dele.

## A grande assimetria

Todas essas recomendações têm um ponto em comum: assimetria. Coloque-se em situações nas quais consequências favoráveis são muito maiores do que as desfavoráveis.

Com efeito, a noção de *resultados assimétricos* é a ideia central deste livro: nunca conhecerei o desconhecido, já que, por definição, é o desconhecido. No entanto, sempre posso tentar supor de que modo ele pode me afetar, e devo basear minhas decisões em torno disso.

Essa ideia é muitas vezes chamada, erroneamente, de aposta de Pascal, em referência ao filósofo e (pensador) matemático Blaise Pascal. Ele a apresentou mais ou menos assim: não sei se Deus existe, mas sei que nada tenho a ganhar sendo ateu caso ele não exista, ao passo que tenho muito a perder caso ele exista. Portanto, isso justifica minha crença em Deus.

O argumento de Pascal tem uma grave falha teológica: é preciso ser um tanto ingênuo para acreditar que Deus não nos penalizaria por falsa crença. A menos, é claro, que se adote uma visão bastante restritiva de um Deus ingênuo. (Há relatos de que Bertrand Russell afirmou que Deus precisaria ter criado tolos para que o argumento de Pascal funcionasse.)

Mas a ideia por trás da aposta de Pascal tem aplicações fundamentais fora do âmbito da teologia. Ela coloca de pernas para o ar toda a noção de conhecimento. Elimina a necessidade de entendermos as probabilidades de um evento raro (há limites fundamentais para nosso conhecimento a respeito deles); em vez disso, podemos nos concentrar na recompensa e nos benefícios de um evento, se ele ocorrer. As probabilidades de eventos muito raros não são computáveis; o efeito de um evento sobre nós é bem mais fácil de determinar (quanto mais raro o evento, mais imprecisas as probabilidades). Podemos ter uma ideia clara das consequências de um evento, mesmo que não saibamos quais são as chances de ele ocorrer. Não sei quais são as chances de ocorrer um terremoto, mas posso imaginar como a cidade de São Francisco pode ser afetada por um tremor de terra. Essa ideia de que, para tomar uma decisão, você precisa enfocar as consequências (que você pode saber) em vez da probabilidade (que você não tem como saber) é a *ideia central da incerteza*. Boa parte da minha vida é baseada nisso.

Você pode formular uma teoria geral da tomada de decisões com base nessa ideia. Tudo o que você tem que fazer é mitigar as consequências. Como eu disse, se meu portfólio de investimentos for exposto a uma quebra do mercado, cujas probabilidades não sou capaz de calcular, só me resta comprar uma apólice de seguro, ou sair por aí investindo em títulos menos arriscados as quantias que não estou disposto a perder.

De fato, se os livres mercados têm feito sucesso, é precisamente porque permitem o processo de tentativa e erro que chamo de "ajustes e experimentações estocásticos" por parte de operadores individuais concorrentes que caem no engodo da falácia narrativa — mas que na prática estão participando coletivamente de um grandioso projeto. Cada vez mais aprendemos a praticar ajustes e experimentações estocásticos sem saber disso — graças a empreendedores superconfiantes, investidores ingênuos, banqueiros de investimentos gananciosos e capitalistas de risco agressivos reunidos pelo sistema de livre mercado. O próximo capítulo mostra por que vejo com otimismo que o mundo acadêmico esteja perdendo seu poderio e capacidade de confinar o conhecimento a camisas de força, e que mais conhecimento fora dos padrões convencionais será gerado no estilo Wiki.*

No fim das contas, estamos sendo conduzidos pela história, o tempo todo pensando que nós é que temos as rédeas.

Resumirei esta longa seção sobre previsão afirmando que podemos definir com clareza os motivos pelos quais não somos capazes de decifrar o que está acontecendo. São eles: a) arrogância epistêmica e nossa correspondente cegueira em relação ao futuro; b) a noção platônica de categorias, ou como as pessoas são enganadas por reduções, particularmente se tiverem um diploma

---

* O termo *wiki*, elemento de composição de uma grande quantidade de empreendimentos digitais (por exemplo, Wikipédia e WikiLeaks), e que no mundo da computação indica websites colaborativos, ou seja, aqueles cujo conteúdo pode ser modificado pelo usuário, foi criado em 1994 pelo programador americano Ward Cunningham, criador do software batizado de *WikiWikiWeb* (de sonoridade semelhante ao www de *World Wide Web*), nome supostamente inspirado nos ônibus expressos do aeroporto de Honolulu, os Wiki-Wiki, expressão regional havaiana que significa "rapidinho". Em 2007, *wiki* passou a ser um verbete na versão on-line do dicionário *Oxford*. (N. T.)

acadêmico em uma disciplina isenta de especialistas; e, finalmente, c) ferramentas de inferência defeituosas, em particular as ferramentas desprovidas de Cisnes Negros do Mediocristão.

Na próxima seção, investigaremos mais a fundo, muito mais a fundo, essas ferramentas do Mediocristão, entraremos na "estrutura", por assim dizer. Alguns leitores podem vê-la como um apêndice; outros podem considerá-la o cerne do livro.

## Parte III

# Aqueles Cisnes Cinzentos do Extremistão

É hora de lidar em alguma profundidade com os quatro itens finais que são relevantes para o nosso Cisne Negro.

*Primo*, eu disse anteriormente que o mundo está cada vez mais se enfiando Extremistão adentro, e que é cada vez menos regido pelo Mediocristão — na verdade, a ideia é mais sutil do que isso. Mostrarei como e apresentarei as várias ideias que temos sobre a formação da desigualdade. *Secondo*, venho descrevendo a curva em forma de sino gaussiana como um delírio contagioso e grave, e é hora de examinar esse ponto com algum grau de profundidade. *Terso*, apresentarei o que chamo de aleatoriedade mandelbrotiana, ou fractal. Lembre-se de que para um evento ser um Cisne Negro, não precisa ser apenas raro, ou simplesmente desenfreado; tem que ser inesperado, deve estar fora do nosso túnel de possibilidades. Você tem que ser feito de otário por ele. Acontece que muitos eventos raros podem nos fornecer sua estrutura: não é fácil calcular a probabilidade de esses eventos acontecerem, mas é fácil ter uma ideia geral sobre a possibilidade de sua ocorrência. Podemos transformar esses Cisnes Negros em Cisnes Cinzentos, por assim dizer, reduzindo seu efeito surpresa. Uma pessoa ciente da possibilidade de tais eventos pode passar a pertencer ao grupo dos não otários.

Por fim, apresentarei as ideias dos filósofos que se concentram na incerteza fajuta. Organizei este livro de forma que as seções mais técnicas (embora não essenciais) estão aqui; elas podem ser ignoradas sem qualquer prejuízo para o leitor atento, em especial os capítulos 15, 17 e a segunda metade do capítulo 16. Alertarei o leitor com notas de rodapé. O leitor menos interessado na mecânica dos desvios pode, então, prosseguir diretamente para a parte IV.

# 14. Do Mediocristão ao Extremistão, e de volta

*Prefiro Horowitz — Como cair em desgraça — A cauda longa — Prepare-se para algumas surpresas — Não é apenas dinheiro*

Vejamos como um planeta cada vez mais artificial e produzido pelo homem pode evoluir afastando-se da aleatoriedade moderada rumo à aleatoriedade acentuada. Primeiro, descreverei como chegamos ao Extremistão. Em seguida, darei uma olhada em sua evolução.

*O mundo é injusto*

O mundo é tão injusto assim? Passei a vida inteira estudando a aleatoriedade, praticando a aleatoriedade, odiando a aleatoriedade. Quanto mais o tempo passa, piores as coisas me parecem, mais medo sinto e mais revoltado fico com a Mãe Natureza. Quanto mais penso no meu tema, mais vejo evidências de que o mundo que temos em nossa mente é diferente daquele que se desenrola lá fora. A cada manhã, o mundo me parece mais aleatório do que no dia anterior, e os humanos parecem estar sendo ainda mais enganados por ele do que no dia anterior. Está se tornando insuportável. Acho doloroso escrever estas linhas; acho o mundo repulsivo.

Dois cientistas "brandos" propõem modelos intuitivos para o desenvolvimento dessa desigualdade: um é um economista tradicional, o outro, um sociólogo. Ambos simplificam um pouco demais. Apresentarei as ideias deles não por causa da qualidade científica de seus insights ou qualquer relevância em suas descobertas, mas porque são fáceis de entender; em seguida mostrarei a história a partir do ponto de vista dos cientistas naturais.

Permita-me começar com o economista Sherwin Rosen. No início dos anos 1980, ele escreveu artigos sobre "a economia das superestrelas". Em um dos artigos, expressou seu sentimento de indignação pelo fato de um jogador de basquete ganhar 1,2 milhão de dólares anuais, ou uma celebridade televisiva ganhar 2 milhões. Para ter uma ideia de como essa concentração está aumentando — ou seja, de como estamos nos afastando do Mediocristão —, saiba que, hoje, mais de duas décadas depois, as celebridades da televisão e os astros do esporte (mesmo na Europa) assinam contratos de centenas de milhões de dólares! O extremo é (por enquanto) cerca de vinte vezes mais alto do que há mais de duas décadas!*

De acordo com Rosen, essa desigualdade resulta de um "efeito de torneio": alguém que é ligeiramente "melhor" pode ganhar a bolada inteira com muita facilidade, deixando os outros de mãos vazias. Usando um argumento do capítulo 3, as pessoas preferem pagar 10,99 por uma gravação com Horowitz a 9,99 por um pianista aguerrido pelejando para sobreviver. Você prefere ler Kundera por 13,99 ou algum escritor desconhecido por um dólar? Parece um torneio, em que o vencedor ganha a coisa toda — e ele não tem que vencer por grande margem.

Mas o belo argumento de Rosen deixa escapar o papel da sorte. O problema aqui é a noção de "melhor", esse foco nas habilidades como causa do sucesso. Resultados aleatórios, ou uma situação arbitrária, também podem explicar o sucesso e fornecer o impulso inicial que conduz a um resultado do tipo "o vencedor leva tudo". Uma pessoa pode prosperar e chegar um pouco à frente das demais por motivos inteiramente aleatórios; como gostamos de imitar uns aos outros, correremos em direção a ela. O mundo do contágio é tão subestimado!

Enquanto escrevo estas linhas, estou usando um Macintosh, da Apple, depois de passar anos usando produtos da Microsoft. A tecnologia da Apple é muito melhor, ainda assim, o software inferior saiu vitorioso. Como? Sorte.

---

* O intervalo de duas décadas é relativo à data de lançamento da primeira edição deste livro, no ano de 2007. (N. E.)

## O efeito Mateus

Mais de uma década antes de Rosen, o sociólogo da ciência Robert K. Merton apresentou sua ideia do efeito Mateus, por meio do qual as pessoas tomam dos pobres para dar aos ricos.* Ele observou o desempenho de cientistas e mostrou como uma vantagem inicial acompanha alguém ao longo de toda a vida. Tenha em mente o seguinte processo.

Digamos que alguém escreva um artigo acadêmico citando cinquenta pessoas que trabalharam com o mesmo tema e forneceram materiais de referência para seu estudo; suponha, por uma questão de simplicidade, que todas as cinquenta têm o mesmo mérito. Outro pesquisador trabalhando exatamente com o mesmo objeto de estudo citará aleatoriamente três desses cinquenta em sua bibliografia. Merton mostrou que muitos acadêmicos citam referências sem terem lido o trabalho original; em vez disso, leem um artigo e tiram as próprias citações de suas fontes. Então, um terceiro pesquisador lendo o segundo artigo seleciona três dos autores referenciados anteriormente para *suas próprias* citações. Esses três autores receberão de forma cumulativa mais e mais atenção à medida que seus nomes se tornam mais estreitamente associados ao tema em questão. A diferença entre os três vencedores e os outros membros do grupo original é, sobretudo, sorte: foram escolhidos a princípio não por sua maior habilidade, mas simplesmente pela forma como seus nomes apareceram na bibliografia anterior. Graças à sua reputação, esses acadêmicos de sucesso continuarão a escrever artigos, e seu trabalho será facilmente aceito para publicação. Sucesso acadêmico é, em parte (mas uma parte substancial), uma loteria.**

É fácil testar o efeito da reputação. Uma maneira seria encontrar artigos que tenham sido escritos por cientistas famosos, tiveram a identidade de seus autores mudada por engano e foram rejeitados. Você poderia verificar

---

* Essas leis escaláveis já foram discutidas nas Escrituras: "Porque a todo o que tem dar-se-lhe-á, e terá em abundância; mas ao que não tem, até aquilo que tem ser-lhe-á tirado". (Mateus 25:29, *Bíblia de King James*)

** Boa parte da percepção da importância atribuída à precocidade na carreira dos pesquisadores se deve à incompreensão do papel perverso desse efeito, especialmente quando reforçado pela parcialidade. Muitos contraexemplos, mesmo em campos como a matemática, que em tese deveria ser puramente um "jogo de jovens", ilustram a falácia da idade: para usar termos simples, é necessário ser bem-sucedido cedo, muito cedo.

quantas dessas rejeições foram posteriormente anuladas depois de comprovada a verdadeira identidade dos autores. Note que os acadêmicos são julgados principalmente por quantas vezes seus textos são citados como referência nos textos de outras pessoas, e é assim que se formam panelinhas de pessoas que citam umas às outras (é um negócio do tipo de "eu cito você, você me cita").

No fim das contas, os autores que não são citados com frequência sairão do jogo a fim de, digamos, ir trabalhar para o governo (se tiverem índole dócil), ou para a máfia, ou para uma firma de Wall Street (se tiverem um elevado nível de hormônios). Aqueles que contaram com um bom empurrão no início da carreira acadêmica continuarão obtendo vantagens cumulativas ao longo da vida. Para os ricos é mais fácil ficarem mais ricos, e os famosos têm mais facilidade para ficarem ainda mais famosos.

Na sociologia, os efeitos Mateus têm o nome menos literário de "vantagem cumulativa". Essa teoria pode ser facilmente aplicada a empresas, homens de negócios, atores, escritores e qualquer outra pessoa que se beneficie do sucesso anterior. Se o seu texto for publicado na revista *New Yorker* porque a cor do seu papel timbrado chamou a atenção do editor, que estava sonhando acordado com margaridas, a recompensa resultante pode acompanhar você por toda a vida. De forma mais significativa, acompanhará *outras pessoas* por toda a vida. O fracasso também é cumulativo; os perdedores provavelmente também perderão no futuro, mesmo se não levarmos em conta o mecanismo de desmoralização que pode exacerbar as coisas e causar fracassos adicionais.

Observe que a arte, devido à sua dependência do boca a boca, é extremamente propensa a esses efeitos de vantagem cumulativa. No capítulo 1 mencionei as aglomerações, e como o jornalismo ajuda a perpetuá-las. Nossas opiniões sobre mérito artístico são o resultado de contágio arbitrário, mais até do que nossas ideias políticas. Uma pessoa escreve uma resenha crítica sobre um livro; outra pessoa lê e escreve um comentário que usa os mesmos argumentos. Em pouco tempo teremos várias centenas de comentários cujo conteúdo, na verdade, se resume a não mais do que duas ou três críticas, porque há um excesso de sobreposições. Para um exemplo anedótico, leia *Fire the Bastards!* [Demita esses cretinos!] cujo autor, Jack Green, analisa sistematicamente as resenhas críticas sobre o romance *The Recognitions* [Os reconhecimentos], de William Gaddis. Green mostra claramente como os críticos literários se ancoram em outras avaliações, revelando uma poderosa influência mútua, até mesmo na estrutura das frases. Esse fenômeno lembra o arrebanhamento de analistas financeiros discutido no capítulo 10.

O advento da mídia moderna acelerou essas vantagens cumulativas. O sociólogo Pierre Bourdieu notou uma ligação entre a crescente concentração de sucesso e a globalização da cultura e da vida econômica. Mas não estou tentando bancar o sociólogo aqui, apenas desejo mostrar que elementos imprevisíveis podem desempenhar um papel relevante nos resultados sociais.

A ideia de vantagem cumulativa de Merton tem um precursor mais geral, a "ligação preferencial", que, invertendo a cronologia (mas não a lógica), apresentarei a seguir. Merton estava interessado no aspecto social do conhecimento, não na dinâmica da aleatoriedade social, então seus estudos foram derivados separadamente da pesquisa sobre a dinâmica da aleatoriedade nas ciências mais matemáticas.

*Língua franca*

A teoria da ligação preferencial é onipresente em suas aplicações: ela pode explicar por que o tamanho de cidades é do Extremistão, por que o vocabulário está concentrado em um pequeno número de palavras, ou por que as populações de bactérias podem variar enormemente de tamanho.

Em 1922, os cientistas J. C. Willis e G. U. Yule publicaram na revista *Nature* um artigo de importância decisiva intitulado "Some Statistics of Evolution and Geographical Distribution in Plants and Animals, and Their Significance" [Algumas estatísticas da evolução e da distribuição geográfica em plantas e animais, e sua importância]. Willis e Yule notaram a presença na biologia das chamadas leis de potência, versões manejáveis da aleatoriedade escalável que discuti no capítulo 3. Essas leis de potência (sobre as quais darei informações mais técnicas nos próximos capítulos) tinham sido notadas anteriormente por Vilfredo Pareto, que descobriu que elas se aplicavam à distribuição de renda. Mais tarde, Yule apresentou um modelo simples para demonstrar como as leis de potência podem ser geradas. O cerne de seu argumento era o seguinte: digamos que as espécies se dividam em duas a uma taxa constante, de modo que surjam novas espécies. Quanto mais rico em espécies for um gênero, mais pujante ele tenderá a ficar, com a mesma lógica do efeito Mateus. Observe a seguinte ressalva: no modelo de Yule, as espécies jamais se extinguem.

Durante a década de 1940, George Zipf, um linguista de Harvard, examinou as propriedades da linguagem e sugeriu uma regularidade empírica agora conhecida como a lei de Zipf, que, claro, não é uma lei (e se fosse, não seria de Zipf). É apenas outra forma de pensar sobre o processo de desigualdade. Os mecanismos que ele descreveu foram os seguintes: quanto mais você usa uma palavra, menos esforço precisará empregar para usá-la novamente, então você pega palavras emprestadas do seu dicionário particular em proporção ao uso anterior delas. É isso que explica por que, das 60 mil palavras principais do léxico da língua inglesa, apenas algumas centenas constituem a maior parte do que se usa em textos escritos, e um número ainda menor aparece regularmente em uma conversa. Da mesma forma, quanto mais pessoas se agregarem em uma determinada cidade, maior a probabilidade de um forasteiro escolher essa cidade como seu destino. Os grandes ficam maiores, e os pequenos continuam pequenos ou se tornam relativamente menores.

Uma excelente ilustração de ligação preferencial pode ser vista no uso crescente e generalizado do inglês como língua franca — não por suas qualidades intrínsecas, mas porque as pessoas precisam usar um único idioma ou se aferrar a apenas um, na medida do possível, quando entabulam uma conversa. Assim, qualquer idioma que pareça ter a vantagem atrairá, num átimo, multidões; seu uso se espalhará como uma epidemia, e as outras línguas serão rapidamente tiradas de cena. Muitas vezes fico surpreso ao ouvir conversas entre pessoas de dois países vizinhos, digamos, entre um turco e um iraniano, ou um libanês e um cipriota, comunicando-se em um inglês precário, mexendo as mãos para dar ênfase, procurando palavras que só saem de sua garganta ao custo de grande esforço físico. Até mesmo os membros do Exército suíço usam o inglês (não o francês) como língua franca (seria divertido ouvi-los). Tenha em mente que uma minoria muito pequena dos norte-americanos que têm descendência norte-europeia é da Inglaterra; tradicionalmente, os grupos étnicos preponderantes são alemães, irlandeses, holandeses, franceses ou de alguma outra origem norte-europeia. No entanto, como todos esses grupos agora usam o inglês como língua principal, têm que estudar as raízes de sua língua adotiva e desenvolver uma associação cultural com partes de uma determinada ilha úmida, e também com sua história, suas tradições e seus costumes!

*Ideias e contágios*

O mesmo modelo pode ser usado para o contágio e concentração de ideias. Mas existem algumas restrições sobre a natureza das epidemias que devo discutir aqui. Ideias não se espalham sem alguma forma de estrutura. Lembre-se da discussão no capítulo 4 sobre como somos preparados para fazer inferências. Assim como tendemos a generalizar em determinadas questões, mas não em outras, parece haver "bolsões de atração" que nos direcionam para certas crenças. Algumas ideias se mostrarão contagiosas, mas outras não; algumas formas de superstições se espalharão, mas outras não; alguns tipos de crenças religiosas predominarão, mas outros não. O antropólogo, cientista cognitivo e filósofo Dan Sperber propôs a seguinte ideia sobre a epidemiologia das representações. O que as pessoas chamam de "memes", ideias que se espalham e competem entre si usando pessoas como hospedeiros, na verdade não são como genes. As ideias se disseminam porque, infelizmente, têm como hospedeiros agentes egoístas que estão interessados nelas e em distorcê-las no processo de replicação. Você não faz um bolo apenas para reproduzir uma receita — você tenta fazer *seu* próprio bolo, usando ideias de outras pessoas para aprimorá-lo. Nós, humanos, não somos máquinas fotocopiadoras. Portanto, categorias mentais contagiosas devem ser aquelas nas quais estamos preparados para acreditar, talvez até mesmo programados para acreditar. Para ser contagiosa, uma categoria mental deve combinar com a nossa natureza.

## NINGUÉM ESTÁ A SALVO NO EXTREMISTÃO

Há algo extremamente ingênuo em todos esses modelos de dinâmica de concentração que apresentei até agora, em especial os socioeconômicos. Por exemplo, embora inclua a sorte, a ideia de Merton deixa escapar uma camada adicional de aleatoriedade. Em todos esses modelos, o vencedor continua sendo um vencedor. Ora, um perdedor pode permanecer sempre um perdedor, mas um vencedor pode ser destituído por alguém novo que surge do nada. Ninguém está a salvo.

Teorias sobre ligação preferencial são intuitivamente atraentes, mas não explicam a possibilidade de algo ser suplantado por recém-chegados — o que uma criança em idade escolar conhece como o declínio das civilizações. Pense na lógica das cidades: como é que Roma, com uma população de 1,2 milhão de habitantes no primeiro século d.C., acabou com uma população de 12 mil no século III? Como Baltimore, outrora a mais importante cidade dos Estados Unidos, tornou-se uma lembrança? E como é que a Filadélfia foi ofuscada por Nova York?

*Um francês do Brooklyn*

Quando comecei a operar com transações no mercado de câmbio, fiz amizade com um colega chamado Vincent, que parecia um perfeito trader do Brooklyn, inclusive com os mesmos maneirismos de Tony Gordo, exceto pelo fato de que falava a versão francesa do brooklynês, o dialeto do distrito. Vincent me ensinou alguns truques. Entre seus provérbios estavam: "Nas operações financeiras pode haver príncipes, mas ninguém permanece rei por muito tempo" e "As pessoas que você encontra na subida são as mesmas que encontrará de novo ladeira abaixo".

Quando eu era criança, circulavam teorias sobre a luta de classes e a luta de indivíduos inocentes contra poderosos monstros corporativos capazes de engolir o mundo. Qualquer pessoa com fome intelectual era alimentada com essas teorias, herdadas da crença marxista de que as ferramentas de exploração eram autossustentáveis, de que os poderosos ficavam cada vez mais poderosos, exacerbando a injustiça do sistema. Mas bastava olhar ao redor para ver que esses grandes monstros corporativos caíam feito moscas. Observe uma amostra de dados de seção transversal das empresas dominantes em qualquer momento específico; muitas delas estarão fora do mercado algumas décadas depois, ao passo que empresas de que ninguém nunca ouviu falar terão entrado em cena, saídas de alguma garagem na Califórnia ou de algum dormitório de faculdade.

Pense na seguinte preocupante estatística: das quinhentas maiores empresas dos Estados Unidos em 1957, apenas 74 ainda faziam parte, quarenta anos depois, desse seleto grupo, o índice Standard and Poor's 500. Apenas algumas desapareceram em fusões; as demais encolheram ou faliram.

Curiosamente, quase todas essas grandes corporações estavam localizadas no país mais capitalista do mundo, os Estados Unidos. Quanto mais socialista era a orientação do país, mais fácil para os grandes monstros corporativos continuarem em cena. Por que o capitalismo (e não o socialismo) destruiu esses ogros?

Em outras palavras, se forem deixadas à própria sorte, as empresas tendem a ser devoradas. Aqueles que são favoráveis à liberdade econômica afirmam que empresas abomináveis e gananciosas não representam uma ameaça porque a competição as mantém sob controle. O que vi na Wharton School me convenceu de que o verdadeiro motivo inclui uma grande dose de outra coisa: acaso.

Mas quando as pessoas discutem o acaso (o que raramente fazem), em geral elas só olham para a própria sorte. A sorte *dos outros* conta muito. Outra corporação pode ter sorte graças a um produto de grande sucesso e tomar o lugar dos atuais vencedores. O capitalismo é, entre outras coisas, a revitalização do mundo graças à oportunidade de ter sorte. A sorte é o grande equalizador, porque quase todos podem tirar proveito dela. Os governos socialistas protegeram seus monstros e, com isso, mataram potenciais novatos ainda no útero.

Tudo é transitório. A sorte construiu e destruiu Cartago; a um só tempo, ergueu e arruinou Roma.

Afirmei anteriormente que a aleatoriedade é ruim, mas nem sempre. A sorte é bem mais igualitária do que até mesmo a inteligência. Se as pessoas fossem recompensadas estritamente de acordo com suas habilidades, as coisas ainda assim seriam injustas — as pessoas não escolhem suas habilidades. A aleatoriedade tem o efeito benéfico de reembaralhar as cartas da sociedade, derrubando os peixes graúdos.

Nas artes, os modismos fazem a mesma coisa. Um recém-chegado pode se beneficiar de uma moda passageira, enquanto os seguidores se multiplicam graças a uma epidemia de ligações preferenciais. Então, adivinhe só? Ele também vai pro buraco, morto e enterrado. É muito interessante enumerar os autores aclamados de uma época específica e ver quantos sumiram da nossa consciência. Isso acontece até mesmo em países como a França, onde o governo apoia reputações estabelecidas, assim como presta auxílio a grandes empresas em apuros.

Quando visito Beirute, muitas vezes vejo em casas de parentes os resquícios de uma coleção de "livros do Nobel", com vistosa encadernação em couro branco. Algum vendedor hiperativo conseguiu povoar bibliotecas particulares com esses belíssimos volumes; muitas pessoas compram livros para propósitos decorativos e querem um critério de seleção simples. O critério que essa coleção oferecia era uma série de livros dos autores ganhadores do Nobel de literatura, ano por ano — uma maneira simples de construir a biblioteca definitiva. A ideia era que a coleção fosse atualizada todos os anos, mas presumo que a empresa tenha fechado as portas na década de 1980. Sinto uma pontada de angústia toda vez que vejo esses volumes: hoje em dia, quanto ouvimos falar sobre Sully Prudhomme (o primeiro ganhador do prêmio), Pearl Buck (uma autora norte-americana), Romain Rolland, Anatole France (os dois últimos foram os mais famosos autores franceses de sua geração), St. John Perse, Roger Martin du Gard ou Frédéric Mistral?

*A cauda longa*

Eu disse que ninguém está a salvo no Extremistão. Há o outro lado da moeda: ninguém tampouco está ameaçado de completa extinção. Nosso ambiente atual permite que os peixes pequenos esperem na antessala do sucesso o momento propício — enquanto há vida, há esperança.

Essa ideia foi recentemente reavivada por Chris Anderson, um dos pouquíssimos a entender que a dinâmica da concentração fractal tem outra camada de aleatoriedade. Ele a empacotou junto com sua ideia de "cauda longa", sobre a qual falarei daqui a um instante. Anderson tem sorte de não ser um estatístico profissional (pessoas que tiveram a infelicidade de passar por um treinamento estatístico convencional acham que vivemos no Mediocristão). Ele foi capaz de enxergar a dinâmica do mundo com uma nova perspectiva.

É verdade que a web produz uma concentração aguda. Um grande número de usuários visita apenas alguns poucos sites, como o Google, que, no momento em que este livro foi escrito, tinha domínio total do mercado. Em nenhum outro momento da história uma empresa se tornou tão dominante com tanta rapidez — o Google pode oferecer seus serviços a pessoas na Nicarágua, no sudoeste da Mongólia ou na costa oeste dos Estados Unidos, sem ter que se preocupar com operadoras de telefonia, remessas de mercadorias, entregas e fabricação. É o estudo de caso definitivo de uma situação do tipo "o vencedor leva tudo".

As pessoas esquecem, porém, que antes do Google quem dominava o mercado de mecanismos de busca era o Alta Vista. Estou preparado para revisar a metáfora do Google substituindo-o por um novo nome em futuras edições deste livro.

O que Anderson viu é que a web causa algo *além* de concentração. A web possibilita a formação de um suprimento de proto-Googles esperando em segundo plano. Também promove o Google *inverso*, isto é, permite que pessoas com uma especialidade técnica encontrem um público pequeno e estável.

Lembre-se do papel da web no sucesso de Ievguênia Krásnova. Graças à internet, ela foi capaz de contornar os editores convencionais. O editor dela, o sujeito que usava óculos de armação cor-de-rosa, sequer trabalharia no ramo se não fosse pela web. Vamos supor que a Amazon.com não exista e que você tenha escrito um livro sofisticado. As probabilidades são de que uma livraria muito pequena, cujo acervo tem apenas 5 mil volumes, não terá interesse em deixar sua "prosa lindamente cinzelada" ocupar espaço de destaque nas prateleiras. E a loja média de uma megalivraria, como a Barnes & Noble nos Estados Unidos, tem capacidade de estocar 130 mil volumes, o que ainda assim não é suficiente para acomodar títulos marginais. Assim, sua obra é natimorta.

Não é assim com os vendedores da web. Uma livraria on-line pode ter um número quase infinito de livros, pois não precisa armazená-los fisicamente em estoque. Na verdade, ninguém precisa armazená-los fisicamente em estoque, pois podem permanecer em formato digital até que sejam necessários em formato impresso, um negócio emergente chamado de impressão sob demanda.

Então, como o autor desse livrinho, você pode ficar sentadinho onde quer que esteja, matar o tempo, estar disponível em mecanismos de pesquisa e talvez se beneficiar de uma ocasional epidemia. Na verdade, a qualidade dos leitores melhorou significativamente ao longo dos últimos anos, graças à disponibilidade desses livros mais sofisticados. É um ambiente fértil para a diversidade.*

Muitas pessoas me chamaram para discutir a ideia da cauda longa, que parece ser exatamente o oposto da concentração sugerida pela escalabilidade.

---

\* O atributo "de cima para baixo" da web também está fazendo com que resenhistas de livros passem a ser mais responsáveis. Se antes os escritores estavam indefesos e eram vulneráveis às arbitrariedades das críticas literárias, que podem distorcer as mensagens dos livros e, graças ao viés de confirmação, expor pontos fracos ínfimos e irrelevantes no texto, eles agora têm voz muito mais forte. Em vez de enviar uma carta chorosa ao editor, os escritores podem simplesmente postar na web sua própria resenha crítica de uma resenha crítica. Se forem atacados *ad hominem*, podem responder *ad hominem* e mirar diretamente a credibilidade do crítico, assegurando-se de que suas afirmações apareçam em uma rápida busca na internet ou na Wikipédia, a enciclopédia de baixo para cima.

A cauda longa implica que os peixes pequenos, coletivamente, deveriam controlar um segmento considerável da cultura e do comércio, graças aos nichos e subespecialidades que agora podem sobreviver com a internet. Todavia, estranhamente, pode implicar também uma grande medida de desigualdade: uma grande base de peixes pequenos e um número muito pequeno de supergigantes, juntos representando uma fatia da cultura mundial — vez por outra alguns dos pequenos subirão para nocautear os vencedores. (Essa é a "cauda dupla": uma cauda longa dos peixes pequenos, uma cauda curta dos peixes graúdos.)

O papel da cauda longa é fundamental para mudar a dinâmica do sucesso, desestabilizando o vencedor firmemente estabelecido e ensejando outro vencedor. Em uma avaliação rápida, esse será sempre o Extremistão, sempre governado pela concentração de aleatoriedade do tipo 2; mas será um Extremistão em constante mudança.

A contribuição da cauda longa ainda não é numérica; ainda está confinada à web e ao comércio on-line em pequena escala. Mas pense em como a cauda longa pode afetar o futuro da cultura, da informação e da vida política. Ela poderia nos libertar dos partidos políticos dominantes, do sistema acadêmico, dos conglomerados da imprensa — qualquer coisa que esteja atualmente nas mãos de autoridades inflexíveis, vaidosas e egoístas. A cauda longa ajudará a fomentar a diversidade cognitiva. Um dos pontos altos do ano de 2006 foi encontrar em minha caixa de correio o rascunho de um livro chamado *Cognitive Diversity: How Our Individual Differences Produce Collective Benefits* [Diversidade cognitiva: Como nossas diferenças individuais produzem benefícios coletivos], de Scott Page. O autor examina os efeitos da diversidade cognitiva na resolução de problemas e mostra como a variabilidade nas visualizações e métodos atua como um motor para ajustes e experimentações. Funciona como a evolução. Ao subverter as grandes estruturas, também nos livramos da *única maneira* platonificada de fazer as coisas — no fim das contas, deveria prevalecer o empirista de baixo para cima, livre de teorias.

Em suma, a cauda longa é um subproduto do Extremistão que o torna um pouco menos injusto: o mundo não deixa de ser injusto para o peixe pequeno, mas agora se torna extremamente injusto para o peixe graúdo. Ninguém tem cadeira cativa. O peixe pequeno é muito subversivo.

*Globalização ingênua*

Estamos descambando para a desordem, mas não necessariamente uma desordem ruim. Isso implica que veremos mais períodos de calmaria e estabilidade, com a maior parte dos problemas concentrada em um pequeno número de Cisnes Negros.

Pare para pensar na natureza das guerras do passado. O século XX não foi o mais mortífero (em porcentagem da população total), mas trouxe algo novo: o início da guerra do Extremistão — uma pequena probabilidade de um conflito degenerar em dizimação total da raça humana, um conflito do qual ninguém está protegido, em lugar nenhum.

Efeito semelhante está ocorrendo na vida econômica. Falei sobre globalização no capítulo 3; ela está aqui, mas nem tudo é para o bem: ela cria fragilidade interligada, ao mesmo tempo em que reduz a volatilidade e dá a aparência de estabilidade. Em outras palavras, cria Cisnes Negros devastadores. Jamais vivemos sob a ameaça de um colapso global como agora. As instituições financeiras vêm se fundindo em um número menor de bancos muito grandes. Quase todos os bancos agora estão inter-relacionados. Portanto, a ecologia financeira está inchando a ponto de se transformar em um aglomerado de bancos gigantescos, incestuosos e burocráticos (muitas vezes gaussianizados em sua medição de riscos) — quando um deles quebra, todos quebram.\* O aumento da concentração entre os bancos parece ter o efeito de tornar as crises financeiras menos prováveis, mas, quando elas acontecem, são mais globais em escala e nos atingem com grande impacto. Passamos de uma

---

\* Como se já não tivéssemos problemas suficientes, os bancos são agora mais vulneráveis do que nunca ao Cisne Negro e à falácia lúdica — em suas equipes de funcionários há "cientistas" que cuidam das exposições. A gigantesca firma bancária J. P. Morgan colocou o mundo inteiro em risco ao introduzir, nos anos 1990, o RiskMetrics, método fajuto de gerenciar os riscos das pessoas, causando o uso generalizado da falácia lúdica e colocando no poder os dr. Johns no lugar dos Tonys Gordos céticos. (Uma metodologia correlata, chamada "Value-at-Risk" [valor-em-risco], que se baseia na medida quantitativa de riscos, está se disseminando.) Da mesma forma, quando olho para os riscos da instituição Fannie Mae, financiada pelo governo, vejo que parece estar sentada em um barril de dinamite, vulnerável ao menor soluço. Mas não há motivo para preocupação: a formidável equipe de cientistas deles considerou que esses eventos são "improváveis".

ecologia diversificada de pequenos bancos, com variadas políticas de crédito e empréstimos, para um quadro mais homogêneo de empresas que são todas semelhantes entre si. Verdade seja dita, agora temos menos colapsos, mas quando eles ocorrerem... Só de pensar nisso sinto calafrios. Vou reformular: teremos menos crises, mas elas serão mais graves. Quanto mais raro o evento, menos sabemos a respeito das probabilidades de sua ocorrência. Isso significa que sabemos cada vez menos a respeito da possibilidade de uma crise.

E temos alguma ideia de como essa crise aconteceria. Uma rede é um conjunto de elementos chamados nós, que estão de alguma forma conectados uns aos outros por um link ou elo; os aeroportos do mundo constituem uma rede, assim como a World Wide Web (rede mundial de computadores), assim como conexões sociais e redes de eletricidade. Existe um ramo de pesquisa denominado "teoria das redes", que estuda a organização dessas redes e as ligações entre seus nós, com pesquisadores como Duncan Watts, Steven Strogatz, Albert-Laszlo Barabási e muitos outros. Todos eles entendem a matemática do Extremistão e a inadequação da curva em forma de sino gaussiana. Eles descobriram a seguinte propriedade das redes: há uma concentração entre alguns nós que funcionam como conexões centrais. As redes têm uma tendência natural de se organizar em torno de uma arquitetura extremamente concentrada: alguns nós são muito conectados; outros quase não têm conexões. A distribuição dessas conexões tem uma estrutura escalável do tipo que discutiremos nos capítulos 15 e 16. A concentração desse tipo não se limita à internet; aparece na vida social (um pequeno número de pessoas se conecta a outras pessoas), em redes de eletricidade, em redes de comunicação. Isso parece tornar as redes mais robustas: ataques aleatórios contra a maioria das partes da rede não terão consequências, uma vez que provavelmente atingirão um local com conexão ruim. Mas isso também torna as redes mais vulneráveis a Cisnes Negros. Apenas imagine o que aconteceria se houvesse um problema com um dos nós principais. O apagão que afetou o nordeste dos Estados Unidos durante agosto de 2003, com o caos que se instalou em sua esteira, é um perfeito exemplo do que poderia acontecer caso um dos grandes bancos falisse hoje.

Mas os bancos estão em uma situação muito pior do que a internet. O setor financeiro não tem uma cauda longa significativa! Nossa situação seria bem melhor se houvesse uma ecologia diferente, em que as instituições financeiras falissem de tempos em tempos e fossem rapidamente substituídas por novas, refletindo assim a diversidade de negócios e a resiliência da economia da internet. Ou se houvesse uma cauda longa de autoridades do governo e funcionários públicos que viesse para revigorar as burocracias.

## REVERSÕES QUE SE AFASTAM DO EXTREMISTÃO

É inevitável que exista uma tensão crescente entre a sociedade, repleta de concentração, e nossa ideia clássica de *aurea mediocritas*, o meio-termo de ouro, portanto, é concebível que esforços possam ser empreendidos para reverter essa concentração. Vivemos em uma sociedade calcada no princípio de "uma pessoa, um voto", em que impostos progressivos foram promulgados precisamente para enfraquecer os vencedores. De fato, as regras da sociedade podem ser facilmente reescritas por aqueles que estão na base da pirâmide, a fim de evitar que a concentração os prejudique. Mas para tanto não é necessário votar em uma eleição — a religião pode amenizar o problema. Tenha em mente que, antes do cristianismo, em muitas sociedades, os poderosos tinham muitas esposas, o que impedia aqueles na parte inferior de ter acesso a úteros, condição não muito diferente da exclusividade reprodutiva dos machos alfa em muitas espécies. Mas o cristianismo reverteu isso, graças à regra "um homem, uma mulher". Mais tarde, o islã passou a limitar o número de esposas a quatro. O judaísmo, que tinha sido poligâmico, tornou-se monogâmico na Idade Média. Pode-se dizer que essa estratégia foi bem-sucedida — a instituição do casamento monogâmico (sem concubina oficial, como nos tempos greco-romanos), mesmo quando praticado "à moda francesa", proporciona estabilidade social, uma vez que não há bandos de homens zangados e privados de sexo na base da pirâmide fomentando uma revolução apenas para poderem ter a chance de copular.

Mas considero que a ênfase na desigualdade econômica, em detrimento de outros tipos de desigualdade, é extremamente incômoda. Justiça não é só uma questão econômica, e se torna cada vez menos quando nossas necessidades materiais básicas estão satisfeitas. É a hierarquia que importa! Os superastros sempre existirão. Os soviéticos podem ter achatado a estrutura econômica, mas estimularam sua própria variedade de *übermensch*. O aspecto incompreendido ou negado (devido às suas implicações perturbadoras) é a ausência de um papel para o *mediano* na produção intelectual. O quinhão desproporcional que cabe a pouquíssimos em termos de influência intelectual é ainda mais desconcertante do que a distribuição desigual de riqueza — isso porque, ao contrário da distribuição de renda, essa é uma desigualdade que nenhuma política social é capaz de eliminar. O comunismo podia ocultar ou comprimir as discrepâncias de renda, mas não conseguiu eliminar o sistema de superastros na vida intelectual.

Michael Marmot, dos Estudos Whitehall, chegou inclusive a mostrar que aqueles que ocupam o topo da hierarquia vivem mais tempo, mesmo ajustando por doenças. O impressionante projeto de Marmot demonstra como a posição social pode, por si só, afetar a longevidade. Calculou-se que os atores e atrizes que ganham um Oscar tendem a viver, em média, cerca de cinco anos a mais do que seus pares que nunca receberam o prêmio. As pessoas vivem mais tempo em sociedades cujos gradientes sociais são mais horizontais. Os vencedores matam seus pares, pois aqueles que vivem em um gradiente social mais íngreme têm vida mais curta, independentemente da condição econômica.

Não sei como solucionar isso (exceto por meio de crenças religiosas). É possível fazer seguro contra o sucesso desmoralizante dos seus colegas? O prêmio Nobel deveria ser banido? É bem verdade que a medalha Nobel de economia não fez bem para a sociedade nem para o conhecimento, mas mesmo aqueles que foram premiados por contribuições *reais* na medicina e na física rapidamente tomam o lugar de outros na nossa consciência, e roubam deles a longevidade. O Extremistão está aqui para ficar, então temos que conviver com ele e encontrar os truques que o tornem mais palatável.

# 15. A curva em forma de sino, a grande fraude intelectual*

*Não vale uma dose de pastis — O erro de Quételet — O homem comum é um monstro — Vamos deificá-lo — Sim ou não — Um experimento não tão literário*

Esqueça tudo o que você ouviu nas aulas de estatística ou teoria das probabilidades na faculdade. Se você nunca cursou essas disciplinas, melhor ainda. Vamos começar do início.

## A GAUSSIANA E A MANDELBROTIANA

Eu estava fazendo uma escala no aeroporto de Frankfurt em dezembro de 2001, em viagem de Oslo para Zurique.

Eu tinha tempo para matar, e foi uma grande oportunidade para comprar chocolate amargo europeu, especialmente porque consegui me convencer de que as calorias consumidas em aeroportos não contam. O caixa me entregou, entre outras coisas, uma nota de dez marcos alemães, da qual é possível ver

---

* O leitor não técnico (ou intuitivo) pode pular este capítulo, pois ele entra em detalhes a respeito da curva em forma de sino. Você também pode pulá-lo caso se encaixe na categoria de felizardos que não sabem o que é a curva em forma de sino.

uma digitalização (ilegal) logo a seguir. As cédulas de marco alemão seriam retiradas de circulação em questão de dias, já que a Europa estava mudando para o euro. Eu a guardei como uma lembrança de despedida. Antes da chegada do euro, a Europa tinha muitas moedas nacionais, o que era bom para as gráficas responsáveis pela impressão de papel-moeda, para os cambistas, e, claro, para os operadores de câmbio estrangeiro como este (mais ou menos) humilde autor. Enquanto comia meu chocolate amargo europeu e fitava melancolicamente a cédula, quase engasguei. De repente percebi, pela primeira vez, que havia algo curioso a respeito dela. A nota trazia o retrato de Carl Friedrich Gauss e um desenho de sua curva em forma de sino gaussiana.

**FIGURA 10.** A última cédula de dez marcos alemães, mostrando um retrato de Gauss e, à direita dele, a curva em forma de sino do Mediocristão.

A impressionante ironia aqui é que o último objeto possível que pode ser associado à moeda alemã é precisamente essa curva: a cotação do *reichsmark* (nome pelo qual a moeda era chamada anteriormente) em relação ao dólar, que era de quatro para um, chegou a *4 trilhões* para um no intervalo de alguns anos durante a década de 1920, resultado que mostra que a curva em forma de sino não faz sentido como uma descrição da aleatoriedade nas flutuações monetárias. Tudo de que você precisa para rejeitar a curva em forma de sino é que esse movimento ocorra uma vez, e apenas uma vez — pense nas consequências. No entanto, ali estava a curva em forma de sino, e ao lado dela *Herr Professor Doktor* Gauss, nem um pouco agradável aos olhos, uma expressão um tanto austera, uma pessoa com quem eu certamente não gostaria de passar algum tempo de bobeira em um terraço, bebendo pastis e entabulando um bate-papo sem assunto.

Surpreendentemente, a curva em forma de sino é usada como uma ferramenta de medição de risco por aqueles reguladores e banqueiros centrais que vestem ternos escuros e falam de modo enfadonho sobre moedas.

*O acréscimo no decréscimo*

O cerne da gaussiana, como eu disse, é que a maioria das observações paira em torno do mediano, do medíocre, do que permanece na média; as chances de um desvio diminuem cada vez mais rápido (exponencialmente) à medida que nos afastamos da média. Se há apenas uma única informação que você deve ter, é esta: o drástico aumento na velocidade de declínio das probabilidades conforme você se afasta do centro, ou da média. A lista a seguir ilustra isso. Estou usando um exemplo de uma quantidade gaussiana, como altura, e simplificando-o um pouco para torná-lo mais ilustrativo. Suponha que a altura média (de homens e mulheres) seja de 1,67 metro. Considere o que chamo de *unidade de desvio* aqui como dez centímetros. Vejamos os incrementos acima de 1,67 metro e consideremos as chances de alguém ter essa altura.[*]

10 centímetros mais alto que a média (ou seja, mais alto que 1,77 metro): 1 em 6,3

20 centímetros mais alto que a média (ou seja, mais alto que 1,87 metro): 1 em 44

30 centímetros mais alto que a média (ou seja, mais alto que 1,97 metro): 1 em 740

40 centímetros mais alto que a média (ou seja, mais alto que 2,07 metros): 1 em 32 000

50 centímetros mais alto que a média (ou seja, mais alto que 2,17 metros): 1 em 3 500 000

60 centímetros mais alto do que a média (ou seja, mais alto que 2,27 metros): 1 em 1 000 000 000

[*] Manipulei um pouco os números em nome da simplicidade.

70 centímetros mais alto que a média (ou seja, mais alto que 2,37 metros): 1 em 780 000 000 000

80 centímetros mais alto que a média (ou seja, mais alto que 2,47 metros): 1 em 1 600 000 000 000 000

90 centímetros mais alto do que a média (ou seja, mais alto que 2,57 metros): 1 em 8 900 000 000 000 000 000

100 centímetros mais alto que a média (ou seja, mais alto que 2,67 metros): 1 em 130 000 000 000 000 000 000 000

... e

110 centímetros mais alto que a média (ou seja, mais alto que 2,77 metros): 1 em 36 000 000 000 000 000 000 000 000 000 000 000 000 000 000 000 000 000 000 000 000 000 000 000 000 000.

Note que, logo depois de, creio eu, 22 desvios, ou 220 centímetros mais alto que a média, as probabilidades chegam a um googol, que é dez elevado à centésima potência, ou seja, o número seguido de cem zeros.

O objetivo dessa lista é ilustrar a aceleração. Observe a diferença de probabilidades entre sessenta e setenta centímetros mais alto que a média: com um aumento de meros dez centímetros, passamos de uma pessoa em 1 bilhão para uma pessoa em 780 bilhões! Quanto ao salto entre setenta e oitenta centímetros: dez centímetros adicionais acima da média, e vamos de uma em 780 bilhões para uma em 1,6 milhão de bilhões!*

---

* Um dos aspectos mais incompreendidos de uma gaussiana é sua fragilidade e vulnerabilidade na estimativa de eventos de cauda. As chances de um movimento 4-sigma são duas vezes maiores do que a de um movimento 4,15-sigma. As chances de um 20-sigma são 1 trilhão de vezes maiores do que a de um 21-sigma! Isso significa que um pequeno erro de medição do sigma levará a uma gigantesca subestimação da probabilidade. Podemos estar 1 trilhão de vezes errados em relação a alguns eventos. [N. T. em estatística, a letra grega sigma pode significar, quando maiúscula ($\Sigma$), um somatório de valores e, quando minúscula ($\sigma$), o desvio-padrão de uma população.]

Esse abrupto declínio nas chances de encontrar algo é o que nos permite ignorar os *outliers*. Apenas uma curva pode fornecer esse declínio, e é a curva em forma de sino (e seus irmãos não escaláveis).

## A mandelbrotiana

Para efeito de comparação, veja as chances de ser rico na Europa. Parta do princípio de que a riqueza lá é escalável, isto é, mandelbrotiana. (Não se trata aqui de uma descrição precisa da riqueza na Europa; está simplificada para enfatizar a lógica da distribuição escalável.)*

**Distribuição escalável de riqueza**
Pessoas com um patrimônio líquido superior a 1 milhão de euros: 1 em 62,5
Superior a 2 milhões de euros: 1 em 250
Superior a 4 milhões de euros: 1 em 1000
Superior a 8 milhões de euros: 1 em 4000
Superior a 16 milhões de euros: 1 em 16 000
Superior a 32 milhões de euros: 1 em 64 000
Superior a 320 milhões de euros: 1 em 6 400 000

A *velocidade da diminuição aqui permanece constante (ou não decai)*! Quando você dobra a quantidade de dinheiro, reduz a incidência em um fator de quatro, não importa o nível, esteja você em 8 milhões ou 16 milhões. Isso, em poucas palavras, ilustra a diferença entre o Mediocristão e o Extremistão.

Lembre-se da comparação entre o escalável e o não escalável no capítulo 3. Escalabilidade significa que não há vento contrário para reduzir a sua velocidade.

É óbvio que o Extremistão mandelbrotiano pode assumir muitas formas. Tenha em mente a riqueza em uma versão extremamente concentrada do

---

* Meu argumento principal, que repito de uma forma ou de outra ao longo da parte III, é o seguinte. Tudo fica fácil, do ponto de vista conceitual, quando se considera que existem dois, e somente dois, paradigmas possíveis: não escalável (como a gaussiana) e *outro* (como a aleatoriedade mandelbrotiana). A rejeição da aplicação do não escalável é suficiente, como veremos, *para eliminar certa visão de mundo*. Isto é como empirismo negativo: sei muito ao determinar o que está errado.

Extremistão; lá, se você dobrar a riqueza, reduz pela metade a incidência. O resultado é quantitativamente diferente do exemplo anterior, mas obedece à mesma lógica.

**Distribuição fractal de riqueza com grandes desigualdades**
Pessoas com patrimônio líquido superior a 1 milhão de euros: 1 em 63
Superior a 2 milhões de euros: 1 em 125
Superior a 4 milhões de euros: 1 em 250
Superior a 8 milhões de euros: 1 em 500
Superior a 16 milhões de euros: 1 em 1000
Superior a 32 milhões de euros: 1 em 2000
Superior a 320 milhões de euros: 1 em 20 000
Superior a 640 milhões de euros: 1 em 40 000

Se a riqueza fosse gaussiana, observaríamos a seguinte divergência a partir de 1 milhão de euros:

**Distribuição de riqueza presumindo uma lei gaussiana**
Pessoas com patrimônio líquido superior a 1 milhão de euros: 1 em 63
Superior a 2 milhões de euros: 1 em 127 000
Superior a 3 milhões de euros: 1 em 14 000 000 000
Superior a 4 milhões de euros: 1 em 886 000 000 000 000 000
Superior a 8 milhões de euros: 1 em 16 000 000 000 000 000 000 000 000 000 000
Superior a 16 milhões de euros: 1 em ... *nenhum dos meus computadores é capaz de dar conta dos cálculos.*

O que quero mostrar com essas listas é a diferença qualitativa nos paradigmas. Como afirmei antes, o segundo paradigma é escalável; não tem vento contrário. Note que outro termo para o escalável é "leis de potência".
Apenas saber que estamos em um ambiente de lei de potência não nos diz muita coisa. Por quê? Porque temos que medir os coeficientes na vida real, o que é muito mais difícil do que em uma estrutura gaussiana. Só que a gaussiana revela suas propriedades muito rapidamente. O método que proponho é uma mundividência geral em vez de uma solução precisa.

*Do que se lembrar*

Lembre-se disto: as variações da curva em forma de sino gaussiana enfrentam um vento contrário que faz com que as probabilidades caiam cada vez mais rápido conforme você se afasta da média, ao passo que as variações "escaláveis" ou mandelbrotianas não sofrem dessa restrição. Isso é praticamente tudo o que você precisa saber.*

*Desigualdade*

Examinemos mais detidamente a natureza da desigualdade. Na estrutura gaussiana, a desigualdade diminui à medida que os desvios ficam maiores — causados pelo aumento da taxa de diminuição. Não é o que ocorre com o escalável: a desigualdade permanece a mesma o tempo todo. A desigualdade entre os super-ricos é igual à desigualdade entre os simplesmente ricos — ela não desacelera.**

Tenha em mente o seguinte efeito. Pegue uma amostra aleatória de quaisquer duas pessoas da população dos Estados Unidos que ganhem, em conjunto,

---

* Note que variáveis podem não ser infinitamente escaláveis; pode haver um limite máximo muito, muito remoto — mas não sabemos onde ele fica, de forma que tratamos uma situação específica como se fosse infinitamente escalável. Em termos técnicos, não é possível vender um número de cópias de um livro que seja maior do que o número de habitantes no planeta — mas esse limite superior é grande o suficiente para ser tratado como se não existisse. Além disso, quem sabe, mudando a capa do livro, talvez seja possível vendê-lo duas vezes para a mesma pessoa, ou fazer com que ela assista ao mesmo filme várias vezes.

** Enquanto revisava o manuscrito deste livro, em agosto de 2006, hospedei-me em um hotel em Dedham, Massachusetts, perto do acampamento de férias de verão de um dos meus filhos. Lá, fiquei um pouco intrigado com a abundância de pessoas obesas zanzando pelo saguão e gerando filas para os elevadores, que não podiam funcionar acima do limite máximo. Por fim descobri que o hotel estava sediando a convenção anual da Associação Nacional para a Aceitação dos Gordos (NAFA, na sigla em inglês). Como a maioria dos membros estava extremamente acima do peso, não fui capaz de descobrir qual dos delegados era o mais gordo: entre os muito pesados prevalecia alguma forma de igualdade (uma pessoa muito mais pesada do que aquelas que vi estaria morta). Tenho certeza de que, na convenção da Associação Nacional para a Aceitação dos Ricos (NARA, na sigla em inglês), uma pessoa faria as outras parecerem menores e, mesmo entre os super-ricos, uma porcentagem muito pequena representaria uma grande porção da riqueza total.

1 milhão de dólares por ano. Qual é a divisão mais provável de suas respectivas rendas? No Mediocristão, a combinação mais provável é de 500 mil, ou meio milhão, para cada. No Extremistão, seria de 50 mil para uma e 950 mil para a outra.

A situação é ainda mais desigual com relação a vendas de livros. Se eu disser que dois autores venderam um total de 1 milhão de exemplares, a combinação mais provável é que um deles tenha vendido 993 mil exemplares, e o outro, 7 mil. Isso é muito mais provável do que cada livro ter vendido 500 mil exemplares. *Para qualquer montante total grande, a divisão será cada vez mais assimétrica.*

Por que é assim? O problema da altura proporciona uma comparação. Se eu disser que a altura total de duas pessoas é de 4,26 metros, você identificaria como divisão mais provável atribuir 2,13 metros para cada, e não sessenta centímetros e 3,66 metros, respectivamente, nem mesmo 2,43 metros e 1,83 metro! Pessoas com mais de 2,43 metros são tão raras que essa combinação seria impossível.

*O Extremistão e a regra 80/20*

Você já ouviu falar da regra 80/20? É a assinatura comum de uma lei de potência — na verdade, foi assim que tudo começou, quando Vilfredo Pareto fez a observação de que 80% das terras na Itália pertenciam a 20% das pessoas. Alguns usam a regra para sugerir que 80% do trabalho é realizado por 20% das pessoas. Ou que 80% do esforço contribui para apenas 20% dos resultados, e vice-versa.

No que diz respeito a axiomas, este não foi formulado para impressionar você ao máximo: poderia facilmente ser chamado de regra 50/01, ou seja, 50% do trabalho é realizado por 1% dos trabalhadores. Essa formulação faz o mundo parecer ainda mais injusto, mas as duas fórmulas são idênticas. Como? Bem, se houver desigualdade, então aqueles que constituem os 20% na regra 80/20 também contribuem de forma desigual — apenas alguns deles fornecem a maior parte dos resultados. Isso cai para cerca de um a cada cem contribuindo com um pouco mais da metade do total.

A regra 80/20 é apenas metafórica; não é uma regra, muito menos uma lei rígida. Nos Estados Unidos, as proporções estão mais para 97/20 (ou seja,

97% das vendas de livros são de obras de 20% dos escritores); é pior ainda se você se concentrar em não ficção literária (vinte livros entre quase 8 mil representam metade das vendas).

Observe aqui que nem tudo é incerteza. Em algumas situações, é possível ter uma concentração do tipo 80/20 com propriedades bastante previsíveis e manejáveis, o que permite uma clara tomada de decisões, porque você consegue identificar *de antemão* onde estão os 20% significativos. Essas situações são muito fáceis de controlar. Por exemplo, Malcolm Gladwell escreveu em um artigo para a revista *New Yorker* que a maioria dos maus-tratos a prisioneiros é atribuível a um pequeno número de guardas cruéis. Se você filtrar esses guardas, sua taxa de abusos contra presidiários cai drasticamente. (No setor editorial, por outro lado, você não sabe de antemão qual livro será um sucesso de vendas. O mesmo vale para guerras, pois não há como saber com antecedência qual conflito matará uma parte dos residentes do planeta.)

*Grama e árvores*

Aqui resumirei e repetirei os argumentos apresentados anteriormente ao longo do livro. Medidas de incerteza baseadas na curva em forma de sino simplesmente não levam em consideração a possibilidade e o impacto de saltos ou descontinuidades abruptos e, portanto, são inaplicáveis ao Extremistão. Usá-las é como enfocar a grama e deixar passar em branco as (gigantescas) árvores. Embora desvios grandes e imprevisíveis sejam raros, não podem ser descartados como *outliers* porque, cumulativamente, seu impacto é drástico demais.

A maneira gaussiana tradicional de ver o mundo começa com o foco no normal e, em seguida, lida com as exceções, ou os chamados pontos fora da curva, como complementares. Mas há uma segunda maneira, que considera o excepcional como um ponto de partida e trata o comum como subordinado.

Enfatizei que existem duas variedades de aleatoriedade, diferentes em termos qualitativos, como ar e água. Uma não dá a mínima importância aos extremos; a outra é gravemente afetada por eles. Uma não gera Cisnes Negros; a outra sim. As técnicas a que recorremos para discutir um gás não podem ser as mesmas que usamos para discutir um líquido. E se fizéssemos isso, não chamaríamos a abordagem de "uma aproximação". Um gás não "se aproxima" de um líquido.

Podemos fazer bom uso da abordagem gaussiana em variáveis para as quais exista uma razão racional para a maior não estar muito longe da média. Se há gravidade puxando os números para baixo, ou se há limitações impedindo observações muito grandes, acabamos no Mediocristão. E se existem forças de equilíbrio trazendo as coisas de volta com muita rapidez depois que as condições divergem do equilíbrio, então, novamente, pode-se usar a abordagem gaussiana. Caso contrário, nem pensar. É por isso que boa parte da economia é baseada na noção de equilíbrio: entre outros benefícios, ela permite tratar fenômenos econômicos como gaussianos.

Note que não estou dizendo que o tipo de aleatoriedade do Mediocristão não permite *alguns* extremos. Mas isso nos diz que eles são tão raros que não desempenham um papel significativo no total. O efeito desses extremos é desprezível e diminui à medida que sua população aumenta.

Para ser um pouco mais técnico aqui, se você tiver um grupo sortido de gigantes e anões, isto é, observações separadas entre si por várias ordens de magnitude, ainda poderia estar no Mediocristão. Como? Suponha que você tem uma amostragem de mil pessoas, com um amplo espectro que vai do anão ao gigante. É provável que você veja muitos gigantes em sua amostragem, não um ou outro raro gigante ocasional. Sua média não será afetada pelo eventual gigante adicional porque a expectativa é que alguns desses gigantes façam parte da sua amostragem, e a sua média provavelmente será alta. Em outras palavras, o elemento mais alto que você observar na sua amostragem não poderá estar muito longe da média. A média sempre conterá ambos os tipos, gigantes e anões, de modo que nenhum deles deve ser raro demais — a menos que, muito de vez em quando, você obtenha um raríssimo megagigante ou um microanão. Isso seria um Mediocristão com uma grande unidade de desvio.

Observe mais uma vez o seguinte princípio: quanto mais raro o evento, maior o erro em nossa estimativa de sua probabilidade — mesmo usando a gaussiana.

Permita-me mostrar como a curva em forma de sino gaussiana suga a aleatoriedade da vida — por isso ela é popular. Gostamos dela porque permite certezas! Como? Pelo cálculo de médias, como discutirei a seguir.

*Como beber café pode ser seguro*

Lembre-se de que na discussão sobre o Mediocristão no capítulo 3 vimos que nenhuma observação isolada terá impacto no total. Essa propriedade será cada vez mais significativa à medida que sua população aumentar de tamanho. As médias se tornarão cada vez mais estáveis, a ponto de todas as amostragens parecerem iguais.

Já tomei muitas xícaras de café na vida (é meu maior vício). Nunca vi uma xícara pular a meio metro da minha escrivaninha, tampouco meu café se derramou espontaneamente sobre o manuscrito deste livro sem que houvesse intervenção (nem mesmo na Rússia). Na verdade, será necessário mais do que um leve vício em cafeína para testemunhar um evento desse tipo; exigiria mais vidas do que talvez seja concebível — as chances são tão ínfimas, uma em tantos zeros, que seria tarefa impossível escrever esse número com o tempo que eu tenho.

No entanto, a realidade física torna possível que minha xícara de café dê um salto — é muito improvável, mas possível. Partículas saltam o tempo todo. Como é que a xícara de café, ela própria sendo composta de partículas saltitantes, não sai pulando por aí? A razão é, simplesmente, a seguinte: para que a xícara desse um salto, seria necessário que todas as partículas saltassem na *mesma* direção, e que fizessem isso em sincronia várias vezes seguidas (com um movimento simultâneo de compensação da mesa na direção oposta). Todos os vários trilhões de partículas na minha xícara de café não vão pular na mesma direção; isso não vai acontecer durante o tempo de vida deste universo. Então posso pousar a xícara de café com segurança na borda da minha escrivaninha e me preocupar com fontes mais sérias de incerteza.

A segurança da minha xícara de café ilustra o modo como a aleatoriedade da gaussiana é controlável pelo cálculo da média. Se minha xícara fosse uma partícula grande, ou agisse como uma, então seus saltos seriam um problema. Mas minha xícara é a soma de trilhões de partículas muito pequenas.

Os administradores de cassinos entendem isso bem, e é por isso que (se fizerem as coisas direitinho) nunca perdem dinheiro. Eles simplesmente não permitem que um jogador faça uma aposta gigantesca, preferindo que muitos jogadores façam séries de apostas de tamanho limitado. Os jogadores podem apostar um total de 20 milhões de dólares, mas ninguém precisa se preocupar

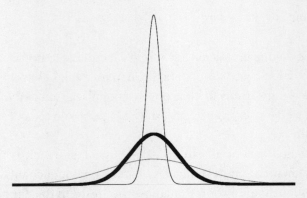

**FIGURA 11. Como funciona a lei dos grandes números.** No Mediocristão, à medida que o tamanho da amostragem aumenta, a média observada se apresenta com dispersão cada vez menor — como você pode ver, a distribuição será cada vez mais estreita. Em poucas palavras, na teoria estatística é assim que tudo funciona (ou deveria funcionar). No Mediocristão, a incerteza desaparece na média. Isso ilustra a banal "lei dos grandes números".

com a saúde financeira do cassino: as apostas custam, digamos, vinte dólares em média; o cassino restringe as apostas ao máximo que garantirá aos proprietários do cassino um sono tranquilo. Dessa maneira, as variações nos lucros serão ridiculamente pequenas, pouco importando o volume total da jogatina. Você não verá uma pessoa sair do cassino com 1 bilhão — não durante a existência deste universo.

O que acabei de expor é uma aplicação da lei suprema do Mediocristão: quando há muitos apostadores, cada apostador isolado terá um impacto diminuto sobre o total.

A consequência disso é que as variações em torno da média da gaussiana, também chamadas de "erros", não chegam a ser preocupantes. São pequenas e se dissipam. São flutuações domesticadas em torno da média.

*Amor por certezas*

Se você já assistiu a alguma (chatíssima) aula de estatística na faculdade, não entendeu direito o motivo da empolgação do professor e se perguntou o que diabos significava "desvio-padrão", não há nada com que se preocupar. A noção de desvio-padrão não faz sentido fora do Mediocristão. Claro que teria sido mais benéfico, e com certeza mais divertido, ter se matriculado em aulas de neurobiologia da estética ou dança africana pós-colonial, e isso é fácil de ver empiricamente.

Desvios-padrão não existem fora da gaussiana, ou, se existem, não têm importância e não explicam muita coisa. Mas fica ainda pior. A família gaussiana (que inclui vários amigos e parentes, como a lei de Poisson) é a única classe de distribuições que o desvio-padrão (e a média) é capaz de descrever por conta própria. Você não precisa de mais nada. A curva em forma de sino satisfaz o reducionismo dos iludidos.

Existem outras noções que significam pouco ou nada fora da gaussiana: *correlação* e, pior, *regressão*. No entanto, elas estão profundamente enraizadas em nossos métodos; é difícil ter uma conversa de negócios sem ouvir a palavra *correlação*.

Para ver como a correlação pode ser desprovida de sentido fora do Mediocristão, tome como exemplo uma série histórica envolvendo duas variáveis que, de forma evidente, sejam do Extremistão, como o mercado de títulos e ações, ou preços de dois ativos, ou duas variáveis como, digamos, mudanças nos números das vendas de livros infantis nos Estados Unidos e a produção de fertilizantes na China; ou os preços de imóveis na cidade de Nova York e o retorno do mercado de ações da Mongólia. Meça a correlação entre os pares de variáveis em diferentes subperíodos, digamos, para 1994, 1995, 1996 etc. A medição de correlação provavelmente mostrará uma severa instabilidade; vai depender do período para o qual foi calculada. Não obstante, as pessoas falam sobre a correlação como se fosse algo real, o que a torna tangível e a reveste de uma propriedade física, reificando-a.

A mesma ilusão de concretude afeta o que chamamos de desvios-"padrão". Selecione qualquer série de preços ou valores históricos. Divida a série em subsegmentos e meça seu desvio-"padrão". Surpreso? Cada amostragem produzirá um desvio-"padrão" diferente. Então por que as pessoas falam sobre desvios-padrão? Vai saber.

Note aqui que, assim como acontece com a falácia narrativa, quando você analisa os dados anteriores e calcula uma única correlação ou um único desvio-padrão, não percebe essa instabilidade.

*Como causar catástrofes*

Se você usar o termo *estatisticamente significativo*, tome cuidado com as ilusões de certeza. É muito provável que alguém tenha olhado para os próprios erros de observação e presumido que eram gaussianos, o que necessita de um contexto gaussiano, a saber, o Mediocristão, para ser aceitável.

A fim de mostrar quão endêmico é o problema do uso equivocado da gaussiana e quão perigoso pode ser, pense em um livro (enfadonho) intitulado *Catastrophe* [Catástrofe], do juiz Richard Posner, um escritor prolífico. Posner lamenta a incompreensão da aleatoriedade por parte de funcionários públicos e recomenda, entre outras coisas, que os formuladores de políticas governamentais aprendam estatística... com economistas. O juiz Posner parece estar tentando fomentar catástrofes. No entanto, apesar de ser uma daquelas pessoas que deveriam passar mais tempo lendo e menos tempo escrevendo, ele talvez seja um pensador perspicaz, profundo e original; como muitas pessoas, simplesmente não tem noção da distinção entre o Mediocristão e o Extremistão, e acredita que a estatística é uma "ciência", nunca uma fraude. Se você topar com o juiz Posner por aí, faça com que ele tome ciência dessas coisas.

## O MONSTRO MEDIANO DE QUÉTELET

Essa monstruosidade chamada de curva em forma de sino gaussiana não é obra de Gauss. Embora tenha trabalhado nisso, ele era um matemático lidando com uma questão teórica, não estava fazendo afirmações sobre a estrutura da realidade, a exemplo de cientistas de mentalidade estatística. Em *Apologia de um matemático*, G. H. Hardy escreveu:

> A matemática "real" dos matemáticos "reais", a matemática de Fermat e Euler e Gauss e Abel e Riemann, é quase totalmente "inútil" (e isso é verdade tanto para a matemática "aplicada" quanto para a matemática "pura").

Como já mencionei, a curva em forma de sino foi basicamente a invenção de um viciado em jogatina, Abraham de Moivre (1667-1754), refugiado calvinista francês que passou grande parte da vida em Londres, ainda que falasse inglês com sotaque carregado. Mas é Quételet, não Gauss, que é considerado um dos sujeitos mais destrutivos na história do pensamento, como veremos a seguir.

Adolphe Quételet (1796-1874) introduziu o conceito de um ser humano mediano em termos físicos, *l'homme moyen* ou o "homem médio". Quételet não tinha nada de *moyen*, era "um homem de grandes paixões criativas, um homem criativo e cheio de energia". Ele escrevia poesia e inclusive foi coautor de uma ópera. O problema básico com Quételet era o fato de ser um matemático, não um cientista empírico, mas ele não sabia disso. Quételet encontrou harmonia na curva em forma do sino.

O problema existe em dois níveis. *Primo*, Quételet teve uma ideia normativa, fazer o mundo caber em sua média, no sentido de que a média, para ele, era o "normal". Seria maravilhoso poder ignorar a contribuição do incomum, o "não normal", o Cisne Negro, ao total. Mas deixemos esse sonho para as utopias.

*Secondo*, havia um sério problema empírico correlato. Quételet via curvas em forma de sino por toda parte. Estava ofuscado por elas e, repito, aprendi que, tão logo você cisma com uma curva em forma de sino, é difícil tirá-la da cabeça. Mais tarde, Frank Ysidro Edgeworth se referiria a "Quételesmus" como o grave erro de ver curvas em forma de sino em todos os lugares, a mania de aplicar a curva gaussiana em todos os domínios.

*A mediocridade de ouro*

Quételet forneceu um produto muito necessário para os apetites ideológicos de sua época. Como viveu entre 1796 e 1874, tenha em mente a lista de seus contemporâneos: Saint-Simon (1760-1825), Pierre-Joseph Proudhon (1809-1865) e Karl Marx (1818-1883), cada um fonte de uma versão diferente do socialismo. Naquele momento pós-Iluminismo, todos ansiavam por uma *aurea mediocritas*, o meio-termo de ouro: em riqueza, altura, peso e assim por diante. Esse desejo contém algum elemento de pensamento quimérico misturado com uma boa dose de harmonia e... platonicidade.

Sempre me lembro da instrução de meu pai de que *in medio stat virtus*, "a virtude está na moderação". Bem, por muito tempo esse foi o ideal; a mediocridade, tomada nesse sentido, era inclusive considerada de ouro. A mediocridade abrangente.

Mas Quételet levou a ideia a um nível diferente. Compilando estatísticas, ele começou a criar padrões de "médias". O diâmetro do tórax, a altura, o peso de bebês ao nascer, pouquíssimas coisas escaparam de seus *padrões*. Os desvios da norma, ele descobriu, tornavam-se exponencialmente mais raros à medida que a magnitude do desvio aumentava. Então, tendo concebido essa ideia de características físicas de *l'homme moyen*, *Monsieur* Quételet voltou suas atenções para questões sociais. *L'homme moyen* tinha seus costumes, seus hábitos de consumo, seus métodos.

Por meio de seu constructo de *l'homme moyen physique* e *l'homme moyen moral*, o homem médio em termos físicos e morais, Quételet criou um intervalo ou faixa de desvios da média que posiciona todas as pessoas à esquerda ou à direita do centro e, na verdade, pune aquelas que se veem ocupando a extrema esquerda ou a extrema direita da curva em forma de sino estatística. Elas se tornaram *anormais*. É óbvio como isso inspirou Marx, que cita Quételet a respeito do conceito de indivíduo médio ou normal: "Desvios sociais em termos da distribuição de riqueza, por exemplo, devem ser minimizados", escreveu Marx em *Das Kapital*.

Há que se dar algum crédito ao establishment científico da época de Quételet. Eles não engoliram de imediato seus argumentos. O filósofo/matemático/economista Augustin Cournot, para começo de conversa, não acreditou que fosse possível estabelecer um humano-padrão com base em critérios puramente quantitativos. Esse padrão seria dependente do atributo em questão. Uma medição realizada em uma província pode ser diferente daquela em outra província. Qual das duas deve ser o padrão? *L'homme moyen* seria um monstro, declarou Cournot. A seguir explicarei esse aspecto.

Partindo do princípio de que há algo de desejável em ser um homem médio, ele deve ter uma especialidade não especificada na qual seria mais talentoso do que outras pessoas — não pode ser mediano em tudo. Um pianista seria melhor, em média, tocando piano, mas pior do que a norma em, digamos, equitação. Um desenhista teria melhores habilidades para traçar desenhos, e assim por diante. *A noção de um homem considerado médio é diferente daquela de um homem que é mediano em tudo o que faz*. Na verdade, um humano exatamente médio teria que ser metade homem e metade mulher. Quételet não entendeu patavina do ponto principal.

*O erro de Deus*

Um aspecto muito mais preocupante da discussão é que, no tempo de Quételet, o nome da distribuição gaussiana era *la loi des erreurs*, a lei dos erros, uma vez que uma de suas primeiras aplicações foi a distribuição de erros em medições astronômicas. Você está tão preocupado quanto eu? A divergência da média (aqui, também do mediano) era tratada precisamente como um erro! Não é de admirar que Marx tenha se apaixonado pelas ideias de Quételet.

Esse conceito decolou muito rápido. O *deveria ser* foi confundido com *é*, e isso contou com a sanção da ciência. A noção do homem médio está impregnada na cultura que assistiu ao nascimento da classe média europeia, a nascente cultura pós-napoleônica de comerciantes, cautelosa com relação à riqueza excessiva e ao brilhantismo intelectual. Na verdade, presume-se que o sonho de uma sociedade com resultados comprimidos corresponda às aspirações de um ser humano racional diante de uma loteria genética. Se você tivesse que escolher uma sociedade onde nascer em sua próxima vida, mas sem poder saber que desfecho o esperaria, supõe-se que você não fosse querer se arriscar; você gostaria de pertencer a uma sociedade sem resultados divergentes.

Um efeito divertido da glorificação da mediocridade foi a criação de um partido político na França chamado pujadismo, composto inicialmente de um movimento social que visava à defesa dos donos de mercearias. Foi o caloroso ajuntamento de gente semifavorecida, esperançosa de ver o resto do universo se comprimir ao nível de sua posição social — um caso de revolução não proletária. Tinha uma mentalidade de dono de mercearia, incluindo o emprego de ferramentas matemáticas. Será que Gauss forneceu a matemática para os comerciantes?

*Poincaré vai ao socorro*

O próprio Poincaré desconfiava bastante da gaussiana. Minha suspeita é que ele se sentiu enjoado quando a curva em forma de sino e métodos semelhantes para modelar a incerteza lhes foram apresentados. Basta lembrar que a gaussiana foi inicialmente criada para medir erros astronômicos, e que as ideias de Poincaré de modelar a mecânica celestial estavam repletas de uma sensação de incerteza mais profunda.

Poincaré escreveu que um de seus amigos, um "físico eminente" cujo nome ele não cita, queixou-se de que os físicos tendiam a usar a curva de Gauss por pensarem que os matemáticos a tomavam como uma necessidade matemática; os matemáticos a usavam por acreditarem que os físicos a consideravam um fato empírico.

*Eliminando influências injustas*

Permita-me afirmar aqui que, exceto pela mentalidade de dono de mercearia, acredito piamente no valor da posição mediana e da mediocridade — qual humanista não quer minimizar a discrepância entre os humanos? Nada é mais repugnante do que o irrefletido ideal do *Übermensch*! Meu verdadeiro problema é epistemológico. A realidade não é mediocristã, então deveríamos aprender a conviver com isso.

*"Os gregos a teriam endeusado"*

A lista de pessoas que andam com a curva em forma de sino enfiada na cabeça, graças à sua pureza platônica, é incrivelmente extensa.
Sir Francis Galton, primo em primeiro grau de Charles Darwin e neto de Erasmus Darwin, talvez tenha sido, ao lado de seu primo, um dos últimos cavalheiros-cientistas independentes — categoria que incluía também lorde Cavendish, lorde Kelvin, Ludwig Wittgenstein (à sua maneira) e, até certo ponto, nosso superfilósofo Bertrand Russell. Embora John Maynard Keynes não pertencesse exatamente a essa categoria, seu pensamento é uma síntese dela. Galton viveu na época vitoriana, quando herdeiros e pessoas que não precisavam ganhar a vida poderiam, entre outras opções como andar a cavalo ou caçar, se tornar pensadores, cientistas ou (no caso daqueles com menos talentos) políticos. Há muitas razões para ter saudade dessa época: a autenticidade de alguém que fazia ciência em prol da ciência, sem motivações de carreira.
Infelizmente, fazer ciência por amor ao conhecimento não necessariamente significa que você seguirá na direção certa. Ao descobrir e absorver a distribuição "normal", Galton se apaixonou por ela. Dizem que ele exclamou que, caso a tivessem conhecido, os gregos a teriam endeusado. O entusiasmo de Galton pode ter contribuído para a prevalência do uso da gaussiana.

Galton foi abençoado por não ter qualquer bagagem matemática, mas tinha uma rara obsessão por medições. Não conhecia a lei dos grandes números, mas a redescobriu a partir dos próprios dados. Ele construiu o quincunx (ou tabuleiro de Galton), uma espécie de máquina de pinos que demonstra o desenvolvimento da curva em forma de sino — sobre a qual falarei mais daqui a alguns parágrafos. Verdade seja dita, Galton aplicou a curva em forma de sino a áreas como genética e hereditariedade, em que o seu uso foi justificado. Mas o entusiasmo de Galton ajudou a lançar métodos estatísticos incipientes nas questões sociais.

*Apenas "sim/não", por favor*

Permita-me discutir aqui a extensão do estrago. Se você está lidando com inferência qualitativa, como na psicologia ou na medicina, procurando respostas do tipo sim/não às quais magnitudes não se aplicam, então pode presumir sem grandes problemas que está no Mediocristão. O impacto do improvável não pode ser tão grande assim. A pessoa ou tem câncer ou não tem, ou está grávida ou não está *et cetera*. Graus de morte ou de gravidez não são relevantes (a menos que você esteja lidando com epidemias). Todavia, se você está lidando com agregados, em que as magnitudes são importantes, por exemplo a renda, sua riqueza, rendimentos de um portfólio de investimentos ou vendas de livros, então terá um problema e obterá a distribuição errada se usar a gaussiana, já que ela não pertence a esse lugar. Um único número pode desestruturar todas as suas médias; uma única perda pode erradicar um século de lucros. Você não pode mais dizer "isso é uma exceção". A afirmação "bem, posso perder dinheiro" não é informacional, a menos que você possa acrescentar uma quantidade a essa perda. Você pode perder todo o seu patrimônio líquido ou uma fração de sua renda diária; há uma diferença.

Isso explica por que a psicologia empírica e seus insights sobre a natureza humana, que apresentei nas primeiras partes deste livro, são robustamente resistentes ao erro de usar a curva em forma de sino; também têm sorte, já que a maioria de suas variáveis permite a aplicação de estatísticas gaussianas convencionais. Ao medirem quantas pessoas em uma amostragem apresentam um viés ou cometem um erro, esses estudos geralmente trazem à tona um tipo de resultado sim/não. Nenhuma observação, por si só, pode prejudicar as descobertas gerais.

A seguir, farei a uma apresentação *sui generis* da ideia da curva em forma de sino, a partir do zero.

## UM EXPERIMENTO MENTAL (LITERÁRIO) SOBRE A ORIGEM DA CURVA EM FORMA DE SINO

Imagine uma máquina de pinos como a mostrada na figura 12. Lance 32 bolas, presumindo um tabuleiro bem balanceado de modo que a bola tenha probabilidades iguais de, ao atingir um dos pinos, cair à direita ou à esquerda por qualquer um dos espaços entre eles. O resultado esperado é que muitas bolas cairão nas colunas centrais e que o número de bolas vai diminuir à medida que as colunas ficam mais distantes do centro.

Em seguida, imagine um *gedanken*, um experimento mental. Um homem joga uma moeda para o alto e, após cada lance, dá um passo para a esquerda ou para a direita, dependendo de a moeda ter dado cara ou coroa. Isso é chamado de "passeio aleatório", mas não necessariamente diz respeito a caminhar. Do mesmo modo, você poderia dizer que em vez de dar um passo para a esquerda ou para a direita, ganharia ou perderia um dólar a cada lance, mantendo o registro do montante cumulativo que você tem no bolso.

Suponha que eu tenha armado para você um esquema de aposta (legal) em que as probabilidades não estão nem a seu favor nem contra você. Jogue uma moeda para o alto. Se der cara, você ganha um dólar; se der coroa, você perde um dólar.

No primeiro lance, você vai ganhar ou perder.

No segundo lance, o número de resultados possíveis dobra. Caso 1: ganha, ganha. Caso 2: ganha, perde. Caso 3: perde, ganha. Caso 4: perde, perde. Cada um desses casos tem probabilidades equivalentes, a combinação de uma única vitória e uma única derrota tem uma incidência duas vezes maior porque os casos dois e três, ganha-perde e perde-ganha, correspondem ao mesmo resultado. E essa é a chave para a gaussiana. Muita coisa no meio se perde — e veremos que há um bocado de coisas no meio. Então, se você está jogando a um dólar por lance, depois de dois lances você tem 25% de chance de ganhar ou perder dois dólares, mas 50% de chance de empatar, ou seja, ficar na mesma.

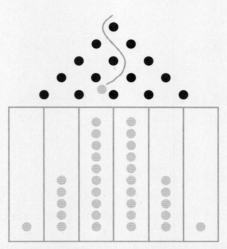

**FIGURA 12. O quincunx (simplificado) — uma máquina de pinos.** Solte bolas que, ao se chocarem contra um dos pinos distribuídos em forma de pirâmide e dispostos em intervalos iguais, caem aleatoriamente para a direita ou para a esquerda. A figura acima mostra o cenário hipotético mais provável, que se assemelha muito à curva em forma de sino (também conhecida como distribuição gaussiana). Cortesia de Alexander Taleb.

Vamos jogar mais uma rodada. Você joga a moeda para cima e o terceiro lance dobra novamente o número de casos, de modo que encaramos oito resultados possíveis. O caso 1 (que era ganha, ganha no segundo lance) se ramifica em ganha, ganha, ganha e ganha, ganha, perde. Adicionamos uma vitória ou uma derrota ao final de cada um dos resultados anteriores. O caso 2 se ramifica em ganha, perde, ganha e ganha, perde, perde. O caso 3 se ramifica em perde, ganha, ganha e perde, ganha, perde. O caso 4 se ramifica em perde, perde, ganha e perde, perde, perde.

Agora temos oito casos, todos igualmente prováveis. Observe que você pode agrupar novamente os resultados medianos em que uma vitória cancela uma perda. (No quincunx de Galton, situações em que a bola cai para a esquerda e depois para a direita, ou vice-versa, são dominantes, de forma que você termina com uma abundância de bolas no meio.) O líquido, ou cumulativo, é o seguinte: 1) *três vitórias*; 2) duas vitórias, uma derrota, líquido de *uma vitória*; 3) duas vitórias, uma derrota, líquido de *uma vitória*; 4) uma vitória, duas derrotas, líquido de *uma derrota*; 5) duas vitórias, uma derrota, líquido de *uma vitória*; 6) duas derrotas, uma vitória, líquido de *uma derrota*; 7) duas derrotas, uma vitória, líquido de *uma derrota*; e, finalmente, 8) *três derrotas*.

Dos oito cenários, o caso de três vitórias ocorre uma vez. O caso de três derrotas ocorre uma vez. O caso de uma derrota líquida (uma vitória, duas derrotas) ocorre três vezes. O caso de uma vitória líquida (uma derrota, duas vitórias) ocorre três vezes.

Joguemos mais uma rodada, a quarta. Haverá dezesseis resultados igualmente prováveis. Você terá um caso de quatro vitórias, um caso de quatro derrotas, quatro casos de duas vitórias, quatro casos de duas derrotas e seis casos de empate ou equilíbrio.

O *quincunx* (cujo nome é derivado de *quinque*, a palavra em latim para "cinco") no exemplo da máquina de pinos mostra a quinta rodada, com 32 possibilidades, o que é fácil de acompanhar. Esse era o conceito por trás do quincunx usado por Francis Galton. Galton era ao mesmo tempo preguiçoso de menos e um pouco inocente demais em matemática; em vez de construir a engenhoca, ele poderia ter trabalhado com álgebra mais simples, ou talvez realizado um experimento mental como este.

Vamos continuar jogando. Continue até ter atirado a moeda quarenta vezes. Você pode fazer isso em questão de minutos, mas precisaremos de uma calculadora para computar o número de resultados, exigentes demais para nosso método de pensamento simples. Você terá cerca de 1 099 511 627 776 combinações possíveis — mais de 1 trilhão. Não se dê ao trabalho de fazer os cálculos manualmente, é dois multiplicado quarenta vezes por si mesmo, já que cada ramificação dobra a cada circunstância. (Lembre-se de que adicionamos uma vitória e uma derrota no final das alternativas da terceira rodada para irmos para a quarta rodada, dobrando assim o número de alternativas.) Dessas combinações, apenas uma será de quarenta caras consecutivas e apenas uma será de quarenta coroas consecutivas. O restante flutuará em torno do meio, que aqui equivale a zero.

Já podemos ver que nesse tipo de aleatoriedade os extremos são excessivamente raros. Uma combinação em 1 099 511 627 776 equivale a quarenta caras, por exemplo, em quarenta lances da moeda. Se você realizar o exercício de quarenta lançamentos da moeda uma vez por hora, as chances de obter quarenta resultados idênticos consecutivos são tão pequenas que seriam necessárias muitíssimas séries de quarenta lances da moeda para que isso acontecesse. Supondo que você faça algumas pausas para comer, discutir com seus amigos e colegas de quarto, tomar uma cerveja e dormir, a expectativa é que você tenha de aguardar cerca de 4 milhões de vidas para obter um resultado de quarenta caras consecutivas (ou um resultado de quarenta coroas consecutivas) apenas uma vez. E leve em consideração o seguinte. Suponha que você jogue uma rodada adicional, para um total de 41; para obter 41 caras seguidas, você levaria 8 milhões de vidas! Ir de quarenta para 41 reduz as chances pela metade. Trata-se de uma característica essencial da estrutura não escalável para a análise de aleatoriedade: desvios extremos diminuem em uma taxa crescente. Você pode esperar cinquenta caras consecutivas uma vez a cada 4 bilhões de vidas!

**FIGURA 13. Número de vitórias nos lances de moedas.** Resultado de quarenta lances da moeda. Vemos a protocurva em forma de sino surgindo.

Ainda não estamos em uma perfeita curva de sino gaussiana, mas estamos chegando perigosamente perto. Isso ainda é protogaussiano, mas dá para entender a essência da coisa. (Na verdade, você nunca encontrará uma gaussiana em sua pureza, pois é uma forma platônica — dá para chegar certo, mas não se pode alcançá-la.) Todavia, como você pode ver na figura 13, o conhecido formato semelhante a um sino está começando a surgir.

Como podemos chegar ainda mais perto da perfeita curva em forma de sino gaussiana? Refinando o processo de lances da moeda. Podemos jogar a moeda para cima quarenta vezes a um dólar por lance ou 4 mil vezes a dez centavos por lance e somar os resultados. O risco esperado é quase idêntico em ambas as situações — e isso é um truque. A equivalência nos dois conjuntos de lances da moeda tem um pequeno empecilho não intuitivo. Multiplicamos o número de apostas por cem, mas dividimos o tamanho da aposta por dez — não procure uma razão agora, apenas presuma que são "equivalentes". O risco geral é equivalente, mas agora abrimos a possibilidade de ganhar ou perder quatrocentas vezes consecutivas. As probabilidades são de cerca de uma para 1 com 120 zeros depois dele, ou seja, uma em 1 000 000 000 000 000 000 000 000 000 000 000 000 000 000 000 000 000 000 000 000 000 000 000 000 000 000 000 000 000 000 000 000 000 000 000 000 000 000 000 000 de vezes.

Continuemos o processo por algum tempo. Passamos de quarenta lances da moeda a um dólar cada um para 4 mil lances a dez centavos cada um, e depois para 400 mil lances a um centavo, chegando cada vez mais perto de uma gaussiana. A figura 14 mostra resultados distribuídos entre −40 e 40, ou seja, oitenta pontos de virada. O próximo aumentaria isso para 8 mil pontos.

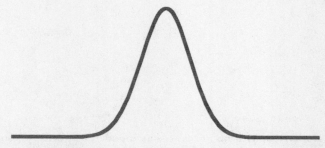

**FIGURA 14. Uma versão mais abstrata: curva de Platão.** Um número infinito de lances da moeda.

Vamos em frente. Podemos jogar a moeda para cima 4 mil vezes apostando um décimo de um centavo. Que tal 400 mil vezes a um milésimo de um centavo? Como uma forma platônica, a curva gaussiana pura é principalmente o que acontece quando temos uma infinidade de lances da moeda por rodada, cada aposta sendo infinitesimalmente pequena. Não se preocupe em tentar visualizar os resultados, tampouco entendê-los. Não podemos mais falar sobre um tamanho "infinitesimal" de apostas (pois temos uma infinidade delas, e estamos no que os matemáticos chamam de estrutura contínua). A boa notícia é que há um substituto.

Passamos de uma aposta simples para algo totalmente abstrato. Passamos das observações para o domínio da matemática. Na matemática, as coisas contêm certa pureza.

Ora, algo completamente abstrato não deveria existir, então, *por favor, nem tente entender a figura 14*. Apenas esteja ciente de seu uso. Pense nela como um termômetro: em tese você não precisa compreender o *conceito* de temperatura para falar sobre calor ou frio. Você só precisa saber a correspondência entre temperatura e conforto (ou alguma outra consideração empírica). A temperatura de quinze graus Celsius corresponde a um clima agradável; já a de 23 graus Celsius abaixo de zero não é algo que uma pessoa aguarde com empolgação. Você não necessariamente se importa com a efetiva velocidade das colisões entre as partículas que explicam de forma mais técnica a temperatura. Graus de calor ou frio são, de certa forma, um meio para que sua mente traduza na forma de um número alguns fenômenos externos. Da mesma forma, a curva em forma de sino gaussiana é definida de modo que 68,2% das observações fiquem a uma distância entre −1 e +1 de desvio-padrão da média. Repito: nem tente entender se *desvio-padrão é o desvio médio* — não é, e um grande (muito grande) número de pessoas que usam a palavra *desvio-padrão* não entende esse ponto. O desvio-padrão é apenas um número que se usa para dimensionar as coisas, uma questão de mera correspondência *se os fenômenos fossem gaussianos*.

Esses desvios-padrão são, com frequência, apelidados de "sigma". As pessoas também falam sobre "variância" (mesma coisa: variância é o quadrado do sigma, ou seja, do desvio-padrão).

Observe a simetria da curva. Você obtém os mesmos resultados se o sigma for positivo ou negativo. As chances de cair abaixo de −4 sigma são as mesmas de exceder 4 sigma, neste caso, de uma em 32 mil vezes.

Como o leitor pode ver, o ponto principal da curva em forma de sino gaussiana é, como venho dizendo, que a maioria das observações paira em torno do medíocre, do mediano, ao passo que as chances de um desvio diminuem cada vez mais rápido (exponencialmente) à medida que nos afastamos da média. Se tiver que reter uma única informação, basta lembrar-se dessa drástica velocidade de diminuição das probabilidades à medida que você se afasta da média. *Outliers* são cada vez mais improváveis. Você pode ignorá-las tranquilamente.

Essa propriedade gera também a lei suprema do Mediocristão: diante da escassez de grandes desvios, a contribuição deles para o total será ínfima a ponto da insignificância.

No exemplo da altura que mencionei neste capítulo, usei unidades de desvio de dez centímetros, mostrando como a incidência diminuía conforme a altura aumentava. Eram desvios de 1 sigma; a tabela de altura também fornece um exemplo da operação de "dimensionamento em relação a 1 sigma" usando o sigma como unidade de medida.

*Aquelas suposições reconfortantes*

Repare nas suposições centrais que fizemos no jogo de cara ou coroa que levaram à protogaussiana, ou à aleatoriedade moderada.

*Primeira premissa central*: os lances da moeda são independentes entre si. A moeda não tem memória. O fato de você ter obtido cara ou coroa no lance anterior não muda as chances de você obter cara ou coroa no lance seguinte. Você não se torna um lançador de moedas "melhor" com o tempo. Se você introduzir a memória, ou habilidade de lançamento da moeda, todo o empreendimento gaussiano torna-se instável.

Lembre-se das nossas discussões sobre ligação preferencial e vantagem cumulativa no capítulo 14. Ambas as teorias afirmam que vencer hoje aumenta suas probabilidades de vencer no futuro. Portanto, as probabilidades são dependentes da história, e a primeira pressuposição central que leva à curva em forma de sino gaussiana fracassa na realidade. Nos jogos, é claro, não se espera que os ganhos anteriores se traduzam em um aumento da probabilidade de ganhos futuros — mas não é assim na vida real, razão pela qual me preocupo com o fato de que ensinem probabilidade por meio de jogos. Mas quando vencer leva a mais vitórias, é muito mais provável que você veja quarenta vitórias consecutivas do que com uma protogaussiana.

*Segunda premissa central*: nenhum salto "desenfreado". O tamanho dos passos na construção gradual do passeio aleatório básico é sempre conhecido, a saber, um passo de cada vez. Não há incerteza alguma quanto ao tamanho do passo. Não encontramos situações nas quais o movimento variou de modo descontrolado.

Lembre-se de que, se qualquer uma dessas duas premissas centrais não for atendida, os seus movimentos (ou lances da moeda) não conduzirão cumulativamente à curva em forma de sino. Dependendo do que acontecer, podem levar à desvairada aleatoriedade invariante de escala do estilo mandelbrotiano.

*"A ubiquidade da gaussiana"*

Um dos problemas que enfrento na vida é que, sempre que digo às pessoas que a curva em forma de sino gaussiana não é onipresente na vida real, apenas na mente de estatísticos, elas exigem que eu "prove" — o que é fácil fazer, como veremos nos próximos dois capítulos, embora ninguém tenha conseguido provar o contrário. Toda vez que sugiro um processo que não seja gaussiano, me pedem para justificar minha sugestão e, para além dos fenômenos, "fornecer a teoria por trás dele". Vimos no capítulo 14 os modelos de "ricos ficam mais ricos" que foram propostos para justificar a não utilização de uma gaussiana. Os criadores de modelos eram forçados a gastar seu tempo escrevendo teorias sobre possíveis modelos que geram o escalável — como se precisassem se desculpar por isso. Teoria coisa nenhuma! Tenho um problema epistemológico com relação a isso, com essa necessidade de justificar por que o mundo não se encaixa em um modelo idealizado, promovido por alguém cego à realidade.

Em vez de estudar os possíveis modelos que geram aleatoriedade de curva não sino, e portanto cometendo os mesmos erros da teorização às cegas, minha técnica é fazer o oposto: conhecer a curva em forma de sino com a máxima intimidade que me for possível para identificar onde ela se aplica e é válida e onde não. Eu sei onde está o Mediocristão. Para mim, com frequência (ou quase sempre) são os usuários da curva em forma de sino que não a compreendem direito e têm que justificá-la, não o contrário.

Essa onipresença da gaussiana não é uma propriedade do mundo, mas um problema em nossa mente, oriundo da maneira como olhamos para ele.

O próximo capítulo abordará a invariância de escala da natureza e as propriedades do fractal. O capítulo seguinte investigará o uso indevido da gaussiana na vida socioeconômica e "a necessidade de produzir teorias".

Às vezes fico um pouco emotivo, porque passei grande parte da minha vida pensando sobre esse problema. Desde que comecei a refletir sobre ele e realizar uma variedade de experimentos mentais como fiz há pouco, não fui capaz de encontrar, nem por decreto, uma única pessoa ao meu redor, no mundo dos negócios e da estatística, que fosse intelectualmente consistente no sentido de ao mesmo tempo aceitar o Cisne Negro e rejeitar a gaussiana e as ferramentas gaussianas. Muitas pessoas aceitaram minha ideia do Cisne Negro, mas não conseguiram levá-la à sua conclusão lógica, a saber: não se pode usar uma única medida para aleatoriedade chamada de desvio-padrão (e chamá-la de "risco"); não se pode esperar uma resposta *simples* para caracterizar a incerteza. Dar o passo além requer coragem, comprometimento, uma capacidade de conectar os pontos, um desejo de compreender completamente a aleatoriedade. Também significa não aceitar a sabedoria alheia como verdade sagrada. Então comecei a encontrar físicos que rejeitavam as ferramentas gaussianas, mas sucumbiam a outro pecado: credulidade em relação a modelos preditivos precisos, principalmente elaborações em torno da ligação preferencial do capítulo 14 — outra forma de platonicidade. Não consegui encontrar ninguém com profundidade científica e técnica que olhasse para o mundo da aleatoriedade e entendesse sua natureza, que visse os cálculos como apoio, não como objetivo principal. Levei quase uma década e meia para encontrar esse pensador, o homem que acinzentou muitos cisnes: Mandelbrot — o grande Benoît Mandelbrot.

# 16. A estética da aleatoriedade

*A biblioteca de Mandelbrot — Galileu era cego? — Pérolas aos porcos — Autoafinidade — Como o mundo pode ser complicado de uma maneira simples, ou, talvez, simples de uma maneira muito complicada*

## O POETA DA ALEATORIEDADE

Era uma tarde melancólica quando cheirei os livros antigos na biblioteca de Benoît Mandelbrot. Foi em um dia quente de agosto de 2005, e o calor exacerbava o odor de mofo da cola de velhas edições francesas, provocando uma poderosa nostalgia olfativa. Geralmente consigo sufocar essas digressões nostálgicas, mas não quando elas se aproximam de mim furtivamente, feito uma música ou um cheiro. Os livros de Mandelbrot recendiam a literatura francesa, exalavam o aroma da biblioteca dos meus pais, das horas que, ainda adolescente, passei em livrarias e bibliotecas, quando muitos livros ao meu redor eram (infelizmente) em francês, quando eu pensava que a literatura estava acima de tudo e de todos. (Não tive muito contato com livros franceses desde a adolescência.) Por mais que eu quisesse que a literatura fosse abstrata, ela tinha uma personificação física, tinha um cheiro, e o cheiro era aquele.

A tarde também era sombria porque Mandelbrot estava de mudança, justo quando eu tinha adquirido o direito de ligar para ele em horários amalucados toda vez que quisesse fazer uma pergunta, por exemplo: como é que as pessoas não percebem que 80/20 poderia ser 50/01? Mandelbrot tinha decidido mudar para a área de Boston, não para se aposentar, mas para trabalhar em um centro de pesquisa financiado por um laboratório nacional. Visto que agora ia morar em um apartamento em Cambridge, deixando sua imensa casa nos subúrbios do condado de Westchester, estado de Nova York, ele me convidou para ir até lá e escolher os livros que eu quisesse.

Até mesmo os títulos na biblioteca de Mandelbrot tinham um toque nostálgico. Enchi uma caixa com títulos franceses, incluindo um exemplar de 1949 de *Matière et mémoire*, de Henri Bergson,* que aparentemente ele comprara em seus tempos de estudante (o cheiro!).

Depois de ter mencionado o nome de Mandelbrot a torto e a direito ao longo deste livro, por fim vou apresentá-lo, sobretudo como a primeira pessoa com um título acadêmico com quem falei sobre aleatoriedade sem me sentir enganado. Outros matemáticos da probabilidade arremessavam na minha direção teoremas com nomes russos como "Sobolev", "Kolmogorov", medida de Wiener, sem os quais ficavam perdidos; tinham dificuldade em chegar ao cerne da questão ou sair de sua caixinha por tempo suficiente para ponderar sobre as falhas empíricas dela. Com Mandelbrot era diferente: era como se nós dois tivéssemos nascido no mesmo país, encontrando-nos após anos de frustrante exílio, e agora, por fim, pudéssemos falar em nossa língua nativa sem esforço algum. Ele foi o único professor de carne e osso que já tive — meus professores costumam ser os livros da minha biblioteca. Eu respeitava muito pouco os matemáticos que lidavam com incerteza e estatísticas para considerar qualquer um deles como meu professor — em minha mente, matemáticos, treinados para certezas, não tinham o direito de lidar com aleatoriedade. Mandelbrot provou que eu estava errado.

Ele falava um francês excepcionalmente preciso e formal, muito parecido com aquele falado por levantinos da geração dos meus pais ou por aristocratas do Velho Mundo. Por causa disso era estranho ouvir, vez por outra, seu inglês norte-americano coloquial, com sotaque acentuado, mas muito normal. Mandelbrot era alto, um pouco acima do peso, o que lhe conferia uma cara

---

* Ed. bras.: *Matéria e memória: Ensaio sobre a relação do corpo com o espírito*. Trad. Paulo Neves. São Paulo: Martins Fontes, 1999. (N. T.)

de bebê (embora eu nunca o tivesse visto comer uma refeição abundante), e tinha uma presença física marcante.

Olhando do lado de fora, qualquer um pensaria que o que Mandelbrot e eu tínhamos em comum era a incerteza desenfreada, Cisnes Negros e as enfadonhas (por vezes menos enfadonhas) noções estatísticas. Contudo, embora fôssemos colaboradores, não era em torno disso que giravam nossas principais conversas. Trocávamos ideias principalmente sobre temas literários e estéticos, ou fofocas históricas sobre pessoas de extraordinário refinamento intelectual. Quero dizer refinamento, não realização. Mandelbrot conhecia histórias sobre a fenomenal gama de figurões com os quais havia trabalhado durante o século passado, mas eu de alguma forma sou programado para considerar as *personae* de cientistas muito menos interessantes que as de eruditos pitorescos. Como eu, Mandelbrot se interessava por indivíduos cosmopolitas e refinados cuja combinação de traços ninguém pensaria ser possível. Uma pessoa que ele mencionava com frequência era o barão Pierre Jean de Menasce, que conheceu na década de 1950 em Princeton, onde De Menasce foi colega de quarto do físico Oppenheimer. De Menasce era exatamente o tipo de pessoa por quem tenho interesse, a personificação de um Cisne Negro. Nascido em uma opulenta família de comerciantes judeus de Alexandria, falantes de francês e italiano, como todos os levantinos sofisticados. Seus antepassados haviam adotado uma grafia veneziana para o nome árabe, acrescentando um título de nobreza húngaro ao longo do caminho, e socializavam com a realeza. De Menasce não apenas se converteu ao cristianismo, mas também se tornou padre dominicano e um grande estudioso acadêmico das línguas semíticas e persas. Mandelbrot vivia me perguntando sobre Alexandria, já que estava sempre à procura desse tipo de personagem.

É verdade que personagens sofisticados em termos intelectuais eram exatamente o que eu procurava na vida. Meu pai erudito e polímata — apenas duas semanas mais velho que Benoît M. — gostava da companhia de padres jesuítas extremamente cultos. Eu me lembro dos visitantes jesuítas ocupando minha cadeira à mesa de jantar. Lembro que um deles tinha um diploma de medicina e um doutorado em física, mas ensinava aramaico aos habitantes do Instituto de Línguas Orientais de Beirute. Sua missão anterior poderia ter sido lecionar física no Ensino Médio, e a anterior talvez tivesse sido na faculdade de medicina. Esse tipo de erudição impressionava meu pai muito mais do que o trabalho científico ao estilo linha de montagem. Pode ser que eu tenha em meus genes algo que me faz querer distância dos *bildungsphilisters*.

Embora muitas vezes expressasse perplexidade diante do temperamento de eruditos bem-sucedidos e de cientistas extraordinários, mas não tão famosos — caso de seu velho amigo Carleton Gajdusek, homem que o impressionava com sua habilidade para descobrir as causas de doenças tropicais —, Mandelbrot não parecia nem um pouco ávido para alardear a própria associação com aqueles que consideramos grandes cientistas. Levei um bocado de tempo para descobrir que ele havia trabalhado com uma lista impressionante de cientistas em aparentemente todos os campos do conhecimento, algo que uma pessoa afeita a desfiar um rosário de nomes e citações de celebridades para impressionar o interlocutor mencionaria de forma contínua. Embora já trabalhasse com Mandelbrot havia alguns anos, foi somente em uma conversa com sua esposa que descobri que ele passara dois anos como colaborador matemático do psicólogo Jean Piaget. Tive outro choque quando descobri que ele também havia trabalhado com o grande historiador Fernand Braudel, mas Mandelbrot não parecia interessado em Braudel. Não mostrava a menor vontade de debater John von Neuman, colega seu de pós-doutorado. Suas escalas eram invertidas. Certa vez lhe perguntei sobre Charles Tresser, físico nem um pouco célebre que conheci em uma festa; autor de artigos sobre a teoria do caos, Tresser complementava sua renda de pesquisador fazendo doces e tortas em sua confeitaria nos arredores da cidade de Nova York. Mandelbrot foi enfático: definiu Tresser como "*un homme extraordinaire*" e não conseguiu parar de elogiá-lo. Mas quando lhe perguntei sobre um famoso figurão, ele respondeu: "Ele é o prototípico *bon élève*, um aluno com boas notas, sem profundidade e sem visão". Esse figurão ganhou um Nobel.

## A PLATONICIDADE DOS TRIÂNGULOS

Ora, por que estou chamando esse negócio de aleatoriedade mandelbrotiana, ou fractal? Cada uma das peças individuais do quebra-cabeça já tinha sido mencionada anteriormente por outra pessoa, a exemplo de Pareto, Yule e Zipf, mas foi Mandelbrot quem a) conectou os pontos, b) estabeleceu uma associação entre a aleatoriedade e a geometria (uma variedade especial de geometria, por sinal), e c) levou a questão à sua conclusão natural. De fato, muitos matemáticos são famosos hoje, em parte, porque Mandelbrot desenterrou as obras deles para dar respaldo às próprias afirmações — a estratégia que estou seguindo aqui neste livro. "Precisei inventar meus antecessores para que as pessoas me levassem a sério", disse-me ele certa vez, e usou a credibilidade de grandes figurões como um artifício retórico. Quase sempre é possível desencavar predecessores para corroborar qualquer pensamento. Sempre se pode encontrar alguém que tenha trabalhado com base em um argumento seu e então usar a contribuição dele como apoio para suas próprias teses. A associação científica com uma grande ideia, a "grife", vai para aquele que conecta os pontos, não para aquele que faz uma observação eventual e desimportante — até mesmo Charles Darwin, que cientistas incultos afirmam que "inventou" a sobrevivência do mais apto, não foi o primeiro a mencioná-la. Darwin escreveu na introdução de *A origem das espécies* que os fatos que ele apresentava não eram necessariamente originais; eram as consequências que ele julgava serem "interessantes" (palavra que ele usou, com a característica modéstia vitoriana). Ao fim e ao cabo, quem vence são aqueles que inferem consequências e captam a importância das ideias, vendo seu valor real. São eles que têm condições de falar sobre o tema.

Então, permita-me descrever a geometria mandelbrotiana.

*A geometria da natureza*

Triângulos, quadrados, círculos e outros conceitos geométricos que fizeram muitos de nós bocejar na sala de aula podem ser noções belas e puras, mas parecem estar mais presentes em edifícios de arte moderna ou na mente de arquitetos, designers, e professores do Ensino Fundamental do que na natureza propriamente dita. Tudo bem, exceto pelo fato de que a maioria de nós não tem consciência disso. Montanhas não são triângulos nem pirâmides; árvores não são círculos; quase nunca vemos linhas retas em lugar nenhum. A Mãe Natureza não frequentou cursos de geometria no Ensino Médio, tampouco leu os livros de Euclides de Alexandria. A geometria da natureza é irregular, mas tem uma lógica própria e fácil de entender.

Já afirmei que, ao que parece, temos uma inclinação natural a platonificar e a pensar exclusivamente em termos de material estudado: ninguém, seja um pedreiro ou um filósofo natural, consegue escapar com facilidade da escravidão desse condicionamento. Tenha em mente que o imenso Galileu, de modo geral um desmascarador de falsidades, escreveu o seguinte:

> O grande livro da Natureza se acha continuamente aberto diante de nossos olhos, e nele está escrita a verdadeira filosofia [...]. Mas não se pode lê-lo sem antes compreender a língua e os caracteres nos quais ele está escrito [...]. Ele vem escrito em linguagem matemática, e os caracteres são triângulos, círculos e outras figuras geométricas.

Galileu era oficialmente cego? Nem mesmo o formidável Galileu, com toda a sua suposta independência de espírito, foi capaz de olhar com lucidez para a Mãe Natureza. Tenho plena certeza de que havia janelas em sua casa e de que ele por vezes se aventurava em incursões para fora das quatro paredes: deveria saber que não é fácil encontrar triângulos na natureza. Sofremos lavagem cerebral com muita facilidade.

Somos cegos ou analfabetos, ou as duas coisas. Que a geometria da natureza não era a de Euclides era algo tão óbvio, e ninguém, quase ninguém, viu isso.

Essa cegueira (física) é idêntica à falácia lúdica que nos leva a pensar que os cassinos representam aleatoriedade.

*Fractalidade*

Primeiro, uma descrição dos fractais. Em seguida, mostraremos como eles se vinculam ao que chamamos de leis de potência, ou leis escaláveis.

*Fractal* é uma palavra que Mandelbrot cunhou para descrever a geometria do irregular, quebrado, fragmentado — do latim *fractus*, origem de termos como "fração" e "fratura". *Fractalidade* é a repetição de padrões geométricos em diferentes escalas, revelando versões cada vez menores de si mesmos. Partes pequenas se assemelham, em algum grau, ao todo. Tentarei mostrar neste capítulo como o fractal se aplica à variedade de incerteza que deveria levar o nome de Mandelbrot: aleatoriedade mandelbrotiana.

As veias ou nervuras das folhas parecem galhos; os galhos parecem árvores; pedras assemelham-se a montanhas em miniatura. Não há mudança qualitativa quando um objeto muda de tamanho. Se, de dentro de um avião, você observar a costa da Inglaterra, será semelhante ao que você vê quando olha para ela com uma lente de aumento. Esse caráter de autoafinidade sugere que uma regra enganosamente curta e simples de iteração pode ser usada, por um computador ou, de modo mais aleatório, pela Mãe Natureza, para construir formas que parecem ter grande complexidade. Isso pode ser útil para computação gráfica, porém, ainda mais importante, é como a natureza funciona. Mandelbrot concebeu o objeto matemático hoje conhecido como conjunto de Mandelbrot, o mais famoso objeto da história da matemática, e que se tornou popular entre os adeptos da teoria do caos porque gera imagens de complexidade cada vez maior utilizando uma regra recursiva ilusoriamente minúscula; *recursivo* significa que algo pode ser reaplicado a si mesmo infinitamente. Você pode olhar para o conjunto em resoluções cada vez menores, sem *jamais* alcançar o limite; continuará a ver formas reconhecíveis. As formas nunca são as mesmas, embora apresentem afinidade entre si, uma forte semelhança de família.

Esses objetos desempenham um papel importante na estética. Pense nas seguintes aplicações:

*Artes visuais:* a maior parte dos objetos hoje gerados por computador é baseada em alguma versão do fractal mandelbrotiano. Também podemos ver fractais na arquitetura, em pinturas e em muitas obras de arte visual — é claro, sem que sejam incorporados conscientemente pelo artista.

*Música:* cantarole lentamente as quatro notas de abertura da *Quinta Sinfonia* de Beethoven: ta-ta-ta-ta... Em seguida, substitua cada nota individual pelas mesmas quatro notas da abertura, de modo que você termine com uma medida de dezesseis notas. Você verá (ou melhor, ouvirá) que cada onda menor se assemelha à onda maior original. Bach e Mahler, por exemplo, escreveram submovimentos que lembram os movimentos maiores dos quais fazem parte.

*Poesia:* a poesia de Emily Dickinson, por exemplo, é fractal: o grande se parece com o pequeno. Ela tem, de acordo com um crítico literário, "uma montagem conscientemente elaborada de dicções, métricas, retóricas, gestos e tons".

De início, os fractais fizeram de Benoît M. um pária no establishment matemático. Os matemáticos franceses ficaram horrorizados. O quê? Imagens? *Mon dieu!* Era como mostrar um filme pornô para uma assembleia de devotas vovozinhas da Igreja Ortodoxa Oriental em minha aldeia ancestral de Amioun. Então, Mandelbrot passou algum tempo como refugiado intelectual em um centro de pesquisas da IBM no interior do estado de Nova York. Em termos financeiros, era uma situação do tipo "dinheiro suficiente para mandar todo mundo à merda", pois a IBM o deixava fazer tudo o que ele sentisse vontade de fazer.

Mas as pessoas do público em geral (principalmente as fanáticas por computadores) entenderam. O livro de Mandelbrot, *The Fractal Geometry of Nature* [A geometria fractal da natureza], causou sensação quando foi publicado em 1982. A obra se disseminou pelos círculos artísticos e levou a estudos em estética, projetos arquitetônicos e até mesmo a grandes aplicações industriais. Benoît M. chegou a receber uma oferta de emprego como professor de medicina! Supostamente, os pulmões são autossemelhantes. Suas palestras eram invadidas por todos os tipos de artistas, o que lhe rendeu o apelido de "astro do rock da matemática". A era da computação ajudou Mandelbrot a se tornar um dos matemáticos mais influentes da história, em termos das aplicações de sua obra, muito antes de sua aceitação pela torre de marfim. Veremos que, além da universalidade, a obra mandelbrotiana tem um atributo incomum: é extremamente fácil de entender.

Algumas palavras sobre a biografia de Mandelbrot. Ele deixou Varsóvia rumo à França em 1936, aos doze anos de idade. Devido às vicissitudes de uma vida clandestina durante a ocupação nazista no território francês, foi em parte poupado de uma educação gaulesa, com seus exercícios algébricos pouco inspiradores, e se tornou amplamente autodidata. Mais tarde, sofreu forte influência de seu tio Szolem, um destacado integrante do establishment matemático francês e detentor de uma cadeira no Collège de France. Mais tarde, Benoît M. fixou residência nos Estados Unidos, onde passou a maior parte da vida como cientista industrial, ocupando alguns cargos acadêmicos transitórios e variados.

O computador desempenhou dois papéis relevantes na nova ciência que Mandelbrot ajudou a conceber. Primeiro, objetos fractais, como vimos, podem ser gerados com uma regra simples aplicada a si mesma, o que os torna ideais para a atividade automática de um computador (ou da Mãe Natureza). Em segundo lugar, na geração de intuições visuais há uma dialética entre o matemático e os objetos gerados.

Agora vamos ver como isso nos leva à aleatoriedade. Na verdade, foi com a probabilidade que Mandelbrot iniciou sua carreira.

*Uma abordagem visual do Extremistão/Mediocristão*

Estou olhando para o tapete do meu escritório. Se eu examinar a trama com um microscópio, verei um terreno muito acidentado e desigual. Se olhar com uma lupa, o terreno será mais suave, mas ainda assim bastante irregular. Porém, quando me levanto e o inspeciono de uma posição vertical, parece uniforme — é quase tão liso quanto uma folha de papel. O tapete visto a olho nu corresponde ao Mediocristão e à lei dos grandes números: o que estou vendo é a soma das ondulações, e *elas se suavizam*. É assim com a aleatoriedade gaussiana: a razão pela qual minha xícara de café não sai pulando é porque a soma de todas as suas partículas móveis se torna suavizada. Da mesma forma, chegamos a certezas pela soma de pequenas incertezas gaussianas: essa é a lei dos grandes números.

A gaussiana não é autossemelhante, e é por isso que minha xícara de café não saltita pela superfície da minha escrivaninha.

Agora, imagine um passeio montanha acima. Não importa a que altitude você suba na superfície da Terra, ela permanecerá irregular. Isso continua sendo verdade mesmo a 9 mil metros. Quando você estiver sobrevoando os Alpes, ainda verá um mar de montanhas irregulares em vez de pequenas pedras. Portanto, algumas superfícies não são do Mediocristão, e mudar a resolução não as torna muito mais lisas. (Observe que esse efeito só desaparece quando você sobe para píncaros mais extremos. Nosso planeta parece liso e regular para um observador do espaço, mas isso ocorre porque é muito pequeno. Se fosse um planeta maior, teria montanhas que fariam o Himalaia parecer um morrinho e exigiria a observação a partir de uma distância maior para que parecesse regular. Da mesma forma, se o planeta tivesse uma população maior, mesmo mantendo a mesma riqueza média, o mais provável é que encontrássemos alguém cujo patrimônio líquido superaria inúmeras vezes o patrimônio de Bill Gates.)

As figuras 15 e 16 ilustram esse ponto; um observador olhando para a primeira fotografia pode pensar que a tampa da lente da câmera caiu no chão.

Lembre-se de nossa breve discussão sobre a costa da Inglaterra. Se você olhar para ela de um avião, os contornos não são tão diferentes dos contornos que você vê na praia. A mudança na escala não altera as formas ou o grau de lisura da superfície.

**FIGURA 15.** Aparentemente, uma tampa de lente de câmera caiu no chão.

*Pérolas aos porcos*

O que a geometria fractal tem a ver com a distribuição de riqueza, o tamanho das cidades, lucros nos mercados financeiros, o número de mortes em uma guerra ou o tamanho dos planetas? Vamos conectar os pontos.

A chave aqui é que *o fractal tem medidas numéricas ou estatísticas que são* (*um tanto*) *preservadas entre as escalas* — a proporção é a mesma, ao contrário da gaussiana. Outra visão dessa autossemelhança é apresentada na figura 17. Como vimos no capítulo 15, os super-ricos são semelhantes aos ricos, só que mais ricos — a riqueza é independente da escala, ou, mais precisamente, dependente de uma escala desconhecida.

Na década de 1960, Mandelbrot apresentou ao establishment econômico suas ideias sobre os preços de commodities e títulos financeiros, e os economistas financeiros ficaram todos entusiasmados. Em 1963, o então reitor do Escola de Pós-Graduação em Negócios da Universidade de Chicago, George Shultz, ofereceu-lhe uma cátedra. O mesmo George Shultz que mais tarde se tornou secretário de Estado de Ronald Reagan.

Certa noite, Shultz ligou para ele para rescindir a oferta.

No momento em que escrevo estas linhas, 44 anos depois, nada aconteceu nem na economia nem nas estatísticas de ciências sociais — exceto por alguns

**FIGURA 16.** O objeto não é, na verdade, uma tampa de lente de câmera. Essas duas fotos ilustram a invariância de escala: o terreno é fractal. Compare com objetos feitos pelo homem, como um carro ou uma casa.
FONTE: Professor Stephen W. Wheatcraft, Universidade de Nevada, campus de Reno.

ajustes cosméticos que tratam o mundo como se estivéssemos sujeitos apenas a uma leve aleatoriedade —, e ainda assim as medalhas do Nobel continuaram a ser distribuídas. Alguns artigos foram escritos, por pessoas que não entendem o argumento central deste livro, para sugerir "evidências" de que Mandelbrot estava errado — localizando períodos que não têm eventos raros, sempre é possível produzir dados que "corroboram" que o processo subjacente é gaussiano, assim como é possível encontrar uma tarde qualquer durante a qual ninguém matou ninguém e usar isso como "evidência" de comportamento íntegro. Repito: por causa da assimetria com a indução, assim como é mais fácil rejeitar a inocência do que aceitá-la, é mais fácil rejeitar uma curva em forma de sino do que aceitá-la; inversamente, é mais difícil rejeitar um fractal do que aceitá-lo. Por quê? Porque um único evento pode destruir o argumento de que estamos diante de uma curva em forma de sino gaussiana.

Em suma, quatro décadas atrás, Mandelbrot deu pérolas a economistas e filisteus construtores de currículos, que as rejeitaram porque as ideias eram boas demais para eles. Foi, como diz o ditado, *margaritas ante porcos*, pérolas aos porcos.

No restante deste capítulo, explicarei como posso endossar fractais mandelbrotianos como uma representação de grande parte da aleatoriedade, sem necessariamente aceitar seu uso preciso. Os fractais devem ser o padrão, a aproximação, o arcabouço. Não resolvem o problema do Cisne Negro e não transformam todos os Cisnes Negros em eventos previsíveis, mas mitigam de maneira significativa o problema do Cisne Negro por tornarem concebíveis os eventos de grande envergadura. (Isso os torna cinzentos. Por que cinzentos? Porque apenas a gaussiana oferece certezas. Em breve falarei mais sobre isso.)

## A LÓGICA DA ALEATORIEDADE FRACTAL (COM UM ALERTA)*

Mostrei nas listas de riqueza no capítulo 15 a lógica de uma distribuição fractal: se a riqueza dobra de 1 milhão para 2 milhões, a incidência de pessoas com essa soma mínima em dinheiro é dividida em quatro, que é um expoente de dois. Se o expoente fosse 1, então a incidência dessa riqueza, ou de uma riqueza maior, seria dividida em dois. O expoente é chamado de "potência" (é por isso que algumas pessoas usam o termo *lei de potência*). Chamemos de "excedências" o número de ocorrências mais alto do que certo nível — uma excedência de 2 milhões é o número de pessoas com uma riqueza superior a 2 milhões. Uma propriedade principal desses fractais (ou outra forma de expressar sua propriedade principal, a escalabilidade) é que a proporção de duas excedências** será a proporção dos dois números elevados à potência negativa do expoente da potência. Permita-me ilustrar isso. Digamos que você "ache" que apenas 96 livros por ano venderão mais de 250 mil exemplares, e que você "pense" que o expoente é de cerca de 1,5. Você pode extrapolar para estimar que por volta de 34 livros venderão mais de 500 mil exemplares — simplesmente 96 vezes $(500\,000/250\,000)^{-1,5}$. Podemos continuar e observar que cerca de doze livros deverão vender mais de 1 milhão de exemplares, aqui 96 vezes $(1\,000\,000/250\,000)^{-1,5}$.

---

* O leitor não técnico pode pular daqui até o final do capítulo.
** Lançando mão da simetria, poderíamos examinar também as incidências abaixo do número.

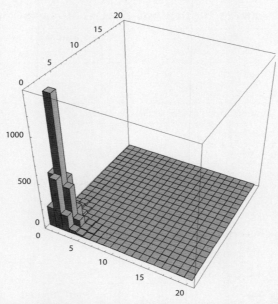

**FIGURA 17. A pura montanha estatística fractal.** O grau de desigualdade será o mesmo em todas as dezesseis subseções do gráfico. No mundo gaussiano, as disparidades de riqueza (ou qualquer outra quantidade) diminuem quando se olha para o topo do gráfico, de modo que os bilionários deveriam ser mais iguais uns em relação aos outros do que em relação aos milionários, e os milionários mais iguais entre si do que em relação à classe média. Em poucas palavras, essa falta de igualdade em todos os níveis de riqueza é autossimilaridade estatística.

Permita-me mostrar os diferentes expoentes medidos para uma variedade de fenômenos.

Indo direto ao ponto, direi que esses expoentes significam muito pouco em termos de precisão numérica. Veremos o porquê daqui a um minuto, mas por ora note que não *observamos* esses parâmetros; simplesmente os adivinhamos, ou os inferimos para informações estatísticas, o que por vezes torna difícil saber os parâmetros reais — se é que de fato existem. Primeiro, examinemos as consequências práticas de um expoente.

A tabela 3 ilustra o impacto do altamente improvável. Mostra as contribuições do topo de 1% e 20% do total. Quanto mais baixo o expoente, maiores serão essas contribuições. Mas veja como o processo é sensível: entre 1,1 e 1,3, passamos de 66% do total para 34%. Uma diferença de apenas 0,2 no expoente altera drasticamente o resultado — e essa diferença pode ser causada por um simples erro de medição. Essa diferença não é trivial: basta levar em conta que

**TABELA 2 • EXPOENTES PRESUMIDOS PARA VÁRIOS FENÔMENOS***

| FENÔMENO | EXPOENTE PRESUMIDO (APROXIMAÇÃO VAGA) |
|---|---|
| Frequência de uso de palavras | 1,2 |
| Número de acesso a sites | 1,4 |
| Número de livros vendidos nos Estados Unidos | 1,5 |
| Chamadas telefônicas recebidas | 1,22 |
| Magnitude de terremotos | 2,8 |
| Diâmetro das crateras lunares | 2,14 |
| Intensidade das erupções solares | 0,8 |
| Intensidade de guerras | 0,8 |
| Patrimônio líquido dos norte-americanos | 1,1 |
| Número de pessoas por sobrenome | 1 |
| População urbana dos Estados Unidos | 1,3 |
| Movimentos do mercado | 3 (ou menos) |
| Tamanho de empresas | 1,5 |
| Pessoas mortas em ataques terroristas | 2 (mas possivelmente um expoente muito menor) |

* FONTE: M. E. J. Newman (2005) e cálculos do próprio autor.

**TABELA 3 • O SIGNIFICADO DO EXPOENTE**

| EXPOENTE | PARCELA DO 1% DO TOPO | PARCELA DOS 20% DO TOPO |
|---|---|---|
| 1 | 99,99%* | 99,99% |
| 1,1 | 66% | 86% |
| 1,2 | 47% | 76% |
| 1,3 | 34% | 69% |
| 1,4 | 27% | 63% |
| 1,5 | 22% | 58% |
| 2 | 10% | 45% |
| 2,5 | 6% | 38% |
| 3 | 4,6% | 34% |

* Claramente, você não observa 100% em uma amostragem finita.

não temos uma ideia exata de qual é o valor do expoente porque não temos condições de medi-lo diretamente. Tudo o que fazemos é tentar estimá-lo a partir de dados anteriores ou nos basear em teorias que permitam a construção de algum modelo capaz de nos dar alguma noção — mas esses modelos podem ter fraquezas ocultas que nos impedem de aplicá-los cegamente à realidade.

Portanto, tenha em mente que o expoente 1,5 é uma aproximação, que é difícil de ser calculado, que não é uma dádiva que recebemos dos deuses, pelo menos não facilmente, e que você terá um monstruoso erro de amostragem. Você observará que o número de livros cujas vendas chegam a mais de 1 milhão de exemplares nem sempre será doze — pode ser tão alto quanto vinte ou tão baixo quanto dois.

De maneira mais significativa, esse expoente começa a ser aplicável em algum número chamado "*crossover*" [*cruzamento*] e diz respeito a números maiores do que esse cruzamento. Pode começar em 200 mil livros, ou talvez apenas em 400 mil livros. Da mesma forma, a riqueza tem propriedades diferentes antes de, digamos, 600 milhões de dólares, quando a desigualdade aumenta, das que se apresentam abaixo de tal número. Como se sabe onde fica o ponto de cruzamento? Isso é um problema. Meus colegas e eu trabalhamos com cerca de 20 milhões de partes individuais de dados financeiros. Todos nós tínhamos o mesmo conjunto de dados, mas nunca concordávamos sobre qual exatamente deveria ser o expoente em nossos conjuntos. Sabíamos que os dados revelavam uma lei de potência fractal, mas aprendemos que não seria possível produzir um número preciso. Contudo, o que de fato sabíamos — *que a distribuição é escalável e fractal* — era suficiente para que pudéssemos fazer o trabalho de operações de mercado e tomar decisões.

*O problema do limite superior*

Algumas pessoas pesquisaram e aceitaram o fractal "até certo ponto". Elas argumentam que na riqueza, nas vendas de livros e nos lucros do mercado financeiro há certo nível a partir do qual as coisas deixam de ser fractais. "Truncamento" é o que elas propõem. Concordo que existe um nível em que a fractalidade *poderia* parar, mas qual é ele? Na prática, dizer *há um limite superior, mas não sei quão alto ele é* traz as mesmas consequências que dizer *não existe limite*. Propor o limite superior é extremamente perigoso. Você pode dizer: "Vamos limitar a riqueza a 150 bilhões de dólares em nossas análises". Em seguida, outra pessoa pode dizer: "Por que não 151 bilhões de dólares? Ou por que não 152 bilhões?". Dá no mesmo que considerar que a variável é ilimitada.

*Cuidado com a precisão*

Aprendi alguns truques com os anos de experiência; qualquer expoente que eu tente medir provavelmente será superestimado (lembre-se de que um expoente mais alto implica um papel menor para os grandes desvios) — é provável que o que você vê seja menos parecido com um Cisne Negro do que aquilo que você não vê. Chamo isso de problema da falsa aparência.

Digamos que eu gere um processo que tem um expoente de 1,7. Você não vê o que está dentro do motor, apenas os dados que saem como resultado. Se eu lhe perguntar qual é o expoente, as chances são de que você compute em torno de 2,4. Você faria isso mesmo se tivesse 1 milhão de pontos de dados. A razão é o fato de ser necessário um bocado de tempo para que alguns processos fractais revelem suas propriedades, e você subestima a gravidade do choque.

Por vezes, um fractal pode fazer você acreditar que é gaussiano, sobretudo quando o ponto de corte começa em um número alto. Com distribuições fractais, desvios extremos desse tipo são raros o suficiente para criar uma cortina de fumaça: você não reconhece a distribuição como sendo fractal.

*A poça d'água, revisitada*

Como você viu, temos dificuldade em saber os parâmetros de qualquer modelo que, presumimos, comanda o mundo. Assim, com o Extremistão, o problema da indução vem à baila novamente, dessa vez de forma ainda mais significativa do que em qualquer ponto anterior deste livro. Em termos simples, se um mecanismo é fractal, pode fornecer grandes valores; portanto, a incidência de grandes desvios é possível, mas será difícil saber com qualquer precisão até que ponto eles são possíveis e com que frequência devem ocorrer. Isso guarda semelhanças com o problema da poça d'água: muitos cubos de gelo poderiam ter gerado a poça. Como alguém que vai da realidade a possíveis modelos explicativos, eu me vejo diante de uma série de problemas completamente diferentes daqueles com que se deparam os que fazem o oposto.

Acabei de ler três livros de "divulgação científica" que resumem a pesquisa em sistemas complexos: *Ubiquity: Why Catastrophes Happen* [Ubiquidade: Por que catástrofes acontecem], de Mark Buchanan, *Critical Mass* [Massa crítica], de Philip Ball e *Why Most Things Fail* [Por que a maioria das coisas dá errado], de Paul Ormerod. Esses três autores apresentam o mundo das ciências sociais como sendo repleto de leis de potência, visão com a qual certamente concordo. Eles afirmam também que há uma *universalidade* em muitos desses fenômenos, que existe uma incrível semelhança entre vários processos na natureza e o comportamento dos grupos sociais, com o que concordo. Eles corroboram seus estudos com as várias teorias sobre redes e mostram a maravilhosa correspondência entre os assim chamados fenômenos críticos em ciências naturais e a auto-organização de grupos sociais. Reúnem processos que geram avalanches, contágios sociais e o que eles chamam de cascatas de informação, com o que concordo.

A universalidade é uma das razões pelas quais os físicos consideram as leis de potência relacionadas a pontos críticos particularmente interessantes. Existem muitas situações, tanto na teoria dos sistemas dinâmicos quanto na mecânica estatística, em que muitas das propriedades da dinâmica em torno dos pontos críticos são independentes dos detalhes do sistema dinâmico subjacente. O expoente no ponto crítico pode ser idêntico para muitos sistemas no mesmo grupo, embora muitos outros aspectos do sistema sejam diferentes. Quase concordo com essa noção de universalidade. Por fim, os três autores nos incentivam a aplicar técnicas de física estatística, evitando a econometria e as distribuições não escaláveis de estilo gaussiano como o diabo foge da cruz, e concordo em gênero, número e grau.

Mas todos os três autores, ao produzir ou promover a precisão, caem na armadilha de não fazer distinção entre os processos *forward* e *backward* (entre o problema e o problema inverso) — na minha opinião, o maior dos pecados científicos e epistemológicos. Eles não estão sozinhos; quase todos os que trabalham com dados, mas não tomam decisões com base nesses dados, tendem a ser culpados do mesmo pecado, uma variação da falácia narrativa. Na ausência de um processo de feedback, você olha para os modelos e pensa que eles confirmam a realidade. Acredito nas ideias desses três livros, mas não na forma como estão sendo usadas, e certamente não com a precisão que os autores atribuem a elas. Verdade seja dita, a teoria da complexidade deveria nos fazer desconfiar *mais* de afirmações científicas de modelos precisos da realidade. Ela não torna brancos todos os cisnes, isso é previsível; ela os torna cinzentos, e apenas cinzentos.*

Como já afirmei, o mundo, em termos epistemológicos, é literalmente um lugar diferente para um empirista de baixo para cima. Não temos o luxo de nos sentar para ler a equação que rege o universo; apenas observamos os dados e fazemos uma suposição acerca do que poderia ser o processo real, e "calibramos" nossa equação de acordo com informações adicionais. À medida que os eventos se apresentam a nós, comparamos o que vemos ao que esperávamos ver. Costuma ser uma lição de humildade, especialmente para alguém que esteja ciente da falácia narrativa, o processo de descobrir que a história corre para a frente, não para trás. Por mais que se pense que os homens de negócios têm egos inflados, essas pessoas são muitas vezes humilhadas por lembretes das diferenças entre decisões e resultados, entre modelos precisos e a realidade.

Estou falando sobre opacidade, incompletude de informações, a invisibilidade do gerador do mundo. A história não nos revela sua mente — precisamos adivinhar o que há dentro dela.

*Da representação à realidade*

A ideia anterior liga todas as partes deste livro. Enquanto muitos estudam psicologia, matemática ou teoria da evolução e procuram maneiras de obter lucros aplicando suas ideias aos negócios, sugiro exatamente o oposto: estude a intensa, desconhecida e humilhante incerteza nos mercados como um meio de obter insights sobre a natureza da aleatoriedade, que é aplicável à psicologia, à probabilidade, à matemática, à teoria das decisões e até mesmo à física estatística. Você verá as manifestações sorrateiras da falácia narrativa, da falácia lúdica e dos grandes erros da platonicidade, de ir da representação à realidade.

---

* Quando questionados sobre seu trabalho, o mecanismo de defesa deles é alegar que "fazem ciência, não filosofia" e censurar minha preocupação quanto aos erros de modelo. Trata-se de uma armadilha comum: as pessoas pensam que a ciência consiste em formular previsões (mesmo quando erradas). Para mim, a ciência consiste em como não ser um otário.

Quando conheci Mandelbrot, perguntei-lhe por que um cientista estabelecido como ele, que deveria ter coisas mais valiosas para fazer com a própria vida, se interessaria por um tema tão vulgar como finanças. Eu pensava que finanças e economia eram apenas lugares onde uma pessoa poderia aprender a partir de vários fenômenos empíricos e encher sua conta bancária com dinheiro suficiente para mandar todo mundo à merda antes de se dedicar a coisas maiores e melhores. A resposta de Mandelbrot foi: "*Dados*, uma mina de ouro de dados". Na verdade, todo mundo se esquece de que Mandelbrot começou na economia antes de passar para a física e a geometria da natureza. Trabalhar com essa profusão de dados é uma lição de humildade; propicia a intuição do seguinte erro: trilhar a estrada entre representação e realidade na direção errada.

O problema da *circularidade das estatísticas* (que também podemos chamar de argumento de regressão estatística) é o seguinte. Digamos que você precise de dados anteriores para descobrir se uma distribuição de probabilidades é gaussiana, fractal ou alguma outra coisa. Você precisará definir se possui dados suficientes para dar respaldo a sua alegação. Como sabemos se temos dados suficientes? A partir da distribuição de probabilidades — uma distribuição diz se você dispõe de dados suficientes para "criar confiança" com relação ao que está inferindo. Se for uma curva em forma de sino gaussiana, então alguns pontos serão suficientes (a lei dos grandes números, mais uma vez). E como você sabe se a distribuição é gaussiana? Bem, a partir dos dados. Portanto, precisamos dos dados para nos dizer qual é a distribuição de probabilidades, e de uma distribuição de probabilidades para nos dizer a quantidade de dados de que precisamos. Isso causa um severo argumento de regressão.

Essa regressão não ocorre se você *presumir de antemão* que a distribuição é gaussiana. Acontece que, por algum motivo, a gaussiana revela suas propriedades com bastante facilidade. As distribuições do Extremistão não fazem isso. Então, selecionar a gaussiana enquanto se invoca alguma lei geral parece ser conveniente. A gaussiana é usada como uma distribuição padrão justamente por essa razão. Como insisto em repetir, supor sua aplicação de antemão pode funcionar com um pequeno número de campos, como estatísticas criminais, taxas de mortalidade, questões do Mediocristão. Mas não para dados históricos de atributos desconhecidos, e nem para questões do Extremistão.

Ora, por que os estatísticos que trabalham com dados históricos não estão cientes desse problema? Primeiro, eles não gostam de ouvir que todo o seu negócio foi cancelado pelo problema da indução. Em segundo lugar, não são confrontados de maneira rigorosa com os resultados de suas previsões. Como vimos com as Competições M, eles se fundamentam na falácia narrativa, e não querem ouvir esse tipo de coisa.

## MAIS UMA VEZ, CUIDADO COM OS PREVISORES

Permita-me levar o problema um degrau acima. Como já mencionei, muitos dos modelos em voga tentam explicar a gênese do Extremistão. Na verdade, eles são agrupados em duas classes amplas, mas em certas ocasiões há mais enfoques. A primeira classe inclui o simples modelo ao estilo "o rico fica mais rico" (ou "o grande fica maior"), usado para explicar a aglomeração de pessoas em torno das cidades, o domínio do mercado pela Microsoft e pela tecnologia VHS (em vez da Apple e da Betamax), a dinâmica das reputações acadêmicas etc. A segunda classe diz respeito ao que é geralmente chamado de "modelos de percolação", que tratam não do comportamento do indivíduo, mas sim do terreno em que ele opera. Quando despejamos água sobre uma superfície porosa, a estrutura dessa superfície importa mais do que o líquido. Quando um grão de areia atinge uma pilha de outros grãos de areia, o modo como o terreno está organizado é o fator que determina se haverá uma avalanche.

A maioria dos modelos, é óbvio, tenta ser preditiva e precisa, não apenas descritiva; a meu ver isso é irritante. Eles são boas ferramentas para ilustrar a gênese do Extremistão, mas insisto que o "gerador" da realidade não parece obedecê-los tão de perto a ponto de torná-los úteis em previsões acuradas. Ao menos pelo que se pode julgar por qualquer coisa que se encontre na literatura atual sobre o tema do Extremistão. Mais uma vez, enfrentamos graves problemas de calibração; portanto, seria uma ótima ideia evitar os erros comuns cometidos quando se calibra um processo não linear. Lembre-se de que os processos não lineares têm maiores graus de liberdade do que os lineares (como vimos no capítulo 11), com a implicação de que usar o modelo errado significa exposição a enormes riscos. Ainda assim, de vez em quando você se depara com algum livro ou artigo defendendo a aplicação de modelos da física estatística à realidade. Livros lindos como o de Philip Ball ilustram e informam, mas não conduzem a modelos precisos de dados quantitativos. Não os leve ao pé da letra.

Mas vejamos o que *podemos* aprender com esses modelos.

*Uma vez mais, uma solução feliz*

Em primeiro lugar, ao presumir um escalável, aceito que um número arbitrariamente grande é possível. Em outras palavras, as desigualdades não deveriam parar acima de algum limite máximo *conhecido*.

Digamos que o livro *O código Da Vinci* tenha vendido cerca de 60 milhões de exemplares. (A Bíblia vendeu por volta de 1 bilhão de cópias, mas vamos ignorar esse fato e limitar nossa análise a livros laicos escritos por autores individuais.) Embora nunca tenhamos conhecido um livro leigo capaz de vender 200 milhões de exemplares, podemos considerar que a possibilidade não é zero. É pequena, mas não é zero. Para cada três best-sellers ao estilo de *O código Da Vinci*, pode haver um supercampeão de vendas, e embora nenhum tenha surgido até agora, não podemos descartar essa possibilidade. E para cada quinze *Códigos Da Vinci* haverá um supercampeão que venderá, digamos, 500 milhões de exemplares.

Aplique a mesma lógica à riqueza. Digamos que a pessoa mais rica do planeta tenha um patrimônio de 50 bilhões de dólares. Há uma probabilidade não desprezível de que, no próximo ano, alguém com 100 bilhões de dólares ou mais surja do nada. Para cada três pessoas com mais de 50 bilhões de dólares, pode haver uma que seja dona de 100 bilhões ou mais. Há uma probabilidade muito menor de haver alguém com mais de 200 bilhões de dólares — um terço da probabilidade anterior, mas ainda assim diferente de zero. Existe até mesmo uma probabilidade ínfima, mas diferente de zero, de haver alguém com mais de 500 bilhões.

Isso me diz o seguinte: posso fazer inferências sobre coisas que não vejo em meus dados, mas essas coisas ainda devem pertencer ao domínio das possibilidades. Em algum lugar por aí existe um best-seller invisível, que está ausente dos dados anteriores, mas que precisa ser levado em conta. Lembre--se do argumento que apresentei no capítulo 13: ele torna o investimento em um livro ou em um medicamento melhor do que podem sugerir as estatísticas calcadas em dados passados. Mas pode tornar as perdas do mercado de ações piores do que aquilo que o passado mostra.

As guerras são fractais por natureza. Uma guerra que mata mais pessoas do que a devastadora Segunda Guerra Mundial é possível — improvável, mas não é uma probabilidade zero, embora o passado jamais tenha registrado tal guerra.

Em segundo lugar, apresentarei uma ilustração da natureza que ajudará a esclarecer o argumento acerca da precisão. Uma montanha é um tanto semelhante a uma pedra: tem uma afinidade com a pedra, uma semelhança de família, mas não é idêntica. A palavra para descrever tais semelhanças é *autoafim*, não o preciso *autossemelhante*, mas Mandelbrot teve dificuldades para comunicar a noção de afinidade, e o termo *autossemelhante* se espalhou com sua conotação de semelhança precisa em vez de semelhança familiar. Tal como acontece com a montanha e a pedra, a distribuição de riqueza acima de 1 bilhão de dólares não é exatamente a mesma que a distribuição abaixo de 1 bilhão, mas as duas distribuições têm "afinidade".

E em terceiro lugar, afirmei antes que deve existir uma fartura de artigos no mundo da econofísica (a aplicação da física estatística a fenômenos sociais e econômicos) visando a essa calibração, a extrair números do mundo dos fenômenos. Muitos tentam ser preditivos. Infelizmente, não somos capazes de prever "transições" para crises ou contágios. Meu amigo Didier Sornette tenta construir modelos preditivos, que eu adoro, só que não posso usá-los para fazer previsões — mas, por favor, não diga isso a ele; pode ser que ele pare de construí-los. O fato de eu não poder usar os modelos de acordo com a intenção original de Sornette não invalida o trabalho dele, apenas faz com que as interpretações exijam pensamento amplo e de mente aberta, ao contrário dos modelos em economia convencional, que são fundamentalmente falhos. Podemos ser capazes de nos dar bem com alguns dos fenômenos de Sornette, mas não com todos.

ONDE ESTÁ O CISNE CINZENTO?

Escrevi este livro inteiro sobre o Cisne Negro. Não é porque eu esteja apaixonado por ele; como humanista, eu o odeio. Odeio a maior parte da injustiça e dos danos que ele causa. Portanto, eu gostaria de eliminar muitos

Cisnes Negros, ou pelo menos mitigar seus efeitos e me proteger deles. A aleatoriedade fractal é uma forma de reduzir essas surpresas, de fazer com que alguns dos cisnes pareçam possíveis, por assim dizer, de fazer com que tenhamos consciência de suas consequências, de torná-los cinzentos. *Mas a aleatoriedade fractal não produz respostas precisas.* Os benefícios são os seguintes: se você sabe que o mercado de ações *pode* quebrar, como aconteceu em 1987, então tal evento não é um Cisne Negro. O *crash* de 1987 não é um *outlier* se você usar um fractal com um expoente de três. Se você sabe que as empresas de biotecnologia podem introduzir no mercado um fármaco que será um estrondoso sucesso de vendas, maior do que tudo que tivemos até agora, então não será um Cisne Negro, e você não ficará surpreso se esse fármaco aparecer.

Assim, os fractais de Mandelbrot nos permitem explicar alguns Cisnes Negros, mas nem todos. Eu já disse que alguns Cisnes Negros surgem porque ignoramos fontes de aleatoriedade. Outros surgem quando superestimamos o expoente fractal. Um Cisne Cinzento refere-se a eventos extremos modeláveis, um Cisne Negro tem a ver com desconhecidos desconhecidos.

Sentei-me e discuti isso com o grande homem, e o debate se tornou, como de praxe, um jogo linguístico. No capítulo 9, apresentei a distinção que os economistas fazem entre a incerteza knightiana (incomputável) e o risco knightiano (computável); essa distinção não pode ser uma ideia tão original a ponto de estar ausente do nosso vocabulário, por isso fomos procurá-la em francês. Mandelbrot mencionou um de seus amigos e heróis prototípicos, o aristocrata e matemático Marcel-Paul Schützenberger, um refinado erudito que (assim como o autor que vos fala) se entediava facilmente e não conseguia trabalhar em problemas além de seus pontos de retorno decrescentes. Schützenberger insistiu na distinção, na língua francesa, entre *hasard* e *fortuit*. *Hasard*, do árabe *az-zahr*, implica, assim como *alea*, o dado (no sentido de sorte),* a aleatoriedade manejável; *fortuit*, o fortuito, é meu Cisne Negro, o puramente acidental

---

\* Como na célebre sentença "*Alea jacta est*", "o dado está lançado" ou "a sorte está lançada"; segundo Suetônio (*Vida de César*), pronunciada por Júlio César em janeiro de 49 a.C., no momento em que atravessou o Rubicão para marchar sobre Roma e derrubar Pompeu. — *Alea* significa tanto o dado como a sorte, daí ouvimos dizer que um resultado é "aleatório" quando baseado exclusivamente na sorte. (N. T.)

e inesperado. Fomos ao dicionário *Petit Robert*; a distinção está mesmo lá. *Fortuit* parece corresponder à minha opacidade epistêmica, *l'imprévu et non quantifiable* [o imprevisto e não quantificável]; *hasard* equivale ao tipo mais lúdico de incerteza que foi proposto pelo Chevalier de Méré na literatura sobre jogos de azar. De forma extraordinária, os árabes podem ter introduzido outra palavra ao negócio de incerteza: *rizk*, significando propriedade.

Repito: Mandelbrot lida com Cisnes Cinzentos; eu lido com o Cisne Negro. Assim, Mandelbrot domesticou muitos dos meus Cisnes Negros, mas não todos eles, não completamente. No entanto, com seu método ele nos mostra um vislumbre de esperança, uma maneira de começar a pensar sobre os problemas de incerteza. De fato, você está muito mais seguro se souber onde estão os animais selvagens.

## 17. Os loucos de Locke, ou a curva em forma de sino nos lugares errados*

*O quê? — Qualquer um pode se tornar presidente — O legado de Alfred Nobel — Aquela época medieval*

Tenho dois escritórios na minha casa: um é um gabinete de trabalho de verdade, com livros interessantes e material literário; o outro é não literário, onde não gosto de trabalhar e o qual relego a questões prosaicas e de foco estreito. No escritório não literário há uma parede forrada de livros sobre estatística e história das estatísticas, livros que nunca tive a coragem de queimar ou jogar fora, embora eu os ache tremendamente inúteis fora de suas aplicações acadêmicas (Carneades, Cícero e Foucher sabem muito mais sobre probabilidade do que todos esses volumes pseudossofisticados). Não posso usá-los em uma aula porque prometi a mim mesmo que jamais ensinaria lixo, mesmo que estivesse morrendo de fome. Por que não posso usá-los? Nenhum desses livros trata do Extremistão. Nenhum. Os poucos livros que o fazem são escritos não por estatísticos, mas por físicos estatísticos. Estamos ensinando

---

\* Esta é uma simples ilustração do ponto geral deste livro em finanças e economia. Se você não acredita na aplicação da curva em forma de sino a variáveis sociais, e se, como muitos profissionais, você já se convenceu de que a teoria financeira "moderna" é uma porcaria de ciência perigosa, pode pular este capítulo com tranquilidade.

às pessoas métodos do Mediocristão e libertando-as no Extremistão. É como desenvolver um medicamento para plantas e aplicá-lo a humanos. Não é de admirar que estejamos correndo o maior de todos os riscos: lidamos com *questões pertencentes ao Extremistão, mas tratadas como se pertencessem ao Mediocristão*, como uma "aproximação".

Centenas de milhares de alunos em escolas de economia e administração e em departamentos de ciências sociais de Cingapura a Urbana-Champaign, bem como pessoas no mundo dos negócios, continuam a estudar métodos "científicos", todos fundamentados na gaussiana, todos entranhados na falácia lúdica.

Este capítulo examina desastres decorrentes da aplicação de métodos matemáticos fajutos nas ciências sociais. O verdadeiro tópico talvez sejam os perigos para a nossa sociedade criados pela Academia Sueca, que outorga o prêmio Nobel.

*Apenas cinquenta anos*

Voltemos à história da minha vida como homem de negócios. Observe o gráfico na figura 18. Nos últimos cinquenta anos, os dez dias mais extremos nos mercados financeiros representam metade dos lucros. Dez dias em cinquenta anos. Enquanto isso, estamos atolados em um bate-papo inútil.

Claramente, qualquer pessoa que queira mais do que o elevado número de seis sigma como a prova de que os mercados são do Extremistão precisa fazer um exame neurológico. Dezenas de artigos mostram a inadequação da família gaussiana de distribuições e a natureza escalável dos mercados. Lembre que, ao longo dos anos, eu mesmo calculei estatísticas para a frente e para trás em 20 milhões de diferentes conjuntos de dados, o que me faz desprezar qualquer pessoa que fale sobre mercados em termos gaussianos. Mas as pessoas têm dificuldade em dar o salto para as consequências desse conhecimento.

O mais estranho é que as pessoas no mundo dos negócios geralmente concordam comigo quando ouvem minhas palestras e entrevistas ou me veem apresentar meus argumentos. Porém, quando vão para o escritório no dia seguinte, voltam a recorrer às ferramentas gaussianas tão arraigadas em seus hábitos. A mente dessas pessoas é dependente do domínio, de modo que são capazes de exercitar o pensamento em uma conferência, mas não fazem a mesma coisa no escritório. Ademais, as ferramentas gaussianas lhes fornecem números, que parecem ser "melhores do que nada". A medida resultante da incerteza futura satisfaz nosso desejo inerente de simplificar, mesmo que isso signifique espremer em um único número questões que são fecundas demais para serem descritas dessa forma.

*A traição dos escriturários*

Encerrei o capítulo 1 com a quebra do mercado de ações em 1987, o que me permitiu seguir agressivamente no encalço da minha ideia do Cisne Negro. Logo após essa quebra, quando afirmei que aqueles que usam sigma (ou seja, desvio-padrão) como medida do grau de risco e aleatoriedade eram charlatães, todos concordaram comigo. Se o mundo das finanças fosse gaussiano, um episódio como esse colapso (mais de vinte desvios-padrão) ocorreria a cada vários bilhões de vidas do universo (veja o exemplo da altura no capítulo 15). De acordo com as circunstâncias de 1987, as pessoas aceitaram que eventos raros ocorrem e são a principal fonte de incerteza. Elas estavam apenas relutantes em desistir da gaussiana como uma ferramenta de medição central — "Ei, não temos nada mais além disso". As pessoas querem um número a que possam se agarrar, feito uma âncora. No entanto, os dois métodos são logicamente incompatíveis.

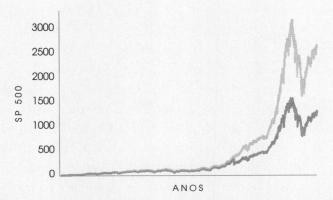

**FIGURA 18.** Removendo as dez maiores movimentações de um dia no mercado de ações dos Estados Unidos nos últimos cinquenta anos, constatamos uma enorme diferença nos lucros — e ainda assim as finanças convencionais veem esses saltos de um dia como meras anomalias. (Este é apenas um de muitos testes do tipo. Embora seja bastante convincente em uma leitura informal, há outros muito mais convincentes do ponto de vista matemático, por exemplo a incidência de eventos "dez sigma".)

Sem que eu soubesse, os acontecimentos de 1987 não foram a primeira vez que a ideia da gaussiana se mostrou uma insanidade. Mandelbrot propôs o escalável ao establishment econômico por volta de 1960, e demonstrou aos figurões como a curva gaussiana não se ajustava aos preços *naquela época*. Todavia, depois que se recuperaram da empolgação, eles perceberam que teriam que reaprender seu ofício. Um dos economistas influentes do período, o falecido Paul Cootner, escreveu: "Mandelbrot, tal qual o primeiro-ministro Churchill antes dele, nos prometeu não a utopia, mas sangue, suor, labuta e lágrimas. Se ele estiver certo, quase todas as nossas ferramentas estatísticas estão obsoletas [ou] não fazem sentido". Proponho duas correções à declaração de Cootner. Em primeiro lugar, substituiria *quase todas* por *todas*. Em segundo lugar, discordo dessa história de "sangue e suor". Na minha opinião, a aleatoriedade mandelbrotiana é consideravelmente mais fácil de entender do que as estatísticas convencionais. Se você é novato no ramo, não confie nas ferramentas teóricas antigas, e não tenha grande expectativa de certeza.

*Qualquer um pode se tornar presidente*

E agora uma breve história do prêmio Nobel de economia, que foi instituído pelo Banco Nacional da Suécia em homenagem a Alfred Nobel, o qual, segundo sua família que quer a abolição do prêmio, talvez agora esteja rolando no túmulo, enojado e desgostoso. Um membro ativista da família define o prêmio como um golpe de relações públicas por parte de economistas cujo intuito é colocar seu campo de atuação em uma posição mais elevada do que ela merece. É verdade que o prêmio foi outorgado a alguns pensadores valiosos, como o psicólogo empírico Daniel Kahneman e o economista pensante Friedrich Hayek. Mas o comitê adquiriu o hábito de distribuir o Nobel a pessoas que "trazem rigor" ao processo com pseudociência e matemática falsa. *Depois* da quebra do mercado de ações, eles premiaram dois teóricos, Harry Markowitz e William Sharpe, que construíram modelos lindamente platônicos de base gaussiana, contribuindo para o que se denomina Teoria Moderna do Portfólio. Simplesmente, se você remover as suposições gaussianas e tratar os preços como escaláveis, o que resta é apenas conversa mole. O Comitê Nobel poderia ter testado os modelos de Sharpe e Markowitz — que funcionam tanto quanto placebos vendidos como remédios milagrosos por charlatães na internet —, mas ninguém em Estocolmo parece ter pensado nisso. O comitê tampouco veio atrás de nós, os praticantes, para pedir nossa opinião; em vez disso, contou com um processo de verificação acadêmica que, em algumas disciplinas, pode ser corrupto até a medula. Depois dessa premiação, fiz uma previsão: "Em um mundo em que esses dois ganham o Nobel, qualquer coisa pode acontecer. Qualquer um pode se tornar presidente".

Portanto, o Banco Nacional da Suécia e a Academia Sueca são os grandes responsáveis por dar crédito ao uso da Teoria Moderna do Portfólio gaussiana, pois as instituições consideraram que se trata de uma excelente abordagem para "tirar o delas da reta". Fabricantes de software venderam métodos "laureados com o Nobel" por milhões de dólares. Como seria possível errar usando essa grife? Curiosamente, todo mundo que atuava no mundo dos negócios inicialmente sabia que a ideia era uma fraude, mas as pessoas se acostumaram a tais métodos. Alan Greenspan, presidente do Federal Reserve, supostamente teria deixado escapar: "Prefiro ouvir a opinião de um trader à de um matemático". Enquanto isso, a Teoria Moderna do Portfólio começou a se espalhar. Vou repetir até ficar rouco: o que determina o destino de uma teoria nas ciências sociais é o contágio, não sua validade.

Somente mais tarde percebi que professores de finanças com formação gaussiana estavam tomando conta das faculdades de economia e administração e, portanto, dos programas de MBA, e produzindo cerca de 100 mil alunos por ano na área de negócios, apenas nos Estados Unidos, todos eles vítimas de lavagem cerebral por meio de uma teoria de portfólio fajuta. Nenhuma observação empírica poderia estancar a epidemia. Parecia melhor ensinar aos alunos uma teoria baseada na gaussiana do que não lhes ensinar teoria nenhuma. Parecia mais "científico" do que dar a eles o que Robert C. Merton (filho do sociólogo Robert K. Merton, que discutimos anteriormente) chamou de "anedota". Merton escreveu que, antes da teoria de portfólio, as finanças eram "uma coleção de anedotas, regras gerais e manipulação de dados contábeis". A teoria de portfólio permitiu "a subsequente evolução dessa miscelânea conceitual para uma rigorosa teoria econômica". Para ter uma noção do grau de seriedade intelectual envolvido, e para comparar a economia neoclássica a uma ciência mais honesta, tenha em mente esta declaração do pai da medicina moderna do século XIX, Claude Bernard: "Fatos por enquanto, mas com aspirações científicas para mais tarde". O certo seria enviar economistas para a faculdade de medicina.

Dessa maneira, a gaussiana* impregnou nossa cultura científica e de negócios, e termos como *sigma, variância, desvio-padrão, correlação, R quadrado* e o epônimo *índice de Sharpe*, todos diretamente ligados a ela, impregnaram o jargão. Se você ler o prospecto de um fundo mútuo ou alguma descrição da exposição de um hedge fund, é provável que ele lhe forneça, entre outras informações, algum resumo quantitativo alegando medir o "risco". Essa medida será baseada em uma das palavras-chave mencionadas aqui, derivadas da curva em forma de sino e seus análogos. Hoje, por exemplo, a política de investimentos dos fundos de pensão e escolha dos fundos são avaliados por "consultores" que se fiam na teoria de portfólio. Se houver um problema, eles podem alegar que se basearam no método científico padrão.

*Mais horror*

As coisas pioraram muito em 1997. A Academia Sueca concedeu outra leva de prêmios Nobel baseados em Gauss a Myron Scholes e Robert C. Merton, que haviam aprimorado uma velha fórmula matemática e a tornado compatível com as grandiosas teorias gaussianas de equilíbrio financeiro geral existentes — portanto, aceitáveis para o establishment econômico. A fórmula era agora "utilizável". Ela tinha uma lista de "precursores" havia muito esquecidos, entre os quais estava o matemático e jogador Ed Thorp, autor do best-seller *Beat the Dealer* [Derrote a banca],** sobre como se dar bem no jogo de vinte e um. No entanto, por algum motivo as pessoas acreditam que Scholes e Merton a inventaram, quando, na verdade, eles apenas a tornaram aceitável. A fórmula era meu ganha-pão. Os traders, pessoas de baixo para cima, conhecem essa fórmula de cabo a rabo e de trás para a frente, muito

---

* É bem verdade que a gaussiana foi ajustada e alterada, usando-se métodos como "saltos" complementares, teste de estresse, mudança de regime, ou os métodos elaborados conhecidos como GARCH, mas, embora esses métodos representem um bom esforço, não levam em consideração as falhas fundamentais da curva em forma de sino. Tais métodos não são invariantes de escala. Isso, na minha opinião, pode explicar as falhas de métodos sofisticados na vida real, conforme demonstrado pela Competição Makridakis.
** No Brasil, incluído em *Um homem para qualquer mercado: De Las Vegas a Wall Street, como derrotei a banca e o mercado*. Trad. Afonso Celso da Cunha Serra, Petê Rissatti, Rogério W. Galindo. São Paulo: Companhia das Letras, Portfolio-Penguin, 2018. (N. T.)

melhor que os acadêmicos, por passar noites em claro preocupando-se com os riscos dela, apesar de que poucos deles seriam capazes de expressar suas ideias em termos técnicos, então senti que os estava representando. Scholes e Merton tornaram a fórmula dependente da gaussiana, mas os "precursores" deles não a sujeitaram a tal restrição.*

Os anos pós-quebra foram divertidos para mim, do ponto de vista intelectual. Participei de conferências em finanças e matemática da incerteza; nunca, nem uma vez, encontrei um palestrante, com ou sem Nobel, que entendesse do que estava falando quando se tratava de probabilidade, de modo que eu podia assustar todo mundo com as minhas perguntas. Essas pessoas realizavam "um trabalho profundo em matemática", mas quando indagadas sobre de onde tiravam suas probabilidades, as explicações deixavam claro que haviam se apaixonado pela falácia lúdica e sido ludibriados por ela — era perceptível a estranha coexistência de habilidades técnicas e ausência de compreensão que encontramos nos *idiot savants*, os sábios idiotas. Em momento algum consegui uma única resposta inteligente ou que não fosse *ad hominem*. Como eu os questionava a respeito de todo o seu negócio, era compreensível que atraísse toda sorte de insultos: "obsessivo", "comercial", "filosófico", "ensaísta", "homem ocioso que vive de renda", "repetitivo", "praticante" (isso é um insulto no mundo acadêmico), "acadêmico" (isso é um insulto no mundo dos negócios). Ser o alvo dos insultos raivosos não é tão ruim; você se acostuma rápido e passa a se concentrar naquilo que *não* é dito. Os operadores de pregão são treinados para lidar com ataques de fúria. Se você trabalha em um pregão caótico, alguém especialmente mal-humorado por ter perdido dinheiro pode começar a xingar você aos berros até machucar as cordas vocais, minutos depois esquecer o surto e, uma hora depois, convidar você para a festa de Natal na casa dele. Assim, você se torna insensível a insultos, sobretudo se treinar a si mesmo para imaginar que a pessoa que está proferindo os xingamentos é uma

---

* Em termos mais técnicos, lembre-se da minha carreira como profissional de opções. Uma opção muitíssimo improvável não apenas se beneficia dos Cisnes Negros, mas se beneficia desproporcionalmente deles — algo que a "fórmula" de Scholes e Merton deixa passar em brancas nuvens. A opção de recompensa é tão poderosa que você não precisa estar certo sobre as probabilidades: mesmo estando errado com relação a elas, você recebe uma recompensa de proporções monstruosas. Chamei isso de "bolha dupla": o erro de precificação da probabilidade e do retorno.

variante de um macaco barulhento com pouco autocontrole. Simplesmente mantenha a compostura, sorria, concentre-se em analisar a pessoa que está vociferando, não a mensagem, e você vencerá a discussão. Um ataque *ad hominem* contra um intelectual, não contra uma ideia, é extremamente lisonjeiro. Indica que a pessoa que está esbravejando não tem nada inteligente a dizer sobre a sua mensagem.

Após assistir a uma de minhas palestras, o psicólogo Philip Tetlock (o desbaratador de especialistas do capítulo 10) relatou ter ficado impressionado com a presença de um agudo estado de dissonância cognitiva na plateia. Mas a forma como as pessoas resolvem essa tensão cognitiva, que atinge o âmago de tudo que lhes foi ensinado e os métodos que elas praticam — e que, elas se dão conta, continuarão a praticar —, pode variar muito. Era sintomático como quase todas as pessoas que atacavam meu pensamento o faziam sobre uma versão deformada dele, algo como "tudo é aleatório e imprevisível" em vez de "é amplamente aleatório", isso quando não se confundiam, mostrando-me de maneira atabalhoada como a curva em forma de sino funciona em alguns domínios físicos. Alguns tinham até mesmo que mudar minha biografia. Certa vez, em um painel em Lugano, Myron Scholes se enraiveceu e partiu com unhas e dentes para cima de uma versão transformada das minhas ideias. Pude ver a dor estampada em seu rosto. Uma vez, em Paris, um renomado integrante do establishment matemático, que investiu parte de sua vida em alguma minúscula subpropriedade da gaussiana, perdeu a paciência e explodiu de raiva no exato momento em que mostrei evidências empíricas do papel dos Cisnes Negros em mercados. Vermelho e furibundo, ele ficou com dificuldade para respirar e começou a lançar impropérios contra mim por ter profanado a instituição, por ser desprovido de *pudeur* (modéstia); ele berrava "Eu sou um membro da Academia de Ciências!" para dar mais força a suas ofensas. (A tradução francesa do meu livro se esgotou no dia seguinte.) O melhor episódio da minha lista foi quando Steve Ross, economista tido como um intelectual muito superior a Scholes e Merton, considerado um debatedor formidável, refutou minhas ideias sinalizando pequenos erros ou aproximações em minha apresentação, a exemplo de "Markowitz não foi o primeiro a...", atestando assim que não tinha resposta para meu argumento principal. Outros que investiram boa parte da vida nessas ideias recorreram ao vandalismo na web. Economistas costumam invocar um estranho argumento de Milton Friedman que afirma que modelos não precisam ter suposições realistas para serem aceitáveis — dando-lhes licença para produzir representações matemáticas da realidade gravemente defeituosas. O problema, é óbvio, é que essas gaussianizações não têm pressupostos realistas e não produzem resultados confiáveis. Elas não são nem realistas nem preditivas. Observe também um viés mental que encontro de tempos em tempos: as pessoas confundem um evento cuja probabilidade de ocorrer é pequena, digamos, uma vez a cada vinte anos, com um evento cuja ocorrência é periódica. Pensam que estarão seguras se só forem expostas a ele por dez anos.

Tive dificuldade em fazer com que entendessem a minha mensagem sobre a diferença entre o Mediocristão e o Extremistão. Muitos argumentos que foram apresentados a mim diziam respeito a como a sociedade tem se saído bem com a curva em forma do sino — basta olhar para os escritórios dos serviços de concessão de crédito etc.

O único comentário que achei inaceitável foi: "Você está certo; precisamos de você para nos lembrar da fraqueza desses métodos, mas você não pode querer jogar tudo no lixo", o que significa que eu precisava aceitar sua distribuição gaussiana redutiva e, ao mesmo tempo, aceitar também que grandes desvios poderiam ocorrer — eles não percebiam a incompatibilidade dos dois enfoques. Era como se fosse possível alguém estar semimorto. Em vinte anos de debates, nenhum desses usuários da teoria de portfólio foi capaz de explicar *como* eles poderiam aceitar simultaneamente o arcabouço gaussiano e os grandes desvios. Nenhum.

*Confirmação*

Ao longo do caminho, vi erros de confirmação o suficiente para fazer Karl Popper se enfurecer. As pessoas encontravam dados nos quais não havia saltos ou eventos extremos e me mostravam uma "prova" de que se pode usar a gaussiana. Isso era exatamente como meu exemplo da "prova" de que O. J. Simpson não é um assassino no capítulo 5. Todo o segmento da estatística confundiu a ausência de prova com a prova de ausência. Além do mais, as pessoas não entendiam a assimetria elementar envolvida na questão: basta uma única observação para rejeitar a gaussiana, mas milhões de observações não confirmarão totalmente a validade de sua aplicação. Por quê? Porque a curva em forma de sino gaussiana não permite grandes desvios, mas ferramentas do Extremistão não impedem longos trechos de intervalos silenciosos.

Eu não sabia que a obra de Mandelbrot tinha relevância fora da estética e da geometria. Ao contrário dele, não fui condenado ao ostracismo: recebi boa dose de aprovação de profissionais e tomadores de decisões, embora não das suas equipes de pesquisa.

Até que, de repente, recebi a mais inesperada legitimação.

## FOI APENAS UM CISNE NEGRO

Robert Merton Jr. e Myron Scholes foram os sócios fundadores da grande empresa de trading especulativo chamada Long-Term Capital Management (LTCM), que mencionei no capítulo 4. Esse fundo de investimentos consistia em um grupo de pessoas com excelentes currículos, dos mais altos escalões do mundo acadêmico. Eram considerados gênios. As ideias da teoria de portfólio inspiraram seu gerenciamento de riscos de resultados possíveis — graças a seus "cálculos" sofisticados, eles conseguiram ampliar a falácia lúdica a proporções industriais.

Então, durante o verão de 1998, ocorreu uma combinação de grandes eventos, desencadeada por uma crise financeira russa, que estava fora do âmbito dos modelos do LTCM. Foi um Cisne Negro. O fundo faliu, e seu colapso quase derrubou consigo todo o sistema financeiro, já que as exposições foram enormes. Como os modelos do LTCM descartavam a possibilidade de grandes desvios, eles se permitiram correr um risco monstruoso. As ideias de Merton e Scholes, assim como as da Teoria Moderna do Portfólio, estavam começando a naufragar. A magnitude das perdas foi espetacular, espetacular demais para nos darmos ao luxo de ignorar a comédia intelectual. Muitos amigos e eu pensamos que os teóricos de portfólio sofreriam o destino das companhias de tabaco: estavam colocando em risco as economias das pessoas e logo seriam responsabilizados pelas consequências de seus métodos de inspiração gaussiana.

Nada disso aconteceu.

Pelo contrário, os alunos de MBA em faculdades de economia e administração continuaram aprendendo a teoria de portfólio. E a fórmula da opção continuou a carregar o nome Black-Scholes-Merton, em vez de voltar aos seus verdadeiros donos, Louis Bachelier, Ed Thorp e outros.

*Como "provar" coisas*

Merton, o mais jovem, é um representante da escola da economia neoclássica que, como vimos com o fundo LTCM, é a ilustração mais poderosa dos perigos do conhecimento platonificado.* Observando sua metodologia, vejo o seguinte padrão: ele começa com suposições rigidamente platônicas, completamente irrealistas — como as probabilidades gaussianas, ao lado de muitas outras igualmente perturbadoras. Em seguida, a partir delas, ele gera "teoremas" e "provas". A matemática é concisa e elegante. Os teoremas são compatíveis com outros da Teoria Moderna do Portfólio, eles próprios compatíveis com outros teoremas, construindo uma grande teoria de como as pessoas consomem, economizam, enfrentam incertezas, gastam e projetam o futuro. Ele presume que conhecemos a probabilidade dos eventos. A abominável palavra *equilíbrio* está sempre presente. Mas todo o edifício é como um jogo que é totalmente fechado, como o Banco Imobiliário com todas as suas regras.

Um acadêmico que aplica tal metodologia se assemelha à definição de Locke de um louco: alguém "raciocinando corretamente a partir de premissas errôneas".

Ora, a matemática elegante tem esta propriedade: é perfeitamente correta, não 99% correta. Essa propriedade seduz mentes mecanicistas que não querem lidar com ambiguidades. Infelizmente, é necessário trapacear em algum lugar para fazer o mundo se encaixar perfeitamente na matemática; e você precisa falsificar suas suposições em algum lugar. Vimos com a citação de Hardy que os matemáticos profissionais "puros", no entanto, são absolutamente honestos.

Portanto, as coisas ficam confusas quando alguém como Merton tenta ser matemático e hermético, em vez de ter como foco a adequação à realidade.

---

* Estou selecionando Merton porque o considero bastante ilustrativo do obscurantismo com carimbo acadêmico. Descobri as deficiências de Merton por meio de uma furiosa e ameaçadora carta de sete páginas que ele me enviou, a qual me deu a sensação de que ele não estava muito familiarizado com a forma como negociamos opções, seu próprio objeto de estudo. Ele parecia estar sob a impressão de que os traders se fiam na teoria econômica "rigorosa" — como se os pássaros tivessem que estudar engenharia (ruim) para conseguir voar.

É aí que se aprende com a mente dos militares e daqueles que têm responsabilidades na área de segurança. Eles não se importam com o raciocínio lúdico "perfeito"; querem suposições realistas e ecológicas. No fim das contas, eles se importam com vidas.

Mencionei no capítulo 11 como aqueles que iniciaram o jogo do "raciocínio formal", fabricando premissas falsas a fim de gerar teorias "rigorosas", foram Paul Samuelson, tutor de Merton, e, no Reino Unido, John Hicks. Esses dois arruinaram as ideias de John Maynard Keynes, que eles tentaram formalizar (Keynes estava interessado na incerteza, e se queixava das certezas induzidas por modelos, que estreitam a mente). Outros participantes no empreendimento do pensamento formal foram Kenneth Arrow e Gerard Debreu. Os quatro foram nobelizados. Os quatro encontravam-se em um estado delirante sob o efeito da matemática — o que Dieudonné chamou de "a música da razão", e o que eu chamo de loucura de Locke. Todos eles podem ser seguramente acusados de terem inventado um mundo imaginário, que se prestava à sua matemática. O perspicaz acadêmico Martin Shubik, para quem o excessivo grau de abstração desses modelos, alguns passos além do necessário, os tornava totalmente inutilizáveis, viu-se condenado ao ostracismo, um destino comum para os dissidentes.*

Se você questionar o que eles fazem, como fiz com Merton Jr., pedirão "provas precisas". Então, eles definem as regras do jogo, e você precisa jogar respeitando essas regras. Vindo de uma experiência profissional em que o principal ativo é ser capaz de trabalhar com matemática complicada, mas empiricamente aceitável, não posso aceitar uma ciência de faz de conta. Prefiro muito mais um ofício sofisticado, focado em truques, a uma ciência fracassada que busca certezas. Ou esses construtores de modelos neoclássicos poderiam estar fazendo algo pior? Estariam envolvidos no que o bispo Huet chama de fabricação de certezas?

Vamos ver.

---

* A medicina medieval também se baseava em ideias de equilíbrio quando era de cima para baixo e semelhante à teologia. Felizmente, seus praticantes saíram do mercado, pois não tinham condições de competir com os cirurgiões de baixo para cima, ex-barbeiros de motivação ecológica que ganharam experiência, e graças aos quais surgiu a ciência clínica aplatônica. Se estou vivo hoje, é porque a medicina escolástica de cima para baixo faliu alguns séculos atrás.

**TABELA 4 • DUAS MANEIRAS DE ABORDAR A ALEATORIEDADE**

| EMPIRISMO CÉTICO E A ESCOLA APLATÔNICA | ABORDAGEM PLATÔNICA |
|---|---|
| Interessado no que está fora da dobra platônica | Concentra-se no interior da dobra platônica |
| Respeito por quem tem a coragem de dizer "eu não sei" | "Você insiste em criticar esses modelos. Esses modelos são *tudo* o que temos." |
| Tony Gordo | Dr. John |
| Pensa em Cisnes Negros como uma fonte dominante de aleatoriedade | Pensa em flutuações comuns como uma fonte dominante de aleatoriedade, e os saltos são apenas um detalhe |
| De baixo para cima | De cima para baixo |
| Normalmente não usa terno e gravata (exceto para funerais) | Usa ternos escuros, camisas brancas; fala em um tom de voz enfadonho |
| Prefere estar certo de modo geral | Está errado de modo preciso |
| Mínimo de teoria, considera a teorização como uma doença à qual resistir | Tudo precisa caber em algum modelo socioeconômico grandioso e generalizante e se ajustar ao "rigor da teoria econômica"; desaprova o "descritivo" |
| Não acredita que podemos computar probabilidades facilmente | Construiu todo o seu aparato com base em suposições de que podemos calcular probabilidades |
| Modelo: Sexto Empírico e a escola empírica de medicina baseada em evidências, com o mínimo de teoria | Modelo: mecânica laplaciana, o mundo e a economia como um relógio |
| Desenvolve intuições a partir da prática; vai das observações para os livros | Baseia-se em artigos científicos, vai dos livros para a prática |
| Não é inspirado por nenhuma ciência, usa matemática complicada e métodos computacionais | Inspirado pela física, fia-se em matemática abstrata |
| Ideias baseadas no ceticismo, nos livros não lidos da biblioteca | Ideias baseadas em crenças, no que pensa que sabe |
| Adota o Extremistão como ponto de partida | Adota o Mediocristão como ponto de partida |
| Técnica sofisticada | Ciência pobre |
| Procura estar aproximadamente certo em um amplo conjunto de eventualidades | Procura estar perfeitamente certo em um modelo estreito, sob suposições precisas |

O empirismo cético defende o método oposto. Eu me importo mais com premissas do que com teorias e quero minimizar a dependência de teorias, ter leveza nos pés e reduzir minhas surpresas. Prefiro estar certo de um modo geral a estar errado de forma precisa. Elegância em teorias costuma ser indicativo de platonicidade e fraqueza — um convite à busca da elegância pela elegância. Uma teoria é como um remédio (ou um governo): muitas vezes inútil, às vezes necessária, sempre interesseira e, às vezes, letal. Portanto, precisa ser usada com cuidado, moderação e supervisão de um adulto.

A distinção na tabela 4 entre meu modelo moderno, empirista e cético e o que os filhotinhos de Samuelson representam pode ser generalizada para diferentes disciplinas.

Apresentei minhas ideias na área de finanças porque foi lá que as refinei. Agora examinaremos uma categoria de pessoas das quais se espera que sejam mais ponderadas: os filósofos.

# 18. A incerteza dos fajutos

*Filósofos nos lugares errados — Incerteza sobre (principalmente) o almoço — Com o que não me importo — Educação e inteligência*

Este derradeiro capítulo da parte III concentra-se em uma importante ramificação da falácia lúdica: como aqueles cujo trabalho é nos tornar conscientes com relação à incerteza nos decepcionam e nos desviam pela porta dos fundos em direção a certezas fajutas.

## FALÁCIA LÚDICA, REVISITADA

Expliquei a falácia lúdica com a história do cassino e insisti que a aleatoriedade esterilizada dos jogos não se assemelha à aleatoriedade da vida real. Observe novamente a figura 7 no capítulo 15. Os dados perfazem uma média tão rapidamente que posso afirmar com certeza que o cassino ganhará de mim no longo prazo muito próximo, digamos, na roleta, pois o ruído será anulado, embora não as habilidades (aqui, a vantagem do cassino). Quanto mais se estende o período (ou se reduz o tamanho das apostas), mais a aleatoriedade, em virtude da média, se retira desses constructos de jogatina.

A falácia lúdica está presente nas seguintes configurações fortuitas: passeio aleatório, lance de dados, cara ou coroa com moeda, o infame "cara ou coroa" digital expresso como 0 ou 1, movimento browniano (que corresponde ao movimento de partículas de pólen na água) e exemplos semelhantes. Essas configurações geram uma qualidade de aleatoriedade que sequer se qualifica como aleatoriedade — *protoaleatoriedade* seria uma designação mais apropriada. Em sua essência, todas as teorias construídas em torno da falácia lúdica ignoram uma camada de incerteza. Pior ainda, seus adeptos não sabem disso!

Uma aplicação rigorosa desse foco na pequena incerteza, em oposição à grande incerteza, diz respeito ao trivial *princípio maior da incerteza*.

*Encontre os fajutos*

O princípio maior da incerteza assevera que, na física quântica, não é possível medir certos pares de valores (com precisão arbitrária), tais como posição e momento das partículas. Você atingirá um limite inferior de medição: o que você ganha na precisão de um, perde no outro. Portanto, há uma incerteza incomprimível que, em teoria, desafiará a ciência e permanecerá para sempre uma incerteza. Essa incerteza mínima foi descoberta por Werner Heisenberg em 1927. Acho ridículo apresentar o princípio da incerteza como se tivesse algo a ver com incerteza. Por quê? Para começo de conversa, essa incerteza é gaussiana. Em média, ela desaparecerá — lembre-se de que o peso de nenhuma pessoa, isolado, pode alterar significativamente o peso total de mil pessoas. Pode ser que continuemos para sempre incertos quanto às posições futuras de partículas diminutas, mas essas incertezas são muito pequenas e muito numerosas, e se diluem na média — pelo amor de Plutão, elas se diluem na média! Elas obedecem à lei dos grandes números, que discutimos no capítulo 15. A maioria dos outros tipos de aleatoriedade não se dilui na média! Se existe uma coisa neste planeta que não é tão incerta é o comportamento de um aglomerado de partículas subatômicas! Por quê? Porque, como eu disse anteriormente, quando você olha para um objeto, composto de um conjunto de partículas, as flutuações das partículas tendem a se equilibrar.

Contudo, eventos políticos, sociais e meteorológicos não têm essa propriedade útil, e está na cara que não somos capazes de prevê-los, então quando você ouve "especialistas" apresentando os problemas de incerteza em termos de partículas subatômicas, há boas chances de que o especialista seja um vigarista fajuto. Na verdade, essa pode ser a melhor maneira de identificar um vigarista.

Costumo ouvir as pessoas dizerem "É claro que nosso conhecimento tem limites", e em seguida invocarem o princípio maior da incerteza enquanto tentam explicar que "nós somos capazes de criar modelos para tudo" — ouvi figuras como o economista Myron Scholes dizer isso em conferências. Mas estou sentado aqui em Nova York, em agosto de 2006, tentando ir para meu vilarejo ancestral de Amioun, no Líbano. O aeroporto de Beirute está fechado devido ao conflito entre Israel e a milícia xiita Hezbollah. Não existe uma programação de voos que me informe quando a guerra vai acabar, se é que vai acabar. Não consigo descobrir se minha casa ainda está de pé, se Amioun ainda está no mapa — lembre-se de que a casa da família já foi destruída uma vez. Não consigo saber se a guerra vai descambar para algo ainda mais grave. Olhando para o resultado da guerra, com todos os meus parentes, amigos e propriedades expostos a ela, enfrento os *verdadeiros* limites do conhecimento. Alguém pode me explicar por que eu deveria me preocupar com partículas subatômicas que, de qualquer maneira, convergem para uma gaussiana? As pessoas não podem prever por quanto tempo ficarão felizes com os objetos recém-adquiridos, quanto tempo seus casamentos vão durar, como se sairão em seu novo emprego, mas são as partículas subatômicas que elas citam como "limites de previsão". Elas estão ignorando o mamute parado na frente delas em favor de um tipo de matéria que nem mesmo um microscópio lhes permitiria enxergar.

*Os filósofos podem ser perigosos para a sociedade?*

Irei mais longe: pessoas que se preocupam com a bagatela em vez da abundância, com centavos em vez de dólares, podem ser perigosas para a sociedade. Elas têm boas intenções, mas, recorrendo a meu argumento de Bastiat do capítulo 8, são uma ameaça para nós. Por se concentrarem no insignificante, elas são um desperdício para os estudos sobre a incerteza. Nossos recursos (tanto cognitivos quanto científicos) são limitados, talvez limitados demais. Aqueles que nos distraem aumentam o risco de ocorrência dos Cisnes Negros.

Vale a pena discutir aqui essa comoditização da noção de incerteza como sintoma da cegueira em relação ao Cisne Negro.

Já que as pessoas da área de finanças e economia estão embebidas na gaussiana a ponto de se engasgarem com ela, procurei economistas financeiros com inclinações filosóficas para ver como seu pensamento crítico lhes permite lidar com esse problema. Encontrei alguns. Uma dessas pessoas obteve um doutorado em filosofia, e em seguida, quatro anos depois, outro em finanças; publicou artigos em ambos os campos, bem como vários livros didáticos de finanças. Mas me deixou desanimado: ele parecia ter compartimentado suas ideias sobre a incerteza de modo que pudesse ter duas profissões distintas: uma carreira na filosofia e outra nas finanças quantitativas. O problema da indução, o Mediocristão, a opacidade epistêmica ou a ofensiva suposição da gaussiana... nenhum desses lhe pareciam verdadeiros problemas. Seus inúmeros livros didáticos martelavam métodos gaussianos na cabeça dos alunos, como se o autor tivesse se esquecido de que era um filósofo. Em seguida, ele prontamente se lembrava de que era filósofo, ao escrever textos de filosofia sobre questões aparentemente acadêmicas.

A mesma especificidade de contexto leva as pessoas a pegarem a escada rolante para ir se exercitar na máquina StairMasters, mas o caso do filósofo é muito, muito mais perigoso, uma vez que ele utiliza nosso espaço de armazenamento de pensamento crítico em uma ocupação estéril. Ao estilo "maria vai com as outras", os filósofos gostam de praticar o pensamento filosófico em assuntos que outros filósofos chamam de filosofia, mas deixam sua mente do lado de fora da porta quando não tratam desses assuntos.

*O problema da prática*

Por mais que eu me oponha à curva em forma de sino e condene a platonicidade e a falácia lúdica, meu principal problema não é tanto com estatísticos — afinal, eles são pessoas que calculam, não pensadores. Devemos ser muito menos tolerantes com filósofos, cujos *apparatchiks* burocráticos fecham nossas mentes. Filósofos, os cães de guarda do pensamento crítico, têm deveres que vão além dos de outras profissões.

## QUANTOS WITTGENSTEINS CONSEGUEM DANÇAR NA CABEÇA DE UM ALFINETE?

Várias pessoas vestidas de maneira meio desmazelada (mas com ar reflexivo) se reúnem em uma sala, fitando em silêncio um palestrante convidado. São todos filósofos profissionais participando do prestigioso colóquio semanal em uma universidade nos arredores de Nova York. O orador se senta com o nariz enfiado em uma série de páginas datilografadas, as quais lê com uma voz monótona. É difícil acompanhá-lo, então começo a sonhar acordado e perco o fio da meada. Posso dizer vagamente que a discussão gira em torno de algum debate "filosófico" sobre os marcianos invadindo a cabeça das pessoas e controlando sua vontade, e ao mesmo tempo impedindo que elas saibam disso. Parece haver um sem-número de teorias sobre essa ideia, mas a opinião do palestrante difere da de outros autores que escreveram sobre o tema. Ele passa algum tempo mostrando em que pontos sua pesquisa sobre esses sequestradores marcianos é singular. Após o monólogo (55 minutos de incessante leitura do material datilografado), há um breve intervalo, depois outros 55 minutos de discussão sobre marcianos implantando chips e outras conjecturas bizarras. O nome de Wittgenstein é mencionado aqui e ali (sempre se pode citar Wittgenstein, pois ele é vago o suficiente para sempre parecer relevante).

Toda sexta-feira, às quatro da tarde, os salários desses filósofos caem em suas respectivas contas bancárias. Uma proporção fixa de seus rendimentos, cerca de 16% em média, irá para o mercado de ações na forma de um investimento automático no plano de pensão da universidade. Eles são profissionais empregados no negócio de questionar o que consideramos como favas contadas; são treinados para argumentar sobre a existência de deus(es), a definição da verdade, a vermelhidão do vermelho, o significado do significado, a diferença entre as teorias semânticas da verdade, representações conceituais e não conceituais... No entanto, acreditam cegamente no mercado de ações e nas habilidades do administrador de seus fundos de pensão. Por quê? Porque aceitam que isso é o que as pessoas devem fazer com suas economias, porque "especialistas" lhes dizem isso. Essas pessoas duvidam de seus próprios sentidos, mas nem por um segundo duvidam de suas compras automáticas no mercado de ações. Essa dependência de domínio do ceticismo em nada difere da dos médicos (como vimos no capítulo 8).

Além do mais, podem acreditar, sem questionamento, que somos capazes de prever eventos sociais, que o Gulag vai robustecer um pouco os presos e torná-los durões, que os políticos sabem mais sobre o que está acontecendo do que seus motoristas, que o presidente do Federal Reserve salvou a economia e tantas outras coisas. Podem também acreditar que a nacionalidade é importante (sempre colocam "francês", "alemão" ou "norte-americano" para acompanhar o nome de um filósofo, como se isso tivesse alguma coisa a ver com qualquer coisa que ele tenha a dizer). Conviver com essas pessoas, cuja curiosidade é focada em tópicos sistemáticos e em desuso, parece sufocante.

*Onde está Popper quando se precisa dele?*

Espero ter sido insistente o bastante para incutir a noção de que, como praticante, meu pensamento está enraizado na crença de que não se pode ir dos livros aos problemas, mas sim o inverso, dos problemas aos livros. Esse enfoque incapacita boa parte daquela verborragia que constrói carreiras. Um acadêmico não deve ser uma ferramenta de biblioteca para erguer outra biblioteca, como na piada de Daniel Dennett.

Por certo, o que estou dizendo aqui já foi dito antes por filósofos, ao menos pelos filósofos de verdade. A seguinte observação é uma das razões pelas quais tenho um respeito absurdo por Karl Popper; é uma das poucas citações neste livro que eu não estou atacando.

> A degeneração das escolas filosóficas, por sua vez, é consequência da equivocada crença de que se pode filosofar sem ter sido compelido a filosofar por problemas extrafilosóficos [...]. *Problemas filosóficos genuínos estão sempre enraizados em problemas urgentes fora do campo da filosofia, e eles morrem se suas raízes degeneram...* [ênfase minha] Essas raízes são facilmente esquecidas pelos filósofos que "estudam" filosofia, em vez de serem forçados à filosofia por pressão de problemas não filosóficos.

Esse tipo de pensamento pode explicar o sucesso de Popper fora do âmbito da filosofia, em especial junto a cientistas, traders e tomadores de decisões, bem como seu relativo fracasso dentro dela. (Ele raramente é estudado por seus colegas filósofos, que preferem escrever ensaios sobre Wittgenstein.)

Observe também que, com minha ideia do Cisne Negro, não quero ser arrastado para os debates filosóficos. Quando digo "platonicidade", não me refiro a algo tão metafísico. Muitas pessoas debateram comigo se eu sou contra o "essencialismo" (ou seja, as coisas que defendo não têm uma essência platônica), se acredito que a matemática funcionaria em um universo alternativo, ou tópicos parecidos. Permita-me esclarecer as coisas. Sou um praticante que vai direto ao ponto, sem firulas; não estou dizendo que a matemática não corresponde a uma estrutura objetiva da realidade; todo o cerne do meu argumento é que, epistemologicamente falando, estamos colocando a carroça na frente dos bois, e que, do espaço da matemática possível, estamos correndo o risco de usar a matemática errada e ficar cegos por causa dela. Acredito de fato que existem algumas matemáticas que funcionam, mas não estão facilmente ao nosso alcance, como parece aos "confirmadores".

*O bispo e o analista*

O que me irrita com mais frequência são aqueles que atacam o bispo, mas de alguma forma morrem de amores pelo analista de valores mobiliários — aqueles que exercem seu ceticismo contra a religião, mas não contra economistas, cientistas sociais e estatísticos fajutos. Usando o viés de confirmação, essas pessoas dirão que a religião foi horrível para a humanidade, e contarão as mortes causadas pela Inquisição e pelas várias guerras religiosas. Mas não vão mostrar quantas pessoas foram mortas pelo nacionalismo, pela ciência social e pela teoria política durante o stalinismo ou durante a guerra do Vietnã. Nem mesmo os padres vão falar com os bispos quando passam mal: sua primeira parada é no consultório médico. Mas nós, sem termos alternativa, vamos bater à porta dos escritórios de muitos pseudocientistas e "especialistas". Não acreditamos mais na infalibilidade papal; todavia, parecemos acreditar na infalibilidade do Nobel, como vimos no capítulo 17.

*Mais fácil do que você pensa: O problema da decisão sob o ceticismo*

Eu disse o tempo todo que há um problema com a indução e o Cisne Negro. Na verdade, a situação é muito pior: pode ser que tenhamos um problema idêntico com o ceticismo fajuto.

a. Não posso fazer nada para impedir que o sol não nasça amanhã (por mais que eu tente com todo esforço);
b. Não posso fazer nada acerca da existência ou não da vida após a morte;
c. Não posso fazer nada com relação a marcianos ou demônios apoderando-se do meu cérebro.

Mas tenho um bocado de maneiras de evitar ser um otário. Não é muito mais difícil do que isso.

Concluo a parte III reiterando que meu antídoto contra os Cisnes Negros é precisamente não ser comoditizado no meu pensamento. Mas além de evitar que eu seja um otário, essa atitude se presta a um protocolo de como agir — não como pensar, mas como converter conhecimento em ação e compreender qual é o valor do conhecimento. Vamos examinar o que fazer ou deixar de fazer com isso na seção final deste livro.

# Parte IV

# O fim

# 19. Meio a meio, ou como ficar quite com o Cisne Negro

*A outra metade — Lembre-se de Apeles — Perder um trem pode ser doloroso*

É hora de algumas palavras derradeiras.

Metade do tempo sou um hipercético; na outra metade, tenho certezas e posso ser intransigente com relação a elas, de uma postura muito obstinada. Obviamente sou hipercético onde outros, em especial aqueles que chamo de *bildungsphilisters*, são crédulos, e crédulo onde os outros parecem céticos. Sou cético acerca da confirmação — embora apenas quando os erros custam caro —, não acerca da desconfirmação. Ter muitos dados não fornecerá confirmação, mas um único acontecimento pode desconfirmar. Sou cético quando desconfio de aleatoriedade frenética, crédulo quando acredito que a aleatoriedade é moderada.

Metade do tempo eu odeio Cisnes Negros, na outra metade eu os amo. Gosto da aleatoriedade que produz a textura da vida, os acidentes positivos, o sucesso do pintor Apeles, os dons potenciais pelos quais você não tem que pagar. Poucos entendem a beleza da história de Apeles; na verdade, a maioria das pessoas evita erros reprimindo o Apeles que há dentro delas.

Metade do tempo sou hiperconservador na condução dos meus próprios negócios; na outra metade, sou hiperagressivo. Isso pode não parecer excepcional, exceto pelo fato de que meu conservadorismo se aplica ao que outros chamam de correr riscos, e minha agressividade, a áreas onde outros recomendam cautela.

Eu me preocupo menos com os pequenos fracassos e mais com os grandes e potencialmente definitivos. Eu me preocupo muito mais com o mercado de ações "promissor", especificamente as ações de empresas estáveis, de grande liquidez e de primeira linha, do que com empreendimentos especulativos — aquelas apresentam riscos invisíveis, estes não oferecem surpresas, pois você sabe como são voláteis e pode limitar suas perdas investindo quantias menores.

Eu me preocupo menos com os riscos alardeados e sensacionais, e mais com os ocultos, esses sim perversos. Eu me preocupo menos com o terrorismo do que com o diabetes, menos sobre questões com as quais as pessoas geralmente se preocupam porque são preocupações óbvias, e mais acerca de assuntos que estão fora de nossa consciência e do discurso comum das ideias em circulação (também tenho que confessar que não me preocupo muito — tento me preocupar com assuntos sobre os quais posso fazer algo). Eu me preocupo menos com constrangimento do que com perder uma oportunidade.

No fim das contas, esta é uma regra trivial da tomada de decisões: sou muito agressivo quando posso obter exposição a Cisnes Negros positivos — quando um fracasso seria de pouca importância — e muito conservador quando estou sob a ameaça de um Cisne Negro negativo. Sou muito agressivo quando um erro em um modelo pode me beneficiar, e paranoico quando o erro pode me prejudicar. Isso pode não ser muito interessante, mas é exatamente o que outras pessoas não fazem. Em finanças, por exemplo, as pessoas usam teorias inconsistentes para gerenciar seus riscos e sujeitam ideias indômitas a um escrutínio "racional".

Metade do tempo sou intelectual, na outra metade sou um praticante pragmático. Sou direto e prático em questões acadêmicas, e intelectual quando se trata de prática.

Metade do tempo sou superficial, na outra metade quero evitar a superficialidade. Sou superficial quando se trata de estética; evito a superficialidade no contexto de riscos e retornos. Meu esteticismo me faz colocar a poesia à frente da prosa, gregos à frente dos romanos, dignidade à frente da elegância, elegância à frente da cultura, cultura à frente da erudição, erudição à frente do conhecimento, conhecimento à frente do intelecto e intelecto à frente da verdade. Mas apenas para questões isentas de Cisnes Negros. Nossa tendência é sermos muito racionais, exceto quando se trata do Cisne Negro.

Metade das pessoas que conheço me chamam de irreverente (você leu meus comentários sobre seus professores platonificados locais), metade me chama de bajulador (você viu minha devoção servil a Huet, Bayle, Popper, Poincaré, Montaigne, Hayek e outros).

Metade do tempo odeio Nietzsche, na outra metade gosto da prosa dele.

## QUANDO PERDER O TREM É INDOLOR

Certa vez, recebi outro conselho que mudaria minha vida, e que, ao contrário do conselho que recebi de um amigo no capítulo 3, considero aplicável, sábio e empiricamente válido. Meu colega de classe em Paris, o futuro romancista Jean-Olivier Tedesco, pronunciou, enquanto me impedia de correr para pegar o metrô: "Eu não corro para pegar trens".

Você deve esnobar seu destino. Ensinei a mim mesmo a resistir à ânsia de correr para cumprir prazos e cronogramas. Pode parecer um conselho insignificante, mas deixou uma impressão profunda em mim. Ao me recusar a correr para pegar trens e chegar na hora, senti o verdadeiro valor da *elegância* e da estética no comportamento, uma sensação de estar no controle do meu tempo, da minha agenda e da minha vida. *Perder um trem só é doloroso se você correr atrás dele!* Da mesma forma, não corresponder à ideia de sucesso que os outros esperam de você só é doloroso se for isso que você está procurando.

Se fizer isso por opção própria, você está *acima* da correria da rotina competitiva e estressante e da hierarquia, não *fora* dela.

Desistir de um cargo de prestígio e com salário alto, se essa for sua decisão, parecerá uma recompensa melhor do que a utilidade do dinheiro envolvido (pode parecer loucura, mas tentei, e funciona que é uma beleza). Esse é o primeiro passo para o estoico mandar o destino para o raio que o parta. Você tem muito mais controle sobre sua vida se decidir por si mesmo e segundo seus próprios critérios.

A Mãe Natureza nos deu alguns mecanismos de defesa: como na fábula de Esopo, um deles é a nossa capacidade de considerar que as uvas que não conseguimos alcançar (ou não alcançamos) são verdes e azedas. Mas um desdém *prévio* e agressivamente estoico pelas uvas é ainda mais gratificante. Seja agressivo; seja aquele que renuncia, se você tiver coragem.

É mais difícil ser um perdedor em um jogo que você mesmo criou.

Em termos de Cisne Negro, isso significa que você está exposto ao improvável apenas se deixar que ele o controle. Você sempre controla o que *você* faz; então faça disso a sua meta.

## O FIM

Mas todas essas ideias, toda essa filosofia da indução, todos esses problemas com conhecimento, todas essas oportunidades excepcionais e as possíveis perdas assustadoras, tudo empalidece diante da seguinte consideração metafísica.

Às vezes me estarrece ver como as pessoas podem se enfurecer ou ter um dia deplorável por causa de uma refeição ruim, um café frio, uma rejeição social ou uma recepção malcriada. Lembre-se da minha discussão no capítulo 8 sobre a dificuldade em ver as verdadeiras probabilidades dos eventos que regem sua própria vida. Somos rápidos para esquecer que o mero fato de estarmos vivos é uma sorte extraordinária, um evento remoto, uma ocorrência fortuita de proporções monstruosas.

Imagine uma partícula de poeira ao lado de um planeta 1 bilhão de vezes maior que a Terra. A partícula de poeira representa a probabilidade de você nascer; o planeta de dimensões descomunais seriam as chances de isso não acontecer. Então, pare de esquentar a cabeça com coisas pequenas. Não seja como o ingrato que ganha de presente um castelo e se preocupa com o mofo em um dos banheiros. Pare de olhar os dentes do cavalo que lhe foi dado de presente — lembre-se de que você é um Cisne Negro. E obrigado por ler meu livro.

Epílogo
# Os Cisnes Brancos de Ievguênia

Ievguênia Krásnova entrou na longa hibernação necessária para produzir um novo livro. Ela ficou em Nova York, onde achava mais fácil encontrar tranquilidade, a sós com seu texto. Tinha mais facilidade de se concentrar após longos períodos durante os quais vivia cercada por multidões, na esperança de topar com Nero para que pudesse fazer um comentário maldoso para ele, talvez humilhá-lo, possivelmente reconquistá-lo. Ela cancelou sua conta de e-mail, passou a escrever à mão, já que achava isso reconfortante, e contratou uma secretária para digitar seu texto. Ievguênia passou oito anos escrevendo, apagando, corrigindo, de vez em quando extravasando a raiva episódica na secretária, entrevistando novas secretárias e reescrevendo sossegadamente. Seu apartamento vivia esfumaçado, com papéis esparramados sobre todas as superfícies. Como todo artista, ela permanecia insatisfeita com o estado de completude da obra, mas sentia que tinha ido muito mais fundo do que com o primeiro livro. Ievguênia ria do público leitor que enaltecia sua obra anterior, que ela agora considerava superficial, concluída às pressas e pouco refinada.

Quando o novo livro, apropriadamente intitulado *The Loop* [O circuito] foi lançado, Ievguênia teve sabedoria suficiente para evitar a imprensa e ignorar as resenhas, e se isolou do mundo exterior. Como seu editor já esperava, as críticas foram elogiosas. Mas, estranhamente, pouca gente estava comprando o livro. As pessoas deviam estar falando sobre o livro sem lê-lo, ele pensou. Os fãs de Ievguênia tinham aguardado ansiosamente pelo novo livro e vinham falando nisso havia vários anos. O editor, que agora era dono de uma vasta coleção de óculos cor-de-rosa e levava um estilo de vida extravagante, estava apostando todas as fichas em Ievguênia. Ele não tivera outros sucessos de vendas e não tinha nenhum em vista. Precisava de um best-seller arrasador para ganhar a dinheirama com a qual pagaria sua *villa* em Carpentras, na Provença, e cobriria os encargos do acordo financeiro com a ex-esposa; também compraria um novo Jaguar conversível (cor-de-rosa). Ele tinha certeza de que o tão esperado livro novo de Ievguênia Krásnova era um tiro certeiro, e não conseguia entender por que quase todo mundo o definia como uma obra-prima, mas ninguém o comprava. Um ano e meio depois, *The Loop* estava efetivamente fora de catálogo. O editor, agora em grave crise financeira, achava que sabia o motivo: o livro era "longo pra cacete!" — Ievguênia deveria ter escrito um livro mais curto. Após um longuíssimo, mas acalentador episódio lacrimoso, Ievguênia pensou nos personagens dos romances chuvosos de Georges Simenon e Graham Greene. Eles viviam em um estado de mediocridade entorpecedora e segura. Ser de segunda categoria tinha lá seu charme, Ievguênia Krásnova pensou, e ela sempre havia preferido o charme à beleza.

Portanto, o segundo livro de Ievguênia também foi um Cisne Negro.

Ensaio pós-escrito

# Sobre a robustez e a fragilidade, reflexões filosóficas e empíricas mais aprofundadas

# 1. Aprendendo com a Mãe Natureza, a mais velha e mais sábia

*Como fazer amigos entre pessoas que andam — Sobre tornar-se avó — Os encantos do eco-Extremistão — Nunca pequeno o suficiente — Soviético de Harvard chique*

Estou escrevendo este ensaio três anos após a conclusão de *A lógica do cisne negro* — o qual mantive intacto, exceto por algumas notas de rodapé à guisa de esclarecimento. Desde então, já escrevi uma dúzia de artigos "acadêmicos" em torno de alguns aspectos da ideia do Cisne Negro. São muito, muito chatos de ler, já que quase todos os artigos acadêmicos são feitos para entediar, impressionar, conferir credibilidade, até mesmo intimidar, ser apresentados em reuniões, mas não para ser lidos, exceto por otários (ou detratores) ou, pior ainda, alunos de pós-graduação. Então, estou tornando mais evidente aqui o ponto "o que fazer a seguir" — você pode levar um cavalo até a água e, além disso, talvez tenha que fazê-lo beber. Portanto, este ensaio vai permitir que eu me aprofunde em alguns pontos. Como o próprio texto principal, o início será o que se chama de literário, e se tornará progressivamente mais técnico.

Devo a ideia deste ensaio, que poderia ser um livro, a Danny Kahneman, para com quem eu (e minhas ideias) temos uma dívida de gratidão maior do que para com qualquer outra pessoa neste planeta. Ele me convenceu de que eu tinha a obrigação de tentar fazer o cavalo beber a água.

## SOBRE CAMINHADAS LENTAS, MAS LONGAS

Nos últimos três anos, minha vida passou por um bocado de mudanças, principalmente para melhor. Assim como as festas, um livro coloca você nos braços da serendipidade; até faz você ser convidado para mais festas. Durante meus dias sombrios, me chamaram de trader em Paris (algo extremamente *vulgaire*); de filósofo em Londres (o que queria dizer "teórico em excesso"); de profeta em Nova York (com desdém, por causa da minha então falsa profecia); e de economista em Jerusalém (algo muito materialista). Eu agora me via às voltas com o estresse de ter que viver à altura das designações totalmente imerecidas de um profeta em Israel (um projeto muito, muito ambicioso), um *philosophe* na França, um economista em Londres e um trader em Nova York (onde isso é respeitável).

Tamanha exposição me rendeu mensagens de ódio, pelo menos uma ameaça de morte (por parte de ex-funcionários do falido banco de investimentos Lehman Brothers),* o que achei extremamente lisonjeiro e, pior do que qualquer ameaça de violência, solicitações de hora em hora de entrevistas com jornalistas turcos e brasileiros. Eu tinha que passar um tempão escrevendo notas personalizadas e corteses em que recusava convites para jantar com figurões da atualidade que vestiam terno e gravata, arqueofigurões que vestiam terno e gravata, protofigurões que vestiam terno e gravata, e a nojenta espécie de gente que gosta de desfiar nomes e citações só para impressionar o interlocutor, também envergando terno e gravata. Mas a exposição também me trouxe alguns benefícios. Fui contactado por pessoas que comungam das mesmas ideias que eu, pessoas que eu nunca sonharia em conhecer, ou que eu nem sabia que existiam, em disciplinas completamente fora dos meus círculos habituais e que, com as mais inesperadas ideias, me ajudaram a dar continuidade à minha investigação, aprofundando-a. Muitas vezes fui procurado por indivíduos que eu admirava e cujo trabalho eu conhecia bem, e que se tornaram colaboradores e críticos naturais; para sempre me lembrarei da emoção de receber um inesperado e-mail de Spyros Makridakis, da Competição M descrita no capítulo 10, o grande desmistificador de previsões errôneas, ou outro,

---

* O Lehman Brothers era uma instituição financeira com escritórios muito vistosos que quebrou abruptamente durante a crise de 2008.

de Jon Elster, o estudioso de rara erudição e argutos insights que integrou a sabedoria dos antigos ao pensamento das ciências sociais modernas. Conheci romancistas e pensadores filosóficos cujas obras eu lera e admirava, como Louis de Bernières, Will Self, John Gray (o filósofo, não o psicólogo pop) e lorde Martin Rees; em todos os quatro casos, tive a peculiar necessidade de me beliscar ao ouvi-los falar sobre *meu próprio livro*.

Então, através de uma rede de amigos e conhecidos, cappuccinos, vinhos de sobremesa e filas de procedimentos de segurança em aeroportos, pude compartilhar e entender a potência do conhecimento oral, uma vez que os debates são muito mais poderosos do que a mera correspondência. Cara a cara, as pessoas dizem coisas que jamais publicariam. Conheci pessoalmente Nouriel Roubini (que eu saiba, o único economista profissional que *de fato* previu a crise de 2008, e talvez o único pensador independente nesse ramo). Conheci também várias pessoas cuja existência eu ignorava, *bons* economistas (isto é, com padrões científicos), como Michael Spence e Barkley Rosser. Também Peter Bevelin e Yechezkel Zilber, que me abasteceram com os artigos que eu nem sabia que procurava, o primeiro em biologia, o segundo em ciências cognitivas — assim, eles deram o cutucão que empurrou meu pensamento na direção apropriada.

Então, tenho dialogado com muita gente. Meu problema é que encontrei apenas duas pessoas que conseguem manter uma conversa durante uma longa caminhada (e caminhar devagar): Spyros Makridakis e Yechezkel Zilber. A maioria das pessoas, infelizmente, caminha rápido demais, confundindo caminhada com exercício, sem entender que uma caminhada tem que ser feita sem pressa, em um ritmo no qual a pessoa esqueça que está andando — por isso preciso continuar indo a Atenas (onde Spyros mora), a fim de me entregar à minha atividade favorita: ser um *flâneur*.

*Meus erros*

E, claro, as pessoas esquadrinham o texto. Depois de examinar as mensagens e relatórios, não sinto necessidade de retirar nada da versão inicial, tampouco de corrigir qualquer erro (exceto erros de digitação e pequenos erros factuais), exceto por dois pontos correlatos. A primeira falha me foi apontada por Jon Elster. Eu havia escrito que a falácia narrativa permeia análises históricas, pois acreditava que não existia algo como um teste de declaração histórica por meio de previsão e falsificação. Elster me explicou que existem situações em que a teoria histórica pode escapar da falácia narrativa e ser submetida à rejeição empírica — áreas nas quais estamos descobrindo documentos ou sítios arqueológicos que fornecem informações capazes de refutar certa narrativa.

Portanto, em relação ao argumento dele, percebi que a história do pensamento árabe não era tão definitiva, e que eu havia caído na armadilha de ignorar as contínuas mudanças na história *pregressa*, que o passado também era em grande parte uma *previsão*. Eu (acidentalmente) descobri que havia sucumbido à sabedoria convencional da erudição de livro didático sobre filosofia árabe, sabedoria desmentida por documentos existentes. Eu havia exagerado a importância do debate entre Averróis e Algazel. Como todo mundo, pensei 1) que era uma grande coisa e, 2) que isso matava a *falsafah*\* árabe. No fim ficou claro que esse foi um dos equívocos recentemente desmascarados por pesquisadores (como Dimitri Gutas e George Saliba). A maior parte daqueles que teorizaram sobre a filosofia árabe não conheciam o idioma árabe, por isso deixaram muitas coisas ao sabor da imaginação (Leo Strauss, por exemplo). Estou um pouco envergonhado, porque o árabe é uma das minhas línguas nativas, e lá estava eu, relatando a partir de fontes de décima mão desenvolvidas por estudiosos analfabetos em árabe (e com excesso de confiança e escassez de erudição suficientes para não se darem conta disso). Caí no viés de confirmação visto por Gutas: "Parece que sempre se começa com um preconceito acerca do que a filosofia árabe deveria estar dizendo, para em seguida concentrar-se apenas naquelas passagens que parecem ratificar esse preconceito, desse modo aparentemente corroborando o preconceito com base nos textos propriamente ditos".

Mais uma vez, cuidado com a história.

---

\* Equivalente ao cognato árabe do conceito grego-ocidental de "filosofia", a *falsafah* incluía metafísica e lógica, bem como as ciências positivas (matemática, música, astronomia e anatomia). Seus praticantes, os *faylasūfs*, costumavam ganhar a vida como médicos, astrólogos ou músicos. No islã, contudo, *falsafah* não define uma disciplina unicamente mental, mas inclui como apêndice necessário a conformidade moral, a vida segundo a sabedoria — o autêntico filósofo seria aquele que, além de pensar corretamente, pratica as virtudes. (N. T.)

## ROBUSTEZ E FRAGILIDADE

Após a conclusão de *A lógica do cisne negro*, passei algum tempo meditando sobre os itens que apresentei no capítulo 14 sobre a fragilidade de alguns sistemas com grande concentração e ilusões de estabilidade — o que me deixou convencido de que o sistema bancário era a origem de todos os acidentes que estavam em vias de acontecer. No capítulo 6 expliquei, com a história dos elefantes velhos, que os melhores professores de sabedoria são naturalmente os mais velhos, porque podem ter aprendido truques e heurísticas invisíveis que escapam da nossa paisagem epistêmica, truques que os ajudaram a sobreviver em um mundo mais complexo do que aquele que julgamos ser capazes de entender. Portanto, ser velho implica um maior grau de resistência aos Cisnes Negros, embora, como vimos com a história do peru, não seja uma prova líquida e certa — mais velho quase sempre é mais sólido, porém mais velho não é necessariamente perfeito. Todavia, alguns bilhões de anos constituem uma prova muito mais contundente do que mil dias de sobrevivência, e o sistema mais antigo que temos por aqui é claramente a Mãe Natureza.

Esse era, de certo modo, o raciocínio por trás do argumento do *epilogismo* dos médicos empiristas do Levante pós-clássico (como Menódoto de Nicomédia), que foram os únicos praticantes a mesclar ceticismo e tomada de decisões no mundo real. Eles também são o único grupo de pessoas a usar a filosofia para qualquer coisa útil. Propuseram a *historia*: o registro máximo de fatos com o mínimo de interpretação e teorização, descrevendo fatos sem o *porquê* e resistindo aos universais. Sua forma de conhecimento não teórico foi aviltada pelos escolásticos medievais, que privilegiavam a aprendizagem mais explícita. A *historia*, apenas o registro de fatos, era inferior à *philosophia* ou à *scientia*. Mesmo a filosofia, até então, tinha mais a ver com a sabedoria de tomada de decisões do que hoje, não com o desejo de impressionar uma banca examinadora de concurso de livre-docência ou uma comissão de doutos professores titulares, e a medicina era a instância onde essa sabedoria era praticada (e aprendida): *Medicina soror philosophiae*: "Medicina, irmã da filosofia."\*

---

\* A essência do empirismo não é a ausência de teorias, crenças ou causas e efeitos: diz respeito a evitar ser um otário, ter um viés decidido e predefinido sobre onde você quer que o seu erro esteja — onde está o padrão. Um empirista que enfrenta uma série de fatos ou dados opta

Atribuir um status secundário a um campo que prefere pormenores a universais é o que o conhecimento formalizado desde os escolásticos tem feito, necessariamente dando pouca importância à experiência e à idade (acúmulo excessivo de minúcias), em favor daqueles que ostentam um título de doutor como o dr. John. Isso pode funcionar na física clássica, mas não no domínio complexo; isso matou muitos pacientes na história da medicina, principalmente antes do nascimento da medicina clínica, e está causando um bocado de estragos no âmbito social, em especial no momento em que escrevo estas linhas.

Os pontos decisivos que os velhos professores nos comunicam são, para usar termos religiosos, dogmas (regras que precisamos executar sem necessariamente compreendê-las), não querigmas (regras que somos capazes de entender e que têm um propósito claro).

A Mãe Natureza é evidentemente um sistema complexo, com teias de interdependência, não linearidades e uma ecologia robusta (caso contrário, teria explodido há muito tempo). É uma pessoa muito vetusta com uma memória impecável. A Mãe Natureza não desenvolve Alzheimer — a bem da verdade, há evidências de que nem mesmo os humanos perderiam facilmente células nervosas e funções cerebrais com a idade caso seguissem um regime de exercícios estocásticos e jejum estocástico, se fizessem longas caminhadas, evitassem açúcar, pão, arroz branco e investimentos no mercado de ações, abstendo-se de cursar aulas de economia ou ler coisas como o *New York Times*.

Permita-me sintetizar minhas ideias sobre como a Mãe Natureza lida com o Cisne Negro, tanto o positivo quanto o negativo — ela sabe muito melhor do que os humanos como tirar vantagem de Cisnes Negros positivos.

*Redundância como seguro*

Para começo de conversa, *a Mãe Natureza gosta de redundâncias*, três diferentes tipos de redundâncias. O primeiro, o mais simples de entender, é a redundância defensiva, o tipo de redundância de seguro e garantia que

---

pela suspensão da crença (daí a ligação entre o empirismo e a mais antiga tradição pirrônica cética), enquanto outros preferem usar como padrão uma caracterização ou teoria. A ideia toda é esquivar-se do *viés de confirmação* (os empiristas preferem errar do lado do viés de desconfirmação/falsificação, que eles descobriram mais de 1500 anos antes de Karl Popper).

permite que a pessoa sobreviva sob condições de adversidade, graças à disponibilidade de peças de reposição. Veja o corpo humano. Temos dois olhos, dois pulmões, dois rins, até dois cérebros (com a possível exceção dos executivos corporativos) — e, em circunstâncias normais, cada uma das partes tem mais capacidade do que o necessário. Então, redundância *é igual a* seguro, e as aparentes ineficiências estão associadas aos custos de manutenção dessas peças sobressalentes e à energia necessária para mantê-las por perto, apesar da ociosidade.

O oposto da redundância é a otimização ingênua. Eu digo a todos para evitarem assistir a aulas de economia (ortodoxa) e digo que a economia vai nos deixar na mão e nos mandar pelos ares (como veremos, temos provas de que ela fracassou; mas, como insisto em dizer no texto original, não precisávamos dela; bastava apenas olharmos para a falta de rigor científico — e de ética). O motivo é o seguinte: a economia é, em larga medida, baseada em noções de otimização ingênua, (mal) matematizada por Paul Samuelson — e essa matemática contribuiu maciçamente para a construção de uma sociedade propensa a erros. Um economista acharia *ineficiente* manter dois pulmões e dois rins: leve em conta os custos envolvidos no transporte desses itens pesados através da savana. Essa otimização, mais cedo ou mais tarde, acabaria por matá-lo após o primeiro acidente, o primeiro *outlier* ou "ponto fora da curva". Além disso, tenha em mente que se déssemos a Mãe Natureza aos economistas, ela abriria mão de rins individuais: já que não precisamos deles o tempo todo, seria mais "eficiente" se vendêssemos os nossos e usássemos um rim central em regime de *time-share*. Você também poderia ceder seus olhos por empréstimo durante a noite, já que não precisa deles para sonhar.

Quase todas as ideias de grande importância na economia convencional (embora um número inferior de ideias menos relevantes) são um fiasco sob a modificação de algum pressuposto, ou o que é chamado de "perturbação", quando alteramos um parâmetro, ou quando adotamos um parâmetro que até então a teoria presumia ser fixo e estável e o tornamos aleatório. No jargão, chamamos isso de "randomização". É como se denomina o estudo do erro de modelo e exame das consequências de tais mudanças (minha especialidade acadêmica oficial agora é erro de modelo ou "risco de modelo"). Por exemplo, se um modelo usado para risco supõe que o tipo de aleatoriedade em consideração é do Mediocristão, ignorará grandes desvios e incentivará a construção de muitos riscos que ignoram grandes desvios; consequentemente, o gerenciamento de riscos será falho. Daí a metáfora de "sentar-se em um barril de dinamite" que usei a respeito da (agora falida) Fannie Mae [*empresa de financiamento imobiliário que atuava no mercado de hipotecas norte-americano*].

Para outro exemplo de flagrante erro de modelo, vamos partir da noção de vantagem comparativa supostamente descoberta por Ricardo e que comanda os rumos da globalização. A ideia é que os países deveriam "focar", como diria um consultor, "no que eles fazem de melhor" (em termos mais exatos, onde perderão menor número de oportunidades); assim, um país deveria especializar-se em vinhos e o outro em roupas, embora um deles possa ser melhor em ambos. Mas simule algumas perturbações e cenários alternativos: imagine o que aconteceria ao país especializado em vinicultura se o preço dos vinhos tivesse flutuações. Apenas uma simples perturbação em torno dessa suposição (digamos, considerar que o preço do vinho é aleatório e pode sofrer variações ao estilo do Extremistão) leva a uma conclusão oposta à de Ricardo. A Mãe Natureza não gosta de superespecialização, pois ela limita a evolução e enfraquece os animais.

Isso também explica por que, a meu ver, as ideias atuais sobre globalização (como as que são promovidas pelo jornalista Thomas Friedman) são um tanto ingênuas demais, e bastante perigosas para a sociedade — a menos que se levem em consideração os efeitos colaterais. A globalização pode dar a aparência de eficiência, mas a alavancagem em operação e os graus de interação entre as peças farão com que pequenas fissuras em um ponto se infiltrem por todo o sistema. O resultado seria algo como um cérebro acometido por uma crise epiléptica devido ao disparo simultâneo de muitas células. Considere que nosso cérebro, um sistema complexo eficaz, não é "globalizado", ou, pelo menos, não é "globalizado" de forma ingênua.

A mesma ideia se aplica à dívida — que nos torna frágeis, muito frágeis sob perturbações, em especial quando mudamos da pressuposição do Mediocristão para a do Extremistão. Hoje em dia aprendemos nas faculdades de economia e administração a nos envolver em empréstimos (com os mesmos professores que ensinam a curva em forma de sino gaussiana, essa grande fraude intelectual, entre outras pseudociências), na contramão de todas as tradições históricas, quando todas as culturas mediterrâneas desenvolveram ao longo do tempo um dogma contra a dívida. *Felix qui nihil debet*, diz o provérbio romano: "Feliz aquele que nada deve". As avós que sobreviveram à Grande Depressão aconselhariam exatamente o oposto da dívida: redundância; elas nos exortariam a amealhar vários anos de renda em dinheiro vivo antes de correr qualquer risco pessoal — exatamente minha ideia do *barbell* do capítulo 11, em que a pessoa mantém altas reservas de caixa enquanto se expõe a riscos mais agressivos, mas com uma pequena porção do portfólio de investimentos. Se os bancos tivessem feito isso, não teriam ocorrido crises bancárias na história.

Temos documentos que remontam desde os babilônios mostrando os males da dívida; as religiões do Oriente Próximo baniram a prática. Isso me diz que um dos propósitos da religião e da tradição consiste em impor interditos e penas eclesiásticas, simplesmente para proteger as pessoas contra sua própria arrogância epistêmica. Por quê? A dívida implica uma forte declaração acerca do futuro e um elevado grau de confiança em previsões. Se você pegar emprestados cem dólares e investir em um projeto, ainda deverá cem dólares, mesmo se fracassar no projeto (mas se sairá muito melhor caso seja bem-sucedido). Portanto, a dívida é algo perigoso se você tiver excesso de confiança em relação ao futuro e se for cego com relação ao Cisne Negro, o que todos tendemos a ser. E fazer previsões é algo prejudicial, pois as pessoas (sobretudo os governos) *tomam emprestado* em resposta a uma previsão (ou usam a previsão como uma desculpa cognitiva para tomar emprestado). Meu Escândalo de Previsão (ou seja, previsões espúrias que parecem estar lá para satisfazer necessidades psicológicas) é agravado pelo Escândalo de Dívida: pedir emprestado nos torna mais vulneráveis a erros de previsão.

*O grande é feio — e frágil*

Em segundo lugar, *a Mãe Natureza não gosta de nada que seja grande demais*. O maior animal terrestre é o elefante, e há uma razão para isso. Se eu tiver um surto de fúria e atirar em um elefante, posso ser preso e talvez ouvir uma bronca, aos berros, da minha mãe, mas não perturbaria minimamente a ecologia da Mãe Natureza. Por outro lado, meu argumento sobre os bancos no capítulo 14 — se você abrir fogo contra um grande banco, eu "teria calafrios só de pensar nas consequências" e "se um quebrar, todos quebram" — foi posteriormente ilustrado por eventos: a falência de um banco, o Lehman Brothers, em setembro de 2008, derrubou o edifício inteiro. A Mãe Natureza não limita as interações entre entidades; apenas limita o tamanho de suas unidades. (Portanto, minha ideia não é estancar a globalização e banir a internet; como veremos, seria possível alcançar uma estabilidade muito maior impedindo os governos de ajudar as empresas quando elas se tornam grandes, e devolvendo vantagens aos peixes pequenos.)

Mas há outra razão para as estruturas feitas pelo homem não ficarem grandes demais. Ao que parece, é a noção de "economias de escala" — de que as empresas economizam dinheiro quando se tornam grandes, portanto, mais eficientes —, que muitas vezes está por trás de expansões e fusões corporativas. É a noção que predomina na consciência coletiva, mesmo sem evidências; na verdade, as evidências sugerem o oposto. No entanto, por razões óbvias, as pessoas continuam fazendo essas fusões — que não são boas para as empresas, e sim para as bonificações de Wall Street; uma empresa cada vez maior é boa para os executivos-chefes. Bem, percebi que à medida que se tornam maiores, as empresas parecem ser mais "eficientes", mas também se tornam muito mais vulneráveis a contingências externas, contingências estas geralmente conhecidas como "Cisnes Negros" por causa de um livro intitulado *A lógica do cisne negro*. Tudo isso sob a ilusão de mais estabilidade. Some-se a isso o fato de que, quando são grandes, as empresas precisam otimizar sua operação para satisfazer os analistas de Wall Street. Os analistas de Wall Street (figuras do tipo MBA) pressionarão as empresas a venderem o rim adicional e a se livrarem do seguro a fim de aumentar seus "rendimentos por ação" e "incrementar seus resultados financeiros" — consequentemente contribuindo para a bancarrota.

Charles Tapiero e eu mostramos matematicamente que uma certa classe de erros imprevistos e choques aleatórios prejudica organismos grandes muito mais do que os menores. Em outro artigo, calculamos os custos que empresas desse tamanho teriam para a sociedade; não se esqueça de que as empresas, quando quebram, ocasionam custos para nós.

O problema com os governos é que eles tendem a apoiar esses organismos frágeis "porque são grandes empregadores" e porque têm lobistas, o tipo de contribuições fajutas, mas muito visíveis, condenadas por Bastiat. Grandes empresas obtêm apoio do governo e se tornam progressivamente maiores e mais frágeis, e, de certo modo, administram o governo, outra visão profética de Karl Marx e Friedrich Engels. Os salões de cabeleireiro e as pequenas empresas, por outro lado, vão à falência sem que ninguém se importe com seu fracasso; precisam ser eficientes e obedecer às leis da natureza.

*Mudanças climáticas e poluidores "grandes demais"*

Amiúde me perguntam sobre como lidar com as mudanças climáticas em conexão com a ideia do Cisne Negro e com meu trabalho sobre tomada de decisões sob opacidade. A posição que sugiro deve ser baseada na ignorância e na deferência à sabedoria da Mãe Natureza, uma vez que ela é mais velha do que nós, portanto mais sábia, e provou ser muito mais inteligente do que os cientistas. Não entendemos suficientemente a Mãe Natureza para mexer com ela — e não confio nos modelos usados para prever as mudanças climáticas. Para usar termos simples, estamos diante de não linearidades e ampliações de erros provenientes dos chamados "efeitos borboleta" que vimos no capítulo 11, na verdade descobertos por Lorenz usando modelos de previsão de padrões meteorológicos. Pequenas alterações nos dados de entrada, provenientes de erros de medição, podem levar a projeções com extrema divergência — e que generosamente presumem que temos as equações certas.

Passamos anos poluindo o planeta, causando estragos consideráveis no meio ambiente, enquanto os cientistas responsáveis por esses complicados modelos de previsão não arriscavam o próprio pescoço para tentar nos impedir de construir esses riscos (eles se parecem com aqueles "especialistas em riscos" no domínio econômico que lutam a guerra anterior) — esses são os cientistas que agora tentam nos impor as soluções. Mas o ceticismo sobre os modelos que proponho não leva às conclusões endossadas por antiambientalistas radicais e fundamentalistas pró-mercado. Muito pelo contrário: precisamos ser hiperconservacionistas do ponto de vista ecológico, já que não sabemos o *que* estamos danificando agora. Essa é a linha de ação sólida e salutar em condições de ignorância e opacidade epistêmica. Para aqueles que dizem "não temos provas de que estamos deteriorando a natureza", uma resposta sensata é "tampouco temos prova de que não estamos deteriorando a natureza"; o ônus da prova não recai sobre o conservacionista ecológico, mas sobre alguém que está transtornando um sistema antigo. Ademais, não deveríamos "tentar consertar" o estrago causado, pois pode ser que estejamos criando outro problema, sobre o qual não sabemos muito no momento atual.

Uma solução prática que concebi, com base nas não linearidades do dano (partindo do princípio de que o dano aumenta desproporcionalmente com as quantidades liberadas), e usando o mesmo raciocínio matemático que me levou a opor-me ao conceito "grande demais", é distribuir os danos entre os poluentes — caso precisemos poluir, claro. Sigamos adiante com um experimento mental.

*Caso 1*: você dá ao paciente uma dose de cianeto, cicuta ou alguma substância venenosa, presumindo que sejam igualmente danosas — e supondo, para o caso deste experimento, a ausência de superadição (ou seja, nenhum efeito sinérgico).

*Caso 2*: você dá ao paciente um décimo de uma dose de dez dessas substâncias, para a mesma quantidade total de veneno.

Podemos ver com clareza que o Caso 2, distribuindo o veneno ingerido entre diferentes substâncias, é na pior das hipóteses igualmente danoso (se todas as substâncias venenosas agirem da mesma maneira) e, na melhor das hipóteses, quase inofensivo para o paciente.

*Densidade de espécies*

A Mãe Natureza *não gosta de muita conectividade e globalização* — (seja biológica, cultural ou econômica). Um dos privilégios que obtive como resultado do livro foi conhecer pessoalmente Nathan Myhrvold, o tipo de pessoa que eu gostaria que fosse clonada para que eu pudesse ter uma cópia aqui em Nova York, uma na Europa e uma no Líbano. Comecei a me encontrar regularmente com ele; cada reunião levava a uma grande ideia, ou à redescoberta de minhas próprias ideias por meio do cérebro de uma pessoa mais inteligente — ele poderia facilmente reivindicar a coautoria do meu próximo livro. O problema é que, ao contrário de Spyros e daqueles pouquíssimos outros, ele não costuma trocar ideias enquanto faz caminhadas (embora eu tenha me encontrado com ele em excelentes restaurantes).

Myhrvold me esclareceu sobre uma maneira adicional de interpretar e provar como a globalização nos leva Extremistão adentro: a noção de densidade das espécies. Numa definição simples, ambientes maiores são mais escaláveis que os menores — possibilitando que os maiores fiquem ainda maiores à custa dos menores, por meio do mecanismo de fixação preferencial que vimos no capítulo 14. Temos evidências de que ilhotas têm um número muito maior de espécies por metro quadrado do que ilhas maiores e, é claro, do que continentes. Quanto mais viajarmos por este planeta afora, mais agudas serão as epidemias — teremos uma população de germes dominada por alguns espécimes, e o assassino bem-sucedido se espalhará com muito mais eficácia. A vida cultural será dominada por menos pessoas: o número de livros por leitor em inglês é menor do que em italiano (isso inclui livros ruins). As empresas serão mais desiguais em tamanho. E os modismos serão mais intensos. Assim como as corridas aos bancos, é óbvio.

Mais uma vez, não estou dizendo que precisamos parar a globalização e evitar viagens. Precisamos apenas estar cientes dos efeitos colaterais, das compensações — e poucas pessoas estão. Vejo os riscos de um vírus muito estranho e de severa letalidade se espalhar por todo o planeta.

*Os outros tipos de redundância*

As outras categorias de redundância, mais complicadas e sutis, explicam como os elementos da natureza tiram proveito de Cisnes Negros positivos (e têm um kit de ferramentas adicional para sobreviver aos negativos). Discutirei isso muito brevemente aqui, já que é a principal força motriz da minha próxima obra sobre a exploração dos Cisnes Negros, por meio de *ajustes e experimentações* ou da domesticação da incerteza.

A redundância funcional, estudada por biólogos, é a seguinte: ao contrário da redundância orgânica — a disponibilidade de peças de reposição, em que a mesma função pode ser realizada por elementos idênticos —, muitas vezes a mesma função pode ser executada por duas estruturas diferentes. Às vezes, o termo *degeneração* é usado (por Gerald Edelman e Joseph Gally).

Há outra redundância: quando um órgão pode ser empregado para realizar uma função específica que no momento não é sua função central. Meu amigo Peter Bevelin vincula essa ideia aos "tímpanos de são Marcos", mesmo título de um ensaio de Steven Jay Gould. O espaço necessário entre os arcos da basílica de são Marcos deu origem a uma arte que hoje é fundamental para nossa experiência estética durante a visita ao local. No que agora é chamado de "efeito do tímpano", um desdobramento auxiliar de uma certa adaptação leva a uma nova função. Também percebo que a adaptação tem uma função potencial latente que, no ambiente certo, pode ser ativada.*

A melhor maneira de ilustrar essa redundância é com um aspecto da biografia do pitoresco filósofo da ciência Paul Feyerabend. Impotente devido a um ferimento de guerra, Feyerabend se casou quatro vezes, e era um mulherengo tão contumaz a ponto de deixar, por onde passava, um rastro de namorados e maridos arrasados cujas parceiras ele arrebatava, e uma fieira igualmente longa de corações partidos, incluindo os de muitas de suas alunas (na época dele, certos privilégios eram permitidos a professores, particularmente ao professores de filosofia extravagantes). Era uma façanha e tanto, sobretudo por conta da impotência de Feyerabend. Assim, havia outras partes do corpo do filósofo que, no fim das contas, satisfaziam quaisquer que fossem as necessidades das mulheres que se apegavam a ele.

No princípio, a Mãe Natureza criou a boca para comer, talvez para respirar, talvez para alguma outra função ligada à existência da língua. Então surgiram novas funções que provavelmente não faziam parte do plano inicial. Algumas pessoas usam a boca e a língua para beijar ou para fazer algo mais, atos a que Feyerabend supostamente recorria.

Ao longo dos últimos três anos eu me tornei obcecado pela noção de que, sob limitações epistêmicas — alguma opacidade em relação ao futuro —, o progresso (e a sobrevivência) não podem ocorrer sem um desses tipos de redundância. Não há como saber hoje o que talvez seja necessário amanhã. Isso entra em um conflito bastante contundente com a noção de "design teleológico"

---

* "The Spandrels of San Marco and the Panglossian Paradigm: A Critique of the Adaptationist Programme" [Os tímpanos de são Marcos e o paradigma panglossiano: Uma crítica ao programa adaptacionista], publicado em 1979 em *Proceedings of the Royal Society B: Biological Sciences*. Por meio de uma analogia entre arquitetura e biologia, o artigo refuta o papel exclusivo que a seleção natural ocupava até então no estudo da evolução: a basílica de são Marcos é ornada com belos mosaicos nos espaços triangulares situados onde os arcos redondos de sustentação se encontram em ângulo reto — os "tímpanos", que existem como um desfecho necessário da construção sobre arcos, isto é, uma consequência desse tipo de estrutura; para quem observa, a impressão é de que os tímpanos foram cuidadosamente realizados para a ostentação desses belos mosaicos e painéis, quando na verdade desempenham um papel secundário na construção, ou seja, são meros subprodutos arquitetônicos utilizados de forma criativa — se a estrutura não exigisse os tímpanos, os adornos provavelmente não existiriam. Embora sejam um "efeito colateral", os tímpanos ganharam imensa importância estética. (N. T.)

que todos nós obtivemos lendo Aristóteles, que moldou o pensamento árabe-
-ocidental medieval. Para Aristóteles, os objetos tinham um propósito claro
definido pelo *designer* [criador] que os projetou e os construiu. Um olho estava
ali para ver, um nariz para cheirar. É um argumento racionalista, outra manifestação do que chamo de platonicidade. No entanto, qualquer coisa que tenha
um uso secundário, pelo qual você não pagou, apresentará uma oportunidade
extra caso uma aplicação agora desconhecida surja, ou caso um novo ambiente
apareça. O organismo com o maior número de usos secundários é o que mais
se beneficiará com a aleatoriedade ambiental e a opacidade epistêmica!

Como exemplo, vejamos o caso da aspirina. Quarenta anos atrás, a razão
de ser da aspirina era seu uso antipirético (redução da febre). Mais tarde foi
usada por seu efeito analgésico (redução da dor). Também foi usada por suas
propriedades anti-inflamatórias. Agora é usada principalmente como anticoa-
gulante ou diluente do sangue para evitar o segundo (ou primeiro) ataque
cardíaco. O mesmo se aplica a quase todos os medicamentos — muitos são
usados para fins secundários e propriedades terciárias.

Acabei de olhar de relance para a escrivaninha do meu escritório comercial,
não literário (eu separo o funcional do estético). Um laptop está apoiado em
um livro, pois gosto de ter alguma inclinação. O livro é a biografia francesa da
impetuosa Lou Andreas-Salomé (amiga de Nietzsche e de Freud), que, posso
dizer com segurança, nunca lerei; o volume foi selecionado por sua espessura
ideal para a tarefa. Isso me faz refletir sobre a tolice de pensar que os livros
existem para ser lidos e que poderiam ser substituídos por arquivos eletrônicos.
Pense na avalanche de redundâncias funcionais que os livros propiciam. Você
não consegue impressionar seus vizinhos com arquivos eletrônicos. Você não
consegue escorar seu ego em arquivos eletrônicos. Os objetos parecem ter funções auxiliares invisíveis, mas significativas, das quais não temos consciência, mas
que os permitem prosperar — e, de tempos em tempos, como acontece com os
livros de decoração, há ocasiões em que a função auxiliar torna-se a principal.

Então, quando temos uma porção de redundâncias funcionais, a aleatoriedade ajuda no equilíbrio, mas sob uma condição — a de que você possa se
beneficiar da aleatoriedade mais do que se prejudicar (argumento que, em
termos mais técnicos, chamo de *convexidade à incerteza*). Sem dúvida é o
caso de muitas aplicações na engenharia, nas quais as ferramentas surgem de
outras ferramentas.

Além disso, no momento estou absorto no estudo da história da medicina, que pelejou sob a ilusão aristotélica de propósito, com os métodos racionalistas de Galeno que mataram muitas pessoas enquanto os médicos pensavam que as estavam curando. Nossa psicologia conspira para isso: as pessoas gostam de rumar a um destino preciso, em vez de enfrentar algum grau de incerteza, mesmo que benéfico. E a própria pesquisa, na forma como é concebida e financiada, parece ser teleológica, visando a resultados precisos em vez de buscar a máxima exposição a bifurcações e caminhos não trilhados.

Dei nomes mais complicados a essa ideia, além de *convexidade*, como *opcionalidade* — já que você tem a opção de pegar o brinde da aleatoriedade —, mas isso ainda é um trabalho em andamento para mim. O progresso que resulta do segundo tipo de aleatoriedade é o que chamo de *ajustes e experimentações*, ou *bricolagem*, tema do meu próximo livro.

*Distinções sem diferença, diferenças sem distinção*

Outro benefício da duplicação. De uma ponta à outra deste livro, eu me concentrei na ausência de distinções práticas entre as várias noções de sorte, incerteza, aleatoriedade, incompletude de informações e ocorrências fortuitas usando o critério simples de previsibilidade, o que torna todos esses conceitos funcionalmente iguais. Probabilidades podem ser graus de crença, o que o indivíduo usa para fazer uma aposta, ou algo mais físico associado à verdadeira aleatoriedade (denominada "ôntica", sobre a qual falarei mais tarde). Parafraseando Gerd Gigerenzer, "50% de chance de chuva amanhã" em Londres pode significar que vai chover durante metade do dia, ao passo que na Alemanha significará que metade dos especialistas avalia que vai chover, e (o acréscimo é meu), no Brooklyn, que o mercado de apostas no bar está no ponto de alguém pagar cinquenta centavos para ganhar um dólar se chover.

Para os cientistas, o tratamento é idêntico. Usamos a mesma equação para descrever uma distribuição de probabilidades, não importando se a probabilidade é um grau de crença ou algo projetado por Zeus, que é quem, acreditamos, está no comando. Para nós, probabilistas (pessoas que trabalham com probabilidades em um contexto científico), a probabilidade de um evento, como quer que seja definido, é, simplesmente, um peso entre 0 e 1, chamado de medida do conjunto concernente. Atribuir nomes e símbolos diferentes seria uma distração e impediria a transferência de resultados analíticos de um domínio para outro.

Para um filósofo, trata-se de outra questão, completamente diferente. Almocei duas vezes com o filósofo (analítico) Paul Boghossian, em ocasiões separadas por três anos, uma após concluir a primeira edição de *A lógica do cisne negro*, a segunda após terminar este ensaio. Durante a primeira conversa ele disse que, do ponto de vista filosófico, é um erro fundir a probabilidade como medida do grau racional de crença com a probabilidade enquanto propriedade de eventos no mundo. Para mim, isso implicava que não devemos usar a mesma linguagem matemática, digamos, o mesmo símbolo, *p*, e anotar a mesma equação para os diferentes tipos de probabilidades. Passei três anos me perguntando se ele estava certo ou errado, se isso era uma *boa redundância* ou não. Depois almocei com ele novamente, mas agora em um restaurante melhor (e inclusive mais simpático).

Ele me alertou para uma expressão que os filósofos usam: "distinção sem diferença". Então atinei com o seguinte: existem distinções que os filósofos usam que fazem sentido filosoficamente, mas não parecem fazer sentido na prática, porém talvez isso seja necessário se quisermos nos aprofundar na ideia, e pode fazer sentido na prática em condições de uma mudança de ambiente.

Pois imagine o contrário: diferenças sem distinção. Elas podem ser brutalmente enganosas. As pessoas usam o mesmo termo, *medição*, para medir uma mesa usando uma régua e para medir o risco — quando este é uma previsão, ou algo do tipo. E a palavra *medição* transmite uma ilusão de conhecimento que pode ser severamente distorcida: veremos que, do ponto de vista psicológico, somos muito vulneráveis aos termos usados e ao modo como as coisas são enquadradas. Portanto, se usássemos *medição* para a mesa e *previsão* para o risco, veríamos menos perus explodindo em decorrência dos Cisnes Negros.

A mistura de vocabulário tem sido muito comum na história. Permita-me retomar mais uma vez a ideia do acaso. Em algum momento da história, a mesma palavra latina, *felix* (de *felicitas*) foi usado para designar alguém sortudo e alguém feliz. (O amálgama de felicidade e boa sorte era explicado em um antigo contexto: a deusa romana Felicitas representava ambos.) A palavra em inglês *luck* (sorte) vem do germânico *Glück*, felicidade. Na mundividência de um antigo, a distinção entre os dois conceitos seria uma perda de tempo, já que todos os indivíduos afortunados parecem felizes (sem levar em conta que alguém poderia ser feliz sem ter sorte). No entanto, em um contexto moderno, precisamos desenredar a sorte da felicidade — separar a utilidade da probabilidade — a fim de realizar qualquer análise psicológica de tomada de decisões. (Verdade seja dita, é difícil desvencilhar as duas quando se observa pessoas tomando decisões em um ambiente probabilístico. Por sentirem muito medo das coisas ruins que podem acontecer a elas, as pessoas tendem a pagar mais caro por seguro, o que por sua vez pode nos levar a cometer o erro de pensar que elas acreditam que o evento adverso tem alta probabilidade de ocorrer.) Portanto, podemos ver agora que a ausência dessa precisão tornava a linguagem dos antigos bastante confusa para nós; mas, para os antigos, a distinção teria sido uma redundância.

## UMA SOCIEDADE ROBUSTA DIANTE DO ERRO

Discutirei apenas muito brevemente a crise de 2008 (que ocorreu após a publicação do livro, e que foi um monte de coisas, mas *não* um Cisne Negro, apenas o resultado da fragilidade dos sistemas construídos com base na ignorância — e na negação — da noção de eventos Cisne Negro. Você sabe com quase certeza que um avião pilotado por um piloto incompetente acabará caindo um dia).

Por que brevemente? *Primo*, este não é um livro de economia, mas um livro sobre a incompletude do conhecimento e os efeitos da incerteza de alto impacto — acontece que os economistas são a espécie mais cega em relação aos Cisnes Negros em todo o planeta. *Secundo*, prefiro falar sobre os acontecimentos *antes* que aconteçam, não *depois*. Mas o público em geral confunde o provável ou potencial com o retrospectivo. Os mesmos jornalistas, economistas e especialistas políticos que não anteviram a chegada da crise forneceram abundantes análises *ex-post* sobre a inevitabilidade da crise. A outra razão, a verdadeira, é que a crise de 2008 não foi, do ponto de vista intelectual, interessante o suficiente para mim — não há nada em seus episódios que já não tivesse acontecido antes, em menor escala (por exemplo, em 1982 os bancos perderam cada centavo que ganharam). Foi uma mera oportunidade financeira para mim, como discutirei mais adiante. Com efeito, reli meu livro e não vi nada a acrescentar ao texto, nada que já não tivéssemos enfrentado em algum momento da história, como os desastres anteriores, nada com que eu tivesse aprendido alguma coisa. Infelizmente, nada.

O corolário é óbvio: uma vez que não há nada de novo na crise de 2008, não aprenderemos nada com ela e cometeremos o mesmo erro no futuro. E a prova está aí no momento em que escrevo: o FMI continua a divulgar previsões (sem perceber que as anteriores não funcionaram e que os pobres otários que dependem delas terão — mais uma vez — problemas); professores de economia continuarão a usar a gaussiana; o governo atualmente no poder é povoado por aqueles que estão alçando o erro de modelo a proporções industriais, fazendo-nos confiar nos modelos mais agora do que nunca.*

Mas a crise ilustra a necessidade de robustez, que vale a pena discutir aqui.

Ao longo dos últimos 2500 anos de ideias registradas, apenas tolos e platônicos (ou, pior ainda, a espécie chamada de "banqueiros centrais") acreditaram em utopias projetadas. Veremos na seção sobre o Quarto Quadrante que a ideia não é corrigir erros e eliminar a aleatoriedade da vida social e econômica por meio de políticas monetárias, subsídios e assim por diante. *A ideia é simplesmente deixar os erros humanos e os erros de cálculo permanecerem confinados*, e evitar que se espalhem pelo sistema, como faz a Mãe Natureza. Reduzir a volatilidade e a aleatoriedade comum aumenta a exposição aos Cisnes Negros — cria um silêncio artificial.

Meu sonho é ter uma verdadeira epistemocracia — ou seja, uma sociedade robusta diante dos erros de especialistas, erros de previsão e arrogância, que possa ser resistente à incompetência de políticos, reguladores, economistas, banqueiros centrais, banqueiros em geral, nerds da formulação de políticas públicas e epidemiologistas. Não podemos fazer com que os economistas sejam mais científicos; não somos capazes de tornar os humanos mais racionais (seja lá o que isso signifique); não temos como fazer desaparecer os modismos. A solução é um tanto simples, uma vez que isolamos os erros prejudiciais, como veremos com o Quarto Quadrante.

* Claramente, os cerca de 1 milhão de habitantes do planeta envolvidos em algum aspecto da análise econômica, planejamento, gerenciamento de riscos e previsão — todo o establishment econômico — acabaram sendo perus devido ao simples erro de não compreender a estrutura do Extremistão, os sistemas complexos e os riscos ocultos, ao mesmo tempo confiando em medidas de risco e previsões idiotas — tudo isso apesar da experiência anterior, pois essas coisas jamais funcionaram.

Assim, estou atualmente dividido entre a) o desejo de passar algum tempo meditando sobre minhas ideias em cafés europeus e na tranquilidade do meu estúdio, ou à procura de alguém que consiga ter uma conversa enquanto caminha lentamente em um agradável cenário urbano, e b) o sentimento de obrigação de me envolver no ativismo para robustecer a sociedade, conversando com pessoas desinteressantes e chafurdando na cacofonia sem estética do mundo jornalístico e da mídia, indo a Washington para assistir a impostores de terno e gravata zanzar pelas ruas, tendo que defender minhas ideias enquanto faço um baita esforço para ser elegante e esconder meu desdém. Isso provou ser muito perturbador para minha vida intelectual. Mas existem truques. Um truque útil, descobri, é evitar ouvir a pergunta do entrevistador e responder lançando mão de qualquer coisa sobre a qual eu tenha pensado recentemente. É impressionante como nem os entrevistadores nem o público notam a ausência de correlação entre pergunta e resposta.

Certa vez, fui selecionado para fazer parte de um grupo de cem pessoas que rumaram até Washington para passar dois dias discutindo como resolver os problemas da crise que teve início em 2008. Quase todos os figurões estavam incluídos. Após uma hora de reunião, e durante um discurso do primeiro-ministro da Austrália, saí da sala porque minha dor se tornou insuportável. Minhas costas começaram a doer só de olhar para o rosto daquelas pessoas. O centro do problema era que nenhuma delas conhecia o centro do problema.

Isso me convence de que existe uma solução singular para o mundo, a ser projetada de acordo com linhas muito simples de robustez diante dos Cisnes Negros — caso contrário, o mundo irá pelos ares.


Portanto, agora me desconectei. Estou de volta à minha biblioteca. Não sinto nem um pingo de frustração, não dou a mínima para como os prognosticadores podem explodir a sociedade, e tampouco sou capaz de me deixar aborrecer pelos tolos da aleatoriedade (ao contrário), e isso talvez seja graças a outra descoberta ligada a uma aplicação específica do estudo de sistemas complexos, ao Extremistão e àquela ciência das longas caminhadas.

# 2. Por que faço tantas caminhadas, ou como os sistemas se tornam frágeis

*Reaprender a andar — Temperança, ele não conhecia — Vou pegar o Bob Rubin?*
*O Extremistão e a viagem pela Air France*

## ALGUNS OUTROS *BARBELLS*

Mais uma vez, graças à exposição que o livro recebeu, fui alertado para um novo aspecto de robustez em sistemas complexos... pela mais improvável das fontes. A ideia veio de dois escritores e praticantes de nutrição e condicionamento físico que integraram as noções de aleatoriedade e Extremistão (embora da variedade Cisne Cinzento) à nossa compreensão da dieta humana e da prática de exercícios. Curiosamente, a primeira pessoa, Art De Vany, é a mesma que estudou o Extremistão na indústria do cinema (no capítulo 3). O segundo, Doug McGuff, é médico. E ambos podem falar sobre condicionamento físico, especialmente Art, que, aos 72 anos de idade, tem a aparência que um deus grego gostaria de ter aos 42 anos. Ambos fizeram referências às ideias contidas em *A lógica do cisne negro* em suas próprias obras e se conectaram com elas; já eu não tinha a menor noção.

Então, para minha grande vergonha, descobri o seguinte. Eu havia passado a vida pensando sobre a aleatoriedade; escrevera três livros sobre como lidar com a aleatoriedade (um deles técnico); eu me assoberbei na condição de o maior especialista no tema da aleatoriedade, da matemática à psicologia. E eu tinha deixado de perceber algo decisivo: organismos vivos (seja o corpo humano ou a economia) *precisam* de variabilidade e aleatoriedade. Além do mais, precisam do tipo de variabilidade do Extremistão, certos estressores extremos. Caso contrário, tornam-se frágeis. Isso me passou completamente despercebido.*

Os organismos precisam, para usar a metáfora de Marco Aurélio, transformar obstáculos em combustível — assim como ocorre com o fogo.

Tendo sofrido a lavagem cerebral do ambiente cultural e da minha educação, eu estava sob a ilusão de que um regime estável de exercícios e nutrição era uma coisa boa para a saúde da pessoa. Não percebi que estava caindo na arapuca de argumentos racionalistas, a projeção platônica dos desejos no mundo. Pior, eu fora submetido a uma lavagem cerebral mesmo tendo todos os fatos na minha cabeça.

A partir de modelos predador-presa (o chamado modelo do tipo Lotka-Volterra de dinâmica populacional), eu sabia que as populações enfrentavam variabilidade no estilo do Extremistão, portanto, os predadores necessariamente passavam por períodos de banquete e fome. É o que acontece conosco, humanos — devemos ter sido projetados para vivenciar a experiência de fome extrema e abundância extrema. Assim, nossa ingestão de alimentos deve ter sido fractal. Nenhuma dessas pessoas que promovem a ideia de "três refeições por dia" e "comer com moderação" a testou empiricamente para ver se é mais saudável do que jejuns intermitentes seguidos de grandes banquetes.**

Mas as religiões do Oriente Próximo (judaísmo, islamismo e cristianismo ortodoxo) sabiam disso, é claro — assim como sabiam da necessidade de evitar dívidas — e por isso tinham dias de jejum.

Eu também sabia que o tamanho das pedras e árvores era, até certo ponto, fractal (inclusive escrevi a respeito disso no capítulo 16). Nossos ancestrais

---

* Há uma diferença entre estressores e exposição tóxica que enfraquece organismos, como a radiação que discuti no capítulo 8 com a história dos ratos.

** Há uma dimensão de sociologia da ciência no problema. O jornalista e escritor de divulgação científica Gary Taubes me convenceu de que a maioria das recomendações nutricionais (sobre redução de gorduras nas dietas) contraria as evidências. Sou capaz de entender como alguém pode nutrir crenças sobre coisas naturais sem justificá-las empiricamente; não consigo entender crenças que se opõem tanto à natureza quanto às evidências científicas.

tinham de erguer no máximo pedras muito leves, estressores moderados; uma ou duas vezes por década, lidavam com a necessidade de levantar uma pedra enorme. Então, de onde diabos vem essa ideia de exercícios físicos "constantes"? Ninguém no Pleistoceno praticava corrida durante 42 minutos, três dias por semana, levantava pesos todas as terças e sextas com um *personal trainer* afeito a piadinhas agressivas (mas afora isso um cara legal) e jogava tênis às onze horas nas manhãs de sábado. Os caçadores não faziam nada disso. Oscilávamos entre extremos: saíamos correndo em disparada quando éramos perseguidos ou quando perseguíamos (de vez em quando, de uma maneira extremamente desgastante), e o resto do tempo perambulávamos a esmo por aí. A maratona é uma abominação moderna (especialmente quando feita sem estímulos emocionais).

Esta é outra aplicação da estratégia *barbell*: muita ociosidade, um pouco de alta intensidade. Os dados mostram que caminhadas longas, longuíssimas, combinadas com exercícios de alta intensidade, superam em desempenho as corridas.

Não estou falando das "caminhadas vigorosas" sobre as quais você leu na seção de saúde do *New York Times*. Quero dizer andar sem fazer nenhum esforço.

Além do mais, tenha em mente a correlação negativa entre o gasto calórico e a ingestão alimentar. Caçávamos em resposta à fome; não tomávamos o café da manhã antes de sair para caçar, a caça acentuava nossos déficits de energia.

Se você priva um organismo de estressores, afeta sua epigenética e sua expressão gênica — alguns genes sofrem regulação positiva [*aumento e estimulação na transcrição de certos genes ou na atividade de certas enzimas*] ou regulação negativa [*diminuição e inibição*] pelo contato com o meio ambiente. Uma pessoa que não enfrenta estressores não sobreviverá a eles caso os encontre. Apenas reflita sobre o que acontece com a força de alguém depois de passar um ano acamado, ou com alguém que cresce em um ambiente estéril e, um dia, pega o metrô de Tóquio, em que os passageiros se espremem feito sardinhas.

Por que estou usando argumentos evolutivos? Não por causa da condição ideal da evolução, mas por razões inteiramente epistemológicas, como deveríamos lidar com um sistema complexo com ligações causais opacas e interações complicadas. A Mãe Natureza não é perfeita, mas até agora provou ser mais inteligente que os humanos, certamente muito mais inteligente do que os biólogos. Então, meu método é combinar pesquisa baseada em evidências (despojada de teoria biológica), com um pressuposto de que a Mãe Natureza tem mais autoridade do que qualquer um.

Depois do meu "momento eureca!", dei início a um estilo de vida *barbell* do Extremistão, sob a orientação de Art De Vany: caminhadas longas, muito longas, lentas, meditativas (ou interativas, com conversas) em um ambiente urbano estimulante, mas com ocasionais (e aleatórias) arrancadas, *sprints* muito curtos, durante os quais eu usava a força da raiva ao me imaginar no encalço do banqueiro Robert Rubin com um cabo de vassoura, tentando pegá-lo e levá-lo à justiça. Eu ia a instalações de levantamento de peso de maneira aleatória, para sessões de treino completamente estocásticas — por via de regra em hotéis, quando eu estava em viagem. Assim como os eventos do Cisne Cinzento, eram períodos de levantamento de peso muito, muito raros, mas extremamente importantes, após um dia de semi-inanição, que me deixavam completamente exausto. Depois disso eu passava semanas em total sedentarismo, flanando e fazendo hora em cafés. Até mesmo a duração dos treinos permaneceu aleatória, mas quase sempre bem curta, menos de quinze minutos. Segui o caminho que minimizava o tédio e fui muito educado com os funcionários das academias que descreviam meus treinos como "erráticos". Eu também me sujeitei à provação da variabilidade térmica, expondo-me, de tempos em tempos, e sem casaco, ao frio extremo. Graças às viagens transcontinentais e ao *jet lag*, passei por períodos de privação de sono seguidos de repouso excessivo. Quando ia a lugares com bons restaurantes, por exemplo a Itália, comia em quantidades que teriam impressionado o próprio Tony Gordo, depois pulava refeições por algum tempo sem sofrer. Após dois anos e meio desse regime aparentemente "insalubre", vi mudanças físicas significativas em todos os critérios possíveis — a ausência de tecido adiposo desnecessário, a pressão arterial de um jovem de 21 anos, e assim por diante. Também tenho uma mente mais desanuviada e muito mais aguda.

Portanto, a ideia principal é trocar duração por intensidade — para um ganho hedônico. Lembre-se do raciocínio que apresentei no capítulo 6 sobre os efeitos hedônicos. Assim como as pessoas preferem perdas grandes, mas repentinas, em vez de prejuízos pequenos, mas regulares, e do mesmo modo como uma pessoa fica entorpecida à dor além de um certo limite, também as experiências desagradáveis, como fazer exercícios físicos sem estímulos externos (digamos, em uma academia de musculação) ou passar algum tempo em Nova Jersey, precisam ser tão concentradas e intensas quanto possível.

Outra maneira de ver a conexão com a ideia do Cisne Negro é a que se segue. A termodinâmica clássica produz variações gaussianas, ao passo que variações informacionais são do Extremistão. Explico. Se você considerar que sua dieta e exercícios são simples déficits e excessos de energia, com uma equação direta de calorias ingeridas e calorias consumidas, cairá na armadilha de especificação incorreta do sistema em meras ligações causais e mecânicas. Sua ingestão de alimentos torna-se o equivalente a encher o tanque do seu BMW novo. Se, por outro lado, você encara a comida e os exercícios físicos como ativadores de sinais metabólicos, com potenciais cascatas metabólicas e não linearidades a partir de efeitos de rede, e com ligações recursivas, então seja bem-vindo à complexidade, e portanto, ao Extremistão. Alimentos e exercícios fornecem ao seu corpo informações sobre estressores no ambiente. Como venho dizendo, a aleatoriedade informacional é do Extremistão. A medicina caiu na armadilha de usar a termodinâmica simples, com a mesma inveja da física, com a mesma mentalidade e as mesmas ferramentas que os economistas empregaram quando olharam para a economia como uma teia de ligações simples.* E tanto os humanos quanto as sociedades são sistemas complexos.

Mas essas ideias de estilo de vida não derivam da mera autoexperimentação ou de alguma teoria charlatã. Todos os resultados eram totalmente esperados a partir das pesquisas baseadas em evidências e revisadas por pares que estão disponíveis. A fome (ou déficit de energia episódico) fortalece o corpo e o sistema imunológico e ajuda a rejuvenescer os neurônios, enfraquecer as células cancerosas e prevenir o diabetes. A questão era simplesmente que o pensamento atual — de certa forma semelhante à economia — estava fora de sincronia com a pesquisa empírica. Consegui recriar 90% dos benefícios do estilo de vida caçador-coletor com o mínimo de esforço, sem prejudicar um

---

* As equações financeiras usadas pelos vilões para o "passeio aleatório" são baseadas em difusão de calor.

estilo de vida moderno, na estética de um ambiente urbano (fico extremamente entediado na natureza e prefiro caminhar pelo bairro judeu de Veneza a passar alguns dias em Bora Bora).*

Pelo mesmo argumento, podemos reduzir 90% dos riscos do Cisne Negro na vida econômica... simplesmente eliminando a dívida especulativa.

No momento, a única coisa que falta na minha vida é o pânico, digamos, de encontrar uma cobra gigantesca na minha biblioteca, ou de ver o economista Myron Scholes, armado até os dentes, entrando no meu quarto no meio da noite. Falta-me o que o biólogo Robert Sapolsky chama de aspecto benéfico do estresse agudo, em comparação com o aspecto deletério do estresse enfadonho — outro *barbell*, pois estresse nenhum mais um pouco de estresse extremo é vastamente melhor do que um pouco de estresse (preocupações com a hipoteca, por exemplo) o tempo todo.

Alguns já argumentaram que os benefícios à minha saúde vêm das longas caminhadas, cerca de dez a quinze horas por semana (embora ninguém tenha me explicado por que elas contariam como sessões de exercícios, já que ando devagar), enquanto outros afirmam que a melhora da minha saúde é resultado dos poucos minutos de corrida em alta velocidade; tive o mesmo problema para explicar a inseparabilidade dos dois extremos que para explicar os desvios econômicos. Se você tem estressores agudos seguidos de períodos de descanso, como pode separar os estressores da recuperação? O Extremistão é caracterizado por ambos os polos extremos, uma alta parcela de baixo impacto, uma baixa parcela de alto impacto. Considere que a presença de concentração, aqui gasto de energia, necessita que um grande número de observações não contribua para nada, exceto para a diluição. Assim como a condição que torna a volatilidade do mercado explicada por estouros e rupturas (digamos, um dia em cinco anos representa metade da variância) requer que a maioria dos outros dias permaneça em extrema calmaria. Se um único escritor, em

---

* O argumento que se ouve com frequência sobre as pessoas primitivas que viviam *em média* menos de trinta anos ignora a distribuição em torno dessa média; a expectativa de vida precisa ser analisada de maneira condicional. Muitos morriam cedo em decorrência de ferimentos; muitos viviam uma vida muito longa e saudável. Esse é exatamente o erro elementar do tipo "iludidos pelo acaso", fiando-se na noção de "média" na presença de variância, que faz com que as pessoas subestimem os riscos do mercado de ações.

um universo de 1 milhão, fatura a metade das vendas, é necessário que muitos escritores não vendam livros.

Esta é a armadilha para perus que discutirei mais adiante: filisteus (e presidentes do Federal Reserve) confundem períodos de baixa volatilidade (causados por políticas de estabilização) com períodos de baixo risco, não com mudanças para o Extremistão.

Bem-vindo ao Extremistão Cinzento. Não adultere demais o complexo sistema que a Mãe Natureza deu a você: seu corpo.

*Cuidado com a estabilidade fabricada*

Por meio de uma variante do mesmo raciocínio, podemos ver como o medo da volatilidade que mencionei anteriormente, levando à interferência com a natureza de modo que imponha a "regularidade", nos torna mais frágeis em muitos domínios. Prevenir pequenos incêndios florestais prepara o terreno para outros mais extremos; distribuir antibióticos quando não são muito necessários nos torna mais vulneráveis a epidemias graves — e talvez àquela maior de todas, a grande infecção que será resistente a antibióticos conhecidos e viajará pela Air France.

O que me traz a outro organismo: a vida econômica. Nossa aversão à variabilidade e desejo de ordem, e nossa atuação com base nesses sentimentos, ajudaram a precipitar crises graves. Tornar algo artificialmente maior (em vez de deixá-lo morrer logo caso não possa sobreviver aos estressores) torna essa coisa cada vez mais vulnerável a um colapso muito severo — como mostrei com a vulnerabilidade do Cisne Negro associada a um aumento de tamanho. Outra coisa que vimos no desastre de 2008: o governo dos Estados Unidos (ou melhor, o Federal Reserve) vinha tentando havia anos suavizar o ciclo econômico, deixando-nos expostos a uma grave desintegração. Esse é o meu argumento contra as políticas de "estabilização" e a fabricação de um ambiente não volátil. Discorrerei mais sobre isso depois. A seguir, discutirei alguns pontos sobre a ideia do Cisne Negro que não parecem penetrar facilmente na consciência. O que é previsível.

# 3. Margaritas ante porcos*

*Como não vender livros em aeroportos — Água mineral no deserto — Como depreciar as ideias alheias e ter êxito nisso*

Permita-me começar de novo. *A lógica do cisne negro* tem a ver com importantes limitações epistêmicas, limites tanto psicológicos (arrogância e preconceitos) quanto filosóficos (matemáticos) ao conhecimento, tanto individuais quanto coletivos. Digo "importantes" porque o foco está em eventos raros impactantes, uma vez que nosso conhecimento, empírico e teórico, se desdobra nesses eventos — quanto mais remotos os eventos, menos somos capazes de prevê-los, contudo eles são os mais impactantes. Assim, *A lógica do cisne negro* diz respeito ao erro humano em alguns domínios, intensificado por uma longa tradição de cientificismo e uma infinidade de informações que alimentam a confiança sem ampliar o conhecimento. Abrange o problema de especialista — o dano causado pela confiança em charlatães que de científicos só têm a fachada, com ou sem equações, ou em cientistas regulares não charlatanescos com um pouco mais de confiança em seus métodos do que as evidências garantem. O foco é não ser o peru em lugares onde isso é importante, embora não haja nada de errado em ser um tolo onde isso não traz consequências.

* Em latim, "pérolas aos porcos".

## OS PRINCIPAIS ERROS NA COMPREENSÃO DA MENSAGEM

Descreverei de forma resumida algumas das dificuldades em compreender a mensagem e as ideias deste livro, crime normalmente mais cometido por profissionais, e, ainda que de modo surpreendente, menos pelo leitor ocasional, pelo amador, meu amigo. Eis aqui uma lista.

1) Confundir o Cisne Negro com o problema lógico. (Erro cometido pelos intelectuais do Reino Unido — os intelectuais de outros países não sabem o suficiente de filosofia analítica para cometer esse erro.)*

2) Dizer que os mapas que tínhamos eram melhores do que não ter mapas. (Pessoas que não têm experiência em cartografia, especialistas em "risco", ou pior, funcionários do Federal Reserve Bank dos Estados Unidos.)

Esse é o mais esquisito dos erros. Conheço poucas pessoas que embarcariam em um avião rumo ao aeroporto La Guardia em Nova York com um piloto que estivesse usando um mapa do aeroporto de Atlanta "porque não há nenhum outro". Pessoas com um cérebro em funcionamento prefeririam ir de carro, pegar um trem ou ficar em casa. Todavia, tão logo se envolvem com a economia, todos preferem usar profissionalmente no Extremistão as medidas tomadas para o Mediocristão, sob o argumento de que "não temos outra coisa". A ideia, bem aceita pelas avós, de que devemos escolher um destino para o qual temos um bom mapa, em vez de viajar para encontrar "o melhor" mapa, é estranha para doutores em ciências sociais.

3) Pensar que um Cisne Negro deveria ser um Cisne Negro aos olhos de todos os observadores. (Erro cometido por pessoas que não passaram muito tempo no Brooklyn e não têm a vivência de mundo, experiência de vida e inteligência social para perceber que *algumas* pessoas são otárias.)

4) Não entender o valor do conselho negativo ("Não faça") e me escrever pedindo algo "construtivo" ou um "próximo passo". (Erro geralmente cometido

---

* A maioria dos intelectuais continua atribuindo a expressão "Cisne Negro" a Popper ou a Mill, às vezes a Hume, a despeito da citação de Juvenal. A expressão latina *niger cygnus* talvez seja até mais antiga, possivelmente de origem etrusca.

por presidentes de grandes empresas e por aqueles que desejam algum dia se tornar tais presidentes.)*

5) Não entender que não fazer nada pode ser preferível a fazer algo potencialmente prejudicial. (Erro cometido pela maioria das pessoas que não são avós.)

6) Aplicar rótulos prontos às minhas ideias (*ceticismo, caudas gordas, leis de potência*) e comparar essas ideias a tradições inadequadas de pesquisa (ou pior, alegar que são ideias baseadas em "lógica modal", "lógica fuzzy" ou seja lá do que a pessoa tenha ouvido falar vagamente). (Erro cometido por aqueles com pós-graduação na costa leste e na costa oeste dos Estados Unidos.)

7) Pensar que o *A lógica do cisne negro* diz respeito aos erros de usar a curva em forma de sino, que supostamente todos conhecem, e que os erros podem ser remediados pela substituição de um número mandelbrotiano por outro. (Erro cometido pela variedade pseudocientífica de professores titulares de finanças com estabilidade no emprego, como, digamos, Kenneth French.)

8) Afirmar que "já sabíamos de tudo isso" e "não há nada de novo" na minha ideia durante 2008, e depois, é claro, quebrar durante a crise. (Erro cometido pelo mesmo tipo de professores titulares de finanças de antes, embora estes tenham ido trabalhar em Wall Street e agora estejam falidos.)

9) Confundir minha ideia com a noção de falseabilidade de Popper — ou pegar qualquer uma das minhas ideias e encaixá-la em uma categoria predefinida que soe conhecida. (Erros cometidos principalmente por sociólogos, professores de ciência política da Universidade de Columbia e outros que tentam ser intelectuais multidisciplinares e aprender jargões técnicos da Wikipédia.)

10) Tratar probabilidades (de estados futuros) como mensuráveis, como a temperatura ou o peso da sua irmã. (Pessoas que fizeram doutorado no MIT

---

* Uma confusão frequente: as pessoas acreditam que estou sugerindo que os agentes deveriam apostar na ocorrência de Cisnes Negros, quando o que estou dizendo é que devem evitar explodir caso ocorra um Cisne Negro. Como veremos na seção 4, estou defendendo a omissão, não a comissão, o cometimento. A diferença é enorme, e fui soterrado por uma avalanche de pessoas perguntando se alguém pode "sangrar até a morte" ao fazer apostas na ocorrência de Cisnes Negros (como Nero, Giovanni Drogo ou o cientista pobre com um cunhado rico). Essas pessoas fizeram sua escolha por razões existenciais, não necessariamente econômicas, embora a economia dessa estratégia faça sentido para um coletivo.

ou algo assim, depois foram trabalhar em algum lugar e agora passam tempo lendo blogs.)

11) Gastar energia na diferença entre aleatoriedade ôntica e epistêmica — aleatoriedade verdadeira e a que surge de informações incompletas — em vez de se concentrar na diferença mais importante entre o Mediocristão e o Extremistão. (Pessoas sem hobbies, sem problemas pessoais, sem amor e com muito tempo livre.)

12) Pensar que estou dizendo "Não faça previsões" ou "Não use modelos" em vez de "Não use previsões estéreis com erros imensos" e "Não use modelos no Quarto Quadrante". (Erro cometido pela maioria das pessoas que ganham a vida fazendo previsões.)

13) Interpretar erroneamente o que digo como "Essas merdas acontecem", em vez de "É aqui que essas merdas acontecem". (Muitos ex-ganhadores de bônus.)*

De fato, o amador inteligente, curioso e de mente aberta é meu amigo. Para mim, foi uma surpresa agradável descobrir que o amador sofisticado, que usa livros para seu próprio aprimoramento intelectual, e o jornalista (a menos, é claro, que fosse funcionário do *New York Times*) eram capazes de entender minha ideia muito melhor do que os profissionais. Leitores profissionais, menos genuínos, ou leem muito rapidamente ou têm uma pauta de interesses pessoais. Ao ler por "trabalho" ou com o objetivo de estabelecer seu status (digamos, para escrever uma resenha), em vez de ler para satisfazer uma curiosidade genuína, os leitores que têm bagagem em excesso (ou talvez não suficiente) tendem a ler de forma rápida e eficiente, dando uma olhada superficial no texto em busca de jargões e rapidamente fazendo associações com ideias pré-fabricadas. Isso resultou logo no início na compressão das ideias expressas em *A lógica do cisne negro* em uma estrutura conhecida e comoditizada, como se minhas posições pudessem ser espremidas em noções tradicionais de ceticismo, empirismo, essencialismo, pragmatismo, falsificacionismo popperiano, incerteza

---

* Se a maioria das pessoas que ficaram confusas com a mensagem parece estar envolvida em economia e ciências sociais, embora uma parcela muito menor de leitores venha desses segmentos, é porque outros membros da sociedade sem essa bagagem entendem a mensagem do livro quase imediatamente.

knightiana, economia comportamental, leis de potência, teoria do caos etc. Mas os amadores salvaram minhas ideias. Obrigado, leitor.

Como escrevi, perder um trem só é doloroso se você estiver correndo atrás dele. Minha intenção não era ser o autor de um best-seller (pensei que já tinha um com meu livro anterior, e queria apenas produzir uma coisa real), então tive que lidar com uma enxurrada de efeitos colaterais tardios. Vi o livro ser tratado, de início, devido ao seu status de best-seller, como um daqueles "livros de ideias" de não ficção, que são jornalísticos de cabo a rabo, castrados por um revisor meticuloso e "competente" e vendidos em aeroportos a homens de negócios "pensantes". Dar a esses iluminados *bildungsphilisters*, normalmente chamados de "leitores de livros de ideias", um livro de verdade é como dar um belo Bordeaux a um bebedor de Coca-Cola Diet e ouvir seus comentários a respeito da bebida. A reclamação típica deles é que querem "passos prontos para serem implementados" ou "as melhores ferramentas de previsão", ao estilo de um livro de receitas, satisfazendo o perfil de uma eventual vítima do Cisne Negro. Veremos mais adiante que, em uma doença semelhante ao viés de confirmação, os charlatães fornecem os muitos requisitados conselhos positivos (o que fazer), pois as pessoas não valorizam conselhos negativos (o que não fazer). Ora, "como não ir à falência" não parece ser um conselho válido, no entanto, dado que, com o tempo, apenas uma minoria das empresas não vai à falência, evitar a morte é o melhor — e mais robusto — conselho possível (é um conselho particularmente bom depois que seus concorrentes se metem em apuros e você pode partir para uma pilhagem legal das empresas deles).\*
Além disso, diversos leitores (digamos, aqueles que trabalham no ramo de fazer previsões ou no setor bancário) muitas vezes não entendem que para eles o

---

\* Por exemplo, uma anedota que ajuda a explicar a crise de 2008. Um certo Matthew Barrett, ex-presidente do Barclays Bank e do Bank of Montreal (ambos submetidos a explosões por serem expostos ao Extremistão com métodos de gerenciamento de riscos para o Mediocristão) reclamou, depois de todos os acontecimentos de 2008 e 2009, que *A lógica do cisne negro* não lhe fornecera uma resposta pronta para a pergunta "o que eu deveria fazer a respeito?" e que ele "não consegue gerir um negócio" se tiver que se preocupar com riscos de Cisnes Negros. A pessoa nunca ouviu falar da noção de fragilidade e robustez diante de desvios extremos — o que ilustra minha ideia de que a evolução não funciona ensinando, mas destruindo.

"passo pronto para ser implementado" é simplesmente abandonar a profissão e fazer algo mais ético.

Além de contribuir com nossos vieses mentais e dizer às pessoas o que elas querem ouvir, esses "livros de ideias" muitas vezes conferem um definitivo e abominável tom investigativo às suas mensagens, assim como os relatórios de consultores de gestão tentando fazer você acreditar que eles lhe disseram mais do que realmente disseram. Elaborei um teste de compressão simples usando uma versão do que é chamado de complexidade de Kolmogorov, uma medida para ver até que ponto uma mensagem pode ser reduzida sem perder sua integridade: tente reduzir um livro à menor extensão possível sem perder nada da mensagem ou dos efeitos estéticos almejados. Um amigo suíço (aparentemente ele não gosta de caminhar devagar e me arrasta em trilhas pelos Alpes), dono de uma empresa que produz sumários de livros e os vende para empresários ocupados, me convenceu de que sua firma tem uma missão elevada, já que todos os livros de negócios podem ser reduzidos a algumas páginas sem qualquer perda de sua mensagem e essência; romances e tratados filosóficos não podem ser compactados.

Portanto, um ensaio filosófico é um começo, não um fim. Para mim, a mesma meditação continua de um livro para outro, em comparação com a obra de um escritor de não ficção que, digamos, passará para outro tópico distinto e jornalisticamente confinado. Quero que minha contribuição seja uma nova forma de ver o conhecimento, o início de uma longa investigação, o início de algo real. Na verdade, fico feliz, no momento em que escrevo, alguns anos depois que o livro nasceu, ao ver a ideia se espalhar entre leitores atenciosos, inspirando acadêmicos eruditos que partilham da mesma opinião a ir além dele, e semeando pesquisas em epistemologia, engenharia, educação, defesa, pesquisa operacional, estatística, teoria política, sociologia, estudos do clima, medicina, direito, estética e seguros (embora não tanto na área em que *A lógica do cisne negro* encontrou validação quase instantânea, ao estilo do Cisne Negro: a economia).

Tive sorte que a República das Letras tenha levado apenas um par de anos (e uma severa situação de crise financeira) para perceber que *A lógica do cisne negro* era um conto filosófico.

*Como eliminar os crimes de alguém*

Minhas ideias passaram por duas fases distintas após o lançamento do livro. Na primeira, assim que o livro atingiu a lista dos mais vendidos em quase todos os países onde foi publicado, muitos cientistas sociais e praticantes profissionais de finanças caíram na armadilha de me refutar com o argumento único de que eu estava vendendo livros demais e que meu livro era acessível aos leitores; portanto, não poderia refletir um pensamento original e sistemático, era apenas uma "popularização" que não valia a pena ler, e muito menos era digna de se comentar.

A primeira mudança de regime veio com o lançamento de minha obra mais matemática, difícil, empírica e acadêmica na forma de uma dúzia de artigos em vários periódicos, na tentativa de expiar meu crime de ter vendido muitos livros.* Em seguida, silêncio.

Ainda sem refutação no momento em que este texto foi escrito; na verdade, meu artigo sobre o Quarto Quadrante no periódico *International Journal of Forecasting* (que eu simplifico neste ensaio) produziu evidências incontestáveis de que a maioria dos artigos "rigorosos" em economia (talvez todos) que usam estatísticas extravagantes são papo furado, cúmplices de uma fraude coletiva (com difusão de responsabilidade), inutilizáveis para qualquer forma de gerenciamento de riscos. Claramente, até agora, apesar de algumas campanhas de difamação, ou melhor, tentativas de campanha de difamação (normalmente encabeçadas por ex-funcionários de Wall Street ou bebedores de Coca-Cola Diet), ninguém conseguiu apresentar uma contestação formal (ou mesmo informal) da ideia, seja dos argumentos lógico-matemáticos, seja dos argumentos empíricos.

Contudo, nesse ínterim descobri algo valioso no pacote da ideia do Cisne Negro. Do mesmo jeito que em *Iludidos pelo acaso* eu argumentara (a princípio por experiência pessoal) que uma "chance de 70% de sobreviver" é bastante

---

* Até agora, cerca de catorze artigos acadêmicos (mas muito, muito chatos). (Eles são chatos tanto de ler como de escrever!) O número continua crescendo, todavia, e eles estão sendo publicados em um ritmo de três por ano. Taleb (2007), Taleb e Pilpel (2007), Goldstein e Taleb (2007), Taleb (2008), Taleb (2009), Taleb, Goldstein e Spitznagel (2009), Taleb e Pilpel (2009), Mandelbrot e Taleb (2010), Makridakis e Taleb (2010), Taleb (2010), Taleb e Tapiero (2010a), Taleb e Tapiero (2010b), Taleb e Douady (2010) e Goldstein e Taleb (2010).

diferente de "30% de chance de morrer", constatei que dizer aos pesquisadores "é aqui que seus métodos funcionam muito bem" é muito melhor do que dizer a eles "isto aqui é o que vocês não sabem". Então, quando apresentei àquela que até então era a plateia mais hostil do mundo, os membros da American Statistical Association (Associação Norte-Americana de Estatística), um mapa dos quatro quadrantes e lhes disse: "o seu conhecimento funciona perfeitamente nesses três quadrantes, mas cuidado com o quarto, pois é aqui que os Cisnes Negros se reproduzem", recebi aprovação instantânea, apoio, ofertas de amizade permanente, refrescos (Coca-Cola Diet), convites para participar das reuniões da associação, até alguns abraços. De fato, foi assim que uma série de artigos de pesquisa começaram a usar meu trabalho sobre a localização do Quarto Quadrante etc. Eles tentaram me convencer de que os estatísticos não eram os responsáveis por essas aberrações, que são obra de pessoas nas ciências sociais que aplicam métodos estatísticos sem entendê-los (algo que verifiquei mais tarde em experimentos formais, para meu grande horror, como veremos mais adiante).

A segunda mudança de regime veio com a crise de 2008. Continuei sendo convidado para debates, mas parei de ir, pois ficou difícil ouvir argumentos complicados e refrear um sorriso, às vezes malicioso. Por que um sorriso? Bem, a satisfação de me sentir vingado. Não a satisfação intelectual de vencer uma discussão: o mundo acadêmico, descobri, não muda de opinião voluntariamente, exceto talvez em algumas ciências de verdade como a física. Era um sentimento diferente: é difícil se concentrar em uma conversa, sobretudo matemática, quando você acaba de ganhar sozinho várias centenas de vezes o salário anual do pesquisador que está tentando dizer que você está "errado" e apostando contra sua representação do mundo.

*Uma travessia do deserto*

Após a publicação de A *lógica do cisne negro*, eu havia passado por um momento psicológico difícil, que os franceses chamam de *traversée du désert*, quando você sente na pele a desmoralizante dessecação e desorientação de cruzar um deserto em busca de um destino desconhecido, ou de uma terra mais ou menos prometida. Passei por maus bocados, gritando "Fogo! Fogo! Fogo!" com relação aos riscos ocultos no sistema e vendo as pessoas ignorarem o conteúdo e, em vez de me darem atenção, apenas criticarem a apresentação, como se estivessem dizendo "você grita 'Fogo!' com uma dicção ruim". Por exemplo, o curador de uma conferência conhecida como TED (a monstruosidade que transforma cientistas e pensadores em animadores de auditório de baixo nível, feito artistas de circo) reclamou que meu estilo de apresentação não estava de acordo com o gosto dele em termos de excelência e tirou da internet minha palestra sobre Cisnes Negros e fragilidade. Claro, mais tarde ele tentou reivindicar o crédito pelas advertências que fiz antes da crise de 2008.*

A maioria dos argumentos propostos girava em torno de "os tempos são diferentes", invocando "a grande moderação" cunhada por um certo Ben Bernanke (presidente do Federal Reserve no momento da escrita), que se apaixonou pela armadilha do peru antes do Natal, aquela de não entender que a mudança para o Extremistão passa por uma queda na volatilidade diária.

Além do mais, enquanto eu protestava contra modelos, cientistas sociais teimavam em repetir que sabiam disso, e que existe um ditado: "todos os modelos estão errados, mas alguns são úteis" — sem entender que o verdadeiro problema é que "alguns são prejudiciais". Muito prejudiciais. Como diria Tony Gordo, "falar é fácil". Então Mark Spitznagel e eu reiniciamos o negócio de "robustecer" clientes contra o Cisne Negro (ajudando as pessoas a se aproximarem do *barbell* do capítulo 11). Estávamos convencidos de que o sistema bancário entraria em colapso sob o peso dos riscos ocultos — que um evento desse tipo seria um Cisne Branco. Ia mudando da cor cinza para a branca à medida que o sistema acumulava riscos. Quanto mais tempo tivéssemos que esperar por ele, mais grave seria. O colapso ocorreu cerca de um ano e meio após a publicação do livro. Vínhamos esperando o desastre e apostando contra o sistema bancário havia muito tempo (e protegendo clientes ao torná-los robustos frente ao Cisne Negro), mas a recepção do Cisne Negro — e a ausência de refutação que não fosse *ad hominem* — nos deixou muito mais preocupados do que jamais estivéramos com a necessidade de proteção.

---

* Embora a desse sujeito tenha sido um pouco extrema, esse tipo de hipocrisia está longe de ser incomum. Muitas pessoas intelectualmente honestas que eu havia alertado, e que leram meu livro, mais tarde me culparam por não ter lhes contado sobre a crise — simplesmente não conseguiam se lembrar das minhas advertências. Um porco recém-esclarecido tem dificuldade para se lembrar de que no passado viu uma pérola, mas não sabia o que era.

Como Anteu, que perdia força quando era separado do contato com a terra, eu precisava de conexão com o mundo real, algo concreto e aplicado, em vez de me concentrar em ganhar discussões e tentar convencer as pessoas do meu argumento (as pessoas quase sempre só se convencem do que já sabem). Arriscar meu pescoço no mundo real, alinhando minha vida com minhas ideias ao me envolver no trabalho como trader, teve um efeito terapêutico, mesmo fora da satisfação de me sentir vingado; o mero fato de operar no mercado financeiro me deu força para não me importar. Poucos meses antes do início da crise de 2008, fui atacado em uma festa por um psicólogo de Harvard que, apesar de sua inocência quanto à teoria das probabilidades, parecia nutrir um hostil sentimento de vendeta contra mim e meu livro. (Os detratores mais cruéis e amargos tendem a ser aqueles com um produto concorrente nas prateleiras da livraria.) A minha atuação como trader me permitiu rir dele — ou, o que é ainda pior, me fez sentir alguma cumplicidade com ele, graças à raiva que ele sentia. Eu me pergunto o que teria acontecido com o estado psicológico de outro escritor, idêntico a mim em todos os aspectos, exceto por não estar envolvido com negociações e exposições a riscos. Quando você não fica apenas no discurso, mas mostra com atos que acredita no que fala, seja bem-sucedido ou não, você se sente mais indiferente e robusto quanto à opinião das pessoas, mais livre, mais real.

Enfim, aprendi algo em meus debates: a evidência de que eventos do tipo Cisne Negro são, em grande parte, causados por pessoas que usam medidas muito além de sua capacidade de compreensão, instilando falsa confiança com base em resultados espúrios. Além da minha perplexidade com relação ao motivo pelo qual as pessoas usam as medidas do Mediocristão fora da aplicabilidade dessas medidas, e acreditam nelas, deduzi por indícios um problema muito maior: que quase ninguém que trabalhava *profissionalmente* com medidas probabilísticas fazia alguma ideia do que estava falando, o que se confirmou quando participei de debates e painéis com muitos figurões, dentre os quais pelo menos quatro eram ganhadores do "Nobel" em economia. De fato. E esse problema era mensurável, facilmente testável. Sim, havia analistas *quants*, acadêmicos e estudantes de finanças aplicando e escrevendo uma batelada de artigos que lançavam mão da noção de "desvio-padrão", mas eles não entendiam intuitivamente o que isso significava, então era possível ludibriá-los e induzi-los ao erro, fazendo-lhes perguntas elementares sobre o significado conceitual real e não matemático de seus números. Tiro e queda: demos um baile neles. Dan Goldstein e eu realizamos experimentos em profissionais usando ferramentas probabilísticas, e ficamos estarrecidos ao constatar que até 97% deles erravam em perguntas elementares.* Posteriormente, Emre Soyer e Robin Hogarth assumiram as rédeas e aplicaram testes no uso de um campo abominável chamado econometria (campo que, se submetido a qualquer escrutínio científico, não existe) — mais uma vez, em sua maioria, os pesquisadores não entendem as ferramentas que utilizam.

Agora que desabafei sobre esse assunto da recepção do livro, passemos para um território mais analítico.

---

* Dan Goldstein e eu temos trabalhado em colaboração e realizado experimentos sobre intuições humanas com respeito a diferentes classes de aleatoriedade. Ele não caminha devagar.

# 4. Asperger e o Cisne Negro ontológico

*Os nerds são mais cegos em relação aos cisnes? Habilidades sociais no Extremistão — Sobre a imortalidade do dr. Greenspan*

Se *A lógica do cisne negro* trata de limitações epistêmicas, então, a partir dessa definição, podemos ver que não se trata de algum fenômeno definido em termos objetivos, como a chuva ou um acidente de carro — é simplesmente algo que não era esperado por um observador *específico*.

Assim, fiquei pensando com meus botões por que tantas pessoas inteligentes vez por outra questionavam se certos eventos, digamos a Primeira Guerra Mundial, ou o atentado ao World Trade Center em 11 de setembro de 2001 eram Cisnes Negros, com base na alegação de que esses acontecimentos foram previstos por *algumas pessoas*. Claro que o ataque de 11 de setembro foi um Cisne Negro para as vítimas que morreram nele; caso contrário, elas não teriam se exposto ao risco. Mas certamente não foi um Cisne Negro para os terroristas que planejaram e executaram o ataque. Passei um tempo considerável longe da sala de levantamento de pesos repetindo que *um Cisne Negro para o peru não é um Cisne Negro para o açougueiro*.

O mesmo se aplica à crise de 2008, certamente um Cisne Negro para quase todos os economistas, jornalistas e financistas deste planeta (incluindo, como era de se esperar, Robert Merton e Myron Scholes, os perus do capítulo 17), mas certamente não para este autor. (Por sinal, ilustrando outro erro comum, quase nenhum daqueles — muito poucos — que aparentemente "previram" o evento previram sua profundidade. Veremos que, por causa da atipicidade dos eventos no Extremistão, o Cisne Negro não tem a ver apenas com a ocorrência de algum evento, mas também com a profundidade e as consequências dele.)

## PROBABILIDADE DE ASPERGER

Essa consideração de um Cisne Negro *objetivo*, que seria o mesmo para todos os observadores, além de se afastar totalmente do cerne da questão, parece ter uma perigosa relação com o problema do subdesenvolvimento de uma faculdade humana denominada "teoria da mente" ou "psicologia do senso comum". Algumas pessoas, afora isso até inteligentes, têm uma deficiência naquela capacidade humana de imputar a outros o conhecimento que é diferente de seu próprio. Essas pessoas, de acordo com os pesquisadores, são as que costumam se envolver na engenharia ou povoar os departamentos de física. Vimos uma delas, o dr. John, no capítulo 9.

Pode-se colocar uma criança à prova quanto ao subdesenvolvimento da teoria da mente usando uma variante da "tarefa de crença falsa". Duas crianças são apresentadas. Uma delas coloca um brinquedo debaixo da cama e sai do quarto. Durante sua ausência, a segunda criança — o sujeito da pesquisa — pega o brinquedo e o esconde em uma caixa. Pergunta-se ao sujeito da pesquisa: quando retornar ao quarto, onde a outra criança procurará o brinquedo? Aqueles com menos de, digamos, quatro anos de idade (quando a teoria da mente começa a se desenvolver) escolhem a caixa, ao passo que as crianças mais velhas dizem corretamente que a outra criança olhará sob a cama. Por volta dessa idade, as crianças começam a perceber que outra pessoa pode ser privada de algumas das informações que elas detêm, e por isso pode ter crenças que são diferentes das suas. Ora, esse teste ajuda a detectar formas leves de autismo: por mais alta que seja a inteligência de uma pessoa, ela talvez tenha dificuldade de se colocar no lugar de outras e imaginar o mundo com base nas informações de terceiros. Na verdade, há um nome para a condição de uma pessoa que pode ser funcional e ao mesmo tempo sofrer de uma forma leve de autismo: síndrome de Asperger.

O psicólogo Simon Baron-Cohen produziu uma quantidade considerável de pesquisas distinguindo os extremos polares no temperamento das pessoas no que diz respeito a duas faculdades: capacidade de sistematizar (quociente de sistematização) e capacidade de sentir empatia e entender os outros (quociente de empatia). De acordo com o trabalho de investigação de Baron-Cohen, pessoas puramente afeitas a sistematizar sofrem de falta de teoria da mente; são atraídas pela engenharia e ocupações semelhantes (e quando fracassam migram para, digamos, economia matemática); já mentes empáticas são atraídas para profissões mais sociais (ou literárias). Tony Gordo, é claro, cairia na categoria mais social. A categoria cognitiva da sistematização é mais característica do gênero masculino, e as mulheres dominam o extremo oposto, a empatia.

Observe o fato nada surpreendente, mas muito importante, de que as pessoas com síndrome de Asperger são extremamente avessas à ambiguidade.

Pesquisas mostram a presença exagerada de acadêmicos na categoria cognitiva dos sistematizadores, cegos em relação aos Cisnes Negros; são as pessoas a quem chamei de "os loucos de Locke" no capítulo 17. Não vi nenhum teste direto e formal da tolice do Cisne Negro e da mente sistematizadora, exceto por um cálculo que George Martin e eu realizamos em 1998, no qual encontramos evidências de que todos os professores de finanças e economia quantitativa das principais universidades que mapeamos e que tinham envolvimento na negociação de hedge funds acabaram fazendo apostas *contra* Cisnes Negros, expondo-se a explosões. Essa preferência não era aleatória, uma vez que entre um terço e metade dos que não eram professores optava por esse estilo de investimento na época. Os acadêmicos mais conhecidos foram, mais uma vez, os agraciados com o "Nobel" Myron Scholes e Robert C. Merton, os quais Deus criou para que eu pudesse ilustrar meu argumento sobre a cegueira em relação ao Cisne Negro.* Todos eles tiveram problemas durante a crise, discutida naquele capítulo, que levou à falência sua empresa, o hedge fund Long-Term Capital

---

* Robert Merton, o vilão do capítulo 17, uma pessoa que dizem ter uma mente altamente mecanicista (até mesmo em seu interesse por máquinas e seu uso de metáforas mecânicas para representar a incerteza), parece ter sido criado para o único propósito de fornecer uma ilustração da perigosa tolice do Cisne Negro. Após a crise de 2008, ele defendeu a exposição a riscos causada por economistas, apresentando o argumento de que "foi um Cisne Negro" simplesmente porque não o esperava, portanto, disse ele, as teorias eram boas. Ele não deu o salto no sentido de que, como não prevemos a chegada desses eventos, precisamos ser robustos em relação a eles. Normalmente, essas pessoas saem de cena; a estabilidade acadêmica garante uma sobrevida um pouco maior.

Management (LTCM). Note que as mesmas pessoas que fazem um estardalhaço sobre as discussões do Asperger como uma condição não compatível com a exposição a riscos e a análise de riscos não explícitos fora do modelo, com os correspondentes perigos para a sociedade, fariam objeções a empregar uma pessoa com graves problemas de visão como motorista de um ônibus escolar. Tudo que estou dizendo é: ainda que eu leia Milton, Homero, Taha Husain e Borges (que eram cegos), mas preferiria que eles não me conduzissem ao longo da via expressa Nice-Marselha, opto por usar ferramentas construídas por engenheiros, mas prefiro que as decisões arriscadas da sociedade fiquem a cargo de alguém que não é afetado pela cegueira em relação aos riscos.

## CEGUEIRA EM RELAÇÃO AO FUTURO, REVISITADA

Agora lembre-se da condição, descrita no capítulo 12, de não conseguir fazer a transferência adequada entre passado e futuro, um distúrbio semelhante ao autismo, em que as pessoas não veem relações de segunda ordem — o sujeito não usa a relação entre o passado do passado e o futuro do passado para projetar a conexão entre o passado de hoje e o futuro de hoje. Bem, um cavalheiro chamado Alan Greenspan, ex-presidente do Federal Reserve dos Estados Unidos, foi ao Congresso para explicar que a crise bancária, que ele e seu sucessor Bernanke ajudaram a causar, não poderia ter sido prevista porque "nunca tinha acontecido antes". Nem um único congressista foi inteligente o suficiente para gritar: "Alan Greenspan, em oitenta anos, o senhor nunca morreu antes, uma vez sequer; isso o torna imortal?". O abjeto Robert Rubin, o banqueiro que acossei na seção 2, um ex-secretário do Tesouro, usou o mesmo argumento — mas o sujeito tinha escrito um longo livro sobre incerteza (ironicamente, na mesma editora e com a mesma equipe de *A lógica do cisne negro*).[*]

---

[*] O argumento pode efetivamente ser usado para satisfazer o risco moral e os lucros desonestos (disfarçados na forma de dados probabilísticos). Rubin embolsou mais de 100 milhões de dólares dos ganhos auferidos pelo Citigroup com riscos ocultos que surgem apenas de tempos em tempos. Depois que explodiu, Rubin tinha uma desculpa — "Isso nunca aconteceu antes". Ele ficou com o dinheiro surrupiado; nós, os contribuintes, incluindo professores e cabeleireiros, tivemos que socorrer a empresa e pagar pelas perdas. Chamo isso de elemento de risco moral vinculado ao pagamento de bônus para pessoas que não são robustas diante dos Cisnes Negros, e que sabíamos *de antemão* não serem. Esse *de antemão* é o que me deixa enfurecido.

Descobri (mas a essa altura eu já nem fiquei surpreso) que nenhum pesquisador fez testes para averiguar se grandes desvios na economia podem ser previstos a partir de grandes desvios do passado — isto é, se grandes desvios têm antecedentes. Esse é um dos testes elementares que faltam no campo, tão elementar quanto verificar se um paciente está respirando ou se uma lâmpada está enroscada no bocal, mas, de modo característico, ninguém parece ter tentado fazer isso. Não é necessário ter muita introspecção para entender que grandes eventos não têm pai e mãe de grande envergadura: a Primeira Guerra Mundial não teve um predecessor; ninguém teria sido capaz de adivinhar a quebra do mercado de 1987, na qual o mercado caiu quase 23% em um único dia, com base em seu pior antecessor, que havia sido a perda de cerca de 10% em um dia — e isso se aplica a quase todos os eventos desse tipo, é claro. Meus resultados foram que eventos regulares podem prever eventos regulares, mas eventos extremos, talvez porque sejam mais agudos quando as pessoas não estão preparadas, quase nunca são previstos a partir de uma estrita confiança no passado.

O fato de essa noção não ser óbvia para as pessoas é espantoso para mim. É particularmente espantoso que as pessoas façam os chamados "testes de estresse", adotando o pior desvio *passado* possível como um evento âncora para projetar o pior desvio futuro possível, sem pensar que não teriam sido capazes de explicar esse desvio passado se tivessem usado o mesmo método um dia antes da ocorrência do evento âncora passado.*

Essas pessoas têm doutorado em economia; algumas lecionam em universidades — uma delas é o presidente do Federal Reserve (no momento da escrita do texto). Diplomas de pós-graduação tornam as pessoas cegas em relação a essas noções elementares?

Com efeito, o poeta latino Lucrécio, que não frequentou uma faculdade de economia e administração, escreveu que consideramos o maior objeto de qualquer tipo que tenhamos visto em nossa vida como o maior item possível

---

* De fato, é a ausência de representação de ordem superior — a incapacidade de aceitar afirmações como "O meu método para avaliar o que é certo ou errado é certo ou errado?" — o fator, conforme veremos na próxima seção, decisivo quando lidamos com probabilidades, o que leva os drs. Johns a serem fanáticos por medições e acreditarem nelas sem duvidar de suas crenças. Eles não conseguem entender a metaprobabilidade, a probabilidade de ordem superior — isto é, a probabilidade de a probabilidade que estão usando não ser verdadeira.

entre todos: *et omnia de genere omni/ Maxima quae vivit quisque, haec ingentia fingit.*\*

## A PROBABILIDADE DEVE SER SUBJETIVA\*\*

Isso suscita um problema que vale a pena investigar com alguma profundidade. O fato de que muitos pesquisadores não percebem de imediato que o Cisne Negro corresponde principalmente a um mapa incompleto do mundo, ou de que alguns pesquisadores têm que ressaltar essa qualidade subjetiva (Jochen Runde, por exemplo, escreveu um ensaio perspicaz sobre a ideia do Cisne Negro, mas em que sentiu a grande necessidade de enfatizar seu aspecto subjetivo), nos leva ao problema histórico na própria definição de probabilidade. Historicamente, houve muitas maneiras de abordar a filosofia da probabilidade. A pesquisa permaneceu alheia à noção de que duas pessoas podem ter duas visões de mundo diferentes, e então expressá-las como diferentes probabilidades. Assim, demorou um pouco para os pesquisadores científicos aceitarem a noção não Asperger de que pessoas diferentes podem, sendo racionais, atribuir diferentes probabilidades a diferentes estados futuros do mundo. Isso é chamado de "probabilidade subjetiva".

A probabilidade subjetiva foi formulada por Frank Plumpton Ramsey em 1925 e Bruno de Finetti em 1937. O enfoque desses dois gigantes intelectuais acerca da probabilidade é que ela pode ser representada como uma quantificação do grau de crença (você define um número entre 0 e 1 que corresponde à força de sua crença na ocorrência de um determinado evento), subjetiva para o observador, que a expressa de maneira tão racional quanto desejar sob

---

\* No trecho do Canto VI do poema *De Rerum Natura*, lê-se: "*Scilicet et fluvius, qui non est maximus, eii est/ Qui non ante aliquem majorem vidit, et ingens/ Arbor homoque videtur; et omnia de genere omni/ Maxima quae vidit quisque, haec ingentia fingit.*". (Logo se vê por que o rio parece largo/ a quem não viu outro maior, e nos/ parece enorme a árvore, e porque tudo que é/ grande e visto assim, dissimulando eternidades.) Tradução de Mario Henrique Domingues, In: *O trovão, o relâmpago: Tradução do Canto VI do poema de Lucrécio e análise de função poética de fragmentos*. Dissertação de mestrado. Universidade de São Paulo, São Paulo, 2013. Disponível em: <http://www.teses.usp.br/teses/disponiveis/8/8143/tde-29042013-130042/>. (N. T.)
\*\* O leitor não técnico deve pular o restante desta seção.

algumas restrições. Essas restrições de consistência na tomada de decisões são óbvias: não se pode apostar que há 60% de chance de nevar amanhã e *também* 50% de chance de que não haverá neve. O agente precisa evitar a violação de algo chamado "restrição da aposta cega":* ou seja, você não pode expressar suas probabilidades de forma inconsistente, envolvendo-se em uma série de apostas que pressupõem uma certa perda, por exemplo, agindo como se as probabilidades de contingências separáveis pudessem somar mais de 100%.

Há outra diferença aqui: entre a "verdadeira" aleatoriedade (digamos, equivalente a Deus jogando um dado) e a aleatoriedade que resulta daquilo que chamo de limitações epistêmicas, ou seja, falta de conhecimento. O que chamam de incerteza ontológica (ou ôntica), em oposição à epistêmica, é o tipo de aleatoriedade em que o futuro não está implícito no passado (ou em qualquer outra coisa). Ele é criado a cada minuto pela complexidade de nossas ações, o que torna a incerteza muito mais fundamental do que a epistêmica, que resulta de imperfeições no conhecimento.

Isso significa que não existe um longo prazo para esses sistemas, chamados de sistemas "não ergódicos" — em oposição aos "ergódicos". Em um sistema ergódico, as probabilidades do que pode acontecer a longo prazo não são impactadas por eventos que podem ocorrer, digamos, no ano seguinte. Alguém jogando roleta no cassino pode se tornar muito rico, mas se continuar jogando, considerando-se que a casa tem uma vantagem, acabará por ir à falência. Uma pessoa desprovida de qualificações acabará por fracassar, mais cedo ou mais tarde. Portanto, os sistemas ergódicos são, em média, invariantes a caminhos, tomados no prazo intermediário — o que os pesquisadores chamam de ausência de dependência do caminho. Um sistema não ergódico não tem, na verdade, nenhuma propriedade de longo prazo; está sujeito à dependência do caminho.

Acredito que a distinção entre incerteza epistêmica e ôntica é importante do ponto de vista filosófico, mas totalmente irrelevante no mundo real. É

---

* No original, "*Dutch book*", conceito que, aplicado aos jogos de azar, designa um conjunto de apostas que, tentando cobrir vários cenários possíveis, garante lucro a despeito do resultado da aposta e está associado a probabilidades implícitas incoerentes, ou seja, distorcidas; em economia, o termo geralmente se refere a uma sequência de negociações que deixaria uma das partes em situação flagrantemente pior e a outra em situação escancaradamente melhor; em filosofia, é usado para explorar graus de certeza em crenças. (N. T.)

dificílimo desemaranhar a incerteza epistêmica da mais fundamental. Trata-se do caso de uma "distinção sem diferença", que (ao contrário das que foram mencionadas anteriormente) pode ser enganosa porque distrai dos problemas reais: os praticantes dão grande importância a isso, em vez de se concentrarem nas restrições epistêmicas. Lembre-se de que o ceticismo é caro e deve estar disponível quando necessário.

Não existe "longo prazo" na prática; o que importa é o que acontece antes do longo prazo. O problema de usar a noção de "longo prazo", ou o que os matemáticos chamam de propriedade assintótica (o que acontece quando você estende algo ao infinito), é que isso geralmente nos torna cegos em relação ao que acontece antes do longo prazo, o que discutirei mais adiante como *pré--assintóticas*. Diferentes funções têm diferentes pré-assintóticas, de acordo com a velocidade de convergência para essa assíntota.* Mas, infelizmente, como eu continuo repetindo para alunos, *a vida ocorre na pré-assíntota*, não em algum longo prazo platônico, e algumas propriedades que se mantêm na pré-assíntota (ou no curto prazo) podem ser marcadamente divergentes daquelas que ocorrem no longo prazo. Então a teoria, mesmo que funcione, encontra uma realidade de curto prazo que tem mais textura. Poucos entendem que, de modo geral, não existe algo como um *longo prazo* alcançável, exceto como um constructo matemático para resolver equações; para pressupor um longo prazo em um sistema complexo, você também precisa presumir que nada de novo surgirá. Além do mais, você pode ter um perfeito modelo do mundo, despojado de qualquer incerteza acerca da análise da representação, mas ter uma pequena imprecisão em um dos parâmetros a serem inseridos nele. Lembre-se do efeito borboleta de Lorenz no capítulo 11. Essa incerteza diminuta, no nível do menor parâmetro, pode, por causa das não linearidades, infiltrar-se em uma enorme incerteza no nível de resultado do modelo. Os modelos climáticos, por exemplo, sofrem dessas não linearidades, e mesmo se tivéssemos o modelo certo (o que, obviamente, não temos), uma pequena mudança em um dos parâmetros, chamada de calibração ou calibragem, pode reverter totalmente as conclusões.

Discutiremos as pré-assintóticas mais adiante, quando examinarmos as distinções entre diferentes classes de distribuições de probabilidade. Por ora,

---

* *Assíntota*, *assímptota* ou *assimptota*, reta cuja distância em relação a uma curva plana diminui indefinidamente (aproxima-se de zero), sem nunca cortar a curva. (N. T.)

direi que muitas dessas distinções matemáticas e filosóficas são inteiramente exageradas, ao estilo soviético de Harvard, de cima para baixo, na medida em que as pessoas começam com um modelo e, em seguida, o impõem à realidade e começam a categorizar, em vez de começar com a realidade e ver o que se encaixa nela, de baixo para cima.

*Probabilidade em um termômetro*

Essa distinção, mal utilizada na prática, assemelha-se a outra separação deficiente discutida anteriormente, entre o que os economistas chamam de risco knightiano (computável) e incerteza knightiana (incomputável). Isso pressupõe que algo é computável, quando na verdade tudo é mais ou menos incomputável (e eventos raros são mais ainda). É preciso ter um problema mental para pensar que as probabilidades de eventos futuros são "mensuráveis" no mesmo sentido que a temperatura é mensurável por um termômetro. Veremos na seção seguinte que pequenas probabilidades são menos computáveis, e que isso faz diferença quando os ganhos associados são significativos.

Outra deficiência que preciso apontar diz respeito a uma tradição de pesquisa em ciências sociais, estranhamente irreal e pouco rigorosa, chamada "expectativas racionais", em que se evidencia que os observadores, se lhes forem fornecidos os mesmos dados, convergem racionalmente para a mesma inferência, ainda que suas hipóteses iniciais tenham sido nitidamente diferentes (por um mecanismo de atualização denominada inferência bayesiana). Por que pouco rigorosa? Porque basta uma verificação muito rápida para ver que na realidade as pessoas não convergem para as mesmas opiniões. Isso se deve, em parte, às distorções psicológicas que vimos no capítulo 6, como o viés de confirmação, que causa uma interpretação divergente dos dados. Mas há uma razão matemática pela qual as pessoas não convergem para a mesma opinião: se você estiver usando uma distribuição de probabilidades do Extremistão, e eu estiver usando uma distribuição do Mediocristão (ou outra, diferente do Extremistão), então nunca convergiremos, simplesmente porque, se você supuser o Extremistão, não irá atualizar (ou mudar) suas ideias tão rapidamente. Por exemplo, se você presumir o Mediocristão e não testemunhar Cisnes Negros, com o passar do tempo irá descartá-los. O que não acontece se você partir do princípio de que estamos no Extremistão.

Para concluir, presumir que a "aleatoriedade" não é epistêmica e subjetiva, ou fazer o maior escarcéu sobre a distinção entre "aleatoriedade ontológica" e "aleatoriedade epistêmica", implica certo autismo científico, aquele desejo de sistematizar, e uma falta de compreensão fundamental da própria aleatoriedade. Parte-se do princípio de que um observador é capaz de alcançar a onisciência e calcular probabilidades com perfeito realismo e sem violar as regras da coerência. O restante torna-se "aleatoriedade" ou algo com outro nome que surge de forças aleatórias que não podem ser reduzidas pelo conhecimento e análise.

Há um ângulo que vale a pena examinar com cuidado: por que diabos os adultos aceitam esses métodos de cima para baixo no estilo soviético de Harvard sem cair na gargalhada, e na verdade vão até Washington para formular políticas baseadas neles, contrariando o histórico, exceto talvez para fazer os leitores de história dar risada deles e diagnosticar novas doenças psiquiátricas? E, da mesma forma, por que optamos pela suposição de que os eventos são vivenciados pelas pessoas da mesma maneira? Por que chegamos a levar a sério as noções de probabilidade "objetiva"?

Após essa incursão na psicologia de percepção da dinâmica do tempo e dos eventos, vamos passar ao nosso ponto central, o verdadeiro âmago do nosso programa, o que chamei agressivamente de "o problema mais útil na filosofia". O mais útil, infelizmente.

# 5. (Talvez) O problema mais útil na história da filosofia moderna

*Afinal de contas, pequeno pode não ser a ideia — Onde encontrar o toalete — Prever e perecer — Sobre ônibus escolares e livros didáticos inteligentes*

Vou direto ao ponto. Antes de A *lógica do cisne negro* (e artigos relacionados), a maior parte da epistemologia e da teoria da decisão era, para um ator do mundo real, apenas uma série de jogos mentais estéreis e preliminares. Quase toda a história do pensamento gira em torno do que sabemos ou pensamos que sabemos. A *lógica do cisne negro* é a *primeiríssima tentativa* (até onde sei), na história do pensamento, de apresentar um mapa com os locais onde somos prejudicados por aquilo que não sabemos, de definir limites sistemáticos para a fragilidade do conhecimento — e de fornecer as localizações exatas de onde esses mapas não funcionam mais.

Respondendo às "críticas" mais comuns de economistas e banqueiros (agora falidos) que mencionei na seção 3, não estou dizendo "Essas merdas acontecem", estou dizendo "Essas merdas acontecem no Quarto Quadrante", o que é tão diferente quanto confundir prudência com paranoia.

Ademais, para ser mais agressivo, embora os limites como aqueles atribuídos a Gödel tenham enormes consequências filosóficas, mas não possamos fazer muito a respeito deles, acredito que os limites do conhecimento empírico e estatístico que mostrei têm uma importância razoável (senão vital) e podemos fazer muito com eles em termos de soluções, categorizando as decisões com base na gravidade do potencial erro de estimativa do par probabilidade vezes consequência. Por exemplo, podemos usá-los para construir uma sociedade mais segura, para robustecer o que está no Quarto Quadrante.

## VIVENDO EM DUAS DIMENSÕES

Um problema espinhoso na história do pensamento humano é encontrar a posição do indivíduo na fronteira entre ceticismo e credulidade, ou entre acreditar e *não* acreditar. E como tomar decisões com base nessas crenças, visto que crenças sem decisões são simplesmente estéreis. Portanto, não se trata de um problema epistemológico (ou seja, enfocar o que é verdadeiro ou falso); é um problema de decisão, ação e comprometimento.

Claramente, ninguém pode duvidar de tudo e ser uma pessoa funcional; não é possível acreditar em tudo e sobreviver. No entanto, o tratamento filosófico do problema tem sido bastante incompleto e, pior, não se aprimorou muito ao longo dos séculos, se é que se aprimorou minimamente. Uma classe de pensadores, digamos os cartesianos, ou os céticos acadêmicos cerca de dezoito séculos antes deles, à sua própria maneira, começaram com a franca rejeição de tudo logo de cara — alguns foram até mais radicais, por exemplo os pirrônicos, que rejeitavam tanto a ponto de rejeitar inclusive o ceticismo, por considerá-lo dogmático em demasia. A outra classe, digamos os escolásticos medievais ou os pragmáticos da era moderna, começa com a fixação de crenças, ou de algumas crenças. Enquanto os pensadores medievais param por aí, de uma maneira aristotélica, os primeiros pragmáticos, com o formidável pensador Charles Sanders Peirce, propiciaram um raio de esperança. Eles se propuseram a atualizar e corrigir crenças como um contínuo trabalho em andamento (embora sob uma conhecida estrutura de probabilidade, uma vez que Peirce acreditava na existência e alcançabilidade de um estado de convergência para a verdade ergódica, de longo prazo e atingível). Esse tipo de pragmatismo (inicialmente chamado de pragmaticismo) via o conhecimento como uma rigorosa interação entre anticeticismo e falibilismo, ou seja, entre as duas categorias: do que duvidar e o que aceitar. A aplicação para o meu campo de atuação, a probabilidade, e talvez a versão mais sofisticada do programa, está nas densas, difíceis, profundas e brilhantes incursões de Isaac Levi na teoria da decisão com a noção de corpus de crença, compromisso doxástico, distância da expectativa e medidas de probabilidade dos chamados conjuntos credais.

Um raio de esperança, talvez, mas ainda não chega nem perto. Nem mesmo remotamente perto de qualquer coisa útil.

Pense em viver em um espaço tridimensional sob a ilusão de estar em duas dimensões. Pode funcionar bem se você for uma minhoca, mas certamente não se você for um pássaro. Claro, você não terá ciência do truncamento — e se verá diante de muitos mistérios, que não poderão ser resolvidos sem o acréscimo de uma dimensão, por mais que você sofistique a questão. E, decerto, vez por outra você se sentirá desamparado. Foi esse o destino do conhecimento durante todos esses séculos, aprisionado em duas dimensões por demais simplistas para ser útil fora das salas de aula. Desde Platão, somente os filósofos dedicaram tempo à discussão acerca do que era a Verdade, e por uma razão: ela é inutilizável na prática. Ao se concentrar na distinção Verdadeiro/Falso, a epistemologia permaneceu, com pouquíssimas exceções, prisioneira de um arcabouço 2-D irrelevante e tremendamente incompleto. A terceira dimensão faltante é, naturalmente, a consequência da Verdade, e a gravidade do Falso, a expectativa. Em outras palavras, *o payoff das decisões*, o impacto e a magnitude do resultado dessa decisão. Às vezes a pessoa pode estar errada e seu erro pode acabar se mostrando irrelevante. Ou pode estar certa, digamos, com relação a um tema como o sexo dos anjos, e no fim ficar claro que isso não tem serventia alguma além de funcionar como uma versão intelectual de colecionar selos.

A noção simplificada, filistinificada, academificada e glorificada de "evidência" torna-se inútil. Com relação aos Cisnes Negros, você age para se proteger dos negativos (ou se expor aos positivos) mesmo que não tenha *nenhuma evidência* de que eles podem ocorrer, assim como submetemos as pessoas a verificações de segurança em busca de armas antes de elas embarcarem em um avião, embora não tenhamos *nenhuma evidência* de que sejam terroristas. Esse foco em noções comoditizadas, prontas para uso imediato, tais como "evidências", é um problema para as pessoas que alegam usar "rigor", mas que de tempos em tempos vão à falência.

Um mundo probabilístico já tem problemas com a "prova" como tal, mas em um mundo do Cisne Negro as coisas são ainda piores.

De fato, não conheço quase nenhuma decisão que seja baseada em noções de Verdadeiro/Falso.

Assim que começa a examinar o *payoff*, o resultado das decisões, você vê claramente que as consequências de alguns erros podem ser benignas, e as de outros podem ser graves. E você basicamente sabe qual é qual de antemão. Você sabe quais erros têm consequências importantes e quais são irrelevantes.

Mas primeiro vamos examinar um problema grave na derivação de conhecimento sobre probabilidades.

## A DEPENDÊNCIA DA TEORIA PARA EVENTOS RAROS

Durante meu período no *deserto*, quando eu estava sendo alvo de insultos pesados, mas divertidos, me vi em meio a um debate com um cavalheiro que na ocasião trabalhava em uma empresa chamada Lehman Brothers. Esse senhor deu uma declaração ao *Wall Street Journal* afirmando que os eventos que vimos em agosto de 2007 deveriam ter acontecido uma vez a cada 10 mil anos. Como era de se esperar, tivemos três desses eventos em três dias consecutivos. O *Wall Street Journal* publicou uma fotografia do tal senhor, e se você olhar para ela, poderá afirmar com segurança: "Ele não parece ter 10 mil anos de idade". Então, de onde ele estava tirando essa probabilidade de "uma vez a cada 10 mil anos"? Certamente não da experiência pessoal; certamente não dos arquivos históricos do Lehman Brothers — a empresa da qual ele era empregado não existia 10 mil anos atrás, e claro que não durou outros 10 mil anos, pois afundou logo após nosso debate. Então, você sabe que ele estava tirando suas pequenas probabilidades de uma teoria. *Quanto mais remoto o evento, menos somos capazes de obter dados empíricos* (*presumindo generosamente que o futuro se parecerá com o passado*) *e mais precisamos confiar na teoria*.

Tenha em mente que a frequência de eventos raros não pode ser estimada a partir da observação empírica pela própria razão de *serem raros*. Assim, precisamos de uma representação de modelo prévia; quanto mais raro o evento, maior o erro na estimativa dos métodos indutivos padrão (digamos, amostragem de frequência a partir da contagem de ocorrências anteriores), portanto, maior a dependência de uma representação a priori que extrapola para dentro do espaço de eventos de baixa probabilidade (que necessariamente não são vistos com frequência).*

Mas mesmo fora do âmbito das pequenas probabilidades, o problema a priori está sempre presente. Parece evidente no que diz respeito a eventos raros, mas permeia o conhecimento probabilístico. Apresentarei duas versões nas quais venho trabalhando com dois colaboradores, Avital Pilpel, um filósofo da ciência (ele caminha a passos rápidos), e Raphael Douady, um matemático (às vezes ele é bom de caminhada, quando não está ocupado).

*Epimênides, o cretense*

Avital Pilpel e eu expressamos o argumento da regressão da seguinte maneira, como o problema epistêmico de gerenciamento de riscos, mas o argumento pode ser generalizado para qualquer forma de conhecimento probabilístico. É um problema de *autorreferência* por medidas de probabilidade.

Podemos afirmar isso da seguinte maneira. Se precisarmos de dados para obter uma distribuição de probabilidades a fim de avaliar o conhecimento sobre o comportamento futuro da distribuição a partir de seus resultados anteriores, e se, ao mesmo tempo, precisarmos de uma distribuição de probabilidades para medir a suficiência de dados e se ela é ou não preditiva de futuro, então enfrentaremos um grave circuito de regressão. Esse é um problema de autorreferência semelhante ao de Epimênides, o cretense, afirmando se os cretenses são mentirosos ou não. De fato, chega desconfortavelmente perto da situação do paradoxo de Epimênides, uma vez que uma distribuição de probabilidades é usada para avaliar o grau de verdade, mas não é capaz de refletir sobre seu próprio grau de verdade e validade. E, ao contrário de muitos problemas de autorreferência, os que são relacionados à avaliação de risco têm consequências graves. O problema é mais agudo com pequenas probabilidades.

---

* O "a priori" que estou usando aqui difere da crença filosófica "a priori", no sentido de que é um ponto de partida teórico, não uma crença que não seja anulável pela experiência.

*Um teorema da indecidibilidade*

Esse problema de autorreferência, publicado com Pilpel após *A lógica do cisne negro*, passou despercebido como tal. Então Raphael Douady e eu expressamos novamente o problema filosófico em termos matemáticos, e parece muito mais devastador em suas implicações práticas do que o problema de Gödel.

Raphael é, das pessoas que conheço, talvez o homem com a maior erudição matemática — pode ser que ele tenha mais cultura matemática do que qualquer outro indivíduo nos tempos modernos, exceto talvez seu falecido pai, Adrien Douady.

No momento em que escrevo estas linhas, talvez tenhamos produzido uma prova formal usando matemática e um ramo chamado "teoria da medida", que foi usado pelos franceses para colocar o rigor por trás da matemática da probabilidade. O artigo é intitulado "Statistical Undecidability" [Indecidibilidade estatística].

*São as consequências...*

Além do mais, na vida real não nos importamos com a probabilidade simples e bruta (se um evento acontece ou não acontece); o que nos preocupa são as consequências (o tamanho do evento; a magnitude total da destruição em número de vidas ou de riquezas, ou outras perdas e prejuízos decorrentes do evento; quanto benefício um evento benéfico trará). Visto que quanto menos frequente o evento, mais graves são as consequências (basta pensar que a enchente que ocorre a cada cem anos é mais severa e menos frequente do que a inundação que acontece a cada dez anos; o livro que é o campeão de vendas da década movimenta mais exemplares do que o maior best-seller do ano), nossa estimativa da *contribuição* do evento raro será extremamente defeituosa (a contribuição é a probabilidade vezes o efeito; multiplique isso pelo erro de estimativa); e nada é capaz de corrigi-la.*

---

* Curiosamente, o famoso artigo do reverendo Bayes que levou ao que chamamos de inferência bayesiana não nos deu "probabilidade", mas expectativa (média esperada). Os estatísticos tiveram dificuldades com o conceito, de modo que extraíram probabilidade do retorno. Infelizmente, essa redução levou à reificação do conceito de probabilidade, e seus adeptos esqueceram que a probabilidade não é natural na vida real.

Assim sendo, quanto mais raro o evento, menos sabemos a respeito de seu papel — e mais precisamos compensar essa deficiência com uma teoria extrapolativa e generalizante. O rigor que faltará a ela será proporcional às afirmações sobre a raridade do evento. Consequentemente, os erros teóricos e de modelo são mais relevantes nas caudas; e, a boa notícia, *algumas representações são mais frágeis do que outras*.

Mostrei que esse erro é mais grave no Extremistão, onde eventos raros são mais significativos, devido a uma falta de escala, ou por causa de uma falta de teto assintótico para a variável aleatória. No Mediocristão, em comparação, predomina o efeito coletivo de eventos regulares, e as exceções são bastante irrelevantes — conhecemos seu efeito, que é muito brando porque podemos diversificar graças à "lei dos grandes números". Permita-me fornecer mais uma vez uma ilustração do Extremistão. Menos de 0,25% de todas as empresas registradas no mundo representam cerca de metade da capitalização de mercado; menos do que uma minúscula porcentagem de romances do planeta é responsável por aproximadamente metade das vendas de ficção; menos de 0,1% dos medicamentos gera um pouco mais que a metade das vendas totais da indústria farmacêutica — e menos de 0,1% dos eventos de risco causará pelo menos metade dos danos e perdas.

*Da realidade à representação*[*]

Permita-me adotar um outro ângulo. A passagem da teoria para o mundo real apresenta duas dificuldades distintas: problemas inversos e pré-assintóticos.

**Problemas inversos.** Lembre-se de como é muito mais difícil recriar um cubo de gelo a partir dos resultados da poça d'água (engenharia reversa) do que prever o formato da poça. Na verdade, a solução não é única: o cubo de gelo pode ter muitos formatos. Descobri que o método soviético de Harvard de ver o mundo (em oposição ao estilo de Tony Gordo) nos faz cometer o erro de confundir as duas setas (a direção do cubo de gelo à poça e da poça ao cubo de gelo). É outra manifestação do erro de platonicidade, de pensar

---

[*] O leitor inteligente que entende a ideia de que eventos raros não são computáveis pode pular as partes restantes desta seção, que serão extremamente técnicas. Elas se destinam a provar um argumento para aqueles que estudaram demais e por isso não conseguem enxergar as coisas com clareza.

que a forma platônica que você tem em mente é a que está observando do lado de fora da janela. Vemos uma porção de evidências da confusão das duas setas na história da medicina, a medicina racionalista baseada na teleologia aristotélica, que discuti anteriormente. Essa confusão é baseada no seguinte fundamento. Presumimos que conhecemos a lógica subjacente a um órgão, a finalidade para a qual ele foi feito, e, portanto, que podemos usar essa lógica no tratamento do paciente. Tem sido muito difícil, na medicina, livrar-nos das nossas teorias sobre o corpo humano. Da mesma forma, é fácil construir uma teoria na mente, ou pegá-la de Harvard e, em seguida, projetá-la no mundo. Aí as coisas são muito simples.

Esse problema de confusão das duas setas é muito grave no caso da probabilidade, sobretudo com pequenas probabilidades.*

Como mostramos com o teorema da indecidibilidade e o argumento da autorreferência, na vida real não observamos distribuições de probabilidade. Apenas eventos. Portanto, posso reformular os resultados da seguinte forma: não conhecemos as propriedades estatísticas — até, é claro, que o fato ocorra. Dado um conjunto de observações, muitas distribuições estatísticas podem corresponder às mesmas materializações e representações — cada uma

---

* Este é um ponto extremamente técnico (pode pular). O problema da distribuição desconhecida se assemelha, de certa forma, à dificuldade central de Bertrand Russell na lógica com "esta frase é verdadeira" — uma frase não pode conter seu próprio predicado de verdade. Precisamos aplicar a solução de Tarski: para cada linguagem, uma metalinguagem cuidará de predicados de verdadeiro e falso sobre essa linguagem. Com a probabilidade, simplesmente, uma metaprobabilidade atribui graus de crença a cada probabilidade — ou, em termos mais gerais, uma distribuição de probabilidades precisa ser subordinada a uma distribuição de metaprobabilidades dando, digamos, a probabilidade de uma distribuição de probabilidades ser a errada. Mas, por sorte, consegui expressar isso com as ferramentas matemáticas disponíveis. Já brinquei com esse problema de metadistribuição no passado, em meu livro *Dynamic Hedging* (1997). Comecei a colocar uma taxa de erro na gaussiana (tendo minha distribuição verdadeira extraída de duas ou mais gaussianas, cada uma com parâmetros diferentes), o que levou a distribuições aninhadas que, quase invariavelmente, produziam alguma classe de Extremistão. Então, para mim, a variância da distribuição é, epistemologicamente, uma medida de falta de conhecimento sobre a média; por conseguinte, a variância da variância é, epistemologicamente, uma medida de falta de conhecimento sobre a falta de conhecimento da média — e a variância da variância é análoga ao quarto momento da distribuição, e sua curtose, o que torna essa incerteza fácil de expressar matematicamente. Isso mostra que: caudas gordas = falta de conhecimento sobre falta de conhecimento.

extrapolaria de maneira diferente o conjunto de eventos do qual foi derivada. O problema inverso é mais agudo quando mais teorias e mais distribuições podem caber em um conjunto de dados, sobretudo na presença de não linearidades ou distribuições não parcimoniosas.* Sob não linearidades, as famílias de possíveis modelos/parametrizações explodem em números.**

Mas o problema fica mais interessante em alguns domínios. Lembre-se do problema de Casanova no capítulo 8. Para ambientes que tendem a produzir Cisnes Negros negativos, mas não Cisnes Negros positivos (esses ambientes são chamados de negativamente enviesados), o problema das pequenas probabilidades é pior. Por quê? É evidente que eventos catastróficos estarão necessariamente ausentes dos dados, uma vez que a sobrevivência da própria variável dependerá desse efeito. Portanto, tais distribuições permitirão que o observador fique propenso a superestimar a estabilidade e a subestimar a volatilidade e o risco potenciais.

Este ponto — que as coisas têm uma tendência a parecer mais estáveis e menos arriscadas no passado, levando-nos a surpresas — precisa ser levado a sério, em especial na área médica. A história das epidemias, estudada de maneira minuciosa, não sugere os riscos da grande peste que virá para assolar o planeta. Também estou convencido de que, fazendo o que estamos fazendo com o meio ambiente, subestimamos enormemente a potencial instabilidade que sentiremos na pele em algum lugar por conta dos danos cumulativos que causamos à natureza.

Uma ilustração dessa questão central está acontecendo bem agora. No momento em que escrevo, o mercado de ações tem se mostrado muito, muito mais arriscado do que os ingênuos aposentados foram levados a crer, a julgar pelos discursos históricos que mostram cem anos de dados. Houve uma queda de cerca de 23% na década que terminou em 2010, ao passo que os aposentados foram informados por charlatães das finanças que a expectativa era de que aumentasse em cerca de 75% ao longo desse período. Isso levou à

---

* Uma distribuição gaussiana é parcimoniosa (com apenas dois parâmetros a serem ajustados). Mas o problema de adicionar camadas de saltos possíveis, cada uma com uma probabilidade diferente, abre infinitas possibilidades de combinações de parâmetros.
** Um dos comentários mais corriqueiros (porém inúteis) que ouço é que algumas soluções podem surgir de "estatísticas robustas". Eu me pergunto de que modo o uso dessas técnicas pode criar informações onde não há nenhuma.

falência muitos planos de pensão (e a maior empresa de automóveis do mundo), pois realmente acreditaram naquela lorota "empírica" — e é claro que isso fez com que muitas pessoas desapontadas adiassem sua aposentadoria. Tenha em mente que somos otários e gravitaremos em direção *às variáveis que são instáveis, mas que parecem estáveis.*

**Pré-assintóticas.** Voltemos à platonicidade com uma discussão sobre as pré-assintóticas, o que acontece no curto prazo. Para começo de conversa, teorias são coisas ruins, mas podem ser piores em algumas situações quando derivadas em cenários idealizados, a assíntota, mas são usadas fora da assíntota (seu limite, digamos o infinito ou o infinitesimal). Mandelbrot e eu mostramos como algumas propriedades assintóticas funcionam bem pré-assintoticamente no Mediocristão, razão pela qual os cassinos se dão bem; as coisas são diferentes no Extremistão.

A maior parte da educação estatística baseia-se nessas propriedades assintóticas, platônicas, mas vivemos no mundo real, que raramente se assemelha à assíntota. Os teóricos da estatística sabem disso, ou alegam saber, mas não o usuário comum de estatísticas que fala sobre "evidências" ao escrever artigos. Além do mais, isso intensifica o que chamei de falácia lúdica: a maior parte do que os estudantes de estatística matemática fazem é pressupor uma estrutura semelhante às estruturas fechadas de jogos, normalmente com probabilidade conhecida a priori. No entanto, nosso problema não é tanto fazer cálculos tão logo conhecemos as probabilidades, mas encontrar a verdadeira distribuição para o horizonte em questão. Muitos dos nossos problemas de conhecimento vêm dessa tensão entre a priori e a posteriori.

*Prova em carne e osso*

**Não existe uma maneira confiável de calcular pequenas probabilidades.** Apresentei argumentos filosóficos sobre a dificuldade de calcular as probabilidades de eventos raros. Usando quase todos os dados econômicos disponíveis — e usei dados econômicos porque ali estavam os dados limpos —, mostrei a impossibilidade de computar *a partir dos dados* a medida do quanto alguém está longe da gaussiana. Existe uma medida chamada curtose, com a qual o leitor não precisa se preocupar, mas que representa "quão gordas são as caudas", isto é, até que ponto os eventos raros desempenham um papel importante. Bem, muitas vezes, com 10 mil dados individuais, quarenta anos de observações diárias, uma única observação representa 90% da curtose! O erro de amostragem é grande demais para qualquer inferência estatística sobre o quanto uma coisa é não gaussiana, o que significa que se você deixa passar um único número, perde a coisa toda. A instabilidade da curtose implica que certa classe de medidas estatísticas deveria ser totalmente proibida. Isso prova que tudo aquilo que é baseado em "desvio-padrão", "variância", "método dos mínimos quadrados" etc. é uma fraude.

Ademais, mostrei também que é impossível usar fractais para obter probabilidades com um grau aceitável de precisão — simplesmente porque uma mudança muito pequena no que chamei de "expoente de cauda" no capítulo 16, proveniente do erro de observação, faria as probabilidades mudarem por um fator de dez, talvez mais.

Implicação: a necessidade de evitar a exposição a pequenas probabilidades em um determinado domínio. Simplesmente não somos capazes de calculá-las.

## FALÁCIA DA PROBABILIDADE DO EVENTO ÚNICO

Lembre-se de que vimos no capítulo 10, com o exemplo do comportamento da expectativa de vida, que a expectativa condicional de vida adicional cai à medida que a idade da pessoa avança (conforme a pessoa envelhece, espera-se que viva por um número menor de anos; isso vem do fato de que existe um teto assintótico "leve" para quantos anos um humano pode viver). Expressando isso em unidades de desvios-padrão, a expectativa condicional de uma variável gaussiana mediocristã, com a condição de ser superior ao limite de 0, é 0,8 (desvio-padrão). Condicional ao fato de ser superior ao limite de 1, será 1,52. Com a condição de ser maior que 2, será 2,37. Como se vê, os dois números devem convergir um para o outro à medida que os desvios se tornam grandes, portanto, com a condição de ser superior a dez desvios-padrão, espera-se que uma variável aleatória seja de apenas dez.

No Extremistão, as coisas funcionam de forma diferente. A expectativa condicional de um aumento em uma variável aleatória não converge para o limite à medida que a variável fica maior. No mundo real, digamos no caso dos retornos de ações (e todas as variáveis econômicas), condicionada a uma perda pior do que cinco unidades, usando-se qualquer unidade de medida (faz pouca diferença), será de cerca de oito unidades. Sob a condição de que um movimento seja superior a cinquenta unidades, deverá ficar em torno de oitenta unidades, e se formos até o fim, até a amostragem se esgotar, o movimento médio pior do que cem unidades é de 250 unidades! Esse padrão se estende a todas as áreas em que encontrei amostragens suficientes. Isso nos diz que não existe "nenhum" fracasso típico e "nenhum" sucesso típico. Você pode ser capaz de prever a ocorrência de uma guerra, mas não será capaz de avaliar os efeitos dela! Dependente da condição de uma guerra matar mais de 5 milhões de pessoas, ela deverá matar cerca de 10 milhões (ou mais). Com a condição de matar mais de 500 milhões, mataria 1 bilhão (ou mais, não sabemos). Você pode prever corretamente que uma pessoa competente ficará "rica", mas, condicional a que ela enriqueça, sua riqueza pode chegar a 1 milhão de dólares, 10 milhões, 1 bilhão, 10 bilhões — não existe um número típico. Temos dados, por exemplo, para previsões de vendas de medicamentos, dependendo da condição de que as coisas sejam feitas direito. As estimativas de vendas não têm absolutamente nenhuma correlação com as vendas reais — alguns medicamentos cujo sucesso comercial foi corretamente previsto tiveram suas vendas subestimadas em até 22 vezes.

Essa ausência de eventos "típicos" no Extremistão é o que torna ridículo algo chamado de mercados de previsão (nos quais as pessoas supostamente fazem apostas em eventos), pois eles consideram que os eventos são binários. "Uma guerra" é desprovida de sentido: você precisa estimar seus danos — e nenhum dano é típico. Muitos previram que a Primeira Guerra Mundial ocorreria, mas ninguém previu realmente sua magnitude. Uma das razões pelas quais a economia não funciona é o fato de a literatura ser quase completamente cega com relação a esse aspecto.

Por esse motivo, a metodologia de Ferguson (mencionada no capítulo 1) para examinar a previsão de eventos expressa no preço dos títulos de guerra é mais sólida do que simplesmente contar previsões, porque um título, refletindo os custos para os governos envolvidos em uma guerra, tem um preço definido para cobrir a probabilidade de um evento *vezes* suas consequências, não apenas a probabilidade de um evento. Portanto, nosso foco não deve ser se alguém "previu" um evento, e sim se a declaração tinha consequências vinculadas a ela.

Associado à falácia anterior está o erro de pensar que minha mensagem é a de que esses Cisnes Negros são necessariamente mais prováveis do que presumem os métodos convencionais. Eles são, na maior parte dos casos, *menos* prováveis, mas têm efeitos maiores. Tenha em mente que, em um ambiente do tipo "o vencedor leva tudo", como as artes, as chances de sucesso são baixas, uma vez que há menos pessoas bem-sucedidas, mas a recompensa é desproporcionalmente alta. Então, em um ambiente de cauda gorda, eventos raros podem ser menos frequentes (sua probabilidade é menor), mas eles são tão poderosos que sua contribuição para a bolada total é mais substancial.

O xis da questão é simples do ponto de vista matemático, mas a ficha não cai tão fácil assim. Eu gosto de dar aos alunos de pós-graduação em matemática o seguinte teste (para ser respondido intuitivamente, na hora). Em um mundo gaussiano, a probabilidade de exceder um desvio-padrão é cerca de 16%. Quais são as chances de excedê-lo sob uma distribuição de caudas mais gordas (com a mesma média e variância)? A resposta certa: mais baixas, não mais altas — o número de desvios cai, mas os poucos que acontecem são mais importantes. Era intrigante ver que a maioria dos alunos de pós-graduação entendia tudo errado.

De volta aos testes de estresse. No momento em que este artigo está sendo escrito, o governo dos Estados Unidos submete instituições financeiras a testes de estresse, presumindo grandes desvios e verificando os resultados em relação à capitalização dessas empresas. Mas o problema é: onde eles obtiveram os números? Do passado? Isso é extremamente falho, já que o passado, como vimos, não é indicação de desvios futuros no Extremistão. Isso vem da atipicidade dos desvios extremos. Pelas minhas experiências com testes de estresse, eles revelam pouco sobre os riscos — mas os riscos podem ser usados para avaliar o grau de erro de modelo.

*Psicologia da percepção de desvios*

**Fragilidade de intuições sobre a tipicidade do movimento.** Dan Goldstein e eu realizamos uma série de experimentos sobre as intuições de agentes relativas a essas expectativas condicionais. Apresentamos perguntas do seguinte tipo: qual é a altura média têm humanos com mais de 1,80 metro? Qual é o peso médio de pessoas com mais de 110 quilos? Experimentamos uma série de variáveis do Mediocristão, incluindo altura e peso como mencionado, às quais adicionamos idade, e pedimos aos participantes que fizessem suposições sobre variáveis do Extremistão, como capitalização de mercado (qual é o tamanho médio das empresas com capitalização superior a 5 bilhões de dólares?) e desempenho de ações. Os resultados mostram que, claramente, temos boas intuições quando se trata do Mediocristão, mas intuições terrivelmente fracas quando se trata do Extremistão — embora a vida econômica seja quase todo o Extremistão. Não temos boa intuição para aquela atipicidade dos grandes desvios. Isso explica tanto a tola exposição a riscos quanto o modo como as pessoas podem subestimar oportunidades.

**Enquadrando os riscos.** Declarações matematicamente equivalentes, conforme já demonstrei com meu exemplo das taxas de sobrevivência, não têm igual valor do ponto de vista psicológico. O pior é que até mesmo os profissionais se enganam e baseiam suas decisões em erros de percepção. Nossa pesquisa mostra que o modo como um risco é enquadrado influencia fortemente a compreensão das pessoas a respeito dele. Se você disser que, em média, os investidores perderão todo o dinheiro deles a cada trinta anos, é mais provável que eles continuem propensos a investir do que se você lhes disser que eles têm 3,3% de chance de perder certa quantia por ano.

O mesmo vale para viagens de avião. Perguntamos aos participantes do experimento: "Você está de férias em um país estrangeiro e está cogitando a possibilidade de pegar um voo de uma companhia aérea local para visitar uma bela ilha. As estatísticas de segurança mostram que, se você voar uma vez por ano, haverá em média uma queda de aeronave dessa companhia aérea a cada mil anos. Se você não fizer a viagem, é improvável que volte a visitar essa parte do mundo. Você pegaria o voo?". Todos os entrevistados disseram que sim. Mas quando mudamos a segunda frase para: "As estatísticas de segurança mostram que, em média, um em cada mil voos dessa companhia aérea terminaram em desastre", apenas 70% disseram que pegariam o avião. Em ambos os casos, a chance de queda do avião é de 1 em 1000; a última formulação simplesmente parece mais arriscada.

## O PROBLEMA DA INDUÇÃO E CAUSAÇÃO NO DOMÍNIO COMPLEXO

*O que é complexidade?* Simplificarei aqui com uma definição funcional de complexidade — entre muitas outras mais completas. Um domínio complexo é caracterizado pelo seguinte: existe um grande grau de interdependência entre seus elementos, sejam temporais (uma variável depende de suas mudanças pregressas), horizontais (as variáveis dependem umas das outras) ou diagonais (a variável A depende do histórico da variável B). Como resultado dessa interdependência, os mecanismos são submetidos a ciclos de feedback de reforço positivo, que causam "caudas gordas". Ou seja, impedem o funcionamento do Teorema do Limite Central que, como vimos no capítulo 15, estabelece caudas magras do Mediocristão sob a soma e agregação de elementos e causa "convergência para a gaussiana". Em termos leigos, os movimentos são exacerbados ao longo do tempo, em vez de serem refreados por forças de contrapeso. Por fim, temos não linearidades que acentuam as caudas gordas.

Portanto, a complexidade implica o Extremistão. (O contrário não é necessariamente verdadeiro.)

Como pesquisador, concentrei-me apenas no elemento de teoria da complexidade do Extremistão, ignorando os outros elementos, exceto como suporte para as minhas considerações de imprevisibilidade. Mas a complexidade tem outras consequências para as análises convencionais, e para a causação.

*Indução*

Examinemos novamente, de um certo ângulo, o problema da "indução". Ela se torna um passo além do arcaico em um ambiente moderno, agravando ainda mais o problema do Cisne Negro. Simplificando: em um domínio complexo, a discussão da indução versus dedução torna-se secundária demais para os problemas reais (exceto para um subconjunto limitado de variáveis, se muito); toda a distinção aristotélica deixa escapar uma dimensão importante (semelhante àquela discutida anteriormente acerca da atipicidade dos eventos no Extremistão). Até mesmo outras noções como "causa" assumem um significado diferente, em especial na presença de causalidade e interdependência circulares.* O equivalente probabilístico é a mudança de um modelo de passeio

---

* Uma consequência da ausência de "tipicidade" de um evento sobre a causalidade é a seguinte: digamos que um evento possa causar uma "guerra". Como vimos, tal guerra ainda será indefinida, pois pode ser que mate três pessoas ou 1 bilhão. Portanto, mesmo em situações nas quais temos condições de identificar causa e efeito, saberemos pouco, pois o efeito permanecerá atípico. Tive graves problemas para explicar isso a historiadores (exceto Niall Ferguson) e cientistas políticos (exceto Jon Elster). Por favor, explique esse ponto (com toda polidez) ao seu professor de estudos do Oriente Próximo e Oriente Médio.

aleatório convencional (com uma variável aleatória movendo-se em um terreno fixo e não interagindo com outras variáveis ao seu redor), para modelos de percolação (em que o próprio terreno é estocástico, com diferentes variáveis agindo umas sobre as outras).

*Dirigindo o ônibus escolar de olhos vendados*

Infelizmente, no momento em que este texto está sendo escrito, o sistema econômico ainda desconhece a presença de complexidade, o que degrada a previsibilidade. Não me deixarei levar pela minha indignação — em vez de percorrer um segundo *deserto*, Mark Spitznagel e eu estamos projetando outro programa de gerenciamento de riscos para robustecer portfólios contra o erro de modelo, erro este que decorre principalmente do erro do governo na projeção de déficits, que leva a empréstimos excessivos e possível hiperinflação.

Certa vez, estive no Fórum Econômico Mundial em Davos; em uma das sessões de que participei, ilustrei a interdependência em um sistema complexo e a degradação das previsões com o seguinte esquema: o desemprego em Nova York desencadeado por perdas em Wall Street, impregnando-se e gerando desemprego, digamos, na China, e depois se infiltrando de volta no desemprego em Nova York, não é analisável em termos analíticos, porque os ciclos de feedback produziram erros de estimativa monstruosos. Usei a noção de "convexidade", uma resposta não linear desproporcional originária de uma variação nos dados de entrada (enquanto as ferramentas para a medição das taxas de erro desaparecem completamente na presença de convexidade). Stanley Fisher, presidente do Banco Central de Israel, ex-figurão do FMI, coautor de um livro clássico de macroeconomia, veio falar comigo após a sessão para criticar meu argumento sobre esses ciclos de feedback serem causadores de imprevisibilidade. Ele explicou que tínhamos matrizes de dados de entrada e de saída que eram boas para calcular esses feedbacks, e citou um trabalho laureado pelo "Nobel" de economia. O economista em questão era um certo Vassili Leontieff, presumo. Eu o fitei com um olhar do tipo "ele é arrogante, mas não tem conhecimento suficiente para entender que nem mesmo errado ele está" (desnecessário dizer, Fisher foi um dos que não anteviram a crise). Era difícil transmitir a mensagem de que, mesmo que os métodos econométricos pudessem rastrear os efeitos de ciclos de feedback em tempos normais (natural, uma vez que os erros são pequenos), esses modelos nada diziam sobre grandes distúrbios. E repito: grandes distúrbios são tudo no Extremistão.

O problema é que, se eu estiver certo, o livro didático de Fisher, e os livros didáticos de seus colegas, devem ser jogados fora. Assim como deveriam ser abandonados quase todos os métodos de previsão que usam equações matemáticas.

Tentei explicar os problemas de erros na política monetária sob não linearidades: você segue adicionando dinheiro sem consequências... até haver hiperinflação. Ou nada. Governos não deveriam receber brinquedos cujo funcionamento não entendem.

# 6. O Quarto Quadrante, a solução para aquele que é o mais útil dos problemas*

*Aristóteles caminhava devagar? — Eles seguirão os princípios? — Como fabricar uma pirâmide financeira e obter crédito por isso*

É muito mais sensato correr riscos que você pode medir do que medir os riscos a que você está se expondo.

Há um ponto específico no mapa, o Quarto Quadrante, no qual o problema da indução e as armadilhas do empirismo ganham vida — o lugar onde, repito, a ausência de evidências não se alinha com a evidência de ausência. Esta seção nos permitirá basear nossa decisão em fundamentos epistemológicos mais sólidos.

## DESCANSE EM PAZ, DAVID FREEDMAN

De início, preciso prestar homenagem a um indivíduo com quem o conhecimento tem uma importante dívida. David Freedman, o falecido estatístico de Berkeley, que, talvez melhor do que qualquer outra pessoa, revelou os defeitos do conhecimento estatístico e a inaplicabilidade de alguns dos

---

* Esta seção deveria ser pulada por aqueles que não estejam envolvidos com ciências sociais, negócios ou, pior ainda, políticas públicas. A seção 7 será menos mundana.

métodos, enviou-me um presente de despedida. Ele deveria ter estado presente na reunião da American Statistical Association, que mencionei antes, mas cancelou por motivos de saúde. Contudo, ele me preparou para a reunião, com uma mensagem que mudou os rumos da ideia do Cisne Negro: esteja preparado; eles apresentarão a você um determinado conjunto de argumentos egoístas, e você precisará responder a eles. Os argumentos foram listados no livro dele em uma seção chamada "A resposta dos modeladores". Enumero a maior parte deles a seguir.

A resposta dos modeladores: *Nós sabemos tudo isso. Nada é perfeito. As suposições são razoáveis. As suposições não importam. As suposições são conservadoras. Você não tem como provar que as suposições estão erradas. Estamos apenas fazendo o que todo mundo faz. O tomador de decisões deve estar melhor conosco do que sem nós. Os modelos não são totalmente inúteis. Você tem que fazer o melhor que puder com os dados. Você tem que fazer suposições para fazer progresso. Você tem que dar aos modelos o benefício da dúvida. Que mal há nisso?*

Isso me deu a ideia de usar a abordagem "É aqui que suas ferramentas funcionam", em vez do enfoque "Isso está errado" que eu estava usando antes. A mudança de estilo foi o que me rendeu os abraços e o suprimento de Coca-Cola Diet e me ajudou a comunicar minha mensagem. Os comentários de David também me inspiraram a me concentrar mais na iatrogenia, dano causado pela necessidade de usar modelos quantitativos.

David Freedman faleceu algumas semanas após a reunião.* Obrigado, David. Você estava lá quando o Cisne Negro precisou de você. Que você e sua memória descansem em paz.

O que nos leva à solução. Depois de toda essa indecisão, a situação está longe de ser uma calamidade. Por quê? Nós podemos simplesmente construir um mapa de onde esses erros são mais graves, aquilo em que devemos prestar atenção.

* David me deixou um segundo presente surpresa, o melhor que recebi durante meu *deserto*: ele escreveu, em um artigo póstumo, que "os esforços dos estatísticos para refutar Taleb mostraram-se inconvincentes", uma única frase que mudou a maré e cancelou centenas de páginas de ataques principalmente *ad hominem*, pois alertavam o leitor de que não havia refutação, de que as críticas não tinham substância. Basta uma frase como essa para colocar a mensagem de volta no lugar.

# DECISÕES

Quando você olha para o gerador de eventos, consegue distinguir a priori qual ambiente pode produzir grandes eventos (o Extremistão) e qual ambiente não é capaz de engendrá-los (o Mediocristão). Essa é a única suposição apriorística que precisamos fazer. A única.

Então é isso.

**I.** O primeiro tipo de decisão é simples, levando a uma exposição "binária": isto é, você só se preocupa com o fato de algo ser verdadeiro ou falso. Muito verdadeiro ou muito falso não lhe traz benefícios ou prejuízos adicionais. Exposições binárias não dependem de eventos de alto impacto, pois seu retorno é limitado. Uma pessoa está grávida ou não está, então, se ela estivesse "extremamente grávida", a recompensa seria a mesma que se ela estivesse "ligeiramente grávida". Uma afirmação é "verdadeira" ou "falsa" com algum intervalo de confiança. (Eu as chamo de m0, pois, em uma definição mais técnica, dependem do que é chamado de momento zero, ou seja, da probabilidade dos eventos, e não da magnitude deles — a única preocupação é com a probabilidade "bruta".) Um experimento biológico em laboratório e uma aposta com um amigo sobre o resultado de uma partida de futebol pertencem a essa categoria.

Claro está, resultados binários não são muito predominantes na vida; existem principalmente em experimentos de laboratório e artigos de pesquisa. Na vida, as recompensas costumam ser em aberto, ou, pelo menos, variáveis.

**II.** O segundo tipo de decisão é mais complexo e envolve mais exposições em aberto. Você não se preocupa apenas com a frequência ou probabilidade, mas também com o impacto, ou, o que é ainda mais complexo, com alguma função do impacto. Portanto, há outra camada de incerteza do impacto. Uma epidemia ou uma guerra podem ser leves ou severas. Quando faz um investimento, você não se importa com quantas vezes ganha ou perde, você se preocupa com o cumulativo, a expectativa: o número de vezes que você ganha ou perde *vezes* o valor ganho ou perdido. Há decisões ainda mais complexas (por exemplo, quando alguém está endividado), mas vou ignorá-las aqui.

Também nos preocupamos com:

a) quais geradores de eventos pertencem ao Mediocristão (ou seja, é quase impossível que desvios muito grandes ocorram), uma suposição a priori.

b) quais geradores de eventos pertencem ao Extremistão (isto é, desvios muito grandes são possíveis, ou mesmo prováveis).

O que fornece os quatro quadrantes do mapa.

## O QUARTO QUADRANTE, UM MAPA

***Primeiro Quadrante.*** Recompensas binárias simples, no Mediocristão: fazer previsões é seguro, a vida é fácil, os modelos funcionam, todos deveriam ser felizes. Essas situações são, infelizmente, mais comuns em laboratórios e jogos do que na vida real. Raramente as observamos em recompensas na tomada de decisões econômicas. Exemplos: algumas decisões médicas (relativas a um paciente individual, não a uma população), apostas em cassinos, mercados de previsão.

**TABELA 5 • QUADRO DE DECISÕES POR RECOMPENSA**

| M0 "VERDADEIRO/FALSO" | M1 EXPECTATIVAS |
| --- | --- |
| Resultados médicos para uma pessoa (saúde, não epidemias) | Epidemias (número de pessoas infectadas) |
| Experimentos de psicologia (respostas sim/não) | Sucesso intelectual e artístico (definido como vendas de livros, citações etc.) |
| Vida/morte (para uma única pessoa, não para $n$ pessoas) | Efeitos climáticos (qualquer métrica quantitativa) |
| Apostas simétricas na roleta | Danos de guerra (número de baixas) |
| Mercados de previsão | Segurança, terrorismo, catástrofes naturais (número de vítimas) |
| | Gerenciamento de riscos em geral |
| | Finanças: desempenho de um investimento não alavancado (digamos, uma conta de aposentadoria) |
| | Seguro (medidas de perdas esperadas) |
| | Economia (política) |
| | Cassinos |

***Segundo Quadrante.*** Recompensas complexas no Mediocristão: métodos estatísticos podem funcionar de forma satisfatória, embora haja alguns riscos. Verdade seja dita, o uso de modelos do Mediocristão pode não ser uma panaceia, devido às pré-assintóticas, falta de independência e erro de modelo. É claro que existem problemas aqui, mas eles já foram abordados amplamente na literatura, sobretudo por David Freedman.

**Terceiro Quadrante.** Recompensas simples no Extremistão: estar errado causa pouco dano, porque a possibilidade de eventos extremos não impacta as recompensas. Não se preocupe muito com os Cisnes Negros.

**Quarto Quadrante, o domínio do Cisne Negro.** Recompensas complexas no Extremistão: é aí que reside o problema; oportunidades estão presentes também. Precisamos evitar a previsão de retornos remotos, embora não necessariamente de retornos comuns. Os ganhos de partes remotas da distribuição são mais difíceis de prever do que os de partes mais próximas.\*

Na verdade, o Quarto Quadrante tem duas partes: exposições a Cisnes Negros positivos ou negativos. Aqui me concentrarei nos negativos (investigar os positivos é óbvio demais, e isso já foi discutido na história de Apeles, o pintor, no capítulo 13).

**TABELA 6 • OS QUATRO QUADRANTES**

|  | I<br>Recompensas simples | II<br>Recompensas complexas |
|---|---|---|
| **A**<br>Mediocristão | Primeiro Quadrante<br>**Extremamente seguro** | Segundo Quadrante<br>**(Mais ou menos) seguro** |
| **B**<br>Extremistão | Terceiro Quadrante<br>**Seguro** | Quarto Quadrante<br>**Domínio do Cisne Negro** |

A recomendação é passar do Quarto Quadrante para o terceiro. Não é possível alterar a distribuição; é possível mudar a exposição, como discutiremos na próxima seção.

O que posso dizer rapidamente sobre o Quarto Quadrante é que todo o ceticismo associado ao problema do Cisne Negro deve ser concentrado lá. Um princípio geral é que, embora nos três primeiros quadrantes você possa

---

\* Este é um verdadeiro a priori filosófico, pois quando você presume que os eventos pertencem ao Extremistão (devido à falta de estrutura para a aleatoriedade), nenhuma observação empírica adicional pode fazer você mudar de ideia, já que a propriedade do Extremistão é esconder a possibilidade de eventos Cisne Negro — o que chamei anteriormente de problema da falsa aparência.

usar *o melhor* modelo ou *a melhor* teoria que conseguir encontrar, e confiar neles, fazer isso é perigoso no Quarto Quadrante: nenhuma teoria ou modelo deveria simplesmente ser melhor do que qualquer teoria ou modelo.

Em outras palavras, o Quarto Quadrante é *onde a diferença entre ausência de evidências e evidência de ausência torna-se aguda.*

A seguir, veremos como podemos sair do Quarto Quadrante ou mitigar seus efeitos.

# 7. O que fazer com o Quarto Quadrante

NÃO USAR O MAPA ERRADO: A NOÇÃO DE IATROGENIA

Portanto, por ora posso produzir regras fronéticas (no sentido aristotélico da *phronesis*, frônese, a sabedoria para tomar decisões). Talvez a história da minha vida esteja no seguinte dilema: parafraseando Danny Kahneman, em busca de conforto psicológico algumas pessoas prefeririam recorrer a um mapa dos Pireneus enquanto estão perdidas nos Alpes a não usar nada. Eles não fazem isso de forma explícita, mas na verdade fazem coisa até pior quando lidam com o futuro e usam medidas de risco. Preferem uma previsão defeituosa a nada. Então, proporcionar a um otário uma medida probabilística é tiro e queda para convencê-lo a correr mais riscos. Eu estava planejando realizar um teste com Dan Goldstein (como parte dos nossos programas gerais de pesquisa para compreender as intuições dos humanos no Extremistão). Danny (ele é um ótimo companheiro de caminhadas, mas não sabe *flâner*, andar sem rumo certo) insistiu que não era necessário fazer nossos próprios experimentos. Existem muitas pesquisas sobre ancoragem que comprovam a toxicidade de dar a alguém uma estimativa numérica de risco equivocada. Numerosos experimentos fornecem evidências de que os profissionais são significativamente influenciados por números que eles sabem ser irrelevantes para sua decisão, como anotar os quatro últimos dígitos do CPF antes de fazer uma estimativa numérica dos potenciais movimentos do mercado. Pessoas muito respeitáveis, os magistrados alemães que jogavam dados antes de tomar suas decisões redigiam sentenças 50% mais longas quando os dados mostravam um número alto, sem terem consciência disso.

*Conselho negativo*

Simplesmente, não entre no Quarto Quadrante, o Domínio do Cisne Negro. Mas é difícil seguir esse conselho sensato.

Os psicólogos fazem uma distinção entre atos de comissão (o que fazemos, o cometimento) e atos de omissão. Embora sejam, do ponto de vista econômico, equivalentes para o resultado final (tostão poupado, tostão ganho), não são tratados da mesma forma em nossa mente. Porém, como eu disse, recomendações do estilo "Não faça" são mais robustas empiricamente. Como é que se faz para viver muito tempo? Evitando a morte. Todavia, as pessoas não percebem que o sucesso consiste principalmente em evitar perdas, não em tentar obter lucros.

O conselho positivo geralmente é a província do charlatão. As livrarias estão abarrotadas de livros sobre como alguém se tornou bem-sucedido; quase não há livros com o título *O que aprendi indo à falência*, ou *Dez erros a se evitar na vida*.

Ligada a essa necessidade de aconselhamento positivo está a preferência de que temos que *fazer algo em vez de nada*, mesmo nos casos em que fazer algo é prejudicial.

Estive recentemente na TV, e algum sujeito do tipo zero à esquerda metido a besta ficou me amolando para dar conselhos precisos sobre como sair da crise. Foi impossível comunicar meu conselho sobre "o que não fazer", ou apontar que minha área não é a da cirurgia de emergência, e sim a de prevenir erro, a qual poderia ser uma disciplina autônoma igualmente digna. Na verdade, passei doze anos tentando explicar que em muitos casos era melhor — e mais sábio — não ter modelo nenhum do que ter as acrobacias matemáticas que foram criadas.

Infelizmente, essa falta de rigor toma conta do lugar onde menos esperamos encontrá-la: a ciência institucional. A ciência, em especial sua versão acadêmica, nunca gostou de resultados negativos, muito menos da declaração e publicidade de seus próprios limites. O sistema de recompensas não está configurado para isso. Você ganha respeito por praticar funambulismo ou esportes radicais — seguindo os passos certos para se tornar "o Einstein da economia" ou "o próximo Darwin" em vez de dar à sociedade algo real, desmascarando mitos ou catalogando os pontos de paralisia do nosso conhecimento.

Permita-me voltar ao limite de Gödel. Em alguns casos aceitamos os limites do conhecimento, alardeando, digamos, o limite matemático da "descoberta inovadora" de Gödel porque mostra elegância na formulação e na proeza matemática — embora a importância desse limite seja ofuscada por nossos limites práticos em prever mudanças climáticas, crises, instabilidades sociais ou o destino dos fundos patrimoniais que financiarão pesquisas sobre esses "elegantes" limites futuros. É por isso que afirmo que minha solução do Quarto Quadrante é a mais aplicada desses limites.

*Iatrogenia e o rótulo do niilismo*

Vamos ponderar sobre a medicina (aquela irmã da filosofia), que só começou a salvar vidas há menos de um século (sou generoso), e em menor grau do que inicialmente alardeado pela literatura popular, uma vez que a queda nas taxas de mortalidade parece resultar muito mais do saneamento e da descoberta (aleatória) de antibióticos do que de contribuições terapêuticas. Os médicos, movidos pela abominável ilusão de controle, passaram um bocado de tempo matando pacientes, sem levar em consideração que "não fazer nada" poderia ser uma opção válida (era "niilista") — e pesquisas compiladas por Spyros Makridakis mostram que em certa medida eles ainda fazem isso, principalmente nos sobrediagnósticos de algumas doenças.

O rótulo de niilismo sempre foi usado para causar danos. Os praticantes que eram conservadores e cogitavam a possibilidade de deixar a natureza fazer o seu trabalho, ou que asseveravam os limites do nosso conhecimento médico, eram, até a década de 1960, acusados de "niilismo terapêutico". Considerava-se "não científico" aquele que evitava arriscar-se na aventura de iniciar uma linha de conduta com base em um entendimento incompleto do corpo humano — aquele que dizia: "Este é o limite; meu corpo de conhecimento só vai até aqui". O rótulo foi usado contra este autor por intelectuais fraudadores tentando vender produtos.

O próprio termo *iatrogenia*, ou seja, o estudo dos danos causados pelo curador, não é muito difundido — nunca o vi usado fora da medicina. Apesar da minha obsessão ao longo da vida com o que é chamado de erro do tipo 1, ou o falso positivo, só fui apresentado ao conceito de dano iatrogênico muito recentemente, graças a uma conversa com o ensaísta Bryan Appleyard. Como é possível que uma ideia tão importante permaneça oculta de nossa consciência? Mesmo na medicina, isto é, a medicina moderna, o antigo conceito "primeiro, não faça mal" só se infiltrou, sorrateiramente, muito tarde. O filósofo da ciência Georges Canguilhem não entendia por que a ideia só tinha vindo à baila na década de 1950. Isto, para mim, é um mistério: como os profissionais podem causar danos por tanto tempo em nome do conhecimento e sair impunes.

É triste, mas uma investigação mais aprofundada mostra que essas iatrogenias foram meras redescobertas após a ciência ter se tornado arrogante demais por obra do Iluminismo. É triste, mais uma vez, o fato de que os antigos tinham mais discernimento do que nós — gregos, romanos, bizantinos e árabes tinham um respeito intrínseco pelos limites do conhecimento. Há um tratado do filósofo e médico árabe medieval Al-Ruhawi que revela a familiaridade dessas culturas mediterrâneas com a iatrogenia. Eu também, no passado, especulei que a religião salvou vidas ao afastar o paciente do médico. Uma pessoa poderia satisfazer sua ilusão de controle indo ao Templo de Apolo em vez de se consultar com um médico. O que é interessante é que os antigos mediterrâneos talvez tenham entendido muito bem as compensações envolvidas nessa escolha e podem ter aceitado a religião em parte como uma ferramenta para domar a ilusão de controle.

Você não pode fazer nada com conhecimento a menos que saiba onde é o limite dele, bem como os custos de usá-lo. A ciência pós-iluminista e sua filha, a ciência superestrela, tiveram sorte de se sair bem em física (linear), química e engenharia. Todavia, em algum momento precisamos desistir da elegância para nos concentrarmos em algo que durante muito tempo recebeu pouca atenção: os mapas mostrando o que o conhecimento atual e os métodos atuais não fazem por nós; e um estudo rigoroso de iatrogenia científica generalizada, mostrando quais danos podem ser causados pela ciência (ou, melhor, uma exposição dos danos que foram causados pela ciência). Creio que é a mais respeitável das empreitadas.

*Iatrogenia de reguladores.* Infelizmente, o apelo por mais regulamentação (incondicional) da atividade econômica parece ser uma resposta normal. Meus piores pesadelos têm sido os resultados dos reguladores. Foram eles que promoveram a confiança nas classificações de agências de crédito e a "medição de risco" que fragilizaram o sistema à medida que os banqueiros os usavam para construir posições que deterioram. No entanto, sempre que há um problema, fazemos a coisa ao estilo soviético de Harvard com mais regulamentação, o que enriquece os banqueiros de investimentos, advogados e ex-reguladores que se tornaram consultores de Wall Street. Isso também serve a interesses de outros grupos.

## REGRAS FRONÉTICAS: O QUE É SÁBIO FAZER (OU NÃO FAZER) NA VIDA REAL PARA MITIGAR O QUARTO QUADRANTE SE VOCÊ NÃO CONSEGUE USAR A ESTRATÉGIA *BARBELL*?

A maneira mais óbvia de sair do Quarto Quadrante é "truncar", cortar certas exposições através da compra de seguro, quando disponível, colocando-se na situação de *barbell* descrita no capítulo 13. Mas se você não for capaz de recorrer à estratégia *barbell* e não conseguir evitar a exposição, como no caso, digamos, de noções climáticas, exposição a epidemias e itens semelhantes da tabela anterior, então pode adotar as seguintes regras de "sabedoria" para aumentar a robustez.

**1. *Tenha respeito pelo tempo e pelos conhecimentos não demonstrativos.***
Lembre-se do meu respeito pela Mãe Terra — simplesmente por causa da idade dela. Leva muito, muito mais tempo para que uma série de dados no Quarto Quadrante revele suas propriedades. Eu vinha reclamando com veemência que essa compensação para executivos de bancos, que estão diretamente no Quarto Quadrante, é feita em uma janela de curto prazo, digamos uma vez por ano, por coisas que explodem a cada cinco, dez ou quinze anos, causando uma discrepância entre a janela de observação e a janela de comprimento suficiente para revelar as propriedades. Os banqueiros ficam ricos apesar dos retornos negativos de longo prazo.

Coisas que já funcionam há muito tempo são preferíveis — é mais provável que tenham atingido seus estados ergódicos. Na pior das hipóteses, não sabemos quanto tempo durarão.*

Lembre-se de que o ônus da prova recai sobre alguém que perturba um sistema complexo, não sobre a pessoa que protege o status quo.

## 2. Evite a otimização; Aprenda a amar a redundância.

Discuti redundância e otimização na seção 1. Tenho mais algumas coisas a dizer.

A redundância (em termos de ter economias e guardar dinheiro debaixo do colchão) é o oposto de dívida. Os psicólogos dizem que ficar rico não traz felicidade — se você gastar suas economias. Mas se você esconder seu pé de meia embaixo do colchão, será menos vulnerável a um Cisne Negro.

Além disso, por exemplo, a pessoa pode comprar um seguro, ou construí-lo, para robustecer um portfólio de investimentos.

A superespecialização também não é uma boa ideia. Pense no que pode acontecer se você ficar completamente sem trabalho. Em uma crise financeira, alguém que atua como analista de Wall Street (do tipo que se especializa em previsões) e faz um bico como dançarina do ventre se sairá muito melhor do que alguém que é apenas um analista.

## 3. Evite a previsão de recompensas de pequena probabilidade — embora não necessariamente das comuns.

Obviamente, os resultados de eventos remotos são mais difíceis de prever.

---

* A maior parte da campanha de difamação que mencionei anteriormente gira em torno da deturpação das propriedades ao estilo de seguro e do desempenho das estratégias de *hedging* (cobertura de risco) para o *barbell* e a "robustificação de portfólio" associados às ideias do Cisne Negro, uma representação enganosa que talvez se torne crível pelo fato de que, quando observamos os retornos em uma base de curto prazo, não vemos nada de relevante, exceto frequentes variações superficiais (principalmente perdas). As pessoas simplesmente se esquecem de acumular da forma adequada e se lembram da frequência em vez do total. Os retornos reais, de acordo com a imprensa, eram de cerca de 60% em 2000 e mais de 100% em 2008, com perdas e lucros relativamente superficiais afora isso, portanto seria moleza inferir que os retornos ficariam na casa dos três dígitos ao longo da última década (você só precisa de um único bom salto). O índice Standard and Poor's 500 caiu 23% no mesmo período de dez anos.

### 4. Cuidado com a "atipicidade" de eventos remotos.

Existem métodos de otários chamados de "análises de cenário" e "testes de estresse" — geralmente baseados no passado (ou em alguma teoria do tipo "faz sentido"). No entanto (e já mostrei como), déficits passados não preveem perdas futuras, por isso não sabemos exatamente onde aplicar os testes de estresse. Da mesma forma, "mercados de previsão" não funcionam aqui, uma vez que as apostas não protegem uma exposição em aberto. Podem até funcionar para uma eleição binária, mas não no Quarto Quadrante.

### 5. Cuidado com o risco moral com pagamentos de bônus.

É ótimo ganhar uma série de bônus apostando em riscos ocultos no Quarto Quadrante, depois explodir e escrever uma carta de agradecimento. Isso é chamado de argumento do risco moral. Os banqueiros sempre permanecem ricos por causa dessa incompatibilidade de bonificações. Na verdade, a sociedade acaba pagando por isso. O mesmo se aplica a executivos de empresas.

### 6. Evite algumas métricas de risco.

Métricas convencionais, baseadas no Mediocristão, ajustadas para grandes desvios, não funcionam. É aqui que os otários caem na armadilha — de proporções muito maiores do que apenas presumir algo diferente da curva em forma de sino gaussiana. Palavras como "desvio-padrão" não são estáveis e não medem coisa alguma no Quarto Quadrante. Tampouco "regressão linear" (os erros estão no quarto Quadrante), "índice de Sharpe", portfólio ótimo de Markowitz, análise de variância ANOVA uma ova, quadrado mínimo ou literalmente qualquer coisa extraída mecanicamente de um livro de estatística. Meu problema é que as pessoas podem aceitar o papel de eventos raros, concordar comigo, e *ainda assim* usar essas métricas, o que me leva a imaginar se isso seria um distúrbio psicológico.

### 7. Cisne Negro positivo ou negativo?

Claramente, o Quarto Quadrante pode apresentar exposições positivas ou negativas ao Cisne Negro; se a exposição for negativa, é mais provável que a verdadeira média seja subestimada pela medição de realizações anteriores, e, da mesma forma, o potencial total também será medido de forma inadequada.

A expectativa de vida dos humanos não é tão longa quanto suspeitamos (no reinado da globalização) porque os dados deixam passar em branco algo essencial: a grande epidemia (que supera em muito os ganhos resultantes das curas). A mesma coisa se aplica, como vimos, aos retornos dos investimentos de risco.

Por outro lado, empreendimentos de pesquisa mostram uma história pregressa menos auspiciosa. Uma empresa de biotecnologia (geralmente) enfrenta incertezas positivas, enquanto um banco enfrenta quase exclusivamente choques negativos.

Erros de modelo beneficiam aqueles que estão expostos a Cisnes Negros positivos. Em minha nova pesquisa, chamo isso de ser "côncavo" ou "convexo" ao erro de modelo.

### 8. *Não confunda ausência de volatilidade com ausência de risco.*

Métricas convencionais que usam a volatilidade como um indicador de estabilidade nos enganam, porque a evolução para o Extremistão é marcada por uma redução da volatilidade — e um risco maior de grandes saltos. Isso enganou um presidente do Federal Reserve chamado Ben Bernanke — bem como todo o sistema bancário. E vai enganar novamente.

### 9. *Cuidado com as apresentações de números de risco.*

Apresentei anteriormente os resultados que mostram como a percepção de risco está sujeita a questões de enquadramento que são agudas no Quarto Quadrante. São muito mais benevolentes em outros lugares.

# 8. Os dez princípios para uma sociedade robusta diante do Cisne Negro*

Escrevi os "dez princípios" a seguir principalmente para a vida econômica poder lidar com o Quarto Quadrante, no rescaldo da crise.

**1. *O que é frágil deve quebrar logo, enquanto ainda é pequeno.***
Nada deveria tornar-se grande demais para quebrar. A evolução na vida econômica ajuda aqueles com a quantidade máxima de riscos ocultos a se tornarem os maiores.

**2. *Nada de socializar perdas e privatizar ganhos.***
Qualquer entidade que precise ser resgatada financeiramente deve ser nacionalizada; qualquer entidade que não precise de socorro financeiro deve ser livre, pequena e sujeita a riscos. Nós nos envolvemos com as piores facetas do capitalismo e do socialismo. Na França, na década de 1980, os socialistas assumiram o controle dos bancos. Nos Estados Unidos, na década de 2000, os bancos assumiram o governo. Isso é surreal.

---

* Esta passagem foi publicada em 2009 como um editorial no *Financial Times*. Algum editor — que sem dúvida não tinha lido *A lógica do cisne negro* — mudou meu "robusto diante do Cisne Negro" para "à prova de Cisnes Negros". Não existe isso de "à prova de Cisnes Negros", mas robusto é bom o suficiente.

**3. Pessoas que estavam dirigindo um ônibus escolar de olhos vendados (e bateram) nunca mais devem ganhar um novo ônibus.**

O establishment econômico (universidades, reguladores, banqueiros centrais, autoridades do governo, várias organizações com equipes de economistas) perdeu sua legitimidade com o colapso do sistema em 2008. É uma irresponsabilidade e uma tolice depositar nossa confiança na capacidade deles de nos tirar dessa confusão. Também é uma irresponsabilidade ouvir conselhos dos "especialistas em riscos" e dos acadêmicos de faculdades de economia e administração que ainda estão promovendo suas medições, as mesmas que nos deixaram na mão (como o método valor-em-risco). Encontre pessoas inteligentes cujas mãos estejam limpas.

**4. Não deixe alguém que ganhe bônus de "incentivo" gerenciar uma usina nuclear — nem seus riscos financeiros.**

Provavelmente, essa pessoa cortaria todas as despesas relativas à segurança a fim de mostrar "lucros" com essa economia, ao mesmo tempo em que afirmaria ser "conservadora". Bonificações não se conciliam com os riscos ocultos de explosões. Foi a assimetria do sistema de bonificações que nos trouxe aqui. Nada de incentivos sem desincentivos: o capitalismo gira em torno de recompensas e punições, não apenas recompensas.

**5. Compense a complexidade com simplicidade.**

A complexidade resultante da globalização e da vida econômica extremamente conectada em rede precisa ser combatida pela simplicidade nos produtos financeiros. A economia complexa já é uma forma de alavancagem. É a alavanca da eficiência. Adicionar dívida a esse sistema produz rodopios frenéticos e perigosos e não oferece margem para erro. Sistemas complexos sobrevivem graças ao espaço de folga e à redundância, não à dívida e à otimização. O capitalismo não pode evitar modismos e bolhas. As bolhas de capital (como em 2000) se provaram leves; as bolhas da dívida são cruéis.

**6. Não dê dinamite às crianças, mesmo que venha com uma etiqueta de aviso.**

Produtos financeiros complexos precisam ser proibidos porque ninguém os compreende, e poucas pessoas são racionais o suficiente para saber disso. Precisamos proteger os cidadãos de si mesmos, de banqueiros que lhes vendem produtos de "hedge" e de reguladores ingênuos que dão ouvidos aos teóricos da economia.

**7. Apenas pirâmides financeiras devem depender da confiança. Os governos nunca deveriam precisar "restaurar a confiança".**

Em um esquema fraudulento do tipo pirâmide financeira (a mais famosa sendo aquela comandada por Bernard Madoff), uma pessoa pede emprestado ou obtém fundos de um novo investidor para pagar um investidor existente que tenta sair do investimento.

Rumores em cascata são produto de sistemas complexos. Governos são incapazes de parar os rumores. Em termos simples, precisamos estar em posição de ignorar os rumores, ser robustos frente a eles.

**8. Não dê mais drogas a um viciado se ele estiver em crise de abstinência.**

Usar alavancagem para curar os problemas do excesso de alavancagem não é homeopatia, é negação. A crise da dívida não é um problema temporário, é estrutural. Precisamos de reabilitação.

**9. Os cidadãos não devem depender de ativos financeiros como um repositório de valor e não devem confiar em conselhos de "especialistas" falíveis para seus planos de aposentadoria.**

A vida econômica deveria ser desfinanceirizada. Deveríamos aprender a não usar mercados como depósitos de valor: eles não contêm as certezas que cidadãos normais podem exigir, apesar das opiniões de "especialistas". Os investimentos deveriam servir como entretenimento. Os cidadãos deveriam sentir ansiedade com relação a seus próprios negócios (que eles controlam), não com relação a seus investimentos (que eles não controlam).

**10. Faça uma omelete com os ovos quebrados.**

Por fim, a crise de 2008 não foi um problema a ser corrigido com reparos improvisados, assim como um barco cujo casco está podre não pode ser consertado com remendos *ad hoc*. Precisamos reconstruir o casco com material novo (mais forte); temos que refazer o sistema antes que ele próprio faça isso. Vamos nos mover voluntariamente rumo a uma economia robusta ajudando o que precisa ser quebrado a se quebrar por conta própria, convertendo dívida em capital, jogando para escanteio o establishment econômico e o poder das faculdades de economia e administração, cancelando o "Nobel" de economia, banindo aquisições alavancadas, colocando os banqueiros no lugar que lhes cabe, recuperando as bonificações daqueles que nos trouxeram até aqui (por meio do pedido de restituição dos fundos pagos a, digamos, Robert Rubin ou a banqueiros cuja fortuna foi subsidiada por professores de Ensino Fundamental que pagam impostos) e ensinando as pessoas a navegar em um mundo com menos certezas.

Aí veremos uma vida econômica mais próxima do nosso ambiente biológico: empresas menores, uma ecologia mais fértil, sem alavancagem especulativa — um mundo em que empreendedores, não banqueiros, correm os riscos, e no qual empresas nascem e morrem todos os dias sem render manchetes.

Após esta incursão na economia do mundo dos negócios, passaremos agora para algo menos vulgar.

## 9. *Amor fati*: Como se tornar indestrutível

E agora, leitor, é hora de nos separarmos novamente.

Estou em Amioun, o vilarejo dos meus ancestrais. Dezesseis de dezesseis tataravós, oito de oito bisavós e quatro de quatro avós estão enterrados na área, quase todos dentro de um raio de seis quilômetros. Sem contar os tios-avós, primos e outros parentes. Estão todos descansando em cemitérios no meio de olivais no vale de Koura ao sopé do monte Líbano, que se ergue a uma altura tão espetacular que é possível enxergar a neve acima a apenas trinta quilômetros de distância.

Hoje, ao entardecer, fui ao cemitério de são Sérgio, conhecido localmente como Mar Sarkis, do aramaico, o cemitério do meu lado da família, para dizer olá ao meu pai e ao meu tio Dédé, que detestava as roupas desleixadas que eu usava nos meus tempos de rebeldia. Tenho certeza de que Dédé ainda está ofendido comigo; na última vez que me viu em Paris, ele disse calmamente que eu estava vestido feito um australiano: então, o verdadeiro motivo da minha visita ao cemitério era mais egoísta. Eu queria me preparar para a direção que tomarei a seguir.

Este é meu plano B. Continuei olhando para a posição do meu próprio túmulo. Um Cisne Negro não pode destruir tão facilmente um homem que tem uma ideia de seu derradeiro destino.

Eu me senti robusto.

Carrego Sêneca comigo em todas as minhas viagens, no original, porque reaprendi latim — ler Sêneca em inglês, língua profanada por economistas e pelos burocratas do Federal Reserve Bank dos Estados Unidos, não parecia a coisa certa. Não nesta ocasião. Seria equivalente a ler Yeats em suaíli.

Sêneca foi o grande professor e praticante do estoicismo, que transformou o estoicismo grego-fenício de um discurso metafísico e teórico em um programa de vida prático e moral, uma forma de alcançar o *summum bonum*, expressão intraduzível que descreve uma vida de supremas qualidades morais, no entender dos romanos. Mas, mesmo deixando de lado esse objetivo inalcançável, ele tem conselhos práticos, talvez os únicos conselhos que posso ver transferidos das palavras para a prática. Sêneca foi quem (com alguma ajuda de Cícero) ensinou a Montaigne que *filosofar é aprender a morrer*. Sêneca foi quem ensinou a Nietzsche o *amor fati*, "amar o destino", o que inspirou Nietzsche a simplesmente dar de ombros e ignorar a adversidade, os maus-tratos por parte de seus críticos e sua doença, a ponto de ficar entediado com eles.

Para Sêneca, o estoicismo é lidar com a perda, e encontrar maneiras de superar nossa aversão à perda — como se tornar menos dependente daquilo que você tem. Lembre-se da "teoria da perspectiva" de Danny Kahneman e seus colegas: se eu desse a você uma bela casa e uma Lamborghini, depositasse 1 milhão de dólares na sua conta bancária e providenciasse uma rede de contatos sociais, e, em seguida, alguns meses depois, tirasse tudo que lhe dei, você ficaria muito pior do que se nada disso tivesse acontecido para começo de conversa.

A credibilidade de Sêneca como filósofo moral (a meu ver) veio do fato de que, ao contrário de outros filósofos, ele não depreciava o valor da riqueza, das posses e da propriedade por ser pobre. Dizem que Sêneca foi um dos homens mais abastados de sua época. Ele simplesmente se preparava para perder tudo, todos os dias. Todos os dias. Embora seus detratores afirmem que na vida real ele não era o sábio estoico que afirmava ser, principalmente por conta de seu hábito de seduzir mulheres casadas (com maridos não estoicos), chegava bem perto disso. Homem poderoso, Sêneca tinha muitos detratores — e, se deixava a desejar em relação ao ideal estoico, chegou muito mais perto disso do que seus contemporâneos. E, assim como é mais difícil ter boas qualidades quando se é rico do que quando se é pobre, é mais difícil ser estoico quando se é rico, poderoso e respeitado do que quando se é desvalido, infeliz e solitário.

*Nihil perditi*

Na Epístola IX de Sêneca, o país de Stilbo foi capturado por Demétrio, apelidado de Poliorcetes, o "destruidor de cidades". Os filhos e a esposa de Stilbo foram mortos. Indagado sobre suas perdas, Stilbo respondeu, "*Nihil perditi*", nada perdi. *Omnia mea mecum sunt!* Todos os meus bens estão comigo. O homem tinha alcançado a autossuficiência estoica, a robustez frente aos eventos adversos, chamada *apatheia* [impassibilidade] no jargão estoico. Em outras palavras, *nada que lhe pudesse ser tomado ele pensava ser um bem*.

O que inclui a própria vida. A disposição de Sêneca de perder tudo se estendia para abarcar sua própria vida. Por ser suspeito de participação em uma conspiração, o imperador Nero o condenou à morte por suicídio. A história registra que Sêneca executou seu próprio suicídio de forma exemplar, imperturbável, como se tivesse se preparado para isso todos os dias.

Sêneca encerrava seus ensaios (escritos em forma epistolar) com *vale*, muitas vezes mal traduzido como "adeus". A palavra tem a mesma raiz de dois vocábulos da língua inglesa; "*value*" [valor no sentido de qualidade que confere a um objeto material a natureza de bem econômico] e "*valor*" [ausência completa de medo; valentia, coragem, intrepidez], e significa tanto "seja forte" (isto é, robusto) quanto "seja digno". *Vale*.

# Agradecimentos

Como eu disse no prefácio, o enorme prazer que tive na escrita deste livro foi inesperado, e espero que o leitor tenha sentido o mesmo. Eu gostaria de agradecer aos seguintes amigos.

Acumulei uma enorme dívida de gratidão para com Peter Bevelin, um erudito e puro "pensador realizador" dotado de extrema curiosidade, que passa suas horas de vigília no encalço de ideias e localizando os artigos que geralmente estou procurando; ele esquadrinhou minuciosamente o texto. Yechezkel Zilber, um autodidata sedento por ideias baseado em Jerusalém que vê o mundo *ab ovo*, "desde o ovo", fez perguntas muito difíceis, a ponto de me deixar com vergonha da educação formal que recebi e constrangido por não ser um verdadeiro autodidata como ele — é graças a pessoas diretas e objetivas que estou fundamentando minha ideia do Cisne Negro no libertarismo acadêmico. O acadêmico Philip Tetlock, que sabe mais sobre previsão do que qualquer outra pessoa desde os tempos de Delfos, leu o manuscrito de cabo a rabo e esmiuçou meus argumentos. Phil é tão valioso e meticuloso que foi ainda mais informativo com a ausência de comentários do que com seus comentários. Tenho uma grande dívida para com Danny Kahneman que, além das longas conversas acerca da natureza humana (e notando, horrorizado, que eu me lembrava de quase todos os comentários), colocou-me em contato com o Phil Tetlock. Agradeço a Maya Bar Hillel por me convidar para falar aos membros da Society of Judgment and Decision Making [Sociedade de Julgamento e Tomada de Decisão] em sua reunião anual em Toronto, em novembro de 2005 — graças à generosidade dos pesquisadores que encontrei por lá, e às estimulantes discussões, voltei trazendo na bagagem muito mais do que eu havia levado. Robert Shiller me pediu para eliminar alguns comentários "irreverentes"; no entanto, o fato de ele ter criticado a agressividade do formato, mas não o conteúdo, foi bastante informativo. Mariagiovanna Muso foi a primeira a tomar consciência do efeito Cisne Negro nas artes e me colocou no caminho certo, apontando as linhas de pesquisa em sociologia e antropologia que eu deveria seguir. Tive longos debates com o acadêmico literário Mihai Spariosu sobre Platão, Balzac, inteligência ecológica e cafés em Bucareste. Didier Sornette, sempre a um telefonema de distância, manteve minha caixa de e-mails abastecida com um fluxo constante de artigos sobre vários temas pouco alardeados, mas extremamente relevantes, em física estatística. Jean-Philippe Bouchaud ofereceu grande ajuda sobre os problemas associados à estatística de grandes desvios. Com base nas ideias do capítulo 8, Michael Allen escreveu uma monografia para escritores que desejam ser publicados — posteriormente reescrevi o capítulo 8 pelos olhos de um escritor examinando seu quinhão na vida. Mark Blyth, cujas opiniões valeram como um fiel da balança para minhas ideias, sempre foi um leitor e conselheiro prestativo. Meus amigos na DoD, Andy Marshall e Andrew Mays, forneceram-me ideias e perguntas. Paul Solman, uma mente voraz, examinou o manuscrito com rigoroso escrutínio. Devo o termo *Extremistão* a Chris Anderson, que considerou minha designação anterior livresca demais. Nigel Harvey me guiou através da literatura sobre previsões.

Minha batelada de perguntas importunou os seguintes cientistas: Terry Burnham, Robert Trivers, Robyn Dawes, Peter Ayton, Scott Atran, Dan Goldstein, Alexander Reisz, Art De Vany, Raphael Douady, Piotr Zielonka, Gur Huberman, Elkhonon Goldberg e Dan Sperber. Ed Thorp, o verdadeiro dono vivo da "fórmula de Black-Scholes" foi prestativo; percebi, falando com ele, que os economistas ignoram produções intelectuais fora de seu clubinho — mesmo que sejam valiosas. Lorenzo Perilli foi extremamente generoso com seus comentários acerca de Menódoto e me ajudou a corrigir alguns erros. Duncan Watts permitiu que eu apresentasse a parte III deste livro em um seminário de sociologia da Universidade Columbia e compilasse toda sorte de comentários. David Cowan forneceu o gráfico na discussão sobre Poincaré, empalidecendo o meu pela comparação. Também me beneficiei dos maravilhosos textos curtos de James Montier sobre a natureza humana. Bruno Dupire, como sempre, proporciona as melhores conversas durante caminhadas.

Não vale a pena ser o amigo leal de um escritor agressivo e muito apegado a seu manuscrito. Coube a Marie-Christine Riachi a ingrata tarefa de ler capítulos em ordem inversa; entreguei a ela apenas as partes incompletas e, dentre elas, apenas aquelas que (naquele momento) evidentemente careciam de clareza. Jamil Baz sempre recebeu o texto completo, mas optava por lê-lo de trás para a frente. Laurence Zuriff leu e comentou cada um dos capítulos. Philip Halperin, que sabe mais sobre gerenciamento de riscos do que qualquer outra pessoa (ainda) viva, fez comentários e observações maravilhosos. Outras vítimas: Cyrus Pirasteh, Bernard Oppetit, Pascal Boulard, Guy Riviere, Joelle Weiss, Didier Javice, Andreea Munteanu, Andrei Pokrovsky, Philippe Asseily, Farid Karkaby, George Nasr, Alina Stefan, George Martin, Stan Jonas e Flavia Cymbalista. Agradeço também a Linda Eckstein e Justin Fox (pelo gráfico do mercado), bem como Paul Kaju, Martin Pomp e Lea Beresford.

Recebi comentários úteis do intelectual voraz Paul Solman (que examinou o manuscrito com um microscópio). Devo muito a Phil Rosenczweig, Avishai Margalit, Peter Forbes, Michael Schrage, Driss Ben Brahim, Vinay Pande, Antony Van Couvering, Nicholas Vardy, Brian Hinchcliffe, Aaron Brown, Espen Haug, Neil Chriss, Zvika Afik, Shaiy Pilpel, Paul Kedrosky, Reid Bernstein, Claudia Schmid, Jay Leonard, Shellwyn Weston, Tony Glickman, Paul Johnson, Chidem Kurdas (e os economistas austríacos da NYU), Charles Babbitt, além de tantas outras pessoas anônimas das quais me esqueci...*

Ralph Gomory e Jesse Ausubel, da Fundação Sloan, dirigem um programa de financiamento de pesquisas chamado "O conhecido, o desconhecido e o incognoscível". Eles ofereceram sua ajuda moral e financeira para a promoção de minhas ideias — aceitei a inestimável opção moral. Agradeço também a meus parceiros de negócios, coautores e colegas intelectuais: Espen Haug,

---

* Perdi o cartão de visita dele, mas gostaria de agradecer calorosamente a um cientista que viajou para Viena a bordo do voo 700 da British Airways em 11 de dezembro de 2003, por sugerir a ilustração da bola de bilhar no capítulo 11. Tudo o que sei sobre ele é que tinha 52 anos de idade, cabelos grisalhos, nasceu na Inglaterra, escrevia poesia em blocos amarelos e viajava com sete malas, pois estava indo morar com sua namorada vienense de 35 anos.

Mark Spitznagel, Benoît Mandelbrot, Tom Witz, Paul Wilmott, Avital Pilpel e Emanuel Derman. Agradeço também a John Brockman e Katinka Matson por tornarem este livro possível, e a Max Brockman por seus comentários sobre o esboço do projeto. Agradeço a Cindy, Sarah e Alexander pela tolerância. Além disso, Alexander ajudou com os gráficos e Sarah trabalhou na bibliografia. Mark Fandetti, Mark Horowitz, Bruce Waxman, Spiros Makridakis, Jack Schwagger e Elie Ayache ajudaram a consertar os erros tipográficos mais técnicos. Os leitores Jonathan Skinner, Harry Thayer e David Evans ajudaram a corrigir erros técnicos e factuais. Agradeço a Linda Eckstein e Justin Fox por sugerirem a Mandelbrot e a mim o gráfico do SP500.

Tentei dar ao meu editor, Will Murphy, a impressão de ser um autor insuportavelmente teimoso, apenas para descobrir que tive a sorte de ele ser um editor igualmente teimoso (embora escondesse isso muito bem). Ele me protegeu das intromissões de editores padronizadores. Eles têm uma extraordinária habilidade de infligir o máximo de estragos quebrando o ritmo interno da prosa com o mínimo de mudanças. Além disso, Will M. é um festeiro do melhor tipo. Também me senti lisonjeado por Daniel Menaker ter se dado ao trabalho de editar meu texto. Agradeço ainda a Janet Wygal e Steven Meyers. Os membros da equipe da Random House foram afáveis e prestativos — mas nunca se acostumaram com meus trotes telefônicos (por exemplo, tentando me passar por Bernard-Henri Lévy). Um dos pontos altos da minha carreira de escritor foi um longo almoço com William Goodlad, meu editor na Penguin, e Stefan McGrath, o diretor-administrativo do grupo. De súbito percebi que não conseguia separar o contador de histórias dentro de mim do pensador científico; na verdade, a história surgiu primeiro na minha mente, e não na forma de uma ilustração do conceito concebida a posteriori.

A parte III deste livro inspirou minhas aulas na Universidade de Massachusetts em Amherst. Agradeço a Dean Tom O'Brien por seu apoio e encorajamento. Ele adorava me ver dar uma sacudida nos alunos de doutorado doutrinados. Agradeço também à minha segunda casa, o Instituto Courant de Ciências Matemáticas da Universidade de Nova York, por me permitir lecionar lá durante três quartos de década.

É lamentável que uma pessoa aprenda mais com aqueles de quem discorda — algo que Montaigne estimulou meio milênio atrás, mas que raramente é praticado. Descobri que isso submete nossos argumentos a um robusto amadurecimento, já que sabemos que essas pessoas identificarão até mesmo a mais ínfima falha — e obtemos informações sobre os limites das teorias delas, bem como sobre as fraquezas de nossas próprias teorias. Tentei ser mais gentil com meus detratores do que com meus amigos — sobretudo aqueles que foram (e continuaram sendo) civilizados. Assim, ao longo da minha carreira, aprendi alguns truques em uma série de debates públicos, troca de correspondências e discussões com Robert C. Merton, Steve Ross, Myron Scholes, Philippe Jorion e dezenas de outros (embora, a não ser pelas críticas de Elie Ayache, a última vez que ouvi um argumento remotamente novo contra minhas ideias tenha sido em 1994). Esses debates foram valiosos, pois eu estava à procura da extensão dos contra-argumentos à minha ideia do Cisne Negro e tentando entender de que modo meus detratores pensam — ou aquilo em que não pensaram. Ao longo dos anos acabei lendo mais material escrito por aqueles de quem discordo do que por aqueles de cujas opiniões compartilho — li mais Samuelson do que Hayek, mais Merton (o mais jovem) do que Merton (o mais velho), mais Hegel do que Montaigne e mais Descartes do que Sexto. É dever de todo autor representar as ideias de seus adversários com a máxima fidelidade possível.

Minha maior realização na vida é ter conseguido fazer amizades, a exemplo de Elie Ayache e Jim Gatheral, apesar de algumas discordâncias intelectuais.

A maior parte deste livro foi escrita durante um período peripatético em que me livrei de (quase) todas as obrigações de negócios, rotinas e pressões da vida profissional e fiz caminhadas urbanas meditativas em várias cidades, onde dei uma série de palestras sobre a ideia do Cisne Negro.* Escrevi principalmente em cafés — minha preferência sempre foi por cafés caindo aos pedaços (mas elegantes) em bairros comuns, tão despoluídos quanto possível

---

* É impossível aprofundar-se muito em uma ideia quando você administra um negócio, não importa o número de horas de trabalho que a ocupação exija — para usar termos simples, a menos que você seja insensível, as preocupações e a sensação de responsabilidade ocupam um precioso espaço cognitivo. Você pode ser capaz de estudar, meditar e escrever se for um empregado, mas não quando é dono de um negócio — a menos que tenha uma natureza irresponsável. Agradeço ao meu sócio, Mark Spitznagel, por permitir que eu — graças à clareza de sua mente e seu método extremamente sistemático, disciplinado e bem engendrado — obtivesse exposição a eventos raros de alto impacto sem ter que me envolver diretamente em atividades ligadas aos negócios.

de pessoas do mundo dos negócios. Também passei muito tempo no Terminal 4 do Aeroporto de Heathrow, em Londres, de tal modo absorto em minha escrita a ponto de esquecer minha alergia à presença dos estressados homens de negócios ao meu redor.

# Glossário

**Aleatoriedade como informação incompleta:** em termos simples, o que não consigo adivinhar é aleatório porque meu conhecimento sobre as causas é incompleto, não necessariamente porque o processo tem propriedades verdadeiramente imprevisíveis.

**Argumento de regressão estatística (ou o problema da circularidade de estatísticas):** precisamos de dados para descobrir uma distribuição de probabilidades. Como sabemos se temos dados suficientes? A partir da distribuição de probabilidades. Se for uma gaussiana, alguns pontos de dados serão suficientes. Como sabemos que é uma gaussiana? A partir dos dados. Portanto, precisamos que os dados nos digam qual é a distribuição de probabilidades que devemos presumir, e precisamos que uma distribuição de probabilidades nos diga a quantidade de dados de que precisamos. Isso causa um grave argumento de regressão, que até certo ponto é descaradamente contornado recorrendo-se à gaussiana e afins.

**Arrogância epistêmica:** meça a diferença entre o que alguém realmente sabe e o quanto pensa que sabe. Um excesso implicará arrogância, um déficit indicará humildade. Um epistemocrata é alguém com humildade epistêmica, que encara com grande desconfiança seu próprio conhecimento.

***Bildungsphilister:*** um filisteu com cultura cosmética e não genuína. Nietzsche usou esse termo para se referir aos leitores de jornais e amantes de ópera propensos a dogmas, gente com exposição cosmética à cultura e com a profundidade de um pires. Aqui amplio o termo para o pesquisador que usa palavras de efeito em campos não experimentais, carece de imaginação, curiosidade, erudição e cultura e está firmemente centrado em suas ideias, em sua "disciplina". Isso o impede de ver os conflitos entre suas ideias e a textura do mundo.

**Cegueira em relação ao Cisne Negro:** a subestimação do papel do Cisne Negro, e a ocasional superestimação de um Cisne Negro específico.

**Cegueira em relação ao futuro:** nossa incapacidade natural de levar em consideração as propriedades do futuro — como o autismo, que impede que se leve em consideração a existência da mente de outras pessoas.

**Cisne Cinzento mandelbrotiano:** Cisnes Negros que até certo grau podemos levar em consideração — terremotos, livros que se tornam campeões de vendas, quebra do mercado de ações —, mas cujas propriedades não é possível decifrar por completo e para os quais não se pode produzir cálculos precisos.

**Conhecimento de nerd:** a crença de que o que não pode ser platonizado e estudado sequer existe ou não vale a pena ser levado em consideração. Existe até mesmo uma forma de ceticismo praticada pelo nerd.

**Desdém pelo abstrato:** favorecer o pensamento contextualizado em detrimento de questões mais abstratas, embora mais relevantes. "A morte de uma criança é uma tragédia; a morte de 1 milhão de crianças é uma estatística."

**Disciplina narrativa:** a disciplina que consiste em encaixar no passado uma história convincente e agradável aos ouvidos. O oposto da disciplina experimental.

**Distorção retrospectiva:** examinar eventos passados sem fazer ajustes para levar em conta a passagem do tempo. Isso leva à ilusão de previsibilidade posterior.

**Distribuição de probabilidades:** o modelo usado para calcular as probabilidades de diferentes eventos, como eles são "distribuídos". Quando dizemos que um evento é distribuído de acordo com a curva em forma de sino, queremos dizer que a curva em forma de sino gaussiana pode ajudar a fornecer probabilidades de várias ocorrências.

**Dobra platônica:** o lugar onde nossa representação platônica entra em contato com a realidade e é possível ver os efeitos colaterais dos modelos.

**Epilogismo:** método isento de teorias para a observação da história, que consiste no acúmulo de fatos com o mínimo de generalização e tomando ciência dos efeitos colaterais de se fazer alegações causais.

**Erro de confirmação (ou confirmação platônica):** você procura exemplos que confirmam suas crenças, sua construção (ou modelo) — e os encontra.

**Escândalo de previsão:** o precário histórico de previsão em algumas entidades previsoras (especialmente disciplinas narrativas) combinado a comentários verborrágicos e falta de consciência acerca de seu próprio histórico catastrófico.

**Estratégia ao estilo de Apeles:** uma estratégia para buscar ganhos por meio da compilação de acidentes positivos a partir da maximização da exposição a "Cisnes Negros bons".

**Estratégia *barbell* [barra de haltere]:** método que consiste em assumir ao mesmo tempo uma postura defensiva e uma atitude excessivamente agressiva, protegendo ativos de todas as fontes de incerteza e alocando uma pequena parcela deles para estratégias de alto risco.

**Extremistão:** a província onde é concebível que o total possa ser impactado por uma única observação.

**Falácia da evidência silenciosa:** olhando para a história, não vemos a história em sua totalidade, apenas as partes mais auspiciosas do processo.

**Falácia de ida e volta:** confundir a ausência de evidências de Cisnes Negros (ou outra coisa) com a evidência de ausência de Cisnes Negros (ou outra coisa). Afeta estatísticos e outras pessoas que, por terem resolvido equações demais, perderam parte de sua capacidade de raciocínio.

**Falácia do bilhete de loteria:** a ingênua analogia que equipara um investimento na reunião de Cisnes Negros positivos ao acúmulo de bilhetes de loteria. Bilhetes de loteria não são escaláveis.

**Falácia lúdica (ou incerteza do nerd):** a manifestação da falácia platônica no estudo da incerteza; basear estudos de probabilidade no estreito mundo dos jogos e dados. A aleatoriedade aplatônica tem uma camada adicional de incerteza referente às regras do jogo na vida real. A curva em forma de sino (gaussiana), ou GFI (Grande Fraude Intelectual), é a aplicação da falácia lúdica à aleatoriedade.

**Falácia narrativa:** nossa necessidade de encaixar uma história ou padrão a uma série de fatos conectados ou desconectados. A aplicação estatística é a mineração de dados.

**Iludidos pelo acaso:** a confusão generalizada entre sorte e determinismo, o que leva a uma variedade de superstições com consequências práticas, como a crença de que ganhos mais elevados em algumas profissões são gerados por habilidades, quando existe neles um significativo componente de sorte.

**Incerteza dos iludidos:** pessoas que enxergam fontes de incerteza com "visão de túnel" ao produzirem na vida real fontes precisas como o princípio da grande incerteza, ou questões semelhantes, menos relevantes; preocupar-se com partículas subatômicas e ao mesmo tempo esquecer-se de que não somos capazes de prever as crises de amanhã.

**Libertário acadêmico:** alguém (como eu) que considera que o conhecimento está sujeito a regras estritas, mas não à autoridade institucional, pois o interesse do conhecimento organizado é a autoperpetuação, não necessariamente a verdade (como acontece com os governos). O mundo acadêmico pode sofrer de um agudo **problema de especialista**, produzindo conhecimento cosmético, mas falso, em especial nas **disciplinas narrativas**, e pode ser uma grande fonte de Cisnes Negros.

**Louco de Locke:** alguém que elabora raciocínios impecáveis e rigorosos a partir de premissas erradas — como Paul Samuelson, Robert Merton, o mais jovem, e Gerard Debreu —, produzindo, assim, modelos fajutos de incertezas que nos tornam vulneráveis aos Cisnes Negros.

**Mediocristão:** a província dominada pelos medíocres, com poucos sucessos ou fracassos extremos. Nenhuma observação isolada pode afetar de forma significativa o agregado. A curva em forma de sino é baseada no Mediocristão. Há uma diferença qualitativa entre gaussianas e leis escaláveis, assim como entre gás e água.

**Opacidade epistêmica:** a aleatoriedade é o resultado de informações incompletas em alguma camada. Em termos funcionais, é indistinguível da aleatoriedade "verdadeira" ou "física".

**Platonicidade:** o foco em objetos puros, bem definidos e facilmente discerníveis, como triângulos, ou em noções mais sociais como amizade ou amor, ao custo de se ignorarem os objetos de estruturas aparentemente mais confusas e menos manejáveis.

**Problema da indução:** a extensão lógico-filosófica do problema do Cisne Negro.

**Problema de engenharia reversa:** é mais fácil prever como um cubo de gelo derreteria até formar uma poça d'água do que, olhando para uma poça, adivinhar a forma do cubo de gelo que a teria gerado. Esse "problema inverso" torna suspeitas as disciplinas e explicações narrativas (histórias, por exemplo).

**Problema do "zero à esquerda metido a besta" (ou "problema de especialista"):** alguns profissionais não têm nenhuma habilidade que os diferencie do restante da população, mas, por alguma razão, e contra seu histórico empírico, são considerados especialistas: psicólogos clínicos, economistas acadêmicos, "especialistas" em risco, estatísticos, analistas políticos, "especialistas" financeiros, analistas militares, CEOs de empresas etc. Eles se valem de linguagem embelezada, jargão e matemática para enfeitar sua perícia, e costumam vestir ternos caros.

**Problema ético do Cisne Negro:** devido ao aspecto não repetível do Cisne Negro, há uma assimetria entre as recompensas daqueles que previnem e daqueles que curam.

# Notas adicionais, comentários técnicos, referências e recomendações de leitura

Separei os tópicos por temas; assim, referências gerais serão encontradas principalmente no capítulo em que ocorrem pela primeira vez. Prefiro usar uma sequência lógica aqui em vez de me limitar à divisão por capítulos.

PRÓLOGO E CAPÍTULO 1 [pp. 11-52]

**Curva em forma de sino:** quando escrevo *curva em forma de sino*, refiro-me à curva em forma sino gaussiana, também conhecida como distribuição normal. Todas as curvas parecem ter formato de sino, portanto se trata de um apelido. Além disso, quando escrevo *a bacia gaussiana*, quero dizer todas as distribuições que são semelhantes e para as quais o improvável é irrelevante e de baixo impacto (em termos mais técnicos, não escalável — todos os momentos são finitos). Note que a representação da curva em forma de histograma mascara a contribuição do evento remoto, uma vez que esse evento será um ponto na extrema direita ou na extrema esquerda em relação ao centro.

**Diamantes:** ver Eco (2002).

**Platonicidade:** estou simplesmente me referindo ao risco de se usar uma forma errada — não que as formas não existam. Não sou contra essencialismos;

amiúde, sou cético quanto à nossa engenharia reversa e à identificação da forma correta. É um problema inverso!

**Empirista:** se digo que sou um empirista, ou filósofo empírico, é só porque desconfio de generalizações confirmatórias e teorizações apressadas. Não confunda isso com a tradição empirista britânica. Além do mais, muitos estatísticos, como veremos na Competição Makridakis, definem a si mesmos como pesquisadores "empíricos", mas na verdade são o oposto — ajustam as teorias ao passado.

**Menção a Cristo:** ver *A guerra dos judeus*, de Flávio Josefo.

**Primeira Guerra Mundial e previsão:** Ferguson (2006b).

**Viés retrospectivo (distorção retrospectiva):** ver Fischhoff (1982b).

**Rupturas históricas:** Braudel (1985), p. 169, cita uma passagem pouco conhecida de Gautier. Ele escreve: "'Esta longa história', escreveu Emile--Félix Gautier, 'durou uma dúzia de séculos, mais do que toda a história da França. Ao se encontrar a primeira espada árabe, a língua e o pensamento gregos, toda aquela herança se desfez em fumaça, como se nunca tivesse acontecido'". Para discussões sobre descontinuidade, ver também Gurvitch (1957), Braudel (1953), Harris (2004).

**As religiões se espalham como best-sellers:** Veyne (1971). Ver também Veyne (2005).

**Aglomerados de opiniões políticas:** Pinker (2002).

**Categorias:** Rosh (1973, 1978). Ver também *Kant e o ornitorrinco*, de Umberto Eco.

**Historiografia e filosofia da história:** Bloch (1953), Carr (1961), Gaddis (2002), Braudel (1969, 1990), Bourdé e Martin (1989), Certeau (1975), o *Muqaddamat* de Ibn Khaldoun ilustram a busca pela causação, que vemos já presente em Heródoto. Para filosofia da história, Aron (1961), Fukuyama (1992). Para visões pós-modernas, ver Jenkins (1991). Mostro na parte II como os historiógrafos desconhecem a diferença epistemológica entre processos *forward* (progressivo, de avanço, para a frente) e *backward* (regressivo, de retrocesso, para trás), ou seja, entre a projeção e a engenharia reversa.

**Informação e mercados:** ver Shiller (1981, 1989), DeLong et al. (1991) e Cutler et al. (1989). A maior parte dos movimentos do mercado não tem uma "razão", apenas uma explicação inventada.

**De valor descritivo para as quebras:** ver Galbraith (1997), Shiller (2000) e Kindleberger (2001).


CAPÍTULO 3 [pp. 56-69]

**Filmes:** ver De Vany (2002). Ver também Salganik et al. (2006) para o contágio na compra de música.

**Religião e domínios de contágio:** ver Boyer (2001).

**Sabedoria (loucura) das multidões:** coletivamente, podemos nos tornar mais sábios ou bem mais tolos. Podemos ter intuições coletivas sobre questões relacionadas ao Mediocristão, como o peso de um boi (ver Surowiecki, 2004), mas minha conjectura é que fracassamos na hora de fazer previsões mais complicadas (variáveis econômicas para as quais as multidões incorrem em patologias — duas cabeças são piores do que uma). Para erros de decisão e grupos, ver Sniezek e Buckley (1993). Clássico: *A história das ilusões e loucuras das massas: As armadilhas dos Cisnes Negros*, de Charles Mackay.

**Intensificação na gravidade dos eventos:** Zajdenweber (2000).

**Vida moderna:** o romancista do século XIX Émile Zola deu boas-vindas, na virada para o século XX, ao advento do mercado cultural, do qual ele pareceu ser um dos primeiros beneficiários. Zola previu que a capacidade dos escritores e artistas de tirar proveito do sistema comercial os libertaria dos caprichos de mecenas. Infelizmente, isso foi acompanhado por uma concentração mais severa — pouquíssimas pessoas foram beneficiadas pelo sistema. Lahire (2006) mostra como a maioria dos escritores, ao longo da história, passou fome. É extraordinário que tenhamos uma profusão de dados da França sobre a tradição literária.

CAPÍTULO 4 [pp. 70-84]

**Titanic:** a citação é da apresentação de Dave Ingram no Simpósio de Gerenciamento de Riscos em Iniciativas, realizado em Chicago, em 2 de maio de 2005. Para mais informações sobre o LTCM, ver Lowenstein (2000), Dunbar (1999).

**Exposição de Hume:** Hume (1748, 2000).

**Sexto Empírico:** "É fácil, creio, rejeitar o método da indução (επαγωγη). Pois, como por meio dele desejam tornar universais convincentes com base em pormenores, eles o farão examinando todos os detalhes ou alguns deles. Todavia, se investigarem alguns poucos, a indução não terá firmeza, visto que alguns dos dados omitidos na indução deverão ser contrários ao universal; e, se investigarem todos, trabalharão em uma tarefa impossível, uma vez que as particularidades e infinitos são indeterminados. Destarte, resulta que em qualquer um dos casos, penso, essa indução é trôpega." *Hipotiposes pirrônicas*, Livro II, p. 204.

**Bayle:** o *Dictionnaire historique et critique* [Dicionário histórico e crítico] é extenso (doze volumes, perto de 6 mil páginas) e pesado (dezoito quilos), mas foi um best-seller intelectual em sua época, antes de ser suplantado pelos *philosophes*. Pode ser baixado no site da Bibliothèque Nationale francesa em <www.bn.fr>.

**A inspiração de Hume em Bayle:** ver Popkin (1951, 1955). Qualquer leitura do bispo Huet (mais adiante) revelaria as semelhanças com Hume.

**Pensadores pré-Bayle:** *Dissertation sur la recherche de la vérité*,* Simon Foucher, por volta de 1673. É uma delícia de ler. Faz a tradição da heurística e dos vieses parecer a continuação da atmosfera de revolução pré-científica e pré-Iluminismo.

**Bispo Huet e o problema da indução:** "As coisas não podem ser conhecidas com uma certeza perfeita porque suas causas são infinitas", escreveu Pierre-Daniel Huet em seu *Traité Philosophique de la Faiblesse de l'Esprit Humain*.** Huet, ex-bispo de Avranches, escreveu o texto sob o nome de Théocrite de Pluvignac, Seigneur de la Roche, Gentilhomme de Périgord. O capítulo contém outra apresentação exata do que mais tarde se tornou conhecido como o "problema de Hume". Isso foi em 1690, quando o futuro David Home (posteriormente Hume) ainda demoraria 22 anos para nascer, portanto era impossível que tivesse exercido qualquer influência no Monseigneur Huet.

**Obra de Brochard:** encontrei pela primeira vez uma menção à obra de Brochard (1888) em *Ecce Homo*, de Nietzsche, em um comentário no qual ele também descreve os céticos como gente que vai direto ao ponto: "Um excelente estudo de Victor Brochard, *Os céticos gregos*, no qual minha laertiana também é empregada. Os céticos! O único tipo *honroso* entre a vasta e ambígua multidão de filósofos!". *Mais* uma curiosidade: Brochard deu aulas para Proust (ver Kristeva, 1998).

Brochard parece ter entendido o problema de Popper (algumas décadas antes do nascimento de Popper). Ele apresenta as noções do empirismo negativo de Menódoto de Nicomédia em termos semelhantes ao que chamaríamos hoje de empirismo "popperiano". Eu me pergunto se Popper sabia alguma coisa sobre Menódoto. Ele não parece citá-lo em lugar nenhum.

---

* *Dissertações sobre a busca da verdade, contendo a história e os princípios da filosofia dos acadêmicos, com várias reflexões sobre as opiniões do sr. Descartes, pelo sr. Foucher, cônego de Dijon. Prefácio e Livro I*. Trad. de Felipe Santos Almeida e Rodrigo Pinto de Brito. In: *Sképsis*: v. XII, n. 22, 2021, pp. 85-12622. (N. T.)
** *Tratado filosófico da fraqueza do espírito humano*. Trad. Flavio Fontenelle Loque. Universidade Federal de Itajubá, campus Itabira. In: *Sképsis*, n. 15, 2017, pp. 179-217. (N. T.)

Brochard publicou sua tese de doutorado, *Sobre o erro*, em 1878 na Universidade de Paris, a propósito do erro — maravilhosamente moderna.

**Epilogismo:** sabemos muito pouco sobre Menódoto, exceto por ataques a suas crenças por parte de seu detrator Galeno na versão latina sobrevivente do *Esboço de empirismo* (*Subfiguratio empirica*), difícil de traduzir:

> *Memoriam et sensum et vocans* epilogismum *hoc tertium, multotiens autem et preter memoriam nihil aliud ponens quam* epilogismum. (Além da percepção e da recordação, o terceiro método é o *epilogismum sensum*, uma vez que o praticante tem, além da memória, somente sentidos de epilogismo; correção de Perilli).

Mas há esperança. Perilli (2004) informa que, de acordo com carta do tradutor Is-haq Bin Hunain, pode haver uma "transcrição" em árabe da obra de Menódoto em algum lugar, a ser encontrada por algum estudioso.

**Pascal:** ele também tinha uma ideia do problema de confirmação e da assimetria da inferência. No seu Prefácio ao *Traité du vide*, Pascal escreve (e eu traduzo):

> Ao afirmarem que a natureza não admitia o vácuo, só pretenderam falar sobre a natureza no estado em que a conheciam; pois, para afirmá-lo de modo geral, não bastaria tê-la visto constantemente nem em cem encontros, nem em mil, nem em qualquer outro número, por maior que fosse; pois, se restasse um só caso a examinar, esse único seria suficiente para impedir a definição geral; e se um só fosse contrário, um único [...]*

**Biógrafo de Hume:** Mossner (1970). Para uma história do ceticismo, as palestras de Victor Cousin, *Leçons d'histoire de la philosophie à la Sorbonne* [Aulas de história da filosofia na Sorbonne] (1828) e *Les Philosophes classiques* [Os filósofos clássicos do século XIX, na França] de Hippolyte

---

* *Tratado sobre o vácuo*. Trad. Roberto de Andrade Martins. In: *Tratados físicos de Blaise Pascal. Cadernos de História e Filosofia da Ciência* [série 2], v. 1, n. 3, pp. 1-168, 1989. (N. T.)

Taine, 9ª edição (1868, 1905). Popkin (2003) é uma explicação moderna. Ver também Heckman (2003) e Bevan (1913). Não vi nada na filosofia moderna de probabilidade que a vincule à investigação cética.

**Sexto:** ver Popkin (2003), Sexto, House (1980), Bayle, Huet, Annas e Barnes (1985), e a introdução de Julia Anna e Barnes em Sexto Empírico (2000). Favier (1906) é difícil de encontrar; o único exemplar que localizei, graças aos esforços de Gur Huberman, estava carcomido — parecia não ter sido consultado nos últimos cem anos.

**Menódoto de Nicomédia e o casamento entre o empirismo e ceticismo:** de acordo com Brochard (1887), Menódoto é responsável pela mistura de empirismo e pirronismo. Ver também Favier (1906). Ver o ceticismo sobre essa ideia em Dye (2004) e Perilli (2004).

**Função, não estrutura; tripé empírico:** existem três fontes, e apenas três, nas quais a experiência pode se fiar: observação, história (isto é, a observação registrada) e o julgamento por analogia.

**Algazel:** ver seu *Tahafut al falasifah*, que é refutado por Averróis, também conhecido como Ibn-Rushd, em *Tahafut Attahafut*.

**Céticos religiosos:** Há também uma tradição judaica medieval, com o poeta arabófono Yehuda Halevi. Ver Floridi (2002).

**Algazel e a causa máxima/imediata:** "[...] a determinação feita por eles, a partir unicamente da observação, da natureza da necessária relação entre a causa e o efeito, como se não fosse possível testemunhar o efeito sem a causa atribuída da causa sem o mesmo efeito." (*Tahafut*)

No cerne da ideia de Algazel está a noção de que, se a pessoa bebe porque está com sede, a sede não deve ser vista como uma causa *direta*. Pode ser que haja um desígnio mais amplo em ação; na verdade, ele *existe*, mas só pode ser entendido por aqueles que estejam familiarizados com o pensamento evolutivo. Ver Tinbergen (1963, 1968) para uma explicação moderna da causação imediata. De certa forma, Algazel baseia-se em

Aristóteles para atacá-lo. Em seu livro *Physica* [Física], Aristóteles* já havia visto a distinção entre as diferentes camadas de causalidade (formal, eficiente, final e material).

**Discussões modernas sobre causação:** ver Reichenbach (1938), Granger (1999) e Pearl (2000).

**Crianças e indução natural:** ver Gelman e Coley (1990), Gelman e Hirschfeld (1999) e Sloman (1993).

**Indução natural:** ver Hespos (2006), Clark e Boyer (2006), Inagaki e Hatano (2006), Reboul (2006). Ver o resumo dos trabalhos anteriores em Plotkin (1998).

CAPÍTULOS 5-7 [pp. 85-142]

**"Economistas":** por "economistas" refiro-me à maioria dos membros da corrente econômica neoclássica dominante e ao establishment financeiro convencional das universidades — não aos grupos marginais, como as escolas austríacas ou pós-keynesianas.

**Números pequenos:** Tversky e Kahneman (1971), Rabin (2000).

**Especificidade de domínio:** Williams e Connolly (2006). Podemos ver isso no Teste de Seleção de Wason (1960, 1968), geralmente interpretado com exagero. Ver também Shaklee e Fischhoff (1982), Barron Beaty e Hearshly (1988). "They Knew Better" [Eles tinham conhecimento de causa] de Kahneman em Gilovich et al. (2002).

**Updike:** o comentário é de Jaynes (1976).

**Especialização hemisférica do cérebro:** Gazzaniga e LeDoux (1978), Gazzaniga et al. (2005). Além disso, Wolford, Miller e Gazzaniga (2000)

* Ed. bras.: *Aristóteles: Física I e II*. Campinas: Editora da Unicamp, 2009. (N. T.)

mostram correspondência de probabilidade pelo cérebro esquerdo. Quando se fornece ao cérebro, digamos, uma alavanca que produza bens desejáveis em 60% das vezes, e outra alavanca que o faça em 40%, o cérebro direito empurrará corretamente a primeira alavanca como a linha de ação ideal. Se, por outro lado, fornecermos ao cérebro esquerdo as mesmas opções, ele empurrará a primeira alavanca em 60% das vezes, e a outra em 40% — uma recusa em aceitar a aleatoriedade. Goldberg (2005) argumenta que a especialidade segue linhas diferentes: danos ao cérebro esquerdo não acarretam efeitos graves em crianças, ao contrário das lesões no cérebro direito, ao passo que com os idosos se verifica o contrário. Pela indicação do trabalho de Snyder, agradeço a Elkhonon Goldberg; Snyder (2001). O experimento é de Snyder et al. (2003).

**Seleção de meias e explicação do *retrofit*:** o experimento das meias é apresentado em Carter (1999); o artigo original parece ser de Nisbett e Wilson (1977). Ver também Montier (2007).

**Astebro:** Astebro (2003). Ver "Searching for the Invisible Man" [Em busca do homem invisível], *The Economist*, 9 de março de 2006. Para ver como o excesso de confiança dos empreendedores pode explicar a alta taxa de insucesso, ver Camerer (1995).

**Dopamina**: Brugger e Graves (1997), entre muitos outros artigos. Ver também Mohr et al. (2003) sobre assimetria dopamínica.

**Entropia e informação:** estou evitando de propósito a noção de entropia porque a forma como ela é convencionalmente formulada a torna mal adaptada ao tipo de aleatoriedade que vivenciamos na vida real. A entropia de Tsallis funciona melhor com caudas gordas.

**Notas sobre Georges Perec:** Eco (1994).

**Narratividade e ilusão de compreensão:** Wilson, Gilbert e Centerbar (2003): "A teoria do desamparo demonstrou que se as pessoas sentem que não são capazes de controlar ou prever o ambiente que as cerca, correm o risco de graves déficits motivacionais e cognitivos, como depressão". Para a escrita de um diário, ver Wilson (2002) ou Wegner (2002).

**Exemplo de E. M. Forster:** referência em Margalit (2002).

**Caráter nacional:** Terracciano et al. (2005) e Robins (2005) para a extensão das variações individuais. A ilusão do traço de nacionalidade, que geralmente chamo de "heurística de nacionalidade", conecta-se ao efeito halo: ver Rosenzweig (2006) e Cialdini (2001). Ver Anderson (1983) para a ontologia de nacionalidade.

**Viés de consistência:** o que os psicólogos chamam de viés de consistência é o efeito de revisar as lembranças de modo que façam sentido em relação a informações subsequentes. Ver Schacter (2001).

**A memória é diferente do armazenamento em um computador:** Rose (2003), Nader e LeDoux (1999).

**O mito da memória reprimida:** Loftus e Ketcham (2004).

**Jogadores de xadrez e desconfirmação:** Cowley e Byrne (2004).

**O problema de Quine:** Davidson (1983) argumenta a favor do ceticismo local, mas contra o ceticismo total.

**Narratividade:** note que minha discussão não é existencial, mas apenas prática, então minha ideia é olhar para a narratividade como uma compressão informacional, sem o envolvimento de nada mais do ponto de vista filosófico (como se uma individualidade é sequencial ou não). Existe uma literatura sobre o "eu narrativo" — Bruner (2002) ou se essa identidade é necessária — ver Strawson (1994) e seu ataque em Strawson (2004). O debate: Schechtman (1997), Taylor (1999), Phelan (2005). Uma síntese em Turner (1996).

**"Pós-modernistas" e a desejabilidade das narrativas:** Ver McCloskey (1990) e Frankfurter e McGoun (1996).

**Narratividade de ditos e provérbios:** há muito tempo os psicólogos examinam a credulidade das pessoas em contextos sociais diante de provérbios que soam bem. Por exemplo, desde 1960 são realizados experimentos em que os pesquisadores perguntam às pessoas se elas acreditam que determinado provérbio esteja correto, enquanto se apresenta a outro grupo o significado oposto. Para uma apresentação dos resultados hilários, ver Myers (2002).

**Ciência como uma narrativa:** de fato, os artigos científicos podem fazer sucesso pelo mesmo viés de narratividade que "faz uma história". Você precisa chamar atenção. Bushman e Wells (2001).

**Descobrindo probabilidades:** Barron e Erev (2003) mostram como as probabilidades são subestimadas quando não são apresentadas de forma explícita. Também comunicação pessoal com Barron.

**Risco e probabilidade:** ver Slovic, Fischhoff e Lichtenstein (1976), Slovic et al. (1977) e Slovic (1987). Para o risco como análise e risco como teoria do sentimento, ver Slovic et al. (2002, 2003) e Taleb (2004c). Ver Bar-Hillel e Wagenaar (1991).

**Ligação entre falácia narrativa e conhecimento clínico:** Dawes (1999) tem uma mensagem para os economistas: veja aqui o trabalho dele sobre entrevistas e a preparação de uma narrativa. Ver também Dawes (2001) sobre o efeito retrospectivo.

**Dois sistemas de raciocínio:** ver Sloman (1996, 2002) e o resumo em Kahneman e Frederick (2002). O discurso-palestra de Kahneman na solenidade de aceitação do Nobel resume tudo; pode ser encontrado em <www.nobel.se>. Ver também Stanovich e West (2000).

**Risco e emoções:** devido ao crescente interesse pelo emocional no comportamento, vem aumentando cada vez mais a produção de literatura referente ao papel das emoções tanto na exposição a riscos quanto na prevenção de riscos: a teoria do "risco como sentimento". Ver Loewenstein et al. (2001) e Slovic et al. (2003a). Para uma pesquisa, ver Slovic et al. (2003b) e ver também Slovic (1987). Para uma discussão sobre a "heurística da emoção", ver Finucane et al. (2000). Para modularidade, ver Bates (1994).

**Emoções e cognição:** para o efeito das emoções sobre a cognição, ver LeDoux (2002). Para risco, ver Bechara et al. (1994).

**Heurística de disponibilidade (a facilidade com que as coisas vêm à mente):** Ver Tversky e Kahneman (1973).

**Incidência real de catástrofes:** para uma discussão esclarecedora, ver Albouy (2002), Zajdenweber (2000) ou Sunstein (2002).

**Exploração que os terroristas fazem do sensacional:** ver o ensaio em Taleb (2004c).

**Livros gerais sobre psicologia da tomada de decisões (heurísticas e vieses):** Baron (2000) é simplesmente o mais completo sobre o tema. Kunda (1999) é um resumo do ponto de vista da psicologia social (infelizmente, o autor teve morte prematura); mais curto: Plous (1993). Também Dawes (1988) e Dawes (2001). Note que uma porção substancial dos artigos originais está, felizmente, compilada em Kahneman et al. (1982), Kahneman e Tversky (2000), Gilovich et al. (2002) e Slovic (2001a e 2001b). Ver também Myers (2002) para uma hipótese sobre a intuição e Gigerenzer et al. (2000) para uma apresentação ecológica do tema. A explicação mais abrangente em economia e finanças é Montier (2007), onde suas belas sínteses, que me alimentaram nos últimos quatro anos, estão compiladas — não sendo um acadêmico, ele vai direto ao ponto. Ver também Camerer, Loewenstein e Rabin (2004) para uma seleção de artigos técnicos. Um recomendadíssimo artigo de revisão sobre conhecimento clínico "de especialista" é Dawes (2001).

**Psicologia mais geral das apresentações de decisões:** Klein (1998) propõe um modelo de intuição alternativo. Ver Cialdini (2001) para manipulação social. Uma obra mais especializada, Camerer (2003) enfoca a teoria dos jogos.

**Ensaios de revisão geral e livros abrangentes sobre ciência cognitiva:** Newell e Simon (1972), Varela (1988), Fodor (1983), Marr (1982), Eysenck e Keane (2000), Lakoff e Johnson (1980). A *MIT Encyclopedia of Cognitive Science* [Enciclopédia de ciência cognitiva do MIT] tem artigos de revisão escritos pelos pensadores mais importantes.

**Teoria evolutiva e domínios de adaptação:** ver o original Wilson (2000), Kreps e Davies (1993) e Burnham (1997, 2003). Muito agradável de ler: Burnham e Phelan (2000). A compilação da obra de Robert Trivers está em Trivers (2002). Ver também Wrangham (1999) sobre guerras.

**Política:** "The Political Brain: A Recent Brain-imaging Study Shows That Our Political Predilections Are a Product of Unconscious Confirmation Bias" [O cérebro político: Um estudo recente de imageamento cerebral mostra que nossas predileções políticas são um produto do viés de confirmação inconsciente], de Michael Shermer, *Scientific American*, 26 de setembro de 2006.

**Neurobiologia da tomada de decisões:** para uma compreensão geral de nosso conhecimento sobre a arquitetura do cérebro: Gazzaniga et al. (2002). Gazzaniga (2005) fornece sínteses literárias de alguns dos tópicos. Mais popular: Carter (1999). Também recomendado: Ratey (2001), Ramachandran (2003), Ramachandran e Blakeslee (1998), Carter (1999, 2002), Conlan (1999), o muito agradável Lewis, Amini e Lannon (2000) e Goleman (1995). Ver Glimcher (2002) para probabilidade e o cérebro. Para o cérebro emocional, os três livros de Damásio (1994, 2000, 2003), além de LeDoux (1998) e do mais detalhado LeDoux (2002), são os clássicos. Ver também o mais curto Evans (2002). Para o papel da visão na estética, mas também na interpretação, Zeki (1999).

**Obras gerais sobre a memória:** em psicologia, Schacter (2001) é uma obra de revisão dos vieses de memória com ligações para os efeitos retrospectivos. Em neurobiologia, ver Rose (2003) e Squire e Kandel (2000). Um livro didático geral sobre memória (em psicologia empírica) é Baddeley (1997).

**Colônias intelectuais e vida social:** ver em Collins (1998) a explicação sobre as "linhagens" de filósofos (embora a meu juízo ele não tivesse uma consciência tão plena do problema de Casanova para levar em consideração o viés que faz com que a obra de filósofos individuais tenha menos probabilidade de sobreviver). Para uma ilustração da agressividade dos grupos, ver Uglow (2003).

**Obra de Hyman Minsky:** Minsky (1982).

**Assimetria:** a teoria da perspectiva (Kahneman e Tversky [1979] e Tversky e Kahneman [1992]) explica a assimetria entre eventos aleatórios bons e ruins, mas também mostra que o domínio negativo é convexo, ao passo que o domínio positivo é côncavo, o que significa que uma perda de cem é menos dolorosa do que cem perdas de uma, mas um ganho de cem também é muito menos prazeroso do que cem ganhos de um.

**Correlatos neurais da assimetria:** ver a obra de Davidson em Goleman (2003), Lane et al. (1997) e Gehring e Willoughby (2002). Com sua teoria do "flow" (fluxo), Csikszentmihalyi (1993, 1998) explica ainda mais a atratividade de recompensas constantes.

**Recompensas adiadas e seus correlatos neurais:** McLure et al. (2004) mostra a ativação no córtex cerebral quando se toma a decisão de adiar a recompensa, fornecendo um insight sobre os impulsos límbicos por trás do imediatismo e da atividade cortical no adiamento. Ver também Loewenstein et al. (1992), Elster (1998), Berridge (2005). Para a neurologia das preferências em macacos-prego, Chen et al. (2005).

**Sangrar ou explodir:** Gladwell (2002) e Taleb (2004c). O porquê de o sangramento ser doloroso pode ser explicado pelo estresse enfadonho: Sapolsky et al. (2003) e Sapolsky (1998). Para saber como as empresas gostam de retornos constantes, Degeorge e Zeckhauser (1999). Poética da esperança: Mihailescu (2006).

**Descontinuidades e saltos:** segundo a classificação de René Thom, constituem sete classes; Thom (1980).

**Evolução e pequenas probabilidades:** tenha em mente também o pensamento evolutivo ingênuo postulando a "idealidade" da seleção. O fundador da sociobiologia, o formidável E. O. Wilson, não concorda com essa idealidade quando se trata de eventos raros. Em Wilson (2002), ele escreve:

> É evidente que o cérebro humano evoluiu para se comprometer emocionalmente apenas com um pequeno naco de geografia, um grupo limitado de parentes e duas ou três gerações no futuro. Não olhar nem muito adiante nem longe demais é elementar no sentido darwiniano. *Temos uma propensão inata a ignorar qualquer possibilidade distante que ainda não requeira exame. Segundo dizem as pessoas, isso é apenas senso comum.* Por que elas pensam dessa maneira míope?
>
> A razão é simples: trata-se de uma parte inerente de nossa herança paleolítica. Durante centenas de milênios, aqueles que trabalharam para obter ganhos a curto prazo dentro de um pequeno círculo de parentes e amigos viveram mais tempo e deixaram uma prole mais numerosa — mesmo quando os esforços coletivos levaram à ruína sua supremacia territorial e fizeram desmoronar os impérios a seu redor. A visão de longo prazo que poderia ter salvado seus descendentes distantes exigia visão e altruísmo amplos, difíceis de organizar instintivamente.

Ver também Miller (2000): "A evolução não tem previsão. Carece da visão de longo prazo da gestão de empresas farmacêuticas. Uma espécie não pode levantar capital de risco para pagar suas contas enquanto sua equipe de pesquisa [...] isso torna difícil explicar as inovações".

Observe que nenhum dos autores levou em consideração meu argumento sobre a idade.

CAPÍTULO 8 [pp. 143-68]

A evidência silenciosa recebe o nome de *classe de referência errada* no abominável campo da filosofia da probabilidade, *viés antrópico* na física e *viés de sobrevivência* na estatística (os economistas apresentam o interessante atributo de a terem redescoberto algumas vezes enquanto eram severamente ludibriados por ela).

**Confirmação:** Bacon afirma em *Of Truth* [Da verdade]: "Nenhum prazer é comparável ao de nos conservarmos nas alturas da verdade (uma colina que não se deixa comandar, e onde o ar está sempre límpido e sereno), e ver os erros, e devaneios, brumas e tempestades no vale abaixo". Isso mostra facilmente como grandes intenções podem levar à falácia confirmatória.

**Bacon não entendeu os empiristas:** ele estava procurando o meio-termo de ouro. Novamente, *Da verdade*:

> Existem três fontes de erros e três tipos de falsas filosofias: a sofística, a empírica e a supersticiosa [...]. Aristóteles propicia o mais conspícuo exemplo da primeira, pois sua lógica corrompeu a filosofia natural — assim ele formou o mundo com base nas categorias. [...] Não cabe mais insistir que Aristóteles, em seus livros sobre animais, problemas e em outros tratados, frequentemente recorre a experimentos. Pois Aristóteles decidia de antemão, concluía sem antes consultar devidamente a experiência como base para estabelecer suas resoluções e seus axiomas. [...] A escola empírica de filosofia engendra dogmas mais disformes e monstruosos que a escola sofística ou racional. Suas teorias não estão alicerçadas em noções vulgares (que, embora superficiais, são por assim dizer universais e se referem a tendências gerais), mas na estreiteza de alguns poucos e obscuros experimentos.

O equívoco de concepção de Bacon pode ser o motivo pelo qual demoramos um pouco para entender que trataram a história (e experimentos) como mera e vaga "orientação", ou seja, epilogia.

**Publicação no mundo editorial:** Allen (2005), Klebanoff (2002), Epstein (2001), de Bellaigue (2004) e Blake (1999). Para uma lista engraçada de rejeições, ver Bernard (2002) e White (1982). As memórias de Michael Korda, Korda (2000), adicionam algum colorido ao negócio. Esses livros são de anedotário, mas veremos mais tarde que livros seguem íngremes estruturas invariantes de escala com a implicação de um grave papel para a aleatoriedade.

**Viés antrópico:** ver o maravilhoso e exaustivo debate em Bostrom (2002). Em física, ver Barrow e Tipler (1986) e Rees (2004). Sornette (2004) tem a derivação de sobrevivência de Gott como uma lei de potência. Em finanças, Sullivan et al. (1999) discutem o viés de sobrevivência. Ver também Taleb (2004a). Estudos que ignoram o viés e asseveram conclusões inadequadas: Stanley e Danko (1996) e o mais abobado Stanley (2000).

**Manuscritos e os fenícios:** para sobrevivência e ciência, ver Cisne (2005). Observe que o artigo leva em consideração a sobrevivência física (como fóssil), não cultural, o que implica um viés de seleção. Cortesia de Peter Bevelin.

**Lei da eponímia de Stigler:** Stigler (2002).

**Estatísticas de livros franceses:** *Lire*, abril de 2005.

**Por que a dispersão é importante:** em termos mais técnicos, a distribuição do extremo (ou seja, o máximo ou mínimo) de uma variável aleatória depende mais da variância do processo do que de sua média. É mais provável que uma pessoa cujo peso tende a oscilar lhe mostre uma fotografia de si mesma em que está muito magra do que outra pessoa cujo peso é, em média, mais baixo, mas permanece constante. A média (leia-se "habilidades") às vezes desempenha um papel muito, muito pequeno.

**Registro fóssil:** agradeço ao leitor Frederick Colbourne por seus comentários sobre o tema. A literatura chama isso de "atração do que é recente", mas, devido a divergências, tem dificuldade em estimar seus efeitos. Ver Jablonski et al. (2003).

**Conhecimento público desconhecido:** eis outra manifestação da evidência silenciosa: você pode de fato fazer trabalho de laboratório sentado em uma poltrona, simplesmente emendando aqui e ali pedaços de pesquisas realizadas por pessoas que trabalham distantes umas das outras e deixam as conexões passar despercebidas. Usando a análise bibliográfica, é possível encontrar elos entre informações publicadas que não eram conhecidas previamente pelos pesquisadores. "Descobri" a validação da poltrona em Fuller (2005). Para outras descobertas interessantes, ver Spasser (1997) e Swanson (1986a, 1986b, 1987).

**Crime:** a definição de "crime" econômico é algo que vem em retrospecto. As regulações, uma vez promulgadas, não funcionam de maneira retrospectiva; são muitas as atividades que causam excesso e que nunca são sancionadas (por exemplo, suborno).

**Bastiat:** ver Bastiat (1862-4).

**Casanova:** agradeço ao leitor Milo Jones por me apontar o número exato de volumes. Ver Masters (1969).

**Problema do ponto de referência:** levar em consideração informações preliminares requer uma forma de pensar em termos *condicionais* com a qual, estranhamente, muitos cientistas (sobretudo os melhores) são incapazes de lidar. A diferença entre as duas probabilidades é chamada, simplesmente, de probabilidade condicional. Estamos computando a probabilidade de sobreviver *condicionada* a fazermos parte da própria amostragem. Simplificando, não é possível calcular probabilidades se a sua sobrevivência faz parte da condição de realização do processo.

**Pestes:** ver McNeill (1976).

CAPÍTULO 9 [pp. 169-82]

**Inteligência e Nobel:** Simonton (1999). Se as pontuações dos testes de QI têm alguma correlação com o sucesso subsequente, é muito fraca.

**"Incerteza":** Knight (1923). Minha definição desse risco (Taleb, 2007c) é que se trata de uma situação normativa, em que podemos ter certeza sobre probabilidades, ou seja, sem metaprobabilidades. Considerando que aleatoriedade e risco resultam da opacidade epistêmica, da dificuldade de ver as causas, então necessariamente a distinção é uma bobagem. Qualquer leitor de Cícero reconheceria isso como a probabilidade dele; ver a opacidade epistêmica em seu *De Divinatione* [Sobre a adivinhação], *Liber primus* [Livro primeiro], LVI, 127:

*Qui enim teneat causas rerum futurarum, idem necesse est omnia teneat quae futura sint. Quod cum nemo facere nisi deus possit, relinquendum est homini, ut signis quibusdam consequentia declarantibus futura praesentiat.*

"Pois o que compreende as causas saberá todas as coisas que acontecerão no futuro, exceto que ninguém pode fazer isso a não ser Deus [...]"

**Filosofia e epistemologia da probabilidade:** Laplace, *Tratado*, Keynes (1920), de Finetti (1931), Kyburg (1983), Levi (1970), Ayer, Hacking (1990, 2001), Gillies (2000), von Mises (1928), von Plato (1994), Carnap (1950), Cohen (1989), Popper (1971), Eatwell et al. (1987) e Gigerenzer et al. (1989).

**História do conhecimento e dos métodos estatísticos:** não encontrei nenhuma obra inteligente na história da estatística, isto é, nenhuma que não seja vítima da falácia lúdica ou do gaussianismo. Para uma explicação convencional, ver Bernstein (1996) e David (1962).

**Livros gerais sobre probabilidade e teoria da informação:** Cover e Thomas (1991); menos técnico, mas excelente, Bayer (2003). Para uma visão probabilística da teoria da informação: o póstumo Jaynes (2003) é o único livro de matemática além da obra de Finetti que posso recomendar ao leitor em geral, devido à sua abordagem bayesiana e alergia ao formalismo do *idiot savant*, o sábio idiota.

**Pôquer:** escapa da falácia lúdica; ver Taleb (2006a).

**Abordagem normativa de Platão para a mão esquerda e direita:** Ver McManus (2002).

**O *bildungsphilister* de Nietzsche:** ver Van Tongeren (2002) e Hicks e Rosenberg (2003). Observe que, por causa do viés de confirmação, os acadêmicos dirão que os intelectuais "carecem de rigor" e darão exemplos daqueles que não têm rigor, e não daqueles que têm.

**Livros de economia que tratam da incerteza:** Carter et al. (1962), Shackle (1961-1973), Hayek (1994). Hirshleifer e Riley (1992) inserem a incerteza na economia neoclássica.

**Incomputabilidade:** para terremotos, ver Freedman e Stark (2003) (cortesia de Gur Huberman).

**Mundo acadêmico e filistinismo:** existe uma falácia de ida e volta; se o mundo acadêmico significa rigor (o que duvido, já que o que vi ser chamado de "revisão por pares" é muitas vezes uma farsa grotesca), o não acadêmico não implica falta de rigor. Por que duvido do "rigor"? Por meio do viés de confirmação, os acadêmicos mostram as contribuições que eles mesmos dão; contudo, apesar do elevado número de acadêmicos trabalhando com afinco, uma fração relativamente minúscula de nossos resultados vem deles. Um número desproporcionalmente alto de contribuições provém de pesquisadores autônomos chamados, com desdém, de amadores: Darwin, Freud, Marx, Mandelbrot, até mesmo o Einstein dos primeiros anos de carreira. A influência por parte de um acadêmico geralmente é acidental. Isso ocorreu inclusive na Idade Média e no Renascimento, ver Le Goff (1985). Além disso, os grandes nomes do Iluminismo (Voltaire, Rousseau, d'Holbach, Diderot, Montesquieu) eram figuras não acadêmicas em uma época em que o mundo acadêmico era grande.

CAPÍTULO 10 [pp. 187-220]

**Excesso de confiança:** Albert e Raiffa (1982) (embora aparentemente o artigo tenha definhado durante uma década antes da publicação formal). Lichtenstein e Fischhoff (1977) mostraram que o excesso de confiança pode ser influenciado pela dificuldade do item; ela normalmente diminui e se transforma em falta de confiança em itens fáceis (compare com Armelius [1979]). Muitos artigos desde então tentaram identificar as condições de falhas de calibração ou erros de robustez (sejam treinamento de tarefas, aspectos ecológicos do domínio, nível educacional ou nacionalidade): Dawes (1980), Koriat, Lichtenstein e Fischhoff (1980), Mayseless e Kruglanski

(1987), Dunning et al. (1990), Ayton e McClelland (1997), Gervais e Odean (1999), Griffin e Varey (1996), Juslin (1991, 1993, 1994), Juslin e Olsson (1997), Kadane e Lichtenstein (1982), May (1986), McClelland e Bolger (1994), Pfeifer (1994), Russo e Schoernaker (1992), Klayman et al. (1999). Note a diminuição (inesperada) do excesso de confiança nas decisões em grupo: ver Sniezek e Henry (1989) — e soluções em Plous (1995). Suspeito aqui da distinção Mediocristão/Extremistão e da desigualdade das variáveis. Infelizmente, não encontrei nenhum artigo que fizesse essa distinção. Também há soluções em Stoll (1996), Arkes et al. (1987). Para excesso de confiança em finanças, ver Thorley (1999) e Barber e Odean (1999). Para efeitos entrecruzados, Yates et al. (1996, 1998), Angele et al. (1982). Para excesso de confiança e falta de confiança simultâneos, ver Erev, Wallsten e Budescu (1994).

**Frequência versus probabilidade — o problema ecológico:** Hoffrage e Gigerenzer (1998) acreditam que o excesso de confiança é menos significativo quando o problema é expresso na forma de frequências em vez de probabilidades. De fato, tem havido um debate sobre a diferença entre "ecologia" e laboratório; ver Gigerenzer et al. (2000), Gigerenzer e Richter (1990), e Gigerenzer (1991). Somos "rápidos e frugais" (Gigerenzer e Goldstein [1996]). No que diz respeito ao Cisne Negro, esses problemas de ecologia não surgem: não vivemos em um ambiente no qual somos abastecidos com frequências ou, em termos mais gerais, para o qual estejamos aptos. Ainda na ecologia, Spariosu (2004) para o aspecto lúdico, Cosmides e Tooby (1990). Leary (1987) para as ideias brunswikianas, bem como Brunswik (1952).

**Falta de consciência da ignorância:** "Em suma, o mesmo conhecimento que está na base da capacidade de produzir julgamentos corretos é também o conhecimento que fundamenta a capacidade de reconhecer juízos corretos. Carecer da primeira é ser deficiente na segunda." De Kruger e Dunning (1999).

**Problema de especialista em isolamento:** a meu ver o problema de especialista é indistinguível dos efeitos Mateus e das caudas gordas do Extremistão, mas não encontrei essa ligação nas literaturas da sociologia e da psicologia.

**Conhecimento clínico e seus problemas:** ver Meehl (1954) e Dawes, Faust e Meehl (1989). Mais divertido é o ensaio "Why I Do Not Attend Case Conferences" [Por que não participo de conferências consultivas], em Meehl (1973). Ver também Wagenaar e Keren (1985, 1986).

**Analistas financeiros, arrebanhamento e previsão:** ver Guedj e Bouchaud (2006), Abarbanell e Bernard (1992), Chen et al. (2002), De Bondt e Thaler (1990), Easterwood e Nutt (1999), Friesen e Weller (2002), Foster (1977), Hong e Kubik (2003), Jacob et al. (1999), Lim (2001), Liu (1998), Maines e Hand (1996), Mendenhall (1991), Mikhail et al. (1997, 1999), Zitzewitz (2001) e El-Galfy e Forbes (2005). Para comparação com meteorologistas (desfavorável): Tyszka e Zielonka (2002).

**Economistas e previsões:** Tetlock (2005), Makridakis e Hibon (2000), Makridakis et al. (1982), Makridakis et al. (1993), Gripaios (1994), Armstrong (1978, 1981); e refutações de McNees (1978), Tashman (2000), Blake et al. (1986), Onkal et al. (2003), Gillespie (1979), Baron (2004), Batchelor (1990, 2001), Dominitz e Grether (1999). Lamont (2002) busca fatores relativos à reputação: previsores estabelecidos pioram à medida que produzem previsões mais radicais para chamar atenção — o que é consistente com o efeito ouriço de Tetlock. Ahiya e Doi (2001) procuram comportamento de rebanho no Japão. Ver McNees (1995), Remus et al. (1997), O'Neill e Desai (2005), Bewley e Fiebig (2002), Angner (2006), Bénassy-Quéré (2002); Brender e Pisani (2001) examinam o consenso de Bloomberg; De Bondt e Kappler (2004) afirmam ter evidências de persistência fraca em 52 anos de dados, mas vi os slides em uma apresentação, nunca o artigo, que depois de dois anos talvez não se materialize mais. Excesso de confiança, Braun e Yaniv (1992). Ver Hahn (1993) para uma discussão intelectual geral. Mais geral, Clemen (1986, 1989). Para a teoria dos jogos, Green (2005).

Muitos operadores, como James Montier, e muitos jornais e revistas, como *The Economist*, realizam ocasionais testes de previsão. Cumulativamente, eles devem ser levados a sério, pois abrangem mais variáveis.

**Cultura popular:** em 1931, Edward Angly expôs as previsões feitas pelo presidente Hoover em um livro intitulado *Oh Yeah?* [Ah, é?]. Outro livro hilário é Cerf e Navasky (1998), de onde, aliás, tirei a história da estimativa do preço do petróleo pré-1973.

**Efeitos da informação:** o artigo mais importante é Bruner e Potter (1964). Agradeço a Danny Kahneman pelas discussões e por me indicar esse artigo. Ver também Montier (2007), Oskamp (1965) e Benartzi (2001). Esses vieses tornam-se informações ambíguas (Griffin e Tversky [1992]). Para ver como elas deixam de desaparecer com a destreza e o treinamento, Kahneman e Tversky (1982) e Tversky e Kahneman (1982). Ver Kunda (1990) para saber como as informações consistentes com a preferência são aceitas de olhos fechados, sem questionamento, ao passo que informações inconsistentes com as preferências são processadas de forma crítica.

**Falácia de planejamento:** Kahneman e Tversky (1979) e Buehler, Griffin e Ross (2002). A falácia de planejamento mostra um viés consistente na capacidade de planejamento das pessoas, mesmo em questões de natureza repetível — embora seja mais exagerada em eventos não repetíveis.

**Guerras:** Trivers (2002).

**Existem incentivos no adiamento?:** Flyvbjerg et al. (2002).

**Oskamp:** Oskamp (1965) e Montier (2007).

**Características da tarefa e efeito na tomada de decisões:** Shanteau (1992).

***Epistēmē* versus *Technē*:** essa distinção remonta a Aristóteles, mas ela ressurge e depois arrefece — mais recentemente, repetiu-se em explicações como o conhecimento tácito em "saber como". Ver Ryle (1949), Polanyi (1958/1974) e Mokyr (2002).

**Catarina, a Grande:** o número de amantes vem de Rounding (2006).

**Expectativa de vida:** <www.annuityadvantage.com/lifeexpectancy.htm>. Para projetos, usei uma probabilidade de excedência com um expoente de lei de potência de $3/2 f = Kx^{3/2}$. Assim, a expectativa condicional de $x$, sabendo que $x$ excede $a$:

$$E[x|x>a] = \frac{\int_a^\infty x f(x) dx}{\int_a^\infty f(x) dx}.$$

CAPÍTULOS 11-13 [pp. 221-76]

**Serendipidade:** Ver Koestler (1959) e Rees (2004). Rees também tem ideias poderosas sobre previsão. Ver também os comentários de Popper em Popper (2002), além de Waller (2002a), Merton e Barber (2004), Cannon (1940) e Mach (1896) (citado em Simonton [1999]). Ver Simonton (2004) para uma síntese. Para serendipidade na medicina e na anestesiologia, ver Vale et al. (2005).

**"Homem do Renascimento":** ver <www.bell-labs.com/project/feature/archives/cosmology/>.

**Laser:** como de costume, há controvérsias sobre quem "inventou" a tecnologia. Após uma descoberta bem-sucedida, os precursores são rapidamente encontrados, devido à distorção retrospectiva. Charles Townsend ganhou o prêmio Nobel, mas foi processado por seu aluno Gordon Gould, que afirmou ter sido ele quem realizou o trabalho propriamente dito (ver *The Economist*, 9 de junho de 2005).

**Darwin/ Wallace:** Quammen (2006).

**Ataque de Popper ao historicismo:** ver Popper (2002). Note que estou reinterpretando a ideia de Popper de uma maneira moderna aqui, usando minhas próprias experiências e conhecimentos, e não fazendo comentários acerca de comentários sobre a obra de Popper — com a consequente falta de fidelidade à mensagem dele. Em outras palavras, estes não são diretamente os argumentos de Popper, mas em grande medida os meus argumentos, formulados de acordo com uma estrutura popperiana. A expectativa condicional de uma expectativa incondicional é uma expectativa incondicional.

**Previsão para o futuro cem anos antes:** Bellamy (1891) ilustra nossas projeções mentais do futuro. No entanto, algumas histórias podem ser exageradas: "Outro mito de patente patentemente falso! Será mesmo que certa feita um oficial de patentes se demitiu do cargo por julgar que já não restava mais nada a se inventar? Tão logo esses mitos começam, ganham vida própria". *Skeptical Inquirer*, maio-junho de 2003.

**Observação de Peirce:** Olsson (2006), Peirce (1955).

**Prever e explicar:** Ver Thom (1993).

**Poincaré:** o problema dos três corpos pode ser encontrado em Barrow-Green (1996), Rollet (2005) e Galison (2003). Sobre Einstein, Pais (1982). Revelações mais recentes em Hladik (2004).

**Bolas de bilhar:** Berry (1978) e Pisarenko e Sornette (2004).

**Discussão muito geral sobre "complexidade":** Benkirane (2002), Scheps (1996) e Ruelle (1991). Para limites, Barrow (1998).

**Hayek:** ver <www.nobel.se>. Ver Hayek (1945, 1994). É fato que mecanismos não se corrigem a partir das reclamações de pessoas influentes, mas ou pela mortalidade dos operadores ou por algo ainda mais grave, ao irem à falência? Infelizmente, por causa do contágio, parece haver pouca lógica com relação ao modo como as coisas melhoram; a sorte desempenha um papel importante na forma como as ciências humanas evoluem. Ver Ormerod (2006) para efeitos de rede em "intelectuais e socialismo" e a distribuição da lei de potência na influência devido ao aspecto livre de escalas das conexões — e as arbitrariedades relevantes. Hayek parece ter sido um prisioneiro da antiga diferenciação de Weber entre *Natur-Wissenschaften* [ciências da natureza] e *Geistes Wissenschaften* [ciências do espírito] — mas, felizmente, Popper não foi.

**Insularidade de economistas:** Pieters e Baumgartner (2002). Uma vantagem da insularidade dos economistas é que eles podem me insultar o quanto quiserem sem qualquer consequência: parece que apenas os economistas leem outros economistas (de modo que possam escrever artigos para outros economistas lerem). Para um caso mais geral, ver Wallerstein (1999). Note que Braudel combatia a "história econômica". Era história.

**Economia como religião:** Nelson (2001) e Keen (2001). Para metodologia, ver Blaug (1992). Para sumos sacerdotes e filósofos humildes, ver Boettke, Coyne e Leeson (2006). Observe que as obras de Gary Becker e dos platônicos da Escola de Chicago são desfiguradas pelo viés de confirmação: Becker é rápido em mostrar situações em que as pessoas são movidas por incentivos econômicos, mas não mostra os casos (muitíssimo mais numerosos) em que as pessoas não se importam com esses incentivos materialistas.

O livro mais inteligente que já li sobre economia é Gave et al. (2005), pois transcende as categorias construídas no discurso econômico acadêmico (um dos autores é o jornalista Anatole Kaletsky).

**Teoria geral:** esse fato não intimidou "teóricos gerais". Um figurão da variedade platonificante me explicou durante uma longa viagem de avião de Genebra a Nova York que as ideias de Kahneman e seus colegas devem ser rejeitadas porque não nos permitem desenvolver uma teoria do equilíbrio geral, produzindo "preferências inconsistentes com o tempo". Por um minuto pensei que ele estivesse brincando: ele culpava as ideias dos psicólogos e a incoerência humana por interferirem em sua capacidade de construir seu modelo platônico.

**Samuelson:** para sua otimização, consulte Samuelson (1983). Ver também Stiglitz (1994).

**O dogma de Platão sobre a simetria do corpo:** "Ateniense anônimo a Clínias: que as mãos direita e esquerda devam ser, por natureza, diferentemente adequadas para nossos vários usos delas; considerando-se que nenhuma diferença se verifica no uso dos pés e membros inferiores; mas no uso das mãos estamos, por assim dizer, mutilados pela loucura de amas e mães; pois embora nossos vários membros sejam por natureza equilibrados, criamos uma diferença neles por força de maus hábitos", em *As leis* de Platão.* Ver McManus (2002).

**Empresas farmacêuticas:** algumas empresas desse setor, disseram-me, são dirigidas por pessoas da área comercial que dizem aos pesquisadores onde há uma "necessidade de mercado" e lhes pedem que "inventem" fármacos e curas para suprir essa necessidade — o que está de acordo com os métodos dos perigosamente enganosos analistas de títulos de Wall Street. Eles formulam projeções como se soubessem o que vão encontrar.

**Modelos de retorno sobre inovações:** Sornette e Zajdenweber (1999) e Silverberg e Verspagen (2005).

**Evolução em uma rédea curta:** Dennet (2003) e Stanovich e West (2000).

**Montaigne:** não obtemos muito das biografias de um ensaísta pessoal; algumas informações em Frame (1965) e Zweig (1960).

**Projetibilidade e o paradoxo verdazul:** ver Goodman (1955). Ver também aplicação (ou talvez aplicação incorreta) em King e Zheng (2005).

**Construcionismo:** ver Berger e Luckmann (1966) e Hacking (1999).

**Certificação versus habilidades ou conhecimentos verdadeiros:** ver Donhardt (2004). Há também uma proteção de franquia. A matemática pode não ser uma ferramenta tão necessária para a economia, exceto para proteger a franquia desses economistas que sabem matemática. Na época do meu pai, o processo de seleção para os mandarins era feito usando as habilidades deles em latim (ou grego). Dessa forma, a classe dos alunos preparados para chegar ao topo era fundamentada nos clássicos e sabia

---

* Ed. bras.: *As Leis: Incluindo Epinomis*. Trad. Edson Bini. São Paulo: Edipro, 2010. (N. T.)

alguns temas interessantes. Eles também recebiam formação pautada na visão extremamente probabilística que Cícero tinha das coisas — e eram selecionados com base na erudição, o que carrega pequenos efeitos colaterais. No mínimo, permite que você lide com questões confusas. Minha geração foi selecionada segundo o critério de habilidades matemáticas. A pessoa conseguia ser aprovada com base em uma mentalidade de engenharia; isso produzia mandarins de mentalidade matemática, altamente estruturada e lógica, e que, consequentemente, selecionariam seus pares com base nesses mesmos critérios. Então, os artigos em economia e as ciências sociais gravitaram em direção ao extremamente matemático e protegeram sua franquia construindo elevadas barreiras matemáticas para obstruir a entrada. Também era possível afugentar o público em geral, que é incapaz de colocar o trabalho deles em xeque. Outro efeito dessa proteção de franquia é que ela pode ter ajudado a colocar "no topo" aqueles pesquisadores "idiotas sábios", que careciam de erudição e por isso eram insulares, provincianos e fechados para as outras disciplinas.

**Liberdade e determinismo:** uma ideia especulativa em Penrose (1989), na qual apenas os efeitos quânticos (com a indeterminância percebida lá) podem justificar a consciência.

**Projetibilidade:** unicidade presumindo mínimos quadrados ou desvio absoluto médio (MAD).

**Teoria do caos e a confusão *backward/forward*:** o filme *Happenstance*, também conhecido como *Le Battement d'ailes du papillon/The Beating of a Butterfly's Wings?/O bater de asas de borboleta*, dirigido por Laurent Firode (2000).

**Autismo e percepção de aleatoriedade:** ver Williams et al. (2002).

**Erros de previsão e de previsão equivocada em estados hedônicos:** Wilson, Meyers e Gilbert (2001), Wilson, Gilbert e Centerbar (2003) e Wilson et al. (2005). Eles chamam isso de "evanescência emocional".

**Previsão e consciência:** ver a ideia de "*aboutness*" (atinência)* em Dennett (1995, 2003) e Humphrey (1992). No entanto, Gilbert (2006) acredita que não somos o único animal que faz previsões — o que acabou se revelando uma crença errada. Suddendorf (2006) e Dally, Emery e Clayton (2006) mostram que os animais também preveem!

**Comentário de Russell sobre a aposta de Pascal:** Ayer (1988) informa isso como uma comunicação privada.

**História:** Carr (1961), Hexter (1979) e Gaddis (2002). Mas tenho problemas com os historiadores em geral, porque volta e meia eles confundem os processos *forward* (progressivo, de avanço, para a frente) e *backward* (regressivo, de retrocesso, para trás). O livro *Ubiquity*, de Mark Buchanan e a bastante confusa discussão de Niall Ferguson na *Nature*. Nenhum deles parece perceber o problema de calibração com as leis de potência. Ver também Ferguson, *O horror da guerra*, para avaliar a extensão dos problemas *forward/backward*.

Para a tendência nomológica tradicional, ou seja, a tentativa de ir além da causa no sentido de uma teoria geral, ver *Muqaddamah* de Ibn Khaldoun. Ver também *Filosofia da história*, de Hegel.**

**Emoção e cognição:** Zajonc (1980, 1984).

**Seguro contra catástrofes:** Froot (2001) afirma que seguros contra eventos remotos são superfaturados. Não se sabe ao certo como ele determinou isso (talvez recorrendo a alguma modernização ou a um processo autossustentável para alavancar a si próprio), mas as empresas de resseguros não têm ganhado um centavo sequer vendendo seguros "superfaturados".

**Pós-modernistas:** os pós-modernistas não parecem estar cientes das diferenças entre narrativa e previsão.

---

* O termo já foi traduzido também como "tematicidade" e "sobrecidade". (N. T.)
** Ed. bras.: *Filosofia da história*. Trad. Maria Rodrigues e Harden. Brasília: Editora da UnB, 1999. (N. T.)

**Sorte e serendipidade na medicina:** Vale et al. (2005). Em história, ver Cooper (2004). Ver também Ruffié (1977). Mais geral, ver Roberts (1989).

**Previsão afetiva:** Ver Gilbert (1991), Gilbert et al. (1993) e Montier (2007).

CAPÍTULOS 14-17 [pp. 279-360]

Esta seção também servirá a outro propósito. Sempre que falo sobre o Cisne Negro, as pessoas tendem a me contar relatos anedóticos. Mas essas historietas são apenas corroborativas: é necessário mostrar que, *no agregado*, o mundo é dominado por eventos Cisne Negro. Para mim, a rejeição da aleatoriedade não escalável é suficiente para estabelecer o papel e a importância de Cisnes Negros.

**Efeitos Mateus:** ver Merton (1968, 1973a, 1988). Marcial, em seus *Epigramas*: "*Semper pauper eris, si pauper es, Aemiliane. / Dantur opes nullis (nunc) nisi divitibus.*" (Epigr. v 81).* Ver também Zuckerman (1997, 1998).

**Vantagem cumulativa e suas consequências na justiça social:** revisão em DiPrete et al. (2006). Ver também Brookes-Gun e Duncan (1994), Broughton e Mills (1980), Dannefer (2003), Donhardt (2004), Hannon (2003) e Huber (1998). Para saber como isso pode explicar a precocidade, ver Elman e O'Rand (2004).

**Concentração e justiça nas carreiras intelectuais:** Cole e Cole (1973), Cole (1970), Conley (1999), Faia (1975), Seglen (1992), Redner (1998), Lotka (1926), Fox e Kochanowski (2004) e Huber (2002).

**"O vencedor leva tudo":** Rosen (1981), Frank (1994), Frank e Cook (1995) e Attewell (2001).

**Artes:** Bourdieu (1996), Taleb (2004e).

* "Sempre pobre serás, se pobre és, Emiliano./ Agora não se dão bens a ninguém, a não ser aos ricos". (N. T.)

**Guerras:** a guerra está concentrada à maneira do Extremistão; Lewis Fry Richardson observou no século passado a irregularidade na distribuição de vítimas fatais (Richardson [1960]).

**Guerras modernas:** Arkush e Allen (2006). No estudo dos maoris, o padrão de luta com clavas foi sustentável por muitos séculos — ferramentas modernas causam entre 20 mil e 50 mil mortes por ano. Simplesmente não somos feitos para guerra técnica. Para um relato anedótico e causativo da história de uma guerra, ver Ferguson (2006).

**s&p 500:** Ver Rosenzweig (2006).

**A cauda longa:** Anderson (2006).

**Diversidade cognitiva:** ver Page (2007). Para o efeito da internet nas escolas, ver Han et al. (2006).

**Cascatas:** ver Schelling (1971, 1978) e Watts (2002). Para cascatas de informação na economia, ver Bikhchandani, Hirshleifer e Welch (1992) e Shiller (1995). Ver também Surowiecki (2004).

**Justiça:** para alguns pesquisadores, como Frank (1999), o sucesso arbitrário e aleatório de outros não é diferente da poluição, o que gera a necessidade de promulgação de um imposto. De Vany, Taleb e Spitznagel (2004) propõem uma solução baseada no mercado para o problema de alocação através do processo de autosseguro voluntário e produtos derivativos. Shiller (2003) propõe seguros de ponta a ponta.

**A matemática do apego preferencial:** esse argumento envolveu Mandelbrot em uma briga com o cientista cognitivo Herbert Simon, que formalizou as ideias de Zipf em um artigo de 1955 (Simon [1955]), que então se tornou conhecido como o modelo Zipf-Simon. Ei, você precisa deixar que as pessoas caiam em descrédito!

**Concentração:** Price (1970). "Derivação de Zipf", de Simon (1955). Bibliometria mais geral, ver Price (1976) e Glänzel (2003).

**Destruição criativa, revisitada:** ver Schumpeter (1942).

**Redes:** Barabási e Albert (1999), Albert e Barabási (2000), Strogatz (2001, 2003), Callaway et al. (2000), Newman et al. (2000), Newman, Watts e Strogatz (2000), Newman (2001), Watts e Strogatz (1998), Watts (2002, 2003) e Amaral et al. (2000). Supostamente, começou com Milgram (1967). Ver também Barbour e Reinert (2000), Barthélémy e Amaral (1999). Ver Boots e Sasaki (1999) para infecções. Para extensões, ver Bhalla e Iyengar (1999). Resiliência, Cohen et al. (2000), Barabási e Bonabeau (2003), Barabási (2002) e Banavar et al. (2000). Leis de potência e a web, Adamic e Huberman (1999) e Adamic (1999). Estatísticas da internet: Huberman (2001), Willinger et al. (2004), e Faloutsos, Faloutsos e Faloutsos (1999). Para DNA, ver Vogelstein et al. (2000).

**Criticalidade auto-organizada:** Bak (1996).

**Pioneiros das caudas gordas:** para riqueza, Pareto (1896), Yule (1925-1944). Menos pioneiro, Zipf (1932-1949). Para linguística, ver Mandelbrot (1952).

**Pareto:** Ver Bouvier (1999).

**Endógeno versus exógeno:** Sornette et al. (2004).

**Obra de Sperber:** Sperber (1996a, 1996b, 1997).

**Regressão:** se você ouvir a expressão *regressão de mínimo quadrado*, deve desconfiar das afirmações que estão sendo feitas. Na medida em que ela pressupõe que os seus erros desaparecem de forma muito rápida, subestima o erro total possível e, portanto, superestima o conhecimento que se pode derivar dos dados.

**A noção de limite central:** muito mal compreendida: leva muito tempo para se atingir o limite central — então, como não vivemos na assíntota, temos problemas. Todas as muitas variáveis aleatórias (como começamos no exemplo do capítulo 16 com +1 ou –1, o que é chamado de empate de

Bernouilli) somadas (somamos as vitórias das quarenta jogadas), tornam-se gaussianas. A soma é a chave aqui, uma vez que estamos levando em consideração os resultados da soma dos quarenta passos, que é onde a gaussiana, de acordo com a primeira e a segunda suposições centrais, torna-se o que é chamado de "distribuição". (Uma distribuição informa como os resultados provavelmente serão espalhados, ou distribuídos.) No entanto, podem chegar lá em velocidades diferentes. Isto é o teorema do limite central: se adicionarmos variáveis aleatórias provenientes desses saltos domesticados individuais, o resultado será a gaussiana.

Onde o limite central não funciona? Se você não tiver essas pressuposições centrais, mas tiver saltos de tamanhos aleatórios, então não obterá a gaussiana. Além disso, às vezes convergimos muito lentamente para a gaussiana. Para pré-assíntotas e escalabilidade, Mandelbrot e Taleb (2007a), Bouchaud e Potters (2003). Para o problema de trabalhar fora das assíntotas, Taleb (2007).

***Aurea mediocritas:*** perspectiva histórica, em Naya e Pouey-Mounou (2005) apropriadamente chamada de *Éloge de la médiocrité* [Elogio da mediocridade].

**Reificação (hipostatização):** Lukacz, em Bewes (2002).

**Catástrofes:** Posner (2004).

**Concentração e vida econômica moderna:** Zajdenweber (2000).

**Escolhas da estrutura da sociedade e resultados compactados:** o artigo clássico é Rawls (1971), embora Frohlich, Oppenheimer e Eavy (1987a, 1987b), bem como Lissowski, Tyszka e Okrasa (1991), contradigam a noção da desejabilidade do véu de Rawl (ainda que por meio de experimento). Para os tipos de ambientes pobres, as pessoas preferem a renda média máxima sujeita a uma restrição de piso em alguma forma de igualdade, para os ricos, preferem a desigualdade.

**Contágio gaussiano:** Quételet em Stigler (1986). Francis Galton (citado em *The Taming of Chance* [O acaso domado], de Ian Hacking): "Não conheço qualquer coisa com tamanha capacidade de impressionar a imaginação quanto a maravilhosa forma de ordem cósmica expressa pela 'lei do erro'".

**Bobagem da "variância finita":** associada ao teorema do limite central, há uma suposição chamada de "variância finita", que é bastante técnica: nenhuma dessas etapas de construção pode ter um valor infinito se você as elevar ao quadrado ou multiplicá-las por si próprias. Elas precisam ser limitadas em algum número. Simplificamos aqui, convertendo todas em uma única etapa ou desvio-padrão finito. O problema é que algumas recompensas fractais podem ter variância finita, mas ainda assim não nos levar rapidamente até lá. Ver Bouchaud e Potters (2003).

**Distribuição lognormal:** existe uma variedade intermediária que é chamada de lognormal, enfatizada por um certo Gibrat (ver Sutton [1997]) no início do século XX como uma tentativa de explicar a distribuição da riqueza. Nessa estrutura, não é exatamente que os ricos se tornem mais ricos em uma situação de puro apego preferencial, e sim que, se sua riqueza estiver em cem, você vai variar em um, mas quando sua riqueza estiver em mil, você vai variar em dez. As mudanças relativas em sua riqueza são gaussianas. Portanto, na superfície, a lognormal se assemelha à fractal, no sentido de que pode tolerar alguns desvios grandes, mas é perigosa porque no fim eles diminuem rapidamente. A introdução da lognormal foi uma concessão muito ruim, mas uma maneira de esconder as falhas da gaussiana.

**Extinções:** Sterelny (2001). Para extinções a partir de rupturas abruptas, ver Courtillot (1995) e Courtillot e Gaudemer (1996). Saltos: Eldredge e Gould.

*Fractais, leis de potência e distribuições livres de escalas*

**Definição:** tecnicamente, $P_{>x}=Kx^{-\alpha}$, em que se supõe que $\alpha$ seja o expoente da lei de potência. Diz-se que é livre de escalas, no sentido de que não tem uma escala característica: o desvio relativo de $\frac{P_{>x}}{P_{>nx}}$ não depende de $x$, mas de $n$ — para $x$ "grande o suficiente". Agora, na outra classe de distribuição, aquela que posso descrever intuitivamente como não escalável, com a forma típica p(x) = Exp[-a x], a escala será a.

**Problema de "quão grande":** agora, o problema que geralmente é incompreendido. Essa escalabilidade pode parar em algum lugar, mas não sei onde, então posso considerá-la infinita. As afirmações *muito grande e não sei quão grande* e *infinitamente grande* são epistemologicamente substituíveis. Pode haver um ponto em que as distribuições se invertam. Isso se tornará evidente quando as examinarmos de uma forma mais gráfica.

Log P> x = -α Log X +C$^t$ para uma escalável. Quando fazemos um gráfico log-log (ou seja, plotamos P>x e x em uma escala logarítmica), como nas figuras 15 e 16, devemos ver uma linha reta.

**Fractais e leis de potência:** Mandelbrot (1975, 1982). Schroeder (1991) é imperativo. O manuscrito não publicado de John Chipman, *The Paretian Heritage* [O legado de Pareto] (Chipman [2006]) é a melhor crítica que já vi. Ver também Mitzenmacher (2003).

> "Chegar muito perto da teoria verdadeira e compreender sua aplicação precisa são duas coisas muito diferentes, como nos ensina a história da ciência. Todas as coisas importantes já foram ditas antes por alguém que não descobriu isso." Whitehead (1925).

**Fractais em poesia:** para a citação de Dickinson, ver Fulton (1998).

**Lacunaridade:** Brockman (2005). Nas artes, Mandelbrot (1982).

**Fractais na medicina:** "New Tool to Diagnose and Treat Breast Cancer" [Nova ferramenta para diagnosticar e tratar o câncer de mama], *Newswise*, 18 de julho de 2006.

**Livros de referência geral em física estatística:** o mais completo (a respeito de caudas gordas) é Sornette (2004). Ver também Voit (2001) ou o muito mais aprofundado Bouchaud e Potters (2002) para preços financeiros e econofísica. Para teoria da "complexidade", livros técnicos: Bocarra (2004), Strogatz (1994), o popular Ruelle (1991) e também Prigogine (1996).

**Processos de encaixe:** para a filosofia do problema, Taleb e Pilpel (2004). Ver também Pisarenko e Sornette (2004), Sornette et al. (2004), e Sornette e Ide (2001).

**Salto de Poisson**: às vezes as pessoas propõem uma distribuição gaussiana com uma pequena probabilidade de um salto "de Poisson". Isso pode ser bom, mas como você sabe qual será o tamanho do salto? Pode ser que os dados anteriores não lhe digam a altura do salto.

**Efeito de amostragem pequena:** Weron (2001). Officer (1972) é totalmente ignorante em relação a esse ponto.

**Recursividade das estatísticas:** Taleb e Pilpel (2004), Blyth et al. (2005).

**Biologia:** pioneiros da biologia molecular moderna, Salvador Luria e Max Delbrück testemunharam, em uma colônia bacteriana, um fenômeno de aglomeração com ocorrências ocasionais de mutantes extremamente grandes, maiores do que todas as outras bactérias.

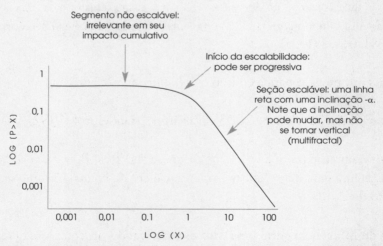

**FIGURA 19. Distribuição típica com caudas de lei de potência** (aqui uma distribuição T de Student).

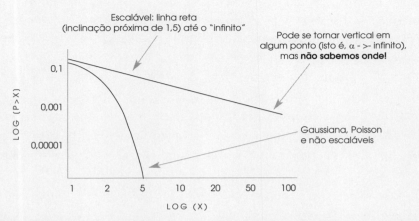

**FIGURA 20.** Os dois domínios exaustivos de atração: linha vertical ou linha reta com inclinações de infinito negativo ou α negativo constante. Note que, como as probabilidades precisam somar 1 (inclusive na França), não pode haver outras alternativas para as duas bacias, e é por isso que eu as limito a essas duas exclusivamente.

Minhas ideias tornam-se muito simples com essa polarização bem definida — somada ao problema de não se saber em que bacia estamos, devido à escassez de dados na extremidade direita.

**Termodinâmica:** maximização de entropia sem as restrições de um segundo momento conduzem a uma distribuição Levy-estável — a tese de Mandelbrot de 1952 (ver Mandelbrot [1997a]). A visão mais sofisticada de entropia de Tsallis conduz a uma distribuição T de Student.

**Cadeias de imitação e patologias:** uma cascata de informações é um processo em que um agente puramente racional elege uma escolha específica ignorando a própria informação privada (ou julgamento) para seguir a de outrem. Você corre, eu sigo você, porque pode ser que você esteja ciente de algum perigo que talvez eu não tenha percebido. É eficiente fazer o que os outros fazem em vez de ter que reinventar a roda todas as vezes. Mas essa cópia do comportamento de outras pessoas pode levar a cadeias de imitação. Em pouco tempo, todos estarão correndo na mesma direção, e pode ser por razões espúrias. Esse comportamento causa bolhas no mercado de ações e a formação de gigantescos modismos culturais. Bikhchandani et al. (1992). Na psicologia, ver Hansen e Donoghue (1977). Em biologia/seleção, Dugatkin (2001), Kirpatrick e Dugatkin (1994).

**Criticalidade auto-organizada:** Bak e Chen (1991), Bak (1996).

**Variáveis econômicas:** Bundt e Murphy (2006). A maioria das variáveis econômicas parece seguir uma distribuição "estável". Elas incluem câmbio estrangeiro, o PIB, a oferta monetária, as taxas de juros (de longo e de curto prazo) e a produção industrial.

**Estatísticos não aceitam escalabilidade:** raciocínio defeituoso confundindo erros de amostragem nas caudas com um limite: Perline (2005), por exemplo, não entende a diferença entre ausência de evidência e evidência de ausência.

**Série temporal e memória:** é possível ter uma "memória fractal", isto é, o efeito de eventos passados no presente exerce um impacto que tem uma "cauda". Diminui de intensidade como lei de potência, não exponencialmente.

**Obra de Marmott:** Marmott (2004).


CAPÍTULO 18 [pp. 361-8]

**Economistas:** Weintraub (2002), Szenberg (1992).

**Teoria de portfólio e finanças modernas:** Markowitz (1952, 1959), Huang e Litzenberger (1988) e Sharpe (1994, 1996). O que é chamado de índice de Sharpe não faz sentido fora do Mediocristão. O conteúdo do livro de Steve Ross (Ross [2004]) sobre "finanças neoclássicas" é completamente cancelado se você levar em consideração o Extremistão, apesar da "elegante" matemática e das belas teorias de cima para baixo. "Anedota" do Merton mais jovem em Merton (1992).

**Obsessão com medições:** com frequência me mostram Crosby (1997) como uma evidência convincente de que fazer medições foi uma grande conquista, sem saber que elas se aplicavam ao Mediocristão e apenas ao Mediocristão. Bernstein (1996) comete o mesmo erro.

**Leis de potência nas finanças:** Mandelbrot (1963), Gabaix et al. (2003), e Stanley et al. (2000). Kaizoji e Kaizoji (2004), Véhel e Walter (2002). Preços de terras: Kaizoji (2003). Magisterial: Bouchaud e Potters (2003).

**Equity Premium Puzzle [Quebra-cabeça do prêmio de risco]:** se você aceitar caudas gordas, não há nenhum quebra-cabeça do prêmio de risco. Benartzi e Thaler (1995) propõem uma explicação psicológica, sem perceber que a variância não é a medida. Muitos outros também fazem isso.

**Opções cobertas:** um jogo de otário, pois você corta seus ganhos — condicionado a uma quebra do potencial de aumento da ação, ela deve subir muito mais do que aquilo que se aceita intuitivamente. Para um erro representativo, ver Board et al. (2000).

**Família Nobel:** "Nobel Descendant Slams Economics Prize" [Descendente de Alfred Nobel critica severamente o prêmio]. *The Local*, Estocolmo, 28 de setembro de 2005.

**Bolha dupla:** o problema dos derivativos é que se o título por trás deles tiver caudas gordas suaves e seguir uma lei de potência leve (ou seja, um expoente de cauda de três ou superior), a derivada produzirá caudas muito mais longas (se o retorno estiver em quadrados, então o expoente de cauda do portfólio de derivativos será a metade do expoente do primeiro derivativo). Isso torna a equação de Black-Scholes-Merton duas vezes mais inadequada!

**Arrebentando Poisson:** a melhor maneira de desvendar os problemas de Poisson como um substituto para uma escalável é calibrar um Poisson e calcular os erros da amostragem. O mesmo se aplica a métodos como o GARCH — eles se saem bem na amostragem, mas sua performance é horrorosa fora dela (até mesmo uma volatilidade histórica passada ou desvio médio com um rastro de três meses terá um desempenho melhor do que um GARCH de ordem superior).

**Por que o Nobel:** Derman e Taleb (2005), Haug (2007).

**Claude Bernard e a medicina experimental:** "Empiricism pour le présent, avec direction à aspiration scientifique pour l'avenir." [Empirismo para o presente, com direção a uma aspiração científica para o futuro]. De Claude Bernard, *Principe de la médecine expérimentale* [Princípio da medicina experimental]. Ver também Fagot-Largeault (2002) e Ruffié (1977). Medicina moderna baseada em evidências: Ierodiakonou e Vandenbroucke (1993) e Vandenbroucke (1996) discutem um enfoque estocástico da medicina.

CAPÍTULO 19 [pp. 371-4]

**Citação de Popper:** De *Conjecturas e Refutações*, páginas 95-7.

**O paradoxo da loteria:** este é um exemplo de acadêmicos estudiosos que não compreendem o evento raro de alto impacto. Existe um conhecidíssimo enigma filosófico chamado de "paradoxo da loteria", originalmente proposto pelo lógico Henry Kyburg (ver Rescher [2001] e Clark [2002]), que é o seguinte: "Não acredito que nenhum bilhete ganhará a loteria, mas acredito que todos os bilhetes ganharão a loteria". Para mim (e para uma pessoa normal), essa declaração não parece conter nada de estranho. Contudo, para um filósofo acadêmico formado em lógica clássica, trata-se de um paradoxo. Mas só é um paradoxo se alguém tentar espremer afirmações de probabilidade na lógica de uso comum que remonta a Aristóteles na base do *ou tudo ou nada*. Uma aceitação e rejeição ao estilo *ou tudo ou nada* ("acredito" ou "não acredito") são inadequadas no que diz respeito ao altamente improvável. Precisamos de nuances de crença, graus de fé que um indivíduo possa ter em uma declaração e que sejam diferentes de 100% ou 0%.

Uma derradeira consideração filosófica. Para meu amigo, o trader de opções e estudioso do Talmude, o rabino Tony Glickman: a vida é convexa e deve ser vista como uma série de derivativos. De forma simples: quando você elimina a exposição negativa, limita sua vulnerabilidade ao desconhecimento, Taleb (2005).

# Referências bibliográficas

ABARBANELL, Jeffery S.; BERNARD, Victor L. "Test of Analysts' Overreaction/Underreaction of Earnings Information as an Explanation for Anomalous Stock Price Behavior". *Journal of Finance*, v. 47, pp. 1181-207, 1992.

ACZEL, Amir D., *Chance: A Guide to Gambling, Love, the Stock Market, and Just About Everything Else*. Nova York: Thunder's Mouth Press, 2004. [Ed. bras.: *Quais são as suas chances?: Um guia para a melhor aposta no amor, na bolsa de valores e no que você quiser*. Trad. de Jussara Simões. Rio de Janeiro: BestSeller, 2007.]

ADAMIC, Lada. "The Small World Web". *Lecture Notes in Computational Science*, v. 1696, pp. 443-52, 1999.

_____; HUBERMAN, Bernardo A. "The Nature of Markets in the World Wide Web". *Quarterly Journal of Electronic Commerce*, v. 1, pp. 5-12, 1999.

ALBERT, R.; BARABÁSI, A.-L. "Topology of Evolving Networks: Local Events and Universality". *Physical Review Letters*, v. 85, pp. 5234-7, 2000.

ALBERT, R.; JEONG, H.; BARABÁSI, A.-L. "Error and Attack Tolerance of Complex Networks". *Nature*, v. 406, pp. 378-82, 2000.

ALBOUY, François-Xavier. *Le Temps des catastrophes*. Paris: Descartes & Cie, 2002.

AL-GHAZALI. "Mikhtarat Min Ahthar Al-Ghazali". In: SALIBA, Jamil. *Tarikh Al Falsafa Al Arabiah*. Beirute: Al Sharikah Al Ahlamiah Lilk-itab. 1989.

ALLEN, Mark S. "Transformations in Maori Warfare: Toa, Pa, and Pu". In: ARKUSH, Elizabeth N.; ALLEN, Mark W. (Orgs.). *The Archaeology of Warfare: Prehistories of Raiding and Conquest*. Gainesville: University of Florida Press, 2006.

ALLEN, Michael. *The Truth About Writing*. Wiltshire: Kingsfield Publications, 2003.

_____. *On the Survival of Rats in the Slushpile: Essays and Criticism*. Wiltshire: Kingsfield Publications, 2005.

ALLPORT, D. A. "The State of Cognitive Psychology". *Quarterly Journal of Experimental Psychology*, v. 27, pp. 141-52, 1975.

ALLWOOD, C. M.; MONTGOMERY, H. "Response Selection Strategies and Realism of Confidence Judgments". *Organizational Behavior and Human Decision Processes*, v. 39, pp. 365-83, 1987.

ALPERT, M.; RAIFFA, M. "A Progress Report on the Training of Probability Assessors". In: KAHNEMAN, D.; SLOVIC, P.; TVERSKY, A. (Orgs.). *Judgment Under Uncertainty: Heuristics and Biases*. Cambridge, Inglaterra: Cambridge University Press, 1982.

AMARAL, L. A. N.; SCALA, A.; BARTHÉLÉMY, M.; STANLEY, H. E. "Classes of Behavior of Small--world Networks". *Proceedings of the National Academy of Science*, v. 97, pp. 11149-52, 2000.

ANDERSON, Benedict. *Imagined Communities*. Nova York: Verso, 1983. [Ed. bras.: *Comunidades imaginadas*. Trad. de Denise Bottmann. São Paulo: Companhia das Letras, 2008.]

ANDERSON, Chris. *The Long Tail*. Nova York: Hyperion, 2006. [Ed. bras.: *A cauda longa: A nova dinâmica de marketing e vendas: Como lucrar com a fragmentação dos mercados*. Rio de Janeiro: Elsevier, 2006.]

ANDERSON, N. H. "A Cognitive Theory of Judgment and Decision", 1986. In: BREHMER, B.; JUNGERMANN, H.; LOURENS, P.; SEVON, G. (Orgs.). *New Directions in Research on Decision Making*. Amsterdã: North-Holland, 1986.

ANGELE, U.; BEER-BINDER, B.; BERGER, R.; BUSSMANN, C.; KLEINBOLTING, H.; MANSARD, B. *Uberund Unterschätzung des eigenen Wissens in Abhängigkeit von Geschlecht und Bildungsstand (Overestimation and Underestimation of One's Knowledge as a Function of Sex and Education)*. Manuscrito não publicado, Universidade de Konstanz, República Federal da Alemanha, 1982.

ANGNER, Erik. "Economists as Experts: Overconfidence in Theory and Practice". *Journal of Economic Methodology*, v. 13, n. 1, pp. 1-24, 2006.

ANNAS, Julia; BARNES, Julian. *Modes of Skepticism*. Cambridge, Inglaterra: Cambridge University Press, 1985.

ARKES, H. R.; CHRISTENSEN, C.; LAI, C.; BLUMER, C. "Two Methods of Reducing Overconfidence". *Organizational Behavior and Human Decision Processes*, v. 39, pp. 133-44, 1987.

_____; HAMMOND, K. R. *Judgment and Decision Making: An Interdisciplinary Reader*. Cambridge, Inglaterra: Cambridge University Press, 1986.

ARKUSH, Elizabeth N.; ALLEN, Mark W. (Orgs.). *The Archaeology of Warfare: Prehistories of Raiding and Conquest*. Gainesville: University of Florida Press, 2006.

ARMELIUS, B.; ARMELIUS, K. "The Use of Redundancy in Multiple-cue Judgments: Data from a Suppressor-variable Task". *American Journal of Psychology*, v. 87, pp. 385-92, 1974.

ARMELIUS, K. "Task Predictability and Performance as Determinants of Confidence in Multiple--cue Judgments". *Scandinavian Journal of Psychology*, v. 20, pp. 19-25, 1979.

ARMSTRONG, J. Scott. "Are Econometricians Useful? Folklore Versus Fact". *Journal of Business*, v. 51, n. 4, pp. 549-64, 1978.

_____. "How Expert Are the Experts?" *Inc.*, dez. 1981, pp. 15-6, 1981.

ARON, Raymond. *Dimensions de la conscience historique*. Paris: Agora, 1961.

ARROW, Kenneth. "Economic Theory and the Postulate of Rationality". In: EATWEIL, J.; MILGATE, M.; NEWMAN, P. (Orgs.) *The New Palgrave: A Dictionary of Economics*. Londres: Macmillan, 1987. v. 2, pp. 69-74, 1987.

ARTHUR, Brian W. *Increasing Returns and Path Dependence in the Economy*. Ann Arbor: University of Michigan Press, 1994.

ASHIYA, Masahiro; DOI, Takero. "Herd Behavior of Japanese Economists". *Journal of Economic Behavior and Organization*, v. 46, pp. 343-6, 2001.

ASTEBRO, Thomas. "The Return to Independent Invention: Evidence of Unrealistic Optimism, Risk Seeking or Skewness Loving?". *Economic Journal*, v. 113, n. 484, pp. 226-39, 2003.

ATTEWELL, P. "The Winner-take-all High School: Organizational Adaptations to Educations. Stratification". *Sociology of Education*, v. 74, pp. 267-95, 2001.

AYACHE, E. "The Back of Beyond", *Wilmott* (primavera), pp. 26-9, 2004a.

_____. "A Beginning, in the End", *Wilmott* (inverno), pp. 6-11, 2004b.

AYER, A. J. *The Problem of Knowledge*. Londres: Penguin, 1958. [Ed. port.: *O problema do conhecimento*. Trad. de Vieira de Almeida. Lisboa; Rio de Janeiro: Ulisseia, 1962.]

_____. *Probability and Evidence*. Nova York: Columbia University Press, 1972.

_____. *Voltaire*. Londres: Faber and Faber, 1988.

AYTON, P.; MCCLELLAND, A. G. R. "How Real Is Overconfidence?". *Journal of Behaviors, Decision Making*, v. 10, pp. 153-285, 1997.

BADDELEY, Alan. *Human Memory: Theory and Practice*. Londres: Psychology Press, 1997.

BAK, Per. *How Nature Works*. Nova York: Copernicus, 1996.

_____; CHEN, K. "Self-organized criticality". *Scientific American*, n. 264, pp. 46-53, 1991.

BALL, Philip. *Critical Mass: How One Thing Leads to Another*. Londres: Arrow Books, 2004. [Ed. port.: *Massa crítica: O modo como uma coisa conduz a outra*. Lisboa: Gradiva, 2009.]

_____. "Econophysics: Culture Crash". *Nature*, n. 441, pp. 686-8, 2006.

BANAVAR, J. R.; COLAIORI, F.; FLAMMINI, A.; MARITAN, A.; RINALDO, A. "A Topology of the Fittest Transportation Network". *Physical Review Letters*, v. 84, pp. 4745-8, 2000.

BARABÁSI, Albert-Laszlo. *Linked: The New Science of Networks*. Boston: Perseus Publishing, 2002. [Ed. bras.: *Linked: A nova ciência dos networks*. São Paulo: Leopardo, 2009.]

_____; ALBERT, Réka. "Emergence of Scaling in Random Networks". *Science*, v. 286, pp. 509-12, 1999.

_____; JEONG, H. "Mean-field Theory for Scale-free Random Networks". *Physica A* 272, pp. 173-97, 1999.

_____; BONABEAU, Eric. "Scale-free Networks". *Scientific American*, v. 288, n. 5, pp. 50-9, 2003.

BARANSKI, J. V.; PETRUSIC, W. M. "The Calibration and Resolution of Confidence in Perceptual Judgments". *Perception and Psychophysics*, v. 55, pp. 412-28, 1994.

BARBER, B. M.; ODEAN, T. "Trading Is Hazardous to Your Wealth: The Common Stock Investment Performance of Individual Investors". Documento preliminar, 1999.

BARBOUR, A. D.; REINERT, G. "Small Worlds". Versão preliminar cond-mat/0006001 disponível em: <http://www.lanl.gov>, 2000.

BAR-HILLEL, M.; WAGENAAR, W. A. "The Perception of Randomness". *Advances in Applied Mathematics*, v. 12, n. 4, pp. 428-54, 1991.

BARON, Jonathan. *Thinking and Deciding*, 3ª ed. Nova York: Cambridge University Press, 2000.

BARON-COHEN, S.; LESLIE, A. M.; FRITH, U. "Does the Autistic Child Have a 'Theory of Mind'?". *Cognition*, v. 21, pp. 37-46, 1985.

BARRON, G.; EREV, I. "Small Feedback-based Decisions and Their Limited Correspondence to Description-based Decisions". *Journal of Behavioral Decision Making*, v. 16, pp. 215-33, 2003.

BARROW, John D. *Impossibility: The Limits of Science and the Science of Limits*. Londres: Vintage, 1998. [Ed. port.: *Impossibilidade: Os limites da ciência e a ciência dos limites*. Lisboa: Bizâncio, 2005.]

_____; TIPLER, Frank J. *The Anthropic Cosmological Principle*. Oxford: Oxford University Press, 1986.

BARROW-GREEN. *Poincaré and the Three Body Problem*. History of Mathematics, v. 11, Sociedade Norte-Americana de Matemática, junho de 1996.

BARTHÉLÉMY, M.; AMARAL, L. A. N. "Small-world Networks: Evidence for a Crossover Picture". *Physical Review Letters*, v. 82, pp. 3180-3, 1999.

BASTIAT, Frédéric. *Œuvres complètes de Frédéric Bastiat*, Paris: Gullaumin, 1862-4. 6 v.

BATCHELOR, R. A. "All Forecasters Are Equal". *Journal of Business and Economic Statistics*, v. 8, n. 1, pp. 143-4, 1990.

_____. "How Useful Are the Forecasts of Intergovernmental Agencies? The IMF and OECD Versus the Consensus". *Applied Economics*, v. 33, n. 2, pp. 225-35, 2001.

BATES, Elisabeth. "Modularity, Domain Specificity, and the Development of Language". In: GAJDUSEK, D. C.; MCKHANN, G. M.; BOLIS, C. L. (Orgs.). *Evolution and Neurology of Language: Discussions in Neuroscience*, v. 10, pp. 1-2, 136-49, 1994.

BAUMAN, A. O.; DEBER, R. B.; THOMPSON, G. G. "Overconfidence Among Physicians and Nurses: The 'Micro Certainty, Macro Certainty' Phenomenon". *Social Science and Medicine*, v. 32, pp. 167-74, 1991.

BAYER, Hans Christian. *Information: The New Language of Science*. Londres: Orion, 2003.

BECHARA, A.; DAMASIO, A. R.; DAMASIO, H.; ANDERSON, S. W. "Insensitivity to Future Consequences Following Damage to Human Prefrontal Cortex". *Cognition*, v. 50, pp. 1-3, 7-15, 1994.

BECKER, Lawrence C. *A New Stoicism*. Princeton: Princeton University Press, 1998.

BELLAMY, Edward. *Cent ans après, ou l'an 2000*. Trad. do inglês por Paul Rey; com prefácio de M. Theodore Reinach. Paris: E. Dentu, 1891.

BENARTZI, Shlomo. "Excessive Extrapolation and the Allocation of 401(k) Accounts to Company Stock", *Journal of Finance*, v. 56, n. 5, pp. 1747-64, 2001.

_____; THALER, Richard. "Myopic Loss Aversion and the Equity Premium Puzzle". *Quarterly Journal of Economics*, v. 110, n. 1, pp. 73-92, 1995.

BENASSY-QUÉRÉ, Agnes. "Euro/dollar: Tout le monde peut se tromper". *La Lettre du CEPII*, n. 215, 2002.

BENKIRANE, R. *La Complexité, vertiges et promesses: 18 histoires de sciences*. Paris: Le Pommier, 2002. [Ed. port.: *A complexidade, vertigens e promessas: 18 histórias de ciência*. Lisboa: Instituto Piaget, 2002.]

BERGER, Peter L.; LUCKMANN, Thomas. *The Social Construction of Reality: A Treatise in the Sociology of Knowledge*. Nova York: Anchor Books, 1966. [Ed. bras.: *A construção social da realidade: Tratado de sociologia do conhecimento*. Trad. de Floriano de Souza Fernandes. Petrópolis: Vozes, 2014.]

BERNARD, Andre. *Rotten Rejections: The Letters That Publisher Wish They'd Never Sent*. Londres: Chrysalis, 2002.

BERNARD, Claude. *La Science expérimentale*. Paris: J.-B. Bailliere, 1878.

BERNOULLI, Daniel. "Exposition of a New Theory on the Measurement of Risk". *Econometrica*, v. 22, n. 1, pp. 23-36, 1954.

BERNSTEIN, Peter L. *Against the Gods: The Remarkable Story of Risk*. Nova York: Wiley, 1996. [Ed. bras.: *Desafio aos deuses: A fascinante história do risco*. Rio de Janeiro: Alta Books, 2018.]

BERRIDGE, Kent C. "Irrational Pursuits: Hyper-incentives from a Visceral Brain". In: BROCAS, I.; CARILLO, J. (Orgs.). *The Psychology of Economic Decisions*, v. 1: *Rationality and Well-being*. Oxford: Oxford University Press, 2003.

BERRY, M. "Regular and Irregular Motion, in Topics in Nonlinear Mechanics", JORNA, S. (Org.). *American Institute of Physics Conference Proceedings*, n. 46, pp. 16-120, 1978.

BEVAN, Edwyn. *Stoics and Sceptics*. Chicago: Ares Publishers, Inc., 1913.

BEWES, Timothy. *Reification: Or The Anxiety of Late Capitalism*. Londres: Verso, 2002.

BEWLEY, Ronald A.; FIEBIG, Denzil G. "On the Herding Instinct of Interest Rate Forecasters". *Empirical Economics*, v. 27, n. 3, pp. 403-25, 2002.

BHALLA, U. S.; IYENGAR, R. "Emergent Properties of Networks of Biological Signalling Pathways". *Science*, v. 283, pp. 381-7, 1999.

BHARAT, Barot. "How Accurate Are the Swedish Forecasters on GDP-Growth, CPI-Inflation and Unemployment?, 1993-2001". *Brussels Economic Review. Cahiers Economiques de Bruxelles*, v. 47, n. 2, Editions du DULBEA, Université Libre de Bruxelles, pp. 249-78, 2004.

BIKHCHANDANI, Sushil; HIRSHLEIFER, David; WELCH, Ivo. "A Theory of Fads, Fashion, Custom, and Cultural Change as Informational Cascades". *Journal of Political Economy*, v. 100, n. 5, pp. 992-1026, 1992.

BINMORE, K. "Why Experiment in Economics?". *Economic Journal*, v. 109, n. 453, pp. 16-24, 1999.

BIRNBAUM, M. H. "Base Rates in Bayesian Inference: Signal Detection Analysis of the Cab Problem". *American Journal of Psychology*, v. 96, n. 1, pp. 85-94, 1983.

BJORKMAN, M. "A Note on Cue Probability Learning: What Conditioning Data Reveal About Cue Contrast". *Scandinavian Journal of Psychology*, v. 28, pp. 226-32, 1987.

_____. "Internal Cue Theory: Calibration and Resolution of Confidence in General Knowledge". *Organizational Behavior and Human Decision Processes*, v. 58, pp. 386-405, 1994.

_____; JUSLIN, P.; WINMAN, A. "Realism of Confidence in Sensory Discrimination: The Underconfidence Phenomenon". *Perception and Psychophysics*, v. 54, pp. 75-81, 1993.

BLAKE, Carole. *From Pitch to Publication*. Londres: Pan, 1999.

BLAKE, David; BEENSTOCK, Michael; BRASSE, Valerie. "The Performance of UK Exchange Rate Forecasters". *Economic Journal*, v. 96, n. 384, pp. 986-99, 1986.

BLAUG, Mark. *The Methodology of Economics*. 2. ed. Cambridge, Inglaterra: Cambridge University Press, 1992. [Ed. port.: *A metodologia da economia, ou como os economistas explicam*. Lisboa: Gradiva, 1994.]

BLOCH, Marc. *The Historian's Craft*. Nova York: Vintage Books, 1953. [Ed. bras.: *Apologia da história ou o ofício de historiador*. Trad. de André Telles. Rio de Janeiro: Jorge Zahar, 2001.]

BLYTH, M. R. Abdelal; PARSONS, Cr. *Constructivist Political Economy*. Versão preliminar, a ser publicado em 2006: Oxford University Press, 2005.

BOARD, J.; SUTCLIFFE, C.; PATRINOS, E. "Performance of Covered Calls". *European Journal of Finance*, v. 6, n. 1, pp. 1-17, 2000.

BOCARRA, Nino. *Modeling Complex Systems*. Heidelberg: Springer, 2004.

BOETTKE, Peter J.; COYNE, Christopher J.; LEESON, Peter T. "High Priests and Lowly Philosophers: The Battle for the Soul of Economics", artigo a ser publicado em *Case Western Law Review*, 2006.

BOGHOSSIAN, Paul. *Fear of Knowledge: Against Relativism and Constructivism*. Oxford: Oxford University Press, 2006. [Ed. bras.: *Medo do conhecimento: Contra o relativismo e o construtivismo*. São Paulo: Editora Senac, 2012.]

BOOTS, M.; SASAKI, A. "'Small Worlds' and the Evolution of Virulence: Infection Occurs Locally and at a Distance". *Proceedings of the Royal Society of London*, v. B266, pp. 1933-8, 1999.

BOSTROM, Nick. *Anthropic Bias: Observation Selection Effects in Science and Philosophy*. Londres: Routledge, 2002.

BOUCHAUD, J.-P.; POTTERS, M. *Theory of Financial Risks and Derivatives Pricing: From Statistical Physics to Risk Management*. 2. ed. Cambridge, Inglaterra: Cambridge University Press, 2003.

BOURDÉ, Guy; MARTIN, Hervé. *Les Écoles historiques*. Paris: Éditions du Seuil, 1989. [Ed. bras.: *As escolas históricas*. Trad. de Fernando Scheibe. Belo Horizonte/São Paulo: Autêntica, 2018.]

BOURDIEU, Pierre. *Les Règles de l'art*. Paris: Éditions du Seuil, 1992. [Ed. bras.: *As regras da arte: Gênese e estrutura do campo literário*. Trad. de Maria Lúcia Machado. São Paulo: Companhia das Letras, 1996.]

_____. *Sur la télévision suivi de l'emprise du journalisme*. Paris: Raison d'Agir, 1996. [Ed. bras.: *Sobre a televisão, seguido de A influência do jornalismo e Os jogos olímpicos*. Trad. de Maria Lúcia Machado. Rio de Janeiro: Jorge Zahar, 1997.]

_____. *Esquisse d'une théorie de la pratique*. Paris: Éditions du Seuil, 2000. [Ed. port.: *Esboço de uma teoria da prática*. Oeiras: Celta Editora, 2006.]

BOUVIER, Alban (Org.). *Pareto aujourd'hui*. Paris: Presses Universitaires de France, 1999.

BOYER, Pascal. *Religion Explained: The Evolutionary Origins of Religious Thought*. Nova York: Basic Books, 2001.

BRAUDEL, Fernand. "Georges Gurvitch ou la discontinuité du social". *Annales E.S.C.*, v. 8, pp. 347-61, 1953.

_____. *Écrits sur l'histoire*. Paris: Flammarion, 1969. [Ed. bras.: *Escritos sobre a história*. Trad. de J. Guinsburg e Tereza Cristina Silveira da Mota. São Paulo: Perspectiva, 1992; 2. ed., 2005.]

_____. *La Méditerranée: L'espace et l'histoire*. Paris: Flammarion, 1985 [Ed. bras.: *O espaço e a história no Mediterrâneo*. Trad. de Marina Appenzeller. São Paulo: Martins Fontes, 1988.]

_____. *Écrits sur l'histoire II*. Paris: Flammarion, 1990.

BRAUN, P. A.; YANIV, I. "A Case Study of Expert Judgment: Economists' Probabilities Versus Base-rate Model Forecasts". *Journal of Behavioral Decision Making*, v. 5, pp. 217-31, 1992.

BREHMER, B.; JOYCE, C. R. B. (Org.). *Human Judgment: The SJT View*. Amsterdã: North-Holland, 1988.

BRENDER, A.; PISANI, F. *Les Marchés et la croissance*. Economica, 2001.

BRENNER, L. A.; KOEHLER, D. J.; LIBERMAN, V.; TVERSKY, A. "Overconfidence in Probability and Frequency Judgments: A Critical Examination". *Organizational Behavior and Human Decision Processes*, v. 65, pp. 212-9, 1996.

BROCAS, I.; CARILLO, J. (Orgs.). *The Psychology of Economic Decisions*, v. 1: *Rationality and Well-being*. Oxford: Oxford University Press, 2003.

BROCHARD, Victor. *De l'erreur*. Paris: Université de Paris, 1878. [Ed. bras.: *Sobre o erro*. Trad. de Regina Schopke e Mauro Baladi. Rio de Janeiro: Contraponto, 2008.]

_____. *Les Sceptiques grecs*. Paris: Imprimerie Nationale, 1888. [Ed. bras.: *Os céticos gregos*. Trad. de Jaimir Conte. São Paulo: Odysseus, 2009.]

BROCK, W. A.; LIMA, P. J. F. de "Nonlinear Time Series, Complexity Theory, and Finance". Universidade de Wisconsin, Madison. Documentos preliminares 9523, 1995.

_____; HSIEH. D. A.; LeBARON. B. *Nonlinear Dynamics, Chaos, and Instability: Statistical Theory and Economic Evidence*. Boston: MIT Press, 1991.

BROCKMAN, John. Debate com Benoît Mandelbrot, Document1<www.edge.org>. 2005.

BROOKES-GUNN, J.; DUNCAN, G. *Consequences of Growing Up Poor*. Nova York: Russell Sage, 1994.

BROUGHTON, W.; MILLS, E. W. "Resource Inequality and Accumulative Advantage: Stratification in the Ministry". *Social Forces*, v. 58, pp. 1289-301, 1980.

BRUGGER, P.; GRAVES, R. E. "Right Hemispatial Inattention and Magical Ideation". *European Archive of Psychiatry and Clinical Neuroscience*, v. 247, n. 1 pp. 55-7, 1997.

BRUNER, Jerome. "The 'Remembered' Self". In: NEISSER, Ulric; FIVUSH, Robyn (Orgs.). *The Remembering Self: Construction and Accuracy in the Self-Narrative*. Cambridge, Inglaterra: Cambridge University Press, 1994.

_____. *Making Stories: Law, Literature, Life*. Nova York: Farrar, Straus & Giroux, 2002. [Ed. bras.: *Fabricando histórias: Direito, literatura, vida*. São Paulo: Letra e Voz, 2018.]

_____; POTTER, Mary C. "Interference in Visual Recognition". *Science*, v. 144, n. 3617, pp. 424-5, 1964.

BRUNSWIK, E. *The Conceptual Framework of Psychology*. Chicago: University of Chicago Press, 1952.

_____. "Representative Design and Probabilistic Theory in a Functional Psychology". *Psychological Review*, v. 62, pp. 193-217, 1955.

BUCHANAN, Mark. *Ubiquity: Why Catastrophes Happen*. Nova York: Three Rivers Press, 2001.

_____. *Nexus: Small Worlds and the Groundbreaking Theory of Networks*. Nova York: W. W. Norton and Company, 2002.

BUDESCU, D. V.; EREV, I.; WALLSTEN, T. S. "On the Importance of Random Error in the Study of Probability Judgment. Part I: New Theoretical Developments". *Journal of Behavioral Decision Making*, v. 10, pp. 157-71, 1997.

BUEHLER, R.; GRIFFIN, D.; ROSS, M. "Inside the Planning Fallacy. The Causes and Consequences of Optimistic Time Predictions". In: GILOVICH, T.; GRIFFIN, D.; KAHNEMAN, D. (Orgs.). *Heuristics and Biases: The Psychology of Intuitive Judgment*. Cambridge, Inglaterra: Cambridge University Press, 2002.

BUNDT, Thomas; MURPHY, Robert P. "Are Changes in Macroeconomic Variables Normally Distributed? Testing an Assumption of Neoclassical Economics". Versão preliminar, Departamento de Economia da Universidade de Nova York, 2006.

BURNHAM, Terence C. *Essays on Genetic Evolution and Economics*. Nova York: Dissertation.com, 1997.

_____. "Caveman Economics". Versão preliminar, Harvard Business School, 2000.

BURNHAM, T.; PHELAN, J. *Mean Genes*. Boston: Perseus Publishing, 2000. [Ed. bras.: *A culpa é da genética*. Rio de Janeiro: Sextante, 2002.]

BUSHMAN, B. J.; WELLS, G. L. "Narrative Impressions of Literature: The Availability Bias and the Corrective Properties of Meta-analytic Approaches". *Personality and Social Psychology Bulletin*, v. 27, pp. 1123-30, 2001.

CALLAWAY, D. S.; NEWMAN, M. E. J.; STROGERTZ, S. H; WATTS, D. J. "Netword Robustness and Fragility: Percolation on Random Graphs". *Physical Review Letters*, v. 85, pp. 5468-71, 2000.

CAMERER, C. "Individual Decision Making". In: KAGEL, John H.; ROTH, Alvin E. (Orgs.). *The Handbook of Experimental Economics*. Princeton: Princeton University Press, 1995.

_____. *Behavioral Game Theory: Experiments in Strategic Interaction*. Princeton: Princeton University Press, 2003.

CAMERER, Colin F., LOEWENSTEIN, George; PRELEC, D. "Neuroeconomics: How Neuro-science Can Inform Economics". Documento preliminar, Instituto de Tecnologia da Califórnia (Caltech), 2003.

_____; LOEWENSTEIN, George; RABIN, Matthew. *Advances in Behavioral Economics*. Princeton: Princeton University Press, 2004.

CANNON, Walter B. "The Role of Chance in Discovery". *Scientific Monthly*, v. 50, pp. 204-9, 1940.

CARNAP, R. *The Logical Foundations of Probability*. Chicago: University of Chicago Press, 1950.

_____. *Philosophical Foundations of Physics*. Nova York: Basic Books, 1966.

CARR, Edward Hallett. *What Is History?* Nova York: Vintage Books, 1961. [Ed. *Que é história?* Trad. de Lúcia Maurício de Alverga. Rio de Janeiro: Paz e Terra, 2002.]

CARTER, C. F.; MEREDITH, G. P.; SHACKLE, G. L. S. *Uncertainty and Business Decisions*. Liverpool: Liverpool University Press, 1962.

CARTER, Rita. *Mapping the Mind*. Berkeley: University of California Press, 1999.

_____. *Exploring Consciousness*. Berkeley: University of California Press, 2002.

CASANOVA, Giovanni Giacomo. *Mémoires de J. Casanova de Seingalt*. Paris: Garnier Frères, 1880 [Ed. bras.: *Memórias de Casanova*. Rio de Janeiro: José Olympio, 1957-1959. 10 v.]

CASSCELLS, W.; SCHOENBERGER, A.; GRAYBOYS, T. "Interpretation by Physicians of Clinical Laboratory Results". *New England Journal of Medicine*, v. 299, pp. 999-1000, 1978.

CERF, Christopher; NAVASKY, Victor. *The Expert Speaks: The Definitive Compendium of Authoritative Misinformation*. Nova York: Villard Books, 1998.

CERTEAU, Michel de. *L'Ecriture de l'histoire*. Paris: Gallimard, 1975. [Ed. bras.: *A escrita da história*. Trad. de Maria de Lourdes Menezes. Rio de Janeiro: Forense Universitária, 1982.]

CHAMLEY, Christophe P. *Rational Herds: Economic Models of Social Learning*. Cambridge, Inglaterra: Cambridge University Press, 2004.

CHANCELLOR, Edward. *Devil Take the Hindmost: A History of Financial Speculation*. Nova York: Farrar, Straus & Giroux, 1999. [Ed. bras.: *Salve-se quem puder: Uma história da especulação financeira*. Trad. de Laura Teixeira Motta. São Paulo: Companhia das Letras, 2001.]

CHARTIER, Roger. *Culture et société. L'ordre des livres, XVI$^e$-XVIII$^e$*. Paris: Albin Michel, 1996. [Ed. bras.: *A ordem dos livros: Leitores, autores e bibliotecas na Europa entre os séculos XVI e XVIII*. Brasília: Editora da UnB, 1994.]

CHEN, Keith; LAKSHMINARAYANAN, Venkat; SANTOS, Laurie. "The Evolution of Our Preferences: Evidence from Capuchin Monkey Trading Behavior". Documento de trabalho da Fundação Cowles, n. 1524, 2005.

CHEN, Qi; FRANCIS, Jennifer; JIANG, Wei. "Investor Learning About Analyst Predictive Ability". Documento preliminar. Universidade Duke, 2002.

CHERNIAK, C. "Component Placement Optimization in the Brain". *Journal of Neuroscience*, v. 14, pp. 2418-27, 1994.

CHIPMAN, John. "The Paretian Heritage". Documento preliminar. Universidade de Minnesota, 2006.

CIALDINI, Robert B. *Influence: Science and Practice*. Boston: Allyn and Bacon, 2001.

CISNE, John L. "Medieval Manuscripts' 'Demography' and Classic Texts' Extinction". *Science*, v. 307(5713), pp. 1305-7, 2005.

CLARK, Barrett; BOYER, Pascal. "Causal Inferences: Evolutionary Domains and Neural Systems". Interdisciplines Conference on Causality. Disponível em: < www.interdisciplines.org>, 2006.

CLARK, Michael. *Paradoxes from A to Z*. Londres: Routledge, 2002.

CLEMEN, R. T. "Calibration and the Aggregation of Probabilities". *Management Science*, v. 32, pp. 312-4, 1986.

_____. "Combining Forecasts: A Review and Annotated Bibliography". *International Journal of Forecasting*, v. 5, pp. 559-609, 1989.

COHEN, L. J. *The Philosophy of Induction and Probability*. Oxford: Clarendon Press, 1989.

COHEN, R.; EREZ, K.; BEN-AVRAHAM, D.; HAVLIN, S. "Resilience of the Internet to Random Breakdowns". *Physical Review Letters*, v. 85, pp. 4626-8, 2000.

COLE, J. R.; COLE, S. *Social Stratification in Science*. Chicago: University of Chicago Press, 1973.

_____; SINGER, B. "A Theory of Limited Differences: Explaining the Productivity Puzzle in Science". In: ZUCKERMAN, J. C. H.; BAUER, J. (Orgs.). *The Outer Circle: Women in the Scientific Community*. Nova York: W. W. Norton and Company, 1991.

COLE, Peter. *Access to Philosophy: The Theory of Knowledge*. Londres: Hodder and Stoughton, 2002.

COLE, S. "Professional Standing and the Reception of Scientific Discoveries". *American Journal of Sociology*, v. 76, pp. 286-306, 1970.

_____; COLE, J. C; SIMON, G. A. "Chance and Consensus in Peer Review". *Science*, v. 214, pp. 881-6, 1981.

COLLINS, Randall. *The Sociology of Philosophies: A Global Theory of Intellectual Change*. Cambridge, EUA: Belknap Press of Harvard University Press, 1998.

CONLEY, D. *Being Black, Living in the Red: Race, Wealth and Social Policy in America*. Los Angeles: University of California Press, 1999.

COOPER, John M. Capítulo 1: "Method and Science in on Ancient Medicine". *Knowledge, Nature, and the Good*. Princeton: Princeton University Press, 2004.

COOTNER, Paul H. *The Random Character of Stock Market Prices*. Londres: Risk Books, 1964.

COSMIDES, L.; TOOBY, J. "Is the Mind a Frequentist?". Texto apresentado no 31º Encontro Anual da Sociedade Psiconômica. Nova Orleans, 1990.

_____. "Cognitive Adaptations for Social Exchange". In: BARKOW, Jerome H.; COSMIDES, Leda; TOOBY, John (Orgs.). *The Adapted Mind*. Oxford: Oxford University Press, 1992.

_____. "Are Humans Good Intuitive Statisticians After All? Rethinking Some Conclusions from the Literature on Judgment and Uncertainty". *Cognition*, v. 58, n. 1, pp. 187-276, 1996.

COURTILLOT, V. *La Vie en catastrophes*. Paris: Fayard, 1995.

_____; GAUDEMER, Y. "Effects of Mass-Extinctions on Biodiversity". *Nature*, n. 381, pp. 146-7, 1996.

COUSIN, Victor. *Cours d'histoire de la philosophie morale au dix-huitieme siècle*. Paris: Ladrange, 1820.

COVER, T. M.; THOMAS, J. A. *Elements of Information Theory*. Nova York: Wiley, 1991.

COWLEY, Michelle; BYRNE, Ruth M. J. "Chess Master's Hypothesis Testing". In: FORBUS, Kenneth; GENTNER, Dedre; REGIER, Terry (Orgs.). *Proceedings of 26th Annual Conference of the Cognitive Science Society, CogSci 2004*. Mahwah, EUA: Lawrence Erlbaum, 2004.

CROSBY, Alfred W. *The Measure of Reality: Quantification and Western Society, 1250-1600*. Cambridge, Inglaterra: Cambridge University Press, 1997. [Ed. bras.: *A mensuração da realidade: A quantificação e a sociedade ocidental, 1250-1600*. Trad. de Vera Ribeiro. São Paulo: Editora Unesp, 1999.]

CSIKSZENTMIHALYI, Mihaly. *Flow: The Psychology of Optimal Experience*. Nova York: Perennial Press, 1993. [Ed. port.: *Flow: A psicologia do alto desempenho e da felicidade*. Trad. de Cássio Arantes Leite. Rio de Janeiro: Objetiva, 2020.]

_____. *Finding Flow: The Psychology of Engagement with Everyday Life*. Nova York: Basic Books, 1998.

CUTLER, David; POTERBA, James; SUMMERS, Lawrence. "What Moves Stock Prices?". *Journal of Portfolio Management*, v. 15, pp. 4-12, 1989.

DALLY, J. M.; EMERY, N. J.; CLAYTON, N. S. "Food-Catching Western Scrub-Jays Keep Track of Who Was Watching When". *Science*, v. 312 (n. 5780), pp. 1662-5, 2006.

DAMÁSIO, António. *Descartes' Error: Emotion, Reason, and the Human Brain*. Nova York: Avon Books, 1994. [Ed. bras.: *O erro de Descartes: Emoção, razão e o cérebro humano*. Trad. de Dora Vicente e Georgina Segurado. São Paulo: Companhias das Letras, 2012.]

_____. *The Feeling of What Happens: Body and Emotion in the Making of Consciousness*. Nova York: Harvest Books, 2000. [Ed. bras.: *O mistério da consciência: Do corpo e das emoções ao conhecimento de si*. Trad. de Laura Teixeira Motta. São Paulo: Companhia das Letras, 2000.]

_____. *Looking for Spinoza: Joy, Sorrow and the Feeling Brain*. Nova York: Harcourt, 2003. [*Em busca de Espinosa: prazer e dor na ciência dos sentimentos*. São Paulo: Companhia das Letras, 2004.]

DANNEFER, D. "Aging as Intracohort Differentiation: Accentuation, the Matthew Effect and the Life Course". *Sociological Forum*, v. 2, pp. 211-36, 1987.

_____. "Cumulative Advantage/Disadvantage and the Life Course: Cross-fertilizing Age and Social Science". *Journal of Gerontology Series B: Psychological Sciences and Social Sciences*, v. 58, pp. 327-37, 2003.

DARWIN, Charles. *On Natural Selection*. Londres: Penguin Books, Great Ideas, 1859. [Ed. bras.: *A origem das espécies*. Trad. de Daniel Moreira Miranda. São Paulo: Edipro, 2018.]

DASTON, L. J. *Classical Probability in the Enlightenment*. Princeton: Princeton University Press, 1988.

DAVID, Florence Nightingale. *Games, Gods, and Gambling: A History of Probability and Statistical Ideas*. Oxford: Oxford University Press, 1962.

DAWES, Robyn M. "Confidence in Intellectual Judgments vs. Confidence in Perceptual Judgments". In: LANTERMANN, E. D.; FEGER, H. (Orgs.). *Similarity and Choice: Papers in Honor of Clyde Coombs*. Bern, Suíça: Huber, 1980.

_____. *Rational Choice in an Uncertain World*. Nova York: Harcourt, 1988.

_____. "Measurement Models for Rating and Comparing Risks: The Context of AIDS". *Conference Proceedings Health Services Research Methodology: A Focus on AIDS*, setembro de 1989.

_____. "A Message from Psychologists to Economists: Mere Predictability Doesn't Matter Like It Should, Without a Good Story Appended to It". *Journal of Economic Behavior and Organization*, v. 39, pp. 29-40, 1999.

_____. "Clinical Versus Actuarial Judgment". *International Encyclopedia of the Social and Behavioral Sciences*, v. 2048-51, 2001a.

DAWES, Robyn M. *Everyday Irrationality: How Pseudo-Scientists, Lunatics, and the Rest of Us Systematically Fail to Think Rationally*. Oxford: Westview Press, 2001b.

_____. "The Ethics of Using or Not Using Statistical Prediction Rules in Psychological Practice and Related Consulting Activities". *Philosophy of Science*, v. 69, pp. 178-84, 2002.

_____; FAUST, D.; MEHL, P. E. "Clinical Versus Actuarial Judgment". *Science*, v. 243, pp. 1668-74, 1989. v. 1.

_____; FILDES, R.; LAWRENCE, M.; ORD, K. "The Past and the Future of Forecasting Research". *International Journal of Forecasting*, v. 10, pp. 151-9, 1994.

_____; SMITH, T. L. "Attitude and Opinion Measurement". In: LINDZEY, G.; ARONSON, E. *The Handbook of Social Psychology*. Hillsdale, EUA: Lawrence Erlbaum, 1985. v. 1.

DE BELLAIGUE, Eric. *British Book Publishing as a Business Since the 1960s*. Londres: The British Library, 2004.

DE BONDT, Werner; KAPPLER, Andreas. "Luck, Skill, and Bias in Economists' Forecasts". Documento preliminar. Centro Driehaus de Finanças Comportamentais, Universidade DePaul, 2004.

DE BONDT, Werner F. M.; THALER, Richard M. "Do Security Analysts Overreact?". *American Economic Review*, v. 80, pp. 52-7, 1990.

DEBREU, Gérard. *Théorie de la valeur*. Paris: Dunod, 1984. Trad. *Theory of Value*. Nova York: Wiley, 1959.

DE FINETTI, Bruno. "Probabilism". *Erkenntnis*, v. 31, pp. 169-223, 1931, 1989.

_____. *Filosophia della probabilita*. Milão: II Saggiatore, 1975, 1995.

DEGEORGE, François; PATEL, Jayendu; ZECKHAUSER, Richard. "Earnings Management to Exceed Thresholds". *Journal of Business*, v. 72, n. 1: pp. 1-33, 1999.

DELONG, Bradford; SHLEIFER, Andrei; SUMMERS, Lawrence; WALDMANN, Robert J. "The Survival of Noise Traders in Financial Markets". *Journal of Business*, v. 64, n. 1, pp. 1-20, 1991.

DENNETT, Daniel C. *Darwin's Dangerous Idea: Evolution and the Meanings of Life*. Nova York: Simon & Schuster, 1995. [Ed. bras.: *A perigosa ideia de Darwin: A evolução e os significados da vida*. Rio de Janeiro: Rocco, 1998.]

_____. *Freedom Evolves*. Nova York: Penguin Books, 2003. [Ed. port.: *A liberdade evolui*. Trad. de Jorge Beleza. Lisboa: Temas e Debates, 2005.]

DERMAN, E.; TALEB, N. N. "The Illusions of Dynamic Replication". *Quantitative Finance*, v. 5, pp. 323-6, 2005.

DE VANY, Arthur. *Hollywood Economics: Chaos in the Movie Industry*. Londres: Routledge, 2002.

_____; TALEB, Nassim Nicholas; SPITZNAGEL, Mark. "Can We Shield Artists from Wild Uncertainty?", apresentado no Workshop Acadêmico do Festival de Cinema de Fort Lauderdale, junho de 2004.

DIPRETE, Thomas A.; EIRICH, Greg. "Cumulative Advantage as a Mechanism for Inequality: A Review of Theoretical and Empirical Developments". *Annual Review of Sociology*, v. 32, pp. 271-97, 2006.

DOMINITZ, Jeff; GRETHER, David. "I Know What You Did Last Quarter: Economic Forecasts of Professional Forecasters". Documento preliminar, Instituto de Tecnologia da Califórnia (Caltech), 1999.

DONHARDT, Gary L. "In Search of the Effects of Academic Achievement in Postgraduation Earnings". *Research in Higher Education*, v. 45, n. 3, pp. 271-84, 2004.

DUGATKIN, Lee Alan. *The Imitation Factor: Evolution Beyond the Gene*. Nova York: Simon & Schuster, 2001.

DUNBAR, Nicholas. *Inventing Money: The Story of Long-Term Capital Management and the Legends Behind It*. Chichester, Inglaterra: John Wiley & Sons, Ltd., 1999.

DUNNING, D.; GRIFFIN, D. W.; MILOJKOVIC, J.; Ross, L. "The Overconfidence Effect in Social Prediction". *Journal of Personality and Social Psychology*, v. 58, pp. 568-81, 1990.

DYE, Guillaume. Uma resenha de *Menodoto di Nicomedia*, de Lorenzo Perilli, Munique e Leipzig: K. G. Saur. *BrynMawr Classical Review*, 20 dez. 2004.

EASTERWOOD, John C.; NUTT, Stacey R. "Inefficiency in Analysts' Earnings Forecasts: Systematic Misreaction or Systematic Optimism?". *Journal of Finance*, v. 54, pp. 1777-97, 1999.

EATWELL, J.; MILGATE, M.; NEWMAN, P. (Org.). *The New Palgrave: A Dictionary of Economics*. Londres: Macmillan, 1987.

ECO, Umberto. *How to Travel with a Salmon and Other Essays*. San Diego: Harcourt, 1992.

_____. *Six Walks in the Fictional Woods*. Cambridge, EUA: Harvard University Press. [Ed. bras.: *Seis passeios pelos bosques da ficção*. Trad. de Hildegard Feist. São Paulo: Companhia das Letras, 1994.]

_____. *Kant and the Platypus: Essays on Language and Cognition*. Nova York: Harvest Books, 2000. [Ed. bras.: *Kant e o ornitorrinco*. Trad. de Ana Thereza B. Vieira. Rio de Janeiro: Record, 1998.]

_____. *On Literature*. Orlando: Harcourt Books, 2002. [Ed. bras.: *Sobre a literatura*. Trad. de Eliana Aguiar. Rio de Janeiro: Record, 2003.]

_____. *Mouse or Rat? Translation as Negotiation*. Londres: Orion Books, 2003. [Ed. bras.: "Negociar: Camundongo ou rato?", ensaio incluído em *Quase a mesma coisa: Experiências de tradução*. Trad. de Eliana Aguiar. Rio de Janeiro: Record, 2007, pp. 104-7.]

EINHORN, H. J.; HOGARTH, R. M. "Behavioral Decision Theory: Processes of Judgment and Choice". *Annual Review of Psychology*, v. 32, pp. 53-88.

EKELAND, Ivar. *Mathematics of the Unexpected*. Chicago: University of Chicago Press, 1990.

ELDREDGE, Niles; GOULD, Stephen Jay. "Punctuated Equilibria: An Alternative to Phyletic Gradualism". In: SCHOPF, T. J. M. (Org.). *Models in Paleobiology*, Nova York: Freeman, 1972.

EL-GALFY, A. M.; FORBES, W. P. "An Evaluation of U.S. Security Analysts Forecasts, 1983-1999". Documento preliminar, 2005.

ELMAN, C.; O'RAND, A. M. "The Race Is to the Swift: Socioeconomic Origins, Adult Education, and Wage Attainment". *American Journal of Sociology*, v. 110, pp. 123-160, 2004.

ELSTER, Jon. "Excessive Ambitions", in *Capitalism and Society*, a ser publicado, 2009.

EMPÍRICO, Sexto. *Esquisses pyrrhoniennes*. Paris: Éditions du Seuil, 1997. [Ed. bras.: *Hipotiposes pirrônicas – Livro I*. Trad de Danilo Marcondes. In: *O que nos faz pensar*. [s.l.], v. 9, n. 12, pp. 115-22, junho de 1997].

_____. *Contre les professeurs*. Paris: Éditions du Seuil, 2002. [ver *Contra os gramáticos*. Trad. de Rodrigo Pinto de Brito e Rafael Huguenin. São Paulo: Editora Unesp, 2015; e *Sexto Empírico: Contra os Gramáticos*. Introdução, tradução e notas, Joseane Prezotto (Tese de doutorado. Curitiba, UFPR, 2015)].

_____. *Outline of Scepticism*, Julia Annas e Jonathan Barnes (Org.). Nova York: Cambridge University Press, 2000.

EMPÍRICO, Sexto. *Against the Logicians*, Richard Bett (Org.). Nova York: Cambridge University Press, 2005. [Ed. bras.: *Contra os retóricos*. Trad. de Rafael Huguenin e Rodrigo Pinto de Brito. São Paulo: Editora Unesp, 2013.]
EPSTEIN, Jason. *Book Business*. Londres: W. W. Norton, 2001.
EREV, I.; WALLSTEN, T. S.; BUDESCU, D. V. "Simultaneous Over and Underconfidence: The Role of Error in Judgment Processes". *Psychological Review*, v. 101, pp. 519-28, 1994.
ESTOUP, J. B. *Gammes Stenographique*. Paris: Institut Stenographique de France, 1916.
EVANS, Dylan. *Emotions: The Science of Sentiment*. Oxford: Oxford University Press, 2002. [Ed. port.: *Emoção: a ciência do sentimento*. Lisboa: Temas e debates, 2003.]
EYSENCK, M. W.; KEANE, M. T. *Cognitive Psychology*, 4. ed. Londres: Psychology Press, 2000.
FAGOT-LARGEAULT, Anne. *Philosophie des sciences biologiques et médicales*. Paris: College de France, 2002.
FAIA, M. "Productivity Among Scientists: A Replication and Elaboration". *American Sociological Review*, v. 40, pp. 825-9, 1975.
FALOUTSOS, M.; FALOUTSOS, P.; FALOUTSOS, C. "On Power-law Relationships of the Internet Topology." *Computer Communications Review*, v. 29, pp. 251-62, 1999.
FAVIER, A. *Un médecin grec du deuxième siècle ap. J.-C, précurseur de la méthode expérimentale moderne: Menodote de Nicomedie*. Paris: Jules Roisset, 1906.
FERGUSON, Niall. *1914: Why the World Went to War*. Londres: Penguin, 2005. [Ed. bras.: *O horror da guerra*. Trad. de Janaína Marcoantonio. São Paulo: Planeta, 2014.]
_____. *The War of the World: History's Age of Hatred*. Londres: Allen Lane, 2006a. [Ed. bras.: *A guerra do mundo: A era de ódio na história*. São Paulo: Planeta, 2015.]
_____. "Political Risk and the International Bond Market Between the 1848 Revolution and the Outbreak of the First World War". *Economic History Review*, v. 59, n. 1, pp. 70-112, 2006b.
FERRARO, K. F.; KELLEY-MOORE, J. A. "Cumulative Disadvantage and Health: Long-term Consequences of Obesity?". *American Sociological Review*, v. 68, pp. 707-29, 2003.
FEYERABEND, Paul. *Farewell to Reason*. Londres: Verso, 1987. [Ed. bras: *Adeus à razão*. Trad. de Vera Joscelyne. São Paulo: Editora Unesp, 2010.]
FINUCANE, M. L.; ALHAKAMI; SLOVIC, P.; JOHNSON, S. M. "The Affect a Heuristic in Judgments of Risks and Benefits". *Journal of Behavioral Decision Making*, v. 13, pp. 1-17, 2000.
FISCHHOFF, Baruch. "Debiasing". In: KAHNEMAN, D.; SLOVIC, P.; TVERSKY, A. (Orgs.). *Judgment Under Uncertainty: Heuristics and Biases*. Cambridge, Inglaterra: Cambridge University Press, 1982a.
_____. "For Those Condemned to Study the Past: Heuristics and Biases in Hindsight". In: KAHNEMAN, D.; SLOVIC, P.; TVERSKY, A. (Orgs.). *Judgment Under Uncertainty: Heuristics and Biases*. Cambridge, Inglaterra: Cambridge University Press, 1982b.
_____; MACGREGOR, D. "Judged Lethality: How Much People Seem to Know Depends on How They Are Asked". *Risk Analysis*, v. 3, pp. 229-36, 1983.
_____; SLOVIC, Paul; LICHTENSTEIN, Sarah. "Knowing with Certainty: The Appropriateness of Extreme Confidence". *Journal of Experimental Psychology*, v. 3, n. 4, pp. 552-64, 1977.
FLORIDI, Luciano. *The Transmission and Recovery of Pyrrhonism*. Oxford: Oxford University Press, 2002.

FLYVBJERG, Bent; HOLM, Mette Skamris; BUHL, Søren. "Underestimating Costs in Public Works Projects—Error or Lie". *American Journal of Planning*, v. 68, n. 3, 2002. Disponível em: <http://home.planet.nl/~viss1197/japafly vbjerg.pdf>.

FODOR, Jerry A. *The Modularity of Mind: An Essay on Faculty Psychology*. Boston: MIT Press, 1983.

FOSTER, George. "Quarterly Accounting Data: Time-series Properties and Predictive Ability Results". *Accounting Review*, v. 52, pp. 1-21, 1977.

FOX, M. A.; KOCHANOWSKI, P. "Models of Superstardom: An Application of the Lotka and Yule Distributions". *Popular Music and Society*, v. 27, pp. 507-22, 2004.

FRAME, Donald M., *Montaigne: A Biography*. Nova York: Harcourt Brace and World, 1965.

FRANK, Jerome D. "Some Psychological Determinants of the Level of Aspiration". *American Journal of Psychology*, v. 47, pp. 285-93, 1935.

FRANK, Robert. "Talent and the Winner-Take-All Society". Uma resenha de *The Cost of Talent: How Executives and Professionals Are Paid and How It Affects America*, de Derek Bok. Nova York: The Free Press, 1993. In: *The American Prospect*, v. 5, n. 17, 1994. Disponível em: <www.prospect.org/print/V5/17/frank-r.html>.

_____. *Choosing the Right Pond: Human Behavior and the Quest for Status*. Oxford: Oxford University Press, 1985.

_____; COOK, P. J. *The Winner-Take-All Society: Why the Few at the Top Get So Much More Than the Rest of Us*. Nova York: The Free Press, 1995.

FRANKFURTER, G. M.; MCGOUN, E. G. *Toward Finance with Meaning: The Methodology of Finance: What It Is and What It Can Be*. Greenwich: JAI Press, 1996.

FREEDMAN, D. A.; STARK, P. B. "What Is the Chance of an Earthquake?". Relatório Técnico 611 do Departamento de Estatística, Universidade da Califórnia, campus de Berkeley, setembro de 2001, revisado em janeiro de 2003.

FRIESEN, Geoffrey; WELLER, Paul A. "Quantifying Cognitive Biases in Analyst Earnings Forecasts". Documento preliminar. Universidade de Iowa, 2002.

FROHLICH, N.; OPPENHEIMER, J. A.; EAVY, C. L. "Laboratory Results on Rawls's Distributive Justice". *British Journal of Political Science*, v. 17, pp. 1-21, 1987a.

_____. "Choices of Principles of Distributive Justice in Experimental Groups". *American Journal of Political Science*, v. 31, n. 3, pp. 606-36, 1987b.

FROOT, K. A. "The Market for Catastrophe Risk: A Clinical Examination", *Journal of Financial Economics*, v. 60, n. 2-3, pp. 529-71, 2001.

FUKUYAMA, Francis. *The End of History and the Last Man*. Nova York: The Free Press, 1992. [Ed. bras.: *O fim da história e o último homem*. Rio de Janeiro: Rocco, 1992.]

FULLER, Steve. *The Intellectual*. Londres: Icon Books, 2005. [Ed. bras.: *O intelectual: O poder positivo do pensamento negativo*. Rio de Janeiro: Relume Dumará, 2006.]

FULTON, Alice. "Fractal Amplifications: Writing in Three Dimensions". *Thumbscrew*, v. 12 (inverno), 1998.

GABAIX, X.; GOPIKRISHNAN, P.; PLEROU, V.; STANLEY, H. E. "A Theory of Power-law Distributions in Financial Market Fluctuations". *Nature*, n. 423, pp. 267-70, 2003.

GADDIS, John Lewis. *The Landscape of History: How Historians Map the Past*. Oxford: Oxford University Press, 2002. [Ed. bras.: *Paisagens da história: Como os historiadores mapeiam o passado*. Rio de Janeiro: Campus, 2003.]

GALBRAITH, John Kenneth. *The Great Crash 1929*. Nova York: Mariner Books, 1997. [Ed. bras.: *1929: O colapso da bolsa*. Pioneira: 1988; *1929: A grande crise*. São Paulo: Larousse do Brasil, 2010.]

GALISON, Peter. *Einstein's Clocks, Poincare's Maps: Empires of Time*. Nova York: W. W. Norton and Company, 2003. [Ed. port.: *Os relógios de Einstein e os mapas de Poincaré: Impérios do tempo*. Lisboa: Gradiva, 2005.]

GAVE, Charles; KALETSKY, Anatole; GAVE, Louis-Vincent. *Our Brave New World*. Londres: GaveKal Research, 2005.

GAZZANIGA, M. S.; IVRY, R.; MANGUN, G. R. *Cognitive Neuroscience: The Biology of the Mind*. 2. ed. Nova York: W. W. Norton and Company, 2002.

GAZZANIGA, Michael; LEDOUX, Joseph. *The Integrated Mind*. Plenum Press, 1978.

GAZZANIGA, Michael S. *The Ethical Brain*. Nova York: Dana Press, 2005.

GEHRING, W. J.; WILLOUGHBY, A. R. "The Medial Frontal Cortex and the Rapid Processing of Monetary Gains and Losses". *Science*, v. 295, pp. 2279-82, 2002.

GELMAN, S. A. "The Development of Induction Within Natural Kind and Artifact Categories". *Cognitive Psychology*, v. 20, pp. 65-95, 1988.

_____; COLEY, J. D. "The Importance of Knowing a Dodo Is a Bird: Categories and Inferences in Two-year-old Children". *Developmental Psychology*, v. 26, pp. 796-804, 1990.

_____; HIRSCHFELD, L. A. "How Biological Is Essentialism?" In: MEDIN, D. L.; ATRAN, S. (Org.). *Folkbiology*. Boston: MIT Press, 1999.

_____; MARKMAN, E. M. "Categories and Induction in Young Children". *Cognition*, v. 23, pp. 183-209, 1986.

GERVAIS, Simon; ODEAN, Terrance. "Learning to Be Overconfident". Documento preliminar. Universidade da Pensilvânia, 1999.

GIGERENZER, G.; TODD, P. M. e o Grupo de Pesquisa ABC. *Simple Heuristics That Make Us Smart*. Oxford: Oxford University Press, 2000.

GIGERENZER, Gerd. "External Validity of Laboratory Experiments: The Frequency-Validity Relationship". *American Journal of Psychology*, v. 97, pp. 185-95, 1984.

_____. "Survival of the Fittest Probabilist: Brunswik, Thurstone, and the Two Disciplines of Psychology". In: KRIIGER, L.; GIGERENZER, G.; MORGAN, M. S. (Orgs.). *The Probabilistic Revolution*, v. 2: *Ideas in the Sciences*. Boston: MIT Press, 1987.

_____. "From Tools to Theories: A Heuristic of Discovery in Cognitive Psychology". *Psychological Review*, v. 98, n. 2, pp. 254-67, 1991.

_____; CZERLINSKI, J.; MARTIGNON, L. "How Good Are Fast and Frugal Heuristics?" In: GILOVICH, T.; GRIFFIN, D.; KAHNEMAN, D. (Orgs.). *Heuristics and Biases: The Psychology of Intuitive Judgment*. Cambridge, Inglaterra: Cambridge University Press, 2002.

_____; GOLDSTEIN, D. G. "Reasoning the Fast and Frugal Way: Models of Bounded Rationality". *Psychological Review*, v. 103, pp. 650-69, 1996.

_____; HELL, W.; BLANK, H. "Presentation and Content: The Use of Base Rates as a Continuous Variable". *Journal of Experimental Psychology: Human Perception and Performance*, v. 14, pp. 513-25, 1988.

_____; HOFFRAGE, U.; KLEINBOLTING, H. "Probabilistic Mental Models: A Brunswikian Theory of Confidence". *Psychological Review*, v. 98, pp. 506-28, 1991.

GIGERENZER, G.; RICHTER, H. R. "Context Effects and Their Interaction with Development: Area Judgments". *Cognitive Development*, v. 5, pp. 235-64, 1990.

_____; SWIJTINK, Z.; PORTER, T.; DASTON, L. J.; BEATTY, J.; KRÜGER, L. *The Empire of Chance: How Probability Changed Science and Everyday Life*. Cambridge, Inglaterra: Cambridge University Press, 1989.

GILBERT, D.; PINEL, E.; WILSON, T. D.; BLUMBERG, S.; WEATLEY, T. "Durability Bias in Affective Forecasting". In: GILOVICH, T.; GRIFFIN, D.; KAHNEMAN, D. (Orgs.). *Heuristics and Biases: The Psychology of Intuitive Judgment*. Cambridge, Inglaterra: Cambridge University Press, 2002.

GILBERT, Daniel. *Stumbling on Happiness*. Nova York: Knopf, 2006. [Ed. bras.: *O que nos faz felizes: O futuro nem sempre é o que imaginamos*. Rio de Janeiro: Campus Elsevier, 2006].

_____. "How Mental Systems Believe". *American Psychologist*, v. 46, pp. 107-19, 1991.

_____; TAFARODI, Romin W.; MALONE, Patrick S. "You Can't Not Believe Everything You Read". *Journal of Personality and Social Psychology*, 65, pp. 221-33, 1993.

GILLESPIE, John V. Review of William Ascher's *Forecasting: An Appraisal for Policy-Makers and Planners* in *The American Political Science Review*, v. 73, n. 2, pp. 554-5, 1979.

GILLIES, Donald. *Philosophical Theories of Probability*. Londres: Routledge, 2000.

GILOVICH, T.; GRIFFIN, D.; KAHNEMAN, D. (Orgs.). *Heuristics and Biases: The Psychology of Intuitive Judgment*. Cambridge, Inglaterra: Cambridge University Press, 2002.

GLADWELL, Malcolm. "The Tipping Point: Why Is the City Suddenly So Much SaferCould It Be That Crime Really Is an Epidemic?". *The New Yorker*, 3 jun. 1996.

_____. *The Tipping Point: How Little Things Can Make a Big Difference*. Nova York: Little, Brown, 2000. [Ed. bras.: *O ponto da virada: Como pequenas coisas podem fazer uma grande diferença*. Trad. de Talita M. Rodrigues. Rio de Janeiro: Sextante, 2011.]

_____. "Blowing Up: How Nassim Taleb Turned the Inevitability of Disaster into an Investment Strategy". *The New Yorker*, 22 e 29 abr. 2002.

GLÄNZEL, W. *Bibliometrics as a Research Field: A Course on the Theory and Application of Bibliometric Indicators*. Versão preliminar, 2003.

GLEIK, James. *Chaos: Making a New Science*. Londres: Abacus, 1987. [Ed. bras.: *Caos: A criação de uma nova ciência*. Rio de Janeiro: Campus Elsevier, 2006.]

GLIMCHER, Paul. *Decisions, Uncertainty, and the Brain: The Science of Neuroeconomics*. Boston: MIT Press, 2002.

GOLDBERG, Elkhonon. *The Executive Brain: Frontal Lobes and the Civilized Mind*. Oxford: Oxford University Press, 2001. [Ed. bras.: *O cérebro executivo: Lobos frontais e a mente civilizada*. Rio de Janeiro: Imago, 2002.]

_____. *The Wisdom Paradox: How Your Mind Can Grow Stronger as Your Brain Grows Older*. Nova York: Gotham, 2005. [Ed. bras.: *O paradoxo da sabedoria*. São Paulo: Melhoramentos, 2006.]

GOLDSTEIN, D. G.; TALEB, N. N. "We Don't Quite Know What We Are Talking About When We Talk About Volatility," *Journal of Portfolio Management*, verão de 2007.

GOLEMAN, Daniel. *Emotional Intelligence: Why It Could Matter More Than IQ*. Nova York: Bantam Books, 1995. [Ed. bras.: *Inteligência emocional: A teoria revolucionária que redefine o que é ser inteligente*. Trad. de Marcos Santarrita. Rio de Janeiro: Objetiva, 1996.]

GOLEMAN, Daniel. *Destructive Emotions, How Can We Overcome Them? A Scientific Dialogue with the Dalai Lama*. Nova York: Bantam, 2003. [Ed. bras.: *Como lidar com emoções destrutivas: Para viver em paz com você e os outros*. Rio de Janeiro: Campus Elsevier, 2003.]

GOODMAN, N. *Fact, Fiction, and Forecast*. Cambridge, EUA: Harvard University Press, 1955.

_____. "Seven Strictures on Similarity". In: GOODMAN, N. (Org.). *Problems and Projects*. Nova York: Bobbs-Merrill, 1972.

GOPNIK, A.; GLYMOUR; SOBEL, D. M.; SCHULZ, L. E.; KUSHNIR, T.; DANKS, D., "A Theory of Causal Learning in Children: Causal Maps and Bayes Nets". *Psychological Review*, v. 111, pp. 3-32, 2004.

GRANGER, Clive W. J. *Empirical Modeling in Economics: Specification and Evaluation*. Cambridge, Inglaterra: Cambridge University Press, 1999.

GRAY, John. *Straw Dogs: Thoughts on Humans and Other Animals*. Londres: Granta Books, 2002. [Ed. bras.: *Cachorros de palha: Reflexões sobre humanos e outros animais*. Rio de Janeiro: Record, 2005.]

GREEN, Jack. *Fire the Bastards!* Nova York: Dalkey Archive Press, 1962.

GREEN, K. C. "Game Theory, Simulated Interaction, and Unaided Judgement for Forecasting Decisions in Conflicts: Further Evidence". *International Journal of Forecasting*, v. 21, pp. 463--72, 2005.

GRIFFIN, D. W.; TVERSKY, A. "The Weighing of Evidence and the Determinants of Confidence". *Cognitive Psychology*, v. 24, pp. 411-35, 1992.

_____; VAREY, C. A. "Towards a Consensus on Overconfidence". *Organizational Behavior and Human Decision Processes*, v. 65, pp. 227-31, 1996.

GRIPAIOS, Peter. "The Use and Abuse of Economic Forecasts". *Management Decision*, v. 32, n. 6, pp. 61-4, 1994.

GUEDJ, Olivier; BOUCHAUD, Jean-Philippe. "Experts' Earning Forecasts: Bias, Herding and Gossamer Information", a ser publicado em 2006.

GUGLIELMO, Cavallo; CHARTIER, Roger (Org.). *Histoire de la lecture dans le monde occidental*. Paris: Éditions du Seuil, 1997. [Ed. bras.: *História da leitura no mundo ocidental*. São Paulo: Ática, 2002. 2 v.].

GURVITCH, Georges. "Continuité et discontinuité en histoire et sociologie". *Annales E.S.C.*, pp. 73-84, 1957.

_____. *The Social Framework of Knowledge*. Nova York: Harper Torchbooks, 1966.

GUTAS, Dimitri. *Greek Thought, Arabic Culture, the Graeco-Arabic Translation Movement in Baghdad and Early 'Abbasid Society (2nd-4th/8th-10th centuries)*. Londres: Routledge, 1998.

HACKING, Ian. *Logic of Statistical Inference*. Cambridge, Inglaterra: Cambridge University Press, 1965.

_____. *Representing and Intervening: Introductory Topics in the Philosophy of Natural Science*. Cambridge, Inglaterra: Cambridge University Press, 1983. [Ed. bras.: *Representar e intervir: Tópicos introdutórios de filosofia da ciência natural*. Rio de Janeiro: Eduerj, 2012.]

_____. *The Taming of Chance*. Cambridge, Inglaterra: Cambridge University Press, 1990.

_____. *The Social Construction of What?* Cambridge, EUA: Harvard University Press, 1999.

_____. *An Introduction to Probability and Inductive Logic*. Cambridge, Inglaterra: Cambridge University Press, 2001.

HAHN, Frank. "Predicting the Economy". In: HOWE, Leo; WAIN, Alan (Orgs.). *Predicting the Future*. Cambridge, Inglaterra: Cambridge University Press, 1993.

HANNON, L. "Poverty, Delinquency, and Educational Attainment: Cumulative Disadvantage or Disadvantage Saturation?". *Sociological Inquiry*, v. 73, pp. 575-94, 2003.

HANSEN, R. D.; DONOGHUE, J. M. "The Power of Consensus: Information Derived from One's Own and Others' Behavior". *Journal of Personality and Social Psychology*, v. 35, pp. 294-302, 1977.

HARDY, G. H. *A Mathematician's Apology*. Cambridge, Inglaterra: Cambridge University Press, 1940. [Ed. port.: *Apologia de um matemático*. Lisboa: Gradiva, 2007.]

HARRIS, Olivia. "Braudel: Historical Time and the Horror of Discontinuity". *History Workshop Journal*, v. 57, pp. 161-74, 2004.

HARVEY, N. "Confidence in Judgment". *Trends in Cognitive Science*, v. 1, pp. 78-82, 1997.

HASHER, L.; ZACKS, R. T. "Automatic and Effortful Processes in Memory". *Journal of Experimental Psychology: General*, v. 108, pp. 356-88, 1979.

HAUG, Espen. *Derivatives: Models on Models*. Nova York: Wiley, 2007.

_____; TALEB, N. N. "Why We Have Never Used the Black-Scholes-Merton Option Pricing Formula", *Wilmott*, 2008.

HAUSMAN, Daniel M. (Org.). *The Philosophy of Economics: An Anthology*. 2. ed. Nova York: Cambridge University Press, 1994.

HAYEK, F. A. "The Use of Knowledge in Society". *American Economic Review*, v. 35, n. 4, pp. 519-30, 1945.

_____. *The Road to Serfdom*. Chicago: University of Chicago Press, 1994. [Ed. bras.: *O caminho da servidão*. Trad. de Leonel Vallandro. Porto Alegre: Globo, 1977; *O caminho para a servidão*. Trad. de Anna Maria Capovilla, José Ítalo Stelle e Liane de Morais Ribeiro. Rio de Janeiro: Instituto Liberal, 1990; 2010.]

HECHT, Jennifer Michael. *Doubt: A History*. Nova York: Harper Collins, 2003. [Ed. bras.: *Dúvida: Uma história: Os grandes questionadores e seu legado, de Sócrates e Jesus a Nietzsche e Einstein*. Rio de Janeiro: Ediouro, 2005.]

HEMPEL, C. *Aspects of Scientific Explanation*. Nova York: The Free Press, 1965.

HENDERSON, Bill; BERNARD, André (Org.). *Rotten Reviews and Rejections*. Wainscott: Push-cart, 1998.

HESPOS, Susan. "Physical Causality in Human Infants". Conferência Interdisciplinar sobre Causalidade, 2006. Disponível em: <www.interdisciplines.org>.

HEXTER, J. H. *On Historians, Reappraisals of Some of the Masters of Modern History*. Cambridge, EUA: Harvard University Press, 1979.

HICKS, Steven V.; ROSENBERG, Alan. "The 'Philosopher of the Future' as the Figure of Disruptive Wisdom". *Journal of Nietzsche Studies*, v. 25, pp. 1-34, 2003.

HILTON, Denis. "Psychology and the Financial Markets: Applications to Understanding and Remedying Irrational Decision-making". In: BROCAS, I.; CARILLO, J. (Orgs.). *The Psychology of Economic Decisions*, v. 1: *Rationality and Well-being*. Oxford: Oxford University Press, 2003.

HINTZMAN, D. L.; NOZAWA, G.; IRMSCHER, M. "Frequency as a Nonpropositional Attribute of Memory". *Journal of Verbal Learning and Verbal Behavior*, v. 21, pp. 127-41, 1982.

HIRSHLEIFER, J.; RILEY, J. G. *The Analytics of Uncertainty and Information*. Cambridge, Inglaterra: Cambridge University Press, 1992.

HLADIK, Jean. *Comment le jeune et ambitieux Einstein s'est approprié la relativité restreinte de Poincaré*. Paris: Ellipses, 2004.

HOFFRAGE, U.; GIGERENZER, G. "Using Natural Frequencies to Improve Diagnostic Inferences". *Academic Medicine*, v. 73, n. 5, pp. 538-40, 1998.

HONG, Harrison; KUBIK, Jeffrey. "Analyzing the Analysts: Career Concerns and Biased Earnings Forecasts". *Journal of Finance*, v. 58, n. 1, pp. 313-51, 2003.

HOPFIELD, J. J. "Neurons, Dynamics, and Computation". *Physics Today*, v. 47, pp. 40-6, 1994.

HORKHEIMER, Max; Theodor W. Adorno. *Dialectic of Enlightenment: Philosophical Fragments*. Stanford: Stanford University Press, 2002. [Ed. bras.: *Dialética do esclarecimento*. Rio de Janeiro: Zahar, 1985.]

HOUSE, D. K. "The Life of Sextus Empiricus". *The Classical Quarterly, New Series*, v. 30, n. 1, pp. 227-38, 1980.

HOWE, Leo; WAIN, Alan (Orgs.). *Predicting the Future*. Cambridge, Inglaterra: Cambridge University Press, 1993.

HSEE, C. K.; ROTTENSTREICH, Y. R. "Music, Pandas and Muggers: On the Affective Psychology of Value". *Journal of Experimental Psychology*, a ser publicado, 2004.

HSIEH, David A. "Chaos and Nonlinear Dynamics: Application to Financial Markets". *Journal of Finance*, v. 46, n. 5, pp. 1839-77, 1991.

HUANG, C. F.; LITZENBERGER, R. H. *Foundations for Financial Economics*. Nova York/Amsterdã/Londres: North-Holland, 1988.

HUBER, J. C. "Cumulative Advantage and Success-Breeds-Success: The Value of Time Pattern Analysis". *Journal of the American Society for Information Science and Technology*, v. 49, pp. 471-6, 1998.

_____. "A New Model That Generates Lotka's Law". *Journal of the American Society for Information Science and Technology*, v. 53, pp. 209-19, 2002.

HUBERMAN, Bernardo A. *The Laws of the Web: Patterns in the Ecology of Information*. Boston: MIT Press, 2001.

HUME, David. *A Treatise of Human Nature: Being an Attempt to Introduce the Experimental Method of Reasoning into Moral Subjects*. Oxford: Oxford University Press, 1748, 2000. [Ed. bras.: *Tratado da natureza humana: Uma tentativa de introduzir o método experimental de raciocínio nos assuntos morais*. Trad. de Débora Danowski. São Paulo. Editora Unesp/Imprensa Oficial do Estado, 2001.]

HUMPHREY, Nicholas. *A History of the Mind: Evolution and the Birth of Consciousness*. Nova York: Copernicus, 1992. [Ed. bras.: *Uma história da mente: A evolução e a gênese da consciência*. Rio de Janeiro: Campus, 1994.]

HUSSERL, Edmund. *The Crisis of European Sciences and Transcendental Phenomenology*. Evanston: Northwestern University Press, 1954. [Ed. bras.: *A crise da humanidade europeia e a filosofia*. Porto Alegre: EDIPUCRS, 2002; *A crise das ciências europeias e a fenomenologia transcendental: Uma introdução à filosofia fenomenológica*. Rio de Janeiro; São Paulo: Forense Universitária, 2012.]

IERODIAKONOU, K.; VANDENBROUCKE, J. P. "Medicine as a Stochastic Art". *Lancet*, v. 341, pp. 542-3, 1993.

INAGAKI, Kayoko; HATANO, Giyoo. "Do Young Children Possess Distinct Causalities for the Three Core Domains of Thought?". Conferência Interdisciplinar sobre Causalidade, 2006. Disponível em: <www.interdisciplines.org>.

JABLONSKI, D.; ROY, K.; VALENTINE, J. W.; PRICE, R. M.; ANDERSON, P. S. "The Impact of the Pull of the Recent on the History of Marine Diversity". *Science*, v. 300, n. 5622, pp. 1133-5, 2003.

JACOB, John; LYS, Thomas; NEALE, Margaret. "Expertise in Forecasting Performance of Security Analysts". *Journal of Accounting and Economics*, v. 28, pp. 51-82, 1999.

JAYNES, E. T. *Probability Theory: The Logic of Science*. Cambridge, Inglaterra: Cambridge University Press, 2003.

JAYNES, Julian. *The Origin of Consciousness in the Breakdown of the Bicameral Mind*. Nova York: Mariner Books, 1976.

JENKINS, Keith. *Re-Thinking History*. Londres: Routledge, 1991. [Ed. bras.: *A história repensada*. Trad. de Mario Vilela. São Paulo: Contexto, 2001.]

JEONG, H.; TOMBOR, B.; ALBERT, R.; OLTAVI, Z. N. BARABÁSI, A.-L. "The Largescale Organization of Metabolic Networks". *Nature*, v. 407, pp. 651-4, 2000.

JOUNG, Wendy; HESKETH, Beryl; NEAL, Andrew. "Using 'War Stories' to Train for Adaptive Performance: Is It Better to Learn from Error or Success?". *Applied Psychology: An International Review*, v. 55, n. 2, pp. 282-302, 2006.

JUSLIN, P. *Well-calibrated General Knowledge: An Ecological Inductive Approach to Realism of Confidence*. Manuscrito submetido para publicação. Uppsala, Suécia, 1991.

_____. "An Explanation of the Hard-Easy Effect in Studies of Realism of Confidence in One's General Knowledge". *European Journal of Cognitive Psychology*, v. 5, pp. 55-71, 1993.

_____. "The Overconfidence Phenomenon as a Consequence of Informal Experimenter-guided Selection of Almanac Items". *Organizational Behavior and Human Decision Processes*, v. 57, pp. 226-46, 1994.

_____; OLSSON, H. "Thurstonian and Brunswikian Origins of Uncertainty in Judgment: A Sampling Model of Confidence in Sensory Discrimination". *Psychological Review*, v. 104, pp. 344-66, 1997.

_____; BJORKMAN, M. "Brunswikian and Thurstonian Origins of Bias in Probability Assessment: On the Interpretation of Stochastic Components of Judgment". *Journal of Behavioral Decision Making*, v. 10, pp. 189-209, 1997.

_____; OLSSON, H.; WINMAN, A. "The Calibration Issue: Theoretical Comments on Suantak, Bolger, and Ferrell". *Organizational Behavior and Human Decision Processes*, v. 73, pp. 3-26, 1998.

KADANE, J. B.; Lichtenstein, S. "A Subjectivist View of Calibration". Report n. 82-86, Eugene, EUA: Decision Research, 1982.

KAHNEMAN, D. "Why People Take Risks". In: *Gestire la vulnerabilita e l'incertezza: Un incontro internazionale fra studiosi e capi di impresa*. Roma: Instituto Italiano de Estudos do Risco, 2003.

_____; DIENER, E.; SCHWARZ, N. (Orgs.). *Well-being: The Foundations of Hedonic Psychology*. Nova York: Fundação Russell Sage, 1999.

_____; FREDERICK, S. "Representativeness Revisited: Attribute Substitution in Intuitive Judgment". In: GILOVICH, T.; GRIFFIN, D.; KAHNEMAN, D. (Orgs.). *Heuristics and Biases: The Psychology of Intuitive Judgment*. Cambridge, Inglaterra: Cambridge University Press, 2002.

KAHNEMAN, D., KNETSCH, J. L.; THALER, R. H. "Rational Choice and the Framing of Decisions". *Journal of Business*, v. 59, n. 4, pp. 251-78, 1986.

_____; LOVALLO, D. "Timid Choices and Bold Forecasts: A Cognitive Perspective on Risk-taking". *Management Science*, v. 39, pp. 17-31, 1993.

KAHNEMAN, D.; TVERSKY, A. "Subjective Probability: A Judgment of Representativeness". *Cognitive Psychology*, v. 3, pp. 430-54, 1972.
_____. "On the Psychology of Prediction". *Psychological Review*, v. 80, pp. 237-51, 1973.
_____. "Prospect Theory: An Analysis of Decision Under Risk". *Econometrica*, v. 46, n. 2, pp. 171-85, 1979.
_____. "On the Study of Statistical Intuitions". In: KAHNEMAN, D.; SLOVIC, P.; TVERSKY, A. (Orgs.). *Judgment Under Uncertainty: Heuristics and Biases*. Cambridge, Inglaterra: Cambridge University Press, 1982.
_____. "On the Reality of Cognitive Illusions". *Psychological Review*, v. 103, pp. 582-91, 1996.
_____. (Org.). *Choices, Values, and Frames*. Cambridge, Inglaterra: Cambridge University Press, 2000.
_____. "Anomalies: The Endowment Effect, Loss Aversion, and Status Quo Bias". In: KAHNEMAN, D.; TVERSKY, A. (Orgs.). *Choices, Values, and Frames*. Cambridge, Inglaterra: Cambridge University Press, 2000.
KAIZOJI, Taisei. "Scaling Behavior in Land Markets". *Physica A: Statistical Mechanics and Its Applications*, v. 326, n. 1-2, pp. 256-64.
_____; KAIZOJI, Michiyo. "Power Law for Ensembles of Stock Prices". *Physica A: Statistical Mechanics and Its Applications*, v. 344, n. 1-2, *Applications of Physics in Financial Analysis*, v. 4 (APFA4) (1º de dezembro), pp. 240-3, 2004.
KATZ, J. Sylvan. "The Self-similar Science System". *Research Policy*, v. 28, n. 5, pp. 501-17, 1999.
KEEN, Steve. *Debunking Economics: The Naked Emperor of the Social Classes*. Londres: Pluto Press, 2001.
KEMP, C.; TENENBAUM, J. B. "Theory-based Induction". *Proceedings of the Twenty-fifth Annual Conference of the Cognitive Science Society*, Boston, 2003.
KEREN, G. "On the Ability of Assessing Non-verdical Perceptions: Some Calibration Studies". *Acta Psychologica*, v. 67, pp. 95-119, 1988.
_____. "Calibration and Probability Judgments: Conceptual and Methodological Issues". *Acta Psychologica*, v. 77, pp. 217-73, 1991.
KEYNES, John Maynard. *Treatise on Probability*. Londres: Macmillan, 1920.
_____. "The General Theory". *Quarterly Journal of Economics*, v. pp. 209-33, 1937. [Ed. bras.: *Teoria geral do emprego, do juro e da moeda*. Trad. de Mário R. da Cruz. São Paulo: Abril Cultural, 1996.]
KIDD, John B. "The Utilization of Subjective Probabilities in Production Planning". *Acta Psychologica*, v. 34, n. 2/3, pp. 338-47, 1970.
KIM, E. Han; MORSE, Adair; ZINGALES, Luigi. "Are Elite Universities Losing Their Competitive Edge?". NBER Documento preliminar 12245, 2006.
KINDLEBERGER, Charles P. *Manias, Panics, and Crashes*. Nova York: Wiley, 2001. [Ed. bras.: *Manias, pânicos e crises: A história das catástrofes econômicas mundiais*. São Paulo: Saraiva, 2013.]
KING, Gary; ZENG, Langche. "When Can History Be Our Guide? The Pitfalls of Counterfactual Inference". Documento preliminar, Universidade Harvard, 2005.
KIRKPATRICK, Mark; DUGATKIN, Lee Alan. "Sexual Selection and the Evolutionary Effects of Copying Mate Choice". *Behavioral Evolutionary Sociobiology*, v. 34, pp. 443-9, 1994.

KLAYMAN, J. "Varieties of Confirmation Bias". In: BUSEMEYER, J.; HASTIC, R.; MEDIN, D. L. (Orgs.). *Decision Making from a Cognitive Perspective. The Psychology of Learning and Motivation*, v. 32, pp. 83-136. Nova York: Academic Press, 1995.

_____; HA, Y.-W. "Confirmation, Disconfirmation and Information in Hypothesis Testing". *Psychological Review*, v. 94, pp. 211-28, 1987.

KLAYMAN, Joshua; SOLL, Jack B.; GONZALEZ-VALLEJO, Claudia; BARLAS, Sema. "Overconfidence: It Depends on How, What, and Whom You Ask". *Organizational Behavior and Human Decision Processes*, v. 79, n. 3, pp. 216-47, 1999.

KLEBANOFF, Arthur. *The Agent*. Londres: Texere, 2002.

KLEIN, Gary. *Sources of Power: How People Make Decisions*. Boston: MIT Press, 1998. [Ed. port.: *Fontes do poder: O modo como as pessoas tomam decisões*. São Paulo: Instituto Piaget, 2001.]

KNIGHT, Frank. *Risk, Uncertainty and Profit*. Nova York: Harper and Row, 1921, 1965. [Ed. bras.: *Risco, incerteza e lucro*. Rio de Janeiro: Expressão e Cultura, 1972.]

KOEHLER, J. J.; GIBBS, B. J.; HOGARTH, R. M. "Shattering the Illusion of Control: Multi-shot Versus Single-shot Gambles". *Journal of Behavioral Decision Making*, v. 7, pp. 183-91, 1994.

KOESTLER, Arthur. *The Sleepwalkers: A History of Man's Changing Vision of the Universe*. Londres: Penguin, 1959. [Ed. bras.: *Os sonâmbulos*. São Paulo: Ibrasa, 1959.]

KORDA, Michael. *Another Life: A Memoir of Other People*. Nova York: Random House, 2000.

KORIAT, A.; LICHTENSTEIN, S.; FISCHHOFF, B. "Reasons for Confidence". *Journal of Experimental Psychology: Human Learning and Memory*, v. 6, pp. 107-18, 1980.

KREPS, J.; DAVIES, N. B. *An Introduction to Behavioral Ecology*. 3. ed. Oxford: Blackwell Scientific Publications, 1993.

KRISTEVA, Julia. *Time and Sense*. Nova York: Columbia University Press, 1998.

KRUGER, J.; DUNNING, D. "Unskilled and Unaware of It: How Difficulties in Recognizing One's Own Incompetence Lead to Inflated Self-Assessments", *Journal of Personality and Social Psychology*, v. 77, n. 6, pp. 1121-34, 1999.

KUNDA, Ziva. "The Case for Motivated Reasoning". *Psychological Bulletin*, v. 108, pp. 480-98, 1990.

_____. *Social Cognition: Making Sense of People*. Boston: MIT Press, 1999.

KURZ, Mordecai. "Endogenous Uncertainty: A Unified View of Market Volatility". Documento preliminar. Stanford University Press, 1997.

KYBURG JR., Henry E. *Epistemology and Inference*. Minneapolis: University of Minnesota Press, 1983.

LAD, E. "The Calibration Question". *British Journal of the Philosophy of Science*, v. 35, pp. 213-21, 1984.

LAHIRE, Bernard. *La Condition littéraire*. Paris: Éditions La Decouverte, 2006.

LAKOFF, George; JOHNSON, Mark. *Metaphors We Live By*. Chicago: University of Chicago Press, 1980.

LAMONT, Owen A. "Macroeconomic Forecasts and Microeconomic Forecasters". *Journal of Economic Behavior and Organization*, v. 48, n. 3, pp. 265-80, 2002.

LANE, R. D.; REIMAN, E. M.; BRADLEY, M. M.; LANG, P. J.; AHERN, G. L.; DAVIDSON, R. J.; SCHWARTZ, G. E. "Neuroanatomical Correlates of Pleasant and Unpleasant Emotion". *Neuropsychologia*, v. 35, n. 11, pp. 1437-44, 1997.

LANGER, E. J. "The Illusion of Control". *Journal of Personality and Social Psychology*, v. 32, pp. 311-28, 1975.

LARRICK, R. P. "Motivational Factors in Decision Theories: The Role of Self-Protection". *Psychological Bulletin*, v. 113, pp. 440-50, 1993.
LEARY, D. E. "From Act Psychology to Probabilistic Functionalism: The Place of Egon Brunswik in the History of Psychology". In: ASH, M . G.; WOODWARD, W. R. (Orgs.). *Psychology in Twentieth-century Thought and Society*. Cambridge, Inglaterra: Cambridge University Press, 1987.
LEDOUX, Joseph. *The Emotional Brain: The Mysterious Underpinnings of Emotional Life*. Nova York: Simon & Schuster, 1998. [Ed. bras.: *O cérebro emocional: Os misteriosos alicerces da vida emocional*. Rio de Janeiro: Objetiva, 1998.]
_____. *Synaptic Self: How Our Brains Become Who We Are*. Nova York: Viking, 2002.
LE GOFF, Jacques. *Les Intellectuels au Moyen Âge*. Paris: Points Histoire, 1985. [Ed. bras.: *Os intelectuais na Idade Média*. Rio de Janeiro: José Olympio, 2003.]
LEVI, Isaac. *Gambling with Truth*. Boston: MIT Press, 1970.
LICHTENSTEIN, Sarah; FISCHHOFF, Baruch. "Do Those Who Know More Also Know More About How Much They Know? The Calibration of Probability Judgments". *Organizational Behavior and Human Performance*, v. 20, pp. 159-83, 1977.
_____. "The Effects of Gender and Instructions on Calibration". *Decision Research Report*, v. 81-5. Eugene: Decision Research, 1981.
_____; PHILLIPS, Lawrence. "Calibration of Probabilities: The State of the Art to 1980". In: KAHNEMAN, D.; SLOVIC, P; TVERSKY, A. (Orgs.). *Judgment Under Uncertainty: Heuristics and Biases*. Cambridge, Inglaterra: Cambridge University Press, 1982.
LIM, T. "Rationality and Analysts' Forecast Bias". *Journal of Finance*, v. 56, n. 1, pp. 369-85, 2001.
LISSOWSKI, Grzegorz; TYSZKA, Tadeusz; OKRASA, Wlodzimierz. "Principles of Distributive Justice: Experiments in Poland and America". *Journal of Conflict Resolution*, v. 35, n. 1, pp. 98-119, 1991.
LIU, Jing. "Post-Earnings Announcement Drift and Analysts' Forecasts". Documento preliminar, Universidade da Califórnia em Los Angeles (UCLA), 1998.
LOEWENSTEIN, G. E.; WEBER, E. U.; HSEE, C. K.; WELCH, E. S. "Risk as Feelings". *Psychological Bulletin*, v. 127, pp. 267-86, 2001.
LOEWENSTEIN, George. "The Fall and Rise of Psychological Explanations in the Economics of Intertemporal Choice". In: LOEWENSTEIN, George; ELSTER, Jon (Orgs.) *Choice over Time*. Nova York: Fundação Russell Sage, 1992.
LOFTUS, Elizabeth F.; KETCHAM, Katherine. *The Myth of Repressed Memory: False Memories and Allegations and Sexual Abuse*. Nova York: St. Martin's Press, 1994.
LOTKA, Alfred J. "The Frequency Distribution of Scientific Productivity". *Journal of the Washington Academy of Sciences*, v. 16, n. 12, pp. 317-23, 1926.
LOWENSTEIN, R. *When Genius Failed: The Rise and Fall of Long-Term Capital Management*. Nova York: Random House, 2000.
LUCAS, Robert E. "Asset Prices in an Exchange Economy". *Econometrica*, v. 46, pp. 1429-45, 1978.
LUCE, R. D.; RAIFFA, H. *Games and Decisions: Introduction and Critical Survey*. Nova York: Wiley, 1957.
MACH, E. "On the Part Played by Accident in Invention and Discovery". *Monist*, v. 6, pp. 161-75, 1896.
MACHINA, M. J.; ROTHSCHILD, M. "Risk". In: EATWELL, J.; MILGATE, M.; NEWMAN, P. (Orgs.). *The New Palgrave: A Dictionary of Economics*. Londres: Macmillan, 1987.

MAGEE, Bryan. *Philosophy and the Real World: An Introduction to Karl Popper*. La Salle, Ill: Open Court Books, 1985.

_____. *Confessions of a Philosopher*. Londres: Weidenfeld & Nicolson, 1997. [Ed. bras.: *Confissões de um filósofo*. São Paulo: WMF Martins Fontes, 2019.]

MAINES, L. A.; HAND, J. R. "Individuals' Perceptions and Misperceptions of Time-series Properties of Quarterly Earnings". *Accounting Review*, v. 71, pp. 317-36, 1996.

MAKRIDAKIS, S.; ANDERSEN, A.; CARBONE; FILDES, R.; HIBON, M.; LEWANDOWSKI, R.; NEWTON, J.; PARZEN, R.; WINKLER, R. "The Accuracy of Extrapolation (Time Series) Methods: Results of a Forecasting Competition". *Journal of Forecasting*, v. 1, pp. 111-53, 1982.

_____; CHATFIELD, C.; HIBON, M.; LAWRENCE, M.; MILLS, T.; ORD, K.; SIMMONS, L.F. "The M2-Competition: A Real-Time Judgmentally Based Forecasting Study" (com comentário). *International Journal of Forecasting*, v. 5, pp. 29, 1993.

_____; HIBON, M. "The M3-Competition: Results, Conclusions and Implications". *International Journal of Forecasting*, v. 16, pp. 451-76, 2000.

_____; TALEB, N. N. "Decision Making and Planning Under Low Levels of Predictability", *International Journal of Forecasting*, v. 25, n. 4, 2009.

MANDELBROT, B. "The Variation of Certain Speculative Prices". *Journal of Business*, v. 36, n. 4, pp. 394-419, 1963.

_____. "Information Theory and Psycholinguistics". In: WOLMAN, B.; NAGEL, E. (Orgs.). *Scientific Psychology: Principles and Approaches*. Nova York: Basic Books, 1965.

_____. *Les Objets fractals: forme, hasard et dimension*. Paris: Flammarion, 1975. [Ed. port.: *Objetos fractais: Forma, acaso e dimensão seguido de panorama da linguagem fractal*. Trad. de Carlos Fiolhais. Lisboa: Gradiva, 1991.]

_____. *The Fractal Geometry of Nature*. Nova York: W. H. Freeman and Company, 1982.

_____. *Tractates, hasard et finance*. Paris: Flammarion, 1997a.

_____. *Fractals and Scaling in Finance: Discontinuity, Concentration, Risk*. Nova York: Springer--Verlag, 1997b.

_____; TALEB, N. N. "A Focus on the Exceptions That Prove the Rule". In: *Mastering Uncertainty: Financial Times Series*, 2006a.

_____. "Matematica della sagessa". *Il Sole 24 Ore*, 9 out. 2006b.

_____. "Random Jump Not Random Walk". Manuscrito, 2007a.

_____. "Mild vs. Wild Randomness: Focusing on Risks that Matter". In: DIEBOLD, Francis; DOHERTY, Neil; HERRING, Richard (Orgs.). *The Known, the Unknown, and the Unknowable in Financial Risk Management*. Princeton: Princeton University Press, 2007b.

_____. "Random Jump, Not Random Walk". In: DIEBOLD, Francis; NEIL, Doherty; HERRING, Richard (Orgs.). *The Known, the Unknown, and the Unknowable in Financial Risk Management*. Princeton: Princeton University Press, 2010.

MANDLER, J. M.; MCDONOUGH, L. "Studies in Inductive Inference in Infancy". *Cognitive Psychology*, v. 37, pp. 60-96, 1998.

MARGALIT, Avishai. *The Ethics of Memory*. Cambridge, EUA: Harvard University Press, 2002.

MARKOWITZ, Harry. "Portfolio Selection". *Journal of Finance*, v. 7, n. 1, pp. 77-91, mar. 1952.

_____. *Portfolio Selection: Efficient Diversification of Investments*. 2. ed. Nova York: Wiley, 1959.

MARMOTT, Michael. *The Status Syndrome: How Social Standing Affects Our Health and Longevity*. Londres: Bloomsbury, 2004.
MARR, D. *Vision*. Nova York: W. H. Freeman and Company, 1982.
MASTERS, John. *Casanova*. Nova York: Bernard Geis Associates, 1969.
MAY, R. M. *Stability and Complexity in Model Ecosystems*. Princeton: Princeton University Press, 1973.
MAY, R. S. "Overconfidence as a Result of Incomplete and Wrong Knowledge". In: SCHOLZ, R. W. (Org.). *Current Issues in West German Decision Research*. Frankfurt am Main, Alemanha: Lang, 1986.
MAYSELESS, O.; KRUGLANSKI, A. W. "What Makes You So Sure? Effects of Epistemic Motivations on Judgmental Confidence". *Organizational Behavior and Human Decision Processes*, v. 39, pp. 162-83, 1987.
MCCLELLAND, A. G. R.; Bolger, F. "The Calibration of Subjective Probabilities: Theories and Models, 1980-1994". In: WRIGHT, G.; AYTON, P. (Orgs.). *Subjective Probability*. Chichester, Inglaterra: Wiley, 1994.
MCCLOSKEY, Deirdre. *If You're so Smart: The Narrative of Economic Expertise*. Chicago: University of Chicago Press, 1990.
_____. "The Art of Forecasting: From Ancient to Modern Times". *Cato Journal*, v. 12, n. 1, pp. 23-43, 1992.
MCCLURE, Samuel M.; LAIBSON, David I.; LOEWENSTEIN, George F.; COHEN, Jonathan D. "Separate Neural Systems Value Immediate and Delayed Monetary Rewards". *Science*, v. 306, n. 5695, pp. 503-7, 2004.
MCMANUS, Chris. *Right Hand, Left Hand*. Londres: Orion Books, 2002.
MCNEES, Stephen K. "Rebuttal of Armstrong". *Journal of Business*, v. 51, n. 4, pp. 573-7, 1978.
_____. "An Assessment of the 'Official' Economic Forecasts". *New England Economic Review*, pp. 13-23, jul.-ago. 1995.
MCNEILL, William H. *Plagues and Peoples*. Nova York: Anchor Books, 1976.
MEDAWAR, Peter. *The Strange Case of the Spotted Mice and Other Classic Essays on Science*. Oxford: Oxford University Press, 1996.
MEEHL, Paul E. *Clinical Versus Statistical Predictions: A Theoretical Analysis and Revision of the Literature*. Mineápolis: University of Minnesota Press, 1954.
_____. "Why I Do Not Attend in Case Conferences". In: *Psychodiagnosis: Selected Papers*. Mineápolis: University of Minnesota Press, pp. 225-302, 1973.
MENDENHALL, Richard R. "Evidence of Possible Underweighting of Earnings-related Information". *Journal of Accounting Research*, v. 29, pp. 170-8, 1991.
MERTON, Robert C. "An Analytic Derivation of the Efficient Portfolio Frontier". *Journal of Financial and Quantitative Analysis*, v. 7, n. 4, pp. 1851-72, 1972.
_____. *Continuous-Time Finance*. 2. ed. Cambridge, Inglaterra: Blackwell, 1992.
MERTON, R. K. "The Matthew Effect in Science". *Science*, v. 159, pp. 56-63, 1968.
_____. "The Matthew Effect in Science". In: STORER, N. (Org.). *The Sociology of Science*. Chicago: University of Chicago Press, 1973a.
_____. "The Normative Structure of Science". In: STORER, N. (Org.). *The Sociology of Science*. Chicago: University of Chicago Press, 1973b.
_____. "The Matthew Effect II: Cumulative Advantage and the Symbolism of Intellectual Property". *Isis*, v. 79, pp. 606-23, 1988.

MERTON, Robert K.; BARBER, Elinor. *The Travels and Adventures of Serendipity*. Princeton: Princeton University Press, 2004.

MIHAILESCU, Calin. *Lotophysics*. Pré-publicação, Universidade de Western Ontario, 2006.

MIKHAIL, M. B.; WALTHER, B. R.; WILLIS, R. H. "Does Forecast Accuracy Matter to Security Analysts?". *The Accounting Review*, v. 74, n. 2, pp. 185-200, 1999.

_____. "Do Security Analysts Improve Their Performance with Experience?". *Journal of Accounting Research*, v. 35, pp. 131-57, 1997.

MILGRAM, S. "The Small World Problem". *Psychology Today*, v. 2, pp. 60-7, 1967.

MILL, John Stuart. *A System of Logic Ratiocinative and Inductive, Being a Connected View of the Principle of Evidence and the Methods of Scientific Investigation*. 3. ed. Londres: John W. Parker, West Strand, 1860. [Ed. bras.: *Sistema de Lógica Dedutiva e Indutiva*. São Paulo: Abril Cultural, 1974 (Os pensadores); Sistema de lógica dedutiva e indutiva (ebook). Clube de Autores, 2020.]

MILLER, Dale T.; ROSS, Michael. "Self-Serving Biases in Attribution of Causality: Fact or Fiction?". *Psychological Bulletin*, v. 82, n. 2, pp. 213-25, 1975.

MILLER, Geoffrey E. *The Mating Mind: How Sexual Choice Shaped the Evolution of Human Nature*. Nova York: Doubleday, 2000.

MINSKY, H. *Can It Happen Again? Essays on Instability and Finance*. Armonk, NY: M. E. Sharpe, 1982.

MITZENMACHER, Michael. "A Brief History of Generative Models for Power Law and Log-normal Distributions". *Internet Mathematics*, v. 1, n. 2, pp. 226-51, 2003.

MOHR, C.; LANDIS, T.; BRACHA, H. S.; BRUGGER, P. "Opposite Turning Behavior in Righthanders and Non-right-handers Suggests a Link Between Handedness and Cerebral Dopamine Asymmetries". *Behavioral Neuroscience*, v. 117, n. 6, pp. 1448-52, 2003.

MOKYR, Joel. *The Gifts of Athena*. Princeton: Princeton University Press, 2002.

MONTIER, James. *Applied Behavioural Finance*. Chichester, Inglaterra: Wiley, 2007.

MOON, Francis C. *Chaotic and Fractal Dynamics*. Nova York: Wiley, 1992.

MOSSNER, E. C. *The Life of David Hume*. Oxford: Clarendon Press, 1970.

MURPHY, A. H.; WINKLER, R. "Probability Forecasting in Meteorology". *Journal of the American Statistical Association*, v. 79, pp. 489-500, 1984.

MYERS, David G. *Intuition: Its Powers and Perils*. New Haven: Yale University Press, 2002.

NADER, K.; LEDOUX, J. E. "The Dopaminergic Modulation of Fear: Quinpirole Impairs the Recall of Emotional Memories in Rats". *Behavioral Neuroscience*, v. 113, n. 1, pp. 152-65, 1999.

NAYA, Emmanuel; POUEY-MOUNOU, Anne-Pascale. *Éloge de la médiocrité*. Paris: Éditions Rue d'Ulm, 2005.

NELSON, Lynn Hankinson; NELSON, Jack. *On Quine*. Belmont: Wadsworth, 2000.

NELSON, Robert H. *Economics as a Religion: From Samuelson to Chicago and Beyond*. University Park, Pensilvânia: The Pennsylvania State University Press, 2001.

NEWELL, A; SIMON, H. A. *Human Problem Solving*. Englewood Cliffs: Prentice-Hall, 1972.

NEWMAN, M. "The Structure and Function of Complex Networks". *SIAM Review*, v. 45, pp. 167-256, 2003.

NEWMAN, M. E. J. "Models of the Small World: A Review. *Journal of Statistical Physics*, v. 101, pp. 819-41, 2000.

_____. "The Structure of Scientific Collaboration Networks". *Proceedings of the National Academy of Science*, v. 98, pp. 404-9, 2001.

NEWMAN, M. E. J. "Power Laws, Pareto Distributions, and Zipf's Law". *Complexity Digest*, v. 2005.02, pp. 1-27, 2005.

_____; MOORE, C.; WATTS, D. J. "Mean-field Solution of the Small-World Network Model". *Physical Review Letters*, v. 84, pp. 3201-4, 2000.

NEWMAN, M. E. J.; WATTS, D. J.; STROGATZ, S. H. "Random Graphs with Arbitrary Degree Distribution and Their Applications". Versão preliminar condmat/0007235, 2000. Disponível em: <http://www.lanl.gov>.

NEYMAN, J. "Frequentist Probability and Frequentist Statistics". *Synthese*, v. 36, pp. 97-131, 1977.

NIETZSCHE, Friedrich. *Ecce Homo*. Londres: Penguin Books, 1979. [Ed. bras.: *Ecce homo*. Trad. de Paulo César de Souza. São Paulo: Companhia das Letras, 2008.]

NISBETT, R. E.; KRANTZ, D. H.; JEPSON, D. H.; KUNDA, Z. "The Use of Statistical Heuristics in Every Day Inductive Reasoning". *Psychological Review*, v. 90, pp. 339-63, 1983.

_____; WILSON, Timothy D. "Telling More Than We Can Know: Verbal Reports on Mental Processes". *Psychological Bulletin*, v. 84, n. 3, pp. 231-59, 1977.

NUSSBAUM, Martha C. *The Fragility of Goodness: Luck and Ethics in Greek Tragedy and Philosophy*. Cambridge, Inglaterra: Cambridge University Press, 1986.

O'CONNOR, M.; LAWRENCE, M. "An Examination of the Accuracy of Judgment Confidence Intervals in Time Series Forecasting". *International Journal of Forecasting*, v. 8, pp. 141-55, 1989.

O'NEILL, Brian C.; DESAI, Mausami. "Accuracy of Past Projections of U.S. Energy Consumption". *Energy Policy*, v. 33, pp. 979-93, 2005.

OBERAUER K.; WILHELM, O.; DIAZ, R. R. "Bayesian Rationality for the Wason Selection Task? A Test of Optimal Data Selection Theory". *Thinking and Reasoning*, v. 5, n. 2, pp. 115-44, 1999.

ODEAN, Terrance. "Are Investors Reluctant to Realize Their Losses?". *Journal of Finance*, v. 53, n. 5, pp. 1775-98, 1998a.

_____. "Volume, Volatility, Price and Profit When All Traders Are Above Average". *Journal of Finance*, v. 51, n. 6, pp. 1887-1934, 1998b.

OFFICER, R. R. "The Distribution of Stock Returns". *Journal of the American Statistical Association*, v. 340, n. 67, pp. 807-12, 1972.

OLSSON, Erik J. *Knowledge and Inquiry: Essays on the Pragmatism of Isaac Levi*. Cambridge Studies in Probability, Induction and Decision Theory Series. Cambridge, Inglaterra: Cambridge University Press, 2006.

ONKAL, D.; YATES, J. F.; SIMGA-MUGAN, C.; OZTIN, S. "Professional and Amateur Judgment Accuracy: The Case of Foreign Exchange Rates". *Organizational Behavior and Human Decision Processes*, v. 91, pp. 169-85, 2003.

ORMEROD, Paul. *Why Most Things Fail*. Nova York: Pantheon Books.

_____. "Hayek, 'The Intellectuals and Socialism,' and Weighted Scalefree Networks". *Economic Affairs*, v. 26, pp. 1-41, 2005.

OSKAMP, Stuart. "Overconfidence in Case-Study Judgments". *Journal of Consulting Psychology*, v. 29, n. 3, pp. 261-5, 1965.

PAESE, P. W.; SNIEZEK, J. A. "Influences on the Appropriateness of Confidence in Judgment: Practice, Effort, Information, and Decision Making". *Organizational Behavior and Human Decision Processes*, p. 48, pp. 100-30, 1991.

PAGE, Scott. *The Difference: How the Power of Diversity Can Create Better Groups, Firms, Schools, and Societies*. Princeton: Princeton University Press, 2007.

PAIS, Abraham. *Subtle Is the Lord.* Nova York: Oxford University Press, 1982. [Ed. bras.: *Sutil é o senhor...: A ciência e a vida de Albert Einstein.* Rio de Janeiro: Nova Fronteira, 1995.]

PARETO, Vilfredo. *Cours d'économie politique.* Geneva: Droz, 1896. [Ed. bras.: *Manual de economia política.* Trad. de João Guilherme Vargas Neto. São Paulo: Nova Cultural, 1984 (Os economistas).]

PARK, David. *The Grand Contraption: The World as Myth, Number, and Chance.* Princeton: Princeton University Press, 2005.

PAULOS, John Allen. *Innumeracy.* Nova York: Hill 8c Wang, 1988.

_____. *A Mathematician Plays the Stock Market.* Boston: Basic Books, 2002. [Ed. bras.: *A lógica do mercado de ações.* Rio de Janeiro: Campus, 2004.]

PEARL, J. *Causality: Models, Reasoning, and Inference.* Nova York: Cambridge University Press, 2000.

PEIRCE, Charles Sanders. *Chance, Love and Logic: Philosophical Essays.* Lincoln: University of Nebraska Press, 1923, 1998.

_____. *Philosophical Writings of Peirce*, J. Buchler (Org.). Nova York: Dover, 1955.

PENROSE, Roger. *The Emperor's New Mind.* Nova York: Penguin, 1989. [Ed. bras.: *A mente nova do rei: Computadores, mentes e as leis da física.* Rio de Janeiro: Campus, 1993.]

PÉREZ, C. J.; CORRAL, A.; DIAZ-GUILERA, A.; CHRISTENSEN, K.; ARENAS, A. "On Self-organized Criticality and Synchronization in Lattice Models of Coupled Dynamical Systems". *International Journal of Modern Physics*, v. B 10, pp. 1111-51, 1996.

PERILLI, Lorenzo. *Menodoto di Nicomedia: Contributo a una storia galeniana della medicina empirica.* Munique, Leipzig: K. G. Saur, 2004.

PERLINE, R. "Strong, Weak, and False Inverse Power Laws". *Statistical Science*, v. 20, n. 1, pp. 68-88, 2005.

PFEIFER, P. E. "Are We Overconfident in the Belief That Probability Forecasters Are Over-confident?". *Organizational Behavior and Human Decision Processes*, v. 58, n. 2, pp. 203-13, 1994.

PHELAN, James. "Who's Here? Thoughts on Narrative Identity and Narrative Imperialism". *Narrative*, v. 13, pp. 205-11, 2005.

PIATTELLI-PALMARINI, Massimo. *Inevitable Illusions: How Mistakes of Reason Rule Our Minds.* Nova York: Wiley, 2005.

PIETERS, Rik; BAUMGARTNER, Hans. "Who Talks to Whom? Intra-and Interdisciplinary Communication of Economics Journals". *Journal of Economic Literature*, v. 40, n. 2, pp. 483-509, 2002.

PINKER, Steven. *How the Mind Works.* Nova York: W. W. Norton and Company, 1997. [Ed. bras.: *Como a mente funciona.* Trad. de Laura Teixeira Motta. São Paulo: Companhia das Letras, 1998.]

_____. *The Blank Slate: The Modern Denial of Human Nature.* Nova York: Viking, 2002. [Ed. bras.: *Tábula rasa: A negação contemporânea da humana.* Trad. de Laura Teixeira Motta. São Paulo: Companhia das Letras, 2004.]

PISARENKO, V.; SORNETTE, D. "On Statistical Methods of Parameter Estimation for Deterministically Chaotic Time-Series". *Physical Review*, v. E 69, pp. 036122, 2004.

PLOTKIN, Henry. *Evolution in Mind: An Introduction to Evolutionary Psychology.* Londres: Penguin, 1998.

PLOUS, S. *The Psychology of Judgment and Decision Making.* Nova York: McGraw-Hill, 1993.

_____. "A Comparison of Strategies for Reducing Interval Overconfidence in Group Judgments". *Journal of Applied Psychology*, v. 80, pp. 443-54, 1995.

POLANYI, Michael. *Personal Knowledge: Towards a Post-Critical Philosophy*. Chicago: University of Chicago Press, 1958, 1974.

POMATA, Gianna; SIRAISI, Nancy G. (Orgs.). *Historia: Empiricism and Erudition in Early Modern Europe*. (Transformations: Studies in the History of Science and Technology.) Boston: MIT Press, 2005.

POPKIN, Richard H. "David Hume: His Pyrrhonism and His Critique of Pyrrhonism". *The Philosophical Quarterly*, v. 1, n. 5, pp. 385-407, 1951.

_____. "The Skeptical Precursors of David Hume". *Philosophy and Phenomenological Research*, v. 16, n. 1, pp. 61-71, 1955.

_____. *The History of Scepticism: From Savonarola to Bayle*. Oxford: Oxford University Press, 2003.

POPPER, Karl R. *The Open Society and Its Enemies*. 5. ed. Princeton: Princeton University Press, 1971. [Ed. bras.: *A sociedade aberta e seus inimigos*. São Paulo: Edusp, 1974.]

_____. *Conjectures and Refutations: The Growth of Scientific Knowledge*. 5. ed. Londres: Routledge, 1992. [Ed. bras.: *Conjecturas e refutações: O progresso do conhecimento científico*. Brasília: Editora da UnB, 1980.]

_____. *The Myth of the Framework*. Londres: Routledge, 1994. [Ed. port.: *O mito do contexto*. Lisboa: Edições 70, 1999.]

_____. *The Logic of Scientific Discovery*. 15. ed. Londres: Routledge, 2002b. [Ed. bras.: *A lógica da pesquisa científica*. Trad. de Leonidas Hegenberg e Octanny Silveira da Motta. São Paulo: Cultrix, 1993.]

_____. *The Poverty of Historicism*. Londres: Routledge, 2002b. [Ed. bras.: *A miséria do historicismo*. Trad. de Octanny S. da Mota e Leonidas Hegenberg. São Paulo: Cultrix/Edusp, 1980; *A pobreza do historicismo*, Esfera do Caos, 2007.]

POSNER, Richard A. *Catastrophe: Risk and Response*. Oxford: Oxford University Press, 2004.

PRICE, Derek J. de Solla "Networks of Scientific Papers". *Science*, v. 149, pp. 510-5, 1965.

_____. "Citation Measures of Hard Science, Soft Science, Technology, and Non-science". In: NELSON, C. E.; POLLAK, D. K. (Orgs.). *Communication Among Scientists and Engineers*. Lexington: Heat, 1970.

_____. "A General Theory of Bibliometric and Other Cumulative Advantage Processes". *Journal of the American Society of Information Sciences*, v. 27, pp. 292-306, 1976.

PRIGOGINE, Ilya. *The End of Certainty: Time, Chaos, and the New Laws of Nature*. Nova York: The Free Press, 1996. [Ed. bras.: *O fim das certezas: Tempo, caos e as leis da natureza*. Trad. de Roberto Leal Ferreira. São Paulo: Editora Unesp, 2011.]

QUAMMEN, David. *The Reluctant Mr. Darwin*. Nova York: W. W. Norton and Company, 2006.

QUINE, W. V. "Two Dogmas of Empiricism". *The Philosophical Review*, v. 60, pp. 20-43, 1951.

_____. "Natural Kinds". In: RESCHER, N. (Org.). *Essays in Honor of Carl G. Hempel*. Dordrecht: D. Reidel, 1970.

RABIN, M. "Psychology and Economics". *Journal of Economic Literature*, v. 36, pp. 11-46, 1998.

_____; THALER, R. H. "Anomalies: Risk Aversion". *Journal of Economic Perspectives*, v. 15, n. 1, pp. 219-32, 2001.

RABIN, Matthew. "Inference by Believers in the Law of Small Numbers". Texto acadêmico, Departamento de Economia, Universidade da Califórnia, Berkeley, 2000. Disponível em: <http://repositories.cdlib.org/iber/econ/>.

RAMACHANDRAN, V. S. *The Emerging Mind*. Londres: Portfolio, 2003. [Ed. bras.: *O que o cérebro tem para contar: Desvendando os mistérios na natureza humana*. Trad. de Maria Luiza X. de A. Borges. Rio de Janeiro: Zahar, 2014.]

_____; BLAKESLEE, Sandra. *Phantoms in the Brain*. Nova York: Morrow, 1998. [Ed. bras.: *Fantasmas no cérebro: Uma investigação dos mistérios da mente humana*. Rio de Janeiro: Record, 2002.]

RANCIÈRE, Jacques. *Les Mots de l'histoire. Essai de poétique du savoir*. Paris: Éditions du Seuil, 1997. [Ed. bras.: *Os nomes da história: Ensaio de poética do saber*. Trad. de Mariana Echalar. São Paulo: Editora Unesp, 2014.]

RATEY, John J. *A User's Guide to the Brain: Perception, Attention and the Four Theaters of the Brain*. Nova York: Pantheon, 2001. [Ed. bras.: *O cérebro: Um guia para o usuário*. Rio de Janeiro: Objetiva, 2002.]

RAWLS, John. *A Theory of Justice*. Cambridge, EUA: Harvard University Press, 1971. [Ed. bras.: *Uma teoria da justiça*. São Paulo: Martins Fontes, 1997.]

REBOUL, Anne. "Similarities and Differences Between Human and Nonhuman Causal Cognition". Conferência Interdisciplinar sobre Causalidade, 2006. Disponível em: <www.interdisciplines.org>.

REDNER, S. "How Popular Is Your Paper? An Empirical Study of the Citation Distribution". *European Physical Journal*, v. B 4, pp. 131-4, 1998.

REES, Martin. *Our Final Century: Will Civilization Survive the Twenty-first Century?* Londres: Arrow Books, 2004. [Ed. bras.: *Hora final – Alerta de cientista: O desastre ambiental ameaça o futuro da humanidade*. São Paulo: Companhia das Letras, 2005.]

REICHENBACH, H. *Experience and prediction*. Chicago: University of Chicago Press, 1938.

REMUS, W.; OAPOS, Connor M.; GRIGGS, K. "Does Feedback Improve the Accuracy of Recurrent Judgmental Forecasts?". *Proceedings of the Thirtieth Hawaii International Conference on System Sciences*, 7-10 de janeiro, pp. 5-6, 1997.

RESCHER, Nicholas. *Luck: The Brilliant Randomness of Everyday Life*. Nova York: Farrar, Straus & Giroux, 1995.

_____. *Paradoxes: Their Roots, Range, and Resolution*. Chicago: Open Court Books, 2001.

RICHARDSON, L. E. *Statistics of Deadly Quarrels*. Pacific Grove: Boxwood Press, 1960.

RIPS, L. "Necessity and Natural Categories". *Psychological Bulletin*, v. 127, pp. 827-52, 2001.

ROBERTS, Royston M. *Serendipity: Accidental Discoveries in Science*. Wiley, 1989. [Ed. bras.: *Descobertas acidentais em ciências*. Campinas: Papirus, 1993.]

ROBINS, Richard W. "Pscyhology: The Nature of Personality: Genes, Culture, and National Character". *Science*, v. 310, pp. 62-3, 2005.

ROLLET, Laurent. Un mathématicien au Panthéon? Autour de la mort de Henri Poincaré. Laboratoire de Philosophie et d'Histoire des Sciences – Archives Henri-Poincaré, Université Nancy 2, 2005.

RONIS, D. L.; YATES, J. F. "Components of Probability Judgment Accuracy: Individual Consistency and Effects of Subject Matter and Assessment Method". *Organizational Behavior and Human Decision Processes*, v. 40, pp. 193-218, 1987.

ROSCH, E. "Principles of Categorization". In: ROSCH, E.; LLOYD, B. B. (Orgs.). *Cognition and Categorization*. Hillsdale: Lawrence Erlbaum, 1978.

ROSCH, E. H. "Natural Categories". *Cognitive Psychology*, v. 4, pp. 328-50, 1973.

ROSE, Steven. *The Making of Memory: From Molecules to Mind*. Edição revista. Nova York: Vintage, 2003.

ROSEN, S. "The Economics of Superstars". *American Economic Review*, v. 71, pp. 845-58, 1981.

ROSENZWEIG, Phil. *The Halo Effect and Other Business Delusions: Why Experts Are So Often Wrong and What Wise Managers Must Know*. Nova York: The Free Press, 2006.

ROSS, Stephen A. *Neoclassical Finance*. Princeton: Princeton University Press, 2004.

ROSSER JR., J. Barkley. "How Complex are the Austrians?". In: KOPPL, R.; HORWITZ, S.; DESROCHERS, P. (Orgs.). *What is So Austrian About Austrian Economics?* Bingley: Emerald Group, 2010, pp. 165-79.

ROUNDING, Virginia. *Catherine the Great: Love, Sex and Power*. Londres: Hutchinson, 2006.

RUELLE, David. *Hasard et chaos*. Paris: Odile Jacob, 1991. [Ed. bras.: *Acaso e caos*. Trad. de Roberto Leal Ferreira. São Paulo: Editora Unesp, 1993.]

RUFFIÉ, Jacques. *De la biologie à la culture*. Paris: Flammarion, 1977.

RUSSELL, Bertrand. *The Problems of Philosophy*. Nova York: Oxford University Press, 1912. [Ed. bras.: *Os problemas da filosofia*. Trad. de Jamir Conte. Florianópolis, 2005. Disponível em: <http://conte.prof.ufsc.br/txt-russell.pdf>; ed. port.: *Os problemas da filosofia*. Trad. de Desidério Murcho. Lisboa: Edições 70, 2008.]

_____. *My Philosophical Development*. Londres: Routledge, 1993. [Ed. bras.: *Meu pensamento filosófico*. São Paulo: Nacional, 1960.]

_____. *Sceptical Essays*. Londres: Routledge, 1996. [Ed. bras.: *Ensaios céticos*. Trad. de Marisa Motta. Porto Alegre: L&PM, 2008.]

RUSSO, J. Edward; SCHOERNAKER, Paul J. H. "Managing Overconfidence". *Sloan Management Review*, v. 33, n. 2, pp. 7-17, 1992.

RYLE, Gilbert. *The Concept of Mind*. Chicago: University of Chicago Press, 1949.

SALGANIK, Matthew J.; DODDS, Peter S.; WATTS, Duncan J. "Experimental Study of Inequality and Unpredictability in an Artificial Cultural Market". *Science*, v. 311, pp. 854-6, 2006.

SALIBA, George. *Islamic Science and the Making of the European Renaissance* (Transformations: Studies in the History of Science and Technology). Cambridge, Mass.: MIT Press, 2007.

SAMUELSON, Paul A. *Foundations of Economic Analysis*. Cambridge, EUA: Harvard University Press, 1983. [Ed. bras.: *Fundamentos da análise econômica*. São Paulo: Abril Cultural, 1983 (Os economistas).]

SAPOLSKY, Robert M. *Why Zebras Don't Get Ulcers: An Updated Guide to Stress, Stress-related Diseases, and Coping*. Nova York: W. H. Freeman and Company, 1998. [Ed. bras.: *Por que as zebras não têm úlceras?: O mais conceituado guia sobre como lidar com o estresse e os males e doenças associados a ele*. São Paulo: Francis, 2007.]

_____ e Departamento de Neurologia e Ciências Neurológicas da Escola de Medicina da Universidade de Stanford, "Glucocorticoids and Hippocampal Atrophy in Neuropsychiatric Disorders", 2003.

SAVAGE, Leonard J. *The Foundations of Statistics*. Nova York: Dover, 1972.

SCHACTER, Daniel L. *The Seven Sins of Memory: How the Mind Forgets and Remembers*. Boston: Houghton Mifflin, 2001. [Ed. bras.: *Os sete pecados da memória: Como a mente esquece e lembra*. Rio de Janeiro: Rocco, 2003.]

SCHELLING, Thomas. "Dynamic Models of Segregation". *Journal of Mathematical Sociology*, v. 1, pp. 143-86, 1971.

_____. *Micromotives and Macrobehavior*. Nova York: W. W. Norton and Company, 1978.

SCHEPS, Ruth (Org.). *Les Sciences de la prévision*. Paris: Éditions du Seuil, 1996.

SCHROEDER, Manfred. *Fractals, Chaos, Power Laws: Minutes from an Infinite Paradise*. Nova York: W. H. Freeman and Company, 1991.

SCHUMPETER, Joseph. *Capitalism, Socialism and Democracy*. Nova York: Harper, 1942. [Ed. bras.: *Capitalismo, socialismo e democracia*. Trad. de Luiz Antônio Oliveira de Araújo. São Paulo: Editora Unesp, 2017.]

SEGLEN, P. O. "The Skewness of Science". *Journal of the American Society for Information Science*, v. 43, pp. 628-38, 1992.

SHACKLE, G. L. S. *Decision Order and Time in Human Affairs*. Cambridge, Inglaterra: Cambridge University Press, 1961.

_____. *Epistemics and Economics: A Critique of Economic Doctrines*. Cambridge, Inglaterra: Cambridge University Press, 1973.

SHANTEAU, J. "Competence in Experts: The Role of Task Characteristics". *Organizational Behavior and Human Decision Processes*, v. 53, pp. 252-66, 1992.

SHARPE, William E. "The Sharpe Ratio". *Journal of Portfolio Management*, v. 21, n. 1, pp. 49-58, 1994.

_____. "Mutual Fund Performance". *Journal of Business*, v. 39, pp. 119-38, 1996.

SHILLER, Robert J. "Do Stock Prices Move Too Much to Be Justified by Subsequent Changes in Dividends?". *American Economic Review*, v. 71, n. 3, pp. 421-36, 1981.

_____. *Market Volatility*. Boston: MIT Press, 1989.

_____. "Market Volatility and Investor Behavior". *American Economic Review*, v. 80, n. 2, pp. 58-62, 1990.

_____. "Conversation, Information, and Herd Behavior". *American Economic Review*, v. 85, n. 2, pp. 181-5, 1995.

_____. *Irrational Exuberance*. Princeton: Princeton University Press, 2000.

_____. *The New Financial Order: Risk in the 21$^{st}$ Century*. Princeton: Princeton University Press, 2003.

SHIZGAL, Peter. "On the Neural Computation of Utility: Implications from Studies of Brain Simulation Rewards". In: KAHNEMAN, D.; DIENER, E.; SCHWARZ, N. (Orgs.). *Well-being: The Foundations of Hedonic Psychology*. Nova York: Fundação Russell Sage, 1999.

SIEFF, E. M.; DAWES, R. M.; LOEWENSTEIN, G. "Anticipated Versus Actual Reaction to HIV Test Results". *American Journal of Psychology*, v. 122, pp. 297-311, 1999.

SILVERBERG, Gerald; VERSPAGEN, Bart. "The Size Distribution of Innovations Revisited: An Application of Extreme Value Statistics to Citation and Value Measures of Patent Significance", 2004. Disponível em: <www.merit.unimaas.nl/publications/rmpdf/2004/rm2004-021.pdf>.

_____. "Self-organization of R&D Search in Complex Technology Spaces", 2005. Disponível em: <www.merit.unimaas.nl/publications/rmpdf/2005/rm2005-017.pdf>.

SIMON, Herbert A. "On a Class of Skew Distribution Functions". *Biometrika*, v. 42, pp. 425-40, 1955.

_____. "Behavioral Economics". In: EATWELL, J.; MILGATE, M.; NEWMAN, P. (Org.). *The New Palgrave: A Dictionary of Economics*. Londres: Macmillan. 1987.

SIMONTON, Dean Keith. *Origins of Genius: Darwinian Perspectives on Creativity*. Nova York: Oxford University Press, 1999.

_____. *Creativity*. Nova York: Cambridge University Press, 2004.

SLOMAN, S. A. "Feature Based Induction". *Cognitive Psychology*, v. 25, pp. 231-80, 1993.

SLOMAN, S. A. "When Explanations Compete: The Role of Explanatory Coherence on Judgments of Likelihood". *Cognition*, v. 52, pp. 1-21, 1994.

_____. "The Empirical Case for Two Systems of Reasoning". *Psychological Bulletin*, v. 119, pp. 3-22, 1996.

_____. "Categorical Inference Is Not a Tree: The Myth of Inheritance Hierarchies". *Cognitive Psychology*, v. 35, pp. 1-33, 1998.

_____. "Two Systems of Reasoning". In: GILOVICH, T.; GRIFFIN, D.; KAHNEMAN, D. (Orgs.). *Heuristics and Biases: The Psychology of Intuitive Judgment*. Cambridge, Inglaterra: Cambridge University Press, 2002.

_____; LOVE, B. C.; AHN, W. "Feature Centrality and Conceptual Coherence". *Cognitive Science*, v. 22, pp. 189-228, 1998.

_____; MALT, B. C. "Artifacts Are Not Ascribed Essences, Nor Are They Treated as Belonging to Kinds". *Language and Cognitive Processes*, v. 18, pp. 563-82, 2003.

_____; OVER, D. "Probability Judgment from the Inside and Out". In: OVER, D. (Org.). *Evolution and the Psychology of Thinking: The Debate*. Nova York: Psychology Press, 2003.

_____; RIPS, L. J. "Similarity as an Explanatory Construct". *Cognition*, v. 65, pp. 87-101, 1998.

SLOVIC, Paul; FINUCANE, M; PETERS, E.; MACGREGOR, D. G. "Rational Actors or Rational Fools? Implications of the Affect Heuristic for Behavioral Economics". Documento preliminar, 2003a. Disponível em: <www.decisionresearch.com>.

_____. "Risk as Analysis, Risk as Feelings: Some Thoughts About Affect, Reason, Risk, and Rationality". Texto apresentado no encontro anual da Sociedade para Análise de Riscos, Nova Orleans, 10 de dezembro de 2002, 2003b.

SLOVIC, Paul; FINUCANE, M; PETERS, E.; MACGREGOR, D. G. "The Affect Heuristic". In: GILOVICH, T.; GRIFFIN, D.; KAHNEMAN, D. (Orgs.). *Heuristics and Biases: The Psychology of Intuitive Judgment*. Cambridge, Inglaterra: Cambridge University Press, 2002.

_____; FISCHHOFF, B.; LICHTENSTEIN, S. "Cognitive Processes and Societal Risk Taking". In: CARROLL, John S.; PAYNE, John W. (Orgs.). *Cognition and Social Behavior*. Hillsdale: Lawrence Erlbaum, 1976.

_____. "Behavioral Decision Theory". *Annual Review of Psychology*, v. 28, pp. 1-39, 1977.

_____; FISCHHOFF, B.; LICHTENSTEIN, S.; CORRIGAN, B; COMBS, B. "Preference for Insuring Against Probable Small Losses: Implications for the Theory and Practice of Insurance". *Journal of Risk and Insurance*, v. 44, pp. 237-58. Reimpresso em P. Slovic (Org.). *The Perception of Risk*. Londres: Earthscan, 1977.

_____. "Perception of Risk". *Science*, v. 236, pp. 280-5, 1987.

_____. *The Perception of Risk*. Londres: Earthscan, 2001.

SNIEZEK, J. A.; HENRY, R. A. "Accuracy and Confidence in Group Judgement". *Organizational Behavior and Human Decision Processes*, v. 43, n. 11, pp. 1-28, 1989.

_____; BUCKLEY, T. "Decision Errors Made by Individuals and Groups". In: CASTELLAN, N. J. (Org.). *Individual and Group Decision-Making*. Hillsdale: Lawrence Erlbaum, 1993.

SNYDER, A. W. "Paradox of the Savant Mind". *Nature*, v. 413, pp. 251-2, 2001.

_____; MULCAHY, E.; TAYLOR, J. L.; MITCHELL; D. J.; SACHDEV. P.; GANDEVIA, S. C. "Savant--like Skills Exposed in Normal People by Suppression of the Left Fronto-temporal Lobe". *Journal of Integrative Neuroscience*, v. 2, pp. 149-58, 2001.

SOLL, J. B. "Determinants of Overconfidence and Miscalibration: The Roles of Random Error and Ecological Structure". *Organizational Behavior and Human Decision Processes*, v. 65, pp. 117-37, 1996.

SORNETTE, D.; DESCHÂTRES, F.; GILBERT, T.; AGEON, Y. "Endogenous Versus Exogenous Shocks in Complex Networks: An Empirical Test". *Physical Review Letters*, v. 93, pp. 228-701, 2004.

_____; IDE, K. "The Kalman-Levy Filter", *Physica*, v. D151, pp. 142-74, 2001.

_____. *Why Stock Markets Crash: Critical Events in Complex Financial Systems*. Nova Jersey: Princeton University Press, 2003.

_____. *Critical Phenomena in Natural Sciences: Chaos, Fractals, Self-organization and Disorder: Concepts and Tools*. 2. ed. Berlim e Heidelberg: Springer, 2004.

SORNETTE, Didier; ZAJDENWEBER, Daniel. "The Economic Return of Research: The Pareto Law and Its Implications". *European Physical Journal*, v. B8, n. 4, pp. 653-64, 1999.

SOROS, George. *The Alchemy of Finance: Reading the Mind of the Market*. Nova York: Simon & Schuster, 1988. [Ed. bras.: *A alquimia das finanças: Lendo a mente do mercado*. Rio de Janeiro: Nova Fronteira, 1996.]

SPARIOSU, Mihai I. *The University of Global Intelligence and Human Development: Towards an Ecology of Global Learning*. Boston: MIT Press, 2004.

SPASSER, Mark A. "The Enacted Fate of Undiscovered Public Knowledge". *Journal of the American Society for Information Science*, v. 48, n. 8, pp. 707-17, 1997.

SPENCER, B. A.; TAYLOR, G. S. "Effects of Facial Attractiveness and Gender on Causal Attributions of Managerial Performance". *Sex Roles*, v. 19, n. 5/6, pp. 273-85, 1988.

SPERBER, Dan. *La Contagion des idées*. Paris: Odile Jacob, 1996a.

_____. *Explaining Culture: A Naturalistic Approach*. Oxford: Blackwell, 1996b.

_____. "Intuitive and Reflective Beliefs". *Mind and Language*, v. 12, n. 1, pp. 67-83, 1997.

_____. "An Evolutionary Perspective on Testimony and Argumentation". *Philosophical Topics*, v. 29, pp. 401-13, 2001.

_____; WILSON, Deirdre. *Relevance: Communication and Cognition*. 2. ed. Oxford: Blackwell, 1995.

_____. "Relevance Theory". In: HORN, L. R.; WARD, G. (Orgs.). *The Handbook of Pragmatics*. Oxford: Blackwell, 2004a.

_____. "The Cognitive Foundations of Cultural Stability and Diversity". *Trends in Cognitive Sciences*, v. 8, n. 1, pp. 40-4, 2004b.

SQUIRE, Larry; KANDEL, Eric R. *Memory: From Mind to Molecules*. Nova York: Owl Books, 2000. [Ed. port.: *Memória: Da mente às moléculas*. Porto: Porto Editora, 2002.]

STANLEY, H. E.; AMARAL, L. A. N; GOPIKRISHNAN, P.; PLEROU, V. "Scale Invariance and Universality of Economic Fluctuations". *Physica*, v. A283, pp. 31-41, 2000.

STANLEY, T. J. *The Millionaire Mind*. Kansas City: Andrews McMeel Publishing, 2000. [Ed. bras.: *A mente milionária (sem segredos): Para ser um milionário, comece a pensar como um deles*. Ribeirão Preto: Novo Conceito, 2006.]

_____; DANKO, W. D. *The Millionaire Next Door: The Surprising Secrets of America's Wealthy*. Atlanta: Longstreet Press, 1996. [Ed. bras.: *O milionário mora ao lado: Os surpreendentes segredos dos ricaços americanos*. São Paulo: Manole, 1999.]

STANOVICH, K.; WEST, R. "Individual Differences in Reasoning: Implications for the Rationality Debate". *Behavioral and Brain Sciences*, v. 23, pp. 645-65, 2000.

STANOVICH, K. E. "Matthew Effects in Reading: Some Consequences of Individual Differences in the Acquisition of Literacy". *Reading Research Quarterly*, v. 21, pp. 360-407, 1986.

STEIN, D. L. (Org.). *Lectures in the Sciences of Complexity*. Reading, EUA: Addison-Wesley, 1989.

STERELNY, Kim. *Dawkins vs. Gould: Survival of the Fittest*. Cambridge, Inglaterra: Totem Books, 2001.

STEWART, Ian. *Does God Play Dice? The New Mathematics of Chaos*. Londres: Penguin Books, 1989. [Ed. bras.: *Será que Deus joga dados?: A nova matemática do caos*. Rio de Janeiro: Zahar, 1991.]

_____. "Chaos". In: HOWE, Leo; WAIN, Alan (Orgs.). *Predicting the Future*. Cambridge, Inglaterra: Cambridge University Press, 1993.

STIGLER, Stephen M. *The History of Statistics: The Measurement of Uncertainty Before 1900*. Cambridge, EUA: Belknap Press of Harvard University, 1993.

_____. *Statistics on the Table: The History of Statistical Concepts and Methods*. Cambridge, EUA: Harvard University Press, 2002.

STIGLITZ, Joseph. *Whither Socialism*. Boston: MIT Press, 1994.

STRAWSON, Galen. *Mental Reality*. Boston: MIT Press, 1994.

_____. "Against Narrativity". *Ratio*, v. 17, pp. 428-52, 2004.

STROGATZ, S. H. *Nonlinear Dynamics and Chaos, with Applications to Physics, Biology, Chemistry, and Engineering*. Reading, EUA: Addison-Wesley, 1994.

_____. "Exploring Complex Networks". *Nature*, v. 410, pp. 268-76, 2001.

_____. *Sync: How Order Emerges from Chaos in the Universe, Nature, and Daily Life*. Nova York: Hyperion, 2003.

SUANTAK, L.; BOLGER, F.; FERRELL, W. R. "The Hard-easy Effect in Subjective Probability Calibration". *Organizational Behavior and Human Decision Processes*, v. 61, pp. 201-21, 1996.

SUDDENDORF, Thomas. "Enhanced: Foresight and Evolution of the Human Mind". *Science*, v. 312, n. 5776, pp. 1006-7, 2006.

SULLIVAN, R.; TIMMERMANN, A.; WHITE, H. "Data-snooping, Technical Trading Rule Performance and the Bootstrap". *Journal of Finance*, v. 54, pp. 1647-92, 1999.

SUNSTEIN, Cass R. *Risk and Reason: Safety, Law, and the Environment*. Cambridge, Inglaterra: Cambridge University Press, 2002.

SUROWIECKI, James. *The Wisdom of Crowds*. Nova York: Doubleday, 2004. [Ed. bras.: *A sabedoria das multidões: Por que muitos são mais inteligentes que alguns e como a inteligência coletiva pode transformar os negócios, a economia, a sociedade e as nações*. Rio de Janeiro: Record, 2006.]

SUSHIL, Bikhchandani; HIRSHLEIFER, David; WELCH, Ivo. "A Theory of Fads, Fashion, Custom, and Cultural Change as Informational Cascades". *Journal of Political Economy*, v. 100, n. 5, pp. 992-1026, 1992.

SUTTON, J. "Gibrat's Legacy". *Journal of Economic Literature*, v. 35, pp. 40-59, 1997.

SWANSON, D. R. "Fish Oil, Raynaud's Syndrome and Undiscovered Public Knowledge". *Perspectives in Biology and Medicine*, v. 30, n. 1, pp. 7-18, 1986a.

_____. "Undiscovered Public Knowledge". *Library Quarterly*, v. 56, pp. 103-18, 1986b.

_____. "Two Medical Literatures That Are Logically but Not Bibliographically Connected". *Journal of the American Society for Information Science*, v. 38, pp. 228-33, 1987.

SWETS, J. A.; DAWES, R. M.; MONAHAN, J. "Better Decisions Through Science". *Scientific American*, pp. 82-7, out. 2000a.

_____. "Psychological Science Can Improve Diagnostic Decisions". *Psychogical Science in the Public Interest*, v. 1, pp. 1-26, 2000b.

SZENBERG, Michael (Org.). *Eminent Economists: Their Life Philosophies*. Cambridge, Inglaterra: Cambridge University Press, 1992.

TABOR, M. *Chaos and Integrability in Nonlinear Dynamics: An Introduction*. Nova York: Wiley, 1989.

TAINE, Hippolyte Adolphe. *Les Philosophes classiques du XIX$^e$ siècle en France*. 9. ed. Paris: Hachette, 1868, 1905.

TALEB, N. N. *Dynamic Hedging: Managing Vanilla and Exotic Options*. Nova York: Wiley, 1997.

_____. *Fooled by Randomness: The Hidden Role of Chance in Life and in the Markets*. Nova York: Random House, 2004a. [Ed. bras.: *Iludidos pelo acaso: A influência da sorte nos mercados e na vida*. Trad. de Sérgio Moraes Rego. Rio de Janeiro: Objetiva, 2019.]

_____. "These Extreme Exceptions of Commodity Derivatives". In: GEMAN, Hélyette (Org.). *Commodities and Commodity Derivatives*. Nova York: Wiley, 2004b.

_____. "Bleed or Blowup: What Does Empirical Psychology Tell Us About the Preference for Negative Skewness?". *Journal of Behavioral Finance*, v. 5, n. 1, pp. 2-7.

_____. "The Black Swan: Why Don't We Learn That We Don't Learn?". Texto apresentado no Fórum Highland do Departamento de Defesa dos Estados Unidos, verão de 2004, 2004d.

_____. "Roots of Unfairness". *Literary Research/Recherche Littéraire*, v. 21, n. 41-2, pp. 241-54, 2004e.

_____. "On Skewness in Investment Choices". *Greenwich Roundtable Quarterly*, v. 2, 2004f.

_____. "Fat Tails, Asymmetric Knowledge, and Decision Making: Essay in Honor of Benoît Mandelbrot's 80$^{th}$ Birthday". Série de artigos técnicos, *Wilmott* (março), pp. 56-9, 2005.

_____. "Homo Ludens and Homo Economicus". [Prefácio a]. In: BROWN, Aaron. *The Poker Face of Wall Street*. Nova York: Wiley, 2006a.

_____. "On Forecasting". In: BROCKMAN, John (Org.). *In What We Believe But Cannot Prove: Today's Leading Thinkers on Science in the Age of Certainty*. Nova York: Harper Perennial, 2006b.

_____. "Black Swan and Domains of Statistics". *The American Statistician*, v. 61, n. (3)3 (agosto de 2007).

_____. "Infinite Variance and the Problems of Practice". *Complexity*, v. 14, 2008.

_____. "Errors, Robustness, and the Fourth Quadrant". *International Journal of Forecasting*, v. 25, n. 4, 2009.

_____. "Common Errors in the Interpretation of the Ideas of *The Black Swan* and Associated Papers". *Critical Review*, v. 21:4 (retirado), 2010.

_____; DOUADY, R. *Statistical Undecidability*. NYU-Poly, 2010.

_____; GOLDSTEIN, D. G.; SPITZNAGEL, M. "The Six Mistakes Executives Make in Risk Management". *Harvard Business Review* (outubro de 2009).

_____; GOLDSTEIN, D. "The Telescope Problem" (versão preliminar, NYU-Poly), 2010.

_____; PILPEL, Avital. "I problemi epistemologici del risk management". In: PACE, Daniele (Org.). *Economia del rischio: Antologia di scritti su rischio e decisione economica*. Milão: Giuffrè, 2004.

_____. "Epistemology and Risk Management". *Risk and Regulation*, v. 13 (verão de 2007).

TALEB, N. N. "Beliefs, Decisions, and Probability". In: O'CONNOR, T.; SANDIS, C. (Orgs.). *A Companion to the Philosophy of Action*. Hoboken, NJ: Wiley-Blackwell, 2010.

_____; TAPIERO, C. "Too Big to Fail and the Fallacy of Large Institutions" (versão preliminar, NYU-Poly), 2010, 2010a.

_____. "The Risk Externalities of Too Big to Fail" (versão preliminar, NYU-Poly), 2010, 2010b.

TASHMAN, Leonard J. "Out of Sample Tests of Forecasting Accuracy: An Analysis and Review". *International Journal of Forecasting*, v. 16, n. 4, pp. 437-50, 2000.

TEIGEN, K. H. "Overestimation of Subjective Probabilities". *Scandinavian Journal of Psychology*, v. 15, pp. 56-62, 1974.

TERRACCIANO, A. et al. "National Character Does Not Reflect Mean Personality Traits". *Science*, v. 310, p. 96, 2005.

TETLOCK, Philip E. "Theory-Driven Reasoning About Plausible Pasts and Probable Futures in World Politics: Are We Prisoners of Our Preconceptions?". *American Journal of Political Science*, v. 43, n. 2, pp. 335-66, 1999.

_____. "Expert Political Judgment: How Good Is It? How Can We Know?". Princeton: Princeton University Press, 2005.

THALER, Richard. "Mental Accounting and Consumer Choice". *Marketing Science*, v. 4, n. 3, pp. 199-214, 1985.

THOM, René. *Paraboles et catastrophes*. Paris: Champs Flammarion, 1980.

_____. *Predire n'est pas expliquer*. Paris: Champs Flammarion, 1993.

THORLEY. "Investor Overconfidence and Trading Volume". Documento preliminar. Universidade Santa Clara, 1999.

TILLY, Charles. *Why? What Happens When People Give Reasons and Why*. Princeton: Princeton University Press, 2006.

TINBERGEN, N. "On Aims and Methods in Ethology". *Zeitschrift fur Tierpsychologie*, v. 20, pp. 410-33, 1963.

_____. "On War and Peace in Animals and Man: An Ethologist's Approach to the Biology of Aggression". *Science*, v. 160, pp. 1411-8, 1968.

TOBIN, James. "Liquidity Preference as Behavior Towards Risk". *Review of Economic Studies*, v. 67, pp. 65-86, 1958.

TRIANTIS, Alexander; HODDER, James E. "Valuing Flexibility as a Complex Option". *Journal of Finance*, v. 45, n. 2, pp. 549-64, 1990.

TRIVERS, Robert. *Natural Selection and Social Theory: Selected Papers of Robert Trivers*. Oxford: Oxford University Press, 2002.

TURNER, Mark. *The Literary Mind*. Nova York: Oxford University Press, 1996.

TVERSKY, A.; KAHNEMAN, D. "Belief in the Law of Small Numbers". *Psychology Bulletin*, v. 76, n. 2, pp. 105-10, 1971.

_____. "Availability: A Heuristic for Judging Frequency and Probability". *Cognitive Psychology*, v. 5, pp. 207-32, 1973.

_____. "Judgement Under Uncertainty: Heuristics and Biases". *Science*, v. 185, pp. 1124-31, 1974.

_____. "Evidential Impact of Base-Rates". In: KAHNEMAN, D.; SLOVIC, P.; TVERSKY, A. (Orgs.). *Judgement Under Uncertainty: Heuristics and Biases*. Cambridge, Inglaterra: Cambridge University Press, 1982.

TVERSKY, A.; KAHNEMAN, D. "Extensional Versus Intuitive Reasoning: The Conjunction Fallacy in Probability Judgement". *Psychological Review*, v. 90, pp. 293-315, 1983.

_____. "Advances in Prospect Theory: Cumulative Representation of Uncertainty". *Journal of Risk and Uncertainty*, v. 5, pp. 297-323, 1992.

_____; KOEHLER, D. J. "Support Theory: A Nonextensional Representation of Subjective Probability". *Psychological Review*, v. 101, pp. 547-67, 1994.

TYSZKA, T.; ZIELONKA, P. "Expert Judgments: Financial Analysts Versus Weather Forecasters". *Journal of Psychology and Financial Markets*, v. 3, n. 3, pp. 152-60, 2002.

UGLOW, Jenny. *The Lunar Men: Five Friends Whose Curiosity Changed the World.* Nova York: Farrar, Straus & Giroux, 2003.

VALE, Nilton Bezerra do; DELFINO, José; VALE, Lúcio Flávio Bezerra do. "Serendipity in Medicine and Anesthesiology". *Revista Brasileira de Anestesiologia*, v. 55, n. 2, pp. 224-49, 2005.

VAN TONGEREN, Paul. "Nietzsche's Greek Measure". *Journal of Nietzsche Studies*, v. 24, p. 5, 2002.

VANDENBROUCKE, J. P. "Evidence-Based Medicine and 'Medicine d'Observation'". *Journal of Clinical Epidemiology*, v. 49, n. 12, pp. 1335-8, 1996.

VARELA, Francisco J. *Invitation aux sciences cognitives.* Paris: Champs Flammarion, 1988. [Ed. bras.: *Conhecer as ciências cognitivas: Tendências e perspectivas.* São Paulo: Instituto Piaget, 1994.]

VARIAN, Hal R. "Differences of Opinion in Financial Markets". In: STONE, Courtenay C. (Org.). *Financial Risk: Theory, Evidence and Implications: Proceedings of the Eleventh Annual Economic Policy Conference of the Federal Reserve Bank of St. Louis.* Boston: Kitiwer Academic Publishers, 1989.

VÉHEL, Jacques Lévy; WALTER, Christian. *Les Marchés fractals: Efficience, ruptures, et tendances sur les marchés financiers.* Paris: PUF, 2002.

VEYNE, Paul. *Comment on écrit l'histoire.* Paris: Éditions du Seuil, 1971. [Ed. bras.: *Como se escreve a história: Foucault revoluciona a história.* Trad. de Alda Baltar e Maria Auxiliadora Kneipp. Brasília: Editora da UnB, 1982.]

_____. *L'Empire greco-romain.* Paris: Éditions du Seuil, 2005. [Ed. bras.: *O Império greco-romano.* Rio de Janeiro: Campus Elsevier, 2009.]

VOGELSTEIN, Bert; LANE, David; LEVINE, Arnold J. "Surfing the P53 Network". *Nature*, v. 408, pp. 307-10, 2000.

VOIT, Johannes. *The Statistical Mechanics of Financial Markets.* Heidelberg: Springer, 2001.

VON MISES, R. *Wahrscheinlichkeit, Statistik und Wahrheit.* Berlim: Springer, 1928. Traduzido e republicado como *Probability, Statistics, and Truth.* Nova York: Dover, 1957.

VON PLATO, Jan. *Creating Modern Probability.* Cambridge, Inglaterra: Cambridge University Press, 1994.

VON WINTERFELDT, D.; EDWARDS, W. *Decision Analysis and Behavioral Research.* Cambridge, Inglaterra: Cambridge University Press, 1986.

WAGENAAR, Willern; KEREN, Gideon B. "Calibration of Probability Assessments by Professional Blackjack Dealers, Statistical Experts, and Lay People". *Organizational Behavior and Human Decision Processes*, v. 36, pp. 406-16, 1985.

_____. "Does the Expert Know? The Reliability of Predictions and Confidence Ratings of Experts". In: HOLLNAGEL, Erik; MANCINI, Giuseppe; WOODS, David D. (Orgs.). *Intelligent Design Support in Process Environments.* Berlim: Springer, 1986.

WALLER, John. *Fabulous Science: Fact and Fiction in the History of Scientific Discovery*. Oxford: Oxford University Press, 2002.

WALLERSTEIN, Immanuel. "Braudel and Interscience: A Preacher to Empty Pews?". Texto apresentado na 5ª Journéees Braudeliennes, Universidade de Binghamton, Binghamton, Nova York, 1999.

WALLSTEN, T. S.; BUDESCU, D. V.; EREV, I.; DIEDERICH, A. "Evaluating and Combining Subjective Probability Estimates". *Journal of Behavioral Decision-Making*, v. 10, pp. 243-68, 1997.

WASON, P. C. "On the Failure to Eliminate Hypotheses in a Conceptual Task". *Quarterly Journal of Experimental Psychology*, v. 12, pp. 129-40, 1960.

WATTS, D. J. *Six Degrees: The Science of a Connected Age*. Nova York: W. W. Norton and Company, 2003. [Ed. bras.: *Seis graus de separação: A evolução da ciência de redes em uma era conectada*. São Paulo: Leopardo Editora, 2010.]

_____; STROGATZ, S. H. "Collective Dynamics of 'Small-world' Networks". *Nature*, v. 393, pp. 440-2, 1998.

WATTS, Duncan. "A Simple Model of Global Cascades on Random Networks". *Proceedings of the National Academy of Sciences*, v. 99, n. 9, pp. 5766-71, 2002.

WEGNER, Daniel M. *The Illusion of Conscious Will*. Boston: MIT Press, 2002.

WEINBERG, Steven. "Facing Up: Science and Its Cultural Adversaries". Documento preliminar, Harvard University, 2001.

WEINTRAUB, Roy E. *How Economics Became a Mathematical Science*. Durham: Duke University Press, 2002.

WELLS, G. L.; HARVEY, J. H. "Do People Use Consensus Information in Making Causal Attributions?". *Journal of Personality and Social Psychology*, v. 35, pp. 279-93.

WERON, R. "Levy-Stable Distributions Revisited: Tail Index > 2 Does Not Exclude the Levy-Stable Regime". *International Journal of Modern Physics*, v. 12, n. 2, pp. 209-23, 2001.

WHEATCROFT, Andrew. *Infidels: A History of Conflict Between Christendom and Islam*. Nova York: Random House, 2003. [Ed. bras.: *Infiéis: O conflito entre e cristandade e o islã*. Rio de Janeiro: Imago, 2004.]

WHITE, John. *Rejection*. Reading, EUA: Addison-Wesley, 1982.

WHITEHEAD, Alfred North. *Science and the Modern World*. Nova York: The Free Press, 1925. [Ed. bras.: *A ciência e o mundo moderno*. São Paulo: Paulus, 2006.]

WILLIAMS, Mark A.; MOSS, Simon A., BRADSHAW, John L.; RINEHART, Nicole J. "Brief Report: Random Number Generation in Autism". *Journal of Autism and Developmental Disorders*, v. 32, n. 1, pp. 43-7, 2002.

WILLIAMS, Robert J.; CONNOLLY, Dennis. "Does Learning About the Mathematics of Gambling Change Gambling Behavior?". *Psychology of Addictive Behaviors*, v. 20, n. 1, pp. 62-8, 2006.

WILLINGER, W.; ALDERSON, D.; DOYLE, J. C.; LI, L. "A Pragmatic Approach to Dealing with High Variability Measurements". *Proceedings of the ACM SIGCOMM Internet Measurement Conference*. Taormina, Sicília, 25-27 de outubro de 2004.

WILSON, Edward O. *Sociobiology: The New Synthesis*. Cambridge, EUA: Harvard University Press, 2000.

_____. *The Future of Life*. Nova York: Knopf. [Ed. bras.: *O futuro da vida: Um estudo da biosfera para a proteção de todas as espécies, inclusive a humana*. Rio de Janeiro: Campus, 2002.]

WILSON, T. D.; MEYERS, J.; GILBERT, D. "Lessons from the Past: Do People Learn from Experience That Emotional Reactions Are Short Lived?". *Personality and Social Psychology Bulletin*, v. 29, pp. 1421-32, 2001.

_____; GILBERT, D. T.; CENTERBAR, D. B. "Making Sense: The Causes of Emotional Evanescence". In: BROCAS, I.; CARILLO, J. (Orgs.). *The Psychology of Economic Decisions*, v. 1: *Rationality and Well-being*. Oxford: Oxford University Press, 2003.

_____; CENTERBAR, D. B.; KERMER, D. A.; GILBERT, D. T. "The Pleasures of Uncertainty: Prolonging Positive Moods in Ways People Do Not Anticipate". *Journal of Personality and Social Psychology*, v. 88, n. 1, pp. 5-21, 2005.

WILSON, Timothy D. *Strangers to Ourselves: Discovering the Adaptive Unconscious*. Cambridge, EUA: Belknap Press of Harvard University, 2002.

WINSTON, Robert. *Human Instinct: How Our Primeval Impulses Shape Our Lives*. Londres: Bantam Press, 2002. [Ed. bras.: *Instinto humano: Como os nossos impulsos primitivos moldaram o que somos hoje*. São Paulo: Globo, 2006.]

WOLFORD, George; MILLER, Michael B.; GAZZANIGA, Michael. "The Left Hemisphere's Role in Hypothesis Formation". *Journal of Neuroscience*, v. 20, pp. 1-4, 2000.

WOOD, Michael. *The Road to Delphi*. Nova York: Farrar, Straus & Giroux, 2003.

WRANGHAM, R. "Is Military Incompetence Adaptive?". *Evolution and Human Behavior*, v. 20, pp. 3-12, 1999.

YATES, J. F. *Judgment and Decision Making*. Englewood Cliffs: Prentice-Hall, 1990.

_____; LEE, J.; SHINOTSUKA, H. "Beliefs About Overconfidence, Including Its Cross-National Variation". *Organizational Behavior and Human Decision Processes*, v. 65, pp. 138-47, 1996.

_____; SIECK, W. R. "Oppositional Deliberation: Toward Explaining Overconfidence and Its Cross-cultural Variations". Texto apresentado no encontro da Sociedade Psiconômica. Dallas, 1998.

YULE, G. "A Mathematical Theory of Evolution, Based on the Conclusions of Dr. J. C. Willis, F. R. S". *Philosophical Transactions of the Royal Society of London*, Series B 213, pp. 21-87, 1925.

_____. *Statistical Study of Literary Vocabulary*. Cambridge, Inglaterra: Cambridge University Press, 1944.

ZACKS, R. T., L. Hasher; SANFT, H. "Automatic Encoding of Event Frequency: Further Findings". *Journal of Experimental Psychology: Learning, Memory, and Cognition*, v. 8, pp. 106-16, 1982.

ZAJDENWEBER, Daniel. *L'Économie des extrêmes*. Paris: Flammarion, 2000.

ZAJONC, R. B. "Feeling and Thinking: Preferences Need No Inferences". *American Psychologist*, v. 35, pp. 151-75, 1980.

_____. "On the Primacy of Affect". *American Psychologist*, v. 39, pp. 117-23, 1984.

ZEKI, Semir. *Inner Vision*. Londres: Oxford University Press, 1999.

ZIMMER, A. C. "Verbal vs. Numerical Processing by Subjective Probabilities". In: SCHOLZ, R. W. (Org.). *Decision Making Under Uncertainty*. Amsterdã: North-Holland, 1983.

ZIPF, George Kingsley. *Selective Studies and the Principle of Relative Frequency in Language*. Cambridge, EUA: Harvard University Press, 1932.

_____. *Human Behavior and the Principle of Least Effort*. Cambridge, EUA: Addison-Wesley, 1949.

ZITZEWITZ, Eric. "Measuring Herding and Exaggeration by Equity Analysts and Other Opinion Sellers". Documento preliminar. Universidade de Stanford, 2001.

ZUCKERMAN, H. *Scientific Elite*. Nova York: The Free Press, 1977.

_____. "Accumulation of Advantage and Disadvantage: The Theory and Its Intellectual Biography". In: MONGARDINI, C.; TABBONI, S. (Orgs.). *Robert K. Merton and Contemporary Sociology*. Nova York: Transaction Publishers, 1998.

ZWEIG, Stefan. *Montaigne*. Paris: Presses Universitaires de France, 1960. [Ed. bras.: *Montaigne*. Trad. de Giovane Rodrigues. São Paulo: Mundaréu, 2015.]

# Índice remissivo

*Os números de páginas que incluem "n" indicam notas de rodapé.*

11 de setembro, ataques terroristas de, 14, 16, 18, 118, 157, 207, 417

a priori, problemas, 431n, 436, 448n
Aczel, Amir, 177
afeitos a riscos, 161-3
aleatoriedade, 105, 181, 259-60, 287, 393, 409, 423, 426, 473
Algazel (Al-Ghazali), 80, 229n, 382
Alpher, Ralph, 225
Al-Ruhawi, Ali, 453
ambiente recursivo, 17
Amioun, Líbano, 31, 78, 103, 190, 208, 229, 329, 363, 462
análise de cenários, 456
Anderson, Chris, 288
Anteu, 415
Apeles, o pintor, 266, 371
aplatônico/ aplatonicidade, 173, 241, 358n, 359, 473
Appleyard, Bryan, 453
argumento de regressão estatística, 341, 431, 471
Aristóteles, 81, 264, 393
Aron, Raymond, 40

arrogância epistêmica, 46, 188, 191, 193, 197, 202, 221, 223, 251, 265, 269, 275, 471
Arrow, Kenneth, 358
Asperger, síndrome de, 418-9
assintóticas, 424, 433, 436
atos de omissão *vs.* atos de comissão, 408n, 451
autismo, 255, 418, 420, 426
Averróis, 81, 229n, 382

Bachelier, Louis, 357
Bacon, Sir Francis, 144-5, 223
Ball, Philip, 339, 343
Balzac, Honoré de, 147-8
Banco Barclays, 410n
Banco de Montreal, 410n
bancos e sistema bancário, 75, 170, 271n, 291-2, 383, 410, 414, 420, 457
Barabási, Albert-Laszlo, 292
Baron-Cohen, Simon, 419
Barrett, Matthew, 410n
Barron, Greg, 117
Bastiat, Frédéric, 156-7, 363, 388
Bateson, Gregory, 55
Baudelaire, Charles, 109

Baumol, William, 132
Bayes, Thomas, 432n
Bayle, Pierre, 81, 373
Bernanke, Ben, 414, 420, 457
Bernard, Claude, 351
Berra, Yogi, 184, 261n, 273
Berry, Michael, 236
Bethe, Hans, 225
Bevelin, Peter, 381, 391
*bildungsphilister*, 180, 326, 371, 410, 471, 493
bin Laden, Osama, 45
biologia, 283, 510
Bloch, Marc, 144
Boghossian, Paul, 395
Bohr, Niels, 185n
Bois-Reymond, Emil du, 230
bônus/ bonificações, 19, 50, 216n, 420n, 456, 459, 461
Borges, Jorge Luis, 40
Bouchaud, Jean Philippe, 203
Bourdieu, Pierre, 52, 283
Braudel, Fernand, 326
Brochard, Victor, 93n
Brown, Aaron, 258
Buchanan, Mark, 339
Buck, Pearl, 288
Buffett, Warren, 242
Bush, George W., 205
Buzzati, Dino, 134

Calígula, 21
Callas, Maria, 194-5
Camus, Albert, 148
Canguilhem, Georges, 453
Caravaggio, 219
Carlyle, Thomas, 261
Carneades, 347
Carr, Edward Hallett, 144, 261
Casanova, Giovanni Giacomo, 159-60, 164-6, 435
cassinos, 66, 105, 154, 163, 173, 175-6, 178, 305, 328, 361
Catarina II da Rússia, 189, 193, 220n

caudas gordas, 227, 408, 434n, 439, 441
caudas longas, 288-90, 292-3
causalidade/ causação, 79, 82, 103, 109, 114, 129, 154, 166, 194, 481
Cavendish, lorde, 312
cegueira em relação ao Cisne Negro, 19, 117-9, 192-3, 363, 471
cegueira em relação ao futuro, 256, 275, 472
cegueira em relação ao risco, 132, 162, 419
Chardon, Lucien, 148
Chevalier de Méré, 346
Christie, Agatha, 108
Churchill, Winston, 350
Cícero, Marco Túlio, 143, 145, 177, 347
circularidade da estatística *ver* argumento de regressão estatística
Cisne Cinzento, 67-8, 278, 345, 399, 402, 472
Cisne Negro, definição, 11-5, 11n, 14n, 23n, 69n
comissão *vs.* omissão, 408n, 451
Competições M, 208, 342
complexidade, 403, 411, 440-1, 459
Comte, Auguste, 231
confirmação platônica *ver* erro de confirmação
conhecimento de nerd, 239, 472; *ver também* platonicidade
convexidade, 393, 442
Cootner, Paul, 350
corpo de nadador, 154
Cournot, Augustin, 310
Cowan, David, 236
crise econômica de 2008, 380n, 381, 396-8, 405, 408, 410n, 413, 415, 417, 419n, 451, 460
criticalidade auto-organizada, 506, 511
curtose, 434n, 436
curva em forma de sino, 20, 68n, 177, 314-20, 386, 408, 475; *ver também* distribuição gaussiana

Darwin, Charles, 224, 312, 327
Darwin, Erasmus, 312
Davos, Fórum Econômico Mundial em, 442
Dawes, Robyn, 121, 197

de Bernières, Louis, 381
de Finetti, Bruno, 422
de Menasce, Pierre Jean, 325
de Moivre, Abraham, 308
de Rubempré, Lucien, 148
De Vany, Art, 61, 399, 402
Debreu, Gerard, 358
decisões: e recompensas do Primeiro Quadrante, 447; e recompensas do Quarto Quadrante, 448-9; e recompensas do Segundo Quadrante, 447; e recompensas do Terceiro Quadrante, 448; tipos de resultado, 446
Dennett, Daniel, 249, 366
densidade de espécies, 390-1
derivativos, 49n, 513
desconhecimento, 188, 245, 260, 514
desdém pelo abstrato, 17, 117, 168, 472
desigualdade, 68, 152, 280, 284, 290, 293, 301-2, 335, 337, 507
desvio-padrão, 306-7, 319, 322, 349, 352, 415, 437, 439, 456, 508
Diágoras, 143
Dickens, Charles, 148
Dickinson, Emily, 329
dieta e exercícios, 399-405
diferenças, vocabulário, 394-6, 423
Diodoro Sículo (Diodoro da Sicília), 261
disciplina narrativa, 24, 114, 472
distorção retrospectiva, 35, 40-1, 472, 476, 498
distribuição de probabilidades, 68n, 341, 394, 425, 431, 434, 471-2
distribuição gaussiana, 68n, 295-322, 331-4, 341, 348-57, 363, 475, 507-8; taxa de erros, 434n
distribuição normal ver distribuição gaussiana
distribuição ver distribuição de probabilidades
dívida, 386-7, 459-60
dobra platônica, 22, 48, 177, 359, 472
Dostoiévski, Fiódor, 148
Douady, Adrien, 432
Douady, Raphael, 431-2
Drogo, Giovanni (personagem), 135
du Gard, Roger Martin, 288

Duby, Georges, 39
Durant, Will e Ariel, 146
*Dynamic Hedging* (livro), 434n

Eco, Umberto, 27, 190, 238, 245
econofísicos, 344, 509
econometria, 208, 416
economia neoclássica, 243, 351, 357, 482, 494, 512
economia, como "religião", 500
economistas, definição, 482
Edelman, Gerald, 391
efeito borboleta, 238, 258-9, 389, 424
efeito do tímpano, 391
efeito Mateus, 281, 495, 504
efeitos hedônicos, 71, 133, 402
Elster, Jon, 381, 441n
empíricos, 156, 241, 266
empiristas, 78, 93n, 96, 266, 383, 476
Engel, Robert, 208
Engels, Friedrich, 388
entropia, 483, 511
envelope da serendipidade, 272
epidemias, 13, 20, 165-6, 183, 285, 313, 405, 435
epilogismo, 261, 383, 472, 480
Epimênides, o cretense, 431
epistemocratas, 251-3, 397, 471
epistemologia, 49, 83, 150, 174, 493
equilíbrio, 30, 35, 273, 304, 352, 357, 358n, 500
Equity Premium Puzzle [Quebra-cabeça do prêmio de risco], 513
Erev, Ido, 117
erro de confirmação, 84, 93, 126, 167, 177, 355, 382, 384n, 425, 472
erro de modelo, 340n, 433, 439, 442, 448, 457
erro de platonicidade, 433
erros de previsão, 15, 200, 213, 215, 256, 268
erudição, 82, 173, 180n, 209, 325, 372, 502
escândalo de previsão, 188, 472
escritores, 54-5, 74, 131-2, 146-7, 282, 289n, 478

estabilidade de espécies, 153
establishment econômico, 397n
estatísticos, 67, 83, 88, 208, 288, 321, 342, 364, 413, 432n, 444, 445n, 473-4
estética, 99, 142, 188, 323-46, 372-3
estoicismo, 463, 464
estratégia *barbell*, 268, 270, 387, 401, 404, 472
estratégia estilo Apeles, 266, 371, 472
estressores, 141, 400-1, 403-4
eventos raros, 16, 20, 48, 49n, 77n, 97, 116, 118-9, 163, 268n, 273-4, 333, 349, 406, 425, 430-3, 436, 439, 456, 514
eventos remotos, 69n, 374, 455
exercícios e dietas, 399-405
expectativa de vida, 213, 404n, 437, 457, 498
expoente de cauda *ver* caudas gordas; caudas longas
expoentes, 297, 319, 334-7, 339, 345, 498, 508, 513
Extremistão: abordagem visual, 331; aleatoriedade informacional e, 403; complexidade e, 441; conhecimento e, 65; correlação e, 307; da aleatoriedade moderada à frenética e de volta à moderada, 279-94; definição, 56, 473; distribuição gaussiana e, 341; em estudo na London Business School, 119, 217; estilo de vida *barbell*, 401-2, 404; gênese do, 342; guerra e, 505; mundo moderno e, 97; previsão e, 201, 214; problema da indução e, 338; Quarto Quadrante e, 448; recompensas de decisão e, 448; regra 80/20 e, 302-3; risco e, 140; R-quadrado e, 247n; subestimação e, 193; variáveis escaláveis e, 214; *vs.* Mediocristão, 64-8, 97, 125-6, 299, 302, 347, 355, 359, 495, 512

falácia da evidência silenciosa, 84, 143-68, 181, 226, 473, 489
falácia de ida e volta, 86, 89, 123, 473, 494
falácia do bilhete de loteria, 112, 117, 164, 269-70, 473
falácia lúdica, 169-85, 271, 291n, 328, 340, 348, 353, 356, 361-4, 436, 473, 493
falácia narrativa, 84, 99-125, 167, 207-8, 247n, 248, 262, 268n, 275, 307, 339, 342, 381, 473, 485
Fannie Mae, 291n, 386
Federal Reserve, 405, 407, 414, 420, 463
Ferguson, Niall, 42n, 273, 438, 441n
Feyerabend, Paul, 392
Fichte, Johann Gottlieb, 40, 79, 144
Filnos de Cós, 242
Fisher, Stanley, 442
Fisk, Robert, 43
Fleming, Alexander, 224
Forster, E. M., 108, 116
Fórum Econômico Mundial em Davos, 442
Foucher, Simon, 347
France, Anatole, 288
Freedman, David, 444-5
French, Kenneth, 408
frenética, 66, 68, 101, 163, 177, 320, 325, 371
frenética (desenfreada), 277
Friedman, Milton, 354
Friedman, Thomas, 386
Fukuyama, Francis, 144

Gaddis, William, 282
Galeno, 394
Galileu, 223, 328
Gally, Joseph, 391
Galton, Sir Francis, 312
Gamow, George, 225
Gates, Bill, 64, 331
Gibbon, Edward, 261
Gigerenzer, Gerd, 394
Gilbert, Dan, 256, 265n
Gladwell, Malcolm, 122, 303
Gláucias de Tarento, 242
globalização, 62-3, 291, 386, 388, 390, 459
Gödel, Kurt, 427, 432, 452
Goethe, Johann Wolfgang von, 62
Goldberg, Bruce, 64
Goldman, William, 269
Goldstein, Dan, 119, 122, 416, 439, 450
Goodman, Nelson, 248

Gore, Al, 205
Gould, Steven Jay, 391
Grasso, Richard, 19
Gray, John, 381
Green, Jack, 282
Greene, Graham, 376
Greenspan, Alan, 420
Gutas, Dimitri, 382

Hadamard, Jacques, 238
Hardy, G. H., 308
Hayek, Friedrich, 238, 240-2, 245, 350, 373
hedge funds, 76, 352
Hegel, Georg Wilhelm Friedrich, 40, 79, 144, 262
Heisenberg, Werner, 362
Heleno (na *Ilíada*), 257
Heródoto, 144, 261
heurística, 122, 213, 245, 479, 486
Hibon, Michele, 208-9
Hicks, John, 358
Hilbert, David, 231
Hinchcliffe, Brian, 212
historia, 383
historicismo, 228, 498
Hitler, Adolf, 12
Hogarth, Robin, 416
Horowitz, Vladimir, 60
Huet, Pierre-Daniel, 82, 373
Hugo, Victor, 148
Hume, David, 23n, 78, 81, 96
Hussein, Saddam, 113

iatrogenia, 445, 452-3
*idiot savants*, 353, 493, 502
iludidos pelo acaso, definição, 404n, 473
incerteza: eventos raros como, 20-1; knightiana, 176, 345, 409-10, 425; ontológica *vs*. epistêmica, 423-5
incerteza do nerd *ver* falácia lúdica
incerteza dos iludidos, 473
indecidibilidade, 432, 434
índice de Sharpe, 352, 456

indução *ver* problema da indução
inferência bayesiana, 425, 432n
informação incompleta, 92, 260, 471; *ver também* opacidade epistêmica
internet, 12, 44, 120, 165, 183, 226, 230, 272, 289-90, 292-3, 505
intuições, 17n, 87, 119, 122, 129, 140, 217, 236, 416n, 439-40

J. P. Morgan, 291n
Jaynes, Julian, 95
jejum, 384, 400
Jesus de Nazaré, 39
jogos, 173, 175-7, 320, 361, 473
John, dr. (personagem fictício), 171, 172, 240, 291n, 359, 384, 418, 421n
Juvenal, 23n, 407n

Kahneman, Daniel, 88, 115, 117, 121, 162, 213, 256, 350, 379, 450, 463
Kant, Immanuel, 79
Kelvin, lorde, 312
Kennedy, Jacqueline, 194
Keynes, John Maynard, 238, 245, 312, 358
Khaldoun, Ibn, 144, 262
Knight, Frank, 176
Koestler, Arthur, 223
Kolmogorov, Andrei Nikoláievitch, 106-7, 324, 411
Krásnova, Ievguênia Nikoláievna (personagem fictícia), 53, 55-6, 58, 134, 136-8, 169, 289, 375-6

lasers, 183, 226-7, 498
Lehman Brothers, 380, 387, 430
lei dos grandes números, 306, 313, 331, 341, 362
leis de potência, 69, 283, 300, 302, 328, 334, 339, 491, 498-9, 503, 506, 508, 510, 512
Leontieff, Vassili, 442
Levi, Isaac, 429
Líbano, 29, 30, 35-6, 38, 41, 43, 45, 48, 51, 73, 120, 165, 363; *ver também* Amioun, Líbano

libertarismo acadêmico, 242, 473
ligação preferencial, 283-5, 287, 320, 505, 508
línguas, 31, 55, 111, 241, 284, 325
literatura, 287, 323
livros, como escoras, 393
Long-Term Capital Management (LTCM), 419-20
Lorenz, Edward, 237, 258, 389, 424
loucos de Locke, 357, 419, 473
Lucas, Robert, 209
Lucrécio, 421

Madoff, Bernard, 460
Makridakis, Spyros, 208-9, 380-1, 452
Mallarmé, Stephane, 148
Malraux, André, 148
Mandelbrot, Benoît, 40n, 323-6, 328-30, 332-3, 341, 345-6, 350, 356, 436
mandelbrotiano, 67-8, 177, 277, 299, 301, 320, 327-9, 334, 345, 472
Marco Aurélio, 400
Markowitz, Harry, 350, 456
Marmot, Michael, 294
Marshall, Andy, 271
Martin, George, 419
Marx, Karl, 40, 144, 228, 262, 309-10, 388
matemática falsa, 184, 348, 350
Mays, Andrew, 271
McGuff, Doug, 399
medição *vs.* previsão, 395
Mediocristão: abordagem visual, 331; ausência do problema do Cisne Negro, 83-4; curva em forma de sino e, 296, 308, 313, 319, 321, 341; definição, 56, 473; desvio-padrão e, 306-7, 437; em estudo na London Business School, 119, 217; estatísticos e, 288; índice de Sharpe e, 512; lei dos grandes números no, 306; medição e, 512; previsão e, 201, 213, 276; risco de modelo e, 385; subestimação e, 193; *vs.* Extremistão, 64-8, 97, 125-6, 299, 302, 347, 355, 359, 495, 512
Meehl, Paul, 197
Menódoto de Nicomédia, 79, 242, 261, 383, 481

Merton, Robert C., 351, 353-4, 356-7, 417, 419
Merton, Robert K., 281, 283, 351
metanálise, 115
Michelet, Jules, 144, 261
Michelson, Albert, 230n
Mill, John Stuart, 87, 407n
mínimo quadrado, 437, 456, 506
Mistral, Frédéric, 288
Mittag-Leffer, Gösta, 235
moderada, 66, 68, 97n, 175, 320, 371
Montaigne, Michel de, 134, 144, 251-4, 373, 463
Moynihan, B., 149n
mudança climática, 389, 424
Myhrvold, Nathan, 390-1

Nabokov, Vladimir, 37
Nader, Ralph, 157
Nash, John, 209
Nicolau de Autrécourt, 82
Nietzsche, Friedrich, 32, 180, 182, 373, 463, 471
niilismo, 452
Nobel, Alfred, 350

omissão *vs.* comissão, 408n, 451
Onassis, Aristóteles, 194-5
opacidade epistêmica, 346, 364, 473, 492
opções, 268, 357n, 514
Oppenheimer, J. Robert, 325
Ormerod, Paul, 339
Orwell, George, 217
Oskamp, Stuart, 196
otimização, 244-5, 385, 388, 455, 459

Pareto, Vilfredo, 283, 302, 326
Pascal, Blaise, 274
Pasteur, Louis, 228, 271
Paul, D., 149n
Paulo, São, 31
Peirce, Charles Sanders, 92, 231, 428
pensamento árabe, 81, 382
Penzias, Arno, 225

Perec, Georges, 107n
Perse, Saint John, 288
perturbação, 385-6
Pilpel, Avital, 431-2
pirâmides financeiras, 460
Platão, 21, 144
platonicidade, 21, 43, 45, 82, 89, 108, 239, 309, 322, 326-34, 340, 360, 364, 367, 393, 436, 474-5
Plutarco, 261
Poe, Edgar Allan, 18
Poincaré, Henri, 184, 232-5, 237, 311, 373
Poisson, 307, 510-1, 513
Popper, Karl Raimund, 23n, 92-3, 228, 230, 238, 254, 262, 355, 366, 373, 384n, 408
pós-keynesiano, 118, 482
Posner, Richard, 308
pré-assintóticas, 424, 436
previsão, 387, 389, 395, 410-1, 443
previsibilidade, 12, 38, 220-1, 224, 243, 265, 269, 394-5
probabilidade do evento único, 437-9
probabilidade subjetiva, 422-3
problema da circularidade da estatística *ver* argumento de regressão estatística
problema da indução, 57, 72-3, 78, 83, 101, 181, 261, 338, 342, 364, 441, 444, 474, 479
problema da poça d'água, 338, 340; *ver também* problema de engenharia reversa
problema de engenharia reversa, 258-9, 474, 476-7
problema de especialista, 14-5, 197-209, 474
problema do "zero à esquerda metido a besta" *ver* problema do especialista
problema dos três corpos, 234-5, 499
problema ético do Cisne Negro, definição, 474
problema inverso, 339, 433, 435, 476
problemas de autorreferência, 431, 434
Proudhon, Pierre-Joseph, 144, 228, 309
Prudhomme, Sully, 288
psicologia do senso comum, 418

*quants* (analistas quantitativos), 48, 51, 58, 88, 200, 208
Quarto Quadrante, 412-3, 427-8, 444-57; comparação de quadrantes, 447-9; mitigação, 454-5, 457
Quételet, Adolphe, 309-10
Quine, W. V., 111

Ramsey, Frank Plumpton, 422
randomização, definição, 385
Reagan, Ronald, 332
redes, 292, 339, 499, 506
redundâncias, 384, 387, 391-3, 395-6, 455, 459
redundâncias funcionais, 391, 393
Rees, lorde Martin, 381
registro fóssil, 491
regressão linear, 247n, 456
regressão *ver* regressão linear; argumento de regressão estatística
religião, 30, 38, 81, 293, 367, 477, 500
Renan, Ernest, 261
resposta dos modeladores, 445
resseguros, 271n
Ricardo, David, 386
Rimbaud, Arthur, 18
risco: enquadramento, 440; Extremistão e, 140; knightiano, 176, 345, 425; Mediocristão e, 385
risco moral, 420n, 456
RiskMetrics, 291n
robustez, 396-9, 410n, 454; *ver também* sociedade robusta diante do Cisne Negro, dez princípios para
Rolland, Romain, 288
Rosen, Sherwin, 280
Ross, Steve, 354
Rosser, Barkley, 381
Roubini, Nouriel, 381
rouxinóis, 148
Rowling, J. K., 58, 64
Rubin, Robert, 402, 420
Rubinstein, Arthur, 60
Runde, Jochen, 422

rupturas históricas, 36, 476
Rushdie, Salman, 210
Russell, Bertrand, 72, 263, 274, 312, 434n

Saint-Simon, Claude Henri, 309
Saliba, George, 382
Salomé, Lou Andreas, 393
Samuelson, Paul, 244, 358, 360, 385
Sapolsky, Robert, 404
Sartre, Jean-Paul, 148
*savants* ver *idiot savants*
Scholes, Myron, 352-4, 356, 363, 404, 417, 419
Schopenhauer, Arthur, 79
Schützenberger, Marcel-Paul, 345
seguros, 116, 171, 192, 198, 213, 269, 271n, 275, 294, 503
Self, Will, 381
Semmelweis, Ignaz, 242
Sêneca, 463, 464
Serapião de Alexandria, 242
serendipidade, 223, 227, 266, 272, 498, 504
Sexto Empírico, 79, 124, 253, 266
Shackle, G. L. S., 238
Sharpe, William, 350
Shirer, William, 40-2
Shubik, Martin, 358
Shultz, George, 332
Simenon, Georges, 376
Simpson, O. J., 85, 355
sistema 1, 122-4, 182, 213
sistema 2, 122-3
sistemas ergódicos, 423
sistemas não ergódicos, 423
Slovic, Paul, 116, 121, 196
Smith, E. J., 75
Snyder, Alan, 104
sociedade robusta diante do Cisne Negro, dez princípios para, 458-60
Soyer, Emre, 416
Spence, Michael, 381
Spengler, Oswald, 144
Spitznagel, Mark, 176n, 266, 414, 442
Stanzione, Dan, 225

Stendhal, 148
Strogatz, Steven, 292
Suetônio, 261

Tapiero, Charles, 388
Taubes, Gary, 400n
TED, palestras, 414
Tedesco, Jean-Olivier, 373
teorema do limite central, 441, 506
teoria da medida, 432
teoria da mente (psicologia do senso comum), 418
teoria de portfólio, 351, 355-6
teoria do caos, 234, 238, 260, 329, 502
Teoria Moderna do Portfólio, 350-1, 356
terremotos, 67, 77, 97n, 116, 209, 274, 336, 472, 494
testes de estresse, 421, 439, 456
Tetlock, Philip, 203, 205-7, 354
Thorp, Edward O., 352, 357
Tito Lívio, 261
Tony Gordo (personagem fictício), 169-73, 240, 291n, 359, 402, 414, 419, 433
Townes, Charles, 226
Toynbee, Arnold, 40, 144
Tresser, Charles, 326
Trivers, Robert, 199, 257
Tulipa, Nero (personagem fictício), 137-42
Tversky, Amos, 88, 115, 117, 121, 213
Tyszka, Tadeusz, 202

Ullmann-Margalit, Edna, 23

"Value-at-Risk" [valor-em-risco], método, 291n
vantagem cumulativa, 282, 320, 504
variância, definição, 319
Veyne, Paul, 39
Visconti, Luchino, 22
vocabulário, distinções e diferenças de, 394-6, 423
volatilidade, 267, 291, 397, 404-5, 435, 457
von Neuman, John, 326

Wallace, Alfred Russel, 224
Wason, P. C., 94
Watson, Thomas, 225
Watts, Duncan, 292
Wegner, Jochen, 92
Whitehead, Alfred North, 240n
Wikipédia, 408
Willis, J. C, 283
Wilmott, Paul, 258

Wittgenstein, Ludwig, 22, 312, 365
World Trade Center, ataques ao, 14, 16, 18, 118, 157, 207, 417

Yule, G. U., 283, 326

Zielonka, Piotr, 202
Zilber, Yechetzkel, 381
Zipf, George, 284, 326

1ª EDIÇÃO [2021] 8 reimpressões

ESTA OBRA FOI COMPOSTA PELA ABREU'S SYSTEM EM INES LIGHT
E IMPRESSA EM OFSETE PELA GEOGRÁFICA SOBRE PAPEL PÓLEN DA
SUZANO S.A. PARA A EDITORA SCHWARCZ EM ABRIL DE 2025

A marca FSC® é a garantia de que a madeira utilizada na fabricação do papel deste livro provém de florestas que foram gerenciadas de maneira ambientalmente correta, socialmente justa e economicamente viável, além de outras fontes de origem controlada.